Jacob La Roche

Homerische Untersuchungen

Jacob La Roche

Homerische Untersuchungen

ISBN/EAN: 9783742894700

Hergestellt in Europa, USA, Kanada, Australien, Japan

Cover: Foto ©Thomas Meinert / pixelio.de

Manufactured and distributed by brebook publishing software
(www.brebook.com)

Jacob La Roche

Homerische Untersuchungen

HOMERISCHE

TERSUCHUNGEN

VON

JACOB LA ROCH

LEIPZIG,
DRUCK UND VERLAG VON B. G. TEUBNER.
1869.

Vorrede.

Schon vor langer Zeit war ich von Freunden angegangen worden die von mir geschriebenen Homerischen Abhandlungen zusammengestellt zu veröffentlichen, ich konnte mich jedoch nicht dazu entschliessen, denn ἐχθρὸν δέ μοί ἐστιν αὖτις ἀριζήλως εἰρημένα μυθολογεύειν. Nun aber haben mich Vorarbeiten zur Ausgabe der Ilias zu weiteren Untersuchungen über eine Reihe Homerischer Fragen veranlasst und mit diesen zusammen erscheinen auch drei bereits früher geschriebene Abhandlungen: über die Elision des Iota, über die Dehnung des ι und über das Iota subscriptum, zu welchen noch eine vierte, früher „Homerische Excurse“ betitelte hinzugekommen ist, die ursprünglich nur die Odyssee behandelte, jetzt aber auch auf die Ilias ausgedehnt ist.

Bei der Beschaffenheit der Ueberlieferung des Textes der Homerischen Gedichte lassen sich leider einzelne Fragen endgiltig kaum mehr lösen, aber ein Versuch ob man einer befriedigenden Lösung näher kommen könnte, musste doch gemacht werden und wenn von vielen Stellen auch nur einige der Zweifel die sie bieten entkleidet werden konnten, so musste das schon als ein Gewinn angesehen werden. Vielleicht geben diese Erörterungen Veranlassung zu weiteren Untersuchungen, die dem angestrebten Ziele näher führen „σύν τε δύ' ἐρχομένω καί τε πρὸ ὃ τοῦ ἐνόησεν.“

Während schon ein Theil dieser Arbeit gedruckt war, erhielt ich zwei Iliashandschriften (C D) aus der Laurentiana in Florenz, aus denen ich die bezüglichen Varianten leider nur noch in den späteren Bogen hinzufügen konnte. Was die übrigen Siglen betrifft, so bedeutet A den Venetus 454; GL zwei Wiener Handschriften, S die Stuttgarter Handschrift nach der Collection von Rieckher, E Eustathios, MNO drei Handschriften der Markusbibliothek in Venedig, die ich aber nur zu Δ—Z verglichen habe.

Der folgende Theil der Vorrede ist Herrn Dr. H. Eikholt in Köln gewidmet. Derselbe hat mir die Ehre erwiesen, meine Odysseeausgabe in der Zeitschrift für das Gymnasialwesen (1869, S. 904) anzuzeigen und er wird es mir hoffentlich gestatten, wenn ich mir die Freiheit nehme ihm einiges darauf zu erwiedern. Ich könnte freilich Herrn E. an eine von mir selbst herrührende Anzeige meiner Odysseeausgabe in der Zeitschrift für Oesterreichische Gymnasien (1868, S. 139) verweisen, worin ich mich über einzelne Punkte, in Betreff derer wir nicht einig zu sein scheinen, bestimmt ausgesprochen habe; aber da Herr E. in seiner Anzeige davon nicht die geringste Notiz genommen hat und ich auch nicht weiss ob im Lande der Intelligenz die genannte Zeitschrift gehalten wird, so muss ich an dieser Stelle noch einmal auf früher Gesagtes zurückkommen.

Hr. E. hat sich die Mühe gegeben meiner Absicht nachzuspüren, welche mich veranlasst haben könnte die Odyssee von neuem herauszugeben und schiebt mir die Ueberzeugung unter, dass mit dieser Ausgabe „eine Arbeit abgeschlossen sei, welche mit Selbständigkeit der Forschung auch bemerkenswerthe Förderung der Aufgabe vereine.“ In Bezug auf die Absicht genügt eine Hinweisung auf die Vorrede zur Odyssee und was die Selbständigkeit betrifft, so habe ich zwar auf Wolf, G. Hermann, Buttmann, Bekker u. a. diejenige Rücksicht genommen, welche die Bedeutung der genannten Männer für die Homerkritik erfordert, dass ich mich aber dabei meines freien Willens begeben und mich von denselben ins Schlepptau hätte nehmen lassen, das wusste ich nicht und ich glaube die Ausgabe selbst bietet Belege für das Gegentheil in hinreichender Anzahl. Um aber doch einiges zu erwähnen, so würde ich nicht *ἔνισπε* (mit Buttmann), nicht *ἤδυμος* (mit Buttmann und Bekker) und nicht *ὄμβριμος* (mit Bekker) geschrieben haben, hätte ich damals wie jetzt den handschriftlichen Apparat zur Ilias beisammen gehabt. Ich bin in so vielen principiellen Fragen meine eigenen Wege gegangen und habe so vielfach einzelnes, selbst scheinbar unbedeutendes, wiederholt untersucht, dass ich wohl mit Recht Selbständigkeit beanspruchen darf, wenn ich auch nicht eigens auf Neuerungen ausgegangen bin und fremdes von mir als richtig erkanntes niemals zurückgewiesen habe. Es ist bei solchen Arbeiten für den Fernstehenden schwer, hinter die Coulissen zu schauen, das aber kann ich versichern, dass ehe ich zwischen zwei gleich gut begründeten Schreibweisen die Wahl getroffen habe, ich sämmtliche ähnliche Stellen zu Rathe gezogen habe, wenn ich auch den Grund, warum ich mich für die eine derselben entschieden habe, nur selten angegeben habe, weil ich keinen exegetischen Commentar zu schreiben vorhatte, sondern nur Text und Varianten zum Text geben wollte. Wie mühevoll solche Arbeiten sind möge Hr. E. daraus entnehmen, dass ich jetzt bereits zwei Jahre meine ganze freie Zeit zu einer Zusammenstellung des kritischen Apparates zur Ilias verwende und obgleich ich schon in früherer Zeit vieles dafür gearbeitet habe, doch lange noch nicht mit den Vorarbeiten fertig geworden bin. Was die Förderung der Aufgabe betrifft so wird Hr. E. nicht läugnen können, dass schon das ein nicht unbedeutender Fortschritt ist, dass man jetzt genau weiss, was wirklich überliefert ist und was nicht, abgesehen davon, dass auch an einer Anzahl von Stellen die richtige Schreibweise hergestellt ist. Deshalb mag Hr. E. immerhin meine Ausgabe nur eine brauchbare Vorarbeit nennen: wir arbeiten ja alle unsern Nachfolgern vor und wenn sogar epochemachende Arbeiten durch spätere Forschungen überholt worden sind, warum sollte ich mir einbilden wollen etwas dauerndes und abgeschlossenes geschaffen zu haben? Die Ueberzeugung habe ich aber, durch meine Ausgabe einem Bedürfnisse der Gegenwart abgeholfen zu haben und das genügt mir.

Dass mir Hr. E. sichere scharfe Methode, Consequenz des Urtheils abspricht, überall nur Schwanken und Willkühr sieht, darüber will ich mit ihm nicht rechten. Das sind principielle Differenzen und wenn sich Hr. E. die Aufgabe eines Herausgebers anders denkt als ich und viele andere, so ist das seine Sache. Der Vorwurf aber, dass ich von den Ergebnissen der Sprachvergleichung keine Kenntniss genom men habe, zeigt eine arge Verkennung des Standpunktes, welchen der Herausgeber eines überlieferten Textes einzunehmen hat. Hr. E. nennt es freilich Herumhantieren wenn man sich an die Ueberlieferung hält: so möge er es unternehmen einen nach den neusten Ergebnissen der Sprachvergleichung verbesserten Text des Homer herauszugeben, für den ihm freilich weder Sprachforscher noch Philologen Dank wissen werden. Was ich beabsichtigte, zeigt der Titel des Buches Odyssea ad fidem librorum optimorum edita und unter libri optimi verstehe ich in erster Reihe die nach den ältesten Handschriften revidierten Texte der Alexandriner, sodann unsere, mehr aus den *κοιναῖς* als aus den Rezensionen der Alexandriner geflossenen Handschriften. Ich verkenne durchaus nicht die grosse Bedeutung der vergleichenden Sprachforschung und würde z. B. dem Verfasser eines Homerischen Lexikons den schwersten Vorwurf daraus machen, wenn er den Resultaten derselben nicht die ihnen gebührende Beachtung schenken würde und wenn ich auch nicht zu den Fundgruben des Sanskrit hinuntersteigen kann, weil ich davon nichts verstehe, so sind mir doch die Forschungen eines Pott, Benfey, Bopp, Schleicher, Curtius, Leo Meyer, Ebel, Christ nicht so unbekannt wie Hr. E. sich einbildet und ich hätte hier Gelegenheit genug gehabt meine Homerausgabe mit Citaten aus den Schriften der genannten Sprachforscher aufzuputzen, wenn es mir darum zu thun gewesen wäre. Aber was haben denn Sprachvergleichung und der überlieferte Text des Homer mit einander zu thun? Wir können in sehr vielen Fällen nicht einmal bis auf die Alexandriner zurückgehen oder gar bis auf Peisistratos, geschweige denn in die Zeit, in welcher die Homerischen Gedichte entstanden sind, oder hätte ich vielleicht auch dem Digamma, wie es Bekker gethan, Rechnung tragen sollen? und wenn dem Digamma, warum nicht auch anderen mit der Zeit verschwundenen Consonanten? Was Hr. E. von mir verlangt, geht über die Aufgabe eines Herausgebers weit hinaus und dieses Feld überlasse ich ihm zur beliebigen Bearbeitung.

Wenn Hr. E. meine Ausgabe eine eklektische nennt, so ist er damit vollkommen im Recht: nur ist es kein Tadel. Alle Ausgaben, von der Florentina angefangen (vielleicht die von Eustathios knechtisch abhängige Romana ausgenommen) bis auf die Bekker'sche und die von ihr abhängigen sind bewusst oder unbewusst eklektische. Der Grund liegt eben in der doppelten Ueberlieferung, zwischen der gewählt werden muss und ich wäre begierig zu erfahren, wie sich Hr. E. eine Homerausgabe denkt die nicht eklektisch ist.

Auch mein Standpunkt in der Handhabung der Athetese will meinem Rezensenten nicht gefallen. Das ist freilich wiederum Geschmackssache und dass derselbe nicht „glücklicherweise", wie Hr. E. meint, vereinzelt dasteht, beweist C. A. J. Hoffmann's Ausgabe des 21. und 22. Buches der Ilias. Ich bin trotz der Belehrung des Hrn. E. noch immer der Ansicht, dass der Herausgeber es mit der Ueberlieferung zu thun habe und was überliefert ist muss als solches gegeben werden, das ist keine Willkühr, sondern der einzig richtige Weg*). Dass manchmal Verse in einzelnen Handschriften fehlen, ohne eingeklammert zu sein, hat seinen Grund darin, dass dieselben in den besseren Handschriften stehen. Unsere guten Handschriften, wie z. B. die beiden Veneti und Laurentiani enthalten nachweislich dieselben Verse wie die Ausgaben der Alexandriner mit höchst unbedeutenden Differenzen. Die Frage ob in einer Ausgabe des Homer Athetese geübt werden soll hängt innig mit der Frage über die Entstehung der Homerischen Gedichte zusammen. Die welche einen Homer annehmen, werden um schreiende Widersprüche zu beseitigen zur Athetese greifen (das that man von Zenodot bis auf Düntzer); die Anhänger Wolfs und Lachmanns werden in dieser Weise von ihrem Standpunkte aus nicht athetieren, d. h. einen Vers dem Homer absprechen, welcher sich in allen oder doch den besten Handschriften findet. Da nun die Homerische Frage zur Zeit noch nicht gelöst ist, so sind beide Standpunkte parteiisch. Wie kommt nun der Herausgeber dazu in eine kritische Textausgabe den Parteistandpunkt hineinzutragen, da er es lediglich mit der Ueberlieferung zu thun hat? Die Frage ob echt oder unecht hat zudem mit der niederen Kritik gar nichts zu schaffen und darum ist der

*) Wie das gekommen ist, dass λ 173 eingeklammert ist, weiss ich mir selber nicht zu erklären: beabsichtigt war es sicher nicht.

Standpunkt meines Rezensenten der verwerfliche, der meine der correcte. Davon wird mich Niemand überzeugen, dass man durch Ausscheidung einer Anzahl aus was immer für einem Grund verdächtig scheinenden Verse die ursprüngliche Form der Homerischen Gedichte herstellen könnte. Ich habe die eingeschobenen Verse nicht unter den Text gesetzt, weil mir die Klammer zur Bezeichnung der Unechtheit vollkommen ausreichend erschien und ich nicht zu den beiden Rubriken unter dem Text noch eine dritte für unechte Verse hinzufügen wollte.

Was die Betonung von πρυμνή betrifft, so erkenne ich hierin eine willkührlich aufgestellte Unterscheidung der Alten zwischen Adjectiv und Substantiv. Für mich gibt es nur ein einziges πρυμνός welches ebensowohl adjectivisch, als auch im Femininum als substantiviertes Adjectiv (elliptisch) gebraucht ist. Warum scheut man sich eine Ellipse von νηῦς anzunehmen, da man doch Ellipsen von ἡμέρα, χείρ, γῆ, μοῖρα, οἶκος und sogar von γυνή und οἶνος bei Homer findet?

Was ferner den Vorwurf anlangt die Fälle seien häufig, in denen gegen die Hom. Textkr. S. 392 angegebene Regel das paragogische ν vor einem Doppelconsonanten beibehalten sei, so muss ich Hrn. E. bestimmt darauf erwiedern „μή ψεύδε' ἐπιστάμενος σάφα εἰπεῖν.“ Mein Rezensent kann mit Ausnahme der in diesen Untersuchungen (S. 44) angeführten Fälle, in denen das mit einem Nomen verbundene Suffix θεν sein ν niemals abwirft, auch nicht einen einzigen Fall namhaft machen. Die Stellen an welchen das paragogische ν sonst noch in Handschriften oder Ausgaben steht, sind sämmtlich gebessert. Ebenso wird mir Inconsequenz in der Behandlung der Enclitica vorgeworfen. Da möchte ich mir doch erlauben um Belege zu bitten, denn mir ist bei wiederholtem Nachlesen kein derartiger Fall vorgekommen. Ueberhaupt ist das eine sehr wohlfeile Art von Kritik in so allgemeiner Weise von Versehen zu sprechen, ohne auch nur ein einziges namhaft zu machen.

In Betreff des Iota subscriptum findet Hr. E. in der 9ten Abhandlung die Fälle aufgezählt, in welchen dieses Iota zu setzen ist und durch Citate aus den Schriften der alten Grammatiker sowie durch Beispiele aus Inschriften und Handschriften belegt. Für mich ist hier die *παράδοσις* im allgemeinen massgebend gewesen und wäre Hr. E. mit der Weise der alten Grammatiker vertraut, so würde er wissen, warum ich der *παράδοσις* gefolgt bin. Denn nicht die Grammatiker machten dieselbe, sondern sie nahmen sie zum Ausgangspunkte ihrer oft so sonderbaren Erklärungsversuche und *ἐρῳδιός* hat nicht das Iota subscriptum wegen der Herodianischen Ableitung von *ῥοίζω*, sondern Herodian leitet es davon ab, um eben das Iota zu erklären. Das muss bei allen Etymologisierungsversuchen der Alten festgehalten werden, dass sie überall vom Gegebenen ausgiengen und dass sie keine neue Orthographie machten, sondern die überlieferte zu begründen und festzuhalten suchten. Was Hr. E. die gewöhnliche Orthographie nennt, die sich durch die Länge der Zeit bei uns eingebürgert hat, ist in vielen Fällen eine auf schlechter Ueberlieferung basierte Orthographie, so besonders in Bezug auf Iota subscriptum und Betonung. Sollten wir der besseren Ueberlieferung ihre Berechtigung bestreiten, weil sich das schlechtere durch Jahrhunderte von einer Ausgabe auf die andere vererbt hat?

Das besondere Missfallen des Hrn. E. habe ich mir durch die abweichende Aspiration gewisser Wörter zugezogen. Hr. E. gesteht es selbst zu, dass die Spiritus sich öfters nicht mit der Ableitung der Wörter in Einklang bringen lassen wie z. B. bei *ἅμαξα*, *ἦθος*, *ἄμυδις*. Wenn nun dies der Fall ist, so fragt es sich, was für den Herausgeber massgebend sein muss, die Sprachvergleichung oder die Ueberlieferung. Wir halten uns wie überall an die letztere und bei einer Anzahl von Fällen lässt sich sicher nachweisen, dass wirklich nur die Ueberlieferung entscheidend ist. So beweisen *ἐπ' ἄμαξαν* *M* 448, *Ω* 711; *ὑπ' ἀμάξῃσιν* *Ω* 782; *κατ' ἀμαξιτόν* *X* 146; *πάντ' ἄμυδις* *M* 385, *μ* 413; *οἵ τ' ἄμυδις* *N* 336; *ὥς τ' ἴρηξ* *N* 62; *ὑπ' ἴρηκος* *Φ* 494; *τ' ἴρηκες* *ε* 66 dass *ἅμαξα*, *ἅμυδις*, *ἵρηξ* der Etymologie zum Trotz nicht aspiriert wurden; warum soll deshalb in anderen Wörtern die Ableitung entscheidend sein und nicht der Sprachgebrauch? Dass übrigens *ἅμαξα* auch bei den Attikern nicht durchweg aspiriert wurde, oder der Spiritus asper sich erst später allgemeine Geltung verschaffte beweist das noch von Sophokles (Antig. 251) gebrauchte *ἐπη-*

μαξευμένη. Für den Spiritus haben wir noch bei folgenden Wörtern bestimmte Anhaltspunkte im Homer selbst: *ὀμίχλη*: *ἦντ' ὀμίχλη Α* 359; *αὔτως*: *τ' αὔτως Γ* 220; *ἔτ' αὔτως Ψ* 268; *οὐκ αὔτως ξ* 151; *ἦμαρ*: *ἐπ' ἤματι Ν* 234; *Τ* 110, 229; *ἴκελος*: *ἔπειτ' ἰκέλη Τ* 282; *ἀλύω*: *δινεύεσκ' ἀλύων Ω* 12; *ἔρση*: *θ' ἐρσήεντα Ξ* 348; *θ' ἑλισσομένη Ψ* 846; *τ' ἠλίβατος Ο* 273; *κ' ὕμμιν Κ* 380 und anderen, die nicht angezweifelt werden. Bei *ἔρδω* schwanken die Handschriften zur Odyssee, während die zur Ilias in der Regel nicht von einander abweichen. Hier kommt hauptsächlich eine Stelle in Betracht, *η* 202, wo A C G H M P Q S V, also die besten Handschriften *εὖθ' ἔρδωμεν* haben (L *ἔνθ' ἔρδωμεν*), die anderen *εὖτ' ἔρδωμεν* und D E *ἔρδομεν*. Nimmt man dazu die Hom. Textkr. S. 258 angeführten Belege aus den Schriften der alten Grammatiker, worunter auch eine Angabe aus Herodian, so wird sich der gewissenhafte Herausgeber weder von einem, noch auch von hundert Blicken in Curtius Grundzüge der Gr. Etymologie bestimmen lassen *ἔρδω* zu schreiben, denn Ableitung und Spiritus gehen wie *ἅμαξα*, *ἅμυδις* u. a. beweisen, nicht Hand in Hand. Was hält denn Hr. E. von Schreibweisen wie *ἀμφίαλος* neben *Εὐρύαλος*, *Εὐαίμων*, *Μελάνιππος*, *Φίλιππος*, *Ἀμοπάων* und gar *Λεύκιππος*, deren Ableitung von *ἅλς*, *αἷμων*, *ἵππος*, *ἅμα* gar nicht in Zweifel gezogen werden kann? Kann der Herausgeber solche Thatsachen ignorieren? Soviel über die Aspiration woraus Hr. E. ersehen mag, dass ich doch nicht so ganz ohne Ueberlegung zu Werke gegangen bin, wie er anzunehmen für gut findet. Vielleicht befinden wir uns gerade im umgekehrten Verhältniss, was auch gar nicht zu verwundern wäre, da ich wahrscheinlich so viel Jahre zu meiner Ausgabe gebraucht habe, als Hr. E. Wochen zu seiner Rezension und also ein beträchtliches Quantum mehr Zeit zur Ueberlegung hatte, nebenbei bemerkt auch nicht so blind und im Homer so unbewandert bin, dass ich mir so wichtige Dinge hätte entgehen lassen. Dass die Herren Rezensenten alles viel besser verstehen ist bekannt, um so bedauerlicher ist es, dass sie sich nicht selber herbeilassen mögen auf dem Gebiete zu arbeiten, wo sie sich so heimisch fühlen, sondern dies immer den weniger berufenen überlassen. Wie schade dass Hr. E. sich nicht dazu entschliessen kann unsere Homerliteratur durch eine neue Textrezension zu bereichern, schon deshalb weil dabei auch noch die Resultate der vergleichenden Sprachforschung zur Besserung des Textes herangezogen und verwendet worden wären.

Dass ich es auch in Betreff der Zusammenschreibung und Trennung Hrn. E. nicht recht gemacht habe wundert mich nicht, das Gegentheil wäre eher wunderbar. Es ist zwar nur *ἀλαὸς σκοπιήν, ὑπέρμορον* und *πάρεξ* (wo es Adverbium ist), worüber sich mein Rezensent missbilligend äussert, dass sich derselbe aber wundert, warum nicht auch *τηλεκλυτός* und *περικλυτός* (vielleicht auch *ναυσὶ κλυτός*?) getrennt sind, begreife wer kann, oder wäre es sein Wunsch, dass solche Albernheiten in meiner Ausgabe vorkämen, damit ich meinen Rezensenten Wasser auf ihre Mühle liefere? Man müsste folgerichtig jede Zusammensetzung mit Praepositionen läugnen, wenn man sich auf den Standpunkt meines Rezensenten stellte.

In der Wahl der Schreibweisen bin ich natürlich blind herumgetappt, trage aber gewiss keine Schuld daran, wenn Hr. E. die Gründe nicht einsicht, warum eine bestimmte Lesart aufgenommen worden ist. Meine Richtschnur war die, den handschriftlich besser beglaubigten Schreibweisen den Vorzug zu geben, sobald kein anderer Grund zu ihrer Verwerfung vorlag. Dass ich χ 179 die Conjectur Classens *ἐόντε*, die eine schlagende Besserung sein soll, nicht aufgenommen habe, geschah deshalb, weil die Ueberlieferung *ἐόντα* in jeder Hinsicht haltbar ist und ich durchaus nicht von Emendationssucht ergriffen bin. Auch die übrigen Herausgeber müssen geglaubt haben, dass man mit *ἐόντα* vollkommen ausreicht. λ 127 ist *συμβλήμενος* auf Grund der besseren Ueberlieferung geschrieben und dasselbe hätte auch ψ 274 geschehen sollen. Da im Homer *σύν* und *ξύν* wechseln, und wir keinen andern Grund dafür finden können, warum bald das eine, bald das andere steht, ausser den dass bald das eine bald das andere überliefert ist, so müssen die Handschriften entscheiden, wenn man es nicht so machen will wie Bothe, der überall *ξύν* schreibt, wo es das Metrum zulässt. Ich habe mich bis jetzt zu einer solchen Art von Kritik nicht entschliessen können. γ 60, λ 474, 527 u. ö. habe ich eine andere Schreibweise als

Vermuthung hingesetzt, was mir wiederum zum Vorwurf gemacht wird. Wäre die seither übliche Lesart unhaltbar, so hätte ich sie gewiss nicht in den Text aufgenommen; deshalb wird mir aber denn doch noch gestattet sein in einer Note zum Text an den Leser die Frage zu richten, ob man vielleicht nicht besser etwas anderes in den Text setzte; denn dass an derartigen Stellen die alten Lesarten ein oder das andere Bedenken gegen sich haben, wird man bei einigem Nachdenken finden. μ 69 habe ich gegen die Handschriften, in denen jedoch nicht selten das Iota subscriptum fehlt, κείνῃ geschrieben; dass Matthiä so gebessert hat weiss ich nicht, will es jedoch nicht bestreiten. Glaubt Hr. E. ich hätte mich mit fremden Federn schmücken wollen, der ich sonst überall die Urheber einer Verbesserung genannt habe? Dass ich meine Hom. Textkritik für manche Fälle zu oft citirt habe, gebe ich zu, aber das Motiv, welches mir untergelegt wird, ist nicht das richtige. Für Leute, die mit den Homerischen Studien der Alexandriner vertraut sind, war dies gewiss nicht nothwendig, aber ich denke mir meine Ausgabe auch noch in andern Händen.

Dass manchmal exegetisches in der Adnotatio critica enthalten ist, hat seine Richtigkeit: es findet sich aber nur dann, wenn dabei der Name eines alten Grammatikers (gewöhnlich Aristarchs) überliefert ist, und wenn ein Grammatiker eine bestimmte Form an einer bestimmten Stelle erklärt, so las er sie auch in seinem Text. Vielleicht wird Hr. E. jetzt einsehen warum ich das gethan habe und dass derlei Angaben nicht überflüssige Raumverschwendung sind. Z. B. υ 132 haben die Handschriften ἐμπλήγδην und ἐκπλήγδην (so GMPS): Aristarch erklärte ἐμπλήγδην mit ἐμπληκτικῶς, las also ganz sicher ἐμπλήγδην. Sollte wirklich ausser Hrn. E. noch jemand die Ansicht haben, diese scheinbar exegetische Bemerkung sei überflüssig? Zu υ 383 finden sich exegetische Bemerkungen zu ἄλφοι, welche beweisen, dass dies die allgemein überlieferte Schreibweise ist. φ 146 beweist die exegetische Bemerkung, dass Aristarch μυχοίτατος, χ 84 dass er περιῤῥηδής las. Die Glossen zu φ 397 wird selbst Hr. E. nicht für überflüssig halten, da sie zu den beiden Schreibweisen in engster Beziehung stehen. Es wäre sehr zu wünschen, dass uns die Lexikographen noch eine grössere Anzahl solcher „exegetischen" Bemerkungen erhalten hätten. Wir können Hrn. E. nur den wohlgemeinten Rath geben, mit dem Urtheil nicht so rasch bei der Hand zu sein und vorher erst ein wenig nachzudenken. Freilich braucht ein Rezensent zum Nachdenken nur Wochen, während der Herausgeber immer einige Jahre Zeit dazu hat.

Auch mit den Citaten der Homerischen Verse habe ichs Hrn. E. nicht recht machen können. Ich hätte nemlich die Citate der Scholiensammlungen lieber ganz auslassen sollen, und gerade diese halte ich für die wichtigsten. Dass noch Citate genug ausser den von mir gegebenen beizubringen gewesen wären, weiss jeder, und wer es der Mühe werth findet kann das, was ihm noch zu fehlen scheint, leicht ergänzen. Dass ich die Scholien zu Nikander nur zu ι 223 und σ 289 citiert haben soll ist unwahr: sie sind ausserdem noch erwähnt zu β 120, φ 294, χ 184, 329, ω 402 und fehlen nur δ 460, ζ 43, η 227, χ 455. Die Scholien zu Theokrit sind γ 392, ε 66, ξ 530, π 176, χ 239 im Commentar erwähnt, Theokr. VII, 39 geht auf *I* 208, nicht auf χ 215, so dass das, was Hr. E. noch zu den Testim. veterum hinzubringt, ausser den Scholien zu Oppian wenig neues, sicher aber nichts brauchbares enthält.

Und damit nehme ich Abschied von Hrn. Dr. Eikholt und empfehle mich ihm für ein anderes mal.

Wien, den 21. Juni 1869.

Jac. La Roche.

Homerische Untersuchungen.

I.

Bei Homer bildet Muta vor Liquida in der Regel Position, ein Gebrauch den auch die späteren Epiker beibehalten haben, abweichend von den übrigen Dichtern, bei denen der kurze Vocal vor Muta mit Liquida in den meisten Fällen kurz bleibt. Dies gilt sowohl, wenn beide Consonanten in der Mitte eines Wortes, als wenn sie am Anfang stehen. Doch finden sich bei Homer so zahlreiche Ausnahmen, dass für manche Fälle die Ausnahme Regel, die Regel zur Ausnahme wird und wir uns nach einem anderen Gesetze umsehen müssen, welches für die Homerische Prosodie bestimmend ist. Dieses Gesetz ist kein anderes als das der Nothwendigkeit, denn die epische Sprache musste entweder auf Wörter wie *ἀλλόθροος*, *Ἀφροδίτη*, *ἀλλότριος*, *Ἀμφιτρύων*, *προσηύδα*, *τράπεζα* u. a. gänzlich verzichten, oder von der allgemeinen Regel Ausnahmen zulassen. Dasselbe Gesetz gilt auch für die Verlängerung kurzer Silben, die nothwendig da eintreten musste, wo drei oder mehr Kürzen auf einander folgen, wie in *ἀπονέοντο*, *ἀθάνατος*, *ἐπίτονος*, *Διὶ φίλος*, und so hat sich in der epischen Poesie in Bezug auf die Prosodie eine Freiheit eingebürgert, die sich fast keiner Regel zu fügen scheint[1]). Und gerade dieser Ungebundenheit verdankt die epische Poesie einen nicht geringen Theil ihrer Schönheit. Wenn man anderseits auch zugestehen darf, dass, wie Buttmann[2]) bemerkt, dem

[1]) So finden wir *ἐπεὶ δή* als Molossus und Bacchius, *Ἀπόλλωνος* als Antispast und Epitrit, *Κρονίων* (⏑ ⏓ –) neben *Κρονίωνος* (⏑ ⏑ ⏓ ⏑) und *Κρονίονος*, *Πρίαμος* (⏑ ⏑ ⏑) neben *Πριαμίδης* (⏓ ⏑ ⏑), *ἀασάμην* (⏓ ⏑ ⏑ –) neben *ἀάσατο* (⏑ ⏓ ⏑ ⏑) u. a. vgl. Thiersch Gr. Grammatik § 168.

[2]) Ausf. Gr. Sprachlehre I, S. 40, A. 15

weichern Ionischen Dialect die Zusammenkunft von Muta und Liquida schon hart genug war, so muss doch zwischen den einzelnen Mutis und Liquidis ein Unterschied gemacht werden, denn wenn wir die vorliegenden Fälle betrachten, so ergibt sich, dass die Verbindung einer Muta mit λ oder ϱ dem Ionischen Ohr bei weitem nicht so hart geklungen hat, als die mit μ und ν, welche Verbindungen fast ausnahmslos Position bilden. Andererseits liessen sich die Epiker nicht abhalten, selbst vor ζ und σκ Kürzen eintreten zu lassen, wo es die Nothwendigkeit erheischte.

1. Wir wollen nun die einzelnen Fälle näher betrachten, zuerst die im Inlaut, dann die im Anlaut.

λ.

βλ bildet im Inlaut immer Position: ἄβληχρος[3]), Ἄβληρος (Z 32), ἀβλῆτα (Δ 117), ἄβλητος, ἀπόβλητος, ἀνάβλησις (B 380), ὑποβλήδην und παραβλήδην, βέβλημαι, ἔβλητο, προβλής (B 396), ἐπιβλής (Ω 453), ἔβλαψα, ἐβλάφθησαν (Ψ 387), καταβλώσκω, προβλώσκω, παραβλώψ (I 503), ἀποβλύζων (I 491), βύβλινος (φ 391).

γλ: ἀγλαός, ἀγλαΐη, διαγλάψασα (δ 438), ἔκπαγλος, τανύγλωσσος (ε 66), τριγλώχινι (E 393), τανυγλώχινας (Θ 297), χαλκογλώχινος (X 225), περιγλαγέας (Π 642).

θλ: θέμεθλον, ἄεθλον, das daraus contrahierte ἆθλον hat von Natur langes ᾱ.

κλ: ἀκλεής, Ἀγακλῆς, Βαθυκλῆς, Διοκλῆς, Ἐπικλῆς, Ἐτεοκλῆς, Ἡρακλῆς, Ὀικλῆς, Ἀντίκλεια, Εὐρύκλεια, Ἄντικλος, Δόρυκλος, Ἔχεκλος, Ἴφικλος, Πάτροκλος, Φέρεκλος, Ἀμυκλαι, ἀγακλυτός und ἀγακλειτός, ναυσικλυτός und ναυσικλειτός, ὀνομάκλυτος (X 51), περικλυτός, πρόκλυτος, τηλέκλυτός und τηλεκλειτός, Θεοκλύμενος, ἔκλυον, κέκλυτε, κέκλετο, κεκλόμενος, κέκλοντο (Ψ 371), ὀνομακλήδην, πολύκλητος, ἐπίκλησις, κικλήσκω, ὁμοκλέω, ὁμοκλητήρ, κεκληγώς, ἔκλινα, ἀποκλίνω (τ 556), παρακλίνας, ἐκλίνθη, ἀνακλινθείς, παρακλιδόν, δίκλιδες (β 345), πολυκληίς, ἐκλήισεν (ω 166),

---

[3]) λ 135 hat L ἀμβληχρός, ebenso LQ ψ 282, ἀμβληχρὴν E 337 L und die Stuttgarter Handschrift, Θ 178 ἀμβληχρ' G, und wenn wir der Notiz bei Cram. Epim. 95, 12 Glauben schenken wollten, so hätte Herakleides E 337 ἀμβλήχρην geschrieben, nach Herodian zu Θ 178 dagegen ἀβλήχρην.

κατέκλων (Υ 227), ἐνικλᾶν (Θ 408), ὑποκλοπέοιτο (χ 382), ἐπίκλοπος, ἔκλεψεν, ἄκληρος, πολύκληρος, κύκλος, Κύκλωψ, ἄκλαυτος, μετακλαύσεσθαι (Λ 764), ἐκλύσθη, πολύκλυστος, ἐπέκλωσεν, ἐπικλώσῃ (δ 208), ἐκλάσθη, συνεκλόνεον (Ν 722), μετοκλάζει (Ν 281), ἔκλαγξαν (Α 46), ἔκλαιον (μ 309).

Ausnahmen machen *Πάτρŏκλε* Τ 287, *προσέκλινε* φ 138, 165, wofür Buttmann mit G. Hermann und Spitzner *πρόσκλινε* zu schreiben befürwortet[4]), *ἐκλίθη* τ 470 und *Ἡρακλέης* Hesiod. Theog. 527. In demselben Worte gebraucht auch Apollon. Rhod. I, 349, 426, 864, 993, 1040, 1163 u. ö. das ᾱ als Kürze, während bei Homer der Nominativ gar nicht vorkommt, da der Dichter sich dafür der Umschreibung *βίη Ἡρακληείη* bedient. Wollte man diese Unregelmässigkeit entfernen, so müsste man *Ἡρακλῆς* schreiben, da *Ἡρακλέης* nicht dreisilbig gesprochen werden kann, welche Aenderung ebensowenig zu billigen wäre als die von *προσέκλινε* in *πρόσκλινε*.

πλ: ἐυπλόκαμος, καλλιπλόκαμος, λιπαροπλόκαμος, ἐυπλεκής, ἐύπλεκτος, ἔπλεξε (Ξ 176), περιπλεχθείς (ξ 313), ἔπλεον, ἐπιπλεῖν, ἐνίπλειος, ἐύπλειος, ἀναπλῆσαι, ἐνιπλήσασθαι, περιπληθής (ο 405), οἰνοπληθής (ο 406), νεόπλυτος, ἐυπλυνές, ἀποπλύνεσκε (ζ 95), ἔπλετο, ἐπιπλόμενος, περιπλόμενος, πέπληγον, παραπλῆγας (ε 418), ἀποπλήξας, ἐνιπλήξωσι (χ 469), διαπλήσσοντες (Ψ 120), ἐπλήσθη, ἀποπλαγχθείς, πολύπλαγκτος, διπλόος, τριπλῇ, τετραπλῇ, τρίπλακα, ἁπλοΐδας (ω 276), δακρῡπλώειν (τ 122), ὅπλον, ὑπεροπλίη, ἐμπίπληθι (Φ 311): ob aber für letzteres nicht *ἐμπίμπληθι* auch gegen die Handschriften zu schreiben sein wird, vor Lippenlauten nicht selten weggefallen ist[5]), das steht in Frage, da Homer sonst nur *πίμπλημι* kennt Λ 104; Ι 679; Φ 23; δ 662; κ 248; υ 349 (LS *πίπλαντο*).

Kurzer Vocal findet sich vor *πλ* in: *τειχεσιπλῆτα* Ε 31, 455; *πρωτόπλοον* θ 35; *προσέπλαζε* λ 583, welches man in *πρόσπλαζε* umändern wollte, vgl. Anm. 4; in *ἄπλητον* Hymn. V, 344 und *ἔπλεον* Hymn. Apoll. 408, welches man jedoch zwei-

[4]) Buttmann A. Spr. I, S. 40*. G. Hermann Orph. S. 756—758. Spitzner de versu Graec. heroico Cap. 3. Bekker Hom. Blätter S. 85. Thiersch Gr. Gramm. § 146, 6 8.

[5]) Zeitschr. für Oesterr. Gymn. 1868, S. 142. Homeri Odyssea ed. J. La Roche. Vol. II, pg. 348.

silbig lesen kann. Dazu kommt noch *Οἴοκλον* aus der Atthis bei Pausanias IX, 29.

τλ: *Ἄτλας, ἄτλητος, πολύτλητος, πολύτλας, πολυτλήμων, ἔτλην, τετληώς, ἐπιτλήτω* (*T* 220).

Das einzige *σχετλίη Γ* 414 macht eine Ausnahme: Thiersch Gr. Gramm. § 146, 8 glaubt es sei zweisilbig zu lesen, wogegen sich Oscar Meyer[6]) mit Recht ausspricht. Buttmann A. Sprachl. I, S. 40 will lieber eine ursprüngliche Form ohne Iota annehmen, wie in *πότνα, λοῖσθος* neben *πότνια, λοίσθιος*. Keine von beiden Annahmen ist zu billigen.

φλ: *παφλάζω, Παφλαγών, ἐπιφλέγω, καταφλέξω* (*X* 412), *Πυριφλεγέθων, ἔφλυε* (*Φ* 361), *πολύφλοισβος, τανύφλοιος* (*Π* 767).

χλ: *ἀχλύς, μόχλος, ὀμίχλη, ὀχλίζω*.

μ.

γμ: *ὄγμος, ἐρύγμηλον* (*Σ* 580), *πεφύγμενος, τετύγμενον*.

δμ: *ἀδμής, ἄδμητος, ἐύδμητος, θεόδμητος, δέδμητο* (*α* 426), *μεσόδμη, ὀδμή, Κάδμος, φράδμων*.

θμ: *ἀριθμός, εἰσίθμη* (*ζ* 264), *σταθμός, κεκορυθμένος, γναθμός, πυθμήν*. Die einzige Ausnahme, nicht nur für θμ, sondern überhaupt für μ mit einer Muta macht *ἀργύρεοι δὲ σταθμοί η* 89, wie alle Handschriften haben. Barnes schrieb dafür *σταθμοὶ δ' ἀργύρεοι* und W. C. Kayser *ἀργύρεοι σταθμοί*. Es bleibt kaum ein anderer Ausweg zur Beseitigung dieser abnormen Verkürzung, als eine der beiden Aenderungen aufzunehmen. Die Conjectur von Barnes haben fast alle Herausgeber in den Text gesetzt und auch Spitzner de versu Graec. her. pg. 98 hat sie gebilligt; Krüger § 13, 7 nimmt Synizese an.

κμ: *ἄκμων, ἀκμόθετος, ἀκμής, ἀκμή, πολύκμητος, κεκμηώς, ἀνδρόκμητος* (*Λ* 371), *ἄκμηνός, τέκμωρ, τεκμαίρομαι, λικμητήρ*.

τμ: *ἀυτμήν, ἀυτμή, ἐφετμή, ἐρετμόν, φιλήρετμος, τέτμεν, πότμος, διατμήξας, διέτμαγεν, ἀποτμήγουσι* (*Π* 390), *ἐύτμητος*.

χμ: *δοχμώ* (*M* 148), *δόχμια* (*Ψ* 116), *ἀποδοχμώσας* (*ι* 372), *βρεχμός, λόχμη, μυχμός* (*ω* 416), *πλοχμοί* (*P* 52), *λάχμος* als Variante zu *λάχνος* (*ι* 445), *ἀκάχμενος*.

---

[6]) Quaestiones Homericae scripsit Oscar Meyer, Bonnae 1868, pg. 34.

ν.

γν: γιγνώσκω und γίγνομαι, unrichtig in den meisten Handschriften γινώσκω und γίνομαι geschrieben[7]), ἔγνω, ἄγνωστος, ἀρίγνωτος[8]) ἀλλόγνωτος (β 366), διαγνῶναι (Π 424), κασίγνητος, περιγνάμπτοντα, ἀνέγναμψαν (ξ 348), ἐπέγναμψεν, ἀνεγνάμφθη, ᾠίγνυντο (Β 809), ἰγνύη, ὀρεγνύς. Für με ἀναγνοίη τὸν ἐόντα λ 144 las man ehemals μ' ἀναγνοίη τοῖον ἐόντα gegen die Uebereinstimmung der Handschriften und Ω 274 ist ὑπὸ γλωχῖνα δ' ἔγναμψαν, welches nur in schlechten Quellen steht und im Venetus A übergeschrieben ist, mit Recht in ἔκαμψαν geändert worden, vgl. Bekker Hom. Blätter S. 36; Thiersch Gr. Gramm. § 146, 7, Anm.

δν: ἀκιδνότερον (σ 130), ἀλαπαδνός, Ἀριάδνη von Zenodot Ἀριήδνη geschrieben[9]), ἀλοσύδνη, ἔεδνον und ἔδνον, ἐδνοπάλιζεν (Δ 472), ἰδνωθείς, ἰοδνεφές, Κάλυδναι, κεδνός, μακεδνός (η 106), ὀλοφυδνός.

θν: ἔθνος, ἀποθνήσκω, τέθνηκα, καταθνητός. τεθνεῶτι τ 331 ist dreisilbig zu lesen, wie ἑστεῶτος, vgl. Bekk. Hom. Bl. S. 36.

κν: κύκνος, πυκνός, ὄκνος, ὀκνέω, τέκνον, ἄκνηστις, ἐυκνήμιδες, χαλκοκνήμιδες, πολύκνημος (Β 497), ὀκτάκνημα (Ε 723).

Ausnahmen finden sich im Homer nicht, aber Hesiod hat ἀκρόκνέφαιος Op. 567, ὦ τέκνον Fragm. 95, Ζεὺς ἐτέκνωσε πατήρ Fragm. 95 (Göttling) und im Hom. Hymn. XIX, 20 findet sich πύκνά, welches mit Barnes, dem auch G. Hermann folgt, in πύκα zu ändern ist.

πν: καπνός, ὕπνος, ἐπιπνέω, ἄπνευστος, ἀνάπνευσις, ἀπέπνευον, ἀποπνείουσαι (δ 406), πεπνυμένος.

τν: πότνιος, πιτνάς (λ 392), φάτνη.

φν: ἀφνειός, πέφνον, beide durch Synkope aus ἀφένειος (ἄφενος), πέφενον entstanden. ὅς δὴ ἀφνειότατος Υ 220 muss mit Synizese ausgesprochen werden.

---

[7]) Hom. Textkritik, S. 219.

[8]) ὦ ἀρίγνωτε ρ 375 ist mit Synizese zu sprechen, vgl. Bekk. Hom. Blätter, S. 36; Thiersch Gr. Gramm. § 146, 7, Anm., μ 330, Τ 220. Die Handschriften haben fast alle ὠρίγνωτε, wenn auch verschieden geschrieben und betont.

[9]) Didymos zu Σ 592; Hom. Textkritik S. 302.

$\overline{\chi\nu}$: ἄχνη, ἄχνυμαι, ἀράχνια (ϑ 280), ἴχνος, ἴχνιον, ἰχνεύω, λάχνη, λάχνος, πάχνη, τέχνη, προχνύ. In dem Homerischen Epigramm XIV, 10 findet sich τῆδε τέχνῃ als Choriambus.

Auch die beiden Liquidae $\overline{\mu\nu}$ bilden überall Position: βέλεμνον, δέμνια, λίμνη, μίμνω, τέμνω, κάμνω, ὄμνυμι, μέμνημαι, ἔμνησα, Ἀγαμέμνων, ὑπομνήσουσα (ο 3), πολυμνήστη, ὑπεμνάασθε (χ 38), προμνηστῖνοι, αἰσυμνητήρ (Ω 347) nach Aristarch, wofür andere αἰσυητήρ schrieben, νώνυμνος statt des gewöhnlichen νώνῡμος α 222; Μ 70; Ν 227; Ξ 70, wofür α 222 die sämmtlichen und an den drei anderen Stellen sehr viele Handschriften die Form ohne ν haben. Κλυταιμνήστρη statt Κλυτομνήστρη hat $\overline{\alpha\iota}$ nicht aus metrischem Grund, sondern ist gebildet nach Analogie von μεσαιπόλιος, ἰθαιγενής (ξ 203, wo in den meisten Quellen ἰθαγενέεσσιν steht), τιθαιβώσσειν (ν 106), Πυλαιμενής, Ἰθαιμενής, Πυλοιγενής (Β 54), ὀλοοίτροχος, ὁδοιπόρος, vgl. Eustath. 360, 30; 422, 34; 937, 38. Doch ist bei allen übrigen Wörtern die Verlängerung aus metrischem Grunde geboten und findet ihre Analogie in den Formen ὑπαί, ἀπαί, παραί, καταί, in denen sowohl $\overline{o}$ als α zu $\overline{\alpha\iota}$ gedehnt erscheinen.

ρ.

$\overline{\rho}$ ist von allen Liquidis die weichste, deshalb finden sich auch vor einer Muta mit $\overline{\rho}$ die meisten Verkürzungen, doch auch nur innerhalb gewisser Grenzen.

$\overline{\beta\rho}$: ἄβρομος (Ν 41), ἐπιβρέμει, ὑψιβρεμέτης, ἔβρισαν (Μ 346), βεβρίθασιν (ο 334), ἐπιβρίσειαν (ω 344), ἐπιβρίσῃ (Μ 286), ἔβραχε, βέβρυχα, ὑπόβρυχα (ε 319), ἀναβροχέν (λ 586), καταβρόξειεν (δ 222), ἀναβρόξειε (μ 240), βεβρώθοις (Δ 35), βέβρωκα, ἐβρόντησεν (υ 103, wo Α ἐμβρόντησεν hat), ἀποβρίξαντες (ι 151; μ 7), μολοβρός, λάβρος, λαβρεύομαι, νέβρος, ὕβρις, ὑβρίζω, ὑβριστής und das zweifelhafte ὄβριμος.

Eine Ausnahme machen nur die Wörter in denen der Stamm ΒΡΟΤΟΣ vorkommt, ἀβρότη Ξ 78; ἀμφίβροτος Β 389, Λ 32, Υ 281; ἀβροτάξομεν Κ 65; βεβροτωμένα λ 41. Dieses sollte eigentlich μροτός lauten, wovon durch Metathesis μορτός, wie aus ἄτραπος ἄταρπος, κρατερός καρτερός, geworden ist, welches sich auch in einem Fragmente des Kallimachos „ἐδείμαμεν ἄστεα μυρτοί“ (Etym. Orionis 33, 26 ff.) noch erhalten hat. Da, wie Herodian in seinen Epimerismen (Cramer Anecd. Oxon. II, 64, 1) bemerkt, μ vor ρ weder in verschiedenen noch in derselben Silbe stehen kann, so ist β an die Stelle von μ getreten. Soll vor βροτός ein kurzer Vocal verlängert werden, so tritt noch μ hinzu, oder richtiger gesagt, es tritt nachher das β zwischen das ursprüngliche μρ, welche beiden Laute im Griechischen nicht nebeneinander stehen können, so in ἄμβροτος, ἀμβρόσιος, φθισίμβροτος, φαεσίμβροτος, τερψίμβροτος, λησίμβροτος (Hymn. Merc. 339) vgl. ὄμβρος, γαμβρός, ἤμβροτον, μεσεμβρία, Ἴμβρος, Θύμβρη (K 430), Θύμβρις, Στησίμβροτος u. ähnl. Deshalb haben Bekker und Thiersch[10]) für ὄβριμος und ὀβριμοπάτρη die Schreibweise ὄμβριμος, ὀμβριμοπάτρη, die sich auch in untergeordneten Handschriften findet, anempfohlen. Da aber βρ mit Ausnahme von βροτός (und selbst da nicht durchgehends) und βραχίων immer Position bildet, so ist die Schreibweise ὄμβριμος nur dann anzuempfehlen, wenn seine Ableitung von ὄμβρος sichergestellt ist.

γρ: ἀγρός, ἄγριος, ἀνδράγρια, βοάγρια, ζωάγρια, μοιχάγρια, ἄγραυλος, ἄγρωστις, ἀγρόμενος, αὐτάγρετος, ἄγρη, ἔγρετο, λυγρός, ὑγρός, ἐπέγραψε, ἐπιγράβδην (Φ 166).

δὴ ἄγρην μ 330 ist mit Synizese zu lesen.

δρ: ἴδρις, ἰδρείη, ἀιδρείη, πολυϊδρείη, ἕδρη, ἔδραμον, δέδρομεν, περίδρομος, ἀποδράς π 65), ἐπίδρομος, ἱππόδρομος, μεταδρομάδην (E 80), Ἄδρηστος, Ἀδρήστη, ὑποδρηστῆρες, παραδρώωσι (ο 324), ὀλιγοδρανέων, ὕδρος (B 723), ὑδρηλός, ὑδρηναμένη, ἀποδρύπτω, ἐδρύφθη, ἱδρώς, ἔδραθον, ὑπόδρα, χαράδρη, δεδραγμένος, κέδρινος, κυδρός (’ κῦδος, κύδιστος).

Bei Homer gibt es nur eine einzige Ausnahme ἀμφϊδρυφής B 700, während in ἀμφίδρυφοι Λ 393 ι verlängert ist. Eine weitere Ausnahme macht ἀνδροτῆτα Π 857, X 363, Ω 6, welches die erste Silbe, deren Vocal sogar durch drei Consonanten gestützt ist, trotzdem kurz hat, während die entsprechenden Formen von ἀνήρ überall langes α haben. Andere schrieben aus

[10]) Homer. Blätter S. 36. Gr. Gramm. § 116, 3. Dieses euphonische μ findet sich auch noch in ἀμπλακεῖν, πίμπλημι, πίμπρημι, immer vor Lippenlauten.

Conjectur *ἀδροτῆτα*, Bekker *ἀρετῆτα*, aber die Form ist nicht nur durch die Uebereinstimmung der Handschriften, sondern auch noch durch die Zeugnisse der Grammatiker gestützt, vgl. Schol. HMQR zu *α* 1, wozu Dindorf bemerkt „veram scripturam *ἀδροτῆτα* esse hodie constat" (Vgl. Hesychios I, 48 *ἀδρότης*: *δύναμις μέγεθος*. Bekk. An. 342, 4). Der Grammatiker bei Villoison Anecd. Graeca II, 85 erwähnt in gar nicht misszuverstehenden Worten die Schreibweise *ἀνδροτῆτα*, desgleichen Eustath. pg. 641, 39; 1090, 35; Etym. Mg. 102, 56; Zonaras Lex. 184; Apollon. Soph. 37, 4; Bekk. Anecd. 394, 26; Hesych. I, 189; Schol. *Π* 857. Dass auch Aristarch *ἀνδροτῆτα* und nichts anderes geschrieben hat, ergibt sich deutlich aus der Bemerkung des Aristonikos zu *Ω* 6. Man lasse deshalb *ἀνδροτῆτα*, wie so manches andere, als Singularität im Homer stehen.

θρ: *ἀθρόος*, *ἀθρῆσαι*, *βόθρον*, *βέρεθρον* (*μ* 94), *πέλεθρον*, *ἀπέλεθρος*, *μέλαθρον*, *ὄλεθρος*, *πτολίεθρον*, *ἀπο-* und *ἐπιθρῴσκω*, *ἐλεόθρεπτος*, *ἔθρεψα*, *ἐθρίγκωσεν* (*ξ* 10), *εὔθρονος*, *χρυσόθρονος*, *ἐθρήνεον* (*Ω* 722).

ἀλλόθροος *α* 183, *γ* 302, *ξ* 43, *ο* 453 macht bei Homer die einzige Ausnahme des Metrums wegen, wie auch *ἀλλότριος* und *ἀλλοπρόσαλλος*, da es nur in Formen erscheint, in denen die letzte Silbe lang ist, demnach choriambischen Rhythmus bekommen muss um überhaupt in den Vers zu passen. Im Hymn. XXVI, 7 kommt *ἔθρεψαν* mit kurzer Anfangssilbe vor.

κρ: *ἄκρος*, *μακρός*, *δάκρυ*, *πικρός*, *Λοκρός*, *ἄκριτος*, *διακριδόν*, *ἔκρινον*, *ἀκράαντον* (*β* 202), *ἐπικρήηνον* (*Α* 455), *ἐκραίαινεν*, *κεκράανται* (*ο* 116), *ἐπικρῆσαι* (*η* 164), *μελίκρητον*, *ἀκραής*, *ἐπικρατέω*, *ἴκριον*, *κατα-* und *ἀποκρύπτω*, *καλλικρήδεμνος* (*δ* 623), *λιπαροκρήδεμνος*, *νεκρός*, *ὀκριόεις*, *ὀκρυόεις*, *ὀρθοκραιράων*, *πολιοκρόταφος*, *πρόκροσσαι*, *κεκρύφαλον* (*Χ* 469), *ἐκρέμω* (*Ο* 18), *ἀπεκρέμασεν* (*Ψ* 879), *ἀνέκραγον*, *ἀντικρύ*, *Ἐτεόκρητες* (*τ* 176).

Ausgenommen sind *δᾰκρῠπλώειν* *τ* 122, *ἐνέκρυψε* *ε* 488, welches man mit Unrecht in *ἔγκρυψε* verwandeln wollte, *κĕκρυμμένα* *ψ* 110 und *κακότητα πῐκρήν* Hymn. VIII, 12.

πρ: *κάπρος*, *κόπρος*, *Κύπρος*, *Κύπρις*, *ἄπρηκτος*, *διαπρήσσω*, *ἀπόπροθι*, *ἀπόπροθεν*, *ἀποπροέηκε*, *ἐπιπροέηκε*, *ἀποπροελών* (*ρ* 457), *ἐπιπροέμεν* (*Δ* 94), *προπροκυλινδόμενος*, *ἔπρεπον*, *ἀριπρεπής*, *μεταπρεπής*, *νεόπριστος*, *καταπρηνής*, ἔπραθον, διαπραθέειν, θεόπροπος, θεοπρόπιον, πεπρωμένος, ἀναπρήσας (β 81), διαπρύσιον, κυανόπρωρος, ἀπροτίμαστος (Τ 263). Das schon oben erwähnte ἀλλοπρόσαλλος Ε 831 bildet die einzige Ausnahme. πέπρωται aus den Kyprien bei Clemens Alexandr. Cohort. ad gent. pg. 26 hat die erste Silbe kurz.

τρ: Ἀτρεύς, Ἀτρείδης, ἀτρύγετος, ἀμφιτρίτη, ἀτρυτώνη, ἀτραπιτός (ν 195), ἀλετρίς (υ 105), ἄτριπτος (φ 151), ἀτρεκής, ἁματροχιή (Ψ 422), ἁρματροχιή (Ψ 505), περίτροχος, εὔτροχος, ἐπιτροχάδην (σ 26, Γ 213), ἁλιοτρεφής, ὀρεσίτροφος, ἔτρεφον, διοτρεφής, ζατρεφής, ἐυτρεφής, ὑδατοτρεφής, ἁπαλοτρεφής (Φ 363), τέτροφεν, ἀπότροπος, ὑπότροπος, πολύτροπος, ἔτραπον, παρατροπέων (δ 465), περιτροπέων, μετατρέπομαι, τέτραπτο, ἀποτρέπω, μετατροπαλίζεο (Υ 190), ἀποτρωπῶσι (π 405), ἀτρέμας, ἔτρεμε, ἔτρεσαν, ἀμφιτρομέω (δ 820), ὑποτρέσαι, πατρίς, πατρός, πέτρη, λοετρόν, λοετροχόος, μέτρον, τέρετρον, φαρέτρη, μίτρη, ἀμιτροχίτωνας (Π 419), θύρετρον, θυγατρός, ὀτρύνω, ὀτραλέως, ὀτρηρός, Ὀτρεύς (Γ 186), τέτρατος, τετράορος, τετράφαλος, τετράκυκλος, τετραφάληρος, τετράκις, τετραχθά, τετραπλῇ, τέτρηνα, τετρήχει (Β 95), τετριγώς, πολύτρητος, διατρίβω, καλλίτριχες, ὄτριχας (Β 765), κατατρύχω (ο 309), διατρύγιος (ω 342), Ἐλατρεύς, βότρυς, βοτρυδόν, πολυτρήρων (Β 502), διατρυφέν (Γ 362).

Kurz bleibt der Vocal in ἀλλότριος π 100, σ 219 u. o., Ἀμφιτρύων, προτρέποντο Ε 700, προτραπέσθαι Ζ 336, ἐτράφημεν Ψ 84. φαρέτρης Θ 323, τετράκυκλον Ω 324, διέτριβε Hymn. Merc. 348. ἐτρύγων Hesiod. Scut. 292, vgl. 293 ὑπὸ τρυγητήρων.

φρ: ἄφρων, ἀφροσύνη, ἀγανόφρων, ἀγανοφροσύνη, ἀταλάφρων, ἀρτίφρων, ἀεσίφρων, ἀεσιφροσύνη, δαΐφρων, δολόφρων, ἐπίφρων, ἐπιφροσύνη, εὔφρων, ἐυφροσύνη, ἐχέφρων, κερδαλεόφρων (Λ 149), κρατερόφρων, Λυκόφρων, μελίφρων, ὁμόφρων, ὁμοφροσύνη, ὀλοόφρων, περίφρων, πρόφρων, σαόφρων, ταλάφρων (Ν 300), ταλασίφρων, χαλίφρων, χαλιφροσύνη (π 310), ἀλλοφρονέων (κ 374), δολοφρονέων, ἀριφραδής, ἀφραδής, ἀφραδέω, ἀφραδίη, πιφραζώμεθα (α 76), πέφραδον, μετάφρενον, ἀφρήτωρ (Ι 63), πέφρικα, ἀφρός, ἐλαφρός, τάφρος, τέφρη (Σ 25), ὀφρύς, ὄφρα, τόφρα.

Ausnahmen: Ἀφροδίτη, ἐπιφράσσετ' ο 444, ἐφράζετο Hymn. Apoll. 388, ἐπεφράσσατο Hes. Theog. 160, προπεφραδμένα Hesiod. Op. 655.

χρ: ἀχρεῖον, ἀχρημοσύνη, κεχρημένος, ἐπέχραον (β 50), πενιχρός (γ 348), πολύχρυσος, ἔχρισεν, ἐπιχρίσασα (σ 172), ταμεσίχροος, μελανόχροος (N 589, τ 246), ἔχραισμε (Ξ 66), ἐνιχριμφθείς (Π 272, wofür jedoch besser ἀσπίδι ἐγχριμφθείς geschrieben wird, P 405).

Mit kurzer erster Silbe steht ἐχρίμψατο im Hymn. Apoll. 439.

---

2. Ebenso häufig bilden die genannten Liquidae mit vorhergehender Muta am Anfange eines Wortes Position, indem sie den vorangehenden kurzen Vocal verlängern; hier gibt es aber viel zahlreichere Ausnahmen als wie im Inlaute, doch nur bei den beiden Liquidis λ und ρ. Die in Betracht kommenden Fälle sind folgende:

λ.

βλ: ἐπὶ βλεφάροισι α 364; β 398; ε 271; μ 338; ν 79; π 451; τ 590, 604; υ 54; φ 358; ψ 309; K 26; Ξ 165. κατὰ βλεφάρων P 438. ἀπὸ βλεφάρων δ 114. ἀπὸ βλεφάροιιν K 187. ὑπὸ βλεφάροισι ϑ 522; Ω 637. ὑπὸ βλεφάρων T 17. φίλα βλέφαρ' ε 493; ψ 17.

σϑένεϊ βλεμεαίνων I 237; M 42; Y 36; βλεμεαίνει P 22, 135.

ἔνι βλαφϑείς Z 39; O 647. ἵνα βλαφϑείς I 512. τότε βλάπτε O 724.

Ὀδυσσῆα βλῆσϑαι χ 253.

τε βληχήν μ 266.

ὑπὸ βλωϑρήν ω 234.

Ausnahmen gibt es keine, darum ist auch κε βλεῖο N 288 und nicht κεν, ἕλε βλαφϑέντα und nicht ἕλεν Π 331 die richtige Schreibart, da ν nur dann nothwendig wäre, wenn βλ nicht Position bildete. Ueber Διόϑεν βλαφϑέντα O 489 findet sich das nähere später, hier nur so viel, dass die mit ϑεν zusammengesetzten Nomina das ν nicht abwerfen.

γλ: σπῆι γλαφυρῷ β 20; ι 476; μ 210; Σ 402; Ω 83. ὕπο γλαφυρῇ ξ 533. φόρμιγγα (ι) γλαφυρήν (ῃ) ϑ 257; χ 340; ψ 144; Hymn. Apoll. 183; Merc. 64. ἐνὶ γλαφυρῇσιν ι 99; γλαφυρῇ κ 23. νηὶ γλαφυρῇ μ 171; ν 71; ο 456. λιμένι γλαφυρῷ μ 305. παρὰ γλαφυρὴν μ 82. Ὀδυσσῆα γλαφυρῆς ν 117. ἐμὰ γλαφυρῆς ν 283. ἔπι γλαφυρῆς ξ 357. ἔπι γλαφυράς Γ 119; Θ 334; Κ 389, 510, 531; Λ 281, 520; Ν 423; Π 840; Ρ 397, 416, 453, 625, 736; Χ 246; Ψ 849. ἔπι γλαφυρῇσιν Ε 327; Θ 180, 531; Λ 274, 400; Μ 38; Ξ 367; Ο 259, 603; Π 18; Σ 304; Χ 334, 392. ἔπι γλαφυρῆς Ι 425. νῆα γλαφυρήν τ 274. τριήκοντα γλαφυραί Β 516, 680, 733. ἐνενήκοντα γλαφυραί Β 602. ἀνὰ γλαφυράς Μ 471; Ο 488; Π 296.

δὲ γλυκύς ε 152; σ 199; χ 500; Β 71; Ψ 232. με γλυκύς η 289; Γ 446; Ξ 328. ἐπὶ γλυκύν β 395; Hymn. IV, 2, 170. ἀωτεῖτε γλυκύν κ 548. κατὰ γλυκύν σ 188. κατὰ γλυκύς Hymn. Merc. 8. εὕδησθα γλυκύν ϑ 445. πολὺ γλυκίων Σ 109. τι γλυκύθυμος Υ 467 (A in marg. τις). οὐδὲ γλυκεροῖο δ 88. τε γλυκεραί η 116; λ 590. τε γλυκερῆς ψ 145; Ν 637. τε γλυκεροῖο Λ 89. τε γλυκεροῦ Ω 3. ὕπο γλυκερῷ δ 295; ψ 255; Ω 636. ἀπὸ γλυκεροῖο Hymn. Merc. 198. μέθυ γλυκερόν ξ 194. Τηλέμαχε γλυκερόν π 23; ρ 41. μέλιτι γλυκερῷ υ 69; ω 68.

δὲ Γλαῦκον Μ 309, 387. οὐδὲ Γλαῦκος Μ 329. τε Γλαῦκον Ρ 216. αὖτε Γλαύκῳ Ζ 234. ἄρα Γλαῦκον Ζ 154; Π 597 (ος). ἕλετο Γλαῦκον Μ 102. γένετο Γλαύκου Μ 392. δὲ γλαυκῶπις Β 279, 446; Δ 439. ἰδὲ γλαυκῶπις λ 626. ἠὲ γλαυκῶπις Hymn. IV, 94. οὐδὲ γλαυκώπιδι Ω 26.

ἀπὸ γλώσσης Λ 249. δὲ γλῶσσαν Ρ 618. δὲ γλῶσσ' Γ 248. ὑπὸ γλῶσσαν Ε 74.

τε γλάγος Β 471; Π 643.

τε γλουτούς Θ 340.

ὑπὸ γλωχῖνα Ω 274.

Demnach dürfen Schreibweisen wie σπέσσι γλαφυροῖσι α 15, 73; δ 403 (σπέσιν BL 1. man.); ε 155; ι 30, 114; ψ 335. νηυσὶ γλαφυρῇσι γ 287; δ 513; Β 454; Λ 14. ἔχε γλυκύς ο 7. ἔχε γλυκερός Κ 4. βάλε γλαυκῶπις α 364; π 451; τ 604 (βάλεν DIKLQV); φ 358. δάμασε γλαυκῶπις Χ 446. τέκε γλαυκῶπιν Hymn. Apoll. 314. πρόσθε γλαυκώπιδος ω 540 (πρόσθεν A ex corr. DFHILQRV). δῶκε γλαυκῶπις ε 437 (δῶκεν D ex em. M). ἔβαλε γλουτόν Ν 651. ὦσε γλήνην Ξ 494 von der Kritik nicht angetastet werden, da γλ an allen Stellen für sich allein kräftig genug ist um Position zu bilden. Bekker hat nach dem Vorgange von G. Hermann überall das paragogische $\bar{\nu}$ zugefügt, ohne zwingenden Grund, denn es fehlt nicht nur an den meisten Stellen in den Handschriften, sondern auch Aristarch hat dasselbe für unzulässig erklärt[11]), wahrscheinlich weil er in seinen Handschriften in den meisten Fällen keines gefunden hat. Bekker ist hierin wenigstens consequent gewesen, während viele unserer Herausgeber nur in einzelnen Fällen das $\bar{\nu}$ beibehalten haben. Auch Spitzner de versu Graec. her. pg. 16 hält das $\bar{\nu}$ für nothwendig.

κλ: *δουρὶ κλυτός* ο 544; ρ 71; *B* 645, 650, 657; *E* 45, 72; *K* 109; *Λ* 368, 396, 401, 661; *N* 210, 467, 476; *Ξ* 446; *Π* 26, 472, 619; *Φ* 233; *Ψ* 681. *δουρὶ κλειτός* ο 52; ρ 116, 147; *E* 55, 578; *K* 230; *Λ* 333; *Ψ* 355. *πατέρα κλυτόν* α 300; γ 198, 308; ζ 36. *ἵνα κλυτά* ζ 58. *ὅθι κλυτά* ω 304. *ὄνομα κλυτόν* ι 364: τ 183; Hymn. IV, 111, 146. *λιμένα κλυτόν* κ 87; ο 472. *γε κλυτόν* λ 310. *ἀπὸ κλυτά* *E* 435. *τέκετο κλυτός* *B* 742. *ἐπὶ κλυτὰ* *Ξ* 361. *ἐμὰ κλυτά* *Π* 64. *παιδὶ κλυτά* *Σ* 147. *πάρα κλυτά* *T* 10. *τε κλυτά* *X* 399. *τε κλυτός* *Ψ* 712. *ὁ κλυτός* *Υ* 320. *Πηλεγόνα κλυτόν* *Φ* 159. *Ἄϊδι κλυτοπώλῳ* *E* 654; *Λ* 445; *Π* 625. *Ἀπόλλωνα κλυτότοξον* *O* 55. *Ἀπόλλωνι κλυτοτόξῳ* φ 267. *Λυκηγενέι κλυτοτόξῳ* *Δ* 101, 119. *τε Κλυτίον* *Γ* 147; *Υ* 238. *υἷα Κλυτίοιο* *O* 419, 427 (wo *υἱὸν* möglich wäre). *Δόλοπα Κλυτίδην* *Λ* 302. *Πείραιε Κλυτίδη* ο 540. *ἐνίκησα Κλυτομήδεα* *Ψ* 634. *μετὰ κλειτούς* ζ 54. *ἠὲ κλειτῶν* *Λ* 220. *δὲ κλειτούς* *P* 212. *τε Κλεῖτον* ο 249. *ἄγετε κλητούς* *I* 165.

μέγα κλέος α 240; ξ 370; π 241; ο 33; *Z* 446; *Λ* 21; *P* 131. *ἄρα κλέος* ϑ 74. *ἵνα κλέος* ν 422. *μετὰ κλέος* *Λ* 227; *N* 364. *ἄρα κλέα* *I* 189. *ἐπευθόμεθα κλέα* *I* 524. *δὲ κλέος* *B* 486; *Σ* 121; Hymn. Merc. 277, 311. *ἰδὲ κλέος* *E* 3. *τε κλέος* τ 333. *τε κλέομαι* ν 299. *τε κλείουσιν* α 338. *σε κλείω* ρ 418. *δὲ Κλεόβουλον* *Π* 330.

ἐπὶ κληῖσι β 419; δ 579; ϑ 37; ι 103, 179, 471, 563; λ 638; μ 146; ν 76; ο 221, 549; *Π* 170. *δὲ κληῖδ'* α 442; φ 6, 47. *κατὰ κληῖδα* *E* 579; *Φ* 117. *ὑπὸ κληῖδα* *P* 309. *παρὰ κληῖδα* δ 838; *παρὰ κληῖδος* δ 802. *πληγέντα κληῖδι*

---

11) Hom. Textkritik S. 392.

φ 50. οἶξασα κληῖδι Z 89. δὲ κληίς M 456. ἐὺ κληῖσ' ἀραρυῖα Ω 318 (dafür Aristarch ἐυκληίς). διὰ κλήιθρον Hymn. Merc. 146.

κατὰ κλισμούς α 145; γ 389; κ 233; ο 134; ρ 86, 179; υ 249; ω 385. ἐπὶ κλισμοῖσι ρ 90; Θ 436; Λ 623. δὲ κλινθῆναι Ψ 335. λέχεα κλίνων Ψ 171. ἐνὶ κλιντῆρι σ 190.

ἐνὶ κλισίῃ ο 398; I 226; O 392; T 211, 316; Ω 17. ἐνὶ κλισίῃς B 227; T 179. ἐνὶ κλισίῃσιν Λ 834; N 253, 256; O 478; T 141; Ω 554, 569. ποτὶ κλισίας Ξ 392. κατὰ κλισίας Α 487; B 399; H 466; Θ 54. ἀνὰ κλισίας Π 156. παρὰ κλισίῃσιν O 656. ἐπὶ κλισίας Α 306. ἔτι κλισίης N 247. ἀπὸ κλισίης K 151. τε κλισίας Λ 328; Θ 220; I 185, 652; Λ 617; N 167, 208. τε κλισίῃ Λ 329; K 74; N 267. δὲ κλισίην K 148. δὲ κλισίηθεν Λ 603. γε κλισίην N 294. τε κλισίας Σ 589. ἕπεο κλισίην ξ 45. δὲ κλίσιον ω 208.

τί κλαίεις ϑ 577; Λ 362; Σ 73. δὲ κλαίοντες ι 294. δὲ κλαίοντα B 263. ἄρα κλαίουσα T 286. γε κλαίοντε Λ 136; X 90. ἅμα κλαίω Ω 773. κορεσσάμεθα κλαίοντε X 427. δὲ κλαίωμεν Ω 208. παῖδα κλαίοισθα Ω 619. ἔφατο κλαίων T 338; X 429. ἔφατο κλαίουσ' X 437, 515; Ω 746, 760, 776. παῖδα κλαύσονται Υ 210. ἄσεσθε κλαυθμοῖο Ω 717. δὲ κλαυθμόν δ 212.

τε κλῆρον ξ 64. δὲ κλῆρος Ψ 353; δὲ κλῆρον H 175; δὲ κλήρου H 189; δὲ κλήρους Ψ 352. ἐπὶ κλήρους ξ 209.

ἀνὰ κλόνον E 167; Υ 319. κατὰ κλόνον Π 331, 713, 789; Φ 422. δὲ κλόνον Π 729. τε Κλονίος B 495. δὲ κλονέει Λ 526. δὲ κλονέοντας Ξ 14; O 7. τε κλονέων Υ 492. μηδὲ κλονέεσθαι Δ 302. ὅδε κλονέων Φ 533. ἔπι κλονέονται Σ 7. νέφεα κλονέοντε Ψ 213.

δὲ κλαγγή Α 49; K 523. ἀλλὰ κλάγξαντος K 276. δὲ κλάγξας M 207. μεγάλα κλάζοντε Π 429.

πρέσβα Κλυμένοιο γ 452. τε Κλυμένην λ 326.

κατὰ κλῶθες η 197.

τε κλοπίων ν 295. ἅμα κλέψῃς Hymn. Merc. 515.

δὲ κλιτῦς Π 390.

Die hier aufgezählten Fälle beweisen mehr als hinreichend, dass das paragogische ν vor κλ nicht nöthig ist um Position zu bilden; man schreibt also mit Recht: ἔρραιε κλυτός ζ 326. ἴε *κλυτά η* 82. *ἤμελγε κλυτά ι* 308. *δέδαε κλυτά υ* 72. *λῦσε κλυτός Θ* 440. *εἶχε κλυτός Ξ* 135. *κε κλυτόν Ω* 437. *ἄγαγε κλυτά Ω* 458. *κάμε κλυτός Σ* 614. *Ἰλιόφι κλυτά Φ* 295 (*Ἰλιόφιν* AEGL u. a.). *ἔβαλε Κλεῖτον Ο* 445. *κε κλέος σ* 255 (*κεν* D); *τ* 128 (*κεν* Q); *Ε* 273. *πρόσθε κλέος ψ* 137 (*πρόσθεν* ILR). *ὤμοισι κλίναντες Δ* 593; *Ν* 488; *Χ* 4. *ἄγαγε κλισίης Α* 346. *ἦλθε κλισίης Κ* 140. *παύσειε κλαυθμοῖο δ* 801 (*παύσειεν* L). *ἔθορε κλῆρος κ* 207; *Π* 182. *βουλῇσι κλεψίφρονος* Hymn. Merc. 413.

Die Fälle, in denen vor *κλ* kürzer Vocal bleibt sind folgende: *δῖα Κλυταιμνήστρη γ* 266. *κτεῖνε Κλυταιμνήστρη λ* 422. *δὲ Κλυταιμνήστρη λ* 439. *ῥα Κλυταιμνήστρης Α* 113. *λεχέεσσι κλιθῆναι α* 366; *σ* 213, welches sich in *λέχεσι κλινθῆναι* ändern liesse, wozu aber kein zwingender Grund vorhanden ist. *τύπτετε κληίδεσσιν μ* 215. *λῦσε κλύδων μ* 421. *δὲ κλεηδόνι σ* 117; *υ* 120 (? *κληδόνι*). *ἄρα κλαιούσης υ* 92 (*δὲ κλαιούσης*). *τε Κλεωνάς Β* 570. *τε κλέεια* Hesiod Fragm. 13 (Göttl.). *τοί γε κλύουσιν* Hesiod. Op. 726. *Ἀγχίσαο κλυτόν* aus der kleinen Ilias bei Tzetzes ad Lykophr. 1263.

πλ: *ἐπὶ πλέονας η* 189. *ἅμα πλέονες ι* 48. *πολὺ πλέονες π* 246; *χ* 353. *ἔτι πλέονας Ε* 679; *Φ* 211. *ἔτι πλέονεσσι μ* 54. *δὲ πλεόνεσσι μ* 164. *ἐνὶ πλεόνεσσι χ* 13. *μετὰ πλεόνεσσιν π* 88. *ἐφομαρτεῖτε πλεόνων Μ* 412 (so Aristarch). *δὲ πλεῖον ϑ* 475; *Δ* 262. *ἰδὲ πλείοις Θ* 162; *Μ* 311. *φημὶ πλέας Β* 129. *περὶ πλέες Λ* 395.

τόδε πλεῖστον δ 697. *ὅθι πλεῖστοι Ε* 8, 780; *Λ* 148; *Π* 285. *πολὺ πλεῖστοι Β* 577, 817. *δὲ πλείστους Β* 580. *πολὺ πλεῖσται Ο* 448. *τε πλείστη Ν* 335. *τε πλείστην Τ* 222.

δὲ πλήθωσι ι 8. *τε πληθούσας λ* 419; *τε πλήθουσαν Σ* 484. *ὁπότε πλήθων Λ* 492. *ἐὺ πλήσασα Π* 223. *ἐνὶ πληθυῖ λ* 514; *Χ* 458. *με πληθυῖ π* 105 (*μ' ἐν* H ex em. I). *μετὰ πληθύν Β* 143. *κατὰ πληθύν Ε* 676; *Υ* 377. *ἵνα πλησαίατο τ* 198.

ὑπὸ πληγῇσιν ν 82. *ἵνα πληγῇσι σ* 54. *τι πληγέων ρ* 283 (*τοι* M 1. man.). *δὲ πληγῆς Λ* 532. *ὑπὸ πληγῆς Ξ* 414. *σε πληγῇσιν Ο* 17. *με πλήσσουσι σ* 231. *δὲ πλήξας υ* 17. *ποδὶ πλήξας χ* 20. *ἄορι πλήξειε Κ* 489. *ἄορι πλῆξ' Λ* 240. *Πέλοπι πληξίππῳ Β* 104. *Μενεσθῆα πλήξιππον Δ* 327. *δὲ πλήξιππον Ε* 705. *Ὀιλῆα πλήξιππον Λ* 93.

δὲ πλαγχθέντες ν 278. *μέγα πλάζουσι* B 132. *κόρυθα πλάγχθη* Λ 351. *ἵκετο Πλαγκτάς* ψ 327.

αἰπόλια πλατέ' ξ 101, 103; B 474; Λ 679. *ἐπὶ πλατεῖ* ω 82; Π 86. *ἐπὶ πλατὺν* P 432. *ὑπὸ πλατέος* E 796. *ἀπὸ πλατέος* N 588.

ἀπὸ πλευρῶν Λ 437. *ἀνὰ πλευράς* Ψ 716. *ἐπὶ πλευράς* Ω 10. *δὲ πλευράς* Υ 170.

δὲ πλεκτὴν χ 175, 192. *ἰδὲ πλεκτὴν* X 469.

τε πλούτῳ ξ 206; Π 596; Ω 536. *μέγα πλούτοιο* E 708.

ὑπὸ πλατανίστῳ B 307. *ῥα πλατάνιστον* B 310.

ὑπὸ Πλάκῳ Z 396, 425; X 479.

δὲ πλανόωνται Ψ 321.

ἅμα πλέομεν γ 276. *ὁ πλόος* Homer. Epigr. 9, 2.

ἀπὸ πλυνοί ζ 40.

δὲ πλίσσοντο ζ 318.

ὑπὸ πλήκτρου Hymn. Apoll. 185.

ἐπὶ πλαταμῶνι Hymn. Merc. 128.

Man schreibe daher *κε πλεῖστα* π 392; φ 162 (*κεν* NQ); Z 69. *ἀεικέσσι πληγῇσιν* B 264. *δακρυόφι πλῆσθεν* δ 705 (*δακρυόφιν* ADEIKLNQ); τ 472 (*δακρυόφιν* alle Mss.); P 696 (*δακρυόφιν* EGL); Ψ 397 (*δακρυόφιν* EGL). *χερσὶ πλοκάμους* Ξ 176. *ὄπιθε πλῆξεν* Π 791 (*ὄπιθεν* AEL).

Kurz bleibt der kurze Vocal vor *πλ* in: *ἵκοιο πλέων* δ 474. *Αἰήταο πλέουσα* μ 70. *δὲ πλέον* υ 355. *ἰχθυόεντα πλέουσας* I 360. *δὲ πλέων νύξ* K 252. *ἀλλὰ πλέω* Hesiod Op. 690. *πολυκλήιδι πλέων* Π 88. Alle diese Ausnahmen aber sind nur scheinbare, denn nichts hindert *πλέων* einsilbig und *πλέουσα* zweisilbig zu sprechen, da ε sehr oft mit folgendem Vocal zusammengesprochen wird und gleichsam nur einen Vorschlag bildet, vgl. Thiersch Gr. § 149, 2, woraus die folgenden Beispiele entnommen sind: *θεοειδέα* Γ 27; *στέατος* φ 178; *ἴσχεο κλαυθμοῖο* ω 323; *ἠρίθμεον* κ 204; *ἐφόρεον* χ 456; *πλέονές κε μνηστῆρες* σ 248; *ἀελπτέοντες* Η 310; *θεοί* Α 18 u. ö.; *οἰκέοιτο* Δ 18; *πλέων ἐπὶ οἴνοπα πόντον* α 183; dann *ἑστεώς*, *κτέωμεν*, *στέωμεν*, *φθέωμεν*, *χρεώ*, *μεμνέῳτο* Ψ 361. Auch *οὐδεὶ πλῆντ'* Ξ 468 gehört nicht unter die Ausnahmen, da *οὔδει* zweisilbig zu lesen ist[12]), somit bleiben

[12]) Bekker Hom. Blätter S. 35.

nur: ὅθι πλεῖστα δ 127; Ι 382. οἵ τε Πλάταιαν Β 504. αὐτὰρ ὃ πλησίον Δ 329.

τλ: ἔτι τλαίης α 288. ἔτι τλαίην β 219. δὲ τλήτω λ 350. ὁ τλήμων Κ 231, 498. Darum schreibe man auch mit Aristarch[13]) κε τλαίη Κ 307 (κεν EGS); Ω 565 (κεν EGLS Papyr.).

φλ: σε φλόξ ω 71. δὲ φλόξ Θ 135; Ψ 228. δὲ φλογὶ Ν 39. δὲ φλόγα Φ 333. διὰ φλογός Ι 468; Ψ 33. ἐπὶ φλόξ Ψ 251. γε φλόγ' Hymn. Apoll. 444. ὄχεα φλόγεα Ε 745; Θ 389. δὲ φλέγει Φ 13. πυρὶ φλέγετο Φ 365. πυρὶ φλεγέθοντι Φ 358. πυρὶ φλεγεθοίατο Ψ 197. τε φλεγέθουσιν Σ 211.

μετὰ Φλεγύας Ν 302.

ἀπὸ φλοίσβου Κ 416.

δὲ φλέβα Ν 546.

Daher schreibe man auch mit allen Handschriften δαῖε φλόγα Σ 206 und τρέψε φλόγα Φ 349. ρ 221 schreibt man jetzt allgemein πολλῇς φλιῇσι mit einem Theile der Handschriften, wofür ACEHIKMS(GPV) πολλῇσι φλιῇσι haben.

χλ: ἄρα χλαίνας δ 50; κ 451; ρ 89. ἄρα χλαῖναν ω 367; Κ 133. με χλαῖναν κ 365, 542; ξ 154, 320, 341, 396. σε χλαῖναν ο 338; ρ 557. δὲ χλαῖναν ξ 500, 520; Β 183. ἐμὲ χλαῖναν ο 368. οὔ τι (oder τε) χλαῖναι γ 349. ἐπὶ χλαῖναν υ 4.

δὲ χλωρόν λ 43, 633; μ 243; ω 533; Η 479. ὑπὸ χλωρόν χ 42; ω 450; Θ 77. ὕπο χλωράς π 47. μέλι χλωρόν Λ 631.

ἔπι χλούνην Ι 539.

Ausgenommen sind: ἀμφὶ δὲ χλαῖναν ξ 529. μέλι χλωρόν κ 234; Hymn. Merc. 560.

μ.

δμ: δὲ δμῳαί α 147; δ 719; τ 60. δὲ δμῶες ο 376; ρ 422; τ 78. δὲ δμῳῇσιν Ζ 375. ἠδὲ δμῳῇσι ο 93. ἰδὲ δμῳῇσι Ι 658; Ω 643. ἰδὲ δμώεσσιν λ 431. τε δμῶες δ 644. τε δμώεσσι ξ 80. αὖτε δμῳῇσιν υ 147. τινα δμώων ω 223. μετὰ δμῳῇσιν θ 433; π 336; ρ 505; τ 82. ἄρα δμῳῇσιν ρ 493; Ζ 323. μετὰ δμώων π 140. διὰ δμῳάς

---

[13]) Didymos zu Ω 565. Hom. Textkritik S. 392.

τ 154. ὅθι δμῶες λ 190. ἔτι δμῳάς τ 45. ἐπὶ δμῳῇσι χ 427. τεο δμώων π 305. Es steht somit ausser Zweifel, dass φ 210 οἷοισι δμώων und nicht mit DFI οἷοισιν zu schreiben ist.

βέλει δμηθέντα Δ 99.

τμ: ὑπὸ Τμώλῳ Β 866.

ξίφει τμήξας Λ 146.

ν.

γν: ἐνὶ γναμπτοῖσι λ 394; ν 398; φ 283; Λ 669; Ω 359. μετὰ γναμπτῇσι Λ 416. τε γναμπτάς Σ 401. γόνυ γνάμψεν Ψ 731.

τάχα γνοίης ο 537; ρ 164; τ 310. ὄφρα γνῷς χ 373. ἵνα γνώωσι Α 302; Ψ 610. ἵνα γνώῃς Ψ 487. σε γνώῃ ρ 556. δὲ γνώσεσθε Ψ 497. τε γνωταί Ο 350. ποθι γνώω ξ 118. ἔτι γνοίης Ξ 58. κέ τι γνῶμεν Χ 382. δύνατο γνῶναι ω 159. εὖ γνῶτον φ 218. εὖ γνοίην Γ 235.

ὑπὸ γναθμοῖο Ν 671; Π 606; Ρ 617. γένετο γναθμοί π 175.

δὲ γνύξ Ε 357; Θ 329; Λ 355.

δν: μάλα δνοφερή ν 269. διὰ δνοφερήν ο 50.

ῥάκεα δνοπαλίξεις ξ 512.

θν: ῥα θνήσκοντας Λ 56. δὲ θνήσκων Β 106. ἀλλὰ θνητοῖσι η 210. ἕνεκα θνητῶν Α 574. ἄνδρα θνητόν Π 441; Χ 179. ἔπεα θνητῶν Υ 204. δὲ θνητήν Σ 87. δὲ θνητοῖσι Υ 64. ἠδὲ θνητούς Ξ 199. τε θνητῶν Α 339. τε θνητάων Υ 305. οὔτε θνητῶν ε 32; η 247; ι 521; Σ 404. γε θνητοῖσι κ 306; Κ 403; Ρ 77; Υ 266. γε θνητοῦ Ω 259. γένετο θνητῶν α 219; Υ 220, 233. Daher auch πᾶσι θνητοῖσι Μ 242 und nicht πᾶσιν.

κν: ἐπὶ κνέφας γ 329; ε 225; ι 168, 558; κ 185, 478; μ 31; τ 426; Α 475; Β 413; Λ 194, 209; Ρ 455; Ω 351. μάλα κνέφαος σ 370.

κατθέμεθα κνίσης σ 54. τε κνίσῃ γ 457; μ 360; Α 460; Β 423; Ι 500. τε κνίσης Δ 49; Ω 70. με κνίσης μ 369.

τε κνήμας Θ 135. τε κνῆμαι Ρ 386. δὲ κνῆμαι Σ 411; Υ 37. δὲ κνήμῃσι ω 228. ἠδὲ κνημάων Ν 71. περὶ κνήμῃσιν Γ 330; Λ 17; Π 131; Τ 369. τε κνημούς Φ 559.

ἐνὶ Κνωσός τ 178. ἐνὶ Κνωσῷ Σ 591.

Dass πέσε κνήμῃ τ 469 und ἔβαλε κνήμην Φ 591 mit

den Handschriften geschrieben werden muss, unterliegt keinem Zweifel.

$\overline{\pi\nu}$: *μάλα πνείρυσαν δ* 446. *μένεα πνείοντες Β* 536; *Γ* 8; *Λ* 508; *Ω* 364 (ας). *δὲ πνείοντε Ν* 385. *γαῖαν ἔπι πνείει σ* 131; *Ρ* 447. *λιγὺ πνείοντος δ* 567. *ἅμα πνοιῇς α* 98; *ε* 46; *Ω* 342. *ἅμα πνοιῇ Τ* 415. *ἅμα πνοιῇσι Π* 149. *μετὰ πνοιῇς β* 148; *Ψ* 367. *δὲ πνοιὴ Ε* 697. *τε πνοιαί Ρ* 55. *ποτὶ πνοιήν Λ* 622. *πέτετο πνοιῇς Μ* 207. *ἡ δὲ Χίμαιραν ἔτικτε πνέουσαν* bei Hesiod Op. 319 kann zweisilbig gelesen werden.

$\overline{\mu\nu}$: *ἄρα μνηστῆρας α* 106; *β* 299; *χ* 389 (ες). *παρὰ μνηστῆρσιν α* 154. *μετὰ μνηστῆρσιν χ* 331. *μετὰ μνηστῆρας π* 85; *ρ* 325; *φ* 58. *ἐμὰ μνηστῆρες β* 313. *ῥεῖα μνηστῆρες β* 322. *θαμὰ μνηστῆρσ' ο* 516. *κατὰ μνηστῆρας ρ* 362. *ἀλλὰ μνηστήρων ρ* 564. *ἄντα μνηστήρων χ* 232. *πάντα μνηστῆρσιν σ* 167. *τάχα μνηστῆρες φ* 174. *τόφρα μνηστήρων χ* 117. *δὲ μνηστῆρες ξ* 180; *υ* 266; *χ* 272. *δὲ μνηστῆρας α* 324; *ρ* 276; *ω* 448. *δὲ μνηστῆρσι ξ* 110; *ρ* 27, 256, 467; *φ* 67, 151; *χ* 4; *ω* 153. *δὲ μνηστήρεσσιν τ* 576. *ὧδε μνηστῆρες β* 111. *τε μνηστῆρσιν χ* 464. *ὁπότε μνηστῆρσι π* 268. *τότε μνηστῆρσιν υ* 291. *γε μνηστήρων π* 447. *φατε μνηστῆρας π* 93. *ἄγετε μνηστῆρες φ* 73, 106. *ἐμὲ μνηστῆρες ρ* 79. *με μνηστῆρες φ* 427. *οὔ τι μνηστῆρες β* 87 (οὔτοι L). *ὑπὸ μνηστῆρσιν δ* 790; *ρ* 252; *χ* 445. *ἡγεῖτο μνηστῆρσι π* 397. *ἀλεύαντο μνηστήρων χ* 260.

μήτε μνάασθαι α 39. *σε μνῶνται ζ* 34. *παρὰ μνηστῆς Ζ* 246. *παρὰ μνηστῇ Ι* 556. *γήμαντι μνηστήν Ι* 399. *ἀπὸ μνηστῆς Λ* 242.

ἀλλὰ μνησώμεθα υ 246; *χ* 73; *Ο* 477. *ὅτε μνησαίατο η* 138. *τῶνδε μνήσεσθαι μ* 212. *δὲ μνήσεσθαι Β* 724. *τε μνήσαντο π* 481. *δὲ μνήσασθε Ο* 662. *δὲ μνησώμεθα Τ* 148; *Ω* 601. *δὲ μνησαμένω Ω* 509. *φύγαδε μνώοντο Π* 697. *ἕο μνήσασθαι η* 217. *τε μνήμων θ* 163.

Da die beiden Liquidae $\overline{\mu\nu}$ für sich allein überall Position bilden[14]), so schreibe man *κε μνηστῆρας α* 270 (*κεν* ABIKLM NPV); *α* 295 (*κεν* KLQ). *κε μνηστῆρες σ* 247 (*κεν* ACIKLM). *κε μνηστήρεσσιν ο* 315 (*κεν* CDILMQ); *φ* 197 (*κεν* GIKLNQ).

---

[14]) Spitzner de versu Gr. heroico pg. 98.

κτεῖνε μνηστῆρας ψ 63. κε μνηστῆρσιν α 254 (κεν ABDGI NQV). πᾶσι μνηστήρεσσιν α 91 (πᾶσιν AK). πᾶσι μνηστῆρσι ν 402 (πᾶσιν I); τ 550. φασὶ μνηστῆρας γ 212. ἐάσειε μνησθῆναι δ 118 (ἐάσειεν K). Es ist auffallend, dass gerade vor μνηστῆρες die Handschriften so häufig das paragogische $\overline{ν}$ haben, da $\overline{μν}$ nicht einmal eine Verbindung von Muta und Liquida ist. σ 35 schreibe man μετεφώνει μνηστήρεσσιν und nicht μετεφώνεε mit DHLQV oder προσεφώνεε mit FMP.

ρ.

βρ: μνησώμεθα βρώμης κ 177. ἐσθίετε βρώμην κ 460; μ 23, 302. οὐδὲ βρῶσις T 210.

μεγάλα βρέμει Δ 425. μέγα βρέμεται Ξ 399. ἔνι βρομέωσι Π 642.

κόρυθα βριαρήν Λ 375; Σ 611; X 112. κόρυθι βριαρῇ Π 413, 579; Υ 162. θέτο βριαρήν T 381.

οἷα βροτοί ε 197. με βροτοί ν 129. με βροτός E 361. σε βροτοῦ Σ 85. μηδὲ βροτόν T 22. τε βροτολοιγός E 518. δὲ βροτολοιγός N 298. ἠὲ βροτολοιγοῦ Θ 349. Λεοντῆα βροτολοιγῷ M 130. ἡγεῖτο βροτολοιγῷ N 802. δὲ βροτέῃ τ 545.

μέλανα βρότον ω 189. ἄπο βρότον Π 425; Ξ 7; Σ 345; Ψ 41. ἔναρα βροτόεντα Z 480; Θ 534; K 528, 570; O 347; P 13, 540; X 245.

τε βροντῇ υ 121. τε βροντήν Φ 199. δὲ βρόντησε Υ 56. ὑπὸ βροντῆς N 796.

ἐπὶ βρεχμόν E 586.

τε βρύει P 56.

μέγα βρίθουσαν Σ 561.

δὲ Βρισηίς Ω 676, dafür A δ' ἄρα Βρισηίς und Schol. A γράφεται τῷ δὲ Βρισηίς. Selten findet sich in Handschriften vor βρ das paragogische ν, wo es stehen könnte: ἐρίσσειε βροτός ο 321 (ἐρίσσειεν A); τ 286 (ἐρίσσειεν AHL, ἐρίσειεν D); Γ 223. εὕδουσι βροτοί K 83, 386; Ω 363. ἴδε βροτολοιγός E 846. ἐέδνοισι βρίσας ζ 159. δειρῇσι βρόχοι χ 472 (δειρῇσιν DIKLQ Apoll. Soph.).

Dagegen bleibt dem Gesetze der Nothwendigkeit folgend vor Formen von βροτός, die iambischen Rhythmus haben, und vor βραχίων der kurze Vocal kurz, ein Fall der sogar häufiger eintritt, als der der Position. ἄλλα βροτῶν α 337. μῆλα βροτῶν ι 405; Ω 43. πολλὰ βροτῶν ο 492; π 63; τ 170; ψ 267. τόσσα βροτῶν τ 365. βασιλῆα βροτῶν σ 85, 116; φ 308. ἄντα βροτῶν Θ 428. αὖτε βροτῶν ζ 119; ν 200. σε βροτῶν δ 190; ϑ 487; τ 107; Ν 374. με βροτῶν ψ 216. παύσασϑε βροτῶν ν 180. ϑῆκε βροτῶν ο 253. γε βροτῶν ρ 386; Φ 463. ὧδε βροτῶν Φ 380. ὧδε βροτούς Ω 464. ἐστὶ βροτῶν α 66; λ 218; Π 446; Υ 248. ἐσσὶ βροτῶν ζ 153; ν 297; Ζ 142. εἴπῃσι βροτῶν α 282; β 216. Ζηνὶ βροτῶν δ 78. ϑάνῃσι βροτῶν δ 196. ἐχϑαίρῃσι βροτῶν δ 692. ἄγχι βροτῶν ε 101. ἄμμι βροτῶν ζ 205. ἴδοιμι βροτῶν κ 147. ναίουσι βροτῶν λ 476. κακότητι βροτοί τ 360. κραίνουσι βροτῶν τ 567. ϑεοῖσι βροτῶν Ω 67. ἔμπληντο βροτῶν ϑ 16. σεῖο βροτῶν Ψ 439. σῆμα βροτοῖο Ψ 331. σῆμα βροτοῖσιν Ν 244. ἱμερόεντα βροτοῖσι ρ 519. πῆμα βροτοῖσιν μ 125. ϑαῦμα βροτοῖσι λ 287. ἠδὲ βροτοῖσιν ε 2; Λ 2; Τ 2. τε βροτοῖσι Ι 159. οὔτε βροτοῖσιν Ο 98; Ω 533. ϑνητοῖσι βροτοῖσιν γ 3; η 210; μ 386. ὀιζυροῖσι βροτοῖσι δ 197; Ν 569. δειλοῖσι βροτοῖσι λ 19; μ 341; ο 408; Χ 31, 76; Ω 525. μερόπεσσι βροτοῖσιν Β 285. πάντεσσι βροτοῖσι ν 397; Σ 521. πᾶσι βροτοῖσι ο 255. παύροισι βροτοῖσι Ι 545. ἄλλο βροτοῖσιν ο 343.

τε βραχίονες σ 69. δὲ βραχίονα Π 323. ἐπίεξε βραχίονα Π 510. πρυμνοῖο βραχίονος Ν 532.

$\overline{\gamma\rho}$: ὄρσο γρῆυ χ 395.

δέδετο γραπτῦς ω 229.

$\overline{\delta\rho}$: διὰ δρυμὰ κ 150, 197; Λ 118. ἀνὰ δρυμά κ 251.

τέρενα δρυός μ 357. ἄρα δρῦς Ψ 118. ἰδὲ δρυσίν ι 186. δὲ δρῦς Λ 494. τε δρύες Μ 132. τε δρύινον φ 43. ὥς τε δρυτόμων Π 633. δὲ δρυτόμος Λ 86. ποτὶ δρυσίν Ξ 398. ἀπὸ δρυός τ 163; Χ 126. ὑπὸ δρυί Σ 558.

μέγα δρόμου Ψ 300. ἀνὰ δρόμον Ψ 321. τέτατο δρόμος ϑ 121; Ψ 758. γένετο δρόμος Ψ 526.

κάτα δρήστειραι κ 349; τ 345. δὲ δρηστῆρες π 248. τι δραίνεις Κ 96.

φύλλα δρεψάμενοι μ 357.

τε δρίος ξ 353.

τε Δρακίος Ν 692.

δὲ δριμεῖα Ο 696.

δὲ δρατά Ψ 169.

Kurz bleibt der vorhergehende Vocal in folgenden Fällen, wofür der Grund fast durchweg in der Quantität der betreffenden Wörter zu suchen ist:

ἔπειτα δράκων δ 457. φοινήεντα δράκοντα Μ 202, 220. δὲ δράκων Ζ 181; Χ 93. τε δράκοντα Γ 33. ἐλέλικτο δράκων Λ 39. τε Δρύαντα Α 263. οὐδὲ Δρύαντος Ζ 130. δὲ δράγματα Λ 69. μεμνέῳτο δρόμους Ψ 361.

θρ: δὲ θρῆνυς α 131; δ 136; κ 315, 367; Σ 390. δὲ θρῆνυν Ξ 240. δὲ θρήνυι ρ 504. ὑπὸ θρῆνυν τ 57.

Ἡρακλῆα θρασυμέμνονα λ 267. πάτερα θρασυμέμνονα Ε 639. ὁ θρασύς κ 436. μέθεπε θρασύν Θ 126, ohne paragogisches ν.

δὲ Θρῃκῶν Δ 519; Κ 518. τώ τε Θρῄκηθεν Ι 5. ἐνὶ Θρῄκεσσι Ζ 7. ἐπὶ Θρῃκῶν Κ 464, 470.

θαμὰ θρῴσκοντας Ο 470. ἐπὶ θρῳσμῷ Κ 160; Λ 56; Υ 3.

δὲ θρόνον χ 87; Ο 124. δὲ θρόνα Χ 441. ἰδὲ θρόνου χ 341. ἐπὶ θρόνου ε 195; η 162, 169; κ 314, 366; σ 157; υ 96; φ 139, 166; ψ 164; Α 536; Σ 389, 422, 522. ἐπὶ θρόνον Θ 442. ἀπὸ θρόνου Λ 645; Ω 515. ὑπὸ θρόνου χ 364. ὑπὸ θρόνον χ 362. θῆκε θρόνον θ 65 (θῆκεν L ohne zwingenden Grund).

δὲ θριγκός η 87.

ἄρα θρέψασα μ 134.

τε Θρασίον Φ 210.

ἰδὲ θρύον Φ 351.

Die Ausnahmen beschränken sich fast nur auf iambische Formen von θρόνος und das Femininum von θρασύς:

ἕς ῥα θρόνους δ 51. καστορνῦσα θρόνοις ρ 32. ἔπειτα θρόνους χ 438, 452. τε θρόνους α 145; γ 389; κ 233; ο 134; ρ 86, 179; υ 249; ω 385. ἐν δὲ θρόνοι η 95. ἔν τε θρόνοις υ 150. ἐκ δὲ θρόνων χ 23. ἵδρυσε θρόνῳ Ο 142. ἔβαλλε θρόνοις κ 352. προπάροιθε θρόνων κ 354. ὑψηλοῖσι θρόνοισι θ 422. ξεστοῖσι θρόνοισιν π 408. εἰνὶ θρόνῳ Θ 199; Ο 150. ἐμοῖο θρόνος ζ 308.

δοῦρα θρασειάων Ο 314. πέτρῃσι θρασειάων ε 434. ἀίσσουσι θρασειάων Λ 553; Ρ 662. ἐπτύσσοντο θρασειάων Ν 134.

ἡγήτορι Θρῃκῶν Ε 462.

κρ: λιπαρὰ κρήδεμνα α 334; ν 388; π 416; σ 210; φ 65. *ἱερὰ κρήδεμνα* Π 100. *δὲ κρήδεμνον* ε 373. *τόδε κρήδεμνον* ε 346. *ἀπὸ κρήδεμνον* γ 392; ζ 100 (α).

κατὰ κρατὸς κ 362. *ἐπὶ κρατὸς* ι 140; ν 102, 346. *ἀπὸ κρατὸς* ε 323; ξ 276; Ε 7; Ζ 472; Ρ 205; Χ 468. *ὑπὸ κρασίν* Κ 152. *ὑπὸ κράτεσφι* Κ 156.

μέγα κράτος Λ 753; Ν 486; Ο 216; Ρ 206, 613. *δὲ κράτος* Ζ 387; Μ 214; Π 524. *γε κράτος* ι 393. *τε κράτος* ε 4; Ι 39; Ν 484. *ὅ τε κράτεϊ* Π 54. *οὔ τι κράτεϊ* Η 142.

κατὰ κρατερήν Ε 84, 627; Η 14; Λ 119, 205; Ν 383; Ρ 15, 289. *κατὰ κρατερὰς* Β 345; Ε 200, 530; Μ 347, 360; Ο 562. *ἅμα κρατερός* γ 111; Ν 299. *ἰάλλοντα κρατερόν* κ 376. *διὰ κρατερὰς* Β 40. *δειδιότα κρατερός* Ζ 137. *πάρα κρατερῷ* Ω 212. *υἷα κρατερόν* Μ 129. *ἔριδα κρατερήν* Π 662. *ῥαιστῆρα κρατερήν* Σ 477. *κατὰ κρατερόν* Φ 63. *Ἡρακλῆα κρατερόφρονα* Ξ 324. *πρόφερε κρατερόν* Κ 479. *δὲ κρατερῶς* Ν 16, 353; *οὐδὲ κρατερός* Ο 164. *τε κρατερῷ* Π 716. *τε κρατερόν* Δ 89; Ε 169; Ο 202; Ρ 204; Σ 55; Φ 96, 546. *ἔφεπε κρατερώνυχας* Π 724. *εἶμι κρατερή* κ 273. *ἐνὶ κρατερῇ* λ 419; Δ 462; Ε 712; Η 18; Λ 468; Ν 522; Π 451, 648, 788; Τ 52; Φ 207. Für *ἀσπίδ' ἔνι κρατερῇ* Γ 349; Ρ 45 schreibe man mit besseren Quellen *ἀσπίδι ἐν κρατερῇ*. *Ἄρηι κρατερῷ* Β 515. *γένετο κρατερός* δ 11. *πυλάρταο κρατεροῖο* λ 277; Ν 415. *δέδετο κρατέρ'* ο 232. *δύνατο κρατεροῖο* ω 170. *κεῖτο κρατέρ'* Β 721. *ὦρτο κρατερός* Η 163; Ψ 812. *ἀπὸ κρατεροῦ* Θ 279. *δύνατο κρατερή* Ψ 720. *Πολυποίταο κρατεροῖο* Ψ 848. *ὁ κρατερός* Κ 536. *ἀπὸ κρατερῆς* Π 447, 645; Σ 243. *ἔχεο κρατερῶς* Π 501; Ρ 559. *τέτατο κρατερή* Ρ 543. *ὑπὸ κρατεροῦ* Φ 553.

μέγα κρατέεις λ 485. *μέγα κρατέων* Π 172. *δὲ κρατέουσιν* ο 274. *τε κρατέουσι* π 265. *ὅδε κρατέει* Ε 175; Π 424. *ὅθι κρατέουσιν* ν 275; ο 298; ω 431.

δὲ κρατύς Π 181. *πέτετο κρατύς* ε 49; Ω 345.

ὄπα κρείων Ξ 150. *δὲ κρείων* ε 375; Β 100, 477; Ζ 63. *Ἀλκίνοε κρεῖον* θ 382, 401; ι 2; λ 355, 378; ν 38. *ὕπατε κρειόντων* α 45, 81; ω 473; Θ 31. *τε κρείοντα* Δ 296. *οὐδὲ κρείων* Ι 62; Φ 194. *ὁπότε κρείοντ'* Ψ 630. *ἀμφὶ Κρείοντος* Ι 84. *ἕλετο κρείων* Ι 368; Π 58 Σ 445. *τέκετο κρεί-*

ουσα *X* 48. γένετο κρειόντων *Ω* 539. ἴδετο κρείων *δ* 22. εὐρὺ κρείων *γ* 248; *Α* 102, 355, 411; *Γ* 178; *Η* 107, 322; *Λ* 107, 238, 751; *Ν* 112; *Π* 273; *Ψ* 887.

ἅμα κρείσσων *Υ* 334. γε κρεῖσσον *ζ* 182. δὲ κρείσσων *Ψ* 578.

ἀνδρόμεα κρέα *ι* 297, 347. ὀπταλέα κρέα *Δ* 345. ἰδὲ κρέα *α* 112. δὲ κρειῶν *α* 141; *δ* 57; *π* 49; *Λ* 551; *Ρ* 660. πύρε κρέας *ϑ* 477. τε κρέα *χ* 21. τε κρέασιν *Θ* 162; *Μ* 311. ὅ γε κρεῖον *Ι* 206.

ἀνὰ κρητῆρα *γ* 390. ἄρα κρητῆρα *ο* 121. παρὰ κρητῆρα *φ* 145. δὲ κρητῆρας *α* 148; *γ* 339; *υ* 152; *φ* 271; *Ι* 175. δὲ κρητῆρα *ο* 103; *σ* 423; *Γ* 247. δὲ κρητῆρος *Κ* 578. δὲ κρητῆρες *ν* 105. Ποντόνοε κρητῆρα *η* 179; *ν* 50. Für δ' ἐκ κρητῆρος *ι* 9 haben δὲ κρητῆρος AMV und Maximus Tyrius. ἐνὶ κρητῆρσι *α* 110. ἐνὶ κρητῆρι *Δ* 260. ἀπὸ κρητῆρος *ι* 210; *Λ* 598.

Δία Κρονίωνα *ξ* 406; *Α* 502, 539; *Ι* 511; *Τ* 120. Δία Κρονίδην *Ε* 419. Ζῆνα Κρονίωνα *ω* 472. παρὰ Κρονίωνι *Α* 405. εὐρύοπα Κρονίδην *Α* 498; *Ο* 152; *Ω* 98. μέγα Κρονίδης *Β* 111 (so Aristarch, andere μέγας); *Ι* 18. ὑπερμενέα Κρονίωνα *Β* 350; *Θ* 470. κελαινεφέα Κρονίωνα *Λ* 78. ἄρα Κρονίδης *Ρ* 593. ἡμέτερε Κρονίδη *α* 45, 81; *ω* 473; *Θ* 31. αἰνότατε Κρονίδη *Α* 552; *Δ* 25; *Θ* 462; *Ξ* 330; *Π* 440; *Σ* 361. τε Κρόνου *Ξ* 203. τε Κρόνου *Ο* 187 (dafür Aristarch τ' ἐκ. δὲ Κρονίωνα *Ε* 753. κελαινεφέι Κρονίδῃ *ι* 552; *ν* 25. κελαινεφέι Κρονίωνι *Α* 397; *Ζ* 267; *Ω* 290. Διὶ Κρονίωνι *Β* 102; *Ε* 869, 906; *Η* 194, 200; *Θ* 210; *Σ* 118; *Φ* 193. Διὶ Κρονίδῃ *Ι* 172. ὑπερμενέι Κρονίωνι *Β* 403; *Η* 315, 481; *Ν* 226. ἐπειρᾶτο Κρονίδης *Δ* 5. τέκετο Κρόνος *Δ* 59. ἔφατο Κρονίδης *Υ* 31. εἰρύσαο Κρονίωνος *Φ* 230.

φίλα κρηήνατ' *γ* 418. ἔτυμα κραίνουσι *τ* 567. τε κρῆναι *ε* 170.

δὲ κρήνη *ζ* 92. τε κρηνέων *κ* 350. τε κρήνῃ *ν* 408. τε κρήνην *Β* 734. ὥς τε κρήνη *Ι* 14; *Π* 3. ἔρχεσθε κρήνην *υ* 154. ἐπὶ κρήνῃ *ο* 442. ἐπὶ κρήνην *ρ* 205; *υ* 158. περὶ κρήνην *Β* 305. ἀπὸ κρήνης *ν* 162; *Π* 160; *Φ* 257.

παρὰ Κρουνούς *ο* 259. ἐπὶ κρουνούς *Χ* 208.

μετὰ Κρήτεσσι *ξ* 234. ὁπότε Κρήτηθεν *Γ* 233. ἐνὶ

Κρήτεσσι ξ 205; *Γ* 230. *ἐπὶ Κρήτεσσι* *Δ* 251. *ἀπὸ Κρήτης* ξ 252.

δὲ κρινθέντε ϑ 48. *δὲ κριτοί* ϑ 258. *ὁπότε κρίνοιμι* ξ 217. *τε κρίνονται* ω 507. *εὖ κρίνασθαι* δ 408. *εὖ κρίνας* ξ 108; *Π* 199.

ἅμα κραιπνοῖσι *Π* 671, 681. *μάλα κραιπνῶς* *Κ* 162. *δὲ κραιπνῶς* *Ξ* 292. *ἐπὶ κραιπνόν* ε 385.

ὅτινα κραδίῃ ϑ 204; ο 395. *πύματα κραδίῃ* υ 13. *σε κραδίῃ* ξ 517; ο 339; *Ν* 784.

διὰ κροτάφοιο *Δ* 502. *κόρυθα κροτάφοις* *Ν* 188. *κατὰ κρόταφον* *Υ* 397. *περὶ κροτάφοισι* *Ο* 648; *Π* 104. *ἐπὶ κροτάφοις* σ 378; χ 102. *ὑπὸ κροτάφοισιν* λ 319.

δὲ Κρηθῆος λ 237.

κατὰ κρῆθεν λ 588; *Π* 548.

τε κρύψω ν 304. *κληῖδι κρυπτῇ* *Ξ* 168.

τε κρομύοιο τ 233. *δὲ κρόμυον* *Λ* 630.

τὸ κρήγυον *Α* 106.

δὲ κρυόεσσα *Ε* 740.

σάκεϊ κρύπτασκε *Θ* 272.

δὲ κρῖ δ 41; *Θ* 564.

ὄχεα κροτάλιζον *Λ* 160.

ὄχεα κροτέοντες *Ο* 453.

μηδὲ κρυεροῖο *Ν* 48.

δόρυ κραδάων *Ν* 583; *Υ* 423.

ἴδὲ κρόκον *Ξ* 348. *μέτα κροκόπεπλος* *Ψ* 227. *δὲ κροκόπεπλος* *Ω* 695.

ὅ γε Κροίσμου *Ο* 523.

ὑπὸ κρημνούς *Φ* 26.

δὲ κρίκον *Ω* 272.

Aus der grossen Anzahl der aufgezählten Fälle ergibt sich, dass $\overline{\varkappa\varrho}$ um Position zu bilden, das paragogische $\overline{\nu}$ nicht zu Hilfe zu nehmen braucht, man schreibe daher:

ἔβαλε κρατερῶς δ 344 (*ἔβαλεν* V); ρ 135. *ἔχε κρατερώνυχας* φ 30. *ἦρχε κρατερός* *Β* 622. *μέθεπε κρατερώνυχας* *Ε* 329. *ἔφεπε κρατερώνυχας* *Π* 732. *τάνυσε κρατερῇ* *Π* 567. *ἔχε κρατερή* *Φ* 543. *λάβε κρείων* *Λ* 126. *ἔφεπε κρείων* *Λ* 177. *ἦρχε κρείων* *Β* 576. *εἶχε κρείων* *Γ* 123; *Ν* 10. *βάλε κρείων* *Ε* 537. *ἔλαβε κρείων* *Δ* 463. *ἔλαχε κρείων* *Ψ* 354. *σφι Κρονίδης* *Δ* 166 (*σφιν* GLS); *Ι* 236 (*σφιν* AGLS). *ὤτρυνε Κρονίδης*

Ω 143. *οἶδε Κρονίδης Σ* 185. *τέκε Κρήτῃ Ν* 450. *ἑστᾶσι κρῖ Ε* 196. *ποσὶ κραιπνοῖσι* ξ 33; *Ζ* 505; *Ρ* 190; *Φ* 247; *Χ* 138; *Ψ* 749. *ποσὶ κραιπνῶς θ* 247 (*ποσὶν* L). *κε κρείσσων χ* 167 (*κεν* A 2. man. Q). *ἐφίζεσκε κρέα ρ* 331 (*ἐφίζεσκεν* D). *πασσαλόφι κρέμασεν θ* 67 (*πασσαλόφιν* ACDEHIKLMPQV); *θ* 105 (*πασσαλόφιν* ACHIKLMPQ). Auch die Handschriften haben, mit Ausnahme der beiden zuletzt angeführten Stellen, das paragogische *ν* fast nirgends.

Wenn es trotzdem eine ziemliche Anzahl von Stellen gibt, an welchen der kurze Vocal vor *κρ* kurz bleibt, so war das metrische Bedürfniss davon die Ursache, denn es kommt fast nur bei Wörtern vor, deren beide ersten Silben einen Iambus bilden, am meisten bei *Κρονίων* und Formen von *Κρόνος*. Die Stellen sind:

χεῖρα Κρονίων ξ 184; *Δ* 249. *ἀοσσητῆρα Κρονίων Ο* 254. *ἐτέλεσσε Κρονίων γ* 119; *χ* 51. *τελέσειε Κρονίων δ* 699; *υ* 236. *ᾧ τε Κρονίων δ* 207. *ποίησε Κρονίων κ* 21; *Ω* 611. *μούνωσε Κρονίων π* 117. *θῆκε Κρονίων π* 291; *φ* 102. *ἀλάπαξε Κρονίων ρ* 424; *τ* 80. *ὁρμήσειε Κρονίων σ* 376. *εἴασε Κρονίων υ* 273. *ἐπεκραίαινε Κρονίων Β* 419; *Γ* 302. *κατέχευε Κρονίων Β* 670. *ἅς τε Κρονίων Ε* 522; *Λ* 27. *οὕς τε Κρονίων Π* 209. *ἥν τε Κρονίων Ν* 242. *κατένευσε Κρονίων Θ* 175. *νεῦσε Κρονίων Λ* 528; *Ρ* 209. *ἐτάνυσσε Κρονίων Λ* 336; *Π* 662. *ἐφόβησε Κρονίων Λ* 406. *γε Κρονίων Ν* 319. *ἤμυνε Κρονίων Ν* 783. *ἤχθηρε Κρονίων Υ* 306. *κορύθεσσι Κρονίων Ρ* 269. *ἐγώ γε Κρονίονος Ξ* 247 und *ἦα Κρονίονος λ* 620 (abweichend von der sonst bei Homer üblichen Declination des Wortes, welches *ω* durch alle Casus behält). *ἧκε Κρόνου φ* 415; *Δ* 75. *δῶκε Κρόνου Ι* 37. *ἔδωκε Κρόνου Β* 205; *Σ* 293; *Φ* 216. *ἔθηκε Κρόνου Β* 319; *Ζ* 139; *Μ* 450. *ἠπείλησε Κρόνου Θ* 415. *ἔμαρπτε Κρόνου Ξ* 346. *ἐφόβησε Κρόνου Ο* 91. *ἐλέησε Κρόνου Π* 431; *Ρ* 441; *Υ* 340. *τε Κρόνος τε Θ* 479. *μεγάλοιο Κρόνοιο Ε* 721; *Θ* 383; *Ξ* 194, 243.

μοῖρα κραταιή Ε 83, 629; *Π* 833, 853; *Τ* 410; *Υ* 477; *Φ* 110; *Ω* 132, 209. *ἱδρώουσα κραταιοῦ Λ* 119. *υἱε κραταιώ Ν* 345; *ο* 242. *ἤδὴ κραταιός σ* 382.

δὲ Κράταιιν μ 124. *ἀποστρέψασκε κραταιίς λ* 597. *κατὰ κρᾶτα Φ* 92. *δέ τε κρατί μ* 99.

τε κρανείης κ 242. τε κράνειαν Π 767.

ἠὲ κρυφηδόν ξ 330; τ 299.

τε κρεῶν ο 98 (vielleicht κρεῶν einsilbig?).

θείοιο κρατευτάων Ι 214.

εἵλετο κρινάμενος Λ 697.

Αἰνείαο κραδαινομένη Ν 405; Π 614. ὀξὺ κραδαινόμενον Ρ 524.

τε κραταιγύαλοι Τ 361.

δὲ κράτος Υ 121.

$\overline{πρ}$: ἀπὸ πραπίδων Χ 43; Ω 514. ὑπὸ πραπίδων Λ 579; Ν 412; Ρ 349.

δὲ πρέπει θ 172.

ἄρα πρηνής Ο 543; Π 413, 579; Φ 118. κατὰ πρηνές Β 414. δὲ πρηνής ε 374; χ 296; Ε 58; Π 310; Ω 11. δὲ πρηνεῖς Λ 179.

ἄλα πρήσσοντες ι 491. ῥίμφα πρήσσουσι ν 83. ῥίμφα πρήσσοντε Ξ 282; Ψ 501. ὄφρα πρήσσομεν ο 47. ἵνα πρήσσωμεν ο 219; Ω 264. ἵνα πρήσσῃσιν γ 476. κατὰ πρῆξιν γ 72; ι 253. ἐμὲ πρήξαντα γ 60. τε πρηκτῆρες θ 162. τι πρήξεις Ω 550. οὔ τι πρήσσει Λ 552; Ρ 661. ἔτι πρήξει τ 324. εὖ πρήσσεσκον θ 259.

πυρὶ πρήσαντες Η 432.

μέγα Πριάμοιο γ 107; Β 332, 803 (Πριάμου); Η 296; Ι 136, 278; Π 448; Ρ 160; Φ 309; Χ 251 (Πριάμου). κακὰ Πριάμῳ Β 304. ὄπα Πριάμοιο λ 421. παρὰ Πριάμοιο Η 346. μετὰ Πρίαμον Ε 614. θυγατέρα Πρίαμος Φ 88. παρὰ Πρίαμον Ω 169. υἷε Πριάμοιο Η 47; Λ 200; Ο 244. δὲ Πριάμοιο Γ 105, 314; Ε 463; Μ 15; Ν 14, 173, 365; Υ 81; Ψ 746. δὲ Πριάμῳ Ω 279. δὲ Πρίαμον Ω 353, 598. τε Πριάμοιο Ε 704; Ζ 317; Σ 154. οὔτε Πριάμοιο Ζ 451. ποτε Πριάμῳ Ω 278. σε Πρίαμος Δ 31. γε Πρίαμος Υ 182. ἠδὲ Πρίαμος Χ 234. πατέρι Πριάμῳ Ω 37. πέρι Πριάμοιο Χ 173, 230. ἐπὶ Πριάμοιο Β 788. υἷι Πριάμοιο Β 791. ἀμφὶ Πρίαμον Γ 146. τέκετο Πρίαμον Υ 237. κοιμῶντο Πριάμοιο Ζ 246, 250.

ἀλλὰ πρίν Θ 500; Φ 179. με πρίν Τ 306. σε πρίν Σ 334. ἄγετε πρίν π 376; ω 430. δὲ πρίν Θ 452. ὃ πρίν Ε 472; Ν 257. τὸ πρίν γ 265; δ 32, 518; φ 32; Ε 54;

Z 125; *I* 403; *N* 105; *O* 72; *Π* 573; *Φ* 476; *X* 156; *Ω* 543. *πολὺ πρὶν β* 167; *I* 250; *Λ* 236; *N* 161.

διὰ πριστοῦ τ 564.

σε πρίατο ξ 115.

διὰ πρό χ 295; *ω* 524; *Δ* 138; *E* 66, 281, 538; *H* 260; *M* 184, 404; *N* 388, 607, 647; *Ξ* 494; *O* 342; *Π* 309, 821; *P* 393, 518, 579; *Υ* 276; *Φ* 164. *ἐσσόμενα πρό Α* 70. *κιχησόμεθα πρό K* 126. *ἰδὲ πρὸ Δ* 382. *ἐρυκάκετε πρό Z* 80. *τε πρό K* 224, 286. *ἄγαγε πρό T* 118. *ἠῶθι πρό ε* 469; *ζ* 36; *Λ* 50. *Ἰλιόθι πρό ϑ* 581; *Θ* 561; *K* 12; *N* 349. *οὐρανόθι πρό Γ* 3. *περὶ πρό Λ* 180; *Π* 699. *ἀπὸ πρό H* 334; *Π* 669, 679. *ὀδύροντο πρό Ω* 714. *πολὺ πρό Δ* 373.

διὰ προμάχων Δ 495; *E* 250, 562, 566, 681; *Λ* 342, 358; *H* 582; *P* 3, 87, 124, 281, 592; *Υ* 111, 412. *μετὰ προμάχων N* 291. *μετὰ προμάχοισιν Λ* 744. *ἀνὰ προμάχους N* 760. *πατέρα προμάχοισι Δ* 354. *ἀνὰ πρόθυρον ξ* 34; *χ* 474; *T* 212. *μάλα πρόφρασσ' ε* 161. *μάλα προϊδών ε* 393. *πάρα προνοῆσαι ε* 364. *ἔριδα προφέρουσαι ζ* 92. *ἔριδα προφέρηται ϑ* 210. *ἔριδα προφέρονται Γ* 7. *τέραα προὔφαινον μ* 394. *κήρυκα προΐει ν* 64. *κήρυκα πρόεσαν π* 328. *λιμένα προερέσσαμεν ν* 279. *ὦκα προβιβῶντα ο* 555. *διηνεκέα προταμοίμην σ* 375. *ἀλλὰ προμνηστῖνοι φ* 230. *δυσηλεγέα προφύγοισθα χ* 325. *ἐρατὰ πρόφερε Γ* 64. *ἄρα προέηκε Δ* 398. *ἔριδα προΐαλλε Λ* 3. *κατὰ πρότμησιν Λ* 424. *ἔριδα προβαλόντες Λ* 529. *ἄρα προπάροιθε M* 131. *Αἴαντα προΐει M* 342. *ὑπασπίδια προποδίζων N* 158. *ὑπασπίδια προβιβάντι N* 807. *ὑπασπίδια προβιβάντος Π* 609. *ῥα προκρόσσας Ξ* 35. *μέγα προθορών Ξ* 363. *ἅμα πρόες Π* 241. *τινὰ προμάχεσθαι P* 358. *τάχα προγένοντο Σ* 525. *τὰ προϊδόντες Σ* 527. *μάλα πρόφρασσα Φ* 500. *ἀριπρεπέα προὔχοντα Ψ* 453. *ἀδινὰ προπάροιθε Ω* 510.

τε πρόβασιν β 75. *δὲ προτόνοισιν β* 425; *ο* 290. *τε προλιπών γ* 314; *ο* 11; *ψ* 120. *δὲ προμολών δ* 22. *ἐμὲ προέηκε δ* 161. *με προέηκε δ* 829; *ψ* 51; *I* 442; *Λ* 649; *Σ* 184. *δὲ προέηκεν ε* 268; *η* 266; *τ* 468; *K* 563. *με προϊδών δ* 396. *ἠὲ προδαείς δ* 396. *σε πρόεσαν δ* 681. *δὲ προρέοντα ε* 444. *οὐδὲ προὔφαινετ' ι* 143. *δὲ προπεσόντες ι* 490; *μ* 191. *δὲ προβλῆτες κ* 89; *ν* 97. *δὲ προρέουσι κ* 351. *δὲ προμνηστῖναι λ* 233. *δὲ προτόνους μ* 409. *με πρόφρων* ξ 54. δὲ προΐαλλε ο 370. δὲ προπάροιθε π 344; N 205; O 746; Π 218, 319; Σ 336; Τ 441, 456; X 35; Ψ 22. γε προπάροιθε Τ 344. ἠὲ προπρηνέα χ 98. δὲ πρόπαν ω 41. με προΐεις ω 333. ἅλαδε προέρυσσεν A 308. ἅλαδε προερύσσω I 358. ἅλαδε προρέοντι E 598. ἅλαδε προρέουσι M 19. τε προφέροις B 251. τε Προθοήνωρ B 495. οὔτε προπρηνές Γ 218. τε πρόμαχοι Δ 505; Π 588; P 316. ποτὲ προτρέποντο E 700. σε προφρονέως E 810. δὲ προκάλεσσαι H 50. με πρόφρων I 480. ὅ γε προθέλυμνα I 541. τε προθέῃσι K 362. τε προϊεῖσι Λ 270. δὲ προέεργε Λ 569. τε προβλῆτας M 259. τώ γε προβοῶντε M 277. δὲ προὔτυψαν N 136; O 306; P 262. τε προκυλίνδεται Ξ 18. ὅτε πρόφρων Ξ 71. δὲ προπέφανται Ξ 332. δὲ Προθοήνορα Ξ 450. δὲ Προθόωνα Ξ 515. οἵ γε προχέοντο O 360; Φ 6. δὲ προλιπόντες P 275. δὲ προθορών P 522. ὅ γε προθορών P 523. ὅτε προΐδωσιν P 756. γε προβαλοίμην Τ 218 (E κεν). τε προρέοντος Φ 260, τε προβάλοντο Ψ 255.

ἐπὶ προθύροις α 103. ἐπὶ προθύροισιν Σ 496. ἐνὶ προθύροισι π 12; Λ 777. ἔτι πρόφρων β 230; ε 8; ι 355. στόματι προὔχουσιν κ 90. ἐπὶ προβόλῳ μ 251. ἐνὶ προδόμῳ ξ 5; ο 466; υ 143; I 473. εἶμι προπάροιθε ρ 277. ἐνὶ προμάχοισι σ 379; Δ 458; O 522; P 590; Σ 456; Τ 414. ἐνὶ προμάχοις Δ 253. ἐπὶ προὔχοντι τ 544; X 97 (ἔπι). ἔπι προὐχούσῃ ω 82. Ἄϊδι προΐαψεν A 3. Ἄϊδι προϊάψει Z 487. Ἄϊδι προϊάψειν Λ 55. Ἀϊδονῆι προϊάψειν E 190. σφῶι προΐει A 336 (Zenodot σφῶιν). ἄχεϊ προτραπέσθαι Z 336. παλλακίδι προμιγῆναι I 452. ἄσαιμι προταμών I 489. σάκεϊ προθελύμνῳ N 130. κράτεϊ προβεβήκῃ Π 54. ἔπι προβλῆτι Π 407. Ἀχιλλῆι προφέρωμεν P 121. ἐπὶ προχοῇσι P 263. οὔ τι προνόησαν Σ 526. Ἀχιλλῆι προμάχιζε Υ 376. ἔνι προαλεῖ Φ 262. θέρεϊ προρέει X 151.

οἴχοιτο προφέρουσα υ 64. πυλάρταο προὔπεμψεν Θ 367. ἐπειρᾶτο προποδίζων N 806. ὅ πρόφρων P 353.

πολὺ προφερέστερον ϑ 221. πολὺ προθέεσκε λ 515; X 459. πολὺ προβέβηκας Z 125. πολὺ προμάχεσθαι Λ 217. πολὺ προμάχων P 342.

ἀριστῆα πρόμον Γ 44. δὲ πρόμον E 533; H 116. μηδὲ πρόμος X 85.

ἅρα πρότερος τ 184. ἅμα πρότερος B 707. ὅ τε πρότερος β 31, 43. δὲ προτέροισιν θ 223. δὲ προτέρων ο 22. δὲ προτέρην Ο 157. δὲ πρότεροι Π 569; Ρ 274. δὲ πρότερος Ψ 588. δὲ προτέρης Ψ 790. δὲ προτέρω ι 62, 105, 565; κ 77, 133. με προτέρω Γ 400. με πρότερος Γ 351. τε προτεροῖο Γ 140. ἔτι προτέρω ε 417; Ψ 526. ἔτι προτέρους λ 630. ἐπὶ προτέροισι χ 264. ἐπὶ προτέρων Ε 637; Ψ 332. ἕπεο προτέρω ε 91; Σ 387. ἐμέο πρότερος Κ 124. πολὺ προτέρω Δ 507. πολὺ πρότερον Ξ 467.

τὰ πρῶτα α 257; θ 268, 553; Α 6; Δ 424; Ζ 489; Ν 679; Ρ 612; Ψ 275, 523, 538. τὰ πρώτισθ' λ 168. μετὰ πρώτοισιν ζ 60; Δ 341; Ε 536, 575; Λ 64; Μ 315, 321; Ν 270; Τ 151; Υ 338. μετὰ πρώτῃ Τ 50. ἄρα πρώτην η 301. ὄνομα πρῶτον ι 16. ἀλλὰ πρῶτα π 402. ἄρα πρώτιστος τ 447. Κάλχαντα πρώτιστα Α 105. τίνα πρῶτον Ε 703; Θ 273; Λ 299; Π 692. ῥα πρῶτος Ξ 511. μάλα πρῶτον Ο 546. σε πρῶτον η 237; τ 104. σε πρῶτα ν 228. ὅτε πρώτιστον κ 462. με πρῶτον Ζ 345; Ω 557. δὲ πρώτιστα ν 404; ο 38; χ 113. σε πρῶθ' ρ 573. ὅτε πρῶτον τ 338; Ι 447; Ξ 295. γε πρῶτος φ 98. δὲ πρῶτος φ 144; Ζ 5; Κ 532; Μ 378; Ν 170, 809; Ξ 402; Π 284, 593; Ψ 862. τότε πρῶτος φ 148. δὲ πρῶτον Β 53; Λ 420; Υ 166. σε πρῶτον Γ 443. τε πρῶται Θ 83. Αἴαντε πρώτω Μ 46; Π 555. δὲ πρωτίστῳ Π 656. δὲ πρώτιστα Σ 478. τε Πρωτώ Σ 43. ὅθι πρῶτον ξ 141. Ἀρτέμιδι πρώτιστον υ 60. ἐπὶ πρώτῃσι χ 250. Ἄρηι πρώτῳ Ε 829, 841. ὅθι πρῶτον Ε 848; Ξ 284. ἐνὶ πρώτοισι Ι 709; Μ 324; Ρ 506; Σ 194. ἔπι πρῶτον Κ 18; Ν 91. ἐνὶ πρώτῳ Ρ 380. ἐπὶ πρώτῃ Ω 272.

τὸ πρῶτον δ 13, 159, 509; ξ 467; ψ 214; Δ 267; Ψ 324. ὕπο πρώτην Υ 275. πολὺ πρῶτος α 113; ι 449; ρ 328; Π 162; Θ 256; Ψ 288. πολὺ πρῶτον θ 197. πολὺ πρώτη ρ 31. πολὺ πρώτιστος ξ 220; Ξ 442. πολὺ πρώτιστον Β 702. σὺ πρῶτον ν 133.

ἐὰ πρός β 258; σ 428. ἐμὰ πρός θ 41. Ὀδυσσῆα προτί θ 517. κυλινδόμενα προτί ι 147. ἄρα πρός ψ 90. ἱερὰ πρός Δ 378. μέγα προτί Ο 681. βαλλόμενα προτί Χ 64. δὲ προτί η 2; Γ 116. με πρός ξ 492; Β 59. ἐμὲ προτί π 272. ἔρχεσθε πρός ρ 175; σ 314. δὲ πρός Ζ 313; Υ 355; Χ 112. ὤσασθε προτί Λ 803. σε προτί Λ 831. τόν γε *προτί* Ν 538; Ξ 432. *ὄτρυνε προτί* Τ 156. *εἶμι προτί* Γ 305. *ἀείροντο προτί* μ 255. *ἠγάγετο πρός* ο 238; Π 190. *ἵκοντο προτί* ω 154. *ὀρωρέχατο προτί* Λ 26. *ὤσαιτο προτί* Π 655. *ἔβλητο πρός* Π 753. *δόρυ προτί* Π 504.

πατέρα προσέειπε ζ 56. *Ὀδυσσῆα προσέειπε* ϑ 144; τ 473. *Πατροκλῆα προσέειπε* Λ 602; Π 125. *κήρυκα προσέφη* η 178; ϑ 474; ν 49. *πατέρα προσπτύξεται* λ 451. *πατέρα προσεδέρκετο* υ 385. *πατέρα προσεφώνεεν* χ 355. *Ὀδυσσῆα προσεφώνεεν* χ 163; Λ 346. *Ὀδυσσῆα προσέφη* ω 541. *τινὰ προτιόσσεο* ψ 365. *ἀρτεμέα προσιόντα* Ε 515; Π 308. *ἐπίσσωτρα προσαρηρότα* Ε 725. *Αἴαντα προσεφώνεεν* Λ 464. *Αἴαντα προσέφη* Ν 67. *δαιδάλεα προσέκειτο* Σ 379. *Ἀπόλλωνα προσέφη* Ο 220; Π 666; Φ 228, 435.

αὖτε προσέειπε α 178, 221; γ 25, 229, 356; δ 696, 742, 830; ε 145; η 27; ϑ 349, 354; ν 236, 361; ξ 148; ο 271, 351, 389, 430, 434, 508; π 36, 90, 225, 258, 266; ρ 162, 247, 498, 528, 560, 585; σ 177; τ 21, 308, 349, 491, 559, 588; υ 44, 134, 235, 363; φ 199, 311, 330; χ 135, 419, 485; ψ 10, 25, 39, 58, 104, 173, 256, 285; Α 206; Γ 58; Ε 179, 229; Ζ 332, 440; Η 33, 37, 233, 287; Θ 357; Ι 114, 676; Κ 64, 119, 168, 248, 412; Λ 837; Ν 774; Ξ 64, 211, 263; Ο 205, 253; Ρ 560; Σ 94, 183, 196; Τ 184; Υ 103; Φ 461, 511; Χ 177, 232, 238; Ω 217, 378, 389, 410, 432, 668[15]). *με προσέειπε* δ 542. *δὲ προσέειπε* ϑ 334; ξ 36; π 166; Θ 138; Κ 340; Π 432; Φ 497; Χ 278. *τε προσέειπεν* σ 356. *ὅ γε προσέειπε* χ 480. *οὐδὲ προτιμυϑήσασϑαι* λ 143. *δὲ προσέπλαξε* λ 583. *δὲ προσέφη* ο 110; Ν 215, 248. *δὲ προσιόντα* Ν 615. *τά τε προσερεύγεται* Ο 621. *σε προσέφη* Π 842.

οὔ τι προσέφη υ 183; Α 511; Δ 401; Ε 689; Ζ 342; Θ 484; Φ 478. *παλαιγενέι προσέειπεν* Γ 386. *ἔπεϊ προτιβάλλεαι* Ε 879. *Ἀχιλλῆι προτιάπτω* Ω 110. *φράσατο προσιόντα* Κ 339. *δύνατο προσαμῦναι* Π 509.

δὲ πρόσϑ' η 21; Ε 170; Θ 100, 134; Π 833. *ὅ γε πρόσϑε* Μ 298. *Ἀντίλοχε πρόσϑεν* Ψ 570. *τὸ πρόσϑεν*

---

[15]) Hom. Stud. S. 212 heisst es *αὖτε προσέειπε* komme im ganzen 93mal vor, es findet sich aber 99mal, darunter 57mal in der Odyssee.

δ 688; λ 629; Π 224; Μ 40; Ψ 583. ὅ πρόσθ' Ν 392; Π 485.

ἅμα πρόσσω Α 343; Γ 109. ἀλλὰ πρόσσω Μ 274.

τε Πρόκριν λ 321.

ἕνα πρυικός ν 15.

ἠδὲ πρόκας ρ 295.

παρὰ Προίταο Ζ 177.

με πρεσβυτάτην Δ 59. ἐμὲ πρεσβήιον Θ 289.

ἄρα πρυμνῇ μ 411. πάρα πρυμνῇ ν 223; Π 383; Κ 35; Π 286. κατὰ πρυμνάς Α 409. παρὰ πρυμνήσια μ 32; Α 476. δὲ πρυμνήσια β 418; ο 286, 498, 552; Α 436. τε Πρυμνεύς θ 112. οὔτε πρυμνήσι' ι 137. τε πρυμνήσια ι 178, 562; λ 637; μ 145; ο 548. δὲ πρυμνῆς Ο 704. δὲ πρυμνῆθεν Ο 716. ἐνὶ πρυμνῇ β 417; ο 206; Κ 570. ἐπὶ πρυμνῇ Α 600. ἐπὶ oder ἔπι πρυμνῇσι(ν) Θ 475; Μ 403; Ν 333, 762; Ξ 32, 51, 65; Ο 248, 385, 722; Σ 76, 447; Τ 135. ἄπο πρυμνῆς Ο 435. δόρυ πρυμνόν Ρ 618.

ἡγεμόνα πρυλέων Ο 517. δὲ πρυλέες Λ 49; Μ 77.

τε Πρύτανιν Ε 678.

ὥς τε πρών Ρ 747.

σὺ πρῴην Ω 500.

τε Πρῳρεύς θ 113.

Dies sind die Fälle, in welchen πρ Position bildet, zahlreich genug, um den Beweis zu liefern, dass es vor πρ des paragogischen ν nicht bedarf: auch findet sich dasselbe in Handschriften nur selten und ist auch von Aristarch nicht gesetzt worden, wenn man von den Stellen, an welchen dies ausdrücklich bezeugt ist, einen Schluss auf die übrigen machen darf. Die Stellen sind:

πεσσοῖσι προπάροιθε α 107 (πεσσοῖσιν KP). ἰδυίῃσι πραπίδεσσι η 92 (ἰδυίῃσιν H; Α 608; Σ 380, 482; Υ 12. ἔβαλε προπάροιθε ι 482 (καδδέβαλεν A ex corr.). κε πρῶτον λ 106 (κεν A und γρ. κεν C). κε πρῶτα λ 221 (κεν DGHLMN). ἦγε πρός ο 133 (ἦγεν L). ἤιξε πρόσθ' ο 164 (ἤιξεν A). σφι πρό ο 524 (σφιν ACDEHILNR). ποσὶ προβιβάς ρ 27. ἵπποισι προὔπεμψε ρ 117. θῆκε πριστοῦ σ 196 (θῆκεν HL). ἐντάνυσε πρίν φ 150 (ἐντάνυσεν HLR. ἐτάνυσεν E). ἔπεσε πρόσθε ω 540 (ἔπεσεν I). ἦρχε Πρόθοος Β 756 (so Aristarch). ἄρξωσι πρότεροι Δ 67, 72. ἔβαλε πρῶτος Δ 459; Ζ 9. δὲ *πρώτοισι Θ* 337 (so Aristarch; die Schreibweise *δ' ἐν* war die *κοινή*). *νῶι Πριάμοιο Θ* 377 (so Aristarch; dafür Zenodot *νῶιν*, vgl. *Λ* 336). *νεοσσοῖσι προφέρῃσι Ι* 323. *στρατόφι προτιειλεῖν Κ* 347 (*στρατόφιν* ALS). *σφι προπάροιθε Λ* 734 (*σφιν* AEG). *πρύσθε πρυμνός Μ* 446 (*πρόσθεν* EL). *ποσὶ προβιβάς Ν* 18, 158. *ἐξέρυσε πρυμνοῖο Ν* 532. *κε πρῶτον Ο* 297 (*κεν* AEG). *ἔθορε προμάχων Ο* 573. *ἐξάγαγε πρό Π* 188. *πέσε πρηνής Ρ* 300. *εὗρε προπάροιθε Σ* 3. *ἕστηκε πρό Σ* 172. *ἴδε προμολοῦσα Σ* 382 (*ἴδεν* L Herod. Il. Pros. *Δ* 151). *θῆκε προπάροιθεν Σ* 615 (*θῆκεν* A). *ζυγόφι προσέφη Τ* 404 (*ζυγόφιν* EGL). *ἔθελε προρέειν Φ* 366. *ἔλθωσι προτί Φ* 532. *Ἀχαιοῖσι προτί Χ* 217. *ἔλασε προθύροιο Ω* 323. *ἄγαγε Πρίαμον Ω* 447.

Ziemlich zahlreich sind die Fälle, in welchen der kurze Vocal vor $\overline{\pi\varrho}$ kurz bleibt, fast nur bei Wörtern, die sich sonst dem Maasse des Hexameters nicht gefügt haben würden, wie *προσηύδα, προΐκτης, πρόσωπον, προκείμενος.*

Ἕκτορα Πριαμίδην Ξ 375; *Ρ* 503; *Σ* 164. *Ἕκτορι Πριαμίδῃ Η* 112; *Ν* 40. *βάλε Πριαμίδαο Γ* 356; *Π* 250.

ἀλλ' ἐμὲ πρίν ξ 334. *ὅ γε πρίν Α* 97. *ἐξολέσειε πρὶν ρ* 597. *τέρπετο πρίν Τ* 313.

ἀνδρὶ προΐκτῃ ρ 352. *ἐσσι προΐκτης ρ* 449.

φαληριόωντα πρό Ν 799. *ἔπειτα πρὸ Ω* 783.

ἐρύουσι πρό Ο 351. *ἀΐξωσι πρό Ρ* 726. *ἠγερέθοντο πρό ω* 468.

ὅν τινα πρῶτον γ 320. *ἠὲ σὺ πρῶτος ρ* 275 (*ἢ σύ*?).

ἑτοῖμα προκείμενα α 149; *δ* 218; *ε* 200; *θ* 71, 484; *ξ* 453; *ο* 142; *π* 54; *ρ* 98; *υ* 256; *Ι* 91, 221; *Ω* 627. *καταβᾶσα προῆκε Ρ* 545. *τε προπάσας Β* 493. *ᾗσι προθυμίῃσι Β* 588.

τοιαῦτα πρὸς ἀλλήλους δ 620; *η* 334; *θ* 333; *ξ* 409; *ο* 493; *π* 321; *ρ* 166, 290; *σ* 243; *υ* 172, 240; *χ* 160; *ψ* 288; *ω* 98, 203, 383; *Ε* 274, 431; *Η* 464; *Θ* 212; *Ν* 81; *Π* 101; *Σ* 368; *Φ* 514. *πολλὰ πρός ν* 29. *ἧκα πρὸς ἀλλήλους Γ* 155. *δὲ πρὸς ἀλλήλῃσιν ε* 329. *ἠὲ πρός θ* 29. *δὲ πρός Θ* 74. *δέ σε πρός ν* 324. *Ζεὺς δὲ πρὸς ὅν Α* 609, wobei das Digamma ebenso unberücksichtigt geblieben ist wie in *εἶπε πρὸς ὅν ε* 298, 407; *Λ* 403; *Ρ* 90; *Σ* 5; *Υ* 343; *Φ* 53, 552; *Χ* 98. *αἵ τε πρὸς ἀλλήλας Π* 768. *ἤιξε πρὸς Ψ* 868. *ἐπέεσσι πρὸς ἀλλήλους* κ 34. *παπταίνοντι πρός* μ 233. *ναίουσι πρός* ν 240. *μύθοισι πρὸς ἀλλήλους* ψ 301. *ἴωσι πρὸς* Μ 239. *τέρποντο πρὸς ἀλλήλους* Λ 643. *τέτραπτο πρός* Ξ 403.

Ὀδυσῆα προσαΐξας χ 342. *ἔπειτα προσαΐξας* χ 365. *λίσσοιτο προσαΐξας* χ 337.

πτερόεντα προσηύδα α 122; β 269, 362; δ 25, 77, 550 (ων); ε 117, 172; η 236; ϑ 346, 407, 442, 460; κ 265, 324, 377, 418 (ων), 430, 482 (ων); λ 56 (ων), 154, 209 (ων), 396 (ων), 472, 616; μ 296 (ων); ν 58, 227, 253, 290; ξ 114; ο 208, 259; π 7, 22, 180; ρ 40, 396, 459, 543, 552, 591; σ 9, 104, 388; τ 3; υ 198; χ 100, 150, 311, 343, 366, 410, 436; ψ 34, 112; ω 372, 399, 494; Α 201; Β 7; Δ 69, 92, 203, 284, 312, 337, 369; Ε 123, 242, 713, 871; Η 356; Θ 101, 351; Κ 163, 191; Λ 815; Μ 365; Ν 94, 462, 480, 750; Ξ 2, 138, 356; Ο 35, 48, 89, 145, 157; Π 6, 537, 706, 829; Ρ 74, 219; Σ 72, 169; Τ 20, 341; Υ 331, 448; Φ 73, 368, 409, 419, 427 (als Variante); Χ 81, 215, 228; Ψ 557, 601, 625; Ω 517. *ἔπειτα προσηύδα* α 336. *βάντα προσηύδα* δ 680; ρ 575. *Κύκλωπα προσηύδων* ι 474, 492. *στᾶσα προσηύδα* κ 400, 455. *Ὀδυσῆα προσηύδων* ξ 484. *Ὀδυσῆα προσηύδα* υ 165, 177. *χεῖρα προσηύδα* σ 258. *Κρονίωνα προσηύδα* ω 472; Α 539; Τ 120. *ἀλλὰ προσηύδα* Δ 24. *κήρυκα προσηύδα* Δ 192. *Ἰδομενῆα προσηύδα* Δ 256; Ρ 621. *Ἄρηα προσηύδα* Ε 454. *βασιλῆα προσηύδα* Ζ 163. *ἀλλὰ προσηύδα* Θ 461. *δολοφρονέουσα προσηύδα* Ξ 197, 300, 329; Τ 106. *τεθνηῶτα προσηύδα* Π 858; Χ 364. *Αὐτομέδοντα προσηύδα* Ρ 468. *Ἀλκιμέδοντα προσηύδα* Ρ 500. *ἐποτρύνουσα προσηύδα* Ρ 553. *Πηλείωνα προσηύδα* Χ 7. *ἐλεεινὰ προσηύδα* Χ 37.

δὲ προσηύδα γ 41; ξ 79; ο 62, 150; χ 286; Π 225; Μ 353; Ξ 270; Ο 114 (als Variante), 436, 466; Ρ 33, 707. *ἠδὲ προσηύδα* ψ 208; ω 320; Ω 169. *κλαίοντε προσαυδήτην* Λ 136; Χ 90. *με προσαυδάτω* ο 440. *ἐπέεσσι προσηύδα* λ 99, 552 (ων); μ 36; σ 244; φ 192; Ε 30. *μειλιχίοισι προσηύδα* Ζ 214; Ρ 431. *μύθοισι προσηύδα* Ζ 343. *Ἱππολόχοιο προσηύδα* Ζ 144. *Πριάμοιο προσηύδα* Φ 97.

οὐδέ τι προσφάσθαι ψ 106.

πρῶτα προσώπατα σ 192. *καλὰ πρόσωπα* Τ 285. *τε πρόσωπα* υ 352. *ἀμφὶ πρόσωπα* σ 173; Σ 414.

φωνήσασα πρόσω Σ 388. *δουρὶ πρόσω* Ρ 598.

τρ: *γαῖα τρέφει* σ 130. *ἅμα τράφεν* Α 251. *ὅσα τρέφει* Λ 741. *τε τραφέμεν* γ 28; Η 199; Σ 436. *τε τρέφει* ξ 223; Ε 52. *δὲ τρέφει* Ρ 53. *ἰδὲ τροφός* ψ 289. *δὲ τρόφι* Λ 307. *τε τροφέοντο* γ 290. *τε τροφόεντα* Ο 621. *ἔνι τρέφεται* Τ 326. *ἐπὶ τραφερήν* υ 98; Ξ 308. *εὖ τρέφεν* τ 354. *εὖ τρέφον* Ξ 202, 303.

ἐνταῦθα τρέψειε Ι 601. *ὄχεα τρόπεον* Σ 224. *θαμὰ τρωπῶσα* τ 521. *δὲ τραπέουσι* η 125. *με τρέψειεν* Θ 451. *δὲ τρωπάσκετο* Λ 568. *μηδὲ τρωπᾶσθε* Ο 666. *ὅθι τροπαί* ο 404. *ἔτι τρέπεν* Ν 7.

μάλα τρέχει Ψ 520. *δὲ τρέχει* ι 386. *ἅμα τρωχῶντα* ο 451. *μάλα τρωχῶσι* Χ 163. *παρὰ τροχόν* Ζ 42; Ψ 394. *δὲ τροχοῦ* Ψ 517.

τάς τε τρεῖ Λ 454; Ρ 663. *πέτετο τρέσε* Χ 143.

παρὰ τρητοῖσι α 440. *ἀπὸ τρητοῖο* ν 77.

μετὰ τρήρωνα Χ 140. *δὲ τρήρωνα* υ 243; Ψ 853.

Αἰγίλιπα τρηχεῖαν Β 633. *Ὀλιζῶνα τρηχεῖαν* Β 717. *μέλανα τρηχύν* Η 265; Φ 404.

μηδὲ τρίβεσθε Ψ 735.

τινα τριπόδων ο 84. *σπεύδοντα τρίποδας* Σ 373. *δὲ τρίποδας* δ 129. *δὲ τρίποδες* Ι 407. *τε τρίποδας* Ψ 259. *περὶ τρίποδος* Λ 700. *ὑπὸ τρίποδι* κ 359.

ἅμα τρίτος ξ 471. *αἶψα τρί'* ο 469. *κατὰ τρίτα* Ψ 700. *διὰ τρίχα* Β 655. *δὲ τρίτον* δ 551. *δὲ τρίχα* ι 157; μ 312. *δὲ τρίστοιχοι* μ 91. *δὲ τριτάτοισιν* Α 252. *δὲ τρίτῳ* Λ 707. *με τρίτος* Π 850. *δὲ τρίς* Ψ 13. *ἠὲ τρεῖς* ε 484. *ἐπὶ τρίτος* υ 185. *ἔτι τρεῖς* Υ 269. *τὸ τρίτον* κ 520; λ 28; Γ 225; Ζ 186; Ψ 733, 842. *δέδετο τρεισκαίδεκα* Ε 387.

δὲ τρίζουσαι ω 5.

ἀνὰ τρίχας Χ 77. *δὲ τρίχες* Ω 359. *ἔνι τρίχες* σ 355. *ἀπὸ τρίχας* Τ 254.

ἔνι τριπόλῳ ε 127.

ὄπιδα τρομέουσι υ 215. *γε τρομέεις* σ 80. *μηδὲ τρομεοίατο* Κ 492. *τόν τε τρομέουσι* Ρ 203. *δὲ τρόμος* ω 49; Η 215; Υ 44; Ω 170. *τε τρόμος* Γ 34. *ὑπὸ τρόμος* σ 88; Ε 862; Λ 117; Ξ 506.

περὶ τρόπιος ε 130. ἐπὶ τρόπιος τ 278. ποτὶ τρόπιν μ 422.

κατὰ Τροίην Ι 329. ἄρα Τροίην Ω 346. ποτε Τροίης ε 39 (ποτ' ἐκ BGLM); ν 137. ποτε Τροίην π 289; τ 8. ὅτε Τροίην ν 388. ναίοιτε Τροίην Γ 74. ὅς τε Τροίην Ω 291. ἐνὶ Τροίῃ λ 499; μ 189; ν 315; ο 153; σ 266; Β 237; Ζ 315; Ι 246; Ν 433; Π 515; Σ 330; Τ 330; Ω 542, 774. ἔτι Τροίην Β 141; Ι 28. ὑπὸ Τροίην δ 146; ξ 469. ἀπὸ Τροίηθεν ι 38; Ω 492. ἠγάγετο Τροίην Χ 116.

μετὰ Τρώεσσι δ 254; ξ 367; Ε 86, 702, 834; Ζ 445; Σ 130; Υ 126. ἵνα Τρώεσσι λ 169; ξ 71; Π 576. ἔπεα Τρώεσσι Θ 496. μάλα Τρῶες Γ 56. ἄρα Τρώεσσιν Λ 79; Ν 347. ἄρα Τρώων Γ 153; Ξ 400. ἔναρα Τρώων Ν 268. τινα Τρώων Ν 425. τάχα Τρώων Ρ 241. ἅμα Τρώων Ω 148, 177. ἄρα Τρῶες Ρ 266. ἄρα Τρωσίν Τ 367. μετὰ Τρῶας Γ 264; Δ 70; Η 35; Κ 205; Λ 533; Η 534; Ρ 458; Υ 24. μετὰ Τρῳῇσιν Χ 476. Ἀχιλλῆα Τρώεσσι Φ 138, 250. ἀριπρεπέα Τρώεσσιν Ζ 477. μαχησόμεθα Τρωσὶν Ρ 719. δὲ Τρώων δ 257; λ 547; Ε 591; Λ 344, 570; Ν 755; Ο 743; Ρ 689; Ψ 175. δὲ Τρώεσσι λ 532; Δ 21; Ζ 110; Η 172; Θ 458; Λ 489; Μ 467; Ν 175; Ξ 192; Ο 346, 550; Ρ 596; Σ 156. δὲ Τρῶες Δ 497; Η 158; Ο 574, 589; Π 600; Σ 310; Ω 663 (Aristarch γὰρ). δὲ Τρῶας Λ 521; Ο 6; Υ 38; Ω 237. δὲ Τρωσί Π 783. δὲ Τρῳούς Ψ 291. οὐδὲ Τρῶας Κ 299. τε Τρώων Γ 297, 319; Δ 85; Η 65, 300. τε Τρῶες Λ 256; Β 123; Γ 111; Ο 390, 707. τε Τρῶας Δ 36; Ε 862. τε Τρώεσσι Ξ 500; Ο 475. τότε Τρῶες Β 815. ποτε Τρῶες Ε 789. αὖτε Τρῶες Ζ 73; Ρ 319. ὄρνυσθε Τρῶες Ε 102. ὕψεσθε Τρῶες Ω 704. μένετε Τρῶας Δ 247. σε Τρώεσσιν Ε 644. τότε Τρωσίν Κ 318. γε Τρῶες Μ 290. ποτε Τρῶες Ο 408. ἀπειλεῖτε Τρώεσσι Η 201. δὲ Τρῳαί Γ 384. δὲ Τρῳάς Γ 420. σε Τρῳαί Σ 339. ἔνι und ἐνὶ Τρώων γ 100, 220; δ 243, 330; θ 220, 503; ν 266; ω 27, 31; Λ 139; Ο 689. ἐνὶ Τρώεσσι Θ 148; Κ 207; Λ 470; Ξ 45; Ρ 16, 575. ἐπὶ Τρώεσσιν Λ 408, 509; Β 472; Ε 124; Η 252; Λ 442; Ξ 441; Υ 26, 315; Φ 374. ἐπὶ Τρώων Δ 221; Κ 189; Λ 412; Ρ 107. ἔτι Τρώων Ε 379. οὔ τι Τρῶας Η 27. περὶ Τρώων Υ 17. τι Τρῶες Η 303. ὅτι Τρώεσσι Ρ 630. ἀπὸ Τρώων χ 36; Λ 556; Μ 431; Φ 336. ὑπὸ oder ὕπο Τρώων *I* 248; *K* 539; *Λ* 827; *P* 404, 558; *Σ* 11; *X* 144; *Ψ* 81. ὑπὸ Τρώεσσι *N* 98, 668. πρὸ Τρώων *Ω* 215 (so Aristarch, andere πρὸς). τὸ Τρωικόν *K* 11. κτείνοντο Τρώων ω 38. δύνατο Τρώων *Γ* 451. ἔφατο Τρῶας *Π* 548. δαίνυντο Τρῶες *H* 477. μάρναντο Τρωσίν *N* 720. τέκετο Τρώεσσιν *Υ* 230. ἔφατο Τρώων *Φ* 277.

τε τρυγόωσιν η 124. ὅτε τρυγόῳεν *Σ* 566.

δὲ τρυφάλεια *Γ* 376. δὲ τρυφάλειαν *N* 577; *T* 380. τε τρυφαλείῃ *E* 182. τε τρυφάλεια *K* 76. τέτατο τρυφαλείης *Γ* 372.

δὲ τρύφος δ 508.

μηδὲ τρυχώμεθα κ 177.

σε τρώει φ 293.

τε τρώσῃς *Ψ* 341. ὅθι τρώσεσθαι *M* 66.

Selten haben die Handschriften vor $\overline{\tau\varrho}$ ein paragogisches $\overline{\nu}$. Die Fälle, in denen dasselbe stehen könnte, sind:

φέρε τρηχεῖαν ε 425 (φέρεν ADHIMN). κραίνουσι τρεισκαιδέκατος ϑ 391 (κραίνουσιν AL). ὄλεσε τρίχας ν 431 (ὄλεσεν ILM). εἶδε τροφός ϱ 91. ἄγε τρεῖς *B* 671 (so Aristarch). τάμνε τρίχας *Γ* 273. κε Τρῶες *Δ* 66 (κεν AEGL), 71 (AGLS); *Φ* 459 (κεν AEG). κε Τρώεσσι *Δ* 95; *K* 282 (κεν AEGL). ἐξέλασε Τρώων *E* 324; *N* 401. ἔχε τρόμος *Z* 137; *K* 25; *Σ* 247. ἔτεκε τρία *Z* 196. κε τριτάτῳ *I* 363 (κεν AEGLS). εὕδουσι Τρωσίν *K* 421. εἴασε Τρώεσσι *Λ* 279. σεῦε Τρῶας *Λ* 294. ἄλλοισι Τρώεσσιν *N* 454. κε Τρωσὶ *P* 613. εἷλε τρόμος *T* 14; *X* 136. ἐξέθορε Τρώων *Φ* 539. ἐκέλευε Τρωσὶ *X* 101. εἶδε τρήρωνα *Ψ* 874. ἄγαγε Τροίην *Ω* 764.

Doch finden sich auch Stellen, an welchen der Vocal vor $\overline{\tau\varrho}$ kurz bleibt, es sind folgende:

κρητῆρα τραπέζας λ 419. ἐτάνυσσε τράπεζαν α 138; κ 370; ϱ 93. τε τράπεζα ξ 158; ϱ 155; υ 230. τε τράπεζαν ϑ 69; υ 259. δὲ τράπεζαι ο 333. δὲ τραπέζῃ χ 84. ἠδὲ τραπέζας ο 466; τ 61; χ 438, 452. τε τραπεζῆες ϱ 309. ἐτίταινε τραπέζας κ 354. ὑπέφηνε τραπέζης ϱ 409. ἀπάνευθε τραπέζης ϱ 447. οὐδὲ τράπεζαν φ 28. οὐδὲ τραπέζῃ φ 35. ἐπένειμε τραπέζῃ *I* 216; *Ω* 625. ἀντίσχεσθε τραπέζας χ 74. ἐπιπροΐηλε τράπεζαν *Λ* 628. ἀποκινήσασκε τραπέζης *Λ* 636. πολυτρήτοισι τραπέζας α 111. πλῆθωσι τράπεζαι ι 8. σπόγγοισι τραπέζας υ 151. μεγάροισι τραπεζῆες

X 69. ἄνακτι τραπεζῆες *Ψ* 173. Τηλεμάχοιο τράπεζαν ρ 333. παρέκειτο τραπέζῃ φ 416. παρέκειτο τράπεζα *Ω* 476. εἷο τράπεζαν χ 19.

ἔργα τράποντο *Γ* 422. ἔργα τράπωνται *Ψ* 53. ἔργα τράποιντο ξ 195 als Variante. ἔργα τραπέσθαι π 144 als Variante. δὲ τραπείομεν θ 292. ἀπὸ νόσφι τραπέσθαι ε 350; κ 528. φιλότητι τραπείομεν *Γ* 441; *Ξ* 314.

τε τράγους ι 239. πολλὰ τρέφει ε 422. ὕεσσι τρέφει ν 410. ὠμόργνυντο τρέμον λ 527. ἔπειτα τρίαιναν δ 506. χερσὶ τρίαιναν ε 292. χείρεσσι τρίαιναν *M* 27. ἕποντο Τρίκης *Δ* 202.

ἢ δὲ τρίτη κ 356. τῶν δὲ τρίτων *M* 94. τῆς δὲ τρίτης *Π* 193. τοῖς δὲ τριήκοντα *B* 516, 680, 733. κε τριηκοσίοισιν ν 390. δὲ τριηκόσιοι ξ 20. τε τριχάϊκες τ 177. πολυκλήϊσι τριηκόσι' φ 19. Πριάμοιο τρίτος *M* 95.

ἐρετμὰ τροποῖς θ 53. οὐδὲ τροφοῦ τ 489. τινα Τρωϊάδων *Σ* 122.

φρ: κακὰ φράσσονται β 367. ἀλλὰ φραζώμεθα κ 192. ἀπονίζουσα φρασάμην ψ 75. τὰ φράζεαι *Λ* 554. ἐσθλὰ φραζομένῳ *M* 212. μάλα φράζεσθε *Σ* 254. δὲ φραζώμεθ' ν 365; ψ 117; *Δ* 14; *Ξ* 61. δὲ φράσεται ψ 114. τῆνδε φράσαι ω 331. δὲ φράσαι *A* 83. δὲ φράσατο *K* 339. δὲ φράσσαντο *O* 671. ἄγετε φράζεσθε *X* 174. δὲ φράζεσθαι α 269; π 312. σε φράζεσθαι ρ 279; υ 43; ψ 122; *I* 680. ἔτι φράδμων *Π* 638.

κατὰ φρένα α 294; δ 117, 120, 813; ε 365, 424; ζ 118; κ 151; ο 211; υ 10; ω 235, 353; *A* 193. 555. *B* 3; *Δ* 163; *E* 406, 671; *Z* 447; *Θ* 169; *I* 244; *K* 507, 538; *Λ* 411; *O* 163; *P* 106; *Σ* 15; *T* 125; *Υ* 264. κατὰ φρένας *O* 61. πολλὰ φρεσί α 427; *K* 4. χαλεπὰ φρεσίν γ 151. τόσα φρεσίν τ 347. μέγα φρένες δ 661; *Λ* 103. μετὰ φρεσὶ δ 825; κ 438; λ 428; ν 362; π 436; ρ 470; ω 357, 435; *Δ* 225; *I* 434; *Ξ* 264; *Σ* 419, 463; *T* 29, 213, 243; *Υ* 310; *Ψ* 600; *Ω* 105. ὅσα φρεσὶ ζ 180; ρ 355. ἄρα φρεσὶ χ 501. ἵνα φρεσί *N* 487. κακὰ φρεσὶ θ 273. κυκινὰ φρεσὶ τ 353; *Ω* 282, 674. φίλα φρεσὶ *Λ* 107; *P* 325. ἔπεα φρεσίν *B* 213. τινα φρεσὶν *Λ* 794; *Π* 36. δὲ φρεσίν α 322; λ 195; ρ 66; φ 301; χ 333; ω 233; *N* 558, 609; *T* 174; *Φ* 19; *Ψ* 176. μηδὲ φρεσίν β 231 (dafür μὴ δ' ἐν HIN); ε 9 (μηδὲν B);

π 459. *ἰδὲ φρεσὶ N* 432; *Ξ* 165. *δὲ φρένα A* 474; *Z* 481; *Λ* 683. *δὲ φρένες λ* 367; *χ* 298; *Π* 504. *δὲ φρένας Δ* 104; *E* 493; *Π* 842; *ψ* 14; *ω* 382. *με φρένας τ* 122. *σε φρένας A* 362; *Σ* 73. *τε φρένα ζ* 106; *N* 493; *O* 627. *τε φρένες κ* 498; *N* 115 (als Variante); *O* 203; *Π* 481. *τε φρένας ο* 421. *ἰδὲ φρένας λ* 337; *σ* 249. *οὔτε φρεσὶν κ* 553. *ἐτέρφθητε φρέν' ϱ* 174. *ἔχε φρεσί B* 33, 70. *μαινόμενε φρένας O* 128. *Πρίαμε φρεσί Ω* 171, 563.

ἐνὶ φρεσίν α 115, 151; *β* 93, 363; *γ* 26, 76, 132; *δ* 632, 676, 729, 739, 777, 843; *ζ* 140; *η* 218, 327; *ϑ* 154, 368; *ι* 11, 419; *λ* 454, 474; *ν* 417; *ξ* 82, 273; *ο* 165, 326, 486; *π* 73, 281, 282, 291, 299; *ϱ* 548; *σ* 216, 324; *τ* 10, 236, 495, 570; *υ* 38, 41; *φ* 157; *ω* 128, 423, 465; *A* 297, 333; *B* 301; *Δ* 39; *E* 259; *Θ* 366, 413, 446; *I* 313, 423, 611; *K* 232; *N* 55; *Π* 61, 242, 444, 530, 851; *Σ* 88, 430; *T* 169, 178; *Φ* 386, 583; *X* 296; *Ω* 321. *ἔνι φρένες Ξ* 141. *ἐπὶ φρεσὶ ε* 427; *λ* 146; *ο* 234; *σ* 158; *φ* 1; *A* 55; *Θ* 218; *Υ* 35. *ἐπὶ φρένα K* 46. *περὶ φρένας ι* 362; *K* 139; *N* 631; *P* 171. *περὶ φρεσὶν Π* 157. *ὅτι* oder *ὅ τι φρεσὶν β* 34; *Ξ* 221; *Ω* 114, 135. *ὅϑι φρένες ι* 301. *χολώσαιτο φρένα ζ* 147. *ἐκλάϑετο φρεσίν κ* 557. *ἐτράπετο φρήν K* 45. *ἐξέλετο φρένας P* 470. *πλῆτο φρένας P* 499. *πάγχυ φρένας Ξ* 95; *P* 173.

κατὰ φρήτρας B 362.

ὅτε φρίσσουσιν Ψ 599. *ἔπι φρίξ H* 63. *ὑπὸ φρικός Ψ* 692.

ἀγαϑὰ φρονέων α 43; *Ψ* 305. *ἀγαϑὰ φρονέοντα Z* 162. *ἀγαϑὰ φρονέουσα Ω* 173; *ἄλλα φρονέων χ* 51. *τὰ φρονέων α* 118; *ω* 241; *E* 564; *I* 493, *K* 491; *O* 603; *P* 225; *Ψ* 545. *τὰ φρονέουσ' β* 116. *τὰ φρονέοντ' B* 36; *Σ* 4. *τὰ φρονέοντες O* 703. *τὰ ἅ φρονέων Θ* 430. *φίλα φρονέων α* 307; *π* 17; *Δ* 219. *φίλα φρονέουσα η* 15, 42; *E* 116. *φίλα φρονέησ' ζ* 313; *η* 75. *πυκινὰ φρονέοντι ι* 445. *κακὰ φρονέουσ' κ* 317. *κακὰ φρονέουσι ϱ* 596; *X* 264. *κακὰ φρονέοντες σ* 232. *κακὰ φρονέων υ* 5; *H* 70; *K* 486; *M* 67; *Π* 373, 783. *ὄπιδα φρονέοντες ξ* 82. *ἀταλὰ φρονέοντες Σ* 567. *ἐφημέρια φρονέοντες φ* 85. *κρυπτάδια φρονέοντα A* 542. *μέγα φρονέοντες Θ* 553; *Π* 258. *μέγα φρονέων*

Λ 296; *Ν* 156; *Χ* 21. *μέγα φρονέοντε* *Λ* 325; *Π* 758, 824. *ὀλοὰ φρονέων* *Π* 701.

ἔθελε φρονέειν *Ε* 441. *τε φρονέων* *η* 312. *τε φρονέειν* *Ζ* 79. *ὅ τι φρονέεις* *ε* 89; *Ξ* 195; *Σ* 426. *ἔτι φρονέοντ'* *Χ* 59. *εὖ φρονέων* *β* 160, 228; *η* 158; *π* 399; *ω* 53, 453; *Α* 73, 253; *Β* 78, 283; *Π* 326, 367; *Ι* 95; *Ο* 285; *Σ* 253.

ἠδὲ φρόνιν *γ* 244. *δὲ φρόνιν* *δ* 258. *αὖτε Φρονίοιο* *β* 386.

Bei Homer findet sich keine einzige Stelle, an welcher vor $\overline{\varphi\varrho}$ der Vocal am Ende eines Wortes kurz bliebe [16]); darum ist auch das paragogische $\overline{\nu}$ vor $\overline{\varphi\varrho}$ überflüssig. Die Stellen sind:

βούλευε φρεσίν *α* 444. *σῇσι φρεσίν* *ε* 206 (*σῇσιν* M); *Κ* 237. *ᾗσι φρεσίν* *θ* 240 (*ᾗσιν* CQ); *ξ* 290 (*ᾗσιν* K); *Ξ* 92; *Ρ* 260. *δέδαε φρεσί* *θ* 448. *βλάψε φρένας* *ξ* 178 (*βλάψεν* A ex corr. C). *βλάπτε φρένας* *Ο* 724. *μύθοισι φρεσί* *π* 398. *ἐπετόλμησε φρεσί* *ϱ* 238 (*ἐπετόλμησεν* MQ). *ὄπιθε φρονέουσι* *ϱ* 168 (*ὄπισθεν* DIQ, die übrigen ausser CK *ὄπιθεν*). *ὥρμαινε φρεσίν* *σ* 345 (*ὥρμαινεν* DL). *ἐνέπνευσε φρεσί* *τ* 138. *ἕλε φρένα* *τ* 471. *ὀλοιῇσι φρεσί* *Α* 342. *κε φρέν'* *Ζ* 285 (*κεν* A Ambr. GLS). *πύκασε φρένας* *Θ* 124, 316; *Ρ* 83. *πλῆσε φρένας* *Ρ* 573. *πεῖθε φρένα* *Μ* 173. *μέμονε φρεσίν* *Π* 435. *θόρε φρεσίν* *Υ* 381.

$\overline{\chi\varrho}$: *γε χραῖσμ'* *Ε* 53. *δύνατο χραισμῆσαι* *Λ* 120.

δὲ χρεμέτιζον *Μ* 51.

κατὰ χρέος *λ* 479. *μετὰ χρεῖος* *φ* 17. *ἔνθα χρεῖος* *γ* 367. *μάλα χρεώ* *Ι* 197; *Λ* 409; *Σ* 406; *Ψ* 308. *τίνα χρειώ* *β* 28. *σε χρειώ* *δ* 312. *σε χρεώ* *α* 225; *Κ* 85; *Λ* 606. *δὲ χρεώ* *δ* 634; *ο* 201. *με χρεώ* *ε* 189.

ἵνα χρή *ζ* 27. *ἀλλὰ χρή* *Δ* 57; *Τ* 228. *ἅμα χρή* *Ν* 235. *μάλα χρή* *Ν* 463; *Π* 492; *Χ* 268. *σε χρή* *α* 124, 296; *β* 369; *γ* 14; *δ* 463, 492; *κ* 380; *ξ* 364; *ο* 393; *ϱ* 417; *σ* 17; *τ* 500; *ω* 407; *Η* 109, 331; *Ι* 100, 496, 613; *Κ* 479; *Ν* 275; *Π* 721; *Τ* 420; *Γ* 133; *Ψ* 478. *με χρή* *τ* 118; *φ* 110; *χ* 377; *Τ* 67. *ἐμὲ χρή* *ψ* 250. *δὲ χρή* *γ* 209; *ζ* 190; *ω* 324; *Ε* 490; *Ψ* 641. *Τηλέμαχε χρή* *τ* 4. *ὅθι χρή* *ι* 50. *οὔ τι χρή* *Π* 631.

---

[16]) Auch in der Mitte des Wortes bildet *φρ* bei Homer immer Position mit Ausnahme von *Ἀφροδίτη* und *ἐπιφράσσετ'* *ο* 444, vgl. S. 10.

ἀλλὰ χρήματα ν 363; *πολλὰ χρήματ'* ξ 385. *τὰ χρήματ'* ν 215. *δὲ χρήματ'* ν 120, 283.

τε χρῖσαι τ 320.

ἅμα Χρομίος P 494. *ἠδὲ Χρομίος* P 534. *τε Χρομίον* λ 286; Δ 295; E 160, 677; Θ 275; P 218.

δὲ χρόμαδος Ψ 688.

ἕνα χρόνον O 511. *ἐλθόντα χρόνιον* ρ 112. *με χρόνον* δ 599. *ἐπὶ χρόνον* μ 407; ξ 193; ο 494; B 299.

κατὰ χρόα β 376; δ 749; M 427. *καθαρὰ χροΐ* δ 750, 759; ζ 61; ρ 48, 58. *κακὰ χροΐ* ξ 506; ψ 95; ω 156. *διὰ χροός* Λ 398. *ὠχρήσαντα χρόα* λ 529. *ἄρα χρώς* τ 204. *ἔρυμα χροός* Δ 137. *τέρενα χρόα* Δ 237; N 553; Ξ 406. *λιλαιόμενα χροός* Λ 574; O 317. *δὲ χρόα* ε 455; E 354, 858; T 27; Φ 398. *δὲ χροΐ* λ 191; τ 72; ψ 115. *δὲ χρώς* τ 204. *τε χροός* Λ 457. *ἥ γε χρόα* Ξ 175. *οὐδὲ χρό'* Ψ 819. *περὶ χροΐ* ζ 129; ο 60; π 210, 457; ρ 203, 338; τ 218, 232, 237; χ 113; ψ 237; ω 158, 467, 500; Π 207; Θ 43; M 464; N 25, 241; Ξ 25, 187, 383; Ψ 67. *ἐπὶ χροΐ* P 210. *περὶ χρόα* Ψ 191. *ἀπὸ χροός* ζ 220; Δ 130; N 440, 640; Ξ 170; O 534. *ἀπὸ χρωτός* K 575. *ἵκετο χρόα* Λ 352. *τράπετο χρώς* P 733. *δόρυ χροός* E 337.

ἀμβρόσια χρύσεια α 97; ε 45; Ω 341. *παρὰ χρυσέῃ* θ 337, 342. *ἐσθῆτα χρυσόν* ο 207. *ἄρα χρυσέοισι* I 670. *παρὰ χρυσοθρόνου* O 5. *Ἀπόλλωνα χρυσάορον* O 256. *τε χρυσόν* γ 435; ε 38; ξ 324; π 231; χ 58; ψ 341. *τε χρυσοῦ* X 50. *τε χρυσός* φ 10; Z 48; K 379; Λ 133. *δὲ χρυσοῖο* δ 129; I 122, 264; Λ 25. *δὲ χρυσέῃ* ζ 79, 215. *δὲ χρύσεια* κ 357; K 439. *δὲ χρυσέοισι* E 727; Θ 436. *δὲ χρυσέοις* Δ 3. *δὲ χρύσεον* Z 220; Σ 612; Ω 101. *δὲ χρύσεος* Z 320; Θ 495. *δὲ χρύσειον* Θ 442; Λ 774. *δὲ χρυσῷ* Ψ 503; *δὲ χρυσοῦ* Ψ 751. *δὲ χρυσόθρονος* κ 541; μ 142; ξ 502; ο 56; υ 91; A 611. *ἠδὲ χρύσεα* π 185. *ἠδὲ χρύσεια* Γ 248. *ἠὲ χρυσέῃ* ρ 37; τ 54. *ἠὲ χρύσειον* ο 85. *πρόφερε χρυσέης* Γ 44. *ἐνθένδε χρυσόν* I 365. *δὲ Χρυσηίδα* A 310. *δὲ Χρυσηίς* A 439.

ἐνὶ χρυσέοις γ 472. *Ἀρτέμιδι χρυσηλακάτῳ* δ 122. *δέπαϊ χρυσέῳ* ο 149; σ 121; υ 261. *ὕπο χρυσέου* B 268. *ὑπὸ χρυσέοισι* N 523. *ἐριτίμοιο χρυσοῖο* I 126, 268.

Das paragogische $\bar{\nu}$ ist, wie die angeführten Stellen beweisen, auch vor χϱ zur Bildung einer langen Silbe nicht nothwendig. Die betreffenden Fälle sind folgende:

δῶκε χρύσειον γ 53 (δῶκεν A 2. man.). ἔχε χρυσέης δ 14. εἶχε χρυσήνιος ϑ 285 (εἶχεν L ex em.). ὀστεόφι χρώς π 145 (so NV, ὀστεόφιν ACDEFGHIKLMQR). ἐπέγραψε χρόα Δ 139 (so Aristarch). δῶκε χρυσάμπυκας E 363. δῆσε χρύσειον E 730. ἔβαλε χρύσει' E 731. ὤτρυνε χρυσόπτερον Θ 398; Λ 185. οἶσι χρεῖος Λ 686 (nach Schol. A soll Aristarch χρέως geschrieben haben). ἔβαλε χρυσείας N 36. εἴσειδε χρυσόθρονος Ξ 153. κόμισε χροΐ Ξ 156 (so Aristarch). ἔχε χρόα X 322. δῶκε χρυσέη X 470. ἄπεχε χροΐ Ω 19.

Die Fälle wo vor χϱ kurzer Vocal steht sind selten: bei Homer ist es eigentlich nur ein einziger δὲ χρῖεν Ψ 186, denn οἴχοιτο χρέος ϑ 353 ist mit DEPSV χρέως zu schreiben, welches analog mit πλέων einsilbig zu sprechen ist, und die zweite Stelle Ω 795 καὶ τά γε χρυσείην lässt sich durch Entfernung des γε leicht heilen. Auch bei späteren Dichtern finden sich Kürzen vor χϱ selten: Hymn. V, 431 ἅρμασῐ χρυσείοισι. Hymn. VIII, 1 βρισάρματε̆ χρυσεοπήληξ. Hesiod. Op. 588 αὐαλέος δέ τε χρώς, wo Göttling mit G. Hermann und Spitzner τε entfernt wissen will. Hesiod. Scut. 199 ἐν χερσὶ χρῠσείην, wo noch eine zweite Unregelmässigkeit hinzukommt, nemlich die Verkürzung des υ in χρυσείην, ein bei Epikern einzig dastehender Fall. Dies macht es wahrscheinlich, dass unsre Stelle verdorben ist, wenn gleich mehrere Handschriften χρυσέην haben, was, wenn man blos die Silben misst, einen in Bezug auf die Quantität correcten, aber rhythmisch abscheulichen Vers gibt ἔγχος ἔ'χουσ' ἐν | χερσὶ | χρυσέην | τε τρυφά|λειαν. Ausser den Conjecturen von Bentley und G. Hermann führt Göttling noch zwei eigene zu der betreffenden Stelle an, wovon die eine ἔχουσα χερὶ die meiste Wahrscheinlichkeit für sich hat.

---

3. Dies sind die Fälle, in welchen bei Homer Muta vor Liquida theils Position bildet theils nicht: im allgemeinen gilt demnach die Regel, dass Muta cum Liquida bei Homer Position bildet, doch beweisen die zahlreichen Ausnahmen, dass für den Dichter lediglich das metrische Bedürfniss massgebend gewesen ist und wir dürfen uns daher nicht wundern, wenn wir eine Anzahl von

Versen finden, in welchen Regel und Ausnahme neben einander vorkommen. Solche Verse sind:

κατὰ κλισμούς τε θρόνους τε α 145; γ 389; κ 233; ο 134; ρ 86, 179; υ 249; ω 385.

ἀλλὰ θνητοῖσι βροτοῖσιν η 210.
παρὰ δὲ πλήθωσι τράπεζαι ι 8.
ἀμφὶ κρητῆρα τραπέζας τε πληθούσας λ 419.
ἡ δὲ προσέπλαζε γενείῳ λ 583.
εὗρε δ' ἐνὶ προδόμῳ ἠμὲν δέπα ἠδὲ τραπέζας ο 466.
ἐνὶ φρεσὶ θῆκε Κρονίων π 291.
οἵ ῥ' ἔτυμα κραίνουσι βροτῶν τ 567.
ἀλλ' ἄλλα φρονέων, τά οἱ οὐκ ἐτέλεσσε Κρονίων χ 51.
Ζῆνα Κρονίωνα προσηύδα ω 472.
Δία Κρονίωνα προσηύδα Α 539; Τ 120.
τοῖς δὲ τριήκοντα γλαφυραὶ νέες Β 516, 680, 733.
οὔτέ ποτε προτρέποντο Ε 700.
ὣς τώ γε κλαίοντε προσαυδήτην Λ 136; Χ 90.
ἐπιπροΐηλε τράπεζαν Λ 628.
ἐξέρυσε πρυμνοῖο βραχίονος Ν 532.
Ἶριν δὲ προτέρην ἔπεα πτερόεντα προσηύδα Ο 157.
ἔριδα κρατερὴν ἐτάνυσσε Κρονίων Π 662.
στρεπτὴ δὲ γλῶσσ' ἐστὶ βροτῶν Υ 248.
στῆ δὲ παρὰ Πρίαμον Διὸς ἄγγελος ἠδὲ προσηύδα Ω 169.

4. Das metrische Bedürfniss führte aber die epischen Dichter noch einen Schritt weiter; wir finden nemlich, dass sie auch noch in anderen Fällen vor zwei Consonanten Kürzen bestehen liessen und zwar vor σκ und ζ an folgenden Stellen:

ἔπειτα σκέπαρνον ε 237. *ἠὲ σκέπαρνον* ι 391.

ὅς ῥα Σκαμάνδρου Ε 77. *ἀλλά, Σκάμανδρος* Φ 124. *βαθυδινήεντα Σκάμανδρον* Φ 603. *ταῦτα Σκάμανδρε* Φ 223. *ἠδὲ Σκάμανδρος* Ε 774. *τε Σκάμανδρος* Μ 21. *τε Σκάμανδρον* Hesiod Theog. 345. *οὐδὲ Σκάμανδρος* Φ 305. *καλέεσκε Σκαμάνδριον* Ζ 402. *δὲ Σκάμανδρον* Υ 74. *λειμῶνι Σκαμανδρίῳ* Β 467. *ἠιόεντι Σκαμάνδρῳ* Ε 36. *ἀμφὶ Σκάμανδρον* Η 329. *ἀναΐσσουσι Σκαμάνδρου* Χ 148. *Στροφίοιο Σκαμάνδριον* Ε 49. *προχέοντο Σκαμάνδριον* Β 465. *ποταμοῖο Σκαμάνδρου* Λ 499. Neben *Σκάμανδρος* bestand auch die Schreibweise *Κάμανδρος*, die sich noch in Handschriften findet[17]), vgl. Schol. A zu *A* 1 ὁ Κοτιαεὺς Ἀχιλῆος· διὰ τὸ μέτρον ἓν λ γράφεται, ὡς Κάμανδρος ἀντὶ τοῦ Σκάμανδρος. Eine Analogie bietet κίδναμαι neben σκίδναμαι, κεδάννυμι σκεδάννυμι.

ὑλήεσσα Ζάκυνθος ι 124; Hymn. Apoll. 429. ἐκ δὲ Ζακύνθου π 250. οἵ τε Ζάκυνθον *B* 634. ὑλήεντι Ζακύνθῳ α 246; π 123; τ 131.

οἳ δὲ Ζέλειαν *B* 824. εἰς ἄστυ Ζελείης *Δ* 103, 121. Man wollte bei Homer für diese beiden Wörter eine Urform Δάκυνθος, Δέλεια annehmen, vgl. Thiersch Gr. Gramm. § 146, 8, Anm.

τε σκίῃ Hesiod. Op. 589.

Dagegen ist Ἱστίαια *B* 457 und Αἰγύπτιος δ 83, 127, 229; ξ 263, 286; *I* 382 dreisilbig zu lesen[18]). Aeltere Grammatiker nehmen hier in der That eine Verkürzung des $\overline{υ}$ vor $\overline{πτ}$ an, vgl. Bekk. Anecd. 1176, wo als Beispiele aussergewöhnlicher Verkürzungen angeführt werden Αἰγυπτίῃ τῇ πλεῖστα, οὐδὲ Σκάμανδρος ἔληγε, ein Fragment aus Kallimachos πῶς μὲν ὁ Μνησάρχειος ἔφυ ξένος[19]), aus Rhinthon Ἱππώνακτος τὸ μέτρον οὐδὲν μοι μέλει und eins aus Kratinos ἀλλοτριογνώμοις ἐπιλήσμοσι μνημονικοῖσιν. Aus derselben Quelle stammt die Notiz in Cram. An. Ox. IV, 414, 19; und Παρεκβολαὶ τοῦ μεγάλου ῥήματος ed. J. La Roche, Wien 1863, pg. 12, 13. Der Grammatiker bei Bekk. Anecd. 1176 hat, wenn auch nicht gerade für diesen Fall, den einzig richtigen Grund angeführt ἀνάγκη ἦν

17) *B* 465 Καμάνδριον und *B* 467 καμανδρίῳ GL Mor. Harl. Lips. Townl. und 2 Oxon. *E* 36 καμάνδρῳ GL. *E* 49 καμάνδριον GLS Mor. Barocc. Vrat. a. Mosc. 1. *E* 77 καμάνδρου GL Mor. Vrat. b. *E* 774 κάμανδρος GLM Mor. Barocc. Harl. Vrat. A. *Z* 402 καμάνδριον LM. *H* 329 κάμανδρον L Harl. *Λ* 499 καμάνδρου L Harl. *M* 21 κάμανδρος GL Mor. Barocc. *T* 71 κάμανδρον L Harl. *Φ* 124 κάμανδρος, 223 κάμανδρε, 305 κάμανδρος, 603 κάμανδρον und *X* 148 καμάνδρου L Harl., vgl. C. A. J. Hoffmann 21. u. 22. Buch der Ilias, Prolegomena S. 117.

18) vgl. Thiersch Gramm. § 146, 8. Oscar Meyer, Quaest. Homer. Bonn 1868, pg. 33. Spitzner de versu Gr. heroico pg. 99.

19) Vollständiger hat Priscian Inst. Gramm. I, 11; I, 30; II, 12 dieses Fragment aufbewahrt: dort lautet es πῶς μὲν ὁ Μνησάρχειος ἔφη ξένος, ὧδε συναινῶ. Diomedes Art. Gramm. II, pg. 430 (ed. H. Keil) führt an δῶκεν ἔπειτα σκέπαρνον (ε 237), ὑλήεσσα Ζάκυνθος (ι 24) und οἳ δὲ Ζέλειαν ἔναιον *B* 824.

τὰ ὀνόματα τῶν πραγμάτων καὶ τῶν τόπων καὶ τῶν ἄλλων πῶς ἐχόντων ἐντίθεσθαι τῇ ποιήσει, ἃ ἐντιθέμενα πάντως χωλὸν ποιοῦσι πολλάκις τὸν στίχον. καὶ διὰ τοῦτο ὁ ποιητὴς κατεφρόνησε τὸ χρειῶδες τοῦ μέτρου διὰ τὴν ἀνάγκην τῆς ἐννοίας.

5. Wenn auch das paragogische ν̅ vor Muta cum Liquida zur Bildung von Position keineswegs erforderlich ist, und auch in der Regel in den Handschriften nicht steht, so kommen dennoch Stellen vor, an welchen es in den Handschriften fast durchgehends gesetzt ist, besonders bei Wörtern mit dem Suffix θε̅ν̅ oder φι̅ν̅[20]). Die Stellen sind folgende:

τοῦ δ' ὑ π ε ρ ω ι ό θ ε ν φρεσί α 328 (alle Mss.). π ό θ ε ν πλεῖθ' ὑγρὰ κέλευθα γ 71; ι 252; Hymn. Apoll. 452 (alle Mss.). ο ὐ ρ α ν ό θ ε ν προὔφαινε ι 145 (alle Mss.), dazu Schol. H χωρὶς τοῦ ν τὸ οὐρανόθεν. ἀπ' ο ὐ ρ α ν ό θ ε ν προτράπηται λ 18. (alle Mss.). ἀπ' ο ὐ ρ α ν ό θ ε ν προτραποίμην μ 381 (alle Mss.). ο ὐ ρ α ν ό θ ε ν πρό Α 195, 208 (alle Mss.). ἐξ ο ὐ ρ α ν ό θ ε ν κρεμάσαντες Θ 19 (alle Mss.). ἀπ' ο ὐ ρ α ν ό θ ε ν προΐαλλεν Θ 365 (alle Mss.). ἀπ' ο ὐ ρ α ν ό θ ε ν σμαραγήσῃ Φ 199 (alle Mss.). ο ὐ ρ α ν ό θ ε ν ψιάδας Hesiod Scut. 384. ο ὐ ρ α ν ό θ ε ν σκοτόεν Hesiod Op. 555. Δ ι ό θ ε ν βλαφθέντα Ο 489 (alle Mss.). ἔπλεεν Ἰ λ ι ό θ ε ν Τρώων Ξ 251 (alle Mss.). Λ ι λ α ί η θ ε ν προχέει Hymn. Apoll. 241; Hesiod Fragm. 202 (ed. Göttling). Aus der Uebereinstimmung dieser Fälle ist man zu dem Schlusse berechtigt, dass θε̅ν̅, wenn es an Substantive angehängt wird, sein ν̅ nicht verliert und das ist die einzige Ausnahme von der allgemeinen Regel, die nicht durch das Metrum geboten ist. Nun finden wir noch in einzelnen Ausgaben Ω 492 ἀπὸ Τ ρ ο ί η θ ε μολόντα geschrieben (so bei Heyne, Wolf, Bekk. 1 u. 2, Bothe, Dindorf, Faesi, Bäumlein, bei Crusius sogar Τροίηθεν μολόντα), wofür Clarke-Ernesti, Spitzner und Düntzer richtig Τροίηθεν ἰόντα haben. Τροίηθε μολόντα haben nur drei Englische Handschriften (Cant. Barocc. Mor.) bei Heyne, der Venetus A τροίηθεν μολόντα, die übrigen mit Eustath. τροίηθεν ἰόντα.

κακῶς δ' ὄ π ι θ ε ν φρονέουσι σ 168 (so alle Mss. ausser CK; doch haben DIQ ὄπισθεν). π ρ ό σ θ ε ν κλέος ψ 137 (so

---

20) vgl. Prolegomena zur Odyssee XXXVIII.

HLR. *πρόσθεν γλαυκώπιδος* ω 540 (A ex corr. DFHILQRV). *στῆ δ' ὄπιθεν ξανθῆς* A 197 (alle? Mss.). *στῆ δ' ὄπιθεν πλῆξεν* Π 791 (so AEL). *πρόσθεν στᾶσα* Δ 129 (AGLMO). *πεζοὺς δ' ἐξόπιθεν στῆσεν* Δ 298 (ALN). *πρόσθεν πρυμνός* M 446 (EL).

δακρυόφιν πλῆσθεν δ 705 (ADEIKLNQ); τ 472 (alle Mss.); P 696 (GL); Ψ 397 (GL). *κὰδ δ' ἐκ πασσαλόφιν κρέμασεν* θ 67 (ACDEHIKLMPQV Apoll. Soph. 87, 11); θ 105 (ACHIKLMPQ). *νηὸς ἐπ' ἰκριόφιν γλαφυρῆς* ν 74 (alle Mss.). *ὀστεόφιν χρώς* π 145 (alle Mss. ausser NV). *ὑπὸ ζυγόφιν προσέφη* T 404 (EGL). *κατὰ Ἰλιόφιν κλυτά* Φ 295 (AEGL). *πασσαλόφιν ζυγόν* Ω 268 (EGL). *στρατόφιν προτιειλεῖν* K 347 (AGL).

καί σφιν Ζεύς ξ 86 (ACDIKLMNQ). *φαίης κεν ζάκοτον* Γ 220 (AEGL Draco de Metris 43, 22). *ὥς κεν πλεῖστα* Z 69 (AGLMNOS). *κεν τλαίη* K 307 (EGS); Ω 565 (EGLS Papyrus; *κε* Aristarch nach Didym. zu Ω 565). *κεν πλεόνεσσι* Hesiod Op. 379. *κεν ζώς* E 887 (AEGLMNOS Lips.).

Die Entscheidung über alle diese Fälle ist nicht schwierig, denn auf die Schreibweise der Handschriften ist in dieser Hinsicht nichts zu geben, zumal die Auctorität Aristarchs dagegen in die Wagschale geworfen werden kann. Die Analogie fordert die Schreibweisen ohne paragogisches $\bar{\nu}$, da 1) Muta vor Liquida in der Regel, die übrigen Doppelconsonanten ($\overline{\sigma\tau}$, $\overline{\sigma\varphi}$, $\bar{\zeta}$, $\bar{\xi}$) mit Ausnahme von ζ in zwei Wörtern immer Position bilden; 2) das Suffix *φιν* sein ν ebenso abwirft, wie neben *σφιν* auch *σφι*, neben *πρόσθεν* auch *πρόσθε* und *πρόσθ'* vorkommt, und wenn auch *ὄπιθε* vermöge seiner Quantität niemals die letzte Silbe kurz haben kann, da der Hexameter keine drei Kürzen hintereinander gestattet, so beweisen doch *ὄπισθε*, *μετόπισθε*, *προπάροιθε*, *ἀπάνευθε*, *ἄνευθε*, *ὕπερθε*, *ἑκάτερθε*, *ἔκτοσθε*, dass das ν dieser Adverbien wegfallen kann, auch wenn *ἔκτοθεν*, *ἄλλοθεν*, *πάντοθεν* nie ohne ν vorkommen. *πάντοθ'* Hymn. Apoll. 403 scheint das elidierte *πάντοθε* zu sein. Dagegen kommen *πόθεν*, *ὁπππόθεν* und *ὅθεν* niemals ohne ν vor. Für die Schreibweise der Substantive mit angehängtem $\overline{\vartheta\varepsilon\nu}$ muss eine Ausnahme zugelassen werden, denn es findet sich kein Beispiel, welches bewiese, dass das ν hier ausfallen könnte; hingegen verdient Schol. H zu ι 145 *χωρὶς τοῦ ν τὸ οὐρανόθεν*

Beachtung, denn der Form nach haben wir es mit einem Scholium des Didymos zu thun.

6. An einigen Stellen findet sich δύω, wo δύο schon hinreichen würde, so υἷε δύω Πριάμοιο Λ 102; M 95. δύω Κρόνου υἷε N 345. θῆρε δύω κλονέωσι O 324. δύω χρύσοιο τάλαντα Σ 507; Ψ 269 (δύο E), 614. δύω σκοποί Σ 523. δύω σκάζοντε T 47. δύω κρῆναι η 129 (δύο D L post ras. V. δύω̊ H). δύω σκόπελοι μ 73 (δύο DEGMQV). Der Aenderung von δύω in δύο würde gar nichts im Wege stehen, denn abgesehen davon, dass in den ersten geschriebenen Exemplaren jedenfalls ΔΥΟ stand, werden auch die beiden O-Laute in unseren Handschriften häufig verwechselt[21]).

Die zuletzt genannten Fälle führen auf eine andere Unregelmässigkeit. So steht Δ 499; I 651; Λ 197; O 239 υἱὸν Πριάμοιο, dagegen M 129 υἷα κρατερόν und O 419, 427 υἷα Κλυτίοιο. B 791 υἷι Πριάμοιο, aber Φ 34 υἱεῖ Πριάμοιο. Wer zwischen beiden Schreibweisen sich zu entscheiden hat, der wird wahrscheinlich die nicht prosaischen Formen υἷι und υἷα an diesen Stellen für die ursprünglich Homerischen erklären, denn υἱόν und υἱεῖ würden schwerlich in späterer Zeit in υἷα und υἷι verwandelt worden sein. So will G. Hermann[22]) für Homer gar kein υἱεῖ zulassen und schlägt vor an allen Stellen υἷι zu schreiben, wie auch λ 273 und ξ 435 mit guten Quellen geschrieben wird, und dass nicht υἱεῖ ἑκηβόλῳ sondern υἷι das ursprüngliche war, beweist das Digamma. Π 177 haben die besten Quellen υἷι statt υἱῷ und ebenso wechseln υἷας und υἱούς, υἷος und υἱοῦ. Am Versende steht allerdings fast überall υἱόν und nicht υἷα, wenn man aber bedenkt, wie mit der Zeit die regelmässigen Formen der Prosa die dichterischen verdrängt haben, so wird man nicht anstehen, die letzteren, wo sie noch in Handschriften vorkommen, auch wenn dieselben in bedeutender Minderheit sind, als die ursprünglichen beizubehalten.

Bei Homer bildet auch schon ein einziger Consonant Position, seltener im Inlaut als im Anlaut. Für diesen Gebrauch

---

[21]) In unseren Homertexten findet man jetzt δύο nur noch da, wo das Metrum eine Kürze fordert, in der zweiten Rezension Aristarchs stand aber Σ 579 δύο πρώτῃσι.

[22]) zum Hymn. auf Apollo V. 48, vgl. Hom. Textkritik S. 369.

lassen sich zweierlei Gründe anführen, das Wort lautete nemlich entweder ursprünglich mit zwei Consonanten an (*δέος*, *ῥάκος*, *νευρή*) oder es hätte sich sonst vermöge seines Rhythmus nicht in den Hexameter bringen lassen (*μέγαρον*, *λαπάρη*, *μεγάλου*). Mit Ausnahme der Liquidae und *δ* sind es nur vereinzelte Fälle, in welchen Position eintritt.

δ.

1. *δηρόν*: *οὔ τοι ἔτι δηρόν* α 203. *ἐπὶ δηρὸν δέ μοι αἰών* Ι 415. Für *οὔ τοι δηρόν* Ν 151 hat Eust. *οὔτι*, worauf man kein grosses Gewicht legen darf, da diese Schreibweise auch auf dem Itacismus beruhen kann. Ameis zu α 203 hält *δηρόν* für ursprünglich digammiert, so auch Christ Gr. Lautlehre S. 210 und 267; doch bleibt vor *δηρόν* der kurze Vocal kurz in *οὐκέτῐ δηρόν* β 285; ϑ 150; Φ 391; Hymn. Merc. 21. *ἔτῐ δηρόν* Β 435; Ε 895; Ρ 41. *κε δηρόν* Ε 885. *ἐπὶ δηρὸν* Apoll. Rhod. I, 615; 870; 1072. *ἔτι δηρὸν* I, 595. *ἔνι δηρὸν* I, 45.

2. *δήν*: *οὐδ' ἄρ' ἔτι δήν* β 36, 296, 397; ρ 72; Ζ 139; Θ 126; Ψ 690. *οὐδ' ἂν ἔτι δήν* Υ 426 (so Aristarch für *οὐδ' ἄρ'*). *οὔ τι μάλα δήν* χ 473; Α 416; Ν 573. *ἔτι δήν* ζ 33. *οὐδὲ δήν* ε 127; Π 736. Bei Homer findet sich vor *δήν* nie eine kurze Silbe, deshalb ist auch auf die Schreibweise der Florentina *ἄπο δήν* für *ἄπο τῆλ'* ο 10 nichts zu geben. In *ἐπὶ δὴν* Apoll. Rhod. I, 517 ist *ι* kurz gebraucht.

3. *δέος*: *ἔπι δέος* ϑ 563; Λ 515. *οὔτέ τί με δέος ἴσχει* Ε 817. *οὔτέ τινα δέος ἴσχει* Ν 224. *ἀλλὰ δέος ἰσχάνει ἄνδρας* Ξ 387. *χλωρὸς ὑπὸ δείους* Κ 376; *χλωροὶ ὑπὸ δείους* Ο 4. An beiden Stellen haben die Handschriften *ὑπαί*, dafür Bekk. Anecd. 1209 und Et. Mg. 262, 19 richtig *ὑπό*. *ἐπὶ δέος* Apoll. Rhod. I, 639. Bei Homer existiert keine Stelle, an der vor *δέος* eine kurze Silbe stünde, aber im Hymn. IV, 194 steht *οὐ γάρ τοί τῐ δέος*. Da *δέος* überall Position bildet, so ist die Aristarchische Schreibweise *ἀδεής*[23]) richtiger als *ἀδδεής*, wie Nikias geschrieben zu haben scheint. Als Ausnahme ist hier zu verzeichnen Π 117 *εἴ περ ἀδειής τ' ἐστί*. Dass *δέος* ursprünglich hinter *δ* das Digamma hatte wird allgemein angenommen, vgl. Hoffmann Quaest. Hom. I, 142; Christ Gr. Lautlehre S. 262.

[23]) Homer. Textkritik S. 178

4. *δεινός*: *μέγα τε δεινόν τε* γ 322; Λ 10; Hymn. Apoll. 401. *ὅς τε κατὰ δεινούς* ε 52. *φίλε ἕκυρε δεινός τε* Γ 172. *ὅπλοισιν ἔνι δεινοῖσιν ἐδύτην* Κ 254, 272. *ποταμοῖο κατὰ δεινοῖο ῥέεθρα* Φ 25. *δὲ δεινοῖσι* Hesiod Scut. 236. Für *ὑπαὶ δεινοῖο* Hesiod Scut. 71 ist wohl *ὑπὸ* zu schreiben. Auch dieses Wort hatte, weil aus *δέος* entstanden (vgl. *κλέος*, *κλεινός* und daneben *κλεεννός*, *ἔλεος ἐλεεινός*), das Digamma; während aber bei *δέος* keine Ausnahme stattfindet, kommen sie bei *δεινός* vor. *ἀνέμοιο δὲ δεινὸς ἀήτη* Ο 626, wofür Oscar Meyer Quaest. Hom. pg. 132 *ἀνέμου* geschrieben wissen will und *βροντήσας δ' ἄρα δεινόν* Θ 133, wofür sich *δὲ δεινὸν* schreiben liesse, nach Analogie anderer Stellen wie σ 396 *ὃ δ' ἄρ' οἰνοχόον*, ε 456 *ῥινάς θ' ὃ δ' ἄρ' ἄπνευστος*, π 351 *εἴρηθ' ὅτ' ἄρ'*, da *δὲ* mit *δ' ἄρ'* und *γάρ* in den Handschriften wechselt. Darum ist die Aenderung beider Stellen nicht allzu gewagt. Bei Hesiod aber kommen Stellen vor, an denen vor *δεινός* eine Kürze steht, so Theogon. 334 *γείνατο δεινὸν ὄφιν*. 744 *οἰκία δεινά*. Op. 675 *νότοιό τε δεινὰς ἀήτας* (vgl. Ο 626). Fragm. 44 *ἄλλοτε δεινός*.

5. *δείδω*: *ἡμεῖς δὲ δείσαντες* ι 236, 396 (*δὲδδείσαντες* GM): *αἴ κέν πως ἐμέ τε δείσῃ* Ω 116. Ausnahmen sind *ἄρα δεισάντων* μ 203; ω 534, wofür *δὲ* möglich wäre und *ὑποδείσατε* β 66.

Man schreibe daher mit Aristarch[24]) *ἔδεισα*, *περίδεισαν*, *ὑποδείσας*, welche Lesarten von ihm gewiss nicht aufgenommen worden wären, wenn er sie nicht in guten Handschriften gefunden hätte.

Hierher gehören auch noch folgende Stellen:

Ἀστεροπαῖόν τε Δεισήνορα Ρ 217. *περὶ δὲ Δεῖμός τε Φόβος τε* Λ 37. *κέλετο Δεῖμόν τε Φόβον τε* Ο 119. *παρὰ δὲ Δεῖμός τε Φόβος τε* Hesiod Scut. 195.

6. Vereinzelt sind folgende Fälle:

δέπαϊ δειδισκόμενος γ 411. *Ὀδυσσῆι δὲ μάλιστα* Ι 180. *Αἴαντι δὲ μάλιστα* Ξ 495; Ρ 123. *πατέρα δὲ* Ε 156. *κόρυθι δ' ἐπένευε* Χ 314. *ἐριδήσασθαι* Ψ 792 (G *ἐριδδήσασθε*). *ἀριφραδέα δὲ* Ψ 240, wo das metrische Bedürfniss die Verlängerung nöthig machte, da der Dichter von drei aufeinanderfolgenden Kürzen nach Erforderniss die erste oder letzte ver-

---

[24]) Homer. Textkritik 390.

längert. Für die übrigen Fälle, an denen ein $\bar{\iota}$ vor $\bar{\delta}$ vorhergeht ist zu bemerken, dass das Iota des Dativ Singular in der epischen Sprache mittelzeitig gewesen zu sein scheint[25]), da es auch in anderen Fällen, nicht blos vor einem einzigen Consonanten, sondern sogar auch vor Vocalen verlängert erscheint, z. B. *ι* 194; *κ* 444; *ω* 309; *Α* 283; *Β* 116 (= *Ι* 23; *Ξ* 69); *Π* 142; *Θ* 267; *Ο* 104; *Ρ* 152, 329; *Τ* 58; *Φ* 241; *Ω* 119, 147, 176, 196, 707 und in *διιπετής*, *διίφιλος*[26]). Hymn. V, 283 steht *ἀπὸ δαπέδου*, womit zu vergleichen ist *ἐπὶ δάπεδον δέ*, wie Aristoteles zu *λ* 598 gelesen zu haben scheint. Die Länge von *δάπεδον* ist nicht auffallend, da dieses Wort ursprünglich mit zwei Consonanten anlautete, wie wir aus dem gleichbedeutenden *ζάπεδον* (Hesych. II, 253) sehen. Die Verwandtschaft zwischen $\bar{\zeta}$ und $\bar{\delta}$ beweisen auch *ΔΑΛΟΝ* neben *ζῆλον* (Hesych. I, 457), *ζόρξ* (Hesych. II, 258; Cramer An. Ox. II, 40, 33; 132, 12) = *δορκάς*, vgl. Christ Gr. Lautlehre S. 150, der darauf hinweist, dass die Dorier geradezu $\bar{\delta}$ an die Stelle von *ζ* setzten, so *Δεύς*, *Ζεύς* (Hesych. I, 477; Bekk. Anecd. 1194; Cramer An. Ox. IV, 325, 24), *δυγόν ζυγόν*, *δωμός ζωμός*. Auch die Verstärkungssilben *δα* und *ζα* scheinen desselben Ursprungs zu sein, erstere aus *δja* entstanden, man vergleiche *δάσκιος*, *δάφοινος*, *δαψιλής* und *ζάθεος*, *ζάκοτος*, *ζαμενής*, *ζατρεφής* und *ζάβατον* bei Sappho statt *διάβατον* (Cram. An. Ox. IV, 325, 29).

$\bar{\lambda}$.

1. *λιπαρός*: *γήραι ὕπο λιπαρῷ* *λ* 136; *ψ* 283 (*ὑπαὶ* L. sup. Q). *ποσσὶ δ' ὑπὸ λιπαροῖσιν* *β* 4 (*ὑπαὶ* A ex corr.

[25]) Vgl. Spitzner de versu heroico pg. 42 f. Hoffmann Quaest. Hom. I, 81. H. L. Ahrens im Philologus 1849, S. 594.

[26]) Das *ι* des Dativ Singular wird vor vocalisch anlautenden Wörtern lang gebraucht, z. B. *ἔπεϊ ἐς* *π* 206; *τ* 484; *φ* 208; *ψ* 102, 170; *ω* 322. *δέπαϊ ὄφρα* *ο* 144; *Ω* 285. *Ὀδυσσῆϊ ἔθεσαν* *ζ* 248 (dazu Ameis). *Ἡρακλῆϊ οὔτ'* *Θ* 224. *ὕδατι ἐπὶ* *κ* 520; *λ* 28. *φρέατι ὅθεν* Hymn. V, 99. *παλαιγενέϊ ἐναλίγκιος* Hymn. V, 101. *σάκεϊ ἔλασ'* *Υ* 259 (so Aristarch für *σάκει ἤλασεν*). Auch vor Wörtern die ehemals mit einem Consonanten anlauteten: *Ἀρτέμιδι ἰκέλη* *ρ* 37; *τ* 54. *ἀνδρὶ ἰκέλη* *Δ* 86. *πόσεϊ ᾧ* *Ε* 71. *τέκεϊ ᾧ* *δ* 175; *Ω* 36. *σθένεϊ ᾧ* *Π* 542. *ἄχεϊ οὐ* *ο* 358. *ποτὶ οἷ* *ω* 347. *Διὶ ὣς* *Β* 781, worüber zu vergleichen Oscar Meyer Quaest. Hom. pg. 09; Hoffmann Quaest. Hom. I, 104. Spitzner de versu heroico pg. 42.

DGLQ); δ 309 (ὑπαὶ A sup. DH sup. KLQV); ν 225 (ὑπαὶ L); υ 126 (ὑπαὶ LQ ex corr. RV); *B* 44 (ὑπαὶ *E* 170, 27 GL, Draco de Metris 76, 26); *K* 22 (ὑπαὶ ELS); *K* 132 (ὑπαὶ LS); *Ξ* 186 (ὑπαὶ EGL). Die besten Quellen haben auch hier immer ὑπό, so CMN zur Odyssee und A zur Ilias. γῆράς τε λιπαρόν τ 368. ἀπὸ δὲ λιπαρὴν ἔῤῥιψε καλύπτρην *X* 406. Für ᾧ ῥ' ἔπεχεν λιπαροὺς πόδας ρ 410 haben ἔπεχε ACEFMNQRV. Vor λιπαρός kann wie auch vor λαπάρη, λιγυρός, λιαρός vermöge seiner Quantität nur eine Länge stehen, weshalb kurze Silben in diesem Falle lang gebraucht werden. Hoffmann Quaest. Hom. I, 147 nimmt an, dass λιπαρός ursprünglich vor dem λ noch einen Kehllaut gehabt habe und stellt es mit dem deutschen „kleben“ zusammen.

2. λαπάρη: οὖτα κατὰ λαπάρην Z 64; *Ξ* 447, 517 (dafür Schol. A οὔτασε καλλαπάρην mit Eust. 1000, 3). ὑπὸ λαπάρην *X* 307. Aber *Γ* 359 und *Η* 253 παραὶ λαπάρην nicht παρά. Hoffmann Quaest. Hom. I, 147 nimmt mit Benfey eine Urform σλαπάρη an und vergleicht das deutsche „schlaff“.

3. λιαρός: ἀπήμονά τε λιαρόν τε ε 268; η 266; *Ξ* 164. ὕδατι τε λιαρῷ ω 45. αἷμα λιαρόν *Λ* 477. ὕδατι λιαρῷ *Λ* 830, 846; *X* 149. Ausnahmen sind unmöglich. Auch für dieses Wort nimmt Hoffmann einen Kehllaut im Anlaut an und vergleicht χλιερός damit.

4. λιγυρός: μάστιγι λιγυρῇ *Λ* 532. ὄρνιθι λιγυρῇ *Ξ* 290. πνοιῇ ὕπο λιγυρῇ *N* 590; *Ψ* 215. ὑπὸ λιγυρῶν Hesiod. Scut. 278 (andere ὑπαὶ). *E* 526 haben EG πνοιῇσι λιγυρῇσι für πνοιῇσιν, welches zu ändern kein Grund vorliegt und ϑ 257 F φόρμιγγα λιγυρήν für das handschriftliche γλαφυρήν. Hoffmann Quaest. Hom. I, 144 nimmt Digamma im Anlaut an.

5. λιγύς: ὦρτο δ' ἐπὶ λιγὺς οὖρος γ 176. ἐφράσατο λιγέων γ 289. κλαῖον δὲ λιγέως κ 201; π 216. κλαῖε δ' ὅ γε λιγέως λ 391. κλαῖε μάλα λιγέως φ 56. μάλα λιγέως *Γ* 214. ὑπὸ λιγέων ἀνέμων *N* 334. κλαίοντα λιγέως *T* 5. δὲ λιγέως Hymn. Merc. 425. τανυπτερύγι λιγυφώνῳ *T* 350. Es ist nicht erwiesen dass λιγύς ursprünglich ein Digamma im Anlaut hatte, sowenig wie λιγυρός, auch bleibt der kurze Vocal vor λιγὺς *A* 248; *B* 246; *T* 82; λιγύν *Δ* 293; υ 274; λιγύ δ 567 und vor den Formen λίγεια, λίγειαν, λιγείῃ sowie vor

λιγυφθόγγοισι immer kurz, so dass der Grund der Verlängerung des kurzen Vocals vor *λιγέως* und *λιγέων* lediglich ein metrischer zu sein scheint (wie vor *μέγαρον*, *μεγάλη* u. ähnl.) und nicht in ursprünglichem Digamma zu suchen ist.

6. *λόφος*: *ποτὶ λόφον* λ 596. *ἰδὲ λόφον* Z 469; K 573. *ὑπὸ λόφον* N 615. Daher ist auch die Aristarchische Schreibweise *ἄλοφον* K 258 (so EGL) gegenüber der *κοινῇ* *ἄλλοφον* haltbar und κ 169 *καταλοφάδεια* mit den meisten und besten Quellen (nur DL *καταλλοφάδεια*) zu schreiben. Hoffmann Quaest. Hom. I, 147 nimmt mit Benfey gutturalen Anlaut an und vergleicht das lateinische globus. Ausnahmen sind: *δεινὸν δὲ λόφος* χ 124; Γ 337; Λ 42; Ο 481; Π 138. *ἔκ τε λόφων* Ψ 508. *πάντα λόφον* Hymn. XIX, 6.

7. *λίσσομαι*: *Δία λίσαι* Α 394. *μάλα λίσσοντο* Δ 379. *πολλὰ λισσομένη* E 358. *πολλὰ λισσόμενος* Φ 368. *πολλὰ λισσομένω* X 91. *ἐμὲ λισσέσκετο* I 451. *δὲ λίσσεσθαι* I 520. *καὶ γάρ τε Λιταί* I 502. *δὲ λίσσοντο* I 574 (so Aristarch nach Didymos[27]), *δ' ἐλίσσοντο* EGL); Σ 448 (*δ' ἐλίσσοντο* GL). *δὲ λιτάνευεν* η 145 (so DIK, dafür *δ' ἐλιτάνευεν* ACLMQV, die übrigen *δ' ἐλλιτάνευεν*), weshalb auch X 414 *δὲ λιτάνευε* und nicht *δ' ἐλλιτάνευε* oder *δ' ἐλιτάνευε* zu schreiben ist. *δέπαϊ λιτάνευεν* Ψ 196, wo doch *δέπαι ἐλλιτάνευεν* möglich gewesen wäre. Α 15, 374 schrieb Aristarch *καὶ λίσσετο* und nicht *ἐλίσσετο* mit Recht, denn an keiner Stelle findet sich die erste Silbe kurz.

Das Praeteritum schreibt man in der Regel mit λλ, so *ἐλλίσσετο* Z 45; Φ 71 (E *ἐλίσσετο*); κ 264 (*ἐλίσσετο* CDEKLN; *ἐιλίσσετο* QV). *ἐλλίσσονθ'* I 585. *ἐλλισάμην* λ 35 (*ἐλισάμην* ADEKMQV); ν 273 (*ἐλισάμην* DN 1. man. QV). *ἐλλιτάνευσα* κ 481 (*ἐλιτάνευσα* CDIKLMNQ, die besten Quellen). Man schreibt *πολύλλιστος* ε 445 (Hesych. *πολύλιστος*) und *τρίλλιστος* Θ 488, wozu Eustath. 725, 10 bemerkt *τρίλλιστος δὲ ἐν δυσὶ λ κατά τινα τῶν ἀντιγράφων*, woraus geschlossen werden muss, dass andere Handschriften *τρίλιστος* hatten.

In anderen Fällen bleibt indes der vorhergehende Vocal kurz, so: *ἔτι λίσσομαι* β 210. *εὐχῇσι λίσῃ* κ 526. *ἔχε λίσσετο* Θ 344. *δέ κε λίσσηαι* μ 53. *δέ κε λίσσωμαι* μ 163.

[27]) Homer. Textkritik S. 390.

φάτο λισσόμενος *Π* 46. κῆρα λιτέσθαι *Π* 47. εὐχωλῇσι λιτῇσί τε λ 34. Dass λίσσομαι ursprünglich mit zwei Consonanten anlautete, wie Hoffmann Quaest. Hom. I, 146 annimmt, scheint seine Richtigkeit zu haben; nach Hoffmann und Christ Griech. Lautlehre S. 83 war es ein ϝ.

8. λίς: ὥς τε λίς *Λ* 239; *Ρ* 109; *Σ* 318. ἐπί τε λῖν *Λ* 480. δὲ λείουσιν *Ο* 592. Vor λέων und seinen übrigen Formen bleiben die kurzen Silben kurz. Von λίς lässt sich ein doppelter Consonant im Anlaut nicht nachweisen.

9. λήγω: ὅτε λήξειεν *Θ* 87. ὁπότε λήξειεν *Ι* 191. οὐδέποτε λήγουσι Hesiod Theog. 221. Diese Stellen und auch wohl die Schreibweise guter Handschriften scheinen Aristarch[28]) veranlasst zu haben, in den Compositis von λήγω nur ein λ zu setzen; denn er schrieb *Ι* 299 und folglich auch *Ι* 157, 261 μεταλήξαντι und *Ο* 31 ἀπολήξῃς. Daher müssen wir auch ἀπολήξειαν μ 224 (so CFN); ἀπολήξωσι ν 151 (so IMNV, ἀπολήξουσι AC); ἀπολήξεις τ 166 (so CENV) als Aristarchische Lesarten gelten lassen. Hymn. V, 339 hat der Codex richtig μεταλήξειε. Darum lässt sich auch die Schreibweise ἄληκτος rechtfertigen *Ι* 636; *Δ* 12; *Ξ* 152 (so E) und μ 325 (so A ex corr. CEFKL 1. m. NR).

Kurz bleibt die Silbe vor λήγω bei Homer an folgenden Stellen: ἀλλ' ἄγε λῆγ' ἔριδος *Α* 210. οὔποτε λήγεις *Κ* 164. ἀπέληγε *Η* 263; *Λ* 255; *Ω* 475. οὐδέ τ' ἔληγε *Φ* 248. οὐδὲ Σκάμανδρος ἔληγε τὸ ὃν μένος *Φ* 305, welches nach Analogie von *Ν* 424 Ἰδομενεὺς δ' οὐ λῆγε μένος μέγα geändert werden könnte. Auch bei λήγω führt keine Spur darauf, dass es einstens mit zwei Consonanten angelautet hätte.

10. λωτός: καίετο δὲ λωτός *Φ* 351. καὶ πεδία λωτεῦντα *Μ* 283. Dagegen ἀνδράσι Λωτοφάγοισι ι 91, 96. ἄρα Λωτοφάγοι ι 92.

11. Λητώ: οὐδ' ὁπότε Λητοῦς *Ξ* 327. οὕνεκ' ἄρα Λητοῖ *Ω* 607. Dagegen τέκε̆ Λητώ λ 318; *Α* 36; *Τ* 413. φρένᾰ Λητώ ζ 106. Kurz bleibt auch der Vocal vor Λητώ Hymn. Apoll. 12, 45, 49, 125, 178.

12. λίθος: πέσε δὲ λίθος εἴσω *Μ* 459. βηλῷ ἔπι λιθέῳ *Ψ* 202. Die Fälle, an welchen vor λίθος kurzer Vocal kurz

---

[28]) Homer. Textkritik S. 390.

bleibt, sind zahlreich: *ξεστοῖο λίθοιο* Z 244, 248. *τρητοῖο λίθοιο* ν 77. *ξεστοῖσι λίθοισιν* γ 406, ϑ 6. Weitere Stellen sind γ 296; ϑ 190; ι 185; ν 370; ξ 6; ψ 103; Δ 510; M 287; Π 212; Σ 504; Ψ 340; Ω 611, 617.

13. Vereinzelte Fälle: *ὄφρα λείψαντε* ο 149; Ω 285; vgl. *ἐπῖλείβων* Apoll. Rhod. I, 1133. *ἐνὶ λέκτρῳ* τ 516. *ἀπὸ λέκτροιο* ψ 32. *ἐπῖλίγδην* P 599. *δὲ λίπ' ἐλαίῳ* Ξ 171 (vgl. *λιπαρός*). *πτόλεϊ λίπετ'* Ω 707. *Κλωθώ τε Λάχεσίν τε* Hesiod Theog. 218, 905. *Λήθην τε Λιμόν τε* Theog. 227. *'Αμφῖλογίας τε* Theog. 229.

$\bar{\mu}$.

1. *μαλακός*: *αἰεὶ δὲ μαλακοῖσι* α 56 (*δ' ἐν* DG in marg. HILNQV). *εὐνῇ ἔνι μαλακῇ* χ 196; I 618; K 75; X 504. *λειμῶνι μαλακῷ* Hymn. Apoll. 118. *ἀφρῷ ἔνι μαλακῷ* Hymn. VI, 5. *τε μαλακήν* Hesiod Op. 537. Vor *μαλακός* kann vermöge seiner Quantität keine Kürze stehen. Hoffmann Quaest. Hom. I, 151 nimmt ein $\overline{\sigma}$ im Anlaut an und vergleicht damit das deutsche „schmelzen, Schmalz".

2. *μέλος*: *ἀπὸ μελέων* ο 354; Π 131; N 672; Π 607. *διὰ μελεϊστί* ι 291 (*διαμμελεϊστί* PS); σ 339. Kurz bleibt der vorhergehende Vocal in dem sechsmal vorkommenden *γναμπτοῖσι μέλεσσι*, dann σ 77 *περιτρομέοντο μέλεσσιν* und *ἠδὲ μέλεσσιν* Ψ 191.

3. *μεγάρον*: *ἐνὶ μεγάρῳ*, *μεγάροις*, *μεγάροισι(ν)* α 27, 269, 295; β 94, 411; γ 186, 256, 354, 360; δ 192, 587, 624, 734, 763; ζ 62; η 150, 190; ϑ 42, 227, 432; κ 5, 338, 348; λ 68, 119, 162, 182, 341, 420; ν 8, 334, 337, 384; ξ 201; ο 77, 89, 94, 128, 231, 450; π 38, 77, 411; ρ 358, 391, 569; σ 221, 420; τ 16, 87, 94, 139, 486, 490, 497, 529, 552, 573; υ 214; φ 41, 176, 296, 424; χ 151, 370, 417, 421, 489, 491; ψ 60, 113; ω 129, 162, 187, 392, 412; A 396; B 137 (Var. *εἴαται* oder *εἵατο ἐν*); E 270, 805; Z 91, 217 (Var. *ξείνισεν ἐν*), 272; Π 148; Θ 520; I 144, 286; Λ 76; Ξ 485; Σ 435; T 339; Φ 475; X 510; Ω 219, 236, 427, 497, 603, 664, 768; Hymn. IV, 231; V, 164; Hesiod Fragm. 83. *ἀνὰ μέγαρα* oder *μέγαρον* α 365 (*ἀνὰμμέγαρα* PS); δ 768; η 180; ν 51; ρ 360; σ 399; Hymn. V, 115. *ποτὶ μέγαρ'* Z 286. *κατὰ μέγαρα* oder *μέγαρον* κ 479; λ 334; ν 2; υ 167; χ 299, 396; ψ 299;

ω 449; *I* 463. *ἀνὰ μεγάροιο μέλαθρον* χ 239. *ἀπὸ μεγάροιο* ρ 398; υ 343; ψ 43. *ἑρκεά τε μέγαρόν τε* π 341; ρ 604. *ὃ δὲ μεγάροιο διέσσυτο* δ 37 (so Aristarch, die Mss. *δ' ἐκ*). *μάλα μεγάροιο διελθέμεν* ζ 304 (dafür *μάλ' ἐκ* CDFGIKMQV). Unrichtig haben *ἦλθε μεγάροιο* π 165 A 1. man. DEFIKMNRV und *διεθείωσε μέγαρον* χ 494 CEIMNV ohne das paragogische ν̄. Hoffmann Quaest. Hom. I, 155 schliesst auch bei diesem Worte auf doppelten consonantischen Anlaut. Für *ἐνὶ μεγάροις* schrieb Aristophanes *ἐνὶμμεγάροις* und so haben nicht nur eine Anzahl späterer Handschriften, sondern auch das Papyrusfragment von Elephantine hat diese Schreibweise viermal[29]).

4. *μελίη*: *Πηλιάδα μελίην* *Π* 143; *Τ* 390; *Φ* 162; *Χ* 133. *φηγόν τε μελίην* *Π* 767. *ὃ δὲ μελίην* *Υ* 322. *ὃ δ' ἄρα μελίην* *Φ* 174. *ἐπὶ μελίης* *Χ* 225. *ἐπὶ μελίνου* ρ 339. *ἦιξε μελίη* für *ἦιξεν* haben EG *Υ* 277. Für *ἐυμμελίης* darf *ἐυμελίης* geschrieben werden *Δ* 47 (so E), 165; *Ζ* 449; *Ρ* 9 (so E), 23 (der Ambrosianus), 59; γ 400 (so INV, dafür *εὐμελίην* LQ). Hoffmann Quaest. Hom. I, 151 nimmt ein σ̄ im Anlaut an.

5. *μάστιξ*: *δὲ μάστιγα* *Ε* 840; *Τ* 395. *δὲ μάστιγι* *Ε* 748; *Θ* 392. *ἄρα μάστιγα* *Ψ* 510. *ἄρα μάστιγι* *Ψ* 642. In Betreff von *μάστιξ* vgl. Hoffmann Quaest. Hom. I, 155.

6. *μορόεις*: *τρίγληνα μορόεντα* *Ξ* 183; σ 298.

7. *μῆτις*: nur in *Διὶ μῆτιν ἀτάλαντος* *Β* 169, 407, 636; *Η* 47; *Κ* 137; *Λ* 200 wird vor *μῆτις* ein kurzer Vocal lang gebraucht, sonst kurz wie z. B. *Η* 324; *Ι* 93, 423 und besonders vor *μητίετα, μητιάασθαι, μητιόωσα* und den anderen davon hergeleiteten Formen. Wir brauchen den Grund der Verlängerung nicht in *μῆτις* zu suchen, sondern in der Mittelzeitigkeit des ῑ im Dativ (vgl. *Διὶ φίλος, διιπετής*).

8. *μοῖρα*: *κατὰ μοῖραν κατέλεξας* γ 331; ϑ 496; κ 16; μ 35. *πάντα κατὰ μοῖραν* γ 457; δ 783; ϑ 54; ι 245, 309, 342. *οὐδὲ κατὰ μοῖραν* *Π* 367. *Ὀδυσσῆι μοῖραν θέσαν* υ 281. *κατὰ μέρος* Hymn. Merc. 63, 419; so ist auch Vs. 501 zu schreiben, wo die Handschriften *κατὰ μέλος* haben. Doch bleibt vor *μοῖρα* der kurze Vocal viel häufiger kurz, so z. B. in *κατὰ μοῖραν ἔειπες* δ 266; η 227; ϑ 141, 397; ν 48, 385; *κατὰ μοῖραν ἔρεξας* ι 352 u. ö. *ἄμμορος, ἀμμορίη, δυσάμμορος*

---

[29]) Homer. Textkritik S. 443.

verdoppeln der Position wegen die Liquida, vgl. *αἰνόμορος* ι 53; ω 169; Χ 481. *ἰσόμορος* Ο 209. ξ 434 haben alle Handschriften *διεμοιρᾶτο* und ist eine Verdoppelung des μ unnöthig, vgl. *κατᾱλοφάδεια* κ 169; *κατᾱριγηλά* ξ 226; *κατᾱνεύων* ι 490; *σύνεχες* ι 74. Hoffmann Quaest. Hom. I, 154 ist der Ansicht, dass *μοῖρα* ursprünglich ein σ im Anlaut hatte und begründet dieselbe durch das Perfect *εἵμαρμαι* = *σέσμαρμαι* (wie *ἐσμί εἰμί, ἔσπετε εἶπον*).

9. *μέγας*: Vor den zweisilbigen Formen, wenn sie nicht durch Position iambischen Rhythmus bekommen, und vor den drei- und mehrsilbigen Formen (*μεγάλη, μεγάλῳ, μεγαλήτορα, μεγάθυμος*) kann eine Kürze nicht stehen, und werden in diesem Fall kurze Silben lang gebraucht aus metrischem Bedürfniss, denn dass *μέγας* ursprünglich mit zwei Consonanten anlautete, lässt sich nicht nachweisen; auch findet man nicht selten vor *μέγας* kurze Silben kurz gebraucht, z. B. *φῶτα μέγαν καὶ* ι 513; *ἠΰς τε μέγας τε* Γ 226. Die Fälle, in denen *μέγας* Position bildet, sind sehr zahlreich:

τρίποδα μέγαν θ 434; ν 13; Σ 344; Χ 443; Ψ 40. *μάλα μέγας* σ 4. *μάλα μέγα* Ι 303; Ο 321; Χ 407, 435. *μάλα μεγάλ'* Ρ 595. *ὑφήνασα μέγαν* ω 147. *ἔρδουσα μέγα* τ 92. *πάρα μέγας* Φ 192. *χερμάδια μεγάλ'* Π 774. *ἠράμεθα μέγα* Χ 393. *δὲ μέγα* ε 435; ι 44; ψ 146; Β 43; Ι 537; Λ 340; Ν 366; Φ 313, 519; Χ 163; Hymn. V, 240; Hesiod Scut. 364, 461. *δὲ μέγας* Β 196. *δὲ μέγ'* Φ 328. *δὲ μεγάλ'* φ 413. *δὲ μέγαν* Γ 125; Ι 132, 274; Hymn. IV, 26. *μηδὲ μέγα* Χ 57. *σε μέγα* Χ 88. *τόδε μέγ'* Β 274. *τόδε μέγα* Hymn. Apoll. 156. *ὥς τε μέγα* Ο 381. *ἐμὲ μέγα* Λ 454; Π 237. *νῦε μέγα* λ 478; Π 21; Τ 216. *ὑφαίνεσκε μέγαν* ω 139 für *ὑφαίνεσκεν* haben AKMNV. *ἐπὶ μέγα* ε 366; τ 58. *ἐπὶ μέγαν* υ 229; χ 2; Λ 233. *Διὶ μέγα* Κ 16. *περὶ μεγάλ'* Φ 10. *περὶ μεγάλ'* Hesiod Theog. 694. *ἕλετο μέγαν* δ 746. *κέχυτο μεγάλ'* ι 330. *δύνατο μέγα* φ 247. *γένετο μέγα* φ 412. *γένετο μέγας* Hesiod Theog. 931. *θηεῦντο μέγα* Π 444. *τέτατο μέγα* Χ 307. *ἔο μέγ'* Β 239. *δ' ὁ μέγας* Π 358. *δόρυ μέγα* Ρ 744.

Ἡρακλῆα μεγάλων φ 26. *ῥάκεα μεγάλης* φ 221. *ἠιόνα μεγάλην* Π 462; Μ 31. *μάλα μεγάλη* Κ 172; Hymn. Apoll. 198. *μάλα μεγάλῃ* Ο 695. *μάλα μεγάλως* Ρ 723. *εὐφυέα μεγάλην* Φ 243. *ζατρεφέα μεγάλην* Hymn. Apoll. 302. *τε μεγάλη* ξ 7; ο 418. *τε μεγάλη* ν 289; π 158. *τε μεγάλην* Γ 221; Hesiod Theog. 320. *τε μεγάλῳ* Δ 161; Ρ 296. *τε μεγάλοι* ι 426; μ 436. *τε μεγάλοισι* Λ 265, 541. *δὲ μεγάλα* ξ 354; Ψ 119. *δὲ μεγάλως* π 432. *δὲ μεγάλοιο* Μ 241. *δὲ μεγάλην* Hesiod Theog. 649. *ἄχεϊ μεγάλῳ* κ 247; Ι 9. *τρίποδι μεγάλῳ* κ 359. *ξίφεϊ μεγάλῳ* Ε 146; Υ 459. *σάκεϊ μεγάλῳ* Λ 572; Hesiod Scut. 455. *σθένεϊ μεγάλῳ* Μ 224; Ν 193. *ἄορι μεγάλῳ* Π 115. *σέλαϊ μεγάλῳ* Ρ 739. *ἔπι μεγάλῳ* Κ 304. *ἔπετο μεγάλῳ* Φ 256. *ἀπὸ μεγάλου* Hesiod Scut. 437.

Ὀδυσσῆα μεγαλήτορα ε 81, 149; ψ 153. *Αἴαντα μεγαλήτορα* Ρ 626. *κατὰ μεγαλήτορα θυμόν* ι 299. *πόδα μεγαλήτορος* Ρ 299. *δὲ μεγαλήτορα* Ι 255. *Ὀδυσσῆι μεγαλήτορι* ε 233; ζ 14; θ 9; Ε 674. *Αἴαντι μεγαλήτορι* Ο 674. *θέτο μεγαλήτορα* Ι 629.

διὰ μεγάθυμον θ 520; ν 121. *Ὀικλῆα μεγάθυμον* ο 243. *Διοκλῆα μεγάθυμον* Ε 547. *Ἐπικλῆα μεγάθυμον* Μ 379. *Βαθυκλῆα μεγάθυμον* Π 594. *Πατροκλῆα μεγάθυμον* Π 818. *αἴθωνα μεγάθυμον* Π 488. *τε μεγάθυμον* ο 229. *δὲ μεγάθυμοι* Ε 27; Λ 459; Ν 737. *ἑταρίσσαιτο μεγαθύμων* Ν 456.

εἶδός τε μέγεθός τε λ 337; σ 249; ο 374; Β 58; Hesiod Scut. 5.

μηδὲ μεγαλίζεο Κ 69. *τι μεγαλίζομαι* ψ 174.

ἔτι μείζων Ο 121. *πολὺ μεῖζον* δ 698.

10. Vereinzelte Fälle:

ἕνα μάρψας κ 116. *οὐ δύνατο μάρψαι* Χ 211. *δύω μάρψας* und nicht *δύο* steht ι 289, 311, 344. Hoffmann vermuthet im Anlaut ein $\overline{\varkappa}$.

ἐμὲ μελιηδής τ 451. *δὲ μελιηδέα* Ρ 17. Hoffmann nimmt im Anlaute $\overline{\sigma\mu}$ an.

ἦδε μάλα λ 373. *ὅ δέ με μάλα* λ 530. *δὲ μάλα* Λ 378.

Ζηνὶ μενεαίνομεν Ο 104. *ἔριδι μενεήναμεν* Τ 58. *δὲ μενέαιν'* Apoll. Rhod. I, 670.

Ἀχιλλῆι μεθέμεν Α 283. *ὅθι μεθιέντας ἴδοιτο* Δ 516; Ν 229.

ἀνὰ μυρίκην Κ 466.

κατὰ μόθον Σ 159; Φ 310. Nach Hoffmann hätte *μόθος* ursprünglich mit $\overline{\sigma}$ angelautet.

οὐδέ ποθι μιαρός Ω 420.
ἐπὶ μαζῷ τ 483, aber *λ* 448 *ἐπι μαζῷ.*
πολὺ μείων Β 529.
ὑπὸ μήτηρ Ξ 492.
τε μινύθει τε Υ 242.
ἵνα μὴ Π 353, dafür Aristarch *ἵν' ἂν μή*. Vgl. Bekk. Anecd. 832, 33.

ν̅.

1. *νέφος* und *νεφέλη*: *κατὰ νεφέεσσι Ρ* 594. *διὰ νεφέων Χ* 309. *μετὰ νεφέεσσι* Hymn. IV, 67. *δὲ νεφέεσσι ε* 293 (*δ' ἐν* KP); *ι* 68, 145 (*δ' ἐν* C ex corr. K; *γὰρ* LM); *μ* 314. *δὲ νέφος Δ* 274; *Ψ* 133. *οἵ τε νέφεα Ε* 525. *ὁπότε νέφεα Λ* 305. *ὥς τε νέφος Ψ* 366. *δὲ νεφέλην Ξ* 350. *δὲ νεφεληγερέτα Ξ* 293. *ποτὶ νέφεα ϑ* 374; *λ* 592. *οὐδέ ποθι νέφος υ* 114. *ὑπὸ νεφέων Ο* 625 (*ὑπαὶ* AEGLS); *Π* 375 (*ὑπαὶ* AEGLS Palimps.); *Ψ* 874 (*ὑπαὶ* AEGLS). Für *ὑπὲκ νεφέων* Hymn. Apoll. 428 schreibt man besser *ὑπό*. *τέκετο νεφεληγερέτα Υ* 215. *σύναγε νεφέλας* statt *σύναγεν ε* 291 haben A 1. man. BCDEMQV; *οἵοισι νεφέεσσι ε* 303 CEF; *εἶδε νέφος Δ* 275 EG. *περὶ νεφέεσσι* Apoll. Rhod. I, 218.

Ausnahmen sind *ὑπὸ χρυσέοισι νέφεσσιν Ο* 523; Hymn. Apoll. 98, wofür *χρυσέοις νεφέεσσιν* zulässig wäre. *πολέμοιο νέφος Ρ* 243. *ὀξεῖα νέφος Ρ* 273. Das Wort *νέφος* hatte ursprünglich doppelt consonantischen Anlaut, vielleicht *δν̅*, vgl. *δνοφερός* und *ἰοδνεφές δ* 135; *ι* 426. Hesychios I, 525 erwähnt das Aeolische *δνόφος* und I, 437 *γνόφος* und *γνοφέον*. Mit *ζόφος, ζόφεον, ζοφερή* (vgl. *δνόφος, δνοφέον, δνοφερή*) scheint *νέφος* nicht verwandt zu sein, wohl aber mit *κνέφας* und dem von Hesych. II, 497 angeführten *κνέφος = σκότωσις*.

ζ 45 schreibt man mit Recht *ἀνέφελος* (so ACQV), wenn auch die besseren Handschriften *ἀννέφελος* (die *κοινή*?) haben, vgl. Spitzner de versu heroico 73.

2. *νευρή*: *ἐυστρεφέα νευρήν Ο* 463. *ἐπὶ νευρῆφιν λ* 607. *ἐπὶ νευρῇ Δ* 118; *Θ* 324. *ἀπὸ νευρῆφιν Θ* 300, 309; *Λ* 585; *Ο* 313; *Π* 773; *Φ* 113. *ἀπὸ νευρῆς Λ* 476, 664; Hesiod Scut. 409. *ἕλκε νευρήν* statt *ἕλκεν φ* 419 hat C, *εἷλκε* DIN. Die einzige Ausnahme ist *φ* 410 *πειρήσατο νευρῆς*, dazu A *γρ. ὀδυσσεύς*, welches indes keine Variante ist. *νευρή* lautete

ursprünglich mit σ an und ist dasselbe Wort wie das Deutsche „Schnur", vgl. Hoffmann Quaest. Hom. I, 149; Christ Gr. Lautlehre S. 85.

3. *νύμφη*: *ἅμα νύμφαι* ζ 105. *ἄρα νύμφη* Ξ 444. *δὲ νύμφαι* ι 154; Hymn. IV, 119. *δὲ νύμφης* ν 355. In der Regel bleibt jedoch der kurze Vocal vor *νύμφη* kurz, wie in *ἥνδανε νύμφη* ε 153; *ἕννυτο νύμφη* ε 230; κ 543; *τε νύμφαι* ν 107; *ἴθι νύμφα* Γ 130. *πότε νύμφη* Ζ 21 u. ö. Darum ist es nicht recht wahrscheinlich, dass *νύμφη* ursprünglich mit zwei Consonanten angelautet habe, wie Hoffmann Quaest. Hom. I, 151 annimmt.

4. *νύσσα*: *ἀπὸ νύσσης* ϑ 121; Ψ 758. Einzige Ausnahme *τό γε νύσσα* Ψ 332. *ἀγκῶνῑ νύξας* ξ 485.

5. *νίζω*: *ὕδατι νίζοντες* Η 425. *ἀπε̄νίζοντο* Κ 572 (vgl. unter *μοῖρα*). Ausnahme *χρόᾰ νίζετο* ζ 224.

6. *νιφάς*, *νιφόεις*: *ἔπεα νιφάδεσσιν* Γ 222. *ὥς τε νιφάδες* Μ 278. *ὄρεα νιφόεντα* τ 338; Ξ 227. *ὄρεϊ νιφόεντι* Ν 754. *ὕπο νιφόεντι* Υ 385. Ob man *ἀγάννιφος* mit einem oder zwei ν̄ zu schreiben habe, könnte zweifelhaft sein, da der erste Theil des Wortes sowohl *αγα* als *αγαν* sein kann; doch fällt in den Zusammensetzungen das ν̄ immer weg: *ἀγακλυτός*, *Ἀγαμήδη*, *ἀγάῤῥοος* (?), *ἀγάστονος*, *Ἀγάστροφος*.

7. Vereinzelte Fälle:

ἐπὶ νότος μ 427, Ausnahmen häufig.

δὲ νότιος Λ 811; Ψ 715.

ἐνὶ νήσῳ κ 3, Ausnahmen zahlreich.

ἰδὲ νυοί Ω 166, früher anlautendes σ̄ (Schnur), welches auch im Lateinischen nurus weggefallen ist.

πύματα νῦν δ 685. *Αἴαντε νῦν* Π 556. *Ἀντίλοχε νῦν* Ψ 602. *ἔτι νῦν* Ο 99. *εἰρύατο νῦν* Χ 303, vgl. Oscar Meyer, Quaest. Hom. pg. 107; 140.

ὅθι νητός β 388 (so Aristarch), wofür Aristophanes *ὀθὶννητός* geschrieben haben soll. Daher ist auch Σ 569; Ω 580 wohl *ἐύνητος* und nicht *ἐύννητος* zu schreiben.

δὲ νῆυς ω 299, wofür man mit Aristarch richtiger *δαὶ νηῦς* schreibt.

κατὰ νόμον Hesiod Theog. 417.

ἐνὶ νηῷ Hymn. V, 319, so Rhunken, wofür *εὗρεν δ' ἐν νηῷ* zu schreiben ist, da die Handschriften alle *εὗρε δ' ἐν* haben.

συνεχές M 26; ι 74 mit Aristarch und Aristophanes. *συνεχέως* Hesiod Theog. 636; Apoll. Rhod. I, 1271. Hier ist das anlautende σ̄ von *ἔχω* noch in Kraft geblieben, wie ausserdem noch in sechs anderen Fällen: *βέλος ἐχεπευκές* A 51; Δ 129 (*περιπευκές* Λ 845). *κεντρηνεκέας ἔχον* E 752; Θ 396. *θαμέες ἔχον* K 264. *ἐρύγμηλον ἐχέτην* Σ 580. *γὰρ ἔχον* T 49. *μόγις ἔχον* X 412, *παρέχῃ* τ 113, vgl. Oscar Meyer Quaest. Hom. pg. 39; 40. Ameis im Anhang zu τ 113.

κατάνεύων ι 490.

ῤ̄.

1. *ῥάκος*, ursprünglich *ϝράκος* (fractus, Wrack, Frack?): *κατὰ ῥάκος* ξ 349. *τὰ σὰ ῥάκεα* ξ 512. *κατὰ ῥακέεσσι* τ 507. *δὸς δὲ ῥάκος* ζ 178. *ἀμφὶ δέ με ῥάκος* ξ 342 mit DLNQV statt des gewöhnlichen *δέ μοι*, wie selbst Bekker noch in der letzten Ausgabe hat; vgl. ν 434; Homer. Stud. S. 239.

Ausnahmen keine.

2. *ῥήγνυμι*, ursprünglich *ϝρήγνυμι* (frango, brechen): *σθένεϊ ῥηγνῦσι* P 751. *ἔριδα ῥήγνυντο* Υ 55. *χρόα τε ῥήξω* Ψ 673. *τε ῥήξειν* M 198. *τε ῥήξασθαι* M 308. *δύνατο ῥῆξαι* O 617. *χαλκῷ τε ῥηκτός* N 323. *'Αχιλλῆα ῥηξήνορα* Η 228; Π 146; Hesiod Theog. 1007. *'Αχιλλῆι ῥηξήνορι* N 324; Π 575. Daher schreibt man mit Recht *ἄρηκτος* B 490; N 37, 360; Ξ 56, 68; O 20; Υ 150; Φ 447; ϑ 275; κ 4; ebenso *ἔρηξα*, welches nie mit kurzer erster Silbe bei Homer vorkommt; *ἀναρήξας* Η 461; *ἀπορήξας* ι 481; Z 507; O 264; *ἀναρήξειε* Υ 63; *ἀναρήξαντε* Σ 582. *ἔθελε ῥῆξαι* O 615 haben AE.

3. *ῥηγμίν*, ursprünglich *ϝρηγμίν*:
παρὰ ῥηγμῖνι θαλάσσης δ 449; B 773. *ἐπὶ ῥηγμῖνι θαλάσσης* δ 430, 575; ι 150, 169, 547, 559; κ 186; μ 6; ο 499; Λ 437; Θ 501. *ἐπὶ ῥηγμῖνος* Υ 229. *δὲ ῥηγμῖνι* Π 67.

4. *ῥῆγος* (*ϝρῆγος*): *κώεά τε ῥῆγός τε* I 661.

5. *ῥώξ*, ursprünglich *ϝρώξ* (Bruch):
ἀνὰ ῥῶγας μεγάροιο χ 143, dafür *ἀνὰῤῥῶγας* (abgesehen von der Verschiedenheit der prosodischen Zeichen) A ex corr. CDEF HRV und nach dem Zeugniss des Eustathios 1922, 4 auch *παλαιὰ ἀντίγραφα*.

πυκνὰ ῥωγαλέην ν 438; ρ 198; σ 109.

Daher auch ἀπορώξ (Ausbruch) ι 359; κ 514; ν 98; *B* 755 und nicht ἀποῤῥώξ geschrieben werden muss.

6. ῥήσσω (Ϝρήσσω): δὲ ῥήσσοντες *Σ* 571; Hymn. Apoll. 516, wo die meisten Handschriften φρίσσοντες haben, richtig, wenn auch nicht der Schreibweise so doch der Aussprache nach. Vielleicht gehört auch ἐπιρρήσεσκον *Ω* 454, 456 hierher, wofür der Papyrus 456 itacistisch ἐπειρήσεσκε hat.

7. ῥύομαι mit seiner Sippschaft, ehemals digammiert: τε ῥύομαι ξ 107. τε ῥύεται ο 35. αὐτόν τε ῥῦσαι *Ω* 430. ἠδὲ ῥυτῆρας σ 262. οἷόν τε ῥυτῆρα φ 172. ἐν δὲ ῥυτῆρσι *Π* 475. πολλὰ ῥυστάζεσκεν *Ω* 755. χωλαί τε ῥυσαί τε *I* 503. ?τε Ῥύτιόν τε *B* 648.

8. ῥινός, ῥῖνες, früher Ϝρινός, Ϝρῖνες (vgl. ταλαύρινος = ταλάϜρινος):

ἔνθά κ' ἀπὸ ῥινοὺς δρύφθη ε 426 (so M), dies ist die ursprüngliche Schreibart, die aber in den einzelnen Handschriften sehr entstellt worden ist: so haben ἔνθα κ' ἀπὸ ῥινούς τ' ἐδρύφθη AH 1. m. LPQ, dasselbe nur τε δρύφθη CDEKS; ἔνθ' ἀπὸ ῥρινούς τε δρύφθη I; ἔνθ' ἀπὸῤῥινούς τ' ἐδρύφθη N; ἔνθ' ἀπὸ ῥινούς τ' ἐδρύφθη H ex corr. ἔνθα κ' ἀπὸ ῥῖνός τ' ἐδρύφθη V. ἔνθά κ' ist in den meisten und besten Quellen überliefert und darf nicht angetastet werden; die Verlängerung des ō in ἀπὸ vor ῥινούς lässt sich noch aus der Verdoppelung des ρ̄ in IN sehen und auf Grund dieser Verlängerung scheint auch die Aenderung erfolgt zu sein, indem man τε einschob und ἔνθ' ἀπὸ ῥινούς τε δρύφθη oder τ' ἐδρύφθη schrieb, welches τε in den meisten Handschriften Aufnahme fand, jedoch mit Beibehaltung des ἔνθά κ': ein κε fordert aber die Construction des Satzes.

περὶ δὲ ῥινοὶ μ 46. ἄκρην δὲ ῥινόν χ 278. ἄλλοι δὲ ῥινοῖς *Π* 474 (δ' ἐν G). ἀλλ' οἵ γε ῥινοῖσι *M* 263 (οἵ γ' ἐν LS). τὴν ἄρ' ὅ γε ῥινοῖσι *N* 406 (ὅγ' ἐν ῥινοῖσι A Ambr. GLS Draco de Metris 80, 4). χαλκοῦ τε ῥινοῦ *Π* 636. ἀπὸ ῥινόν *E* 308.

ἔστρωτο ῥινόν *K* 155. περὶ ῥινοῖο Hesiod Scut. 152. διὰ ῥινοῦ Hesiod Opp. 515 (ein Codex hat διαῤῥινοῦ). Für ἔκτοσθεν ῥινόν *K* 334 hat E ἔκτοσθε, für μὲν ῥινοὶ μ 395 V δὲ ῥινοί. Die einzige Ausnahme macht ὡς ὅτε ῥινόν ε 281, vgl. Ameis im Anhang. Hymn. Merc. 48 haben die Handschriften διὰ ῥινοῖο, wofür man jetzt allgemein mit Pierson λιθορρινοῖο schreibt.

στόμα τε ῥῖνές (oder ῥῖνάς) τε ε 456; Ξ 467; Ψ 395, 777. ἀπὸ ῥῖνα σ 86. ἀνὰ ῥῖνας χ 18; ω 318 (zwei ρρ haben KPS). στάξε κατὰ ῥινῶν Τ 39.

Ausnahmen: ὑπὸ ῥῖνα δ 445. κατὰ ῥῖνας Π 349.

9. ῥόος, ῥέω (mit anlautendem σ)[30]:
κατὰ ῥόον ε 327 (ρρ ACDHINQ); 461 (ρρ BCIM ex corr. γρ. D); μ 204 (ρρ CDGIKM); ξ 254 (ρρ CDEFGHIKMQS); Φ 147. Die Schreibweise mit einem ρ war die Aristarchische[31]). παρὰ ῥόον λ 21 (ρρ ADGHM); Π 151 (ρρ S); Apoll. Rhod. I, 217. ποτὶ ῥόον Ρ 264. περὶ δὲ ῥόος Σ 402. ὕδατι ῥόον Φ 258. λίπεν ῥόον μ 1. In der Zusammensetzung stehen fast immer zwei ρρ, so in ἐύῤῥοος, ἐυῤῥεῖος, ἐυῤῥεύτης, καλλίῤῥοος (Β 752; Μ 33; Χ 147; Hymn. Apoll. 241, 300, 376, 380, 385), ἀγάῤῥοος; nur ὠκυρόῳ Ε 598; Η 133; καλλιρόοιο ε 441; καλλίροον ρ 206 machen eine Ausnahme. Vor ῥόος finden sich indes auch Kürzen bei Homer: κῦμα ῥόοιο λ 639; Φ 263, 306. κῦμα ῥόος τε ι 80. σόν τε ῥόον ε 449. ποταμοῖο ῥόον ζ 85. πᾶσι ῥόον Ρ 750. πλῆτο ῥόος Φ 16.

βέλεᾱ ῥέον Μ 159. Das Praeteritum hat im Homer immer zwei ρρ, ἔῤῥεον, auch περίῤῥεε ι 388; περίῤῥυτος τ 173.

ἐν λιμένι Ῥείθρῳ α 186; vor ῥέεθρον aber immer kurzer Vocal.

Zu demselben Stamme gehört wohl auch ῥέα (fliessend, leicht), welches in zwei Stellen Position bildet: δὲ ῥέα Θ 197; μάλα ῥέα Υ 101.

Nicht dazu gehört Ῥέα, welches ebenfalls Position bildet: τέκετο Ῥέα Ο 187. Διώνη τε Ῥείη τε Hymn. Apoll. 93. μήτηρ τε Ῥείη Hymn. IV, 43. Θείην τε Ῥεῖάν τε Hesiod Theog. 135. An drei anderen Stellen bleibt die Kürze: προσέειπε Ῥέη Hymn. V, 459. τέκε Ῥείη Hymn. XII, 1. κατέπινε Ῥέην Hesiod Theog. 467.

10. ῥέζω, ursprünglich ϝρέζω (vgl. ϝέργον)[32]:
οὔτέ τινα ῥέξας δ 690. ὅσα ῥέξεσκον χ 46. ὅς σ' ἀγαθὰ

[30]) Hoffmann Quaest. Hom. I, 141. Christ Gr. Lautlehre S. 274.
[31]) Homer. Textkritik S. 391.
[32]) Hoffmann Quaest. Hom. I, 140. Christ Gr. Lautlehre S. 244.

ῥέζεσκον χ 209. τόσσα κακὰ ῥέζουσιν Δ 32. κακὰ ῥέξαντα Σ 455. μέγα ῥέξας Χ 305. ἱερά τε ῥέζουσι ε 102 (in BCMQ fehlt τε, dafür haben BQ ῥέζουσιν); ἱερά τε ῥέξουσι Hymn. Apoll. 391 (τεῤῥέξουσι 2 Mss.). ποσσίν τε ῥέξῃ ϑ 148. ϑεοῖσίν τε ῥέζειν ξ 251. οὔτέ τί σε ῥέζω σ 15. οὐδέν σε ῥέξω Ω 370. Ζηνὶ ῥέζεσκον Θ 250. Διὶ ῥέξας Ι 357. Διὶ ῥέξαντες Λ 727. ὅτι ῥέζουσ' Ψ 206.

Τ 90 schrieb Aristarch κε ῥέξαιμι für das gewöhnliche κεν, entweder weil er es in Handschriften gefunden oder auf Grund der Beobachtung, dass ῥέζω Position bildet. ρ 211 haben die besten Quellen (EFGHMNQRV) ἐπιρέζεσκον (L ἐπὶ ῥέζεσκον) für das gewöhnliche ἐπιῤῥέζεσκον. Die Form ἔῤῥεξε findet sich Ι 536; Κ 49.

Ausnahmen sind: ἄλλος δ' ἄλλῳ ἔρεξε Β 400. οἵ πέρ μιν ἔρεξον ψ 56. αἴσυλα ῥέζεις Φ 214. ἔργον ἄρεκτον Τ 510. τοιαῦτά γε ῥέζοι α 47. τι ῥέξομεν Λ 838 u. ö.

11. ῥητός, ῥητήρ, ursprünglich digammiert[33]: μισϑῷ ἔπι ῥητῷ Φ 445. ἐπὶ ῥηϑέντι σ 414 (ῥῥ CDKN); υ 322 (ῥῥ KLMPS). μύϑων τε ῥητῆρ' Ι 443.

Die Composita haben doppeltes ῥῥ, vielleicht ohne Noth, so παραῤῥητοί Ι 526; διαῤῥήδην Hymn. Merc. 313. ἄῤῥητον ξ 466. Dagegen schreibt man Ρ 37 ἀρητόν, wozu Eustath. 1093, 60 bemerkt ὅτι τὸ ἀρητὸν πένϑος ἄῤῥητόν τινες γράφουσι, δῆλον· καὶ ὡς οὐκ εὐαρεστοῦνται οἱ παλαιοὶ τῇ τοιαύτῃ γραφῇ. ἄῤῥητον haben GLS und 4 Mss. bei Heyne, auch Ω 741 haben 6 Mss. bei Heyne ἄῤῥητον. Der Paraphrast übersetzt es einmal mit ἀπευκτόν, das andere mal mit χαλεπόν, besser passt jedesfalls die Bedeutung infandus, unsäglich. Den Accent haben erst die Alexandriner gesetzt, vielleicht nur durch das besser überlieferte ΑΡΗΤΟΣ bewogen, welches sie von ἀράομαι ableiten zu müssen glaubten, dessen Bedeutung „verwünschen" aber erst nachzuweisen wäre, während es, ob mit einem oder zwei ρ geschrieben, aus α- und ῥητός entstanden sein kann.

12. ῥιπή, ursprünglich digammiert: ὑπὸ ῥιπῆς ϑ 192 (ὑπαὶ ACEIKLM 1. man. QV); Μ 462 (ὑπὸ ἢ ὑπαὶ E); Ξ 414 (als Variante neben ὑπὸ πληγῆς, so E und γρ. A. ὑπαὶ ῥιπῆς GLS); Ο 171 (ὑπαὶ AEGLS); Τ 358 (ὑπαὶ

---

33) Hoffmann Quaest. Hom. I, S. 139. Christ Gr. Lautlehre S. 228.

AGLS. ὑπὸ ἢ ὕπαι E); Φ 12 (ὕπαι GLS Laur. a. ὑπὸ ἢ ὕπαι E); Hymn. Apoll. 447 (eine Handschrift ὑπὸῤῥιπῆς). ἔτι ῥιπή Apoll. Rhod. I, 1016. Das Praeteritum von ῥίπτω hat bei Homer immer zwei ρρ, d. h. die erste Silbe ist lang und die Schreibweise mit einem ρ ist damit nicht ausgeschlossen. Ausserdem findet sich bei Homer noch διαῤῥίπτασκεν τ 575 (διαρίπτασκεν AKM). ἀποῤῥίψαντα Ι 517. ἀποῤῥῖψαι Π 282. αὐτίκ' ἔριψεν wie fast alle Handschriften Hymn. Merc. 79 haben, besserte Schneidewin in εὖτ' ἔῤῥιψεν. Im Homer gibt es keine Ausnahme.

13. ῥίον:

ἀλλὰ ῥίῳ ι 191. περὶ ῥίον Θ 25. ἀπὸ ῥίου Ξ 154. λίπεν ῥίον Ξ 225 (E λίπε); Τ 114. τε ῥίον Hymn. Apoll. 139 (2 Mss. ρρ). ἐπὶ ῥίον Hymn. Apoll. 382. Da ῥίον überall Position bildet, so ist die Annahme eines doppelten consonantischen Anlautes nicht unbegründet. Ob der anlautende Consonant ein Digamma oder ein Kehllaut (clivus) war, vermag ich nicht zu entscheiden.

14. ῥωπήιον, ursprünglich digammiert:

κατὰ ῥωπήια ξ 473. ἀνὰ ῥωπήια Ν 199. διὰ ῥωπήια Ψ 122; Hymn. IX, 8. κατά τε ῥωπήια Φ 559. Ausnahmen finden sich keine.

15. ῥάβδος:

δὲ ῥάβδον ε 47; ω 2; Ω 343. Dagegen περιμήκεϊ ῥάβδῳ κ 293, wo man schwerlich ει als eine Silbe wird lesen wollen. Ausnahmen sind περικαλλέα ῥάβδον Hymn. III, 529. εἶχε δὲ ῥάβδον Hymn. III, 210. Hoffmann nimmt im Anlaut Digamma an. χρυσόῤῥαπις hat überall zwei ρρ.

16. ῥόπαλον, ehemals digammiert:

μέγα ῥόπαλον ι 319. περὶ ῥόπαλ' Λ 559. Ausnahmen keine.

17. ῥυπόω:

ῥωγαλέα ῥυπόωντα ν 435. νῦν δ' ὅττι ῥυπόω ψ 115 (vgl. τ 72 ἢ ὅτι δὴ ῥυπόω). κάθηράν τε ῥύπα ζ 93. Wenn dieses Wort ehemals zwei Consonanten im Anlaut hatten, so darf man dies aus dem Perfect ῥερυπωμένα (ζ 59) am wenigsten ableiten, denn das ρ der Reduplication kann den ausgefallenen Consonanten nicht ersetzen, derselbe könnte nur durch ein zweites ρ wie in ἔῤῥωγα (aus ϝέϝρωκα), oder durch ein ῑ wie in εἴρηκα (aus ϝέϝρηκα), εἵμαρται (aus σέσμαρται) ersetzt werden. Analoge Perfectformen sind von den Alten noch zwei aufbewahrt: ῥερίφθαι, dessen Stamm auch ursprünglich digammiert war, und ῥεραπισμένῳ aus Pindar und Anakreon[34]).

18. ῥόδον, ursprünglich digammiert (Aeol. βρόδος): ἕλετο ῥοδοδάκτυλος ε 121. Ἠῶ τε ῥοδόπηχυν Hymn. XXXI, 7. τε Ῥοδίος τε M 20; Hesiod Theog. 341. Dagegen Κλυμένη τὲ Ῥόδειά τε Theog. 351.

19. ῥίζα, ursprünglich digammiert[35]): ἐπὶ δὲ ῥίζαν Λ 846. ἀπὸ ῥίζης Hymn. V, 12. Für δ' ἐκ ῥίζης ψ 196 hat Apoll. Soph. 30, 12 δὲ ῥίζης, für αὐτῇσιν ῥίζῃσι I 542 EG αὐτῇσι. Das Praeteritum hat bei Homer ρρ, vgl. ἐῤῥίζωσεν ν 163; ἐῤῥίζωται η 122. πρόῤῥιζος Λ 157; Ξ 415. τανύῤῥιζος Hesiod Scut. 377. Die einzige Ausnahme bei Homer ist πυρὶ ῥίζαι ι 390.

20. ῥα: τό ῥα Π 228; so Aristarch; andere τόῤῥα[36]). ὅ ῥ' χ 327. τό ῥ' Apoll. Rhod. I, 526; ὅ ῥ' I, 769.

21. Vereinzelte Fälle:

κῦμα μέγα ῥοχθεῖ μ 60.

παρὰ ῥοδανὸν Σ 576 (Var. ῥαδανόν und ῥαδαλόν).

ὑπὸ ῥαδινοῖσιν Hesiod Theog. 195. ἔχε ῥαδινήν Ψ 583 haben alle Handschriften, dafür schreibt man jetzt mit Stephanus ἔχων.

πολύρηνες I 154, 296. πολύρηνος λ 257. So schrieb Aristarch[37]) und analog wohl auch ὑπόρηνον K 216. Die ursprüngliche Schreibart war wohl πολύϝρηνες.

κατᾱριγηλά ξ 226 war ursprünglich καταϝριγηλά (frieren, fraislich in der Bedeutung von schauerlich, welches ja auch ursprünglich Kälte bezeichnet) von ῥιγέω (ϝριγέω frigeo), welches bei Homer im Praeteritum immer ἐῤῥίγησα, ἔῤῥιγα hat, worin das eine ρ̄ die Stelle des Digamma vertreten soll. Doch ist gegen ἔριγα, ἐρίγησα nichts einzuwenden. Das Wort bildet indes bei Homer nicht überall Position wie: ὣς φάτο̆ ῥίγησεν ε 116, 171; Γ 259; O 34. ἀμύμονα ῥίγησεν Π 119. τὸ δὲ

---

34) Vgl. Bekker Anecd. 1257. Cramer An. Ox. IV, 185, 15; 415, 3. Schol. ζ 59. Eustath. 1541, 40.

35) Hoffmann Quaest. Hom. I, S. 139. Christ Gr. Lautlehre S. 245.

36) Homer. Textkritik S. 389.

37) Homer. Textkritik S. 391.

ῥίγιον υ 220; Λ 405. ἕσπερα ῥίγιον ρ 191. εἵνεκα ῥιγεδανῆς Τ 325.

Φᾶσίν τε Ῥῆσόν τ' Hesiod. Theog. 340.

σ̄.

Ἀρτέμιδί σε ζ 151.

κατὰ συφεοῖσιν κ 238. με σῦς φ 219.

οἶδα δ' ὅτῑ σὺ μὲν ἐσθλὸς Υ 434.

ἔτι σάρκας λ 219. δειδιότα σάρκες σ 77.

ὅτε σεύαιτο Ρ 463. ὕλη τε σεύαιτο Ψ 198, so Aristarch; dafür andere τ' ἐσσεύαιτο oder τ' ἐσσεύοιτο. Richtig ist daher auch ἐπῑσεύας ξ 399 (so CQ Apollon. Soph.). ἐπισεύεσθαι Ο 347. Man schreibt allgemein ἔσσυμαι, ἔσσευα, da bei σεύομαι sich zwei Consonanten im Anlaute nicht nachweisen lassen, wie bei σάρξ. Analog mit ἐπισεύας ist auch zu schreiben κ 215 περισαίνοντες mit CEFKMNQV Hesychios; π 4 περίσαινον mit ACEFKMQRV; π 10 περισαίνουσι mit CEI 1. man. KMQ.

κ.

ἄσπαρτᾱ ‖ καὶ ι 109.

νισσόμεθα ‖ κενέας κ 42.

λιμένᾱ ‖ καί κ 141.

πορφυρέᾱ καθύπερθε κ 353.

ἀριφραδέα κατέλεξας ψ 225.

κασίγνητε ‖ κόμισαι Ε 359 (Var. κασίγνητ' ἐκκόμισαι).

Ἄιδι κεύθωμαι Ψ 244 (dafür A Hesych. mit Aristarch κλεύθωμαι).

Θέτῑ, καλέει Ω 88.

Wir müssen hierin Ausnahmen anerkennen, da die Kürze nur an vier Stellen durch die Caesur gerechtfertigt ist.

π̄.

Τηλέμαχε, ποῖον γ 230, wo die Interpunction die Kürze weniger fühlbar macht.

τέκετο ‖ Πολυφείδεα ο 249.

παῖ ‖ πολυμήχαν' ω 192, hier fällt die Hauptcaesur hinter παῖ.

φλόγεα ‖ ποσὶ Ε 745; Θ 389.

υἱὲ Πετεῶο Δ 338.

Περσῆᾱ ‖ *πάντων* Ξ 320.
σάκεῐ ‖ *πίπτων* Φ 241.

λίθακῑ ποτὶ πέτρῃ ε 415, wo es nicht nothwendig ist mit L 2. man. *προτὶ* zu schreiben, wie Spitzner de versu Gr. heroico pg. 43 fordert.

τὰ περὶ Φ 352.
ἔτεᾱ παρὰ Hesiod Op. 130.

Dazu kommen noch Verlängerungen im Inlaut, wie *Ἀπόλλωνος* Α 14 (vgl. 21, 36 u. ö.); *ἀπονέεσθαι, ἀπονέοντο* Β 113, 288; Γ 313; Ο 305 u. ö. *ἐπίτονος* μ 423. *ἐπεὶ δὴ* Ψ 2. *διιπετής*, die blos durch das metrische Bedürfniss sich entschuldigen lassen.

τ̄.

ῥωγαλέᾱ τὰ ξ 343.
ἀμφηρεφέᾱ τε Α 45.
Ἄρηᾱ ‖ *τό γε* Ε 827.
ὑπόσσᾱ τολύπευσε Ω 7.
ἔτεᾱ τε Υ 255.
Βαλίε̄ ‖ *τηλέκλυτα* Τ 400.
δὲ τόξον Ο 478. (Dindorf *αὖ*).
νηπύτιε̄ τί Φ 474.
νηί τε μένειν ι 194; κ 444.
Ὀδυσσῆῑ τόδε ω 309.
σάκεῐ Τελαμωνιάδαο Θ 267.
πτόλεῐ τε καὶ Ρ 152.
σθένεῐ τε Ρ 329.
Θέτῑ τανύπεπλε Σ 385, 324, dafür Zenodot *Θέτις τανύπεπλος*.
κράτεῐ τε Hesiod Theog. 49 (vgl. *κράτεῐ γε* Π 142).
ἐπῑτέλλω ψ 361 (vgl. *ἐρῑδήσασθαι* Ψ 792).

φ̄.

ὑπερμενέῑ φίλον Β 116; Ι 23; Ξ 69.
Ἀχιλλῆῑ φερέμεν Ω 119, 147, 176, 196.
Διὶ φίλος.
πῑφαύσκω Κ 478, 502; Σ 500; Hymn. Merc. 540.

ὄφιν Μ 208, andere *ὄπφιν*. Diesem *ὄπφιν* entspräche das zweimal bei Athenaeus aus Hesiod (Fragm. 174 Göttling) citierte *σκύπφον* statt des Homerischen *σκῦφον*.

κασίγνητε ‖ *θάνατον Δ* 155.

Bei Homer bilden also Muta und Liquida in der Regel Position und das paragogische *ν* ist zu diesem Behufe überflüssig und wurde auch von Aristarch nicht gesetzt: nur in einem Falle steht das paragogische *ν* vor zwei Consonanten, nemlich bei Substantiven mit dem Suffix *θεν*. Ausnahmen kommen, aber nur bei *λ* und *ρ*, da vor, wo das Metrum sie erfordert, auch bei einigen Wörtern die mit *σκ* und *ζ* anlauten. Andererseits tritt auch schon vor der einzelnen Liquida, seltener im Inlaute als im Auslaute, Verlängerung eines kurzen Vocals ein, sei es aus metrischer Nothwendigkeit (so vor *μέγαρον*, *μεγάλη* u. a.) oder weil die Liquida ursprünglich noch durch einen zweiten Consonanten (Digamma, *σ*, oder einen Kehllaut) gestützt war (*νέφος*, *νευρή*, *δέος*, *ῥάκος*, *ῥινός*). In vereinzelten Fällen bilden auch *κ*, *π*, *τ*, *φ*, etwas häufiger *δ* Position.

II.

1. Aristarch schrieb *Ο* 94 *οἷος κείνου* für *ἐκείνου*, *Ο* 225 *οἵ περ νέρτεροι* für *ἐνέρτεροι*, *Ω* 701 (und ausserdem noch an 23 Stellen im ersten Fusse) *ἑστεῶτ'* für *ἑσταότ'*, *Γ* 198 *ὅς τ' οἰῶν* für *ὀίων* (so Aristonikos und Herodian), *Ν* 347 *Ζεὺς μέν ῥα*, nicht *ἄρα*, *Ξ* 44 *δείδω*, nicht *δείδια* (wie Aristophanes), *Χ* 324 *φαῖνον* für *φαίνετο*, *ε* 132 und *η* 250 *Ζεὺς ἔλσας*, nicht *ἐλάσας* (wie Zenodot), *ο* 152 *εἰπεῖν* für *εἴπετον*, wo doch auch *εἰπέμεν* möglich gewesen wäre, *Φ* 530 *ὀτρύνων*, nicht *ὀτρυνέων* (also auch *Κ* 38 mit dem Ven. A *ὀτρύνεις*, nicht *ὀτρυνέεις*, wie er auch an zwei Stellen *φθάνει* schrieb gegen das Zenodotische *φθανέει*), *Ζ* 241 *πάσας*, nicht *πᾶσι μάλ'*.

Davon sind diejenigen Stellen die wichtigsten, an denen man zwischen zwei gleichbedeutenden Formen beliebig wählen konnte, wie zwischen *κεῖνος ἐκεῖνος*, *νέρτεροι ἐνέρτεροι*, *ἑστεῶτα ἑσταότα*, *οἰῶν ὀίων*, *δείδω δείδια* und den Infinitivformen auf *ειν* und *εμεν*, und wir sehen, dass Aristarch überall dem Spondeus den Vorzug gab. Dass er übrigens auch manchmal den Dactylus dem Spondeus vorzog, bezeugen Stellen wie *Β* 47 *σὺν* τῷ ἔβη (Zenodot βάς), *M* 382 χειρί γε τῇ ἑτέρῃ für χείρεσσ' ἀμφοτέρῃς. *Σ* 404 ᾔδεεν für ᾔδειν, da Aristarch die Form ᾔδει, folglich auch ᾔδειν für unhomerisch hielt, *Ω* 241 ἦ ὀνόσασθ' für οὔνεσθ'. *O* 470 führte Aristarch nach Didymos beide Lesarten πρῴην und πρώιον an, scheint aber das letztere dem Zenodotischen πρῴην vorgezogen zu haben: überall aber waren es theils grammatische, theils sachliche Beweggründe, die hier Aristarch zur Wahl seiner Schreibweise veranlassten, und Aristarch war nicht der Mann, der seine grammatischen Grundsätze den metrischen aufgeopfert hätte. Wo aber zwei Formen gleich möglich waren, da gab Aristarch — das muss festgehalten werden — der spondeischen im ersten Fuss den Vorzug. Andere wollen von einem Metriker Aristarch nichts wissen; es wird sich aber herausstellen und zeigt sich schon hier, dass Aristarch feste metrische Grundsätze hatte und sich daran hielt.

οἷος κεῖνος muss als Aristarchische Lesart auch β 272; ξ 491; ο 212; *Σ* 262 angenommen werden[38]): ἐκεῖνος haben AB DEFGHIKLMNPQV zu β 272; ACDEFGHIKLMNPQRV zu ξ 491; ἐκείνου ACDEFGHIKLMNPQRV zu ο 212; AEGLS zu *O* 94; AEGL zu *Σ* 262. β 274 haben alle Handschriften εἰ δ' οὐ κείνου; β 171 καὶ γὰρ ἐκείνῳ BDEHIKLMNPV; καὶ γὰρ ἐκεῖνος ξ 70 FHPS, die übrigen κεῖνος, welches als Schreibweise Aristarchs an allen Stellen betrachtet werden muss, während ἐκεῖνος die κοινή gewesen zu sein scheint, die wie gewöhnlich durch die meisten Handschriften repräsentiert wird. *Ω* 766, τ 223 und ω 310 schreibt man allgemein ἐξ οὗ κεῖθεν (γρ. ἐξ οὗ ἐκεῖθεν M zu τ 223; an den beiden Stellen der Odyssee besteht die Variante μέσφ' ὅτε κεῖθεν).

Die Infinitivformen auf ῑειν überwiegen an dieser Versstelle an Zahl bei weitem die auf ῑεμεν, wobei nur diejenigen Stellen in Betracht gezogen sind, an denen das folgende Wort mit einem Vocal anlautet. Die Form auf ῑειν kommt an dieser Versstelle in der Odyssee 37 mal vor (nach Dindorf's Ausgabe): ἐλθεῖν β 329; γ 426; κ 152; χ 483; ψ 268. κλαίειν δ 196, 806; ι 469. εἰπεῖν ι 457; ξ 497; ο 152 (Aristarch); χ 314; ω 237, 262 (mit der Variante εἰπέμεν). εὕδειν θ 317, 337; λ 331, 374. ῥέξειν κ 523; λ 31; ρ 51, 60. τέρπειν θ 45 (Var. τερπνήν);

[38]) Homer. Textkritik S. 247, 248.

τ 590. τέμνειν γ 175. ναίειν δ 98. θήσειν ε 136. τρώγειν ζ 90. ἥσειν θ 203. τίσειν θ 348. πίνειν ι 249. λήσειν λ 102. πάσχειν ν 310. ἥκειν ν 325. κτείνειν π 402. ἔρδειν χ 218. ζώειν χ 222. Nur 14 mal kommen die Formen auf εμεν vor: ἐλθέμεν γ 320; ξ 374; ρ 304; σ 183; τ 569; χ 432. εἰπέμεν τ 222; ψ 76, 265. πεμπέμεν κ 18; ο 15. ἐρξέμεν η 294. ναιέμεν λ 265. ζωέμεν ω 436. Auch in der Ilias stehen die Formen auf ειν häufiger an dieser Versstelle als die auf εμεν: ἐλθεῖν Δ 65; Κ 56, 206; Ξ 162; Ρ 709; Ψ 209. εἰπεῖν Η 387; Ι 102; Ρ 692. κτείνειν Ζ 228; Λ 193, 208; Ρ 454. πάλλειν Η 142; Τ 389. μίμνειν Ν 106; Σ 263. βάλλειν Ε 52. τεύχειν Ε 61. πτώσσειν Ε 634. δώσειν ᾧ Ζ 53. φεύγειν Θ 511. ἴσχειν Ι 256, 352. εὕδειν Κ 300. στείχειν Λ 331. ἄσειν Λ 818. σχήσειν Μ 166. ῥήξειν Μ 262. σπεύδειν Ν 236. ἔρδειν Ο 148. πέμπειν ὃν Π 447. ἄξειν Π 832. κλαίειν Τ 297. φθίσειν Π 461. πέμψειν Φ 48. πείσειν Χ 357. ἴσχειν Ω 404. Diesen 38 Infinitivformen auf ειν stehen nur 7 auf εμεν gegenüber: δωσέμεν Κ 323; Χ 117. πεφνέμεν Ζ 180. εἰπέμεν Η 373. νιφέμεν Μ 280. ἐλθέμεν Ψ 197 (γρ. ἐλθεῖν A). ἀξέμεν Ω 663, welches Zahlenverhältniss zu Gunsten des Spondeus im ersten Fusse entscheidet.

In der Odyssee und Ilias steht δείδω nur im ersten Fusse ε 300, 419, 473; μ 122; Κ 39; Λ 470; Ν 745; Ξ 44; Τ 24; Υ 30; Χ 455; nur Φ 536 steht δείδια, welches ebenfalls geändert werden kann, wie es die Analogie zu fordern scheint. Ob Aristophanes an all diesen Stellen δείδια geschrieben habe, ist bei dem Schweigen der Grammatiker über diesen Punct nicht zu entscheiden. In der Regel steht δείδια nur im vierten Fuss (Κ 93; Λ 49; Ρ 240, 242; δ 820; ρ 188), im fünften nur Ν 491; ζ 168, ebenso δείδιας σ 80; δείδιε Ω 358; π 306, dagegen Σ 34 im ersten. δείδιθι steht im vierten Fusse Ε 827; Ξ 342; im fünften δ 825; δείδιμεν im fünften Η 196; β 199; dagegen Ι 230 im ersten. Der Infinitiv δειδίμεν kommt im ganzen nur zweimal vor ι 274 im vierten und κ 381 im ersten Fuss. Es weichen also nur vier Stellen von der Regel ab (Ι 230; Σ 34; Φ 536; κ 381), die aus der Ilias alle in Büchern späteren Ursprunges.

Θ 380 haben alle Mss. ἑσταότες, nur AD ἑσταῶτες; λ 583 ἑσταότ', dazu Eustath. 1700, 31 ἑσταότα καὶ ἑστεότα (sic *εὑρίσκεται γραφόμενον*; ν 187 *ἑσταότες*; χ 130 *ἑσταότ'*, dafür *ἑστεῶτ'* H 1. man. *ἑσταῶτ'* AIKS, *ἑσταῶτα* D; φ 46 *ἑσταόθ'*, aber *ἑστεῶθ'* AGHM, *ἑσταῶθ'* DPQ, *ἑστ^εαόθ'* I; ω 204 *ἑσταότ'*, dafür *ἑστεῶτ'* DHMNQ, *ἑστέῶτ'* I. An allen diesen Stellen ist die Form mit *εω̄* nach dem Vorgange I. Bekker's wieder in ihr Recht einzusetzen[39]). In der Ilias steht diese Form 18mal am Anfange *B* 170; *Δ* 90, 201, 328, 366; *Θ* 565; *Λ* 198; *M* 336, 367; *N* 261, 293, 460; *O* 434; *P* 355; *T* 79; *Υ* 245; *Ω* 216, 701 und der Venet. A hat an all diesen Stellen die Form auf *αο*, die sonst nur noch im zweiten Fuss erscheint *B* 320; *N* 438; *Σ* 246; *Ψ* 283; *Ω* 394; λ 571. Hier scheint Aristarch diese Form nicht geändert zu haben, auch Bekker hat sie mit Recht an dieser Stelle stehen lassen.

Das Augment fehlt an einer Anzahl von Stellen, wo es den ersten Fuss dactylisch machen würde, abgesehen von den Stellen, wo es gar nicht zulässig wäre wie z. B. ξ 450 *αὐτὸς κτήσατο*. So steht z. B. γ 140 *μῦθον μυθείσθην*. ϑ 539 *ἐξ οὗ δορπέομεν*. ν 437 *ψιλόν· δῶκε*. ξ 524 *ἄνδρες κοιμήσαντο*. *B* 818 *λαοὶ θωρήσσοντο*. *X* 370 *οἳ καὶ θηήσαντο*. *I* 460 *δήμου θῆκε φάτιν*. *Ξ* 412 *στῆθος βεβλήκει* (Aristarch). *Σ* 289 *πάντες μυθέσκοντο*; besonders in mehrsilbigen Verbalformen. Es findet sich noch: *οἳ μὲν ἐκήρυσσον* β 8; *B* 52. *χρυσὸν ἔδωχ'* γ 437. *καί μιν ἔτισ'* η 67. *τυτθόν, ἐδεύησεν* ι 483, 540. *καί μοι ἐείσατο* κ 149 (*εἴσατο* Q). *δεινὸν ἐβεβρύχει* μ 242 (*βεβρύχει* CK Macrobius Saturn. V, 6, 5). *καρπὸν ἐδηλήσαντ'* *A* 156. *σὺν τῷ ἔβη* *B* 47 (so Aristarch). *νέκταρ ἐῳνοχόει* *Δ* 3. *τεῖχος ἐγυμνώθη* *M* 399. *τεῖχος ἐδέδμητο* *N* 683. *τῶ κεν ἐελποίμην* *P* 488, wofür man *ἐλποίμην* schreiben kann und *τώ οἱ ἐρυσσάσθην* *Ξ* 406, welches in *ῥυσσάσθην* geändert werden muss. *εἴ τοι ἔδωκε θεός* *X* 285. *πὺξ μὲν ἐνίκησα* *Ψ* 634.

λ 302 haben die Mss. *οἳ καὶ νέρθεν* (wohl Aristarchs Leseart, vgl. Homer. Textkritik S. 255); γ 472 *οἶνον οἰνοχοεῦντες* (dafür *ἐνοινοχοεῦντες* BEH 1. man. KS Schol. *A* 470; *ἐν οἰνοχοεῦντες* AM), welches schon durch das Digamma geboten ist. Auch *Δ* 3 ist *νέκταρ οἰνοχόει* und nicht *ἐῳνοχόει* oder gar *ἐνῳνοχόει* zu schreiben, so wie α 110 *οἳ μὲν οἶνον* und nicht

[39]) Homer. Textkritik S. 262.

μὲν ἄρ' οἶνον: das Flickwort *ἄρ'* fehlt auch bei Eustathios und im Schol. Vind. 56 zu ο 319. Für *οἶον ἐερσήεις* Ω 419 hat Eustath. *ἑρσήεις* und der Venetus ALS *ἐρσήεις* mit Hesychios; so ist auch hier *ἑρσήεις* zu schreiben wie Ω 757.

Um im ersten Fuss einen Spondeus zu erhalten, braucht man nur die Diärese der Dativformen auf *εϊ* zu beseitigen, da dieselbe nicht auf die älteste Ueberlieferung zurückgeführt werden kann, denn sie ist nicht älter als die Alexandriner, welche dieses Zeichen erfanden. Auch ist es bekannt, dass die beiden Puncte auf *ϊ* in den Handschriften nicht immer Zeichen der Diärese sind, sondern ebenso zum Buchstaben gehören wie der Punct auf unserem i. So findet man in unseren gedruckten Texten: *κάλλεϊ* ζ 237 (*κάλλει* AB); σ 192 (*κάλλει* QV Apollon. Soph. 94, 24; Hesychios); Γ 392; Ν 432, *ἄστεϊ* ϑ 525. *Ἄρεϊ* Β 479. *ἕλκεϊ* Β 723. *υἱέι* Γ 174; Φ 141; δ 10. *ἔγχεϊ* Γ 380; Ε 852, 856; Ζ 31; Λ 265, 503, 541; Μ 117; Π 195, 309, 468, 809; Σ 195; Τ 152; Υ 96, 368, 446. *χήτεϊ* Ζ 463; Τ 324. *ϑάρσεϊ* Π 153 (Zenodot *ϑάρσει ἐμῷ*, vgl. Ζ 126 *σῷ ϑάρσει*). *πένϑεϊ* Ι 3. *μάντεϊ* Ν 69 (Eustath. *μάντει* und *μάντεϊ*). *κάρτεϊ* Ο 108; Ρ 322, 329. *στήϑεϊ* Ο 650. *ὠκέϊ* Π 583. *πλήϑεϊ* Ρ 330. *Πηλέι* Ω 61 (Ε *Πηλεῖ*). Man schreibt auch *οὔδεϊ πλῆντ'* Ξ 468 trotz *πλ*, welches Position bildet; mit demselben Recht könnte man auch *πλήϑεϊ πρόσϑε* Ψ 639 schreiben, ja noch eher, da *πρ* sehr oft keine Position macht, und doch haben alle Herausgeber *πλήϑει*, warum also nicht *οὔδει*? Ξ 115 haben die Herausgeber *Πορϑεῖ*, dieselben welche Ω 61 *Πηλέϊ* haben. Υ 81 liest man in unseren Ausgaben *υἱεῖ δὲ Πριάμοιο*, warum also Γ 174 *υἱέι σῷ ἑπόμην*, Φ 141 *υἱέι Πηλεγόνος* und δ 10 *υἱέι δὲ Σπάρτηϑεν*? etwa wegen Schol. Q zu δ 10 *υἱέι τρισυλλάβως*? Das müsste ja auch für Υ 81 gelten. Υ 205 haben die Ausgaben *ὄψεϊ*, ebenso ψ 94. Auch das an drei Stellen vorkommende *γήραϊ* Γ 150; Τ 336; ω 233 kann anstandslos zweisilbig gelesen werden.

υἱέας δ 211; Ε 149; Λ 123; Ω 205, 521 (Ε *υἱοὺς*) könnte man zweisilbig sprechen wie *ἡμέας*, *πελέκεας* Ψ 114, *ἀσινέας* λ 110, *πολέας* Λ 559. Aus *υἱέες* Π 449; τ 430, 437 könnte *υἱεῖς* werden, wie ja auch Β 518 für *υἱέες Ἰφίτου* das Digamma *υἱεῖς* fordert. Die Verba contracta sind bald contrahiert, bald nicht: so schreibt man ε 155 *ᾤδεε*, ι 373 *ἥρει*, τ 200 *εἴλει*,

N 365 und *X* 295 *ἤτεε*, *Φ* 241 *ὤθει* aber *B* 409, 832; *Λ* 330; *P*.402 *ᾔδεε* und *Σ* 404 mit Aristarch *ᾔδεεν*, da derselbe kein *ᾔδει*, also auch kein *ᾔδειν*, als Homerisch anerkannte. *ᾤκεον* *ι* 400, *πόρθεον* *ξ* 264 und *ϱ* 433, *ποίεον* *Υ* 147 dürfen nicht angetastet werden, könnten aber ebenso wie *ϱ* 161 *ἐγεγώνεον*, *Λ* 282 *ἄφϱεον*, *κ* 204 *ἠϱίθμεον*, *χ* 456 *ἐφόϱεον* mit Synizese ausgesprochen werden.

παῖς muss in der Thesis des ersten Fusses überall einsilbig bleiben, so *σὸς παῖς* *δ* 807 (*πάϊς* BDKLQ); *Ω* 385. *ἢ παῖς* *π* 100 (alle Mss.); *Ξ* 474. *καὶ παῖς* *υ* 35 (*πάϊς* CDEHLMQ). *ὅττευ* *ϱ* 121 darf schon deshalb nicht zu *ὅττεο* werden, weil das folgende *χϱ* Position bildet. *τ* 277 haben die Handschriften *οἳ μὲν πάντες* und nicht *ἅπαντες*, worüber mehr bei der Untersuchung über den zweiten Fuss. *δ* 71 und *ο* 167 liest man *φϱάζεο*, wo *φϱάζευ* ebenso möglich wäre wie *δ* 395, *ν* 376, wo viele Handschriften *φϱάζεο νῦν* haben, und *π* 257, *Ι* 251. Doch dürfte hier eine Aenderung nicht rathsam sein, da auch sonst überall im ersten Fusse (*E* 440; *Ξ* 3, 470; *Π* 446; *P* 144; *X* 358; *Ω* 354) *φϱάζεο* steht, welches ausserdem nur noch *ϱ* 595 im fünften Fuss vorkommt. *ι* 184 ist die Schreibweise *μῆλ' οἶες* statt *ὄιες* nicht anzurathen, obwohl sie die Aristarchische zu sein scheint und *Γ* 198 ist *ὅς τ' ὀίων* ebenfalls besser als *οἰῶν*[40]).

In Betreff des ersten Fusses kommen noch folgende Stellen in Betracht: *α* 112 ist *νίζον καὶ* und nicht *ἰδὲ* zu schreiben, da letzteres in keiner Handschrift steht, *α* 200 *αὐτὰϱ νῦν τοι ἐγὼ* und nicht mit Tzetzes *αὐτὰϱ ἐγὼ νῦν τοι*, wenn auch *αὐτὰϱ ἐγώ* oft genug den Vers beginnt. *α* 275 liest man jetzt *μητέϱα*, nur Schol. EHM hat *μήτηϱ*, welches schwerlich in *μητέϱα* geändert worden wäre, wenn es die ursprüngliche Leseart wäre. *γ* 20 verdient die Lesart des Cod. Q *ψεύδεα* gegen die der übrigen Handschriften *ψεῦδος* keine Beachtung, auch *γ* 328 haben alle Mss. *ψεῦδος*. *γ* 41 schrieb Aristarch *χϱυσείῳ δέπαϊ*, andere *χϱυσέῳ ἐν δέπαϊ*, welches die *κοινή* gewesen sein muss, denn so haben AHKLQ, und *χϱυσείῳ ἐν δέπαϊ*, eine Vermischung beider Schreibweisen, DIMNSV. *ε* 333 ist *τὸν δὲ ἴδεν* besser als *τὸν δ' εἶδεν*, *ζ* 291 haben die *χαϱιέστεϱαι* „*δήεις*“, fast

---

40) Homer. Textkritik S. 325.

alle Handschriften *δήομεν*, *ι* 48 bieten die besten Quellen *οἵ σφιν* nicht *σφίσι*, dagegen *ι* 361 *τοὶς μὲν ἔδωκα*, wofür nur eine einzige Handschrift *δῶκα* hat. *κ* 479 haben die meisten Handschriften *οἳ μὲν κοιμήσαντο*, die besten (GHIMN) *δὴ τότε*. *λ* 539 schrieb Aristarch *φοίτα*, nicht *ᾤχετο*. *ν* 315 und *ο* 153 ist die Schreibweise *εἶος ἐνὶ Τροίῃ* der anderen *εἵως ἐν* entschieden vorzuziehen; die meisten und besten Handschriften haben an beiden Stellen *ἐνὶ* und für *εἶος* (welches keine Homerische Handschrift bietet) theils *ἕως* theils *εἵως*. *ν* 430 haben alle Handschriften mit Ausnahme einer einzigen *κάρψε μέν οἱ*, dafür schreibt man allgemein *κάρψεν μὲν* ohne *οἱ*, wahrscheinlich weil dieses an den meisten Stellen im Homer digammiert ist. *ξ* 75 haben viele Handschriften (ACDFHILMNQV), darunter die besten *εὗσεν* für *εὗσέ τε*, *ο* 432 die meisten *ὄφρα ἴδῃ* oder *ἴδῃς*, nicht *ὄφρ' εἰδῇς*, *ο* 462 *χερσίν τ'* und nicht *χείρεσί τ'*, welches nur ein Codex im Text und zwei am Rande haben. *σ* 65 war wohl die ursprüngliche Leseart *μή τις Ἴρῳ*, nicht *μή τις ἐπ' Ἴρῳ* und *ψ* 133 ist *αὐτὰρ θεῖος* urkundlich weit besser gestützt als *αὐτὰρ ὁ θεῖος* (GM). In dem bekannten Verse *ἤλυθον εἰκοστῷ ἔτεϊ ἐς πατρίδα γαῖαν* *π* 206; *τ* 484; *φ* 208; *ω* 322 ist entweder *ἦλθον εἰκοστῷ* oder *ἦλθον ἐεικοστῷ* zu schreiben, nach Analogie von *ἔλθοι ἐεικοστῷ* *ψ* 102, 170.

Es bleiben uns nur noch wenige Fälle aus der Ilias: *Πείροος Ἰμβρασίδης* *Δ* 520, 525 wird in den meisten Handschriften *Πείρως* geschrieben; für *νῦν ὀίω* *Λ* 609 und *ἀλλ' ὀίω* *Ν* 153 findet man auch die Schreibart *οἴω*, welche nicht anzurathen ist. *αὐτὰρ ὁ πλησίον ἑστήκει* *Δ* 329 fällt auf, weil *ὁ* in ungewohnter Weise vor *πλ* kurz bleibt: es könnte möglich sein, dass *ὁ* wie *ψ* 133 zugesetzt ist, ein solches *ὁ* findet sich aber noch anderwärts wie *αὐτὰρ ὁ Ταλθύβιον* *Γ* 118; *αὐτὰρ ὁ τοῖσι γέρων* *ω* 225; *αὐτὰρ ὁ διογενὴς Ὀδυσσεὺς* *ψ* 306 (A *αὐτὰρ διογενὴς*); *αὐτὰρ ὁ δεύτατος ἦλθεν* *Τ* 51; *αὐτὰρ ὁ Πηλείωνα* *Φ* 599, in den meisten Fällen mit nachfolgendem Nomen proprium.

In den meisten der hier aufgezählten Fälle, wo zweierlei Formen möglich sind, bewährt sich der für den ersten Fuss aufgestellte metrische Kanon, der auch Aristarch zur Richtschnur gedient zu haben scheint.

2. Aristarch schrieb *Α* 464; *Β* 477 *σπλάγχνα πάσαντο*;

B 751 *ἔργα νέμοντο*; *Λ* 517 *μοῖρα πέδησε*; *I* 492 *πολλὰ μόγησα*; *M* 420 *πρῶτα πέλασθεν*; *Ξ* 114 *γαῖα κάλυψε*; *Π* 290 *ἀμφὶ φόβηθεν*; *Σ* 549 *θαῦμα τέτυκτο*; *Θ* 161 *ἀντὶ τέτυξο*; *Ξ* 359 *κῶμα κάλυψα*; *Γ* 422 mit Zenodot *ἔργα τράποντο*; *Γ* 415 *ἔκπαγλα φίλησα*; *Ψ* 391 *κοτέουσα βεβήκει*; *B* 35 *τὸν δὲ λίπ' αὐτοῦ*. Diese Schreibweisen sind metrisch ganz gleich und beweisen, dass Aristarch, um am Versende Trochaeus und Bacchius (beziehungsweise Amphibrachys) zu bekommen, das Augment fallen liess, von dem er überhaupt kein Freund war. Dass Aristarch *Λ* 108 *οὔτ' ἐτέλεσσας* geschrieben haben soll, ist unsicher: Didymos sagt bloss, dass Aristarch *ΟΥΤΕΤΕΛΕΣΣΑΣ* und nicht *ΟΥΔΕΤΕΛΕΣΣΑΣ* geschrieben habe und was hindert uns *οὔτε τέλεσσας* abzutheilen? Dagegen schrieb er *E* 900 *φάρμακα πάσσεν* und *Π* 120 *μήδεα κεῖρε*, wo andere *πάσσων* und *κείρει* hatten, so dass *φάρμακα* und *μήδεα* als nicht elidiert sicher stehen. Dieser Umstand bewog M. Schmidt (Aristarchisch-Homerische Excurse im Philologus 1854, S. 426—434; 752—756) zu der Annahme, nicht dem Metrum zu Liebe sei das Augment weggefallen (wie er denn nur von Aristarch als Grammatiker etwas wissen will) sondern nach *α*, einerlei, ob das Wort Substantiv oder Adverbium ist (*μοῖρα*, *θαῦμα*, *ἔργα*, *ἔκπαγλα*), falle das Augment gern weg, wofür sich ausserdem noch *Λ* 162; *Ξ* 71; *Ψ* 455; *Λ* 773; *Π* 207; *I* 86 als Belege beibringen lassen. Aber die meisten der angeführten Fälle sprechen für den auch neuerdings von Bekker geltend gemachten metrischen Grundsatz, und wenn Schmidt (a. a. O. S. 433) *ἔκπαγλα φίλησα* und *ἄλγεα θῆκεν* zusammenstellt, so irrt er, denn beide sind metrisch nicht mit einander zu vergleichen: zu *ἔκπαγλα φίλησα* passt nur *ἄλγε' ἔθηκεν*, wie die Handschriften ohne Ausnahme haben.

So fällt in der Regel bei den Plusquamperfectformen *τέτυκτο*, *βεβήκει* und denen, die denselben Rhythmus haben, das Augment im fünften Fusse weg, an Stellen wie *μεγάροιο βεβήκει* *κ* 388; *ρ* 61; *σ* 185; *τ* 47; *υ* 144; *σταθμοῖο βεβήκει* *ρ* 26; *χρυσοῖο τέτυκτο* *τ* 226 selbstverständlich, da der Hiatus, welcher durch *μεγάρου ἐβεβήκει* entstünde, an dieser Stelle nicht zu rechtfertigen wäre. Aber auch an den meisten übrigen Stellen ist das Augment weggefallen, so *α* 360; *φ* 354; *ψ* 292 *οἶκον δὲ βεβήκει* (*οἶκόνδ' ἐβεβήκει* *α* 360 IMNQ; *φ* 354 C; *ψ* 292 M).

Αἰδὼς δὲ βεβήκει γ 410; ξ 11; *Π* 856; *Χ* 362 (*ἀιδόςδ' ἐβεβήκει* γ 410 Q; ξ 11 A 1. man. INV; *Π* 856 LS). *ἄστρα βεβήκει* μ 312; ξ 483. *Θρήκην δὲ βεβήκει* ϑ 361. *νόσφι βεβήκει* ν 164. *Αὐτομέδοντα βεβήκει Π* 864. *ἥρωι βεβήκει Ρ* 706. *Οὔλυμπον δὲ βεβήκει Α* 221. *ἀμφιβεβήκει Θ* 68; *Π* 777 und nicht *ἀμφεβεβήκει*. *μακρὰ πεφύκει* ε 238, 241. *ἐκκαιδεκάδωρα πεφύκει Δ* 109. *δολόεντα τέτυκτο* ϑ 281. *ἔργα τέτυκτο* λ 550, 610; *Ρ* 279 (*ἔργ' ἐτέτυκτο* λ 550 GPRS). *ἐφύπερθε τέτυκτο* ρ 210. *πάρωιθε τέτυκτο* σ 275. *πάντα τέτυκτο Ξ* 215. *θαῦμα τέτυκτο Σ* 549. *Θρήκεσσι τέτυκτο Ζ* 7. *ἀέκητι τέτυκτο Μ* 8. *ἀντὶ τέτυξο Θ* 163 (so Aristarch). *ἀλλήλοισι κέχυντο* χ 389. *φῶτε πεπύσθην Ρ* 377. *δίσκουρα λέλειπτο Ψ* 523. *πολλὰ κεχάνδει Ω* 192. *ἔργα μεμήλει Β* 614. *ἀλλήλοισι τετάσθην Λ* 536. *ἀλλήλοισι τέταντο Δ* 544. *στήθεσσι τετάσθην Ξ* 404. *γυῖα λέλυντο Ν* 85. *ἐνοπή τε δεδήει Μ* 35. *ὄσσε δεδήει Μ* 466. *ὄσσα δεδήει Β* 93. Das Augment entfällt, wie die angeführten Stellen beweisen, nach jedem Vocal und der Dichter verschmäht augenscheinlich Versausgänge, wie *ἔργ' ἐτέτυκτο*, *Θρήκην δ' ἐβέβηκει*, *ἀλλήλοις ἐτέταντο*. Davon gibt es bei Homer nur wenige Ausnahmen: *πάντ' ἐτέταλτο* λ 524; *ὅσσ' ἐπεπόνθει* ν 92; *ὀβελοῖς ἐμεμύκει* μ 395; *πρίν' γ' ἐκέκαστο Ε* 54; *γ' ἐτέτυκτο Ε* 402, 446, 901; *τοῖς ἐπεποίθει Π* 171; *δοῦρ' ἐπεπήγει Π* 772; *κοτέουσ' ἐβεβήκει Ψ* 391. Ausserdem stehen die augmentierten Formen noch an einigen Stellen als Varianten und an zwei Stellen der Odyssee, wo sie noch stehen haben AN mit Herodian *περὶ μον. λέξεως* 15, 18 *δὲ κέχυντο* τ 539, und ADEMQ ν 110 *δὲ τέτυκτο*. Hier ist, wenn irgendwo, Einheit herzustellen.

Ueberhaupt nehmen diese Formen das Augment nur ungern an: so steht *ἐβεβήκει* nur *Ζ* 513; *Λ* 296, 446; *Ν* 156; *Υ* 161; *Χ* 21; dagegen 28mal *βεβήκει* und immer *ἀμφιβεβήκει*, nie *ἀμφεβεβήκει* oder *ἀμφ' ἐβεβήκει*. *βεβλήκει* findet sich 13mal, die augmentierte Form gar nicht; *δεδήει* kommt nur dreimal vor, nie mit Augment. *τέτυκτο* steht 14mal und ist ausserdem *Ε* 402, 446, 901; *Σ* 549; *Ψ* 455; ι 190; ν 110 herzustellen, *ἐτέτυκτο* nur siebenmal. *πεφύκει* kommt sechsmal, *ἐπεφύκει* nirgends vor.

Stellen wie *μεγάροιο κάλεσσεν* ψ 43; *μεγάλοιο γενέσθην* λ 255; *καμάτοιο τέλεσσαν* η 325; *σταθμοῖο φόβηθεν* π 163;

θανάτοιο κάλυψεν Π 855; *X* 361 und ähnliche können aus begreiflichen Gründen nicht anders gelautet haben, ebenso wenig können die Dative *ἰότητι μόγησαν μ* 190; *ξ* 198; *ρ* 119; *ὀτρύνοντι πίθοντο M* 468; *λιτὶ κάλυψαν Σ* 352; *Ψ* 254; *ἀνδρὶ δάμασσεν Σ* 432; *ἰότητι δαμάσθη T* 9. *Κελάδοντι μάχοντο H* 133; *νυκτὶ γένοντο Σ* 251; *δουρὶ φόβησεν Υ* 90; *ὕψι κέλευεν Υ* 155; *μάστιγι κέλευεν Ψ* 642; *Ω* 326; *σπεύδοντι κέλευον Ψ* 767 ihr *ῑ* abwerfen und elidieren, da das *ῑ* des Dativ Sing. als mittelzeitig der Elision widerstrebt und sich nur in den seltensten Fällen dazu bequemt. Dass aber im Dativ Plural immer nur die längeren Dativformen auf *ῑ* gewählt sind, damit am Schlusse des Verses ein dreisilbiges Wort steht, und nicht die kürzeren gewöhnlicheren, wobei das Verbum sein Augment behielte, dürfte wohl hinlänglich die Richtigkeit des angenommenen metrischen Grundsatzes beweisen. So findet man im Homer nicht *ἑτάροις ἐφάνημεν*, sondern *ἑτάροισι φάνημεν ι* 466; *δμῳῇσι κέλευσε δ* 296; *ο* 93; *I* 658; *Ω* 643; *λιγυφθόγγοισι κέλευσε β* 6; *B* 50, 442; *Ψ* 39; *ἑτάροισι πίφαυσκον μ* 165; *μεγάροισι πένοντο δ* 624; *κ* 348; *στιβαρῇσι πίεζον μ* 174; *ἀθανάτοισι γεγώνευν μ* 370; *ἀλλήλοισι κέχυντο χ* 389; *πολυτρήτοισι κάθαιρον χ* 453; *μεγάροισι νόησα τ* 552 (*μεγάροις ἐνόησα* CDEGILMNQV, die einzige Stelle, an welcher die grössere Zahl der Handschriften von der Regel abweicht); *ἀλλήλοισι κέλευον B* 151; *μεγάροισι φίλησα Γ* 207; *κλισμοῖσι καθῖζον Θ* 436; *Λ* 623; *πρώτοισι πονεῖτο I* 12; *ἀλλήλοισι πίφαυσκον K* 202; *πρώτοισι φάνεσκεν Λ* 64; *Ἀργείοισι φέβοντο Λ* 121; *ψαμάθοισι κάλυψε M* 31; *ἀμφοτέροισι τάνυσσαν N* 359; *πρυμνῇσι μάχοντο O* 385; *κασιγνήτοισι κέλευσε O* 545; *Δαναοῖσι κέλευε O* 687, 732; *ἀξίνῃσι μάχοντο O* 711; *πνοιῇσι πετέσθην Π* 149; *ἐλλεδανοῖσι δέοντο Σ* 553; *ὤμοισι φόρησεν T* 11; *φιλοπτολέμοισι κέλευσε Ψ* 129.

Auch die Pluralformen nach der dritten Declination elidieren ihr *ῑ* nicht, so *Αἰθίκεσσι πέλασσεν B* 744; *διοτρεφέεσσι κέλευεν E* 463; *στήθεσσι πάτασσεν H* 216; *διηνεκέεσσι γέραιρεν H* 321; *νηυσὶ πέλασσε N* 1; *ῥυτῆρσι τάνυσθεν Π* 475; *νεφέεσσι κάλυψε P* 594; *ι* 68; *πρυλέεσσι δάμασσας Φ* 90; *ποσσὶ δατεῦντο Ψ* 121; *κλῃῖσι καθῖζον δ* 579; *ι* 103, 179, 471, 563; *λ* 638; *μ* 146; *ο* 221, 549, welches Aristarchische Leseart ist, da dieser *καθίζω*, *καθεύδω* nie zu Anfang augmentierte, wie Zenodot, der zwar *ἔνϑ' ἐκάϑευδε* aber gewiss nicht *κλητσ' ἐκάϑιζον* schrieb.

Die einzigen Ausnahmen machen das bereits erwähnte *ὀβελοῖς ἐμεμύκει, καρτίστοις ἐμάχοντο* *Λ* 267 und *τοῖς ἐπονεῖτο* *Σ* 413, welche Stellen nach Analogie der übrigen Fälle geändert werden müssen. Hier ist auch noch ein anderer Fall zu erwähnen, nemlich das Aristarchische *ὅττ' ἐϑέλοιεν* ο 317, welches in *ὅττι ϑέλοιεν* zu ändern ist, da *ὅττι* sein *ι* nicht abwirft.

Bei den Fällen, wo *ε̄* elidiert ist, kommt es auf die Auctorität der Handschriften, die ja ohnehin in dieser Beziehung unzuverlässig sind, gar nicht an; es steht in unserem Belieben *HΔEΓENONTO* abzutheilen, wie es der Vers verlangt, und er verlangt an dieser Stelle *ἠδὲ γένοντο, οὐδὲ νόησεν,* nicht *οὐδ' ἐνόησεν*. Die Zahl der Fälle ist ziemlich getheilt: so hat Dindorf, der darin Wolf gefolgt ist, *ἄκοντε πετέσϑην* γ 484, 494; ο 192; *E* 366, 768; *Θ* 45; *K* 530; *Λ* 281, 519; *X* 400 (*ἄκοντ' ἐπετέσϑην* Q zu γ 484, 494); *ὅσσε κάλυψεν* *Δ* 461, 503, 526; *Z* 11; *N* 575; *Ξ* 519; *O* 578; *Π* 316, 325; *Υ* 393, 471; *Φ* 181 (auch hier hat manchmal eine Handschrift *ὅσσ' ἐκάλυψε*); *παῖδε γενέσϑην* *E* 548; *καταϑέντε πετέσϑην* *Ψ* 381; *ἀναΐξαντε πετέσϑην* *O* 150; *σπεύδοντε πετέσϑην* *Ψ* 506; *ἀσϑμαίνοντε κιχήτην* *K* 376 vgl. *P* 377 *φῶτε πεπύσϑην*. Diese Dualformen vermeiden, wo es nur immer möglich ist, die Elision und darum ist auch *Ψ* 733 nicht *ἀναΐξαντ' ἐπάλαιον* zu schreiben, wie die meisten Handschriften haben, sondern *ἀναΐξαντε πάλαιον*. *δὲ λίποντο* δ 495; *γε ϑάμιζεν* ϑ 451; *δὲ γενέσϑην* λ 307; *τε πίεζον* μ 196; *δὲ τάνυσϑεν* π 175; *δὲ κέλευεν* *O* 717. *ϑανατόνδε κάλεσσαν* *Π* 693; *X* 297; *δὲ δίκαζον* *Σ* 506; *γε πέδησεν* *T* 94 (*γ' ἐπέδησε* Eust.); *ἀγορήνδε κάλεσσας* *Υ* 16; *πεδίονδε δίωκε* *Φ* 3; *οἰκόνδε νέοντο* *Z* 189; *ἐφύπερϑε τάνυσσεν* *I* 213. Dagegen schreibt Dindorf: *τ' ἐγένοντο* β 9; ϑ 24; ω 421; *Λ* 57; *Γ* 84; *Ω* 790; *ἠδ' ἐγένοντο* *Λ* 251; δ 723 (*ἠδὲ γένοντο* IL); κ 417 (*ἠδὲ γένοντο* CEMS); ξ 201 (*ἠδὲ γένοντο* L); *ἠδ' ἐπίϑοντο* *I* 79; *Ξ* 133, 378; *O* 300; *Ψ* 54, 738; γ 477; ξ 247 (*ἠδὲ πίϑοντο* C); ο 220 (*ἠδὲ πίϑοντο* A); υ 157 (*ἠδὲ π.* KS); χ 178 (*ἠδὲ π.* CKQS); ψ 141 (*ἠδὲ π.* AQ); *ἠδ' ἐκέλευον* δ 673 (*ἠδὲ κέλευον* EL); η 226 (*ἠδὲ κέλ.* CL); ϑ 398 (*ἠδὲ κ.* C); κ 17 (*ἠδὲ κ.* CDEQ, *ἠδὲ κέλευϑον* IL); ν 47 (*ἠδὲ κ.* N); *ἠδ' ἐκέλευεν* *Γ* 95, *τ' ἐκορέσϑην* δ 541 (*τε κορέσϑην* DEGIKLM

NRV; δε κορέσθην B); κ 499 (τε κορέσθην AEKLMNQ); καί μ' ἐσάωσεν δ 364 (Var. ἐλέησεν); οὐδ' ἐδυνάσθη ε 319 (οὐδὲ δυνάσθη ABEK); Ψ 465 (οὐδὲ δυνάσθη AGS); δ' ἐσάωσεν ε 452; τοὶ δ' ἐπίθοντο ζ 71; ἠδ' ἐνόησεν ϑ 94 (ἠδὲ νόησεν CE), 533 (ἠδὲ ν. CHG); οὐδ' ἐνόησα ν 318; π 160; K 550; aber λ 62 darf man nicht οὐκὶ νόησα für οὐκ ἐνόησα schreiben. τὸν δ' ἐνόησεν Δ 200; X 463; οὐδ' ἐνόησε E 665; οἱ δ' ἐλίποντο ϑ 125 (δὲ λίποντο DL); υ 67 (δὲ λίποντο AEFGKL MPRS); M 14 (δὲ λίπ. AS); ὦδ' ἐβόησας ι 403 (D γρ. ὦδε βόησας); γ' ἐδύναντο λ 264 (γε δύναντο CKM (ohne γε), τε δύναντο N); οὐδ' ἐτέλεσσαν ν 212; τὸν δ' ἐκίχανεν ο 257 (δὲ κίχανε I); B 18; τὴν δ' ἐκίχανεν Γ 383; τὸν δ' ἐκίχανον K 150; οὐδ' ἐκίχημεν π 379 (οὐδὲ κίχημεν GIM); ἠδ' ἐπέρασσαν ο 387 (ἠδὲ πέρασσαν A 1. man. GL); ἠδ' ἐπέρασσα Φ 102 (marg. A ἐν ἄλλῳ ἠδὲ πέρασσα); τόνδ' ἐκάλεσσας ρ 379 (τόνδε κάλεσσας ACDHIKLQS); οὐδ' ἐδύναντο φ 184 (οὐδὲ δύναντο FIKLMNPS); γ' ἐνόησας ω 61 (γε νόησας E); οὔτ' ἐτελεύτα ω 126 (οὔτε τελεύτα DIM 1. man. N). Man wird zugestehen, dass bei dieser Auswahl der Schreibweisen ganz ohne Princip vorgegangen ist, denn weder die Analogie noch die Ueberlieferung hat dabei Berücksichtigung gefunden, oder ist δὲ λίποντο δ 495 (δ' ἐλίποντο GIMNQSV) etwa besser begründet als δὲ λίποντο υ 67 (so AEFGKLMPRS)? gewiss nicht; denn auf Grundlage der besseren Handschriften müsste gerade das umgekehrte gesetzt werden δ 495 δ' ἐλίποντο und υ 67 δὲ λίποντο. Auch ϑ 451 haben drei Handschriften (IPS) nebst den alten Ausgaben γ' ἐθάμιζεν; μ 196 haben τ' ἐπίεζον DS; δ' ἐπιέζευν A ex corr. C; π 175 δ' ἐτάνυσθεν CDEIKLRSV, δ' ἐτάνυσθε Q und so gibt es überall für die augmentierten Formen handschriftliche Gewähr, wozu also die Ausnahmen? Nicht besser wie in der Odyssee sieht's in der Ilias Dindorf's aus: er schreibt οὔτ' ἐτέλεσσας A 108; τὴν δ' ἐκόμισσεν B 183; ἠδ' ἐφίληθεν B 668 (ἠδὲ φίληθεν G); οὐδ' ἐφόβηθεν E 498 (οὐδὲ φόβηθεν AMNOS Mosc. 1. Vrat. c); οἱ δ' ἐφέβοντο Θ 342 (δὲ φέβοντο ALS); Λ 178 (δὲ φέβ. LS); οὐδ' ἐδύναντο I 551 (οὐδὲ δύναντο EGS); οἱ δ' ἐμάχοντο M 2 (δὲ μάχοντο AGS); οὐδ' ἐφέβοντο E 527 (οὐδὲ φέβοντο S); M 136 (οὐδὲ φέβ. ALS); O 622 (οὐδὲ φέβ. AGS); Δαναοὶ δ' ἐφόβηθεν M 470; οὐδ' ἐδύναντο N 552 (οὐδὲ δύναντο AGSE); N 687 (οὐδὲ δ. AELS);

Ο 406 (οὐδὲ δ. AGS), 416 (οὐδὲ δ. AES); *Π* 107 (οὐδὲ δ. AEGL; οὐδ' ἐλάθοντο *N* 835; ἡ δ' ἐγέλασσεν *Ο* 101 (δὲ γέλασσε A); γ' ἐτελέσθη *Ο* 228; οὐδ' ἐμάχοντο *B* 779 (οὐδὲ μάχοντο S); *Ο* 672 (οὐδὲ μάχ. S); ἀμφεφόβηθεν *Π* 290 (ἀμφὶ φόβηθεν Aristarch); τοὶ δ' ἐφόβηθεν *Π* 294; οὐδ' ἐμάτησεν *Π* 474 (οὐδὲ μάτησεν S); *Ψ* 510 (οὐδὲ μάτ. AGS); οἵ μ' ἐδάμασσαν *Π* 845; γ' ἐμάχοντο *P* 363; δ' ἐμάχοντο *P* 373 (δὲ μάχοντο G); τὴν δ' ἐτίναξεν *P* 595; τοὶ δ' ἐβόησαν *P* 607 (Schol. A οὕτως Ἀρίσταρχος τοίδ' ἐβόησαν); αἵ μ' ἐσάωσαν *Σ* 405; ἠδ' ἐμάχοντο *Σ* 539; τοὺς δ' ἐσάωσας *X* 18. τὸν δ' ἔλιπ' αὐτοῦ *Δ* 428; *B* 35 (A δὲ λίπ' und Schol. A οὕτως ἰωνικῶς τὸ λίπε); τοὶ δ' ἐχάρησαν *E* 514; *Π* 307; τ' ἐκέλευσεν *Ψ* 568. τοὶ δ' ἐπέτοντο *N* 29.

Auch $\bar{\alpha}$ finden wir in den Handschriften und Ausgaben theils elidiert, theils nicht. Die betreffenden Stellen sind: λευκὰ πέτασσαν δ 783 (λεύκ' ἐπέτασσαν M); ϑ 54 (Var. τάνυσσαν); κληῖδα λιάσθη δ 838 (κληῖδ' ἐλιάσθη Q und γρ. A); κῦμα πέλασσεν (κῦμ' ἐπέλασσεν Schol. ε 182); κῦμα κάλυψεν ε 353 κῦμ' ἐκάλυψεν ABCHIKLNPQSV); ε 435 (κῦμ' ἐκάλυψεν AC DEGHIKLNPQRSV); φρικτὰ πέλοντο ϑ 299; δαῖτα φέροντο κ 124 (Var. πένοντο); μακρὰ τελέσθη κ 470; λευκὰ πάλυνον λ 28; ξ 77 (λεύκ' ἐπάλυνεν N); ἑξήκοντα πέλοντο ξ 20; καλὰ κάθηρεν σ 192; ἀτέλεστα γένοντο σ 345; μοῖρα γένοντο φ 24; ἔργα γένοντο ω 455; προμολοῦσα κάλεσσεν ω 388 (προμολοῦσ' ἐκάλεσσε AQR); λευκὰ πέτασσαν *Δ* 480; μακρὰ τάνυσσαν *Δ* 486; ἔργα κέλευεν *Z* 324; ἔργα γένοντο *Θ* 130; πολλὰ λέγοντο *Θ* 517; λευκὰ πάλυνεν *Δ* 640; πρῶτα πέλασθεν *M* 420; ἔνθα θάασσεν *I* 194; *Ο* 124; ὕπαιθα λιάσθη *Ο* 520; πᾶσα κεάσθη *Π* 412, 578; *P* 387; πῆμα κυλίσθη *P* 99; δαῖτα πένοντο *Σ* 548; πολλὰ πάλυνον *Σ* 560; κῦμα κάλυψεν *Ψ* 693; πάντα κάλυπτε *Ω* 20; ἔργα τράποντο *Γ* 422; πυκνὰ λίασθεν *Ψ* 879; στονόεντα χέοντο *Ο* 590; πᾶσα φαάνθη *P* 650.

σπλάγχν' ἐπάσαντο γ 461 (σπλάγχνα πάσαντο V mit Aristarch); μ 364; *Δ* 464; *B* 427; βαίνοντ' ἐνόησα δ 653 (βαίνοντα νόησα K); ὅσσ' ἐκέλευεν δ 745; πόλλ' ἐμόγησα *I* 492; ε 223; ϑ 155; ω 207; ἄλλ' ἐνόησεν ε 382; ξ 251; τόσσ' ἐμόγησεν δ 106; μοῖρ' ἐπέδησεν λ 292 (μοῖρα πέδησε N); *Δ* 517; *X* 5; κῦμ' ἐκάλυψεν σ 201; πόλλ' ἐτελέσθη τ 153; ω 153; ὄφρ' ἐτέλεσσα ψ 192, 199; ἀντιπέραι' ἐνέμοντο *B* 635; ἔργ' *ἐνέμοντο* B 751 (Aristarch *ἔργα νέμοντο*); *ἄρν' ἐκέλευεν* Γ 119; *ἔκπαγλ' ἐφίλησα* Γ 415; *ἔκπαγλ' ἐφίλησεν* E 423; *πτύγμ' ἐκάλυψεν* E 315; *δῶρ' ἐτέλεσσαν* I 598; *κῶμ' ἐκάλυψα* Ξ 359; *ὅς ῥ' ἐφύλασσεν* O 461; *ἀλλ' ἐφόβηθεν* Π 659; *ἐόντ' ἐφίλησαν* Ψ 306; *πόλλ' ἐμόγησας* Ψ 607; *Γλίσσαντ' ἐνέμοντο* B 504; *Τρηχῖν' ἐνέμοντο* B 682. Bekker ist im Recht, wenn er an allen diesen Stellen Gleichförmigkeit herstellte, denn was ist auf die Auctorität von Handschriften zu geben, die *σπλάγχν' ἐπάσαντο, ἔργ' ἐνέμοντο, πόλλ' ἐμόγησα, μοῖρ' ἐπέδησε* haben, wenn wir aus den Scholien zur Ilias wissen, dass Aristarch *σπλάγχνα πάσαντο, ἔργα νέμοντο, πολλὰ μόγησα* und *μοῖρα πέδησε* schrieb. Auch nach anderen Vocalen als $\bar{\varepsilon}$ und $\bar{\alpha}$ fällt das Augment weg, so in *ἄγχι γένοντο* Θ 117; Ψ 447; *δεῦρο λιάσθης* X 12 (*δεῦρ' ἐλιάσθης* ALS); *δεῦρο κάλεσσα* Ω 106.

Dagegen gibt es eine andere Reihe von Stellen, an welchen dem Verbum sein Augment erhalten bleiben muss. Da das $\bar{\iota}$ des Dativ Sing. der Elision widerstrebt, so hat auf Stellen wie *αἵματι θῦεν* λ 420; χ 309; ω 185; *ἐν πυρὶ μέλλεν* ι 378; *ἐν φρεσὶ θῆκεν* Φ 145; ξ 227; *ἐν πυρὶ βάλλεν* ξ 422; *λαίλαπι παῦσεν* ω 42; [*γούνασι θῆκεν* τ 401]; *εἴκοσι βαῖνον* B 510; *Ἀγαμέμνονι πέμπεν* I 253; 439; Λ 766; *Ἀγαμέμνονι δόσκον* I 331; [*κύμασι πέμπεν* M 28]; *Ἕκτορι δῶκεν* M 437; Π 799: *ἄφρονι πεῖθεν* Δ 104; Π 842; *γαστέρι πῆξεν* N 372, 398; *Ἄργεϊ νάσθη* Ξ 119 (*Ἄργει ἐνάσθη*?); *χείρονι δόσκεν* Ξ 382; *υἱέι δῶκεν* O 455 (*υἱεῖ ἔδωκεν*?); *ἄντυγι πάλτο* O 645; *ἔγχεϊ θῦεν* Λ 180; Π 699; *πυθμένι θῆκεν* Σ 375; *ἐν χερὶ θῆκεν* Ω 101; *ἕστορι βάλλον* Ω 272, so wie auch auf *ἐν δόρυ πῆξεν* E 40; Θ 258; Λ 447 der aufgestellte Kanon keine Anwendung. $\bar{\varepsilon}$ wird an dieser Stelle immer elidiert: *ἄλλά τ' ἔπειρον* γ 33; *ἔνθα δ' ἔναιεν* κ 1, 135; *οὐδέ μ' ἔθελξεν* κ 318: *μ' ἔφαντο* ν 211; *ὅν ποτ' ἔδωκας* χ 290; *οὔ ποτ' ἔφησθα* ψ 71; *σοὶ τό γ' ἔδωκεν* Λ 178; *οὐδέ τ' ἔδησαν* Λ 406; *πολλὰ δ' ἔδωκεν* η 264; Λ 243; Φ 42; *πολλὰ δ' ἔδωκας* Ω 685; *σῆμά τ' ἔθηκε* K 466; nur bei $\bar{\alpha}$ schwankt der Gebrauch. Wir finden dasselbe elidiert in *κήδε' ἔτευξαν* α 244; *πρυμνήσι' ἔλυσαν* β 418; ο 286, 552; *πρυμνήσι' ἔδησαν* ο 498; Α 436; *μηρί' ἔκηαν* γ 9 (*μηρία καῖον* ADEKLPQSV); χ 336, während τ 397 *μηρία καῖεν* beibehalten ist, obwohl auch hier ACN *μηρί' ἔκηεν* haben; *ποικίλ' ἔβαινον* γ 492; ο 145, 190; *ἄρ' ἔμελλεν* δ 107; κ 26; λ 553; ν 293; ω 470; Z 515; K 336; M 3; δώματ' ἔτευξα δ 174; πατρίδ' ἔπεμψαν δ 586; ρ 149; πατρίδ' ἔμελλον ψ 221; κύματ' ἔαξεν ε 385 (κύματα ἆξε Schol. ε 295); γούνατ' ἔκαμψεν ε 453; εἵματ' ἔθηκαν ζ 214; κήδε' ἔθηκεν ψ 306; Φ 525; εἵματ' ἔδωκεν η 296; φάρμακ' ἔδωκεν κ 213; φάρμακ' ἐθέλχθης κ 326; θέσφατ' ἔλεξεν λ 151; κύματ' ἔταμνεν ν 88; γούνατ' ἔλυσεν ξ 69, 236; υ 118; ω 381; E 176; N 360, 412; Λ 579; O 291; Π 425; P 349; Ω 498; οἰκί' ἔνειμαν ξ 210; εἵματ' ἔδυσαν ξ 341; δέρματ' ἔβαλλεν ξ 519; κέρδε' ἐνώμας σ 216; τεύχε' ἔδωκεν ω 219; τεύχε' ἔδυνον ω 498; δέμνι' ἔκειτο θ 277 (δέμνια κεῖτο ACDEIKLQ); κτήματ' ἔκειτο ξ 291 (κτήματα κεῖτο CS), dagegen κειμήλια κεῖτο ο 101; τεύχεα κεῖτο χ 109; ἄλγε' ἔθηκεν A 2; X 422; ἄλγε' ἔδωκεν B 375; Σ 431; Ω 241; μηρί' ἔκηα A 40; Θ 240; μηρί' ἔκηεν X 170; δώματ' ἔναιον B 854; τεύχε' ἔκειτο Γ 327; K 504 (vgl. χ 109); ἔντε' ἔδυνεν Γ 339; ὅρκι' ἔταμνον Δ 155; ὅρκι' ἔχευαν Δ 269; τείχε' ἐπόρθεον Δ 308; τεύχε' ἐσύλα E 164; Z 28; O 524; P 60; X 368; ποικίλ' ἔκειτο K 75; οὕνεκ' ἔμελλεν Λ 54; δούρατ' ἔχευαν E 618; πατρίδ' ἔβησαν M 16; κήδε' ἔτευχεν N 209; ἄλγε' ἔπασχον P 375; τεύχε' ἔθηκεν T 12; γούνατ' ἐδάμνα Φ 52, 270; γούνατ' ἐνώμα K 358; O 269; X 24, 144; γούνατ' ἐπήδα Φ 302; οὐδ' ἄρ' ἔμελλον X 356; ποικίλ' ἔπασσε X 441; φλόγ' ἔβαλλον Ψ 217; πείρατ' ἔειπεν Ψ 350; λοισθήι' ἔθηκεν Ψ 751 (Var. λοισθῆι ἔθηκεν); λύματ' ἔβαλλον A 314; οἰκί' ἔθεντο B 750; αὐτίκ' ἔδυσαν Σ 145. Zweimal findet man auch ι elidiert: οὐδ' ἔτ' ἔφαντο M 106; ἀλλ' ἔτ' ἔφαντο P 379.

Nur in wenigen Fällen und fast nur vor bestimmten Verbalformen findet man α nicht elidiert: so in εἵματα ἕσσεν oder ἕστο κ 542; ξ 320; ρ 203, 338; τ 218; ω 59, 158; Π 680; Ψ 67; εἵματα ἕσθην Σ 517; τεύχεα ἕσσεν Σ 451; ἀεικέα ἕσσο π 199; ἀυτμένα χεῦεν γ 289; ἀπείρονα χεῦεν η 286; δέμνια χεῦεν θ 282; ἠέρα χεῦεν ν 189; ὀνείδεα χεῦαν χ 463[11]);

[11]) Die augmentierten Formen ἕεστο M 464; ἑέσσατο K 23, 177; ξ 528 kommen bei Homer ebenfalls vor, die dreisilbigen Formen von χεύω sogar fast nur am Versschlusse wie χεῖρας ἔχευαν Γ 270; I 174; α 146; γ 338; δ 216; φ 270; οἶνον ἔχευεν γ 40, 479 (als Var. zu ἔθηκεν); ζ 77; υ 260; ὕπνον ἔχευεν β 395; λ 245; σ 188; βλεφάροισιν ἔχευαν μ 338; υ 54; πουλὺν ἔχευεν E 776; Θ 50; φῦκος ἔχευαν I 7;

περικαλλέα θῆκεν α 153; *ξείνια θῆκεν γ* 490; ο 188; *τ* 185; *πίονα θῆκεν δ* 65; *ἀθρόα θῆκαν ν* 122; *γαστέρα θῆκεν σ* 118; *κάγκανα θῆκαν σ* 308 (*κάγκαν' ἔθηκαν* GM); [*γήραϊ θῆκεν* ο 357]; *ληίδα δῶκα ν* 273; *ξείνια δῶκα ξ* 404; *δίπλακα δῶκα τ* 241; *δυοκαίδεκα ποίει ξ* 13; *οἰκία ναῖεν υ* 288; *δάκρυα κεῦθεν τ* 212; *μήδεα κεῖρεν Π* 120 (so Aristarch); *αὐχένα θεῖνεν Π* 339; *τεύχεα δῦνεν Ρ* 194; *γαστέρα τύψεν Ρ* 313; *μενοεικέα δαίνυ Ψ* 29; *σώματα νήει Ψ* 169; *δάκρυα λεῖβον Ν* 88. Diese wenigen Stellen dürften wohl ohne Bedenken geändert werden können (etwa mit Ausnahme von ο 357), und dies um so mehr, da an einer bedeutenden Mehrzahl von Stellen die augmentierten Formen der genannten Verba am Versschlusse vorkommen, so *ἔθηκα Α* 2; *Φ* 525; *Χ* 422; *Ψ* 751; *ζ* 214; *ψ* 306; *ἔδωκα Β* 375; *Σ* 431; *Ω* 241; *η* 296; *κ* 213; *ω* 219; *ἔναιον κ* 1, 135; *Β* 854; *τεύχε' ἔδυνον ω* 498; *ἔντε' ἔδυνεν Γ* 339. Da *ι* in Adverbien elidiert wird und auch an dieser Versstelle so vorkommt, wie *οὐκέτ' ἔφαινον δ* 12; *αὐτόθ' ἐγήρα ξ* 67, so ist nicht einzusehen, warum *αὐτόθι μίμνον ω* 464 stehen bleiben sollte, obwohl die Handschriften hier entweder *μίμνον* oder *μεῖναν* haben. Wenn irgendwo, so ist man hier berechtigt Einheit herzustellen.

Wie die viersilbigen Verbalformen, so werden auch die viersilbigen verlängerten Dativformen auf $\overline{\text{εεσσι}}$ am Schlusse des Verses möglichst vermieden. Denn wenn wir z. B. nur *γναμπτοῖσι μέλεσσιν λ* 394; *ν* 398, 430; *φ* 283; *Λ* 669; *Ω* 359; Hymn. IV, 238; *οἰοπόλοισιν ὄρεσσιν λ* 574; *οἷσι τέκεσσιν κ* 61; *Π* 265; *Ρ* 133; *σοῖσι τέκεσσιν β* 178; *ϑ* 243; *Πριάμοιο τέκεσσιν Ε* 535; *Χ* 453; *σοῖσι βέλεσσιν Α* 42; *πολλοῖσι βέλεσσιν Ν* 555; *ἀκροπόλοισιν ὄρεσσιν Ε* 523; *στιβαροῖσι μέλεσσιν* Hesiod. Theog. 152, 673; Scut. 76; Op. 149; *σφετέροισι τέκεσσι* Hesiod. Scut. 247; *δινωτοῖσι λέχεσσιν Γ* 391; *τυκτῇσι βόεσσιν Μ* 105; *γναμπτῇσι γένυσσιν Λ* 416; *κταμένοισι νέκυσσιν χ* 401; *ψ* 45 geschrieben finden, und nicht *γναμπτοῖς μελέεσσιν*, *σοῖς τεκέεσσιν*, *πολλοῖς βελέεσσιν*, so ist kein Grund vorhanden *τρητοῖς λεχέεσσιν* zu schreiben, zumal *α* 440 A ex corr. DKM

γαῖαν ἔχευαν Ψ 256; *γ* 258; *χαλκὸς ἔχευεν Τ* 222; *ἐλεοῖσιν ἔχευεν Ι* 215; *ὅρκι' ἔχευαν Δ* 269; *δούρατ' ἔχευαν* Ε 618; und nur zweimal am Schlusse der ersten Vershälfte, der dem Versschlusse vollkommen entspricht, *ὕπνον ἔχευε Ω* 445 und *αἶσχος ἔχευε λ* 433.

QRS τρητοῖσι λέχεσσι haben und von den übrigen Handschriften, in denen λεχέεσσι steht, BGHILNPV wenigstens τρητοῖσι haben. Ebenso haben τρητοῖσι λέχεσσι κ 12 CHIM 1. man. NQ, τρητοῖσι auch AEKS. *N* 523 und Hymn. Apoll. 98 liest man χρυσεοῖσι νέφεσσιν, da aber νέφος bei Homer in der Regel Position bildet (S. 57), so ist möglicherweise χρυσέοις νεφέεσσιν die ursprüngliche Schreibweise. *Δ* 3 schreibt man χρυσέοις δεπάεσσιν und *M* 311 πλείοις δεπάεσσιν, wofür χρυσέοισι, πλείοισι δέπασσιν möglich gewesen wäre, welche Dativform *O* 86 (δεικανόωντο δέπασσιν) als Aristarchische Schreibweise steht. Fast die einzigen Ausnahmen kommen beim Dativ Plur. von ἔπος vor: so schreibt man allgemein μαλακοῖς ἐπέεσσιν κ 422; π 286; τ 5; *Z* 337; ὀνειδείοις ἐπέεσσιν σ 326; *A* 519; *B* 277; *Π* 628; *Φ* 480; ἀταρτηροῖς ἐπέεσσιν *Α* 223; αἰσχροῖς ἐπέεσσιν *Γ* 38; *Z* 325; *N* 768; στερεοῖς ἐπέεσσιν *M* 267; ἀγανοῖς ἐπέεσσιν *Ω* 772 und so haben auch die Handschriften, nur κ 422 und τ 5 hat N μαλακοῖσιν ἐπέεσσι, welches ebenso aus μαλακοῖσιν ἔπεσσι verdorben sein kann wie das in Handschriften α 440 und κ 12 vorkommende τρητοῖσι λεχέεσσι. Dass aber ein ἔπεσσι im Laufe der Zeit zu ἐπέεσσι werden konnte, bezeugen folgende Stellen: θέλγεσκ' ἐπέεσσιν (dafür E θέλγεσκεν ἔπεσιν) γ 264; δεικανόωντ' ἐπέεσσι σ 111; τέρποντ' ἐπέεσσιν θ 91; ἀπάφοιτ' ἐπέεσσιν ψ 216; πόλλ' ἐπέεσσιν ρ 393; εὐχετόωντ' ἐπέεσσιν *M* 391; ἐπιστώσαντ' ἐπέεσσιν *Φ* 286, wo die Ausserachtlassung des Digamma auf die richtige Schreibweise hinführt. Hiermit ist keineswegs beabsichtigt, die Aenderungen in ὀνειδείοισιν ἔπεσσιν, αἰσχροῖσιν ἔπεσσιν gut zu heissen, es sollte nur gezeigt werden, dass eine Aenderung von μειλιχίοισιν ἔπεσσιν in μειλιχίοις ἐπέεσσιν nicht ausser dem Bereiche des Möglichen gelegen ist. γ 280 hat A ἀγανοῖσι βέλεσσιν, IN ἀγανοῖσι βέλεσιν, die übrigen ἀγανοῖς βελέεσσιν; ε 124 haben INQ ἀγανοῖσι βέλεσσιν; λ 173 III und λ 199 CHI ἀγανοῖσι βέλεσσιν; ο 411 ἀγανοῖσι βέλεσσιν AM für das allgemein übliche ἀγανοῖς βελέεσσιν, welches, obwohl es die Mehrzahl der Handschriften für sich hat, dennoch vor der anderen Schreibart den Vorzug nicht verdient. Auch *Ω* 759 hat Schol. A ἀγανοῖσι βέλεσσι.

Am Versschlusse steht bei Homer fast nur ἐκεῖνος, so *I* 63; *Δ* 652; β 183; γ 103, 113; δ 819; ξ 163, 352; ο 330; ρ 10; σ 147; τ 322; ω 288, 312, 437, ausserdem *I* 646 ὁππότ' *ἐκείνων* und *ο* 368 *εἵματ' ἐκείνῃ*, wo beide Formen möglich wären. Eine Ausnahme findet nur an denjenigen Stellen statt, an welchen *ι* elidiert werden müsste *B* 37, 482; *Σ* 324; *Φ* 517 *ἤματι κείνῳ*, *ξ* 501 *εἵματι κείνου* und *ν* 111 *οὐδέ τι κείνῃ*, da *τι* nie elidiert. Davon ist nur noch an drei Stellen abgewichen, man müsste denn Dindorf's *τεύχεα κεῖνοι Σ* 188 hinzurechnen, wie nur dieser Herausgeber schreibt, während die übrigen der Auctorität sämmtlicher Handschriften folgen, die *τεύχε' ἐκεῖνοι* bieten. Diese 3 Stellen sind *υ* 265 *δ' ἐκτήσατο κεῖνος*, dazu M *δ' ἐκτήσατο ἐκεῖνος*, AKV *δὲ κτήσατο κεῖνος*, woraus sich die richtige Schreibweise *δὲ κτήσατ' ἐκεῖνος* ergibt; *α* 212, wo die Mss. theils *οὔτ' ἐμὲ κεῖνος* theils *οὔτε με κεῖνος* haben, richtig AQ *οὔτ' ἔμ' ἐκεῖνος*. So ist auch *ρ* 110 *ὡς ἔμ' ἐκεῖνος* zu schreiben, wofür sämmtliche Handschriften *ὡς ἐμὲ κεῖνος* haben.

ζ 297 schrieb Aristophanes mit Unrecht *δώματα ἷχθαι* für *δώματ' ἀφῖχθαι*, welches unbedenklich Aristarch zugeschrieben werden kann. *θ* 526 haben DS 1. man. Pal. richtig *ἀσπαίροντα ἰδοῦσα*, für die Vulgata *ἀσπαίροντ' ἐσιδοῦσα*, bei der das Digamma zu kurz kommt. *λ* 282 liest man allgemein *μυρία ἕδνα*, aber *τ* 529 besteht neben der Vulgata *ἀπερείσια ἕδνα* die Variante *ἀπερείσι' ἔεδνα*, der unbedingt der Vorzug gebührt nach Analogie von *ἀπερείσι' ἄποινα A* 13, *μυρί' ὀπάζων ω* 283 u. ähnl. *Π* 187 haben alle Mss. *ἀπερείσια ἕδνα*. Beide Formen kommen ungefähr gleich oft vor, *ἔεδνα* steht viermal am Versende. *ν* 245 haben EFRS *τε ἕρση* für *τ' ἐέρση*, wie man mit Recht allgemein schreibt. *σ* 116 hat Vind. 56 *δηλήμον' ἁπάντων* für *δηλήμονα πάντων*: für beides lassen sich Gründe vorbringen. *θ* 223 haben CQ *οὔτι θελήσω* für *οὐκ ἐθελήσω*, auch finden sich öfters Schreibweisen wie *αἴ κε θέλῃσθα* z. B. *δ* 322; *ι* 520; *σ* 51; *υ* 233; *φ* 348, denen auch Bekker nicht abgeneigt ist; denn dass *ἐθέλω* bei Homer nicht durchweg dreisilbig ist, beweisen das schon erwähnte *ὅττι θέλοιεν* und *Πηλείδη θέλε*.

3. Im fünften Fusse steht in der Regel der Dactylus, wenn auch der Spondeus viel häufiger vorkommt als bei Lateinischen Dichtern, die ihn möglichst zu vermeiden suchten. Darum muss überall wo $\overline{\epsilon\iota}$ oder $\overline{\epsilon\upsilon}$ steht Diärese eintreten, so in den Patronymicis *Ἀτρεΐδαο*, *Πηλεΐωνος*, ferner in *ἀργεϊφόντης α* 38, 84;

ε 43, 49, 75, 94, 145, 148; η 137; κ 302, 331; ω 99; *B* 103; *Π* 181; *Φ* 497; *Ω* 24, 109, 153, 182, 339, 345, 378, 389, 410, 432, 445; *ἀνδρεϊφόντῃ* *B* 651; *H* 166; *Θ* 264; *P* 259; *χρυσηλακάτῳ ἐικυῖα* δ 122; *περιξέστῃ ἐικυῖα* μ 79; *ὄμματα κάλ' ἐικυῖα* *Ψ* 66; ferner in den Dativendungen auf *ει* wie *ὀξέι χαλκῷ* δ 700; χ 368; *Δ* 540; *N* 212; *ὀξέι δουρί* *E* 238; *Λ* 95; *περιμήκεϊ ῥάβδῳ* μ 251; *εὐρέι πόντῳ* μ 293; *κάρτεϊ εἴκων* ν 143; σ 139; *ἔρνεϊ ἶσον* ξ 175; *Σ* 56; *νηλέι χαλκῷ* χ 475; *Γ* 292; *E* 330; *N* 501; *ἔγχεϊ μακρῷ* χ 279, 293; *E* 660; *N* 177; *χαλκήρεϊ δουρί* χ 92; *Λ* 742; *εὐρέι λαῶν* *Δ* 76; *περικαλλέι δίφρῳ* *Δ* 486; *ταναήκεϊ χαλκῷ* *H* 77; *Ψ* 118; *μυλοειδέι πέτρῳ* *H* 270; *κύδεϊ γαίων* *A* 405; *E* 906; *Θ* 51; *Λ* 81; *κάρτεϊ χειρῶν* *Θ* 226; *Λ* 9; *Τυδέι δίῳ* *K* 285; *ἔγχεϊ θῦεν* *Λ* 180; *Π* 699; *Ἄργεϊ νάσθη* *Ξ* 119; *υἱέι δῶκε* *O* 455; *μεγακήτεϊ νηί* *Λ* 600; *στείνεϊ τῷδε* *O* 426; *ἔγχεϊ δ' αἰεί* *O* 730; *ἔγχεϊ δ' αὐτός* *Π* 834; *ἄνθεϊ λευκῷ* *P* 56; *φάρεϊ λευκῷ* *Σ* 353; *πένθεϊ λυγρῷ* *X* 242; *ἔγχεϊ θύων* *X* 272; *πένθεϊ λείπεις* *X* 483; *οὔδεϊ δέ σφιν* *Ψ* 283.

ἐὺ οἶδα, εἰδῶ, εἰδώς α 174; β 170; δ 645; η 317; λ 442; ν 232; ξ 186; ω 258, 297, 403; *A* 185, 515; *B* 718; *Δ* 196, 206, 310; *E* 245; *Z* 150, 438; *M* 350, 363; *O* 525, 679; *Υ* 213; *Φ* 487; *ἐὺ εἴπῃ* α 302; γ 200; *Ξ* 127; *οὐδ' ἐυλείμων* δ 607; *Ἀχαιϊάδων ἐυπέπλων* φ 160 (so CDILNQ); *E* 424 (so AEGLNS); *ἠδ' ἐυπηγής* φ 334; *θαλάμων ἐυπήκτων* ψ 41 (so ADEIQR, wahrscheinlich auch HPV); Hymn. V, 143; *μεγάρῳ ἐυπήκτῳ* *B* 661 (so EGL); *I* 144 (ES), 286 (LS); Hymn. V, 164; *ἀμφιπόλῳ ἐυπέπλῳ* *Z* 372 (EGLOS); *εἰνατέρων ἐυπέπλων* *Z* 378 (so AEGLS), 383 (AGLS); *Ω* 769 (GL); *κλισίης ἐυπήκτου* *I* 663 (G); *Ω* 675 (GL); *ὄφρ' ἐὺ πᾶσαι* *Σ* 52; *μελίην ἐύχαλκον* *Υ* 322; *Ἀχαϊάδων ἐυπέπλων* *E* 424 (AGLS); *κρείων Ἐΰμηλος* *Ψ* 354 (G). *εἰς Ἐύβοιαν* γ 174, *ἔστ' Ἐυβοίης* η 321 und δ 695 *μετόπισθ' ἐυεργέων* (= *ἐυϝεργέων*) zu schreiben, dürfte nicht rathsam sein, dagegen empfiehlt sich die Diärese in allen übrigen hier angeführten Stellen und wird auch theilweise handschriftlich gestützt.

πάις εἴης *I* 57; *ἦ πάις ἄφρων* *Λ* 389 und *πάις εἶναι* *N* 54 haben sowohl die Handschriften als auch die Ausgaben.

Nach Didymos zu *Υ* 12 schrieb Aristarch *ποίησεν ἰδυίῃσι* und es ist wahrscheinlich, dass er auch an den übrigen Stellen *ἰδυῖα* für *εἰδυῖα* geschrieben und die Elision vermieden hat, also *ἔργα ἰδυίῃ* ν 289; ο 418; π 158; ω 278; *κεδνὰ ἰδυῖα* α 428; τ 346; υ 57; ψ 182, 232; *λυγρὰ ἰδυῖα* λ 432; *πάντα ἰδυῖα* ν 417. Die Handschriften haben durchweg *κέδν' εἰδυῖα*, *ἔργ' εἰδυίῃ*, woraus man den Schluss ziehen kann, dass dies die *κοινή* gewesen ist. Auch der Venetus A hat *Ι* 128, 270; *Τ* 245; *Ψ* 263 *ἔργ' εἰδυίας*, *Α* 365 *ταῦτ' εἰδυίῃ*, dagegen *ποίησεν ἰδυίῃσι* *Α* 608; *Υ* 12. Schreibt man *κεδνὰ ἰδυία*, *ἔργα ἰδυίας*, wie fast alle neueren Herausgeber, so bekommt man im fünften Fuss einen Dactylus und als Versschluss Trochaeus mit Bacchius, wodurch zwei metrischen Gesetzen Rechnung getragen wird. So ist auch die Schreibweise *νηλιτεῖς* oder *νηλητεῖς* π 317; τ 498; χ 418 mit guten Quellen in *νηλείτιδες* zu ändern, vgl. Ameis im Anhang zu π 317.

4. Vor dem fünften Fusse tritt gerne Diärese ein, da hier ein Versabschnitt ist, an dem der Hiatus erlaubt ist und die Elision möglichst vermieden wird, vgl. über Hiatus und Elision S. 2. Diese Diärese, gewöhnlich bukolische Caesur genannt, tritt auch überall ein, wo es nur möglich ist. Deshalb trennen wir *εὖ* (oder *ἐὺ*) *ναιετάοντας*, schreiben *Ἰθάκην κάτα κοιρανέουσιν* α 247; ν 377; π 424; φ 346; *δαΐδων ὕπο λαμπομενάων* τ 48; ψ 290; *Σ* 492, nicht *κατακοιρανέουσιν*, *ὑπολαμπομενάων* oder gar *Κικόνων ὑποδῃωθέντες* ι 66, wie es in einer ziemlichen Anzahl von Handschriften steht.

Das Augment fällt in der Regel weg, wo es die Diärese stört: *καὶ παῦσαν* δ 659; *ἴχνια βαῖνε* β 406; ε 493; *κακὰ μήδετο* γ 166; μ 295; *μεθήμονα γείνατο* ξ 25; *ξύλα δαῖον* θ 436; *καὶ χρῖσαν* θ 454; ρ 88; ψ 154; ω 366; *κρατερόφρονε γείνατο* λ 299 (da das ε̄ des Duals nur ungern elidiert); *με πέφνε* λ 453 (*μ' ἔπεφνε* CKQSV); *ὅ γε λάζετο* ν 254; *παλαιοῦ θῆκε* ν 432; *δὲ νεῖμε* υ 253; *κειμήλια κεῖτο* φ 9; *δὲ πέφνε* φ 29; *ἄφρονα θῆκε* φ 102; *εἴδατα χεῦεν* φ 20; *αὐτῷ φαίνετο* χ 149; *ἑτώσια θῆκεν* χ 256, 273; *δὲ ἕστο* ω 227; *ἀμείνονα θῆκεν* ω 374; *οὐκέτι φάντο* ω 460; *τείρετο κάμνε δὲ χεῖρα* *Ε* 797; *ἐοικότα γείνατο* *Ε* 800; *δέ σε γείνατο* *Ε* 896; *διδυμάονε γείνατο* *Ζ* 26; *κακὰ μήσατο* *Ζ* 157; *Ξ* 253; *ἀμύμονα τέτμεν* *Ζ* 374; *κηώδεϊ δέξατο* *Ζ* 483; *δὲ λάμπετο* *Ζ* 319; *Θ* 494; *βήσετο λάζετο* *Ε* 745; *Θ* 389; *ἴδε χώσατ'* *Θ* 397; *φρένα θῆχ'* *Κ* 46; *κακὰ μήσατ'* *Κ* 52; *μέρμερα μήσατο* *Κ* 289;

αὐχένα λῦσε Λ 240; *δὲ χάζετο Λ* 539; *ὅτε πέρσεν Λ* 625 (*ὅτ' ἔπερσεν* AGS); *δὲ θῆκε M* 399; *δὲ χάσσατ' N* 193; *καὶ εἴκοσι B* 510; *N* 260; *καὶ πλῆσαν Ξ* 35; *ὕπο σείετο Ξ* 285 (so Aristarch, Aristophanes, Zenodot; *ὑπεσείετο* AEGLS Palimps.); *πέσε λῦντο O* 435; *σε τίκτε Π* 34 (*σ' ἔτικτε* AE); *κάτα δηριάασθαι Π* 96 (*καταδηριάασθαι* EGL); *ἀσπίδα λῦσε Π* 312; *δὲ λάζετο Π* 734; *ἥπτετο πῖπτε Θ* 67; *Λ* 85; *Π* 775; *ἀνέδραμε μίκτο Π* 813; *ἡνία χεῦεν P* 619; *ἧρτυε κόπτε Σ* 379; *ἄκμονα γέντο Σ* 476; *δὲ γέντο Σ* 477; *ἄντυγα βάλλε Σ* 479; *ἐπήτριμα πῖπτον Σ* 552; *φρένα τύψε T* 125; *μία γείνατο T* 293; *καὶ λάμπετο Υ* 156 (so Aristarch; *ἐλάμπετο* AEGLS); *κάτα βουκολέοντο Υ* 221 (*καταβουκολέοντο* EL); *μέτα θωρήσσοντο Υ* 329 (*μεταθωρήσσοντο* GL); *ἠέρα τύψε Υ* 446; *βάλε τεῖρε Φ* 51; *με γείνατο Φ* 109; *αὐχένα λῦσε Φ* 406; *πύργου βαῖνε Φ* 529; *ὅ γε κόψατο X* 33; *ἐπείθετο χαῖρε X* 224; *ἀεικέα μήδετο X* 395; *Ψ* 24; *ἔκτοθι μίμνε X* 439; *καὶ νήεον Ψ* 163; *Νοήμονι δῶκεν Ψ* 612; *Νέστορι δῶκεν Ψ* 616; *αὐτόφι λείπετ' Ψ* 640; *αὐτῷ βούλετο Ψ* 682; *τρίτα θῆκεν Ψ* 700; *τε θήσατο Ω* 58; *δ' ἐξ ἔσσι τοκήων Ω* 377, 387; *ὃ δὲ μίμνεν Ω* 470; *ἀεικέα δῶκεν Ω* 594; *αὐτὴ γείνατο Ω* 608; *μάχης ἐκ νοστήσαντι Ω* 705 (*ἐκνοστήσαντι* AEGL); *λάρνακα θῆκαν Ω* 795.

Vernachlässigt ist die bukolische Diärese an folgenden Stellen: *καὶ ἔδησε δ* 380, 469; *ὃς ἐπεύθετο δ* 677; *π* 412; *καὶ ἐδείματο ζ* 9; *καὶ ἐδάσσατ' ζ* 10; *καὶ ἐγείνατο η* 61; *καὶ ἔπεμπε ν* 206; *καὶ ἐθάμβεον ρ* 367; *καὶ ἔμελλεν ρ* 412; *καὶ ἔπειθον β* 106; *τ* 151; *ω* 141; *καὶ ἔλυσεν Λ* 106; *καὶ ἐέλπετο N* 609 (E *ἔλπετο*); *καὶ ἔειπε Ψ* 617; *καὶ ἐπείθετο Ω* 571; *ἅμ' ἔπεμπε ν* 66 und als Variante *ν* 68; *ὃ δ' ἐδέξατο ο* 130 (richtig *δὲ δέξατο* I 1. man. N); *ὃς ἐμίσγετο ο* 430 (*ὃς μίσγετο* DL); *δ' ἐκτήσατο υ* 265 (*δὲ κτήσατο* AKV); *ὅδ' ἐμήσατ' ω* 426 (*ὅδε μήσατ'* EFGMQRV); *τάδ' ἐμήσατο ω* 444 (*τάδε μήσατο* DEFILMQRS und wahrscheinlich auch GHP); *καὶ ἔθηκαν ω* 528 (*καὶ θῆκαν* ENPV); *ὃ δ' ἐδέξατο χαίρων Λ* 446 (*δὲ δέξατο* A); *Ψ* 565 (fehlt im Ven. A); 624, 797; *ἄρ' ἔμελλον E* 205, 686; *Σ* 98; *ὃν ἐπέφνομεν K* 478; *λόχῳ δ' ὑπεθωρήσσοντο Σ* 513 (besser *ὑπὸ θωρήσσοντο*); *ἄρ' ἔθελγεν Φ* 604; *ὃ δ' ἔλυεν Ψ* 513. An Stellen, wo *ε* elidiert ist, ist eine Aenderung zu Gunsten der bukolischen Diärese unbedingt gestattet, also *ὃ δὲ δέξατο*, *τάδε μήσατο, δὲ κτήσατο*; auch an anderen Stellen kann das Augment wegfallen, so nach *καί* wie in den angeführten Fällen *καὶ πλῆσαν, καὶ νήεον, καὶ θῆκαν, καὶ εἴκοσι* (nicht *ἐείκοσι*).

μὲ κεῖνον ο 346, *καὶ κεῖνος* ρ 593; υ 205, letzteres als Aristarchische Schreibweise, verstehen sich von selbst. ε 39 und ν 137 könnte man *ἐξ ἥρατ'* getrennt schreiben, sowie γ 191 *εἰς ἤγαγ'*, ε 335 *ἐξ ἔμμορε*, λ 201 *ἐξ εἵλετο*, ε 217 *εἰς ἄντα* mit Aristarch.

Man findet in allen Homerausgaben *ἀπονόσφι* geschrieben, obwohl diese Schreibweise handschriftlich schlecht begründet ist und durch die Zusammenschreibung die bukolische Diärese verletzt wird, abgesehen davon, dass bei Homer beide Worte getrennt vorkommen und somit jeder Grund einer Zusammenschreibung entfällt. Die Stellen sind:

ε 113 *φίλων ἄπο* ‖ *νόσφιν ὀλέσθαι*, so ACIKLNQS(HPV); *ἀπο, νόσφιν* D.

ε 350 *αὐτὸς δ' ἀπὸ* ‖ *νόσφι τραπέσθαι*, so IQ; *ἄπο νόσφι* DS.

κ 528 *αὐτὸς δ' ἀπὸ* ‖ *νόσφι τραπέσθαι*, so ADEIQ.

μ 33 *φίλων ἄπο* ‖ *νόσφιν ἑταίρων*, so KNR; *ἀπὸ νόσφιν* ADILMQV.

ρ 529 *ἑτάρων ἄπο* ‖ *νόσφι καλέσσας*, so CEKNQRV; *ἀπὸ νόσφι* I.

σ 268 *ἐμεῦ ἀπὸ* ‖ *νόσφιν ἐόντος*, so DFIQR; *ἄπο νόσφιν* CK.

Λ 541 *ἐμεῦ ἀπὸ* ‖ *νόσφιν ἐόντα*, so EGL 1. man.

Ο 548 *δηίων ἀπὸ* ‖ *νόσφιν ἐόντων*.

Hymn. V, 303 *μακάρων ἄπο* ‖ *νόσφιν ἁπάντων*.

An anderer Stelle findet sich *ἀπὸ νόσφιν* im Homer nur dreimal:

Β 233 *ἥν τ' αὐτὸς ἀπὸ νόσφι κατίσχεαι* (so GL 1. man.), wo noch am ehesten an eine Zusammenschreibung gedacht werden könnte.

Λ 555; *Ρ* 664 *ἠῶθεν δ' ἀπὸ νόσφιν ἔβη* (EGL zu *Λ* 555 *ἀπὸ νόσφιν*).

Hym. Apoll. 331 *ὣς εἰποῦσ' ἀπὸ νόσφι θεῶν κίε*, so alle Mss. ausser M.

Die getrennte Schreibweise gibt überall einen guten Sinn, man mag nun *ἀπὸ* zum Verbum ziehen (*ἀποτραπέσθαι, ἀπεόντος*), oder zum Genetiv statt νόσφιν ἀπὸ wie auch *K* 416 νόσφιν ἀπὸ φλοίσβου und *O* 244 νόσφιν ἀπ' ἄλλων vorkommt. Ganz analog sind Schreibweisen wie δόμων ἄπο τῆλ' ἀλάλησο γ 313; δόμων ἄπο τῆλ' ἀλάλησαι ο 10. Es besteht aber noch ein weiteres Zeugniss für die getrennte Schreibweise; es heisst nemlich im Schol. ABLV zu *A* 541 ἀπὸ νόσφιν ἐόντα: τὸ ἑξῆς ἀπεόντα· διὸ οὐκ ἀναστρεπτέον τὴν ἀπό. Der Gedanke, ἀπό gar nicht zu betonen, liegt hier fern, es müsste sonst heissen ὑφ' ἓν τὸ ἀπονόσφιν. Auch die alten Lexikographen kennen kein ἀπονόσφιν.

5. Im vierten Fusse hat Bekker den Dactylus als regelmässig erwiesen, wo zwischen zwei gleich möglichen Formen von dactylischem und spondeischem Rhythmus die Wahl verstattet war. Dies war nicht Aristarchs Ansicht; denn dieser schrieb *T* 79 ἀκούειν und nicht ἀκουέμεν, dasselbe ο 373 nach dem ausdrücklichen Zeugnisse des Didymos, und vielleicht auch *T* 30 ἀλαλκεῖν, wofür Aristophanes ἀλαλκέμεν setzte. Aristarch schrieb ferner ἀγήρων mit Aristophanes für ἀγήραον *B* 447, ε 136 und gewiss auch *Θ* 539; *M* 423; *P* 444; η 94, 257; ψ 336; ferner *Θ* 223 und *Λ* 6 γεγωνεῖν, denn so heisst es ausdrücklich bei Herodian zu *M* 337, während Ptolemaios v. Askalon γεγώνειν schrieb. In letzterem Falle wäre γεγωνέμεν möglich, so konnte aber Aristarch nicht schreiben, denn er nahm kein γεγώνω, sondern γεγωνέω an; deshalb irrt Schmidt (Aristarchisch-Homerische Excurse in Jahn's Jahrb. 1855, S. 222), wenn er aus einer Notiz des Aristonikos zu *Θ* 223 schliessen zu müssen glaubt, Aristarch habe γεγωνέμεν geschrieben, obwohl auch Herodian dort γεγωνέμεν anführt, womit er beweisen will, dass das Verbum γεγωνῶ und nicht γεγώνω laute. *N* 773; ε 305; χ 28 schrieb Aristarch σῶς für σόος, *Λ* 91 Ἀχαιῶν für ἐνὶ στρατῷ, *Λ* 447 κλειτήν für ἱερήν, *Γ* 156 καὶ λάμπετο, nicht ἐλάμπετο, wodurch die bukolische Diärese aufgehoben würde, *Ω* 604 υἱεῖς neben υἱέας, *Π* 130 βαρείας für φίλας ἀνά, *T* 41 ἥρωας, nicht ἐρίηρας, ξ 65 εὔμορφον für ἐπὶ ἔργον, dagegen *Γ* 227 κεφαλήν τε καὶ für κεφαλὴν καί und *E* 881 ὑπερφίαλον für ὑπέρθυμον. Die meisten Stellen sprechen für den Spondeus und unter ihnen sind besonders die von Wichtigkeit, an denen zwei Formen möglich sind, wie ἀγήρων und ἀγήραον, σῶς und σόος, ἀκούειν und ἀκουέμεν, οἰῶν und

οἴων: hier müssen wir uns nach der Mehrzahl der Zeugnisse dafür entscheiden, dass Aristarch an dieser Stelle des Verses dem Spondeus den Vorzug gab.

Was nun die Infinitivformen auf *ειν* und *εμεν* im vierten Fuss betrifft, so haben wir darüber eine genaue Untersuchung von M. Schmidt „Aristarchisch-Homerische Excurse" in Jahn's Jahrbüchern 1855, S. 220—228: einiges davon berührt auch Merkel in den Prolegg. zu Apollonius Rhodius CXII. Hier muss gleich zu Anfang bemerkt werden, dass wir nicht die geringste Gewähr haben, dass das Buch des Didymos „*περὶ τῆς Ἀριστάρχου διορθώσεως*" auch nur einigermassen vollständig uns erhalten ist. Wenn man aus der Beschaffenheit des Codex Venetus A schliessen darf, so hat der Schreiber desselben schwerlich mehr das Buch des Didymos gekannt: es darf also aus dem Schweigen des Didymos nichts gefolgert werden. Ein zweites Bedenken ist, ob Aristonikos überall, wo er citiert, wirklich genau die Lesarten des Aristarch bietet. Von Herodian dürfen wir es eher annehmen, da er es ausschliesslich mit der Form zu thun hat, während eine grosse Zahl der reinen Diplen nicht der Form, sondern des Sprachgebrauches wegen gesetzt ist, wie *Θ* 223 *πρὸς τὸ γεγωνέμεν, ὅτι οὐ ψιλῶς ἐστι φωνεῖν ἀλλ' ἀκουστὸν φθέγγεσθαι*, wo die Bemerkung Aristarchs, welche erst mit *ὅτι* beginnt, ganz dieselbe bleibt, wenn wir *γεγωνεῖν* lesen. Die beste Quelle ist Didymos, der es nur mit den Lesarten zu thun hat, und auf dessen drei Zeugnisse ist auch schon darum das meiste Gewicht zu legen, weil sich hier die beiden Schreibweisen direct entgegenstehen.

Die übrigen Zeugnisse sind folgende: *I* 356 *πολεμιζέμεν*: *γρ. καὶ πολεμίζειν*. *N* 9 *ἀρηξέμεν*: *γρ. ἀρήξειν*. *Υ* 100 *διελθεῖν*: *γρ. διελθέμεν*. *Φ* 455 *ἀποκόψειν*: *γρ. ἀπολεψέμεν*, wozu Aristonikos bemerkt *ὅτι καταχρηστικῶς ἀπολεψέμεν ἀντὶ τοῦ ἀποκόψειν*. *N* 367 *ἀπωσέμεν*: *Ἀρίσταρχος ἀνωσέμεν*. *Υ* 133 *ἐν ἄλλῳ ἀντί' Ἀχιλλῆος πολεμίζειν ἠδὲ μάχεσθαι*. *K* 359 führt Aristonikos *διώκειν* an, *T* 71 *ἰαύειν*. *P* 465 schrieben Aristarch und Herodian nach Schol. V *ἐπίσχειν*. *Σ* 258 hat der Venetus A und Schol. A *πολεμίζειν*. Dass *ἀλαλκεῖν γ* 237 von Didymos als Aristarchs Lesart angeführt werde, ist nicht überliefert. Die Handschriften und Schol. A zu *Δ* 315 haben *ἀλαλκέμειν*, welche Form auch an dieser Stelle in den Scholien erklärt wird.

Γ 459 schrieb Aristarch nach Aristonikos *ἀποτινέμεν*, Zenodot *ἀποτίνετον* für das richtige *ἀποτίνετε*, ebenso *E* 606 *μενεαινέμεν* für *μενεαίνετε*. Zu *E* 255 ist nicht überliefert, dass Aristarch *ἐπιβαινέμεν* schrieb, obwohl die Mss. und Schol. Soph. El. 320 so haben, dagegen *ἐπιβήμεναι* Eustath. und Schol. Soph. Trach 7. *I* 230 hat der Venetus A *σαωσέμεν*, so auch Didymos zu *I* 681. *I* 688 hat der Ven. A nebst den Scholien *εἰπέμεν*, aber weder Aristonikos noch sonst ein Gewährsmann. *Ξ* 125 hat der Ven. A *ἀκουέμεν*, „wol nach Aristonicus," bemerkt Schmidt dazu, aber woher weiss er das, da diese Form bloss im Texte und Lemma des Ven. A vorkommt? *Σ* 191 hat der Ven. A *παροισέμεν*, dazu Herodian „*Ἀρίσταρχος ἀναστρέφει τὴν πρόθεσιν*," so dass er auch *πάρ' οἴσειν* schreiben konnte. *Υ* 361 hat der Ven. A *μεθησέμεν*, wozu gar keine Scholiennotiz vorhanden ist, *Ψ* 183 *δαπτέμεν*, so auch das Scholion des Aristonikos. *Ψ* 660 steht im Ven. A und schol. V *πεπληγέμεν*.

Das sind die Belege, die Schmidt dafür vorbringt, dass Aristarch in den meisten Fällen die Infinitivformen auf *ἕμεν* denen auf *ειν* im vierten Fusse vorgezogen habe. Den meisten davon müssen wir die Beweiskraft aberkennen, darunter auch den Citaten des Aristonikos, wo er es nicht mit der Form selbst zu thun hat. Als giltige Zeugnisse kommen also nur in Betracht

T 79 *ἀκούειν* Did.
T 30 *ἀλαλκεῖν* Did.
ο 393 *ἀκούειν* Did.
Θ 223 *γεγωνεῖν* Herod.
Σ 258 *ἐπίσχειν* Herod.
N 367 *ἀνωσέμεν* Did.
Γ 459 *ἀποτινέμεν* Arist.,

so dass man mit viel grösserem Rechte behaupten könnte, Aristarch habe auch im vierten Fusse ebenso wie im ersten die Formen auf *ειν* vorgezogen [42]).

Eine andere Frage ist die, ob die Formen auf *ειν* an dieser Versstelle berechtigter sind, als die auf *εμεν*; dies muss entschieden in Abrede gestellt werden. Wie die auf *ειν* im ersten, so sind die auf *εμεν* im vierten Fuss die zahlreicheren und da es nicht mehr zu eruieren ist, wie sich Aristarch zu dieser Frage

[42]) Homer. Textkritik S. 428—430.

verhält, so dürfte es das gerathenste sein hier der Auctorität der Handschriften zu folgen, und wo sie alle *ειν̃* haben dieses nicht anzutasten. Aus der Odyssee sind es folgende Fälle: *ὀπυιέμεν* *β* 207; *καταπαυέμεν* *β* 244; *εἰπέμεν* *γ* 89; *ϱ* 106; *ἐλθέμεν* *γ* 188 (*ἐλθεῖν* E); *τ* 533 (*ἐλθεῖν* CE); *ω* 307; *ἱκανέμεν* *δ* 139; *γηϱασκέμεν* *δ* 210; *ἐπιβαινέμεν* *δ* 708; *ἐλαυνέμεν* *η* 109; *ἐϱεθιζέμεν* *ι* 494; *πιφαυσκέμεν* *λ* 442; *κατελθέμεν* *λ* 475; *ἀκουέμεν* *α* 370; *δ* 94; *ι* 3; *μ* 49, 160; *ϱ* 520, so auch *ο* 393, wo Aristarch *ἀκούειν* schrieb; *τιέμεν* *ο* 543; *ϱ* 56; *ἐπαυϱέμεν* *ϱ* 82; *παλαξέμεν* *ν* 395; *πιέμεν* *σ* 3; *ἐλαυνέμεν* *σ* 371 (*ἐλαύνειν* E); *θητευέμεν* *σ* 357; *πϱοβλωσκέμεν* *τ* 25; *ἀποπεμπέμεν* *τ* 316; *πινέμεν* *φ* 69; *ἀμυνέμεν* *β* 60; *φ* 195; *ποιησέμεν* *φ* 399; *κομιζέμεν* *ψ* 355, im ganzen 35 Fälle, darunter drei mit Varianten.

Aus der Ilias kommen folgende Fälle hinzu: *ἀμυνέμεν* *Θ* 414; *Ι* 602; *Ν* 109; *Ξ* 369; *Ο* 73, 688; *Ρ* 273, 703 (*ἀμύνειν* E); *Σ* 129; *ἐναιϱέμεν* *Ζ* 229; *Ν* 338; *Ω* 244; *ἀπωσέμεν* *Ν* 367; *ὀπυιέμεν* *Ν* 379; *ἑλκέμεν* *Β* 152; *Ι* 683; *Ξ* 97, 106; *οἰσέμεν* *Σ* 191; *αἰσχυνέμεν* *Ζ* 209; *ἐπιβησέμεν* *Θ* 197; *ἀκουέμεν* *Δ* 547; *Ζ* 281; *Ξ* 125; *ἀϱηγέμεν* *Θ* 11; *ἀϱηξέμεν* *Ν* 9; *Ξ* 265; *καταπαυσέμεν* *Ο* 105; *Π* 62; *ἐλθέμεν* *Δ* 247; *Ζ* 109; *Θ* 239; *Κ* 308 (*ἐλθεῖν* E), 320, 395; *Ο* 146 (*ἐλθεῖν* ES), 508 (*ἐλθεῖν* E); *Ω* 565, 716; *ἐνισσέμεν* *Ο* 198; *ἱεϱευσέμεν* *Ζ* 275; *πολεμιζέμεν* *Ε* 520 (*πολεμίζειν* E); *Ι* 356 (*πολεμίζειν* EGS; *γϱ.* *πολεμίζειν* A); *Π* 220 (*πολεμίζειν* Ambros. ES); *ἐπιβαινέμεν* *Ε* 255; *Π* 396; *νικησέμεν* *Η* 192; *νοστησέμεν* *Ρ* 239; *αἱϱησέμεν* *Ρ* 488; *Σ* 260; *ἐπαυϱέμεν* *Σ* 302; *μενεαινέμεν* *Τ* 68; *ἀνασσέμεν* *Β* 643; *Ξ* 85; *Τ* 124; *παϱασχέμεν* *Τ* 147; *ἐνεικέμεν* *Τ* 194; *γεγωνέμεν* *Θ* 223; *Λ* 6; *σαωσέμεν* *Ι* 230; *Τ* 401; *μεθησέμεν* *Υ* 361; *ἐϱυκέμεν* *Θ* 206; *Λ* 48; *Μ* 85; *Φ* 7; *ἀποτινέμεν* *Γ* 286, 459; *χϱαισμησέμεν* *Φ* 316; *εἰπέμεν* *Ι* 688; *ἀποτισέμεν* *Φ* 399; *ἐλαυνέμεν* *Ε* 327; *Λ* 274, 400; *Ο* 259; *Ψ* 356, 531; *σχέμεν* *Θ* 254; *ἀπολεψέμεν* *Φ* 455 (Var. *ἀποκοψέμεν* und *ἀποκόψειν*); *ξυνελαυνέμεν* *Χ* 129 (*ξυνελαύνειν* *E*); *δαπτέμεν* *Ψ* 183; *διδασκέμεν* *Ψ* 308; *ἑλισσέμεν* *Ψ* 309; *ἐϱιζέμεν* *Ψ* 404; *πεπληγέμεν* *Ψ* 660; *ἀνασχέμεν* *Ω* 301; *κτεϱεΐζέμεν* *Ω* 657; *χολωσέμιν* *Α* 78; *ἀγοϱευέμεν* *Β* 10; *Ι* 369; *Μ* 213; *ἐπιβασκέμεν* *Β* 234; *πεσσέμεν* *Β* 237; *ἀλεξέμεν* *Γ* 9; *ὀτϱυνέμεν* *Δ* 286; *διωκέμεν* *Ε* 223; *Θ* 107; *ἑξέμεν* *Ε* 473; *μενεαινέμεν* *Ε* 606; *καταξέμεν* *Ζ* 53; *κατακαιέμεν* *Η* 408; *σκοπαζέμεν* *Κ*

40; *μελησέμεν* *K* 51; *φευγέμεν* *K* 147, 327; *διαβαινέμεν* *M* 50 (*διαβαίνειν* *E*); *ἀξέμεν* *Ψ* 668; *σκυδμαινέμεν* *Ω* 592, im ganzen 108 Fälle, worunter zehn mit Varianten; dass Eustathios so oft die gewöhnlichen Formen statt derer auf *ἔμεν* hat, darf uns nicht wundern, das ist so seine Gewohnheit.

Weniger zahlreich sind an dieser Versstelle die Formen auf *ειν*, sie stehen jetzt noch an folgenden Stellen: *πάσχειν* *β* 370; *παρασχεῖν* *ξ* 28; *ἐλθεῖν* *ξ* 327; *ὀφέλλειν* *ο* 21; *ῥάπτειν* *π* 423; *ἀτέμβειν* *υ* 294; *φ* 312 (so citieren auch Apollonios Dysk. und Herodian); *ἁμαρτεῖν* *φ* 155; *εἰπεῖν* *χ* 288 (*εἰπέμεν* N); *διώκειν* *K* 359; *N* 64; *πάσχειν* *E* 894; *πολεμίζειν* *B* 121, 452; *Γ* 67, 435; *E* 802; *H* 3, 42, 169; *Λ* 12, 717; *N* 74; *Ξ* 152; *Π* 834 (*πολεμιζέμεν* Palimps.); *Σ* 258; *T* 206; *Φ* 572; *ἐλθεῖν* *Γ* 393; *I* 403, 408; *N* 172; *X* 156; *Ω* 309; *ἀμύνειν* *N* 312, 814; *Φ* 231; *μίμνειν* *Σ* 255; *ἀλαλκεῖν* *T* 30; *κάμψειν* *H* 118; *T* 72; *ἰαύειν* *T* 71; *ἀκούειν* *T* 79 (*ἀκουέμεν* EGL Schol. A); *παρασχεῖν* *T* 140 (*παρασχέμεν* L Palimps.); *κλοτοπεύειν* *T* 149; *καταθάπτειν* *T* 228; *διελθεῖν* *Υ* 100 (*διελθέμεν* ELS Schol. A); *ἀνάξειν* *Υ* 180; *ἐνισπεῖν* *Φ* 100; *ὑποφεύγειν* *X* 200; *λείβειν* *Z* 266; *κικλήσκειν* *I* 11; *ἀποκόψειν* *I* 241; *εὑρεῖν* *I* 250; *κήδειν* *I* 615; *ἐπισχεῖν* *P* 465, zusammen 56 Stellen mit fünf Varianten, gegen 143 Stellen mit 13 Varianten. Aristarch hat an diesen Stellen keine Einheit hergestellt und auch in den Handschriften wechseln beide Formen, darum lasse man die Formen auf *ειν* auch dort stehen, wo die Handschriften übereinstimmen.

Der Diphthong *ει* kommt an dieser Versstelle fast nur in der Diärese vor: *κήτεϊ κοιμηθείη* *δ* 443; *ἀδευκέι ἧς ἐπὶ νηός* *δ* 489; *ἄλσεϊ δενδρήεντι* *ι* 200; *ῥήγεϊ σιγαλόεντι* *ν* 118; *εἴδεϊ καὶ φρένες ἦσαν* *ρ* 454; *ἔγχεϊ ἶφι δαμῆναι* *σ* 156; *Ἀτρέι ποιμένι λαῶν* *B* 105; *αἴδρεϊ φωτὶ ἐοικώς* *Γ* 219 (*αἴδρει* E); *ἡδέι λέξεται ὕπνῳ* *Δ* 131; *Πολυνείκεϊ λαὸν ἀγείρων* *Δ* 377; *Διομήδεϊ Παλλὰς Ἀθήνη* *E* 1; *κηώδεϊ δέξατο κόλπῳ* *Z* 483; *ἔγχεϊ ὀξυόεντι* *E* 50; *H* 11; *Θ* 514; *N* 584; *O* 536, 742; *υ* 306; *ἔγχεϊ ἄγχι δ' ἄρ' αὐτοῦ* *φ* 433; *μεγακήτεϊ νηὶ μελαίνῃ* *Θ* 222; *Λ* 5; *περικαλλέι κάμβαλε νεβρόν* *Θ* 249; *Διομήδεϊ πολλοὶ ἕπεσθαι* *K* 227; *ὑπεραέϊ ἶσος ἀέλλῃ* *Λ* 297; *Διομήδεϊ κέκλετ' Ὀδυσσεύς* *Λ* 312; *ἕλκεϊ ἕλκος ἄρηται* *Ξ* 130; *ἕρκεϊ λεῖβε δὲ οἶνον* *Π* 231; *Ω* 306; *ἔγχεϊ χάλκεος Ἄρης* *Π* 543; *ἔγχεϊ θυμὸν ἀπηύρα* *Π* 828; *ἔγχεϊ πολλὸν ἐνίκα* *Σ* 252; *ἔγχεϊ δῖος*

Ἀχιλλεύς Τ 386; Χ 326; *ἔγχεϊ δαίμονι ἶσος* Υ 493; *ἔγχεϊ τὸν δ' ἐμέ φασι* Φ 159; *ἔγχεϊ λύσσα δέ οἱ κῆρ* Φ 542; *τείχεϊ τὸν δὲ νόησεν* Χ 463; *ποδώκεϊ Πηλεΐωνι* Ψ 249; *υἱέϊ σῷ ἐπίτειλον* Ω 112; *υἱέϊ χεῖρας ἐποίσει* π 438 (*υἱεῖ* KM); *υἱέϊ δῖος ὑφορβός* π 452 (*υἱεῖ* CIKMS); *οὔδεϊ κὰδ δέ κ' ἐμὸν κῆρ* ι 459 (*οὔδει* EV). Auch im zweiten Fuss findet man die Dativendung *ει* nicht contrahiert, wie in *Ἄργεϊ νάσσα* δ 174; *ἔγχεϊ νύξε* Ε 579.

In *εἰκυῖα* findet man den Diphthong an dieser Versstelle nicht aufgelöst, so *δέμας εἰκυῖα θεῇσιν* Θ 305; *γυνὴ εἰκυῖα θεῇσιν* Λ 637; Τ 286; *προρέει εἰκυῖα χαλάζῃ* Χ 151; *ἄλοχον εἰκυῖαν ἄκοιτιν* Ι 399; *ἐὴν εἰκυῖα θεῇσι* η 291, aber dass man dazu berechtigt ist unterliegt keinem Zweifel, so wie es ja auch im zweiten Fuss vorkommt: *Τηλεμάχῳ ἐικυῖα* β 383; *αἰθυίῃ ἐικυῖα* ε 337, 353; *παρθενικῇ ἐικυῖα* η 20; *ἀνδρὶ δέμας ἐικυῖα* θ 194; ν 222; *γρηὶ δέ μιν ἐικυῖα* Γ 386; *μαινομένῃ ἐικυῖα* Ζ 389; *ἣ δ' ἅρπῃ ἐικυῖα* Τ 350; *Δηιφόβῳ ἐικυῖα* Χ 227. Die Handschriften haben hier überall *εἰκυῖα*, welches auch Δ 78 *τῷ εἰκυῖ' ἧιξεν* im ersten Fuss stehen bleiben muss.

Auch bei *εὖ* hat an dieser Versstelle die Diärese einzutreten, obwohl sie in den Handschriften oft, in den Ausgaben fast durchweg unterblieben ist. Man schreibe daher *ἐὺ ναιεταόντων* β 400; θ 574; ρ 28, 85, 178, 275, 324; τ 30; υ 371; φ 242, 387; χ 399; ω 362; Β 648; Ζ 370, 415, 497; Λ 769; nicht *εὐναιεταόντων*, weil die bukolische Diärese dadurch aufgehoben würde (die Mss. haben meist *εὖ ναιεταόντων*); *κλισίην ἐύτυκτον ἔθηκεν* δ 123; *ἐύτυκτον ἔθηκεν* ξ 276 (so D); χ 123; Γ 336; Ο 480; Π 137; Hymn. VI, 7; *ἐυκαμπὲς ἔχοιμι* σ 368 (*ἐΰκαμπὲς* CDLQ); *ἐυποιήτοισι τάπητας* υ 150 (*ἐϋποιήτοισι* CG); *ἐυτείχεον ἐξαλαπάξαι* Α 129 (L); Θ 241; *ἐυτείχεον ἀπονέεσθαι* Β 288; Ε 716; Ι 20; *ἐύπυργον ἕλητε* Η 71; *ἐύτυκτον ἵκοντο* Κ 566; *ἐύτυκτον ἵκανεν* Ν 240; *ἐυποιητάων* Π 636; *ἐὺ πάντα πύθηαι* δ 494; *ἐὺ πᾶσι παρέξω* θ 39; *ἐὺ κείμενα πάντα* θ 427; *ἐύθυμος ἔδωκεν* ξ 63; *ἐὺ οἶδα καὶ αὐτὸς* ξ 365; *ἐὺ πᾶσι πιθήσεις* φ 369; *ἐὺ ἐξείνισσα* ω 271; *ἐὺ δ' ἀσπίδα θέσθω* Β 382; *ἐύκτιτον Αἶπυ* Β 592 (*εὔκτιτον* E); *ἐὺ εἰδότε πάσης* Β 823; Ε 11, 549; Μ 100; *ἐὺ ναιομενάων* Γ 400; *ἐὺ τοῖς ἐπιτείλω* Κ 63; Ν 753; *ἐὺ τοῖς ἐπαμύνω* Μ 369. Dagegen darf Τ 84 nicht *ἐὺ γνῶτε ἕκαστος* geschrieben werden.

Auch an anderen Stellen des Verses, namentlich im zweiten Fuss tritt bei $\overline{\varepsilon\upsilon}$ Diäresc ein: *Ἴλιον εἰς ἐύπωλον β* 18; *λ* 169; *ξ* 71 (so D); *E* 551; *Π* 576; *Ναυσικάαν ἐύπεπλον ζ* 49 (*ἐΰπεπλον* CLQ); *ὑψηλὴν ἐύκυκλον ζ* 58 (so DINQ), 70 (so DIN); *δησάμενοι δ' ἐὺ πάντες ϑ* 37; *δαινυμένους δ' ἐὺ πάντας κ* 452; *ἐκ Τροίης ἐὺ πάντας σ* 260; *κτήμαϑ' ἑλὼν ἐὺ πάντα Γ* 72, 93; *αὐτὰρ ἐγὼν ἐὺ οἶδα Η* 237; *χρυσείην ἐύτυκτον Θ* 44; *N* 26; *ἀξίνην ἐύχαλκον N* 612; im dritten Fuss: *Ἰϑάκην ἐυδείελον β* 167; *ι* 21; *ν* 212, 325; *τ* 132; *ἐυποίητόν τε πυράγρην γ* 434 (so M); *ἐὺ εἰδὼς δ* 818; *ε* 250; *ι* 215; *B* 720; *I* 345; *O* 527; *ἐὺ ναιομένην ν* 285; *A* 164; *B* 133; *E* 489; *I* 149, 291, 402; *N* 380, 815; *Ξ* 255; *O* 28; *Π* 572; *ἠέ τινα τριπόδων ἐυχάλκων ο* 84 (*ἐϋχάλκων* Q); *εἵλετο δὲ κληῖδ' ἐυκαμπέα* (so CD); *ἀλλὰ ἄναξ αὐτός τ' ἐὺ μήδεο B* 360; *ἐυποιήτῃσι μάχωνται E* 466; *ἐυχάλκου λῦσε δὲ γυῖα Π* 12; *ἐυφημῆσαί τε κέλεσϑε I* 171; *ἐὺ ἔτρεφεν ἠδ' ἀτίταλλεν Π* 191. *ὄφρ' εὖ γιγνώσκῃς E* 128 im ersten Fuss bleibt stehen. Zu bemerken ist auch hier, dass in den Handschriften in der Regel kein Zeichen der Diärese steht; das verschlägt aber wenig, haben ja doch die meisten *ὅ* (oder *ὅς*) *σφιν εὖ φρονέων β* 160, 228; *η* 158; *π* 399; *ω* 53, 453, wo doch nur *ἐὺ φρονέων* oder *ἐυφρονέων* möglich ist; vgl. *φ* 218 wo ADGIKLMQV *ὄφρα μ' εὖ γνῶτον* haben; *σὺ δ' εὖ κρίνασϑαι δ* 408 AFIKNRSV; *λεπτοὶ εὔνητοι η* 97 ACDHKLMQV; *ὅτ' εὐφροσύνη ι* 6 EHM 1. man.; *ὅτε εὐφροσύνη* CDLQ, die übrigen *ὅταν εὐφροσύνῃ* keine aber *ὅτ' ἐϋφροσύνη*; *ναίει εὐπλόκαμος μ* 449 CL; *σφῶιν εὐφροσύνης ψ* 52 CD. Was ist also bei solcher Sachlage auf die Handschriften zu geben, die nicht einmal da die Diärese haben, wo das Metrum gar keine andere Schreibweise zulässt? Das Adjectiv lautet bei Homer nirgends anders als *ἐύς B* 819; *M* 98; *N* 246, 691; *P* 491; *Ψ* 528, 860, 888, oder verlängert *ἠύς*, Acc. *ἐύν* (*Θ* 303) oder *ἠύν*, das Neutrum nur *ἠύ* (*P* 456; *Υ* 80), demgemäss auch der adverbialisierte Accusativ regelmässig *ἐύ*, warum also *εὖ* schreiben, wenn es das Metrum nicht verlangt?

Wird das Adverbium *ἐύ* mit einem Wort zusammengesetzt, welches mit zwei Consonanten anlautet, so bleibt mit seltenen Ausnahmen die Diärese: so in *ἐύδμητος*, *ἐύζυγος*, *ἐύϑρονος*, *ἐυκλεής*, *ἐυκνήμιδες*, *ἐυκτίμενος*, *ἐύξεστος*, *ἐύξοος*, *ἐυπλόκαμος*, *ἐυπλυνές*, *ἐυσταϑής*, *ἐύσκαρϑμος*, *ἐύσκοπος*, *ἐυστέφανος*, *ἐύστροφος, ἐύτριχες, ἐύτμητος, ἐυτρεφής, ἐύτροχος, ἐύφρων, ἐυφροσύνη*, so auch in *ἐυμελίης, ἐυρειτής, ἐύροος, ἐύννητος, ἐύσσελμος*, daher ist auch *ι* 6 *ὅτ' ἐυφροσύνη* richtiger als *ὅτε* oder *ὅταν εὐφροσύνη*, wie Eratosthenes gelesen haben soll. Ein paar Ausnahmen finden sich auch hievon bei Homer: *εὔδμητον υ* 302; *εὐξέστῳ Π* 402; *εὔπρηστον Σ* 471; *εὔπρυμνοι Δ* 248; *εὐφραδέως τ* 352; *εὐφραίνεσθαι β* 311; *εὐφρῆναι Ρ* 28; *εὔφρην' Ω* 102; *εὔφρων Ο* 99; *εὐφροσύνη κ* 465 und *εὐφροσύνην υ* 8, wo die Schreibweise der Handschriften *γέλω τε* oder *γέλωτα καὶ εὐφροσύνην* nicht in *γέλω καὶ ἐυφροσύνην* nach der Angabe des Schol. *ζ* 156 geändert zu werden braucht, denn dann bleibt immer noch *κ* 465 als Ausnahme, die die Richtigkeit der dort aufgestellten Annahme, dass *εὐφροσύνη* nur in der Diärese vorkomme, widerlegt. *εὐφροσύνη* Hymn. III, 449, 482. *εὔφρονα* IV, 102. *εὔστρωτος* IV, 157; V, 285. *εὔσκοπος* IV, 262. *εὐφροσύνη* XXX, 13. *εὔφρονι* XXX, 14.

παῖς[43]) steht bei Homer dreimal am Versanfang (*η* 300; *σ* 216; *τ* 530), fünfmal in der Thesis des ersten Fusses *δ* 807; *π* 100; *υ* 35; *Ξ* 474; *Ω* 385, wo übrigens ebenso *πάις* möglich wäre, wie es auch *δ* 807 und *υ* 35 in Handschriften vorkommt), einmal in der Arsis (*δ* 817) und einmal in der Thesis (*τ* 86) des zweiten, einmal in der Thesis (*σ* 175) des dritten und zweimal in der Thesis des vierten Fusses *Η* 44; *Φ* 216. An allen übrigen Stellen ist *πάις* möglich und muss im vierten Fuss geschrieben werden: *πάις εἰς 'Οδυσῆος α* 207 (*πάϊς* ABDHIKLNPQSV); *πάις ἀντίον ηὖδα α* 399; *β* 177; *π* 434; *φ* 320 (die Mss. überall *παῖς*); *πάις οἰχομένοιο δ* 164 (so BDKP); *πάις οἴχεται αὔτως δ* 665 (so ABDHILNPQS); *πάις ἡγήσαιτο ζ* 300 (die Mss. *παῖς*); *πάις 'Αλκινόοιο θ* 130 (so CDEGIKLM); 132 (IL); 143 (D); *πάις ἢ σέ γ' 'Απόλλων θ* 488 (so ADKL); *πάις ἐκ Πύλου ἦλθε π* 337 (*πάϊς* ACDEILMNQ); *πάις ἦρχ' ἀγορεύειν π* 345 (so DHILMQV); *σ* 349 (die Mss. *παῖς*); *υ* 359 (die Mss. *παῖς*); *πάις ἀγκυλομήτεω φ* 415; *Β* 205, 319; *Δ* 75; *Ι* 37; *Μ* 450; *Π* 431; *Σ* 293; *πάις ἐνθάδ' ἱκάνεις ω* 328 (so ADKLMNQS); *πάις ἕνδεκα νηῶν Β* 713; *πάις 'Αγχίσαο Β* 819; *Μ* 98; *Ρ* 491 (so die meisten Handschriften); *πάις ἠυκόμοιο Δ* 512 (S); *Π* 860 (G); *πάις 'Αμφιτρύωνος Ε* 392 (AS); *πάις οὐδ' ἄρ' ἔτι δήν Ζ*

---

[43]) Spitzner Excurs. VI zu *Β* 713.

139; πάις ἢ τελέει περ Θ 415; πάις Ἠιονῆος Κ 435 (E); πάις αἰγιόχοιο Ν 825 (AEGS); πάις ἀμφιγυήεις Ξ 239 (AEGLS); πάις ἣν παράκοιτιν Ξ 346 (hier dürfte παῖς berechtigter sein, da ἥν ursprünglich digammiert war); πάις ὅς τοι ἀκοίτης Ο 91 (G); πάις ἄγχι θαλάσσης Ο 362 (EGS); πάις ἠέ μιν ἤδη Ω 408 (AGL); πάις εἴ ποτ' ἔην γε Ω 426 (AEGL); πάις ὤλεσε θυμόν Ω 638 (AEGL). Sonst steht πάις noch zweimal im zweiten und dreimal im dritten Fuss τοῦ γὰρ ἐγὼ πάις εἰμί ι 519 (so ACDHLM); Ζηνὸς μὲν πάις ἦα λ 620 (so ACDEIKLMNQ); μοι πάις οἴχεται δ 707 (so ADIKLMN); αὐτὰρ ὃ αὖτις ἰὼν πάις Θ 271 (so AEGL); ἀνδρός γε θνητοῦ πάις Ω 259 (so alle Mss.). Auch an diesen Stellen könnte überall παῖς stehen, aber die Mehrzahl der Handschriften hat πάις.

Sonst steht πάις, ohne dass παῖς dafür eintreten könnte, Β 609; Γ 314; Ε 704; Ζ 119, 467; Η 13; Θ 333, 377; Κ 497; Ν 422, 698; Ρ 140; Σ 154, 569; Τ 123; Υ 112; Χ 484, 492, 499; Ω 726; λ 448; ξ 200; τ 159; φ 95 fast durchweg nach der dritten trochaeischen Caesur.

β 50 haben alle Handschriften ἐπέχραον, Aristophanes schrieb ἐπέχρων. ε 136; η 257; ψ 336 schrieben Aristarch und Aristophanes ἀγήρων: dafür haben ἀγήραον ε 136 ABCDEFGHIKLMNPQS; η 257 alle Handschriften und ψ 336 alle Handschriften ausser Q. Ν 773, ε 305 und χ 28 schrieb Aristarch σῶς, nicht σόος, ι 167 οἰῶν (so ACDEIKLMQ) statt ὀΐων, welches Aristonikos und Herodian mit Recht befürworteten. η 114 muss mit Herodian πεφύκασι geschrieben werden für das handschriftliche πεφύκει. γ 150 besteht neben σφισιν ἥνδανε die Variante σφιν (Q, σφι V), die mit Recht keine Berücksichtigung gefunden hat. Gewöhnlich steht auch an dieser Versstelle ἐνί, aber ι 535 εὕροι δ' ἐν πήματα οἴκῳ, λ 115 δήεις δ' ἐν πήματα οἴκῳ wofür H ex em. I das regelmässige ἐνὶ haben. Ν 49 steht δείδια nicht δείδω, Ξ 388 aber ἐκόσμει φαίδιμος Ἕκτωρ (nur G ἐκόσμεε) und Δ 118 κατεκόσμει; diese Contraction ist auffällig neben dem 35mal vorkommenden προσεφώνεε, welches nirgends contrahiert ist. Auch μετεφώνεε wird in der Regel nicht contrahiert, so Η 384; Ι 52; Σ 323; Θ 201 (μετεφώνει GIKMSV); π 354; nur σ 35 ist μετεφώνει μνηστήρεσσιν zu schreiben, da ε vor μν nicht kurz bleiben kann, aber auch hier haben μετεφώνεε DHLQV, προσεφώνεε FMP. ι 354 steht an dieser Versstelle ἤτεε, φ 56 *ᾔρεε*, *ρ* 506 aber neben *ἐδείπνεε* (FV) das besser beglaubigte *ἐδείπνει* (CDGHIKLMNR), wie *μ* 158, 227; *π* 339; *φ* 80; *χ* 129 *ἀνώγει* und nirgends *ἀνώγεε*; *Π* 435 *ποίεον*, 438 *ἐνεποίεον*; *Ι* 645 *ἐείσαο μυθήσασθαι*, dagegen *Λ* 337; *Π* 7, 126 *Πατρόκλεις*, nicht *Πατρόκλεες*, während wir doch die aufgelöste Form beim Vocativ des Adjectivs an derselben Versstelle finden in *ἀγακλεὲς ὦ Μενέλαε Ρ* 716; *τέκνον ἀγακλεές Φ* 379. Für *ἄκοντε πετέσθην γ* 484, 494; *ο* 192; *Ε* 366, 768; *Θ* 45; *Κ* 530; *Λ* 281, 519; *Χ* 400 muss *ἀέκοντε* geschrieben werden, auch gegen die Uebereinstimmung der Handschriften, da das Digamma die Contraction verbietet. *κ* 6 und *Ω* 604 schreibt man *υἱέες ἡβώοντες*, dazu Schol. A *γρ. καὶ υἱεῖς διχῶς*; es empfiehlt sich aber die Schreibweise *υἱέες* auch schon deshalb mehr, weil in der Regel, wenn der fünfte Fuss ein Spondeus ist, der vierte ein Dactylus ist, namentlich wenn die Wahl zwischen zwei Formen freisteht, so in *πάις Ἀγχίσαο*, *μετεφώνεε Φαιήκεσσιν*, *ἠτίμασεν ἀρητῆρα*, *ἄλσεϊ δενδρήεντι*, *ἐυποιητάων*, *ἐπιβησέμεν ὠκείαων*, *ἐπαμυνέμεν Ἀργείοισιν*. Dagegen steht *ω* 497 *υἱεῖς οἱ Δολίοιο*. *Τ* 403 kommt neben *αὐτοῦ τεθνηῶτα* die Variante *αὐτόθι* vor, welches an dieser Stelle des Verses noch steht *Ι* 617 *αὐτόθι λέξεο μίμνων*; *Κ* 273 *αὐτόθι πάντας ἀρίστους*; *Κ* 443 *αὐτόθι νηλέι δεσμῷ*; *Π* 294 *αὐτόθι τοὶ δὲ φόβηθεν*; *Ψ* 147 *αὐτόθι μῆλ' ἱερεῦσαι*; *Ω* 673; *δ* 302 *αὐτόθι κοιμήσαντο*; *ξ* 285 *αὐτόθι πολλὰ δ' ἄγειρα*; *φ* 90 *αὐτόθι τόξα λιπόντε*. Auch *ρ* 254 haben an derselben Versstelle AFMR *λίπεν αὐτόθι ἦκα κιόντας* für *αὐτοῦ* (vgl. *αὐτοῦ πότμον ἐφέψειν ω* 471) ebenso *Ξ* 119 im zweiten Fuss für *αὐτόθι* Schol. A *γρ. καὶ αὐτοῦ*. Sonst steht *αὐτόθι* noch im zweiten (*Φ* 201; *δ* 508; *ξ* 225) und fünften (*Φ* 496; *ζ* 245; *λ* 356; *μ* 161; *ω* 464) Fuss. Man kann auch *Τ* 403 mit E und Schol. A *αὐτόθι* schreiben.

An allen diesen Stellen kann man, wenn nicht sämmtliche Handschriften im Gegentheil übereinstimmen, dem Dactylus den Vorzug geben. Hier vollständige Gleichheit herzustellen, wie dies Bekker gethan, geht über die Grenze des erlaubten hinaus: wir können nicht einmal die Aenderung von *ἀγήρων* in *ἀγήραον* trotz der fast vollständigen Uebereinstimmung der Handschriften in der letzteren Schreibweise befürworten, da *ἀγήρων* durch die Auctorität so bedeutender Grammatiker wie Aristophanes und Aristarch hinlänglich gestützt ist.

6. Im dritten Fuss ist der Hauptabschnitt des Verses: deshalb ist hier der Hiatus gestattet, eine lange Silbe und sogar das mittelzeitige ι bleibt vor einem Vocal lang, kurze Silben erscheinen in der Arsis als Längen gebraucht und die Elision wird möglichst vermieden, vgl. über Hiatus und Elision S. 28. Auch dies war Grundsatz Aristarchs[44]), da er an dieser Versstelle das Augment fallen liess um die Elision zu vermeiden; denn er schrieb τε πίον *I* 177; γ 342, 395; η 184, 228; σ 427; φ 273 (die Handschriften fast ohne Ausnahme τ' ἔπιον); μῆρα κάη *A* 464; *B* 427; γ 461; μ 364 (Ptolemaios von Askalon μῆρε κάη, die Mss. μῆρ' ἐκάη); πολλὰ πάθον *I* 492; *Ψ* 607; δ 95; ε 223; ϑ 155 (die Mss. πόλλ' ἔπαθον); σφωε πόρεν *K* 546; γε φάμεν *Ψ* 440 und τε φάνεν σ 68 nach Herodian zu *O* 2; ϑαμὰ βάζετε *Π* 207.

Die anderen Stellen sind: γε δάμεν δ 495; ὄψα τίϑει ε 267; ζ 77; πάντα λοέσσατο ζ 227; χερσὶ oder χειρὶ τίϑει ϑ 406; ν 57; ο 120, 130; *Λ* 441, 446, 585; *Ψ* 565, 624, 797; γε γενέσϑην λ 312; πρῶτα μίγη ο 420; γεγαῶτα κιχήσατο τ 400; ἠριγένεια φάνη in dem bekannten Verse ἦμος δ' ἠριγένεια φάνη ῥοδοδάκτυλος ἠώς; ζωστῆρα δίδου *Z* 219; ἀσκήσασα τίϑει *Ξ* 179; ἐφύπερϑε καλύψατο *Ξ* 184; δὲ δάμεν *Θ* 344; *Λ* 180; *O* 2; πρόσϑεν δὲ κί' *O* 307; Πάτροκλε φάνη *Π* 787 (E Πάτροκλ' ἐφάνη); ἀνόρουσε δίδου *P* 130; Αἴαντε καλέσσατο *P* 507; μεμαῶτα βάλ' *Υ* 386; ποταμὸς δὲ χολώσατο *Φ* 136 (δ' ἐχολώσατο Tzetzes Alleg. 31); τῇ γάρ ῥα μίγη *Φ* 143 (ῥ' ἐμίγη Schol. A); ζωοὺς δὲ σάω *Φ* 238; δὲ τοῖδι φάνη *Ψ* 109; ὀδυρομένοισι φάνη ψ 241; πεδίον δὲ κάλυψε *Ψ* 189; τώ γε βάτην *Ω* 710; ἄλλα τίϑει *Ω* 740.

ε 196 haben CQ δὲ τίϑει, die anderen δ' ἐτίϑει. ε 295 haben BG τε πίσον (B mit falschem Accent und K τε πέσιον), Q τε πέσε, die übrigen τ' ἔπεσον oder τ' ἔπεσε, ε 279 δὲ φάνη CL, die anderen δ' ἐφάνη. ζ 171 haben κῦμα φόρει BCDEHIKLN, κῦμα φέρει A, vulgo κῦμ' ἐφόρει; η 92 schrieb Aristarch ἔτευξεν ἰδυίῃσι nach Schol. *Γ*, 12, so haben auch die meisten Handschriften, nur Eust. 1570, 39 hat ἔτευξ' εἰδυίῃσι; η 268 haben δὲ φάνη CDL, die anderen δ' ἐφάνη. ϑ 470 haben alle Mss. μοίρας τ' ἔνεμον für μοίρας τε νέμον, μ 13 alle τ' ἐκάη, ν 69

[44]) Homer. Textkritik S. 424.

alle *σῖτόν τ' ἔφερεν* oder *ἔφερε*, *ν* 131 *Ὀδυσῆα φάμην* ACD 1. m. FKNPS (darunter ADKNS *ὀδυσσῆα*), die übrigen *Ὀδυσῆ' ἐφάμην*; *ν* 206 haben *με φίλει* ADEIL, ebenso *ξ* 146 AEHN, vulgo *μ' ἐφίλει*; *ξ* 210 haben *παῦρα δόσαν* alle ausser III, *ο* 367 *Σάμηνδε δόσαν* F, die Mss. *σάμηνδ' ἔδοσαν*, *π* 181 die meisten Handschriften *ξεῖνε φάνης*, aber *ξεῖν' ἐφάνης* M mit Plutarch und Ammonios; *ϱ* 326 *μοῖρα λάβεν* PR, die übrigen *μοῖρ' ἔλαβεν*. Für *δ' ἐχολώσατο* schreibe man *ϱ* 458 mit ADFILMNQV und *σ* 387 mit ACDEIKLMNPQSV und *χ* 224 mit allen Handschriften *δὲ χολώσατο*, wie *ι* 480 *ἔπειτα χολώσατο*, vgl. *Φ* 136. *ϱ* 483 haben alle Mss. *κάλ' ἔβαλες*, *χ* 479 LM *δόμονδ' ἔκιον*, die übrigen *δόμονδε* (A *δόμον δὲ*) *κίον*. *ω* 24 muss für *σ' ἔφαμεν*, der seither üblichen Schreibweise mit AEINQ(HPV) *σε φάμεν*, *ω* 65 *δὲ δόμεν* (die Mss. *δ' ἔδομεν*) und *ω* 284 *γε κίχεις* mit FKMPQRS, nicht *γε κιχεῖς* mit DGHLNV für *γ' ἐκίχεις* geschrieben worden. *B* 317, 326 haben die Handschriften *τέκν' ἔφαγε*, *Γ* 76; *H* 54 *αὖτ' ἐχάρη*, *O* 18 *ὅτε τ' ἐκρέμω*, *Υ* 418 *προτὶ οἷ δ' ἔλαβ'*, *X* 298 *ἔγωγ' ἐφάμην*, *Ψ* 440 *ἔτυμόν γ' ἔφαμεν*, doch AEGL *γε φάμεν*.

Weder die Handschriften, noch die Ausgaben bis auf die neuste Bekker'sche, weisen in der Behandlung dieser Stellen eine Consequenz auf, und doch darf man hier am unbedenklichsten ändern, namentlich wo ε̅ elidiert ist; denn es steht in des Herausgebers Belieben *ΔΕΦΑΝΗ*, *ΜΕΦΙΛΕΙ*, *ΑΥΤΕΧΑΡΗ* so abzutheilen, wie es der Vers verlangt, ohne dass dadurch der Ueberlieferung Gewalt angethan wird.

7. Wie der Versschluss, so wird auch der Schluss der ersten Vershälfte gerne aus Trochäus und Amphibrachys gebildet. Auch dafür lassen sich Aristarchische Lesarten als Belege anführen, so *A* 162 *πολλὰ μόγησα*, *Ξ* 171 *πάντα κάθηρε*, *Ψ* 455 *σῆμα τέτυκτο*, *ζ* 190; *κ* 43 *τάδ' ἔδωκε*. Die Stellen sind folgende: *ταῦτά γ' ἔφησθα* *γ* 357; *δὲ καθῖζον* *ϑ* 6; *π* 408; *πολλὰ δ' ἔδωκε* *ϑ* 269; *σέ γ' ἔμελλε* *ι* 477; *ἐνθάδ' ἔπεμψε* *λ* 623; *δέ μ' ἔπεμψεν* *λ* 626; *νηί μ' ἔδησαν* *μ* 178; *πεῖσμα δ' ἔλυσαν* *ν* 77; *τόδ' ἔφηνε* *ο* 168; *ποτ' ἔναιε* *ο* 226; *ὅττί μ' ἔπαυσας* *ο* 342; *ὅ γ' ἔσηνε* *ϱ* 302; *τόδ' ἔειπεν* *ψ* 273; *ποτ' ἔδωκας* *ω* 337; *μηρί' ἔκηε* *γ* 273; *ι* 553; *ϱ* 241; *ἄρ' ἔμελλε* *η* 18; *ι* 475; *κ* 275; *ἔνθα καθεῦδε* *ζ* 1; *η* 344; *πάντα φίλει με* *κ* 14; *πείσματ' ἔκοψα* *κ* 127; *κτήματ' ἔδειξεν* *ξ* 323; *τ* 293; *ἀτά-*

σθαλ' ἔρεξα σ 139; δὴ τάχ' ἔμελλε υ 393; φ 418; ἄρ' ἔπεφνε χ 268; ὅτ' ἔφησθα Α 397; δέ μ' ἔτικτε Ζ 206; ὅτ' ἔμελλε Τ 98; τοὶ δὲ πέτοντο Ψ 449; ἄλγε' ἔδωκεν Α 96; τάχ' ἔμελλε Κ 365; Λ 181; δυώδεκ' ἔπεφνεν Κ 488; ἄρ' ἔχαιρε Λ 73; καλὰ τέτυκτο Λ 77; αὐχέν' ἔαξε Λ 175; μηρί' ἔκαιε Λ 773 (Aristarch μηρία καῖε, die Handschriften meist μηρί' ἔκηε); οὐδ' ἄρ' ἔμελλε Μ 113; Θέμιστα κέλευσε Υ 4; φοιτήσασα κέλευσε Υ 6; ἄρ' ἔθηκε Φ 172; ἄρ' ἔθεινε Φ 491; γούνατ' ἔλυσα Χ 335; ἔνθα φέβοντο Ο 345; ἀκέσματ' ἔπασσε Ο 394; οὐδ' ἄρ' ἔμελλον Ρ 497; αἶψα κίχανεν Ψ 524; μηρί' ἔκηε Ω 34; λευκὰ λέγοντο Ω 793; ῥά σφι κύκησε Λ 638; οὐκέτ' ἔμιμνε Ο 727; Π 102.

Verletzt ist dieses Princip an folgenden Stellen: δή μ' ἐκέλευσεν η 262; γάρ μ' ἐκέλευε η 304; ἱστόν τ' ἐτίθεντο ϑ 52; δ' ἐβόησε ϑ 305; ω 537; ἔρξάν τ' ἔπαθόν τε ϑ 590; αἵ δ' ἐφέροντο κ 54; δ' ἐκέλευεν κ 373; τ' ἐκόμει τε μ 450; δ' ἐγένοντο π 176; δ' ἐγέλασσεν σ 163, 320; δ' ἐτάνυσσε ω 177; ἄλλ' ἐνόησε β 393; ξ 112; π 409; ψ 242, 344; ἠέρα χεῦε η 15; μοῦσ' ἐδίδαξε ϑ 481, 488 (an letzterer Stelle hat I μοῦσα δίδαξε); θαῦμ' ἐτέτυκτο ι 190 (θαῦμα τέτυκτο A, so auch Aristarch am Versschlusse Σ 549); ὅσσ' ἐμόγησα μ 259; εἵματα ἕσσε π 457; ἄλφιτα δῶκα τ 197; χιτῶν' ἐνόησα τ 232; ῥ' ἐτάνυσσε φ 128; αἴσιμα εἶπας χ 46; μοῖρ' ἐδάμασσε χ 413; δ' ἐμὲ τίκτε Ν 452 (vgl. Ζ 206); δ' ἐβόησεν Θ 92; Λ 181; τοὶ δ' ἐπέτοντο Κ 514 (vgl. Ψ 449); δ' ἐλίγαινον Λ 685 (δὲ λίγαινον E); ὅς τ' ἐφόβησε Ν 300; Π 583; δ' ἐμάχοντο Σ 533; ι 54; οἵ δ' ἐχάρησαν Γ 111; Τ 74; οὐδ' ἐνόησε Υ 264; Χ 445; οἵ δ' ἐπίθοντο Ψ 249; οἵ δ' ἐπέτοντο Ψ 372; αὖτ' ἐγέγωνεν Ξ 469; δή σ' ἐφόβησε Ο 91 (σε φόβησε AG); σ' ἐκέλευσε Ο 176 (σε κέλευσε ES, σε κέλεται A); οὐδ' ἐκέδασθεν Ο 657 (οὐδὲ κέδασθεν AE); δ' ἐκέλευσε Π 727; ἧτ' ἐκέλευον Σ 13; μοῖρ' ἐδάμασσε Σ 119 (μοῖρα δάμασσε GL Porphyrios); πόλλ' ἐμόγησα Λ 162; ταῦτ' ἐπονεῖτο Σ 380; λέπτ' ἐγένοντο Υ 497; σῆμ' ἐτέτυκτο Ψ 455 (σῆμα τέτυκτο Aristarch); αἶψ' ἐνόησε Ρ 116; βραχίονα τύψεν Ν 529; αὐτόθι μεῖνε Ξ 119; ἕρματα ἧκεν Ξ 182; διανδίχα δῶκε Ι 37; ἄρα εἶπε Λ 403; Ρ 90; Σ 5; Υ 343; Φ 53, 552; Χ 98; ε 298, 407; Ἕκτορα εἶπε Ι 375; αὐτόθι λεῖπεν Φ 201; δ' ἐμὲ τίκτε Ν 452; ἔτι κεῖτο Ξ 240; ἐμεῖο δὲ δῆσεν Σ 100, welche Stelle indes das bedenkliche hat, dass *δέω* nicht *δήσω* sondern *δεήσω* bildet, wodurch die Aenderung in *ἐμεῦ* (oder *ἐμέο*) *δ' ἐδέησεν* sich anempfiehlt, wenn auch die alten Grammatiker *δὲ δῆσεν* ausdrücklich anführen und durch *ἐμοῦ δὲ ἐδέησεν* erklären. *δ' ἔδησεν* citieren Apoll. Soph. 62, 14 und Hesychios.

Dem angeführten metrischen Gesetze sind begreiflicher Weise diejenigen Stellen nicht unterworfen, an denen *ι* elidiert werden müsste: es sind ihrer auch nur fünf nemlich, *φρεσὶ θῆκε* ο 234; *φ* 1; *ὀφρύσι νεῦσε* *π* 164; *ἤπατι πῆξε* *χ* 83; *ἐν πυρὶ βάλλεν* *Σ* 474; an den Stellen aber, an welchen *ε* elidiert ist, kann die Aenderung unbedingt vorgenommen werden, während sie sich für die übrigen Stellen nur da empfiehlt, wo sie handschriftliche Gewähr für sich hat. So schreibe man *β* 346 mit AEIKNV *πάντα φύλασσε* für *πάντ' ἐφύλασσε*; *β* 380 mit BDL *ἄλφιτ' ἔχευεν* für *ἄλφιτα χεῦεν*; *γ* 185 mit DV *οἵ τε σάωθεν* anstatt *οἵ τ' ἐσάωθεν*; *γ* 402 mit Aristarch und den Mss. ausser BLS *αὖτε καθεῦδε*, sowie *ζ* 1 *ἔνθα καθεῦδε* (Tzetzes *ἔνθ' ἐκάθευδε*); *η* 157 *μύθοισι κέκαστο*, nicht wie AEK *μύθοις ἐκέκαστο*; *θ* 63 mit ELRV Apoll. Dysk. *μοῦσα φίλησε*; *θ* 268 *πρῶτα μίγησαν* nicht *πρῶτ' ἐμίγησαν* mit CDGHILMQ; *ι* 158 *αἶψα δ' ἔδωκε* nicht *αἶψα δὲ δῶκε* mit CEIKQSV; *π* 356 *τόδ' ἔειπε*, nicht *τόδε εἶπε* mit CIKNS; *σ* 138 *ποτ' ἔμελλον*, nicht *ποτε μέλλον* mit D; *τ* 181 *δ' ἔμ' ἔτικτε* mit N oder höchstens noch *δέ μ' ἔτικτε* mit FKS(CP) für das seither übliche *δ' ἐμὲ τίκτε* (vgl. *N* 452; Z 206); *ψ* 184 mit ALQV und 204 mit E *ἄλλοσ' ἔθηκε* für *ἄλλοσε θῆκε*.

π 151 haben die Handschriften richtig *μετ' ἐκεῖνον*, nicht *μετὰ κεῖνον*. *κ* 397 schrieb man seither *δ' ἐμὲ κεῖνοι*: dafür haben richtig *δέ μ' ἐκεῖνοι* ILMQRV, annähernd *τέ μ' ἐκεῖνοι* C; die anderen *δέ με κεῖνοι* (DKN) und *δ' ἐμὲ κεῖνοι*. Wäre die orthotonierte Form hier nothwendig, so könnte man ohne der Ueberlieferung Gewalt anzuthun *δ' ἔμ' ἐκεῖνοι* schreiben, aber sie ist es nicht, weil keine der Bedingungen vorhanden ist, unter welchen die orthotonierte Form zulässig wäre[45]). *κ* 414 haben QSV das richtige *ὣς ἔμ' ἐκεῖνοι*, die übrigen *ὣς ἐμὲ κεῖνοι*; *λ* 398 haben alle Mss. *αἶψ' ἐμὲ κεῖνος*, wofür mit Bekker *ἔμ' ἐκεῖνος* geschrieben werden muss; *λ* 615 haben Bekker, Ameis,

[45]) Hom. Textkritik S. 277.

Dindorf *αὐτίκα κεῖνος*, wofür wenigstens *αὐτίκ' ἐκεῖνος* geschrieben werden müsste, wenn hier nicht die Schreibweise *αὖτ' ἔμ' ἐκεῖνος* in LMNQ den Vorzug verdiente: *αὖτ' ἐμὲ κεῖνος* haben GV, *αὖτε με κεῖνος* D, *αἶψ' ἐμὲ κεῖνος* ACK und nur H *αὐτίκα κεῖνος*, welche Schreibweise sich abgesehen von ihrer schlechten Begründung auch durch das Fehlen des Objects nicht anempfiehlt. *ρ* 110 haben *δέ μ' ἐκεῖνος* FGHIKLMNPRV und doch haben alle Herausgeber mit Bekker *δέ με κεῖνος*, *ψ* 76 hat M *ἀλλά μ' ἐκεῖνος*, V *γ' ἐκεῖνος*, die übrigen *ἀλλά με κεῖνος*. *ω* 115 ist mit AG *ὅτ' ἐκεῖσε* (E *ὅτε ἐκεῖσε*) für *ὅτε κεῖσε* zu schreiben. *E* 604 haben alle Mss. *πάρα κεῖνος*, *Π* 77 *ἐμὲ κεῖνος*, wofür man unbedenklich *ἔμ' ἐκεῖνος* setzen kann; *Ξ* 250 *ὅτε κεῖνος* (A *ὅτε, κεῖνος*), richtig EGS *ὅτ' ἐκεῖνος*, *O* 148 *ὅττί κε κεῖνος* (S *κ' ἐκεῖνος*); ferner *ἔτι κεῖνος α* 233; *ὅσα κεῖθι γ* 116; *ὅσα κεῖνος δ* 152; *ὅσα κεῖνος δ* 739; *ὅττι σε κεῖθι ϑ* 550, wofür man *σ' ἐκεῖθι* schreiben kann; dagegen muss *οὐδέ τι κεῖνον α* 243 (so ADGIKLMNQSV) stehen bleiben, da *τι* nicht elidiert.

An *μειλιχίοις ἐπέεσσιν ι* 493; *κ* 173, 442, 547; *μ* 207; *σ* 283; *ω* 393 und *ἀντιβίοις ἐπέεσσι σ* 415; *υ* 323 wird eine besonnene Kritik schwerlich einen Aenderungsversuch wagen, da in dieser Schreibart sämmtliche Handschriften übereinstimmen; dagegen werden sich *δή μ' ἐπέεσσι λ* 99; *μ* 36; *ρ* 123; *τ' ἐπέεσσι ν* 323 und *σφ' ἐπέεσσι φ* 192 der Aenderung fügen müssen, wenn anders das Digamma in *ἔπος* hier einen Anspruch auf Berücksichtigung hat. Es bleibt nur noch die Schreibweise *ἀγανοῖς βελέεσσιν γ* 280; *ε* 124; *λ* 173, 199; *ο* 411 übrig, deren Aenderung in *ἀγανοῖσι βέλεσσι* keiner Schwierigkeit unterliegt (vgl. S. 83), zumal an allen Stellen diese Schreibart handschriftlich beglaubigt und durch die Analogie ähnlicher Fälle gestützt ist.

8. Am verwickeltsten ist die Untersuchung über den zweiten Fuss, da es hier eine Anzahl von Aristarchischen Lesarten gibt, die es zweifellos machen, dass der bedeutendste der alten Grammatiker an dieser Versstelle den Spondeus bevorzugte, namentlich wenn der erste Fuss dactylisch war. Wenn nun anderseits nach dem im vorigen Abschnitte durchgeführten Grundsatze in diesem Fusse gleich wie im fünften gerne der Dactylus steht, so gerathen hier zwei metrische Principien mit einander in Conflict, der sich nur dadurch einigermassen heben lässt, dass wir annehmen, Aristarch habe gerne den Fluss des dactylischen Rhythmus

durch Spondeen gehemmt. Die Aristarchischen Lesarten, welche hier in Betracht kommen, sind folgende:

1. *Γ* 18 *καὶ ξίφος αὐτὰρ δοῦρε* für *αὐτὰρ ὃ δοῦρε*.

2. *Γ* 373 *καί νύ κεν εἴρυσσέν τε* f. *ἐξέρυσέν τε*.

3. *M* 218 *Τρωσὶν ὅδ' ὄρνις ἦλθε* f. *ἐπῆλθε*.

4. *Π* 188 *ἐξάγαγεν φόωσδε* mit Aristophanes (Zenodot *πρὸ φόωσδε*).

5. *Υ* 57 *ὑψόθεν αὐτὰρ νέρθε* f. *ἔνερθε*.

6. *Υ* 114 *ἡ δ' ἄμυδις στήσασα* f. *καλέσασα*.

7. *γ* 380 *ἀλλὰ ἄνασσ' ἵληθι* (Zenodot *ἐλέαιρε*).

8. *B* 205 *εἷς βασιλεὺς ᾧ δῶκε* f. *ἔδωκε*.

9. *Φ* 84 *ὅς μέ σοι αὖτις δῶκε* f. *ἔδωκε*.

10. *η* 235 *καλὰ τά ῥ' αὐτὴ τεῦξε* f. *ἔτευξε*.

11. *Z* 155 *αὐτὰρ Γλαῦκος τίκτεν* f. *ἔτικτεν*.

12. *O* 601 *ἐκ γὰρ δὴ τοῦ μέλλε* f. *ἔμελλε*.

13. *δ* 39 οἱ *δ' ἵππους μὲν λῦσαν* f. *ἔλυσαν*.

14. *K* 539 *'Αργείων ὥριστοι* f. *οἱ ἄριστοι*.

15. *B* 579 *κυδιόων πᾶσιν δὲ*, dafür in der anderen Ausgabe *ὅτι πᾶσι*.

16. *A* 129 *δῷσι πόλιν Τροΐην* f. *Τροίην*.

17. *Π* 25 *βέβληται μὲν Τυδείδης*, so Aristophanes, dafür Aristarch wohl *ὁ Τυδείδης*.

18. *O* 373 *ἢ βοὸς ἢ οἰὸς* f. *ὄιος*, da Aristarch auch *οἰῶν* zweisilbig las.

Davon sind die 10 erstgenannten Fälle metrisch gleich ⏑́ ⏑ ⏑ ⏑́ – ⏑́ ⏑, es tritt meist Diärese nach dem zweiten, oft auch schon nach dem ersten Fusse ein; an den vier folgenden Stellen ist auch der erste Fuss spondeisch. Der Dactylus steht nur zweimal im zweiten Fuss, *A* 129 und *B* 579, wo beide Recensionen Aristarchs von einander abweichen, vielleicht auch noch *Π* 25. Dass Aristarch hier auch ein metrisches Princip verfolgte, beweisen die Fälle 5, 8—14, wo zwei Formen möglich sind.

Hier schwanken die Handschriften und Ausgaben am meisten, weshalb es auch nicht möglich ist an dieser Versstelle Gleichheit herzustellen. So schreibt man (wohl mit Aristarch) allgemein *οἱ δῶκεν α* 264; *δ* 647, 649; *ι* 202; *ψ* 228; *ω* 274, aber *δ* 736 *μοι ἔδωκε*, obgleich AEH 1. man. MNQRV *δῶκε* haben, welche Schreibweise deshalb hier berechtigter ist; *ι* 197 haben wohl die meisten Handschriften *ὅν μοι ἔδωκε*, allein auch hier darf man mit KQ δῶκε schreiben; η 295 haben alle Handschriften σῖτον ἔδωκεν und φ 38 τόξον ἔδωκε. δ 39 schrieb Aristarch οἳ δ' ἵππους μὲν λῦσαν, BDLNPV haben ἔλυσαν. δ 181 schreibt man allgemein που μέλλεν (BEKLQ ἔμελλεν), dagegen τ 94 ξεῖνον ἔμελλον (so alle Mss.) und hier darf man Gleichmässigkeit herstellen, da auch sonst an dieser Versstelle ἔμελλον steht (vgl. η 18; ι 477; σ 138; υ 393; φ 418; *K* 365, 454; *Λ* 181; *M* 113; *O* 601; *P* 497; *T* 98), ebenso wie am Versschlusse. ε 263 haben die Handschriften πέμπτῳ πέμπ'; ϑ 579 μὲν τεῦξαν (ἔτευξαν V); η 235 αὐτὴ τεῦξε (I ἔτευξε); ι 500 ἀλλ' οὐ πεῖθον; λ 306 ἣ δὴ φάσκε, dagegen ϑ 565 und ν 173 ὅς ἔφασκε (an letzterer Stelle L φάσκε); ξ 292 αὐτῷ μεῖνα, aber κ 53 καὶ ἔμεινα; ο 363 αὐτὴ ϑρέψεν (ἔϑρεψεν CHIQS); υ 136 μὲν γὰρ πῖνε (ἔπινε EH 2. man.); χ 186 ἤδη κεῖτο, aber χ 362 γὰρ ἔκειτο; ι 150, 547 und μ 5 αὐτοὶ βῆμεν.

Umgekehrt haben die Handschriften ἀσκὸν ἔϑηκε ε 265; σὺς μὲν ἔϑηκας κ 338; λᾶαν ἔϑηκε ν 163 (QV ϑῆκε); τοῖον ἔϑηκεν π 208; ἄνδρας ἔπεφνεν λ 516; χ 229; λαὸν ἔπεφνεν λ 518; μιν ἔπεφνε χ 359; μιν ἔγημεν λ 179; ἄλλος ἔγημεν π 34; δή τις ἔγημε ψ 149; μὲν ἔτικτεν ο 243 (τίκτεν AE); σ 322; ἥ μιν ἔτικτε ψ 325; ἣ μὲν ἔβαλλε κ 352; μιν ἔλυσε λ 296; αἶσχος ἔχευε λ 433; πρῶτος ἔβαζε λ 511; δέ σφιν ἔνειμε ξ 449; μὲν ἔληϑον β 106; τ 151; ὕπνος ἔμαρπτε υ 56; οὐδὸν ἔβαινε χ 182.

Das gleiche Schwanken herrscht in der Ilias:

Ἥφαιστος μὲν δῶκε *B* 102; αὐτὸς γάρ σφιν δῶκεν *B* 612; καὶ γὰρ ἐγὼ σοὶ δῶκα *Δ* 43; Αἴαν ἐπεί τοι δῶκε *Π* 288; σκῆπτρον μέν τοι δῶκε *I* 38; ἀλκὴν δ' οὔ τοι δῶκεν *I* 39; Τυδείδῃ μὲν δῶκε *K* 255 (ἔδωκε EG); τοὔνεκά οἱ τὸν δῶκε *Λ* 23; υἱὸν ἐπεί μοι δῶκε *Σ* 436; Φυλείδης ὃν τίκτε *B* 628; μητροπάτωρ ὅς τίκτε *Λ* 224; ἐν δὲ μετώπῳ πῆξε *Δ* 460; *Z* 10; ἀμφὶ δ' ἄρ' αὐτῷ βαῖνε *E* 299; *P* 4; καρπαλίμως δ' ἵκανε (nicht ἀφίκανε) *E* 868; ἀλλ' ὅτε δή ῥ' ἵκανον *K* 526; οἳ δ' ἵππους μὲν λῦσαν *Θ* 543; προφρονέως μιν τῖεν *Z* 173; ἣ δ' ἀμφ' αὐτῷ ϑῆκε *I* 547 (ἔϑηκε E); ἀλλ' ἐπὶ καὶ τῷ ϑῆκε *Ω* 538; τῷ δὲ τετάρτῳ ϑῆκε *Ψ* 269; ὥς ὅ γε πάντῃ ϑῦνε *Υ* 493; γαστέρα γάρ μιν τύψε *Φ* 180.

Weit häufiger aber ist der zweite Fuss dactylisch: εἷς βασιλεὺς ᾧ ἔδωκε *B* 205 (Aristarch δῶκε); ἄλλῳ μὲν γὰρ ἔδωκε

N 730; *ξεῖνος γάρ οἱ ἔδωκεν* *O* 532; *τῷ δ' ἕτερον μὲν ἔδωκε* *Π* 250; *νῦν δ' ὅτε πέρ μοι ἔδωκε* *Σ* 293; *ὅς με σοὶ αὖτις ἔδωκε* *Φ* 84 (Aristarch *δῶκε*); *Ζεὺς θῆκεν καὶ ἔδωκε* *Φ* 484; *εἴ τοι Τρῶας ἔδωκε* *Φ* 216; *λᾶαν γάρ μιν ἔθηκε* *B* 319; *τὴν γὰρ Τρῶες ἔθηκαν* *Z* 300; *ἐν δ' ἄρα νῶτον ἔθηκ'* *I* 207; *καί μ' ἀφνειὸν ἔθηκε* *I* 483; *καί σε τοσοῦτον ἔθηκα* *I* 485; *τόν οἱ ἐλαφρὸν ἔθηκε* *M* 450; *χερσὶ σκῆπτρον ἔθηκε* *Ψ* 568; *καὶ τό γ' ἄνευθεν ἔθηχ'* *X* 368; *καί μιν τυφλὸν ἔθηκε* *Z* 139; *αἶψα δὲ νῆας ἔπηξε* *B* 664; *ἔνθά οἱ ἔγχος ἔπηξεν* *N* 570; *πὰρ δέ οἱ Ἶρις ἔβαινε* *E* 365; *ἣ δ' ἐς δίφρον ἔβαινε* *E* 837; *θῆκ' ἂν δ' αὐτὸς ἔβαινε* *P* 541; *ὅς τόξοισιν ἔκηδε* *E* 404; *Τευθρανίδην ὃς ἔναιε* *Z* 13; *αὐτὰρ Γλαῦκος ἔτικτεν* *Z* 155 (Aristarch *τίκτεν*); *παρθένιος τὸν ἔτικτε* *Π* 180; *Πηλεύς, ὅς μιν ἔτικτε* *X* 421; *μήτηρ θ' ἥ μιν ἔτικτε* *Π* 428; *τοὺς δ' ἄλλους μοι ἔτικτον* *Ω* 497; *καλὰ τά ῥ' αὐτὸς ἔτευξε* *Z* 314; *ἐν μὲν γαῖαν ἔτευξ'* *Σ* 483; *τὸν Λυκόοργος ἔπεφνε* *H* 142; *ἀλλ' ἤ τοι τὸν ἔπεφνε* *Ψ* 828; *πάντες ὃ δ' οἷον ἔπεφνε* *O* 638; *ἠύτε ταῦρον ἔπεφνε* *Π* 487; *γνωτὸν ἐμὸν τὸν ἔπεφνες* *P* 35; *ὅς τοι ἑταῖρον ἔπεφνεν* *Φ* 96; *ὅς μοι ἑταῖρον ἔπεφνε* *Y* 426; *τῷ κ' ἀγαθὸς μὲν ἔπεφν'* *Φ* 280; *Πατρόκλου τὸν ἔπεφνες* *Ω* 756; *πολλὸς γάρ τις ἔκειτο* *H* 156; *χρυσὸν δ' αὐτὸς ἔδυνε* *Θ* 43; *N* 25; *ἐσθλὰ μὲν ἐσθλὸς ἔδυνε* *Ξ* 382; *Νέστωρ οἶος ἔμιμνε* *Θ* 80; *ἔνθά ποτ' οἶον ἔμιμνε* *I* 355; *ἔνθ' Ὕπνος μὲν ἔμεινε* *Ξ* 286; *ὡς νῦν τοῦτον ἔτισε* *I* 118; *καὶ δὴ τεῖχος ἔδειμε* *I* 349; *ἦ καὶ ὃ μέν μιν ἔμελλε* *K* 454; *ἐκ γὰρ δὴ τοῦ ἔμελλε* *O* 601; *ὣς τοῦ χαλκὸς ἔλαμπε* *N* 245; *X* 32; *Ἕκτορα δῖον ἔπαυσε* *O* 15; *αἴνυτο καί κεν ἔπαυσε* *O* 459; *τόν ῥ' ἤ τοι μὲν ἔπεμπε* *Σ* 237; *οὐδὲ Σκάμανδρος ἔληγε* *Φ* 305; *ἣ δ' ἄρα τὸν μὲν ἔλειπε* *X* 226; *εὖτε τὸν ὕπνος ἔμαρπτε* *Ψ* 62; *βέβληται μὲν ὁ Τυδείδης* *Π* 25 (ohne *ὁ* Aristophanes); *ἀλλ' ὃ μὲν αὐτόθι μεῖνε* *Ξ* 119 (Var. *αὐτοῦ*); *ὑψόθεν αὐτὰρ ἔνερθε* *Y* 426 (Aristarch *νέρθε*). An keiner dieser Stellen darf man eine Aenderung vornehmen, es sei denn dass bessere Quellen die andere Schreibart hätten. Der Wechsel zwischen den augmentierten und nicht augmentierten Formen ist so constant, dass von den meisten Verben beide Formen an derselben Versstelle vorkommen, wie *δῶκε ἔδωκε, θῆκε ἔθηκε, τίκτεν ἔτικτεν, πῆξε ἔπηξε, βαῖνε ἔβαινε, φάσκε ἔφασκε, μεῖνα ἔμεινα*; andere aber kommen wieder blos augmentiert vor, so *ἔμελλον, ἔπεφνον, ἔκειτο*.

Aristarch schrieb *καὶ κεῖνος* α 177; γ 197, 286; δ 832; ζ 166; κ 437; λ 429; ν 418; σ 150; τ 370 (*ἐκείνῳ* DE); Z 200; O 45, 179; Π 648; *καὶ κεῖσε* α 260; ζ 164; *καὶ κεῖθεν* δ 519; Φ 62; *καὶ κεῖθι* θ 467; ο 181; Γ 402; M 348; X 390. Hier schrieben andere nach Didymos *κἀκεῖνος, κἀκεῖσε* (so soll sogar Zenodot geschrieben haben, wenn in dem Scholion des Aristonikos zu M 348 *κἀκεῖσε* richtig ist und nicht vielmehr *καὶ κεῖσε* dafür zu setzen ist, wie auch ja Zenodot nach Schol. V zu Θ 179 *καὶ κεῖνος* geschrieben haben soll) und da wir diese Schreibweise noch jetzt in vielen Handschriften an fast allen Stellen finden (schon der Syr. Palimps. hat M 348 *κακεῖθι*), so wird dies wohl die *κοινή* gewesen sein. Ob man die zweisilbigen Formen auch an den anderen Stellen stehen lassen soll ist fraglich, da hier die Handschriften sehr schwanken und der Dactylus im zweiten Fuss viel häufiger ist als der Spondeus. Ohne Variante kommen die zweisilbigen Formen nur noch an folgenden Stellen vor: *γὰρ κεῖθι* γ 262; *αὐτὰρ κεῖθι* ο 281; *δὴ κείνη* ο 361; *γάρ μοι κεῖνος* ξ 156; *μοι κεῖθεν* ρ 53; *ἐξ οὗ κεῖνος* σ 181; *δὴ κεῖνοι* A 266; *ἤ τοι κεῖνος* E 648; *μοι κεῖνος* I 312; *μὴ κεῖνος* N 232; *δὴ κεῖνος* Ψ 858. Für *εἴ μιν κεῖνος* ε 139 hat Q *ἐκεῖνος*; *ὅππῃ ἐκεῖνος* ι 457 V; ξ 42 *αὐτὰρ ἐκεῖνος* GM; ξ 122 *οὔ τις ἐκεῖνον* EQV; π 376 *πρὶν ἐκεῖνον* H; *μὲν ἐκεῖνος* ρ 243 MR; φ 201 QRS; *Ἶρος ἐκεῖνος* σ 239 ACDEGHIKLMNPQV, letzteres ist demnach unbedingt in den Text zu setzen.

ξ 519 schrieb Aristarch *ἐν δ' οἰῶν* und υ 3 *πόλλ' οἰῶν*, an welchen Stellen die Handschriften *ὀΐων* haben, vielleicht auch δ 764 *οἰὸς* für *ὄϊος*. ζ 132 schrieb Rhianos *αὐτὰρ ὃ βουσὶ* für *αὐτὰρ βουσὶ* (Aristarch?). κ 240 haben die Handschriften *αὐτὰρ νοῦς*, nur M im Lemma *αὐτὰρ ὁ νοῦς*; ω 225 haben alle Mss. *αὐτὰρ ὃ τοῖσιν*, λ 620 *μὲν παῖς*, dafür besser *πάϊς* mit ACDEIKLMNQ, sowie ι 519 *τοῦ γὰρ ἐγὼ πάϊς* mit ACDHLM. Auch ει und ευ wird an dieser Versstelle besser aufgelöst, wie *Ἄργεϊ νάσσα* δ 174; *ἔγχεϊ νύξε* E 579; *γρηὶ δέ μιν ἐικυῖα* Γ 386; *μαινομένῃ ἐικυῖα* Z 389; *ἢ δ' ἅρπῃ ἐικυῖα* T 350; *Τηλεμάχῳ ἐικυῖα* β 383; *αἰθυίῃ ἐικυῖα* ε 337, 353; *παρθενικῇ ἐικυῖα* η 20; *ἀνδρὶ δέμας ἐικυῖα* θ 194; ν 222; *Ἴλιον εἰς ἐύπωλον* β 18; λ 169; ξ 71; E 551; Π 576; *Ναυσικάαν ἐύπεπλον* ζ 49 (so CLQ); *ὑψηλὴν ἐύκυκλον* ζ 58 (DINQ), 70 (DIN); *δησάμενοι δ' ἐὺ πάντες* Θ 37; *δαινυμένους δ' ἐὺ πάντας* κ 452;

ἐκ Τροίης ἐὺ πάντας σ 260; *κτήμαθ' ἑλὼν ἐὺ πάντα Γ* 72, 93; *αὐτὰρ ἐγὼν ἐὺ οἶδα Η* 237; *χρυσείην ἐύτυκτον Θ* 44, *Ν* 26; *ἀξίνην ἐύχαλκον Ν* 612. Aristarch schrieb *η* 22 *ἦ ῥά νυ* für *οὐκ ἄν*, *ϑ* 203 haben LV *ἠὲ τοσοῦτον* für *ἢ τοσσοῦτον*, also nirgends an dieser Versstelle ein consequent durchgeführtes metrisches Prinzip, wobei übrigens bemerkt werden muss, dass an vielen Stellen für die Wahl der Schreibweise andere Gründe massgebend waren. Bei dieser Sachlage ist man daher nicht berechtigt, einen metrischen Grundsatz an dieser Versstelle durchzuführen, die Wahl der Lesart müssen die Handschriften und sonstigen Quellen bestimmen.

Die dreisilbigen Formen von *ἅπας* stehen fast ausschliesslich am Versende, 45mal in der Ilias, 51mal in der Odyssee: unter diesen besteht nur zu *ϑ* 284 eine Variante, nemlich *ἔλπετο πασέων·* für *ἔστιν* oder *ἔσκεν ἁπασέων*. Im dritten Fuss stehen diese Formen nur viermal: *ἕξουσιν γὰρ ἅπαντας Ν* 51, wo der Venetus A nebst sechs anderen Handschriften (Cant. Barocc. Lips. Vrat. d. GL) das richtigere *πάντας*, S und Townl. *πάντες* haben; *τόσσον ἅπαντες ρ* 407 (*πάντες* ADLMNV richtig); *μῦϑον ἅπαντα λ* 442; *ἐνιαυτὸν ἅπαντα ο* 455, an welchen beiden Stellen, da sie unter so vielen die einzigen sind, man wohl zur Aenderung berechtigt ist. *κρημνὸν ἅπαντα διῶσεν Φ* 244 ist die einzige Stelle, an welcher diese Form im zweiten Fuss vorkommt, sonst steht hier überall *πάντα*.

Zweisilbige nicht elidierte Formen von *πᾶς* kommen im Homer 978 vor, 501 in der Ilias, 477 in der Odyssee: davon kommen auf den ersten Fuss 107 in der Ilias, 94 in der Odyssee; auf den zweiten 19 in der Ilias, 13 in der Odyssee; auf den dritten 108 in der Ilias, 128 in der Odyssee; auf den vierten je 5 in der Ilias und Odyssee; auf den fünften 108 in der Ilias, 111 in der Odyssee; auf den sechsten 98 in der Ilias, 83 in der Odyssee und es tritt davor überall die Diärese ein. Die übrigen 56 Stellen der Ilias und 43 der Odyssee vertheilen sich so, dass die Form halb in dem einen, halb in dem anderen Fusse steht und zwar im ersten und zweiten 9 in der Ilias, 13 in der Odyssee; im zweiten und dritten 29 in der Ilias, 13 in der Odyssee; im dritten und vierten 13 in der Ilias, 14 in der Odyssee; im vierten und fünften 5 in der Ilias, 3 in der Odyssee. Wo die zweisilbigen Formen im dritten Fusse stehen, da könnten fast überall die dreisilbigen Formen dafür eintreten, so dass entweder elidiert werden müsste oder der zweite Fuss bekäme dactylischen Rhythmus. In der ganzen Odyssee gibt es nur zwei Ausnahmen, wo die zweisilbige Form stehen muss, τ 561 οὐδέ τι πάντα und ψ 57 μνηστῆρες τοὺς πάντας. In der Ilias sind unter den 108 Stellen 34, an welchen der zweite Fuss durch die Wahl der zweisilbigen Form spondeischen Rhythmus erhält: *A* 22, 376, 545; *B* 194; *Γ* 234, 454; *Δ* 29; *E* 63, 877; *H* 99, 207; *Θ* 77; *I* 61, 331; *Λ* 825; *N* 375; *Ξ* 187; *O* 123; *Π* 23, 194, 198, 248, 443; *T* 54, 186, 190, 294; *Φ* 371, 428; *X* 181; *Ψ* 211; *Ω* 25, 321, 407. In der Odyssee sind es 49, nemlich: ἔνθ' ἄλλοι μὲν πάντες α 11; β 82; δ 285; ε 110, 133; η 251; ϱ 503; ἔνθ' ἄλλους μὲν πάντας ϑ 93, 532; μαῖ', ἐχθροὶ μὲν πάντες ϱ 499; ἔνθ' ἡμεῖς μὲν πάντες ω 173; κτήματα γάϱ κεν πάντα β 335; ἄλλους μὲν γὰϱ πάντας γ 86; ἄλλοι μὲν γὰϱ πάντες φ 232; δείδω μὴ δὴ πάντα ε 300; αὐτὰϱ ἐπεὶ δὴ πάντα ζ 227; η 134; ϑ 131, 282; ὁππότε κεν δὴ πάντες ν 155; κοῦϱοι ἐπεὶ δὴ πάντες ϱ 174; αὐτὰϱ ἐπὴν δὴ πάντα χ 440; νῦν δ' οἳ μὲν δὴ πάντες ψ 49; καὶ τότε δή μοι πάντα δ 256; ἀλλ' ἄγε νῦν μοι πάντες μ 298; σ 55; ἀλλ' ὅτε δή μιν πάντες κ 249; αὐτὰϱ ἐγὼ τῷ πάντα κ 16; μ 35; ϱ 122; ὁ ξεῖνος τὸν πάντες ψ 28; αἶγας ἄγων αἳ πᾶσι ϱ 213; υ 174; φ 266; ἔνθα μένειν καὶ πάντα ν 411; δεξάμενος καὶ πάντα ο 132; γήθησαν καὶ πᾶσιν ο 165; ὥς δή σφιν καὶ πᾶσιν χ 33; νῦν ὕμιν καὶ πᾶσιν χ 41; Τηλεμάχῳ δ' ἐν πᾶσιν β 194; ταῦτα μὲν οὕτω πάντα μ 37; ἣ δ' ἐλελίχθη πᾶσα μ 416; ξ 306; ἑστήκει ἐς πάντας σ 344; μηνὶ δ' ἐν οὔλῳ πάντα ω 118; πρίν γ' ἔγνων πρὶν πάντα τ 475; δησάμενοι δ' ἐὺ πάντες ϑ 37; δαινυμένους δ' ἐὺ πάντας κ 452; ἐκ Τροίης ἐὺ πάντας σ 260. Auch in der Ilias sind es meist kurze Wörter, nach welchen diese Formen stehen: μὲν *A* 22, 376; *Γ* 234; *H* 99; *Ω* 25; δὴ *A* 545; *H* 207; *Λ* 825; *N* 375; *Ξ* 187; *Π* 23, 198; *T* 54; καὶ *Θ* 77; *I* 61, 331; *Ω* 321; τοι *Δ* 29; *Π* 443; *X* 181; μοι *Ω* 407; σφιν *Γ* 454; αἳ *E* 63; ὅς *Π* 194; οἳ *T* 294; τὸν *Ψ* 211; γὰϱ *E* 877; *T* 186; οὐ *B* 194; ξὺν *Π* 248; νῦν *Φ* 428. Die grosse Zahl der hier namhaft gemachten Fälle dürfte wohl geeignet sein, die vorgeschlagene Aenderung von ἅπαντα in πάντα λ 442 und ο 455 zu rechtfertigen.

III.

Nach Thiersch Gr. Gramm. § 39 erleidet Iota die Elision nur in den Praepositionen (mit Ausnahme von περί), in den Verbalendungen $\overline{\mu\iota}$, $\overline{\sigma\iota}$, in dem Dativ mehrfacher Zahl der 3. Declination selten bei Homer; nie im Dativ des Singular, nie in τι, ὅτι, ὅϑι. § 164, 5—10 führt Thiersch genauer die Fälle an, in welchen bei Homer $\overline{\iota}$ elidiert; doch genügt auch diese Zusammenstellung so wenig, wie das, was Buttmann Ausf. Sprachlehre § 30 und Krüger Di. § 12, 2 angeben. Das beste, was bisher über die Elision des Iota im Homer geschrieben wurde, ist der VII. Excurs von Spitzner zu Il. *Γ* 349, doch hat auch dieser den Gegenstand nicht erschöpfend behandelt, so dass sich eine nochmalige ausführliche Untersuchung der Mühe lohnt, ja sogar geboten ist, wenn man über diese Spracherscheinung vollständig ins Klare kommen will.

Es gibt zwar im Homer eine nicht geringe Anzahl von Stellen, an welchen ι elidiert, trotzdem aber scheint der epische Dialekt die Elision dieses Vocals möglichst vermieden zu haben und gestattete sogar den Hiatus, nicht blos an den Stellen, wo er sonst zulässig ist, sondern auch an anderen. So fällt nach einem Worte das auf $\overline{\iota}$ auslautet (mit Ausnahme der Adverbien ἔτι, οὐκέτι, αὐτόϑι) das Augment regelmässig weg: ἰότητι μόγησαν, ἀνδρὶ δάμασσεν, δουρὶ φόβησεν, ἑτάροισι φάνημεν, μεγάροισὶ πένοντο (vgl. S. 76), στήϑεσσι πάτασσεν, mit Ausnahme dreier Stellen (*Α* 267; *Σ* 413; *μ* 395); αἵματι ϑῦεν, Ἕκτορι δῶκεν, κύμασι πέμπεν (S. 80); sogar in Adverbien wie εἴκοσι βαῖνον (obwohl εἴκοσι sonst elidiert), νόσφι βεβήκει, ἀέκητι τέτυκτο, ὕψι κέλευεν. Die Endung $\overline{\eta\sigma\iota}$ des Dativ Plural der ersten Declination wird vor Vocalen nicht zu $\overline{\eta\sigma}$', sondern zu $\overline{\eta\varsigma}$, wie auch vor Consonanten, so *E* 791 κοίλῃς ἐπί. *E* 552; *H* 373, 470; *P* 249 Ἀτρείδῃς Ἀγαμέμνονι. *E* 750; *Θ* 394 τῇς ἐπιτέτραπται, ebenso, wie wenn das folgende Wort ursprünglich am Anfang digammiert war, z. B. *Π* 634 βήσσῃς ϝέκαϑεν. *P* 492 βοέῃς ϝειλυμένω. Hymn. II, 272 χαίτῃς ϝειλυμένος. Die übrigen Stellen sind *B* 249, 341, 549, 778; *Γ* 137, 254; *Δ* 159; *Z* 114, 243, 246, 250; *H* 5; *Θ* 480; *I* 425; *N* 102, 145, 340; *Ξ* 397; *Π* 518, 712, 719; *Σ* 86, 259, 275; *T* 160, 394; *Υ* 11, 143; *Φ* 82, 104, 460; *X* 65,

330; Ψ 367; Ω 342; α 211; β 18, 27, 143; δ 127, 725, 798; ε 46; ζ 104; ι 489; κ 11, 129; μ 172; ν 355, 357; ρ 472; σ 181; υ 74; ω 47, 55, 419; Hymn. I, 148; III, 245, 287, 454; IV, 227; XV, 2; Theog. 65, 675, 791 u. o. Doch stimmen die Handschriften nicht überall in der Schreibart überein, der Venetus A z. B. hat an einigen Stellen ῃσ' elidiert, so *B* 249; *E* 552; *Z* 246, 250; *Π* 5; *Ξ* 397, während er an den meisten das verkürzte ῃς hat. Hymn. III, 245 haben 3 Codd. *δολίῃσ' εἰλυμένον*, obwohl das letztere Wort digammiert ist, Hymn. III, 454 hat eine Handschrift *θαλίῃσ' ἐνδέξια*. Statt *θεῇς εἰς Γ* 158 schreibt man jetzt *θεαῖς* wie ε 119 nach G. Hermann zu Hymn. in Ven. 191; Homer. Textkritik S. 279.

Die Schreibweise des Dativ Plural der ersten Declination vor Vocalen ist an und für sich gleichgiltig, nur darf man da, wo bestimmte Versabschnitte die Elision nicht erlauben, nicht ῃσ' schreiben, sondern da ist nur die abgekürzte Form ῃς statthaft. Es gibt aber auch zahlreiche Stellen, an denen ein Wort mit auslautendem ι vor einem mit Vocal anlautenden Worte steht. Die Fälle gehören freilich nicht hierher, wo in Folge des verschwundenen Digamma der Hiatus nur ein scheinbarer ist, wie *κακότητι ἄναξ* ρ 318; *βασιλῆι ἔοικας* ρ 416; *κηρὶ ἔοικε* ρ 500; *πυρὶ εἵματα* ρ 572; *ἀνδρὶ ἔοικας* σ 128; *παιδὶ ἔπος* σ 171; *μεθύοντι ἐοικώς* σ 240; *Ὀδυσῆι ἔοικας* τ 381; *φωτὶ ἔοικας* υ 227; *βασιλῆι ἄνακτι* υ 194; *νυκτὶ εἴσκει* υ 362; *Ἀγαμέμνονι οὖλον B* 6; *βάσκ' ἴθι οὖλε B* 8; *βάσκ' ἴθι Ἶρι Θ* 399; *μεγαλήτορι Ἶριν Ω* 117; *μεγαλήτορι Ἴλιον Ω* 145; *ἐπὶ οὖρα K* 351; *ἐνὶ οἴκῳ* λ 190; *ἐνὶ ἤνοπι Σ* 349; *Ἀγαμέμνονι ἦρα* γ 164, vgl. φ 411; χ 206, 240; ω 503, 548 u. o., ebenso wenig Stellen wie *ἐν κόνι ἄγχι* λ 190; *ἐν κόνι ἐκτανύσας Ω* 18, denn in diesen Dativformen ist ι lang wie in *μήτι* ν 299; Ψ 315, 316, 318, *κνήστι Λ* 640; *Θέτι Σ* 407; *μάστι* Ψ 500; *νεμέσσι Z* 335. Auch müssen diejenigen Stellen ausgenommen werden, an welchen in Folge eines Hauptversabschnittes der Hiatus zulässig ist, wie in der Penthemimeres, der dritten trochäischen Caesur und der bukolischen Diärese. Solche Stellen sind *Ἀχιλλῆι ὃ Y* 322 (wie überhaupt diese Dative der Elision widerstreben, weshalb ε 398 und ν 35 nicht *Ὀδυσῆ'*, sondern *Ὀδυσεῖ* geschrieben werden muss); *νιφόεντι Ὕδης Y* 385; *ἥρωι Ἰησονίδης* Ψ 747 (auch diesen Dativ könnte man nicht elidieren, sondern müsste ἥρῳ schreiben, wie *Η* 453 und *ϑ* 483, sowie man nicht γῆρα' und σέλα', sondern γῆραι, σέλαι schreibt); Πηλῆι ὃ *Ψ* 278; Ὀδυσῆι ἀμυνέμεν *φ* 195; Τελαμῶνι ὃ *Θ* 283; Κόωνι ἔχων *Λ* 256; Ἰασίωνι ἐυπλόκαμος *ε* 125; βάλοιμι ὀιστεύσας *ϑ* 216; εἰπόντι ἐπέπτατο *ο* 160; ἀγῶνι ἀριστήεσσιν *ω* 86; ἐπὶ νηὸς ἰόντι ἐὺ πλήσασα *Π* 223 (so Aristophanes und Zenodot, ἄγεσθαι Aristarch). Dazu kommen noch einige Stellen wo ῑ in der Penthemimeres lang gebraucht wird: χρυσέῳ ἐν δέπαϊ ὄφρα *ο* 144; *Ω* 285; Ὀδυσσῆι ἔθεσαν *ζ* 248; Ἡρακλῆι οὔτ' *ϑ* 224; ὕδατι ἐπὶ *κ* 520; *λ* 28; φρέατι ὅθεν Hymn. V, 99; παλαιγενέι ἐναλίγκιος Hymn. V, 101, welche Verlängerung sonst nur, da das ῑ mittelzeitig ist, vor consonantisch anlautenden Wörtern (vgl. S. 49) stattfindet und vor solchen die ehemals mit Digamma oder einem anderen Consonanten anlauteten wie Ἀρτέμιδι ἰκέλη *ρ* 37; *τ* 54; ἀνδρὶ ἰκέλη *Δ* 86; ποτὶ οἷ *ω* 347. ἔγχεϊ ὀξυόεντι *Ε* 50; *Η* 11; *Θ* 514; *Ν* 584; *Ο* 536, 742; *Π* 309; *υ* 306, immer in der bukolischen Diärese mit Ausnahme von *Π* 309, wo es am Anfang des Verses steht. ἔγχεϊ ἄγχι δ' ἄρ' αὐτοῦ *φ* 433; ἕλκεϊ ἕλκος ἄρηται *Ξ* 130; ἤματι Ἄιδος εἴσω *Ζ* 422; πτυχὶ Οὐλύμποιο *Υ* 22; χρυσόῤῥαπι εἰλήλουθας *ε* 87, wonach auch zu bessern ist *Θ* 420 ὄφρ' εἰδῇς γλαυκῶπι, ὅτ' ἂν σῷ πατρὶ μάχηαι: so haben die Codd. Ven. A Town. Lips. GLS, so haben auch sämmtliche Ausgaben bis auf Barnes, der mit einigen untergeordneten Handschriften γλαυκῶπις setzte und ihm sind die nachfolgenden Herausgeber fast ausnahmslos gefolgt; ἐπὶ ἥμισυ *ν* 114; *ο* 83 δώσει δέ τι ἕν γε φέρεσθαι, denn τι elidiert bei Homer nicht, τ' ist elidiertes τε wie ὅτ' elidiertes ὅτε.

Es gibt aber auch Stellen, an welchen der Hiatus durch keinen Versabschnitt gerechtfertigt ist und wir müssen annehmen, dass ein derartiges Zusammentreffen von ῑ mit einem anderen Vocal dem griechischen Ohre nicht anstössig war. Dazu kommt noch, dass wir an den meisten Stellen, wo ein solcher Hiatus besteht, den Dativ Sing. der dritten Declination finden, dessen ῑ nicht gerne elidiert, wofür Buttmann als Grund anführt die leichte Verwechslung mit anderen Formen. So wäre πάντ' = πάντα, παντί, πάντε, stände also für je zwei Formen im Singular, Plural und Dual. Doch elidieren die Dualformen auf ε̄ selten wie z. B. δύο παῖδ' *λ* 262; εὕδοντ' *ο* 5; ἀναΐξαντ' *τ* 31;

σείοντ᾽ Γ 345; *ἐλαύνοντ᾽* Ε 275; *χαλκόποδ᾽ ἵππω* Θ 41; *ἐλθόντ᾽* Ι 6; *εἰπόνθ᾽* Κ 254; *παῖδ᾽ ἔτ᾽ ἐόντ᾽* Λ 710; *Μολίονε παῖδ᾽* Λ 750; *ὕμμ᾽* Λ 781; *κελευτιόωντ᾽* Μ 265; *ὁμαρτήσανθ᾽* Μ 400; *εὕδοντ᾽* Ξ 334; *ἐόντ᾽* Ω 709; *Αἴαντ᾽* Δ 285; Μ 354; Ρ 508, 669. Dass die Dualformen selten elidieren ersieht man auch daraus, dass nach ihnen regelmässig das Augment wegfällt wie *φῶτε πεπύσθην* Ρ 377; *ὄσσε δεδήει* Μ 466; *ἀέκοντε πετέσθην*; *ὄσσε κάλυψεν*; *παῖδε γενέσθην* Ε 548; *καταθέντε πετέσθην* Ψ 381; *ἀναΐξαντε πετέσθην* Ο 150; *σπεύδοντε πετέσθην* Ψ 506; *ἀσθμαίνοντε κιχήτην* Κ 376; *σφωε πόρεν* Κ 546; *Αἴαντε καλέσσατο* Ρ 507; darum ist auch Ψ 733 *ἀναΐξαντε πάλαιον* für *ἀναΐξαντ᾽ ἐπάλαιον* zu schreiben (vgl. S. 77). Auch die Optativformen auf *ειε* elidieren nur in den seltensten Fällen: *μενοινήσει᾽ ἐνὶ θυμῷ* β 248 (*μενοινήσει* ABDEHILM NPQSV); *ὁσσάκι γὰρ κύψει᾽ ὁ γέρων* λ 585; *τῶν ὁπότ᾽ ἰθύσει᾽ ὁ γέρων* λ 591 (*κύψει* CDKLMN; *ἰθύσει* ACDIKLMNQ); *ἤ ἐλάσει᾽, ὥς μιν* σ 91 (*ἐλάσει* AEFR; *ἐλάσῃ* CKS; *ἐλάσοι* NQV; *ἐλάσεις* L; *ἐλάσει* und *ἐλάσοι* DHI); *τελέσει᾽ Ἀγαμέμνων* Δ 178 (*τελέσει* GL, *τελεσει* [αι] S, *τελέσοι* E); *πείσει᾽ Ἀγαμέμνων* Ι 386 (*πείσει* AE 758, 35 GL; *πείσῃ* E 757, 50; *πείσῃ* S); *σκήλει᾽ ἀμφὶ* Ψ 191 (*σκήλῃ* GLS; *σκήλῃ* E); *δείσει᾽ ἐνὶ θυμῷ* Ω 672 (*δείσῃ* EGLS). Thiersch Gr. Gramm. § 164, 4 behauptet geradezu, dass die Optativendung *ειε* nicht elidiert und schlägt vor, die andere Optativendung *πείσαι, δείσαι, μενοινήσαι, κύψαι, ἰθύσαι* zu setzen, welche schon mehrere Stellen haben, wie *γηθήσαι* Δ 255; *ἀκούσαι* Π 129; Τ 81; *ἀείραι* Π 130; *σαώσαι* γ 231; *ἐπακούσαι* τ 297; *καλύψαι* Ζ 464; *ἐνείκαι* Σ 147; *ἀλύξαι* Hymn. V, 262. In der Bestreitung der Elisionsfähigkeit dieses *ι* scheint Thiersch Recht zu haben, aber das vorgeschlagene Mittel zur Besserung der angeführten Stellen scheint, wenn auch nicht für alle, doch für einzelne Fälle ein verfehltes, denn man wird an einigen Stellen mit dem Conjunctiv, oder dem Indicativ des Futurum, die beide in den Handschriften stehen (denn an keiner Stelle findet sich der Conjunctiv ohne Variante) ausreichen, so β 248; σ 91; Ι 386; Ψ 191; Ω 672; wie man ja auch τ 297 und ξ 328 *ἐπακούσῃ* für den Optativ schreibt. Auch γ 231 ist *σαώσαι* ohne *κεν* auffallend, man sollte daher lieber *κ᾽ ἐθέλων* mit M 2. man. Q schreiben, wie *ἤ γάρ κέν μιν ἔπειτα καὶ ἐκ θανάτοιο σαῶσαι* δ 753. Dass man aber noch elidierte Optativformen auf *ει'* in den Homerischen Text durch Emendation hineinbringen will, ist jedesfalls ungehörig; darum schreibe man ξ 329 *νοστήσῃ* mit fast allen Handschriften, nicht mit J. H. Voss *νοστήσει'*, auch wenn τ 298 *νοστήσειε* steht, und schreibe *B* 4 *τιμήσῃ* und *ὀλέσῃ* mit allen Handschriften, nicht mit den neueren Herausgebern *τιμήσει'* und *ὀλέσαι*, wie man erst seit Spitzner schreibt, der sich auf Voss, G. Hermann und Thiersch beruft. Neben *τιμήσῃ* ist nur noch *τιμήσει* überliefert, doch beruht diese Schreibweise entweder auf dem Itacismus, oder muss aus dem Bestreben erklärt werden, den in dieser Weise seltener gebrauchten Conjunctiv durch den Optativ zu ersetzen, vgl. Zeitschrift für Oesterr. Gymnasien 1864, S. 564.

Wo sowohl *ᾱ* als *ι* elidiert sein kann, wird man immer sicher gehen, wenn man sich für die Elision des *ᾱ* entscheidet wie in *πελειάσιν ἴθμαθ' ὁμοῖαι* *E* 778; Hymn. Apoll. 114, wo die vollständige Form *ἴθματα* ist, vgl. Homer. Studien § 11, 3. In *ἀλείφειν λίπ' ἐλαίῳ* γ 466; ζ 96, 227; κ 364, 450; τ 505; *K* 577; *Ξ* 171; *Σ* 350 ist *λίπα* ein proleptisch gebrauchter adverbialer Accusativ (einen fett salben), nicht Dativ *λιπί* oder *λίπαι*, *λίπᾳ*, welcher niemals verkürzt werden könnte, vgl. Död. Gloss. 2428.

Bekannt ist, dass das Participium häufig im Accusativ steht, auch wenn es sich auf einen vorangegangenen Dativ bezieht, vgl. Classen, Beobachtungen über den Homerischen Sprachgebrauch 4. Theil, S. 8. Dahin gehören die auch von Classen namhaft gemachten Fälle:

B 112 *σχέτλιος, ὃς πρὶν μέν μοι ὑπέσχετο καὶ κατένευσεν*
Ἴλιον ἐκπέρσαντ' εὐτείχεον ἀπονέεσθαι.

Die vollere Form ist *ἐκπέρσαντα* hier wie in der Wiederholung derselben Verse *B* 288; *E* 716; *I* 20.

O 115 *μή νῦν μοι νεμεσήσετ', Ὀλύμπια δώματ' ἔχοντες,*
τίσασθαι φόνον υἷος ἰόντ' ἐπὶ νῆας Ἀχαιῶν.

Π 825 . . . . *ἀλλά τοι ἤδη*
ἄγχι παρέστηκεν θάνατος καὶ μοῖρα κραταιή,
χερσὶ δαμέντ' Ἀχιλῆος ἀμύμονος Αἰακίδαο.

Ω 117 *αὐτὰρ ἐγὼ Πριάμῳ μεγαλήτορι Ἶριν ἐφήσω*
λύσασθαι φίλον υἱόν, ἰόντ' ἐπὶ νῆας Ἀχαιῶν,

dieses *ἰόντ'* ist nicht *ἰόντι*, sondern *ἰόντα* wie Ω 146 und 195, obgleich auch dort überall ein Dativ vorhergeht.

κ 153 ὧδε δέ μοι φρονέοντι δοάσσατο κέρδιον εἶναι,
πρῶτ' ἐλθόντ' ἐπὶ νῆα θοὴν καὶ θῖνα θαλάσσης
δεῖπνον ἑταίροισιν δόμεναι.

υ 239 . . . . . . τόθι γάρ νύ οἱ αἴσιμον ἦεν
ναιέμεναι πολλοῖσιν ἀνάσσοντ' Ἀργείοισιν.

β 249 οὔ κέν οἱ κεχάροιτο γυνὴ μάλα περ χατέουσα
ἐλθόντ', ἀλλά κεν αὐτοῦ ἀεικέα πότμον ἐπίσποι

(E 1443, 41 *ἐλθόντι*), an der letzten Stelle hält Classen *ἰόντ'* für den Accusativ; hier aber ist kaum eine andere Annahme möglich, als dass *ἐλθόντ'*, als nähere Bestimmung zu *οἱ* ebenfalls Dativ ist, während sich in den anderen Fällen der Accusativ nach dem Dativ recht gut dadurch rechtfertigen lässt, dass in Infinitivsätzen das Subject und Prädicat der Regel nach im Accusativ stehen, ohne dass sie sich dem Worte des Hauptsatzes, worauf sie sich beziehen, zu assimilieren brauchen*; auch in den zehn von Classen S. 8 aus Homer citierten Beispielen steht neben dem Accusativ stets der Infinitiv. Es findet diese Vernachlässigung der Attraction beim Infinitivsatz auch in Prosa statt, z. B. Xenoph. Anab. III, 2, 1 *ἔδοξεν αὐτοῖς προφύλακας καταστήσαντας συγκαλεῖν τοὺς στρατιώτας*. Isokrates pg. 297 *δέομαι ὑμῶν, ἀκροᾶσθαι τῶν λεγομένων ἐνθυμηθέντας ὅτι κτλ.* und namentlich steht bei den unpersönlichen Verben *ἔξεστι, πρέπει, συμβαίνει* u. ä. die Prädicatsbestimmung sehr häufig im Accusativ. Zu Π 854 heisst es im Schol. A *ἐκ πλήρους τὸ δαμέντα Ἀρίσταρχος*, dagegen im Schol. V *ἐκ πλήρους γραπτέον τὸ δαμέντι*, doch ist dessen Auctorität gegen die der Scholl. Veneta nichtig. Folgerichtig müssen wir zugeben, dass Aristarch auch in den adäquaten Fällen überall den Accusativ annahm, obgleich die Scholien in dieser Hinsicht sehr schweigsam sind. Nur noch zu zwei Stellen haben wir eine Bemerkung: Schol. V. zu Ο 116 *ἰόντι: οὕτω τὸ τέλειον, τινὲς δὲ ἰόντα.* Schol. BL zu Β 113 *ἐκπέρσαντι τὸ ἐντελές, ὡς „χρυσείῃ κερκίδ' ὕφαινεν"* (ε 62). γ 469 las man ehedem *πὰρ δ' ὅ γε Νέστορ' ἰὼν κατ' ἄρ' ἕζετο ποιμένι λαῶν*, mit Recht änderte Bekker an dieser Stelle *ποιμένα*, so dass *Νέστορ'* Accusativ wird nach Analogie von Stellen wie δ 51; θ 469; ω 411; die Bekker in der adnotatio selbst anführt, dann Γ 406 *ἧσο* *παρ' αὐτὸν ἰοῦσα.* *Λ* 577 *στῆ ῥα παρ' αὐτὸν ἰών*, ebenso *Λ* 592 *οἱ δὲ παρ' αὐτὸν πλησίοι ἔστησαν.* ξ 523; ψ 98; so ist auch in *Η* 46 *στῆ δὲ παρ' Ἕκτορ' ἰών* nach Analogie von *Λ* 577 *Ἕκτορα* nicht *Ἕκτορι* die volle Form.

Es ist nach dem Gesagten anzunehmen, dass der Grieche die Elision des ῑ im Dativ Singular der dritten Declination zu vermeiden suchte, ja er liess sogar lieber den Hiatus zu, wenn die Zahl der noch jetzt vorkommenden Fälle entscheidet[46]). So haben wir *Ρ* 583 *Φαίνοπι Ἀσιάδῃ.* *Ψ* 278 *πατρὶ ἐμῷ.* *Ω* 335 *ἀνδρὶ ἑταιρίσσαι.* *Β* 781 *Διὶ ὥς.* *Υ* 259 *σάκεϊ ἔλασ' ὄβριμον*, so Aristarch für *σάκει ἤλασεν.* *Γ* 244 *Λακεδαίμονι αὖθι.* *Ε* 723 *ἄξονι ἀμφίς.* *Π* 583 *ὠκέϊ ὅς.* *Ρ* 196 *παιδὶ ὄπασσεν.* *Φ* 21 *αἵματι ὕδωρ.* *Ω* 61 *Πηλέϊ ὅς.* γ 154 *πυρί· οἵ.* π 469 *μητρὶ ἔειπεν.* ρ 443 *Δμήτορι Ἰασίδῃ.* *Π* 522 *ᾧ παιδὶ ἀμύνει*, wofür Aristarch den Genetiv setzte. ε 287 *ἀμφ' Ὀδυσῆι ἐμεῖο.* ϑ 547 *ἀνέρι ὅς.* μ 372 *νηλέϊ ὕπνῳ.* φ 195 *Ὀδυσῆι ἀμυνέμεν.* ξ 336 *βασιλῆι Ἀκάστῳ.* Hymn. V, 248 *πυρὶ ἔνι πολλῷ.* Theog. 297 *σπῆι ἔνι.* 435 *ἀγῶνι ἀεθλεύουσιν.* π 206; τ 484; φ 208; ψ 102, 170; ω 322 *ἔτεϊ ἐς* mit gedehntem ῑ. Auch in den folgenden drei Fällen ist auf Grund der Unmöglichkeit der Elision der Hiatus gerechtfertigt *Ω* 593 *ὅτι Ἕκτορα.* ϑ 136 *οὐδέ τι ἥβης.* *Θ* 428 *νῶι ἐῶ*, nicht aber in drei anderen *Η* 217 *ἔτι εἶχειν*, *Ξ* 358 *ἔτι εὕδει* und *Χ* 206 *ἐπὶ Ἕκτορι*, wenn hier nicht anlautendes σ anzunehmen ist, denn beide Partikeln elidieren bei Homer sehr häufig.

Haben wir bisher die Fälle aufgezählt, in welchen ι nicht elidiert und daraus darzuthun gesucht, dass man die Elision des ῑ möglichst zu vermeiden suchte, so wollen wir jetzt die Stellen namhaft machen, an denen Elision stattfindet und diese sind ziemlich zahlreich.

---

[46]) H. L. Ahrens im Philologus 1849, S. 594 spricht die Ansicht aus, dass das ῑ im Dativ Sing. der dritten Declin. keine vollkommene Kürze, sondern mittelzeitig sei. Deshalb gelte es in der Arsis ohne andere Hilfe für eine Länge, ertrage den Hiatus und verstatte nur schwer die Elision. Die angeführten Fälle lassen schwerlich eine andere Annahme zu, denn wenn bei ῑ dasselbe geschieht, was sonst nur bei langen Vocalen und Diphthongen, so muss es wohl für diese Fälle ebenfalls als Länge betrachtet werden.

Von Verbalformen elidieren:

1. Die Pluralformen auf $\overline{\sigma\iota}$: *Α* 164 *ἐκπέρσωσ' ἐὺ ναιόμενον*. *Α* 166 *διέπουσ' ἀτάρ*. *Α* 566; *Ε* 877; *Θ* 451; *Σ* 429 *εἴσ' ἐν Ὀλύμπῳ*. *Β* 132 *εἰῶσ' ἐθέλοντα*. *Β* 347 *βουλεύωσ', ἄνυσις*. *Ε* 341 *ἔδουσ' οὐ πίνουσ' αἴθοπα οἶνον*. *Ε* 489 *ἐκπέρσουσ' ἐὺ ναιόμενον*. *Ι* 36 *ἴσασ' Ἀργείων*. *Ι* 44 *ἑστᾶσ' αἵ*. *Ι* 136, 278 *δώωσ' ἀλαπάξαι*. *Ι* 225 *δώσουσ' αἴ κ' ἐθέλωσι*. *Ι* 258 *τίωσ' Ἀργείων*. *Ι* 303 *τίσουσ'· ἦ γάρ*. *Ι* 340 *φιλέουσ' ἀλόχους*. *Ι* 500 *παρατρωπῶσ' ἄνθρωποι*. *Κ* 425 *εὕδουσ' ἤ*. *Μ* 79 *μενέουσ', εἰ*. *Ε* 304; *Μ* 383, 449; *Υ* 287 *βροτοί εἴσ'· ὅ*. *Ξ* 132 *ἀφεστᾶσ' οὐδέ*. *Ξ* 274 *ὦσ' οἱ ἔνερθε*. *Ξ* 308 *ἑστᾶσ', οἵ μ' οἴσουσιν*. *Π* 235 *ναίουσ' ὑποφῆται*. *Π* 673 *θήσουσ' ἐν*. *Ρ* 95 *περιστείωσ' ἕνα*. *Ρ* 743 *ἕλκωσ' ἐξ*. *Τ* 71 *ἐθέλωσ' ἐπί*. *Τ* 144 *οἴσουσ' ὄφρα*. *Υ* 254 *νεικεῦσ' ἀλλήλῃσι*. *Φ* 569 *φασ' ἄνθρωποι*. *Χ* 336 *ἑλκήσουσ' ἀικῶς*, dafür Antimachos *ἑλκήσουσι κακῶς*. *Ψ* 206 *ῥέζουσ' ἑκατόμβας*. *Ω* 415 *ἔσθουσ' αἵ*. *Ω* 489 *τείρουσ' οὐδέ*. *α* 199 *ἐρυκανόωσ' ἀέκοντα*. *α* 315 *ἐπικλείουσ' ἄνθρωποι*. *β* 182 *φοιτῶσ' οὐδέ*. *γ* 48 *χατέουσ' ἄνθρωποι*. *γ* 188 *φάσ' ἐλθέμεν*. *γ* 215; *π* 96 *ἐχθαίρουσ' ἀνά*. *δ* 167 *εἴσ' οἵ*. *ζ* 123 *ἔχουσ' ὀρέων*. *η* 33 *φιλέουσ' ὅς*. *η* 322; *ψ* 125; *Τ* 96, 416; *Ψ* 791 *φάσ' ἔμμεναι*. *κ* 12 *εὕδουσ' ἐν*. *κ* 217 *σαίνωσ', αἰεί*. *κ* 413 *ἴσχουσ', ἀλλά*. *λ* 303 *ζώουσ' ἐτερήμεροι*. *μ* 22 *θνήσκουσ' ἄνθρωποι*. *ξ* 94 *ἱρεύουσ' ἱερήιον*. *ρ* 479 *ἐρύσσωσ' οἷα*. *φ* 329 *ἐρέουσ', ἡμῖν*. *ψ* 358 *δώσουσ' εἰς*. *ω* 495 *ἔασ', ἀλλά*. *π* 121; *τ* 314 *εἴσ' ἐνί*. Hymn.-Apoll. 192 *ζώουσ' ἀφραδέες*. Hymn. Apoll. 201 *παίζουσ'. αὐτάρ*. Hymn. III, 339 *εἴσ' ἐπί*. IV, 267 *ἑστᾶσ' ἠλίβατοι*. V, 267 *συνάξουσ' ἤματα*. XXX, 12 *κοιρανέουσ', ὄλβος*. XXXII, 19 *κλείουσ' ἔργματα*. XXXIV, 2 *φάσ', οἱ*. Hesiod Theog. 187 *καλέουσ' ἐπί*. 557 *καίουσ' ὀστέα*.

2. Die Singularformen der Verba auf *μι* und die ähnlich gebildeten Formen der Verba barytona auf *μι* und *σι*.

Ε 893 *δάμνημ' ἐπέεσσιν* muss wegen des Digamma in *δάμνημι ἔπεσσιν* geändert werden. *Ξ* 205, 304 *εἶμ' ὀψομένη*. *Σ* 63, 114 *εἶμ' ὄφρα*. *Σ* 333 *εἶμ' ὑπὸ γαῖαν*. *Υ* 211 *φημ' ἐπέεσσι* durfte wieder zu ändern sein in *φημὶ ἔπεσσι*. *Α* 420 *εἶμ' αὐτή*. *Φ* 75 *εἰμ' ἱκέταο*. *Φ* 109 *εἰμ' ἀγαθοῖο*. *Φ* 154 εἴμ' ἐκ. Φ 488 εἴμ' ὅτι. γ 163 εἶμ' ἵνα. κ 367 εἰμ' ἔνθα. ι 19 εἴμ' Ὀδυσεύς. ο 426 εἴμ' Ἀρύβαντος. ρ 6 εἶμ' ἐς πόλιν. Hymn. III, 549 φήμ' ἀλίην.

ρ 273 ἔσσ' ἀνοήμων.

α 359; λ 353 ἔστ' ἐνί. ζ 201; π 437 ἔσθ' οὗτος. η 321 ἔστ' Εὐβοίης. ϑ 552 ἔστ' ἀνθρώπων. ϑ 358; ξ 56 ἔστ' οὐδέ. μ 120 ἔστ' ἀλκή. ξ 99 ἔστ' ἄφενος. ο 72 κακόν ἐσθ' ὅς. π 447; Υ 302 ἔστ' ἀλέασθαι. π 461 ἔστ' ἀνά. φ 353 ἔστ' ἐνί. ψ 62 ἔσθ' ὅδε. ψ 108 ἔστ' Ὀδυσεύς. Η 117 ἔστ' ἀκόρητος. Ι 73 ἔσθ' ὑποδεξίη. Ι 250 ἔστ' ἄκος. Λ 669 ἔσθ' οἴη. Μ 246 ἔστ' ἀπολέσθαι. Ξ 212 ἔστ' οὐδέ. Υ 97 ἔστ' Ἀχιλῆος. Υ 107 ἐσθ' ἤ. Υ 209 ἔστ' Ἀφροδίτη. Υ 390 ἔστ' ἐπί. Φ 103; Χ 348; Ψ 345 ἔσθ' ὅς. Χ 265 ἔστ' ἐμέ. Χ 270 ἔσθ' ὑπάλυξις. Ω 157, 186 ἐστ' ἄφρων. χ 136 ἔστ' Ἀγέλαε. Θ 16; Hesiod Theog. 720 ἐστ' ἀπό. Theog. 386 ἔστ' ἀπάνευθε. Theog. 869 ἐστ' ἀνέμων. Σ 280 εἶσ' ἐπί. Ψ 835 εἶσ' ἐς. Ω 43 εἶσ' ἐπί. ζ 131 εἶσ' ὑόμενος. κ 191 εἶσ' ὑπό. ρ 352 φησ' ἔμμεναι. Hymn. IV, 34 ἔστ' Ἀφροδίτης. 238 ἔσθ' οἴη. V, 262 ἔσθ', ὡς.

Ausser diesen wenigen Formen von εἰμί, εἶμι und φημί, nemlich εἴμ', εἶμ', φήμ', ἔσσ', ἔστ', εἶσ' und φήσ', finden sich bloss noch vereinzelte Fälle von Elision, vor allen bei den Imperativen auf -ϑι, so: λ 224 ἴσθ', ἵνα. π 184 ἵληθ', ἵνα. ρ 478 ἄπιθ' ἄλλη. σ 63 δείδιθ', ἐπεί. χ 489 ἔσταθ' ἐνί. Ζ 143; Υ 429 ἴϑ', ὡς. Ζ 340; Ξ 267 ἴϑ', ἐγώ. Γ 390 ἴϑ'· Ἀλέξανδρος. Hymn. XX, 8 ἵληθ' Ἥφαιστε. XXIII, 4 ἵληθ' εὐρύοπα. Zu den elidierenden Singularformen gehören ausserdem noch einige Conjunctiv- und Optativformen: ο 158 εἴποιμ' ὡς. ο 452 ἄγοιμ' ἐπί. Η 133 ἡβῷμ' ὡς. Ξ 248 κατευνήσαιμ', ὅτε. Hymn. III, 264, 364 μηνύσαιμ' οὐκ. Ε 132, 821 ἔλθῃσ' ἐς. ζ 313; η 75 φρονέῃσ' ἐνί. η 72 στείχῃσ' ἀνά. Ζ 281 ἐθέλῃσ' εἰπόντος ist zu ändern in ἐθέλῃ vor den digammierten ϝειπόντος. Χ 450 las man ehemals ἕπεσθον· ἴδωμ' ὅτιν' ἔργα τέτυκται, Bekker besserte gewiss mit Recht ἕπεσθε· ϝίδω τίνα ϝέργα τ.

Von Partikeln elidieren:

1. Die Präposition ἐπί: Α 350, 485, 528; Β 6, 18, 39, 89, 150, 159, 312, 351, 413, 424, 526, 616, 793, 797; Γ 45, 132, 336; Δ 218, 273; Ε 36, 42, 58, 294, 355, 384,

523, 597, 629, 630, 743, 829, 841, 850, 882; *Z* 25, 121, 375; *Η* 133, 164, 165, 167, 238, 246, 446; *Θ* 1, 110, 222, 224, 225, 260, 262, 263, 265, 434, 511, 516; *I* 72, 91, 221, 317, 360, 488, 620; *K* 27, 48, 80, 85, 185, 213, 287, 568; *Λ* 5, 7, 8, 38, 41, 70, 106, 232, 261 (doch ist hier zu schreiben *τοῦ δ' ἐπὶ Ϝιφιδάμαντι* statt *τοῖο δ' ἐπ' Ἰφιδάμαντι*), 293, 460, 498, 546, 583, 712, 775, 805; *M* 51, 82, 118, 201, 219, 240, 246, 284, 293, 342, 448; *N* 4, 12, 101, 187, 234, 281, 309, 326, 332, 459, 675, 682, 765, 800; *Ξ* 24, 31, 77, 130, 157, 227, 401, 419; *O* 27, 102, 380, 458, 480, 684, 726, 729; *Π* 137, 358, 429, 430, 462, 649, 661, 702, 770; *P* 116, 148, 209, 236, 459, 504, 677, 682; *Σ* 317, 531, 557, 565; *T* 110, 181, 229, 236, 237, 255, 318, 378, 396; *Υ* 50, 151, 176, 227, 228, 328, 392, 395; *Φ* 17, 148, 240, 248; *X* 153, 156, 248; *Ψ* 18, 61, 205, 293, 336, 355, 362, 374, 381, 396, 400, 401, 406, 514, 574, 742, 744, 784, 816, 821; *Ω* 82, 202, 267, 273, 275, 298, 341, 342, 356, 445, 446, 535, 590, 627, 666, 695, 702, 711; *α* 97, 98, 104, 149, 183, 185, 299; *β* 58, 263, 284, 391; *γ* 90, 105, 142, 164, 171, 289, 353, 458; *δ* 40, 67, 134, 213, 218, 313, 362, 434, 482; 516, 517, 560, 709, 718, 822; *ε* 17, 45, 46, 59, 82, 84, 140, 142, 149, 151, 158, 163, 164, 200, 238, 251, 277, 420, 425, 489; *ζ* 52, 75, 138, 252, 305; *η* 79, 90, 120, 153, 160, 288; *ϑ* 71, 484, 508; *ι* 83, 85, 128, 129, 182, 280, 297, 382; *κ* 55, 56, 62, 96, 140, 170, 214, 511; *λ* 82, 240, 287, 315, 548; *μ* 105, 171, 177, 200, 239, 361, 362, 422; *ν* 60, 419; *ξ* 43, 105, 136, 403, 420, 453, 494; *ο* 79, 88, 142, 182, 283; *π* 19, 54, 164, 325, 330, 359, 365, 367, 375, 383, 385; *ρ* 98, 146, 289, 295, 386, 413, 466, 496, 537; *σ* 110, 137, 239; *τ* 63, 97, 101, 107, 334, 389; *υ* 123, 221, 256, 358; *φ* 51, 149, 182, 363, 376; *χ* 8, 47, 80, 123, 203, 205, 303, 389, 412; *ψ* 47, 49, 125, 317; *ω* 94, 150, 178, 201, 212, 301, 308, 509, 525, im ganzen 388mal, da *Λ* 350 und *λ* 315 je zweimal das elidierte *ἐπί* vorkommt. Hymn. I, 18, 45, 82, 174; II, 117, 310; III, 26, 101, 103(?), 149, 153, 272, 284, 388, 393, 398, 404, 412, 418, 424, 499, 524; IV, 122; V, 93, 123, 173, 188, 196; VI, 7; VII, 22, 45; X, 2, 3; XXXIII, 10; XXXIV, 3; Hom. Epigr. XI, 2; XIV, 7; XV, 10; Batr. 13, 61, 84, 86, 89, 91, 99, 120, 155, 166, 225, 245, 249, 260; Hesiod Theog. 146, 187, 523, 622, 684, 781, 816, 823 u. o.

2. Die Präposition *ἀμφί*: *A* 409, 465; *B* 417, 428, 445, 499, 575, 751; *Γ* 70, 91, 328; *Δ* 252, 493; *E* 722; *Z* 238, 436, 437; *H* 435; *Θ* 537; *I* 82, 210, 470, 547; *K* 34, 149, 177, 333; *Λ* 419, 475, 482, 527, 591; *M* 160, 175, 421; *N* 496, 526; *O* 301, 314, 479; *Π* 108, 165, 481, 601, 772, 775, 825; *P* 359, 388, 510; *Σ* 30, 69, 354, 538; *T* 5, 284; *Φ* 240; *Ψ* 88, 233; *Ω* 123, 616; *α* 48; *γ* 163, 462; *δ* 151, 153, 245; *ε* 287, 371; *ϑ* 267, 416, 502, 506, 527; *κ* 486, 518; *λ* 26, 228, 423, 520, 546; *μ* 45, 365, 395; *ν* 224; *ξ* 75, 338, 364, 430; *π* 145; *ρ* 197; *σ* 108; *τ* 516; *φ* 223; *χ* 115, 122, 227, 281; *ψ* 366; *ω* 80, 409, 497; Hym. III, 121, 151, 268, 306; IV, 88, 90; VI, 10; VII, 40. Bei der Zusammensetzung erleidet in einigen Fällen das ῐ in *ἀμφί* Elision, z. B. *ἀμφαγαπάζειν* *Π* 192, *ἀμφαφόων* *ϑ* 196 und fällt weg beim Augment, z. B. *ἀμφεκάλυψε* *E* 68; *ἀμφήλυϑε* *Z* 122, während es in der attischen Prosa vor dem Augment lieber stehen bleibt; anderseits finden sich auch Fälle, wo es bei Homer nicht elidiert, z. B. in *ἀμφιέσαντο*, *ἀμφίαλος*, *ἀμφιέλισσαι*, *ἀμφιέποντες* *B* 525 u. o. (doch hat letzteres darin seinen Grund, dass *ἕπω* ursprünglich anlautendes σ̄ hatte), dann in der Plusquamperfectform *ἀμφιβεβήκει* *Θ* 68; *Π* 777; *δ* 400; *ι* 98.

Die Präposition *ἀντί* elidiert nie, *ἀντ'*, das an vier Stellen vorkommt, ist das elidierte *ἄντα* und muss betont werden:

O 415 *Ἕκτωρ δ' ἄντ' Αἴαντος ἐείσατο κυδαλίμοιο.* *δ* 115, 154 *χλαῖναν πορφυρέην ἄντ' ὀφϑαλμοῖιν ἀνασχών.* *Θ* 163 schrieb Aristarch *γυναικὸς ἄρ' ἀντιτέτυξο*, Herodian *ἀντετέτυξο*. Schol. A *Ἀρίσταρχος ἀντιτέτυξο. διὰ τοῦ ῑ εἶχον αἱ ἐκδόσεις. ὁ δὲ Ἡρωδιανὸς διὰ τοῦ ε̄ ἐξέϑετο.* Wir haben noch die eigene Notiz Herodians zu dieser Stelle *ἀντ'*: *κακῶς ὅσοι ἀναστρέφουσιν· ἡ γὰρ ἀντί ἀναστρέφεται οὔποτε* (so Lehrs für *ποτε*)· *εἰ δὲ τὸ ἄντα ἐπίῤῥημα ἐκδέχονται, ἐναντίον τῇ διανοίᾳ παραλήψονται.* Danach schrieb Herodian *ἀντ' ἐτέτυξο*, dieses *ἀντ'* kann nicht anastrophiert werden, sonst wäre es das elidierte *ἄντα*. Eine zweite Bemerkung Herodians haben wir zu

Θ 233 *Τρώων ἄνϑ' ἑκατόν τε διηκοσίων τε ἕκαστος.* *ἐπὶ τὴν ανϑ συλλαβὴν ἡ ὀξεῖα, ἵνα τὸ πλῆρες ᾖ ἄντα*, Dasselbe weitläufiger Cram. An. Ox. II, 466, 19.

Cram. Epim. 66, 11 *ἀμφί πρόϑεσις συντασσομένη ταῖς*

τρισὶ πλαγίαις οὐκ ἀναστρεφομένη. τρεῖς δέ εἰσιν αἵ μὴ ἀναστρεφόμεναι. ἀντί· ἀμφί· διά. ἡ μὲν διά πρὸς ἀντέμφασιν αἰτιατικῆς τῆς Δία. ἡ δὲ ἀμφί καὶ ἀντί ἐπεὶ τριχρονοῦσιν· οὐδεμία δὲ πρόθεσις τριχρονοῦσα ἀναστρέφεται. In Zusammensetzungen wirft *ἀντί* das *ῐ* weg, z. B. *ἀντεβόλησε Π* 790, *ἀντετόρησεν Ε* 337, *ἀντάξιος*, in *ἀντιάνειρα* behält es das *ῐ*[47].

Nie elidiert *περί* weder als Präposition, noch in der Zusammensetzung, vgl. Cram. Epim. 41, 26 *διαφέρει ἡ περί τῆς ἀμφί κατὰ τρόπους τρεῖς. ἡ μὲν γὰρ ἀμφί ἀποβάλλει τὸ ἰῶτα, οἷον „ἀμφ' ἀγαθὸν θεράποντα"* (*Π* 165), *ἡ δὲ περί οὐδέποτε. καὶ πάλιν ἡ μὲν περί ἀναστρέφεται κτλ.* ähnlich und zum Theil ergänzend 336, 32; 341, 7. Die Aeolier elidierten indes *περί* vgl. Boeckh zu Pindar Olymp. VI, 38 (not. crit.); Schol. O 657.

Von Adverbien elidieren:

3. *ἄγχι*: *O* 434 *ἄγχ' Αἴαντος. P* 300; *Ω* 126 *ἄγχ' αὐτοῖο. θ* 95, 534 *ἄγχ' αὐτοῦ. χ* 130; Hymn. II, 68, 200 *ἄγχ' αὐτῆς. μ* 306 *ἄγχ' ὕδατος.*

4. *νόσφι*: nur *Υ* 7 *νόσφ' Ὠκεανοῖο.*

5. *ἔτι*: *Α* 573; *Β* 13, 30, 39, 67, 344, 641, 642; *Δ* 540; *Ε* 120, 285, 621; *Ζ* 411, 501; *Η* 364 (doch ist hier mit Bekker 2 zu ändern), 391, 447; *Ι* 375; *Κ* 493; *Λ* 710; *Μ* 106, 203; *Ν* 510, 512; *Ο* 674; *Π* 305; *Ρ* 379, 586, 653; *Υ* 218, 421; *Φ* 609; *Χ* 86, 136, 270; *Ψ* 75, 268, 490, 619, 627; *Ω* 683, 774; *α* 289, 322, 431; *β* 63, 115, 220; *γ* 14, 401; *δ* 716; *ε* 160; *θ* 293, 315; *κ* 193; *λ* 111, 380, 393, 495, 623, 628; *μ* 138, 197; *ν* 415; *ξ* 138; *ο* 305, 433; *π* 23, 33, 204, 355; *ρ* 41; *σ* 22, 216; *τ* 158; *υ* 12; *φ* 186, 282; *χ* 35, 237, 245, 381; *ψ* 203, 249; *ω* 351, 401; Hymn. II, 298; III, 557; V, 344; Batr. 254, 302; Hesiod Theog. 531, 666, 848 u. o.

Dazu kommen noch *οὐκέτ' Β* 235, 379; *Η* 96, 357; *Θ* 355, 427; *Ι* 164, 605; *Κ* 118, 453; *Λ* 610; *Μ* 73, 125, 231; *Ο* 727; *Π* 102; *Σ* 285; *Φ* 565; *Χ* 384; *δ* 12; *ι* 95, 350;

[47]) Dass bei Homer keine Stelle vorkommt, in der *ἀντί* elidiert, scheint Zufall zu sein. Es elidiert Hymn. V, 491; XXX, 18. Hesiod Op 334. Theog. 585, 602. Frgm. 76, 2 ist zu schreiben *ἄντ' Ἀμύροιο*, nicht *ἀντ'*, so auch Göttling.

μ 56, 205, 223, 444; ν 128; π 182; ρ 303, 321; τ 166; υ 137, 223; χ 27; Hymn. IV, 216; und μηκέτ' Β 259; Ψ 735; κ 297; ρ 320; σ 203.

Elisionsfähig sind ferner die mit dem Suffix θι gebildeten localen Adverbien:

6. οἴκοθι: οἴκοθ' Ὀδυσσεύς τ 237.

7. ὑψόθι: ὑψόθ' ἐόντι Κ 16; Ρ 676. ὑψόθ' ὄρεσφιν Υ 376.

8. ὀππόθι: ὀππόθ' ὄλωλεν γ 89.

9. τηλόθι: τηλόθ' ἐόντι λ 439; ἐόντα Θ 285; ἐόντας α 22; ἐούσης Φ 154; ἐοῦσαν ε 55, immer als Versschluss. τηλόθ' ἀκουστήν Hymn. III, 512.

10. ἄλλοθι: ἄλλοθ' ὄληται ξ 130. ἄλλοθ' ὀλέσθαι σ 401. ἄλλοθ' ὁμιλήσαντες δ 684. ἄλλοθ' ἐπεί φ 83.

11. αὐτόθι: αὐτόθ' ἔρυκε ι 29, dazu Ameis. αὐτόθ' ἔασε Ε 847. αὐτόθ' ὄλοντο Κ 132; Π 848. αὐτόθ' ἐγήρα ξ 67. αὐτόθ' ἐπεί Υ 340. αὐτόθ' ἐνί Ω 707. αὐτόθ' ὀλέσθαι ο 327. Die andere Stelle Φ 344 αὐτόθ' ἅλις ἔσαν ist durch Umstellung zu bessern (αὐτὸν AG; vgl. Φ 236, wo Eust. mit 2 Mss. αὐτὸν ἔσαν ἅλις hat).

12. ὅθι: ὅθ' ἄρ' Β 572; Η 143. ὅθ' ἔμπεσε Δ 217. ὅθ' Αἰνείας Υ 320. ὅθ' ἔστασαν Κ 520; δ 426. ὅθ' ἐπί ζ 210; μ 336; τ 58. ὅθ' εἵατο θ 512. ὅθ' ἀκροτάτη μ 11. ὅθ' ἀργυρότοξος Hymn. IX, 5. ὅθ' ἅλις Ρ 54 wurde von Bekker wegen des Digamma geändert.

13. αὖθι: αὖθ' ἐπί Λ 48; Μ 85; β 369. αὖθ' ἧμιν σ 48. αὖθ' εἰρύαται π 463.

Da τι, einerlei ob interrogativ oder indefinitum, nie elidieren kann, so kann auch begreiflicherweise ὅτι als Accusativ Singular neutr. von ὅς τις nicht elisionsfähig sein, wenn es auch von verschiedenen Seiten behauptet wird. So sagt z. B. Krüger Di. § 12, 2, A. 11 in ὅτι wird das ῑ bei Attikern nie, bei Homer zuweilen elidiert. Ameis hält ebenfalls ὅτ' θ 78; ξ 90; υ 333 für elidiertes ὅτι, aber φ 254 schreibt er ὅ τ' gleich ὅτι τε. Bekker hingegen, Sitzungsberichte der k. preuss. Akademie d. Wiss. Berlin, Mai 1859, S. 393 stellt entschieden in Abrede, dass ὅτι elidiert werden könne und hält ὅτ' entweder für elidiertes ὅτε oder für ὅ (= ὅτι) τε, dass da, weil da. Dieses ὅ τε = ὅτι τε schrieb Aristophanes ε 357 ὤ μοι ἐγώ, μή τίς μοι ὑφαίνῃσιν δόλον αὖτε ἀθανάτων, ὅ τέ με σχεδίης ἀποβῆναι ἀνώγει nach Schol. H., P. Sprachlich findet sich die Sache erörtert Homerische Studien § 41, 13 sammt dem Anhang S. 264. Wir haben freilich kein ausdrückliches Zeugniss dafür, dass ὅτι nicht elidiert, wie z. B. in Betreff von περί oben eins angeführt ist, aber jeder, der etwas mit den Regeln der Prosodie vertraut ist, wie sie Herodian und seine Vorgänger aufgestellt haben, wird vollständig überzeugt sein, dass eine Elision bei τί ebenso wie bei ὅτι unmöglich ist. Es sind schon oben die Fälle erwähnt, wo es den Hiatus duldet ο 83 δώσει δέ τι ἕν γε φέρεσθαι. ϑ 136 οὐδέ τι ἥβης. Ω 593 ὅτι Ἕκτορι. Die alten Grammatiker sahen strengstens darauf, dass nicht zwei verschiedene Worte, die mit denselben Lautzeichen geschrieben wurden, dieselbe Betonung bekamen; so unterschied man πόσος, ποῖος von ποσός, ποιός, τίνος von τινός, τίμησαι τιμῆσαι und τιμήσαι, wofür freilich gewöhnlich τιμήσειε eintrat. So betonten die alten Grammatiker die Imperative εἰπέ, εὑρέ auf der letzten zum Unterschied von den Indicativformen εἶπε, εὗρε; beim Genetiv Plural der Wörter χρήστης und ἀφύη wichen sie von der Grundregel der Accentuierung ab und betonten χρήστων, ἀφύων zum Unterschiede von χρηστῶν (Gen. Plur. von χρηστός) und ἀφυῶν (Gen. Plur. von ἀφυής); ferner betonten sie die Masculina Τρώων, δμώων auf der vorletzten gegen die Grundregel um sie von den femininis Τρῳῶν, δμῳῶν auch schon durch den Ton zu unterscheiden. Aus demselben Grunde anastrophierten sie nicht διά, um es von dem sonst gleichbetonten Accusativ von Ζεύς zu unterscheiden, auch nicht ἄνα ausser in den seltenen Fällen, wo es prägnant für ἀνάστηθι gebraucht ward, um es von dem Vocativ von ἄναξ zu unterscheiden. ἄντ' kann nicht das elidierte ἀντί sein, sondern nur ἄντα, περί wird nicht elidiert, sonst wäre es ganz gleich dem enklitischen περ (vgl. Cram. Epim. 341, 11). So kann auch τ' nicht zugleich τε und τι sein, sondern nur τε, wofür es Beispiele genug gibt, während niemand im Stande ist, dafür, dass τ' elidiertes τι sein sollte, ein Beispiel beizubringen und so ist endlich ὅτ' nur aus ὅτε entstanden; da wo ὅτε nicht statthaft ist, schreibe man nach Bekker ὅ τε getrennt; dieses ὅ hat die Bedeutung eines ὅτι im Homer an einer Menge von Stellen, die vollständig Hom. Stud. § 41, 13 aufgezählt sind. Dass ὅτι bei den Attikern nicht elidiert, ist ebenfalls ein Beweis für die Richtigkeit der hier verfochtenen Ansicht. Die hier in Betracht kommenden Stellen sind:

Α 411; *Π* 273 γνῷ δὲ καὶ Ἀτρείδης εὐρὺ κρείων Ἀγαμέμνων
ἣν ἄτην, ὅ τ' ἄριστον Ἀχαιῶν οὐδὲν ἔτισεν.
Δ 31 δαιμονίη, τί νύ σε Πρίαμος Πριάμοιό τε παῖδες
τόσσα κακὰ ῥέζουσιν, ὅ τ' ἀσπερχὲς μενεαίνεις.
Ε 330 . . . . . . ὃ δὲ Κύπριν ἐπῴχετο νηλέι χαλκῷ
γιγνώσκων, ὅ τ' ἄναλκις ἔην θεός.
Ζ 125 . . . . . . ἀτὰρ μὴν νῦν γε πολὺ προβέβηκας ἁπάντων
σῷ θάρσει, ὅ τ' ἐμὸν δολιχόσκιον ἔγχος ἔμεινας.
Θ 251 οἳ δ' ὡς οὖν εἴδονθ' ὅ τ' ἄρ' ἐκ Διὸς ἤλυθεν ὄρνις.
Θ 406 u. 420 ist ὅτ' nicht ὅ τε d. h. ὅτι τε, sondern ὅτε.
Π 509 ὠρίνθη δέ οἱ ἦτορ, ὅ τ' οὐ δύνατο προσαμῦναι.
Ρ 623 γιγνώσκεις δὲ καὶ αὐτός, ὅ τ' οὐκέτι κάρτος Ἀχαιῶν.
θ 77 . . . . ἄναξ δ' ἀνδρῶν Ἀγαμέμνων
χαῖρε νόῳ, ὅ τ' ἄριστοι Ἀχαιῶν δηριόωντο.
θ 299 καὶ τότε δὴ γίγνωσκον, ὅ τ' οὐκέτι φυκτὰ πέλοντο.
ξ 89 οἶδε δέ τοι ἴσασι, θεοῦ δέ τιν' ἔκλυον αὐδήν,
κείνου λυγρὸν ὄλεθρον, ὅ τ' οὐκ ἐθέλουσι δικαίως
μνᾶσθαι οὐδὲ νέεσθαι.
ξ 365 . . . . ἐγὼ δ' εὖ οἶδα καὶ αὐτὸς
νόστον ἐμοῖο ἄνακτος, ὅ τ' ἤχθετο πᾶσι θεοῖσιν.
υ 333 νῦν δ' ἤδη τόδε δῆλον, ὅ τ' οὐκέτι νόστιμός ἐστιν.
φ 253 ἀλλ' εἰ δὴ τοσσόνδε βίης ἐπιδευέες εἰμέν,
ἀντιθέου Ὀδυσῆος, ὅ τ' οὐ δυνάμεσθα τανύσσαι
τόξον, ἐλεγχείη δὲ καὶ ἐσσομένοισι πυθέσθαι.
Hym. I, 99 . . . . ἣ (Ἥρη) μιν (Εἰλείθυιαν) ἔρυκε
ζηλοσύνῃ, ὅ τ' ἄρ' υἱὸν ἀμύμονά τε κρατερόν τε
Λητὼ τέξεσθαι καλλιπλόκαμος τότ' ἔμελλεν.

Noch auffallender ist es, dass sogar einmal das Neutrum von ὅστις bei Homer elidieren soll:

ο 317 αἶψά κεν εὖ δρώοιμι μετὰ σφίσιν, ὅττ' ἐθέλοιεν, so schrieb Aristarch nach Schol. Harl. τὸ δὲ ἐθέλοιεν, οὕτως αἱ Ἀριστάρχου φασί, τρισυλλάβως τὸ ἐθέλω. Bekannt ist, dass Aristarch mit der äussersten Consequenz im Homer überall ἐθέλω herstellte und θέλω verbannte; dies gieng so weit, dass er sogar *Α* 277 sich nicht scheute, jene monströse Lesart Πηλείδῃ ἔθελε für Πηλείδη θέλε aufzunehmen, welche die neueren Herausgeber mit Recht zurückgewiesen haben. Bekker a. a. O.

S. 393 stellte *Α* 277 wie ο 317 θέλω wieder her und wenn er sich consequent geblieben wäre, so hätte er am Versschlusse überall die dreisilbigen Formen von ἐθέλω herstellen müssen statt der viersilbigen (vgl. Sitzungsberichte der k. Preuss. Akad. d. Wiss. Berlin, März 1859, S. 268), ebenso wie er am Versschlusse ἐκεῖνος und ἐνέρθεν für die zweisilbigen Formen schreibt, so z. B. *Α* 554 ἅσσα θέλῃσθα. *Ε* 233 οὐδὲ θέλητον. *Β* 132 εἰῶσι θέλοντα. *Θ* 142; *Κ* 55; *Σ* 143; 278 εἴ κε θέλῃσιν u. o.

Von Nominibus elidieren;

1. εἴκοσι: nur in der Odyssee: εἴκοσ' ἑταῖροι β 212; δ 669; κ 208. εἴκοσ' ἅμαξαι ι 241, überall als Versschluss.

2. Die Dative des Plural des persönlichen Pronomens: *Η* 76 ἄμμ' ἐπιμάρτυρος.

Κ 551 ὔμμ' ὀίω. *Α* 781 ὔμμ' ἅμ'. *Ψ* 787; Hym. II, 356 ὔμμ' ἐρέω. ρ 241 ὔμμ' ἐπί. χ 62 ὔμμ' ἐστί.

Θ 4 σφ' ἀγόρευε. *Θ* 412 σφ' ἔννεπε. *Γ* 300 σφ' ἐγκέφαλος. *Ξ* 205, 304 σφ' ἄκριτα. *Λ* 807; ζ 266 σφ' ἀγορή. *Ο* 388 σφ' ἐπί. *Σ* 375 σφ' ὑπό. *Ω* 283; θ 300; ο 57; υ 173; ω 99, 439 σφ' ἦλθε. γ 440 σφ' Ἄρητος. δ 623 σφ' ἄλοχοι. δ 784 σφ' ἤνεικαν. π 326, 360 σφ' ἀπένεικαν. υ 254 σφ' ἐπένειμε. *Τ* 265 σφ' ἀλίτηται ὀμόσσας ist Accusativ, Hom. Stud. S. 188.

3. Die Dative des Plural der dritten Declination auf σῐ, namentlich die auf εσσι:

Κ 529; φ 379 χείρεσσ' Ὀδυσῆι. *Ζ* 362 Τρώεσσ', οἵ. *Ζ* 397 Κιλίκεσσ' ἄνδρεσσιν. *Κ* 548 Τρώεσσ' ἐπιμίσγομαι. *Μ* 134 διηνεκέεσσ' ἀραρυῖαι. *Ν* 407 κανόνεσσ' ἀραρυῖαν. *Μ* 382 χείρεσσ' ἀμφοτέρῃς ἔχοι, so der Ven. B nach Aristarch, der Ven. A χειρί γε τῇ ἑτέρῃ φέροι, andere ἔχοι vgl. Wolf Prol. 29. *Π* 704; Hym. V, 253 χείρεσσ' ἀθανάτῃσι. τ 355 χείρεσσ', ὅτε. Hym. V, 425 χείρεσσ' ἐρόεντα. *Ξ* 45 Τρώεσσ' ἀγορεύων. δ 254 Τρώεσσ' ἀναφῆναι. *Λ* 17 νήεσσ' ἡγήσατο. *Γ* 240 νέεσσ' ἔνι. ξ 238 νήεσσ' ἡγήσασθαι. *Β* 342 ἐπέεσσ' ἐριδαίνομεν. *Ο* 162, 178 ἐπέεσσ' ἐπιπείσεται. *Ω* 238 ἔπεσσ' αἰσχροῖσιν. *Π* 273; *Ρ* 530 ξιφέεσσ' αὐτοσχεδόν. *Ρ* 308 πόλεσσ' ἄνδρεσσιν. *Ρ* 658 Αἰάντεσσ' ἐπέτελλεν. *Τ* 348 στήθεσσ' ἵνα. *Κ* 127 φυλάκεσσ' ἵνα. *Ψ* 671 πάντεσσ' ἔργοισι, zu bessern πᾶσιν Ϝέργοισι. *Ο* 114, 398; ν 199 κατα πρηνέσσ' ὀλοφυρόμενος. ζ 241 Φαιήκεσσ' ὅδ'. ζ 267 κατωρυχέεσσ' ἀραρυῖα. Υ 497 πόσσ' ἐριμύκων. Hym. V, 287; Hesiod Theog. 3 πόσσ' ἀπαλοῖσι. Π 420, 452; Φ 208 χέρσ' ὕπο. Σ 505 ἐν χέρσ' ἔχον. ν 115 χέρσ' ἐρετάων. Ω 318 ἐΰ κληῖσ' ἀραρυῖα, so Tryphon, dagegen Aristarch, Ptolemaios v. Askalon und Herodian ἐυκλήις. ρ 103; τ 596 δάκρυσ' ἐμοῖσι. Ζ 221 δώμασ' ἐμοῖσι. ο 516 μνηστῆρσ' ἐνί.

4. Die Dative des Singular der dritten Declination.

Oben ist bereits mit Ahrens für das ῐ des Dativ Singular das Recht der Mittelzeitigkeit in Anspruch genommen und man hat sich daher mit demselben überall, wo die Möglichkeit vorhanden ist, das ι nicht durch Elision zu beseitigen, für die Vermeidung derselben zu erklären. Die Stellen sind:

1. Κ 277 χαῖρε δὲ τῷ ὄρνιθ' Ὀδυσεύς, dazu erwähnt Eustathios, dass die Alten geschrieben hätten ὄρνιθι Ὀδυσεύς, vgl. p. 12, 29; 805, 18.

2. Ε 5 ἀστέρ' ὀπωρινῷ ἐναλίγκιον, auch zu dieser Stelle führt Eustathios die alte Schreibart ἀστέρι ὀπωρινῷ an, so auch 1 Vind. Draco de Metr. 41, 12. Hesychios I, 582.

3. Δ 259 ἠδ' ἐν δαίτ', ὅτε, Ven. A δαιτί.

4. Λ 544 Ζεὺς δὲ πατὴρ Αἴανθ' ὑψίζυγος ἐν φόβον ὦρσεν, ein Vind. hat ἐς φόβον, scheint also Αἴανθ' als Accusativ gefasst zu haben, doch verdient diese Lesart keine Berücksichtigung. Eusthathios hat Αἴαντι ὑψίζυγος.

5. Π 385 ἤματ' ὀπωρινῷ, ὅτε λαβρότατον χέει ὕδωρ, 1 Vind. hat ἤματι χειμερίῳ.

6. Ν 289 οὐκ ἂν ἐν αὐχέν' ὄπισθε πέσοι βέλος, οὐδ' ἐνὶ νώτῳ.

7. Μ 88 οἳ μὲν ἅμ' Ἕκτορ' ἴσαν καὶ ἀμύμονι Πουλυδάμαντι.

8. Ψ 64 Ἕκτορ' ἐπαΐσσων προτὶ Ἴλιον ἠνεμόεσσαν, über den Dativ Ἕκτορι vgl. Hom. Stud. S. 114. Sch. V τὸ πλῆρες ἐπὶ Ἕκτορι, ὡς „Κίρκῃ ἐπήιξεν" (κ 322). Spitzner, Crusius und Fäsi halten es für den Accusativ.

9. Ψ 693 θίν' ἐν φυκιόεντι, Var. θίν' ἐπὶ φυκιόεντι.

10. Ω 26 οὐδὲ Ποσειδάων' οὐδὲ γλαυκώπιδι κούρῃ, Eustathios οὐδὲ Ποσειδῶνι.

11. Λ 588 . . . . ἀμύνετε νηλεὲς ἦμαρ Αἴανθ', ὃς βελέεσσι βιάζεται. Dazu Aristonikos ἡ διπλῆ

ὅτι Ζηνόδοτος γράφει *Αἴαντος βελέεσσι*. γενικὴ μὲν οὖν οὐχ ἁρμόζει κτλ. Allerdings passt der Genetiv, denn ἀμύνειν τί τινος ist Homerisch, vgl. Hom. Stud. § 92, 1. Nur muss dann anders interpungiert werden, ἀμύνετε νηλεὲς ἦμαρ Αἴαντος· βελέεσσι βιάζεται οὐδέ ἕ φημί κτλ.

12. *Γ* 349; *P* 45 *ἀσπίδ' ἔνι κρατερῇ*. Dafür hat der Venetus A an beiden Stellen ἀσπίδι ἐν, so haben auch Clarke und Heyne, während Wolf und die übrigen neuen Herausgeber die Lesart der Codd. Mor. Barocc. ἀσπίδ' ἐνί wieder eingeführt haben. In den alten Ausgaben und einigen Handschriften, steht auch die Lesart ἀσπίδι ἔνι κρατερῇ. Auch Ahrens gibt der Schreibart des Venetus den Vorzug, er sagt a. a. O. S. 594 „man wird leicht erkennen, dass ich bei der Wahl unter mehreren Lesearten, die den Hiatus darbietende vorziehen muss, weil dieser aus einer anderen, später verschwundenen und darum verkannten Eigenthümlichkeit hervorgeht."

13. *Π* 272 *ἀσπίδ' ἐνιχριμφθείς*, so schrieb Aristarch nach Didymos; auch Heyne schliesst sich inconsequenter Weise, um den Hiatus zu vermeiden, der ihn doch *Γ* 349 u. *P* 45 nicht im mindesten störte, Aristarch an, dessen Auctorität so gross ist, dass man sich sogar Inconsequenz zu Schulden kommen lassen darf, wenn man nur ihm folgt. Die meisten Mss. und die alten Ausgaben bis auf Clarke, haben ἀσπίδι ἐγχριμφθείς, welche Lesart mit Recht vorgezogen zu werden verdient.

14. *P* 324 *κήρυκ' Ἠπυτίδῃ*, so schrieb Barnes und die neueren Herausgeber mit Ausnahme von Clarke-Ernesti folgten ihm. Die Handschriften haben sämmtlich κήρυκι Ἠπυτίδῃ und Clarke glaubt mit Unrecht, dies sei wie κήρυκ' Ἠπυτίδῃ ausgesprochen worden, analog den drei zuerst erwähnten Fällen. Ueber die hier stattfindende Verkürzung des *υ* vgl. Herodian περὶ διχρόνων pg. 286, 4. Cram. Epimer. 233, 16. Sch. BV zu *P* 324.

15. *ε* 62 . . . . . *χρυσείῃ κερκίδ' ὕφαινεν* vgl. Sch. BL zu *B* 113.

16. *β* 245 οὔ κέν οἱ κεχάροιτο γυνὴ μάλα περ χατέουσα ἐλθόντ', ἀλλά κεν αὐτοῦ ἀεικέα πότμον ἐπίσποι.

17. *κ* 106 *θυγατέρ' ἰφθίμῃ Λαιστρυγόνος Ἀντιφάταο* und

18. *ο* 364 *θυγατέρ' ἰφθίμῃ*, τὴν ὁπλοτάτην τέκε παίδων.

Zu κ 106 findet sich die Variante θυγατρί in einigen Handschriften, dies würde passen, wenn man umstellte ἰφθίμῃ θυγατρί, dadurch bekäme ἰφθίμῃ die Stellung, die es sehr häufig einnimmt, nemlich am Versanfange, und θυγατρί die richtige Quantität.

19. ι 302; τ 480 χείρ' ἐπιμασσάμενος. Darüber sind die Ansichten getheilt: für den Dativ halten es Bekker, Wolf nur an der letzten Stelle, Bothe, der jedoch im Texte χεῖρ' hat, Nitzsch, Fäsi, Ameis, während Dindorf es für den Accusativ hält. Es kann auch nur der Dativ sein, denn ἐπιμαίομαί τι heisst nur berühren, anfassen, nie aber hinstrecken, ausstrecken.

Von diesen 19 Fällen muss bei 14 die Elision des ῑ als feststehend angesehen werden: darauf kommt, wie Spitzner Excurs. VII, pg. XVII richtig bemerkt, nichts an, ob ἤματι ὀπωρινῷ oder ἤματ' geschrieben wird (man mag das ῑ der Deutlichkeit halber hinzugeschrieben haben, um die Form nicht mit dem Accusativ zu verwechseln) wofern das ῑ nur nicht ausgesprochen wird. Bei dem unter 14 angeführten Fall, steht die Lesart κήρυκι durch die übereinstimmenden Zeugnisse der Alten so fest, dass man nicht daran rütteln darf, zumal es noch andere Verkürzungen der Art gibt, vgl. über die δίχρονα im Homer, Bekker Sitzungsber. der k. Preuss. Akad. d. Wiss. Berlin, März 1859, S. 261 f. Die geringe Zahl von nur 14 sicheren Fällen der Elision des ῑ im Dat. Sing. einerseits und das häufige Vorkommen des Hiatus anderseits ist Beweis genug dafür, dass die Elision dieses ῑ möglichst vermieden wurde.

IV.

In Betreff der Schreib- und Betonungsweise der persönlichen Pronomina, für den Fall, dass eine Form von αὐτός hinzutritt, haben die alten Grammatiker Doctrinen aufgestellt, die sie weder selber, noch irgend ein anderer, mit dem überlieferten Text in Einklang bringen konnten. Sie waren überhaupt, sobald sie das Gebiet der Syntax betraten, auf einem Feld, wo sie sich nicht mehr mit Sicherheit zu bewegen verstanden, womit nicht behauptet werden soll, dass ihnen ein feines Sprachgefühl abgieng. Dass ihnen aber viele Spracherscheinungen nicht zum klaren Bewusstsein gekommen waren, beweist ihre höchst oberflächliche Auffassung derselben, denn man braucht nur die Scholien des Aristonikos zu durchblättern, so wird man finden, dass hier bald etwas für überflüssig erklärt wird (*περισσόν*) bald eine Praeposition zu substituieren ist (*ἐλλείπει ἡ πρόθεσις*) bald ein Casus oder Modus für den anderen gesetzt ist (*ἐνήλλακται πτῶσις, χρόνος, ὁριστικὴ ἀντὶ ὑποτακτικῆς, δοτικὴ ἀντὶ γενικῆς*): kurz die alten Grammatiker waren im Gebiete der Syntax ihrer eigenen Sprache nicht über die Anfangsgründe hinausgekommen, denn sie konnten nicht einmal einen Beziehungsaccusativ erklären, geschweige denn einen Modus und wenn wir in den Scholien des Herodian zu wiederholten Malen den Satz finden, dass eine Praeposition dann nicht anastrophiert werde, wenn sie die Stelle einer anderen vertrete, so können wir uns eines Staunens über die Naivetät des Mannes nicht erwehren. Kein Wunder, dass sie über die syntaktischen Verhältnisse des persönlichen Pronomens nicht ins Klare kommen konnten, wenn auch manche der von ihnen aufgestellten Grundsätze ganz richtig sind: nur schade, dass sie dieselben nicht durchzuführen vermochten und Ausnahmen sahen, wo in Wirklichkeit keine sind[48]). Lehrs Quaest. Ep. pg. 112—118 hat die Doctrin der Alten in Betreff des persönlichen Pronomens in Verbindung mit *αὐτός* erörtert, sie aber auch nicht mit der Ueberlieferung in Einklang zu bringen vermocht, da es ihm nur darum zu thun gewesen zu sein scheint, die Grundsätze der Alten über diesen Punkt anzuführen, nicht aber sich in eine Erörterung darüber einzulassen, in wieweit dieselben für Homer durchführbar sind, denn dass sie es nicht sind, zeigt schon die blose Zusammenstellung der betreffenden Fälle. Eine solche Zusammenstellung ist unumgänglich nothwendig, denn ein festes Princip über die Schreib- und Betonungsweise dieser Pronominalformen ist in keiner Homerausgabe durchgeführt.

Was nun die alten Grammatiker darüber bringen, hat, abgesehen davon, dass wir ihre Grundsätze kennen lernen, weiter keinen Werth, als dass wir erfahren, wie Aristarch, Herodian, Apollonios oder sonst ein Grammatiker die betreffenden Formen geschrieben und betont haben wollten, und dass sie darin nicht einig waren, beweist wiederum den Mangel eines richtigen Prin-

48) Homerische Textkritik S. 236, 237.

cips. Sogenannte zusammengesetzte Pronomina (σύνθετοι ἀντωνυμίαι) wie ἐμαυτοῦ, σαυτοῦ, ἑαυτοῦ liess Aristarch für Homer nicht gelten, während Ptol. v. Askalon und Zenodot solche im Homer annahmen. Tritt αὐτός zum persönlichen Pronomen, so erfordert es, wenn das persönliche Pronomen vorgesetzt ist, die orthotonierte Form, wenn es nachgesetzt ist kann auch die enklitische Form stehen. Dabei kamen aber die Grammatiker mit ihrer Regel ins Gedränge, denn δ 667 fanden sie im Homer ἀλλά οἱ αὐτῷ, welche Schreibweise Herodian für tadelnswerth erklärte und E 64 obelisierte Aristarch den Vers blos, weil er nach seiner Regel nur οἷ τ' αὐτῷ schreiben konnte, welches einen ganz falschen Sinn gibt.

Zu folgenden Stellen ist uns die Schreibweise der Alten überliefert:

A 271 κατ' ἔμ' αὐτόν Apollon. de Synt. pg. 140. Herodian Il. Pros. *A* 271; *I* 342.

E 64 οἷ τ' αὐτῷ Apoll. de Synt. 137 u. 145; de Pron. 53. Herod. Il. Pros. *E* 64.

I 249 αὐτῷ τοι Apoll. de Synt. 138.

I 680 αὐτόν σε Apoll. de Synt. 138. Herodian Il. Pr. *I* 680 (αὐτὸν σὲ Ptolem. v. Askalon).

K 242 κελεύετέ μ' αὐτόν Apoll. de Synt. 140; de Pron. 57. Herod. Il. Pros. *I* 680; *K* 242, so auch Aristarch und Ptolem. v. Askalon; κελεύετ' ἔμ' αὐτὸν Alexion.

Ξ 327 οὐδὲ σεῦ αὐτῆς Apoll. de Synt. 137.

O 226 ἠδὲ οἷ αὐτῷ Apoll. de Synt. 144; de Pron. 54. Herod. Il. Pros. *E* 64; *O* 226. Ptolem. v. Askalon ἠδέ οἱ.

O 231 σοὶ δ' αὐτῷ μελέτω Apoll. de Pron. 57.

Π 12 ἠ̃ ἐμοὶ αὐτῷ Apoll. de Synt. 137; de Pron. 57.

Π 47 οἷ τ' αὐτῷ Apoll. de Pron. 58.

P 551 πυκάσασά ἑ αὐτήν Apoll. de Synt. 140. πυκάσασα ἓ Herod. Il. Pros. I 342.

T 192 σοὶ δ' αὐτῷ Apoll. de Synt. 137.

T 384 πειρήθη δ' ἕο αὐτοῦ Herod. Il. Pros. *T* 384 (so Aristarch). Von dem Scholium zu dieser Stelle gehört ein Stück zu *T* 385 εἰ οἷ ἐφαρμόσσειε, welches die Schreibweise des Ptolem. v. Askalon ist.

Υ 171 ἓὲ δ' αὐτὸν ἐποτρύνει Apoll. de Pron. 58. Herod. Il. Pros. *Υ* 171.

Φ 318 *κὰδ δέ μιν αὐτόν* Apoll. de Synt. 142; de Pron. 47.
X 251 *εἴ κεν σ' αὐτὸν χρυσῷ ἐρύσασθαι ἀνώγοι* Apoll. de Pron. 57.
Ω 732 *ἢ ἐμοὶ αὐτῇ* Apoll. de Pron. 57.
α 305 *σοὶ δ' αὐτῷ μελέτω* Apoll. de Pron. 57.
γ 49 *ὁμηλικίη δ' ἐμοὶ αὐτῷ* Apoll. de Pron. 57.
δ 118 *ἠέ μιν αὐτόν* Apoll. de Synt. 142; de Pron. 47.
δ 177 *ἀνάσσονται δ' ἐμοὶ αὐτῷ* Apoll. de Pron. 57.
δ 244 *αὐτόν μιν* Apoll. de Synt. 141 u. 142.
δ 667 *ἀλλά οἱ αὐτῷ* Apoll. de Synt. 137 u. 146; de Pron. 46 u. 53. Herod. Il. Pros. *O* 226 (beide ohne zuzustimmen).
δ 683 *σφίσι δ' αὐτοῖς* Apoll. de Synt. 145. Herod. Il. Pros. *Δ* 2.
ε 190 *οὐδ' ἐμοὶ αὐτῷ* (em. *αὐτῇ*) Apoll. de Synt. 137.
ϑ 211 *ἕο δ' αὐτοῦ πάντα κολούει* Apoll. de Pron. 58. Herod. Il. Pros. *I* 342.
ϑ 396 *δέ ἑ αὐτὸν* Apoll. de Synt. 137; de Pron. 47.
ι 406 *μή τίς σ' αὐτὸν* Apoll. de Synt. 140; de Pron. 57. Herod. Il. Pros. *I* 680.
ν 313 *σὲ γὰρ αὐτὴν παντὶ ἐίσκεις* Apoll. de Synt. 139, 140 und 147; de Pron. 56.
υ 285 *πὰρ δὲ οἷ αὐτῷ εἷσε Θεοκλύμενον* Herodian bei Bekk. Anecd. 1146.
ϱ 387 *τρύξαντα ἓ αὐτὸν* Apoll. de Synt. 144.
ϱ 595 *αὐτὸν μὲν σὲ πρῶτα σάου* Apoll. de Pron. 58.
τ 288 *ὤμνυε δὲ πρὸς ἔμ' αὐτόν* Apoll. de Pron. 57.
χ 214 *ἀμυνέμεναι δὲ οἷ αὐτῷ* Apoll. de Synt. 143; de Pron. 54. Herod. Il. Pros. *O* 226.
χ 345 *αὐτῷ τοι* Apoll. de Synt. 138.
ψ 78 *ἐμέθεν περιδώσομαι αὐτῆς* Apoll. de Pron. 57.
ψ 253 *ἠδ' ἐμοὶ αὐτῷ* Apoll. de Pron. 44 u. 56.

In Anbetracht, dass bei Homer noch eine Anzahl anderer Stellen vorkommt, an welchen *αὐτός* zu dem persönlichen Pronomen hinzutritt, muss es bedauert werden, dass wir über die Schreibweise der Alten nicht vollständiger unterrichtet sind, oder sollen wir annehmen, dass, weil sie uns nicht mehr Ausnahmen von ihren Regeln angegeben haben, die übrigen Stellen diesen Regeln entsprechend gelautet haben? Es wäre zu wünschen, dass wir diese Gewissheit hätten, aber die einzelnen Stellen beweisen, dass dem nicht so ist und wir sind entweder nicht vollständig unterrichtet, oder, was das wahrscheinlichere ist, die alten Grammatiker haben bei Feststellung ihrer Grundsätze eine Anzahl von Stellen übersehen.

Wir wollen nun die einzelnen Stellen der Ordnung nach anführen und halten uns dabei an die Dindorf'sche Ausgabe, mit steter Berücksichtigung der anderen.

A. Orthotonierte Formen.

1. *ἐγώ*:

αὐτὸς ἐγών β 133; ω 445. *ἐγὼν αὐτός* Ψ 579.
αὐτὸς ἐγώ ϑ 356; φ 207; χ 154; ω 321; Hymn. III. 473.
αὐτὸς σύ Υ 311. *αὐτῇ σὺ* δ 395.

β 133 haben *αὐτὸς ἐγών* ABFGIMNV, *αὐτὸς ἑκών* A sup. EG in marg KLM sup. PQS. *γϱ. ἐγών* HL. Ohne auf die Vernachlässigung des Digamma ein Gewicht zu legen, denn auch δ 649 steht *αὐτὸς ἑκών*, müssen wir doch *ἐγών* für allein berechtigt erklären, denn nicht darauf, dass Telemach die Mutter gezwungen fortschickt, kommt es an, sondern dass er sie überhaupt fortschickt ob gezwungen ob nicht. Schriebe man *ἑκών*, so läge darin der Sinn, dass Telemach nur für den Fall von Ikarios schlimmes befürchtet, wenn er seine Mutter aus freien Stücken fortschickt, nicht aber wenn er dazu genöthigt wird und dies tritt noch deutlicher hervor, wenn man die beiden Stellen vergleicht (δ 649; ψ 434), an denen *αὐτὸς ἑκών* steht. Durch die Schreibweise *ἐγών* gewinnt aber die Stelle auch noch insofern, als hierdurch das unerhörte eines solchen Vorganges von Seiten des Sohnes gegen die eigene Mutter mit mehr Nachdruck hervorgekehrt wird: „ich muss viel übles von dem Vater der Mutter gewärtigen, wenn ich selbst (der eigene Sohn) die Mutter fortschicke.“

2. *ἐμέϑεν*:

ἐμέϑεν πεϱιδώσομαι αὐτῆς ψ 78.

3. *ἐμοί*:

νεώτεϱός ἐστιν, ὁμηλικίη δ' ἐμοὶ αὐτῷ γ 49 (*δέ μοι* A).
ἀνάσσονται δ' ἐμοὶ αὐτῷ δ 177 (Apollon.).
φϱάσσομαι, ἅσσ' ἂν ἐμοί πεϱ αὐτῇ μηδοίμην ε 188.
(*βούλευον*) *εἴ τιν' ἑταίϱοισιν ϑανάτου λύσιν ἠδ' ἐμοὶ αὐτῷ εὐϱοίμην* ι 421.

νόστον ἑταίροισιν διζήμενος ἠδ' ἐμοὶ αὐτῷ ψ 253 (*ἠδέ μοι* CD) so Apollon.,

ἠέ τι Μυρμιδόνεσσι πιφαύσκεαι ἢ ἐμοὶ αὐτῷ Π 12 (Apollon.).

αἰδοίης ἑκυρῆς ὀπὸς ἔκλυον, ἐν δ' ἐμοὶ αὐτῇ στήθεσσι πάλλεται ἦτορ Χ 451 (*δέ μοι* AEG).

σὺ δ' αὖ τέκος ἢ ἐμοὶ αὐτῇ ἕψεαι — ἤ τις Ἀχαιῶν ῥίψει Ω 732 (Apollon.).

4. *ἐμέ*:

ὤμοσε δὲ πρὸς ἔμ' αὐτόν ξ 333.

ὤμνυε δὲ πρὸς ἔμ' αὐτόν τ 288 (Apollon.).

καὶ μαχόμην κατ' ἔμ' αὐτὸν ἐγώ Α 271 (Aristarch, Herodian, Apollonios. *κατ' ἐμωυτὸν* Zenodot).

ποίει δ' εἰσοπίσω θαλερὸν γόνον, αὐτὰρ ἔμ' αὐτὸν δηρὸν ἐΰ ζώειν καὶ ὁρᾶν φάος ἠελίοιο Hymn. IV, 104.

5. *ἡμέας*:

φυλάξομεν ἡμέας αὐτούς Θ 529.

6. *σέο, σεῦ, σέθεν*:

κατέλεξας πάντων Ἀργείων σέο τ' αὐτοῦ κήδεα λυγρά λ 369.

οὐδ' ὁπότε Λητοῦς ἐρικυδέος οὐδὲ σεῦ αὐτῆς (*ἠρασάμην*) Ξ 327.

πλείονα ἴσασιν σέθεν αὐτοῦ μητίσασθαι Ψ 312.

7. *σοί*:

σοὶ δ' αὐτῷ πυκινῶς ὑποθήσομαι α 279.

σοὶ δ' αὐτῷ μελέτω α 305 (*αὐτῶν* Q, *γρ. αὐτῶν* A); Ο 231 (Apollon.).

ἵππους δ' εἰς Ἰθάκην οὐκ ἄξομαι ἀλλὰ σοὶ αὐτῷ ἐνθάδε λείψω ἄγαλμα δ 601.

* *μή τι σοὶ αὐτῷ πῆμα κακὸν βουλευσέμεν ἄλλο* ε 187 (*τοι αὐτῷ* ABCDILMNPS); κ 300 (*τοι αὐτῷ* ACDEIKNQS).

καὶ δὲ σοὶ ὧδ' αὐτῇ πολὺ κάλλιον ἠὲ πόδεσσιν ἔρχεσθαι ζ 39 (*δέ σοι* IN).

καὶ δὲ σοὶ αὐτῷ ἔοικε μετὰ πρώτοισιν ἐόντα βουλὰς βουλεύειν ζ 60 (*δέ σοι* CDL).

(*φράζεο*) *ἢ νῶιν τόδ' ἔφηνε θεὸς τέρας, ἦε σοὶ αὐτῷ* ο 168 (*ἠέ σοι* CI).

ἀλλὰ σοὶ αὐτῷ χεῖρον, ἐπεί τοι ἐγὼ μὲν ἀπέσσομαι ο 514.

καὶ δὲ σοὶ ὧδ' αὐτῇ πολὺ κάλλιον, ὦ βασίλεια, οἴην πρὸς ξεῖνον φάσθαι ἔπος ἠδ' ἐπακοῦσαι ρ 583.

τὴν ἀπονίζουσα φρασάμην, ἔθελον δὲ σοὶ αὐτῇ εἰπέμεν ψ 75 (*δέ σοι* ADKS).

δυσμενέσιν μὲν χάρμα κατηφείην δὲ σοὶ αὐτῷ Γ 51 (*δέ σοι* E).

εἰ δὲ σοὶ αὐτῷ θυμὸς ἐπέσσυται ὥστε νέεσθαι, ἔρχεο Ι 42 (*δέ τοι* AGLS, *δέ τι* d. i. *τοι* E).

* *αὐτῷ σοὶ μετόπισθ' ἄχος ἔσσεται* Ι 249 (*αὐτῷ τοι* AEGLS Apollon. Wolf) so Bekker, Dindorf, Spitzner.

ἄνδρας δὲ λίσσεσθαι ἐπιπροέηκεν ἀρίστους, κρινάμενος κατὰ λαὸν Ἀχαιικόν, οἵ τε σοὶ αὐτῷ φίλτατοι Ἀργείων Ι 520.

σοὶ δ' αὐτῷ φημι σχεδὸν ἔμμεναι, ὁππότε κτλ. Ν 817.

καὶ δὲ σοὶ αὐτῷ θυμὸς ἐνὶ φρεσὶν ἵλαος ἔστω Τ 178.

σοὶ δ' αὐτῷ τόδ' ἐγὼν ἐπιτέλλομαι ἠδὲ κελεύω Τ 192.

ἀλλὰ σοὶ αὐτῷ μόρσιμόν ἐστι θεῷ τε καὶ ἀνέρι ἶφι δαμῆναι Τ 416.

καὶ δὲ σοὶ αὐτῷ μοῖρα θεοῖς ἐπιείκελ' Ἀχιλλεῦ τείχει ὕπο Τρώων εὐηγενέων ἀπολέσθαι Ψ 80.

χάρμα δὲ τοῖς ἄλλοισιν, ἐλεγχείη δὲ σοὶ αὐτῷ Ψ 342.

πέμψον δ' οἰωνόν, ταχὺν ἄγγελον, ὅς τε σοὶ αὐτῷ φίλτατος οἰωνῶν Ω 310 (vgl. 292 *ὅς τέ οἱ αὐτῷ*).

νῦν γάρ τοι κλέος ἔσται ἐν ἀθανάτοισι θεοῖσι, σοί τ' αὐτῷ καὶ μητρί Hymn. III, 458.

8. *σέ*:

* *ἦ τοὺς λυσόμενος δεῦρ' ἔρχεαι, οὐδὲ σέ φημι αὐτὸν νοστήσειν* κ 284 (so Ameis mit Eustathios; Bekker, Dindorf *οὐδέ σέ φημι*, die Handschriften *οὐδέ σε φημὶ* oder *σέ φημι*).

σὲ γὰρ αὐτὴν παντὶ ἐΐσκεις ν 313 (Apollon.).

(*ἄλλον*) *λήθω μαρνάμενος, σὲ δὲ ἴδμεναι αὐτὸν ὀΐω* Ν 273.

* *αὐτὸν σὲ φράζεσθαι ἐν Ἀργείοισιν ἄνωγεν* Ι 680 (so Spitzner, Bekker 1, Dindorf, Faesi; *αὐτόν σε* Wolf, Bekk. 2 mit Apollon. und Herodian).

(*ἤ σ' Ἕκτωρ προέηκε*) *ἦ σ' αὐτὸν θυμὸς ἀνῆκεν* Κ 389.

ἤδη μὲν σὲ καὶ αὐτὸν ὀΐομαι εἰσορόωντα γιγνώσκειν ὅτι πῆμα θεὸς Δαναοῖσι κυλίνδει Ρ 687.

9. *ἕο*:

ἕο δ' αὐτοῦ πάντα κολούει θ 211 (Apollon. und Herodian).

πειρήθη δ' ἕο αὐτοῦ ἐν ἔντεσι δῖος Ἀχιλλεύς Τ 384 (Aristarch, Herodian).

10. οἷ:

κέκλετο δ' ἄλλους ὀτρηροὺς θεράποντας ἅμα σπέσθαι ἑοῖ αὐτῷ δ 37, 38 (οἱ ADILNQ).

πὰρ δὲ οἷ αὐτῷ εἶσε Θεοκλύμενον ο 285 (Herodian, vgl. Schol. und Bekk. An. 1146).

οἷ δ' αὐτῷ πρώτῳ κακὸν εὕρετο οἰνοβαρείων φ 304.

* μή σ' ἐπέεσσι παραιπεπίθησιν Ὀδυσσεὺς μνηστήρεσσι μάχεσθαι, ἀμυνέμεναι δὲ οἷ αὐτῷ χ 214 (Apoll. und Herodian; die Mss. δέ οἱ).

* (τεκτήνατο νῆας) αἳ πᾶσι κακὸν Τρώεσσι γένοντο οἷ τ' αὐτῷ Ε 63, 64 (Apollon. und Herodian; Aristarch obelisierte den Vers).

* ὡς δ' ὄρνις ἀπτῆσι νεοσσοῖσι προφέρῃσι μάστακ', ἐπεί κε λάβῃσι, κακῶς δ' ἄρα οἷ πέλει αὐτῇ Ι 323, 324 (so die Herausgeber; der Ven. A hat δέ τε οἱ und das Scholium ἀριστ κακῶς δ' ἄραοι. L ἄρα οἱ).

ὅς τίς κε τλαίη οἷ τ' αὐτῷ κῦδος ἄροιτο Κ 307

ἴδε λαῶν ἔθνος ἐπισπόμενον ἑοῖ αὐτῷ Ν 495.

* ἀλλὰ τόδ' ἡμὲν ἐμοὶ πολὺ κέρδιον ἠδὲ οἷ αὐτῷ Ο 226 (Apollon. u. Herodian; ἠδέ οἱ EGLS mit Ptolem. v. Askalon).

(ἔμελλεν) οἷ αὐτῷ θάνατόν τε κακὸν καὶ κῆρα λιτέσθαι Π 47 (Apollon.).

φράσσατο Πατρόκλῳ μέγα ἠρίον ἠδὲ οἷ αὐτῷ Ψ 126.

Ἑκάτου πέπιθε φρένας, ὄφρα οἷ αὐτῇ Τελφούσῃ κλέος εἴη ἐπὶ χθονὶ μηδ' Ἑκάτοιο Hymn. Apoll. 275 (οἱ 4 Handschriften).

οἷ αὐτῷ κακὰ τεύχει ἀνὴρ ἄλλῳ κακὰ τεύχων Hesiod Op. 265.

11. ἕ:

* πτωχὸν δ' οὐκ ἄν τις καλέοι τρύξοντα ἓ αὐτόν ρ 387 (so Apollonios; ἑαυτὸν ADEFGIKLMRV. ἕ αὐτὸν CNQ).

* ἀρίστη φαίνετο βουλὴ ἐλθεῖν εἰς Ἴδην εὖ ἐντύνασαν ἓ αὐτήν Ξ 161, 162 (ἑαυτὴν AEGLS).

* πορφυρέῃ νεφέλῃ πυκάσασα ἓ αὐτὴν Ρ 551 (ἑαυτὴν AG; Eust. beides).

ἓ δ' αὐτὸν ἐποτρύνει μαχέσασθαι Υ 171 (Apollon. und Herodian.).

12. σφῶν:

ἀμυνόμενοι σφῶν τ' αὐτῶν καὶ κλισιάων Μ 155.

(στενάχοντο) *Πάτροκλον πρόφασιν, σφῶν δ' αὐτῶν κήδε' ἑκάστη* Τ 302.

13. *σφίσι*:

σφίσι δ' αὐτοῖς δαῖτα πένεσθαι δ 683 (Apollon. und Herodian, vgl. Hom. Textkritik S. 355).

* *τὰς δ' ἄλλοι με κέλονται ἀγινέμεναι σφίσιν αὐτοῖς* υ 213 (so ACDKLMNQ; die anderen *ἀγινέμεναί σφισιν*, so Wolf, Bothe, Dindorf und Düntzer).

14. *σφέας*:

Σκύλλην δ' οὐκέτ' ἐμυθεόμην, ἄπρηκτον ἀνίην, μή πώς μοι δείσαντες ἀπολήξειαν ἑταῖροι εἰρεσίης, ἐντὸς δὲ πυκάζοιεν σφέας αὐτούς μ 223—225.

σφέας αὐτοὺς ἀρτύναντες Μ 43, 86; Ν 152.

B. Enklitische Formen.

1. *μοι*:

δίδωθι δέ μοι κλέος ἐσθλόν, αὐτῷ καὶ παίδεσσι γ 380.

(ὀμόσσαι) *μή τί μοι αὐτῷ πῆμα κακὸν βουλευσέμεν ἄλλο* ε 179; κ 344.

* *καὶ γὰρ ἐμοὶ νόος ἐστὶν ἐναίσιμος, οὐδέ μοι αὐτῇ θυμὸς ἐνὶ στήθεσσι σιδήρεος ἀλλ' ἐλεήμων* ε 190 (so die meisten Handschriften und alle Herausgeber; AH ex em. IL und Apollon. haben *οὐδ' ἐμοί*).

νῦν δ' ἤδη τούτων ἐπιδεύομαι· ἀλλά μοι αὐτῷ ἔργον ἀέξουσιν μάκαρες θεοί, ᾧ ἐπιμίμνω ο 371.

θάνατος δέ μοι ἐξ ἁλὸς αὐτῷ ἀβληχρὸς μάλα τοῖος ἐλεύσεται ψ 281, vgl. λ 134.

αὐτὰρ ἔπειτ' αὐτῷ μοι ἐπέσσυτο δαίμονι ἶσος Ε 459, 884.

δοκέει δέ μοι ὧδε καὶ αὐτῷ λώιον ἔσσεσθαι Ζ 338 (obwohl im Gegensatz).

2. *με*:

ἡ δ' ἐμὴ οὐδέ περ υἷος ἐνιπλησθῆναι ἄκοιτις ὀφθαλμοῖσιν ἔασε, πάρος δέ με πέφνε καὶ αὐτόν λ 452, 453.

τί με σπεύδοντα καὶ αὐτὸν ὀτρύνεις; Θ 293.

εἰ μὲν δὴ ἕταρόν γε κελεύετέ μ' αὐτὸν ἑλέσθαι Κ 242 (Aristarch, Ptolem. v. Askalon, Apollonios, Herodian; *κελεύετ' ἔμ' αὐτὸν* Alexion).

οἵ μ' ἐθέλοντα μάχεσθαι ἐπὶ πρυμνῇσι νήεσσιν αὐτόν τ' ἰσχανάασκον ἐρητύοντό τε λαόν Ο 722.

τέκνον ἐμόν, τάδε τ' αἴδεο καί μ' ἐλέησον αὐτήν X 82, 83.
αἰνῶς γάρ μ' αὐτόν γε μένος καὶ θυμὸς ἄνωγε κεῖσ' ἰέναι ἐπὶ νῆας Ω 198.

3. *τοι*:

πάντων Φαιήκων, ὅθι τοι γένος ἐστὶ καὶ αὐτῇ ζ 35.
θάνατος δέ τοι ἐξ ἁλὸς αὐτῷ ἀβληχρὸς μάλα τοῖος ἐλεύσεται λ 134, vgl. ψ 281.
(*κατάλεξον*) *εἴ τινας ἀντιθέων ἑτάρων ἴδες, οἵ τοι ἅμ' αὐτῷ Ἴλιον εἰς ἅμ' ἕποντο* λ 371.
αὐτῷ τοι μετόπισθ' ἄχος ἔσσεται, εἴ κεν ἀοιδὸν πέφνῃς χ 345, vgl. I 249.
καί τοι πολὺ φίλτατος αὐτῇ Z 272, vgl. Z 91.
ὅς τοι πόλλ' ὄφελος γένετο, πτόλεΐ τε καὶ αὐτῷ (?) P 152.

4. *σε*:

* *ἐμεῦ δ' ἕλετο μέγαν ὅρκον, μὴ πρίν σοὶ ἐρέειν, πρὶν δωδεκάτην γε γενέσθαι ἢ σ' αὐτὴν ποθέσαι* δ 746—748 (*σαυτὴν* DKL; die Herausgeber *ἢ σ' αὐτὴν*).
ἢ μή τίς σ' αὐτὸν κτείνει δόλῳ ἠὲ βίηφι ι 406 (Apollon. und Herodian; *σαυτὸν* KL).
αὐτὸν ἔχοντά σε βούλομ' ἐπαυρέμεν ἤ τινα τῶνδε ρ 81 (so die Handschriften; Schol. H *ἐχρῆν ὀρθοτονεῖν τὴν σέ* beweist, dass das Pronomen hier nicht orthotoniert wurde).
αἴθ' οὕτως αὐτόν σε βάλοι κλυτότοξος Ἀπόλλων ρ 494.
* *αὐτὸν μέν σε πρῶτα σάω καὶ φράζεο θυμῷ μή τι πάθῃς* ρ 595 (Apollon. *σὲ*).
αὐτόν σ' οὐκ ἀγαθὴ κομιδὴ ἔχει ω 249 (im Gegensatz zum Garten).
οὐδ' εἴ κέν σ' αὐτὸν χρυσῷ ἐρύσασθαι ἀνώγοι Δαρδανίδης Πρίαμος, οὐδ' ὥς σέ γε πότνια μήτηρ ἐνθεμένη λεχέεσσι γοήσεται X 351 (Apollon.).

5. *οἱ*:

εἴθε οἱ αὐτῷ Ζεὺς ἀγαθὸν τελέσειε, ὅ τι φρεσὶν ᾗσι μενοινᾷ β 33.
αὐτῷ μὲν οἱ πρῶτον ἀνιηρέστερον ἔσται β 190.
ὀπτ' ἐν χερσὶν ἑλών, τά ῥά οἱ γέρα πάρθεσαν αὐτῷ δ 66.
* *ἀλλά οἱ αὐτῷ Ζεὺς ὀλέσειε βίην πρὶν ἥβης μέτρον ἱκέσθαι* δ 667 (*ἀλλά οἱ* ABDIKLNS, Apollon. und Herodian, welche beide indes diese Schreibweise nicht billigen. Gewöhnlich schreibt man *ἀλλὰ οἱ*).

ποῦ δέ μιν εὗρε; πόσις νύ οἱ ἔσσεται αὐτῇ ζ 277.
καί οἱ πολὺ φίλτατος αὐτῇ Z 91, vgl. Z 272.
αἴτει δ' οἰωνόν, ταχὺν ἄγγελον, ὅς τέ οἱ αὐτῷ φίλτατος οἰωνῶν Ω 292, vgl. Ω 310.

6. *ἑ*:

Εὐρύαλος δέ ἑ αὐτὸν (sc. *Ὀδυσσέα*) *ἀρεσσάσθω ἐπέεσσι* ϑ 396 (so Aristarch, Apollonios und Herodian; *ἑαυτὸν* FHQRS; *γρ. ἑαυτὸν* A; *δέ μιν αὐτὸν* AI).

* *Ἑρμῆς ἑκάεργον ἰδὼν ἀλέεινεν ἑαυτόν* Hymn. III, 239 (so die Handschriften, die wie auch die Homerischen zu einigen Stellen die zusammengesetzte Form haben. Dafür ist mit Ilgen *ἀλέεινέν ἑ αὐτόν* (sc. Apollinem) zu schreiben, analog der vorigen Stelle aus Homer. Andere schreiben *ἓ αὐτόν*, so G. Hermann und Franke, dann aber ist *ἀλέεινεν* unrichtig und es muss an dessen Stelle ein anderes Verbum treten. Was das für eines sein soll, wären die anzugeben verpflichtet, denen *ἑ αὐτόν* anstössig gewesen ist).

7. *μιν*:

(*μερμήριξε*) *ἠέ μιν αὐτὸν πατρὸς ἐάσειε μνησθῆναι ἢ πρῶτ' ἐξερέοιτο* δ 118 (Apollon.).
λίσσεσθαι δέ μιν αὐτόν γ 19, 237 (so fast alle Handschriften; Aristarch *αὐτός*).
(*ἠέρ' ἔχευε Παλλὰς Ἀθήνη*) *ὄφρά μιν αὐτὸν ἄγνωστον τεύξειεν* ν 190.
γεφύρωσεν δέ μιν αὐτὸν εἴσω πᾶσ' ἐριποῦσα Φ 245.
κὰδ δέ μιν αὐτὸν εἰλύσω ψαμάθοισιν Φ 318.
ὄλωλας ἐπίσκοπος, ὅς τέ μιν αὐτὴν (*πόλιν*) *ῥύσκευ* Ω 729.

* *αὐτόν μιν πληγῇσιν ἀεικελίῃσι δαμάσσας* δ 244; so Ixion, Tryphon und Apollonios. Da aber *αὐτόν μιν* sich auf das Subject zurückbezieht und *μιν* als enklitisches Pronomen nicht reflexiv sein kann, so ist die Schreibart der drei genannten Grammatiker falsch. Dies erkannte auch Ptolem. Pindarion, der *αὐτὸν μὲν* (so auch IKNS) und Ptolem. v. Askalon, welcher *αὐτόν μιν* schrieb, letzteres für den Fall richtig, wenn wir bei Homer eine *σύνθετος ἀντωνυμία* annehmen dürfen. Ist dies nicht gestattet, so bleibt nichts anderes übrig als *αὐτὸν ἓ* oder *ἑὲ* zu schreiben, denn auch die Schreibweise *αὐτός μιν* ist aus dem bereits angegeben Grunde unrichtig.

———

Die hier aufgezählten Stellen beweisen, wie schon bemerkt, die Unhaltbarkeit der von den Alten in Betreff dieser Pronominalformen aufgestellten Grundsätze, die übrigens das Wesen der Sache weniger berühren; denn die Stellung, also etwas rein äusserliches, entscheidet, ob die Pronomina ortholoniert werden oder nicht. Die Stellung aber ist unwesentlich; das wesentliche ist die Bedeutung, und jede Regel die nicht davon ausgeht, kann nicht anders als unrichtig sein.

Was nun den ersten Grundsatz betrifft, dass es, wie Aristarch gelehrt hat, bei Homer keine zusammengesetzten Pronomina gebe, so ist derselbe ebenso wenig unumstösslich, als der, dass es bei Homer kein *ἐθέλω* gebe. Es kommen da nur wenige Stellen in Betracht, so *ἔμ' αὐτόν* *Α* 271; *ἓ αὐτόν* *ρ* 387; *ἓ αὐτήν* *Ξ* 162; *P* 551; *σ' αὐτήν* *δ* 748; *σ' αὐτόν* *ι* 406; *K* 389; *X* 351 und an allen diesen Stellen lässt sich die getrennte Schreibweise durchführen, aber ein zwingender Grund ist dazu nicht vorhanden. So schrieb Zenodot *ἐμωυτόν* *Α* 271; *ἑωυτήν* *Ξ* 162; Ptolem. v. Askalon *αὐτοῦ* *I* 342; *αὐτόν* *δ* 244; Diodor der Schüler des Aristophanes *δ* 18 *καθ' αὐτούς*[49]). Man kann sich für die getrennte Schreibweise an den genannten Stellen mit Aristarch entscheiden, nach dem Grundsatz, dass was bei Homer getrennt vorkommt (wie *ἐπεὶ δή*, *εὐρὺ κρείων* u. a.) nicht zusammengeschrieben werden darf; dass man aber *δ* 244 *αὐτόν μιν* schreibe verbietet der Sinn, der ein reflexives Pronomen verlangt und da das enklitische *μιν* nicht reflexiv sein kann, so bleibt nur noch übrig, wenn man nicht conjicieren will, mit Ptolem. v. Askalon *αὐτόν* zu schreiben, also die *σύνθετος ἀντωνυμία* auch im Homer für statthaft zu erklären. In *τὰ σ' αὐτῆς ἔργα κόμιζε* *α* 356; *φ* 350; *Z* 490 ist die Elision des *α* in *σὰ* auffällig: die Handschriften haben grösstentheils *σαυτῆς*, so *α* 356 ABEHILMNPQV Hesych. III, 184; Etym. Mg. 370, 11; Zonar. Lex. 868; Cram. An. Par. IV, 255, 5; *σαὐτῆς* D; *φ* 350 ACDEFGHIKLMQV; *Z* 490 AEGLMNOS. Von einer anderen Schreibweise haben die Scholien nichts überliefert, es muss aber angenommen werden, dass Aristarch seinem Grundsatze gemäss *σαυτῆς* nicht geschrieben hat und dann bleibt nur *τὰ σ' αὐτῆς* übrig. Man kann demnach

49) Homer. Textkritik S. 252.

die Aristarchische Schreibweise beibehalten, mit Ausnahme von *δ* 244, wo sie absolut unstatthaft ist.

Anders sieht es mit dem zweiten Grundsatze aus, dass das dem persönlichen Pronomen nachgesetzte *αὐτός* dessen orthotonierte Form verlange. Wäre derselbe richtig, so könnte weder das blos enklitische *τοι* (*ξ* 35; *λ* 134, 371; *Z* 272), noch *μοι* (*γ* 380; *ε* 179, 190; *κ* 344; *ο* 371; *ψ* 281; *Z* 338); noch *με* (*λ* 453; *Θ* 293; *K* 242; *O* 722; *X* 82; *Ω* 198); noch *μιν* (*δ* 118; *ν* 190; *Φ* 245, 318; *Ω* 729) vor Formen von *αὐτός* stehen, ganz abgesehen von *σε*, *οἱ*, *ἑ*. Die Regel der Alten ist also falsch, und wenn diese blos vier Ausnahmen (*δ* 667; *ϑ* 396; *ι* 406; *K* 242) von ihrer Regel anführen, so haben sie eben die Mehrzahl derselben übersehen. Der dritte Grundsatz, dass diese Regel nicht für die Fälle gelten müsse, in denen *αὐτός* vorangeht, beruht allerdings auf richtiger Wahrnehmung, enthält jedoch kein Prinzip, denn die Stellung allein ist für die Entscheidung der vorliegenden Frage nicht massgebend und es gilt diese Beobachtung auch für die Fälle, in denen *αὐτός* nachgesetzt ist. Wir hätten also eigentlich gar keine Regel, oder müssen uns um eine bessere umsehen.

Diese Regel ist leicht zu finden und lautet: für die Frage, ob ein persönliches Pronomen orthotoniert oder enklitisch sei, entscheidet ein hinzutretendes *αὐτός* nichts; das Pronomen mit *αὐτός* ist enklitisch, wenn es auch ohne *αὐτός* enklitisch wäre und wird orthotoniert, wo es auch ohne *αὐτός* orthotoniert werden müsste. Die Regel der Alten, die auf einer rein äusserlichen, dazu noch höchst ungenauen Beobachtung beruht, ist durchaus verwerflich, weil sie auf das Wesen der Sache nicht eingeht. Der vielgepriesene Aristarch steht darin weit hinter dem Askaloniten zurück, der doch wenigstens auf die Bedeutung Rücksicht genommen und nicht wie Aristarch zur Athetese gegriffen hat, wo ihn seine Regel im Stich liess.

Was die Fälle betrifft, in denen *αὐτός* bei dem Pronomen der dritten Person steht, so wird dasselbe, wie überhaupt, nur dann orthotoniert, wenn es reflexiv gebraucht ist, einerlei ob es sich auf das Subject des eigenen oder des übergeordneten Satzes bezieht, also in allen Fällen, wo man es im Lateinischen mit sui, sibi, se übersetzen müsste: in den übrigen Fällen ist es enklitisch sowohl ohne als mit *αὐτός*, sei es dass *αὐτός* davor oder dahinter steht. Diese Regel ist mit allen Stellen im Homer im vollständigsten Einklang.

So ist *ϑ* 211; *T* 384 *ἕο* zu schreiben; *δ* 38 und *N* 495 *ἑοῖ*; *ο* 285; *φ* 304; *K* 307; *Π* 47; *Ψ* 126 *οἷ*; *ρ* 387; *Ξ* 162; *P* 551 *ἓ*; *δ* 683 und *υ* 213 *σφίσιν*, das sich an ersterer Stelle auf das Subject des übergeordneten Satzes bezieht[50]; *μ* 225; *M* 43, 86; *N* 152 *σφέας*. *χ* 214 schreibt man allgemein *ἀμυνέμεναι δὲ οἷ αὐτῷ*, so nach Apollonios und Herodian; die Handschriften haben *δέ οἱ αὐτῷ* und letztere Schreibweise verdient den Vorzug, da nicht Odysseus spricht sondern Agelaos. Orthotoniert müsste das Pronomen werden, wenn es beispielsweise hiesse *τὸν δ' ἐπέεσσιν ἐλίσσετο δῖος Ὀδυσσεὺς μνηστήρεσσι μάχεσθαι, ἀμυνέμεναι δὲ οἷ αὐτῷ*, Mentorem oravit ut procos oppugnaret, sibi (oder ipsi, nicht aber ei) vero auxilium ferret. *E* 63, 64 muss geschrieben werden *αἳ πᾶσι κακὸν Τρώεσσι γένοντο οἵ τ' αὐτῷ*, naves quae omnibus Troianis exitio fuerunt, eique ipsi (ein sibi könnte sich blos auf naves beziehen; die lateinische Uebersetzung sibique ipsi ist ein Unsinn). *I* 324 schreibe man *κακῶς δ' ἄρα οἱ πέλεν αὐτῇ*, male autem ei est ipsi. Aristarch mag vielleicht *ἄρα οἷ* geschrieben haben, obwohl im Zwischenscholium des Ven. A *ἄραοι* steht, die *εἰκαιότεραι* hatten *δέ τέ οἱ*, so auch der Ven. A. *O* 226 ist *ἀλλὰ τόδ' ἡμὲν ἐμοὶ πολὺ κέρδιον ἠδέ οἱ αὐτῷ* mit Ptolem. v. Askalon zu schreiben, wie auch einige Handschriften haben; der Gegensatz zu *ἐμοί* wird schon durch *αὐτῷ* genügend bezeichnet und im Lateinischen kann es nur heissen hoc et mihi multo utilius est et ei (nicht sibi) ipsi. Dass die Betonungsweise *τὰς δ' ἄλλοι με κέλονται ἀγινέμεναί σφισιν αὐτοῖς* *υ* 213 unrichtig ist, weil das Pronomen reflexive Bedeutung hat, ist keinem Zweifel unterworfen. Die Alten haben gewiss ihrem Kanon entsprechend *ἀγινέμεναι σφίσιν* betont.

οἱ αὐτῷ (ei ipsi) steht richtig *β* 33; *δ* 66, 667 (hier haben Wolf, Bothe, Dindorf, Bekker 1., Faesi und Kayser *ἀλλὰ οἷ*, welches sich nur auf *Ζεύς* beziehen könnte); *ζ* 277; *Z* 91 (welchem *καί οἱ* im Vers 272 *καί τοι* entspricht); *Ω* 292 (dagegen *Ω* 310 *ὅς τε σοὶ αὐτῷ*). *δέ ἑ αὐτόν* *ϑ* 396 schrieben auch

[50]) Homer. Textkritik S. 355.

Aristarch und Herodian, da sie fühlten, dass ein *δὲ ἓ αὐτὸν* bedeuten würde, Euryalos solle sich selber mit Worten begütigen. In derselben Weise steht *αὐτόν* bei *μιν*, nur *δ* 244 unrichtig.

Was nun die Pronomina der ersten und zweiten Person betrifft, so werden sie bei *αὐτός*, wie auch sonst, orthotoniert, wenn ein Nachdruck darauf liegt und die der zweiten Person auch noch dann, wenn sie reflexiv gebraucht werden. Dass ein Nachdruck auf dem Pronomen liegt, sieht man manchmal schon an der Stellung, z. B. *σοὶ δ' αὐτῷ πυκινῶς ὑποθήσομαι α* 279; *σοὶ δ' αὐτῷ μελέτω O* 231, wo die persönlichen Pronomina an die Spitze des Satzes treten (*ἀρκτικαί*), oder wenn sie im Gegensatz stehen (*διαστελλόμεναι, διεξευγμέναι*) z. B. *φράζεο ἦ νῶιν τόδ' ἔφηνε θεὸς τέρας ἦε σοὶ αὐτῷ ο* 168; *καὶ δὲ σοὶ αὐτῷ ἔοικε μετὰ πρώτοισιν ἐόντα βουλὰς βουλεύειν ξ* 60; *αἰδοίης ἐκύρης ὀπὸς ἔκλυον, ἐν δ' ἐμοὶ αὐτῇ στήθεσσι πάλλεται ἦτορ X* 451; oft liegt auch ein Nachdruck darauf ohne dass ein Gegensatz vorhanden ist, z. B. *ὤμοσε δὲ πρὸς ἔμ' αὐτόν ξ* 333.

Wo diese Bedingungen aber nicht vorhanden sind, genügen die enklitischen Formen. So wäre z. B. *γ* 49 die Schreibweise des Codex A *νεώτερός ἐστιν, ὁμηλικίη δέ μοι αὐτῷ* viel eher statthaft als wie *Z* 338 die Schreibweise sämmtlicher Handschriften *δοκέει δέ μοι ὧδε καὶ αὐτῷ λώιον ἔσσεσθαι*, und auch in *ἀνάσσονται δ' ἐμοὶ αὐτῷ δ* 177 liegt auf dem Pronomen nicht der geringste Nachdruck. Eine Aenderung dieser Stellen unterliegt gar keiner Schwierigkeit, denn die Betonung des ursprünglichen *ΔΕΜΟΙ* stammt von den Alexandrinern, und dass diese bei der Schreibweise derartiger Stellen nicht von dem richtigen Grundsatze ausgiengen, ist gar nicht zu bestreiten. *ε* 187 und *κ* 300 schreibt man allgemein *μή τι σοὶ αὐτῷ πῆμα κακὸν βουλευσέμεν ἄλλο* gegen die meisten und besten Handschriften, die *μή τι τοι* oder *μή τί τοι* haben. Dass die orthotonierte Form durch den Sinn nicht gefordert wird, beweisen die beiden analogen Stellen *ε* 179 und *κ* 344 *μή τί μοι αὐτῷ πῆμα κακὸν βουλευσέμεν ἄλλο. I* 249 haben Spitzner, Bekker, Dindorf, Faesi, Düntzer *αὐτῷ σοὶ μετόπισθ' ἄχος ἔσσεται*, dafür haben AEGLS mit Apollon. *αὐτῷ τοι* und so haben *χ* 345 nicht nur die Handschriften, sondern auch Bekker,

Dindorf, Faesi, Düntzer im Widerspruch mit sich selbst, da *I* 249 keine Handschrift αὐτῷ σοὶ hat und sie dasselbe dennoch geschrieben haben, und gewiss nicht, wie man meinen sollte, ohne zwingenden Grund, denn Wolf hat noch αὐτῷ τοι, welches Bekker nicht einmal als Variante anführt. Ω 310 würde gegen die Schreibweise ὅς τέ τοι αὐτῷ nicht das mindeste Bedenken obwalten, auch Ω 292 steht ὅς τέ οἱ αὐτῷ, die Mss. aber haben ὅς τε σοί. κ 284 schreiben die Herausgeber mit Ausnahme von Ameis ἦ τοὺς λυσόμενος δεῦρ' ἔρχεαι οὐδέ σέ φημι αὐτὸν νοστήσειν und so haben auch die Handschriften: nur Eustathios hat οὐδὲ σὲ φημί. Das orthotonierte Pronomen aber ist hier nicht erforderlich, denn der Gegensatz liegt nicht sowohl zwischen τοὺς und σέ, als zwischen νοστήσειν und μενέεις. *I* 680 schreiben Spitzner, Bekker 1, Dindorf, Faesi αὐτὸν σὲ φράζεσθαι ἐν Ἀργείοισιν ἄνωγεν, dagegen Wolf, Bekker 2 mit Apollon. und Herodian αὐτόν σε. Auch hier liegt auf σε gar kein Nachdruck, sondern auf αὐτόν, das hier die Bedeutung „allein" hat (wie Θ 99 Τυδείδης δ' αὐτός περ ἐὼν προμάχοισιν ἐμίχθη) d. h. er selbst, ohne mich. ε 190 ist οὐδέ μοι αὐτῇ die richtige Schreibweise, so haben auch die besseren Handschriften, abweichend von Apollonios; auch δ 748 suchen wir vergeblich nach dem Grund der Schreibweise ἦ σ' αὐτὴν ποθέσαι, da auf dem Pronomen kein Nachdruck liegt. Dagegen empfiehlt sich ϱ 81 die Schreibweise αὐτὸν ἔχοντα σὲ βούλομ' ἐπαυρέμεν ἤ τινα τῶνδε wegen des Gegensatzes, während ϱ 595 kein Grund vorhanden ist mit Apollonios und gegen die Uebereinstimmung der Handschriften αὐτὸν μὲν σὲ πρῶτα σάω zu schreiben. Man sieht, es unterliegt nirgends einer Schwierigkeit, die sämmtlichen Stellen nach dem angegebenen Grundsatz und zwar grösstentheils in Uebereinstimmung mit den Handschriften zu schreiben.

Es gibt noch andere Stellen, an welchen die übliche Betonungsweise des persönlichen Pronomens (ohne dabeistehendes αὐτός) gegründeten Bedenken unterliegt. Θ 289 schreibt man πρώτῳ τοι μετ' ἐμὲ πρεσβήιον ἐν χερὶ θήσω: hier ist strenger Gegensatz (ich werde dir zuerst nach mir das Ehrengeschenk geben) und doch steht τοι, wohl deshalb weil der grössere Nachdruck auf *πρώτῳ* liegt (du wirst der erste sein, dem ich); aber gegen die Schreibweise *πρώτῳ σοὶ* könnte kein Einwand erhoben werden und wenn die Stellung umgekehrt wäre, so müsste es heissen *σοὶ πρώτῳ* wie *I* 32 *σοὶ πρῶτα μαχήσομαι*, *E* 875 *σοὶ πάντες μαχόμεσθα*. *I* 377 ist zu schreiben *ἐκ γάρ εὑ φρένας εἵλετο μητίετα Ζεύς* (Eust. hat *ἐκ γάρ οἱ* zweimal und 757, 14 *οἱ* neben *εὗ*; G *γάρ οἱ*; LS *γὰρ εὗ*; A *γάρ ἑϋ*), dafür haben Wolf, Spitzner, Bekker 1, Dindorf, Faesi *ἐκ γὰρ εὗ*, welches nur reflexiv sein könnte und sich auf *Ζεύς* beziehen müsste, was offenbar einen ganz unrichtigen Sinn gäbe. *I* 392 haben die Handschriften und Herausgeber mit Herodian *ὁ δ' Ἀχαιῶν ἄλλον ἑλέσθω, ὅς τις οἷ τ' ἐπέοικε*, wofür aus dem eben angeführten Grunde *ὅς τίς οἵ τ'* geschrieben werden muss, denn das Pronomen steht für *ὅς τις αὐτῷ*, nicht statt *ἑαυτῷ*. *K* 19 *εἴ τινά οἱ σὺν μῆτιν ἀμύμονα τεκτήναιτο* könnte man auch *οἷ* schreiben (secum), wenn *Νέστωρ* zu *τεκτήναιτο* als Subject genommen würde; doch ist dies nicht nothwendig, denn man kann *οἱ* ebensogut auf *Νέστωρ* beziehen und *Ἀγαμέμνων* als Subject zu *τεκτήναιτο* fassen. *N* 807 muss (*ἐπειρᾶτο*) *εἴ πως οἷ εἴξειαν* geschrieben werden, nicht *εἴ πώς οἱ* wie Wolf, Spitzner, Bekker, Bothe, Dindorf, Faesi, und zwar wegen des Optativs, der die Verwirklichung des Angenommenen als eine von Seiten des Subjects für möglich gehaltene bezeichnet (er versuchte, ob sie vielleicht v o r i h m weichen würden, nicht vor demselben); auch der Paraphrast übersetzt falsch *εἴ πως αὐτῷ ὑποχωρήσειεν*. *T* 385 haben wir einen ganz gleichen Fall (*πειρήθη Ἀχιλλεὺς*) *εἰ οἷ ἐφαρμόσσειε* (*εἴ οἱ* EGL), wo Wolf, Spitzner, Bekker, Bothe, Dindorf, Faesi die richtige Schreibweise haben, der Paraphrast aber wiederum *εἰ αὐτῷ ἐφαρμόσσειε* übersetzt. *Υ* 463, 464 ist *ἀντίος ἤλυθε γούνων εἴ πως εὗ πεφίδοιτο* mit AGS, Bothe und Wolf aus dem gleichen Grunde zu schreiben; dafür haben Bekker, Spitzner, Dindorf, Faesi mit Aristarch, Ptolem. v. Askalon und Herodian *εὑ* = *αὐτοῦ*, welcher Auffassungsweise der Optativ im Wege steht. *X* 196 (*ὁσσάκι δ' ὁρμήσειε ἀντίον ἀΐξεσθαι*) *εἴ πως οἷ καθύπερθεν ἀλάλκοιεν βελέεσσιν* (so G) schreiben Wolf, Spitzner, Bekker, Bothe, Dindorf, Faesi, Hoffmann *εἴ πώς οἱ* mit den meisten Handschriften; auch diese Schreibweise ist aus dem bereits genannten Grunde unhaltbar. *χ* 91 schreibe man (*εἴρυτο φάσγανον*) *εἴ πως οἷ εἴξειε θυράων*, denn auch hier bezeichnet der Optativ die subjective Annahme und demzufolge kann *οἷ* nur reflexive Bedeutung haben: *εἴ πώς οἱ* haben Wolf, Bekker, Bothe, Dindorf, Ameis, Düntzer mit allen Handschriften.

Steht aber im abhängigen Satze nicht der Optativ, sondern der Indicativ, so muss das Pronomen nicht nothwendig reflexive Bedeutung haben, denn der Indicativ kann sowohl im Sinne des Dichters als der vom Dichter genannten Person gebraucht sein. Darum sind in den folgenden zwei Fällen beide Betonungsweisen möglich: (*γήθησεν*) *ὅττι οἷ ὦκ' ἤκουσε μεγὰς θεὸς εὐξαμένοιο* oder mit den Handschriften und Wolf, Spitzner, Bekker, Dindorf, Bothe, Faesi *ὅττι οἱ* *Π* 531; (*γήθησεν Ἀθήνη*) *ὅττι ῥα οἷ πάμπρωτα θεῶν ἠρήσατο πάντων* *P* 568, oder *ὅττι ῥά οἱ* mit Wolf, Spitzner, Bekker 1, Bothe, Dindorf, Faesi; nur Bekker 2 hat *ὅττι ῥα ϝοῖ*. *Φ* 174 schreibt man allgemein und mit Recht *ἆλτ' ἐπί οἱ μεμαώς*, weil sich *οἱ* auf eine andere Person bezieht: also ist auch der Lehrsatz der Alten falsch, dass nach einer Praeposition nur die orthotonierte Form stehen könnte. *ἐπί οἱ* schrieb auch Herodian und haben sämmtliche Handschriften mit Ausnahme der Leipziger. Wer hier *ἐπί οἱ* und sogar *εἴ πώς οἱ* oder *εἰ* (*N* 807; *Υ* 464; *X* 196) schreibt, der hat keinen Grund *X* 326 *τῇ ῥ' ἐπὶ οἷ μεμαῶτ' ἔλασ' ἔγχεϊ δῖος Ἀχιλλεύς* zu schreiben, wie die Handschriften mit Ausnahme von G (*ἐπί οἱ*) und die Herausgeber haben, denn *οἱ* kann hier *ἁπλῆ ἀντωνυμία* sein und auch der Paraphrast übersetzt *ἐπ' αὐτῷ*. Schol. V hat hier *ὀρθοτονητέον δὲ τὴν οἷ*, wahrscheinlich nach einer Bemerkung in Herodians *Ἰλιακὴ προσῳδία*. Es bleibt jetzt nur noch die Stelle *ἤ μ' ἀνάειρ' ἢ ἐγὼ σὲ* *Ψ* 724 übrig, wo es sich offenbar um einen Gegensatz handelt. Die Schreibweise kann aber hier keine andere gewesen sein und ist auch so durch Apollonios (de Synt. 126; de Pron. 51) überliefert. Doch schrieb Habron *ἤμ' ἀνάειρ' = ἢ ἔμ'*, welche Krasis Apollonios durch *τῷμῷ* (*δ* 71) und *τἠμῇ* (*I* 750) zu stützen sucht und wozu er auch noch das Aristarchische *Πελείδῆθελε, δῆπειτα* und ähnl. hätte hinzufügen können. Indes bedürfen wir dieses Auskunftsmittels nicht, da durch das hinzutretende *ἢ ἐγὼ σέ* der Gegensatz deutlich genug hervorgehoben wird. Niemand aber wird verkennen, dass wir es hier mit einer wirklichen Ausnahme zu thun haben.

V.

Bei Homer finden sich noch an einigen Stellen die contrahierten Formen auf $\bar{\eta}$ statt der aufgelösten regelmässigen auf $\varepsilon\bar{\alpha}$[51]), und es ist bereits von anderer Seite darauf hingewiesen worden, dieselben aus dem Homerischen Text zu verbannen, wie es auch an einigen Stellen bereits geschehen ist. Dass man die contrahierten Formen zu vermeiden suchte, beweisen Schreibweisen wie *ἄλγε' ἔδωκεν* (nicht *ἄλγη ἔδωκεν*), *τεύχε' ἐκεῖνοι* (nicht *τεύχη ἐκεῖνοι*); *θεοειδέα* *Γ* 27, 450; *Ω* 483; *φ* 277; *Πολυδεύκεα* *Γ* 237; *λ* 300; Hymn. XXXIII, 3; *Διομήδεα* *Δ* 365; *E* 881 am Versschlusse, und *σάκεα* *Δ* 113; *στήθεα* *Λ* 282; *ὑψηρεφέα* *δ* 757; *ἄνθεα* Hymn. V, 425 in der Mitte des Verses, an welchen Stellen überall Contraction zulässig wäre, wenn der Dichter sie nicht augenscheinlich hätte vermeiden wollen. Es ist deshalb auch kein Grund zu finden, weshalb die contrahierten Formen an ungefähr einem Dutzend Stellen berechtigt wären, auch wenn sie handschriftlich begründet sind.

τεμένη *λ* 185 haben alle Handschriften mit Aristarch, vgl. Hom. Textkritik S. 300. Schol. II *'Αρίσταρχος τεμένεα* ist falsch. Auch Hymn. IV, 267 steht *τεμένη*.

τεύχη *H* 207 (EGLS; *τεύχη* mit übergeschriebenem *εα* A); *X* 322 (AEGL und die Handschriften Heyne's; nur 1 Vrat. *τεύχεα*); *ω* 534 (D; sonst alle *τεύχεα*).

ἄλγη *Ω* 7 (*ἄλγεα* AEGL und wahrscheinlich auch die anderen Handschriften).

πρωτοπαγῆ *Ω* 267 (so der Papyr. von 2. Hand mit den meisten Handschriften; *πρωτοπαγέα* Papyr. 1. man. AEL Lips.).

βέλη *O* 444 (so AG; *βέλεα* EL und einige Mss. bei Heyne).

ἴχνη *τ* 436 (so A 1. man. DE 1870, 26 FKLRS und wahrscheinlich GP, die übrigen *ἴχνι'* wie *Σ* 321 AEGL und wie es scheint auch die übrigen Handschriften; von *ἴχνος* kommt nur *ἴχνεσι* *ϱ* 317 vor).

ἀκϱαῆ *β* 421 (so alle Mss. mit Hesych. und Apoll. Soph.).

---

51) Thiersch Gr. Gramm. § 192, 31. Krüger Di. § 18, 2, A. 1. Hom. Textkritik S. 299 f.

αἰνοπαθῆ σ 201 (alle Handschriften).
ζαῆ μ 313 (N, dafür Aristarch *ζαῆν* und so oder *ζαήν* die übrigen Handschriften).
Εὐπείθη ω 523 (KS, die übrigen *Εὐπείθεα*)..
ἴχνη Hymn. III, 76 (alle Mss., dafür G. Hermann *ἴχνι'*).
ὄρη Hymn. III, 95; XXVII, 4.
βέλη Hymn. XXVII, 6.
πίση Hymn. XIX, 2.
Τριτογενῆ Hymn. XXVIII, 4.
τεύχη Hymn. XXVIII, 15.
εὐειδῆ Hesiod Fragm. 83; Hymn. XXXII, 1.

An den meisten dieser Stellen kann man unbedenklich die nicht contrahierten Formen setzen, nach dem im Schol. *B* 423 angeführten Aristarchischen Grundsatz *οὐδὲν ἀδιαίρετόν ἐστι τῶν εἰς ος ληγόντων οὐδετέρων παρ' Ὁμήρῳ κατὰ τὸ πληθυντικόν· τείχεα γὰρ καὶ βέλεα λέγει.* Man schreibe also *τεμένεα, τεύχεα, ἄλγεα, βέλεα. Π* 207 und *X* 322 haben noch *τεύχη* Clarke, Wolf, Heyne, Spitzner, Bothe; *Ω* 267 *πρωτοπαγῆ* Clarke; *λ* 185 *τεμένη* Clarke, Wolf, Bothe; *τ* 436 *ἴχνη* Clarke. An zwei Stellen führte Wolf, an den übrigen drei Bekker die Schreibweise auf *εα* ein; dagegen war es Dindorf vorbehalten, nicht nur *Π* 207; *X* 322; *Ω* 267; *λ* 185 die contrahierten Formen wieder zurückzurufen, sondern auch noch zwei neue Schreibweisen einzuführen, *βέλη O* 444 und *ἄλγη Ω* 7, wonach es unbegreiflich ist, dass ihm *τεύχη* ω 534 und *Εὐπείθη* ω 523 entgangen sind. Dagegen haben alle Herausgeber *ἀκραῆ* β 421 und *αἰνοπαθῆ* σ 201, obwohl auch hier die uncontrahierten Formen möglich wären, so gut wie *ὑψηρεφέα, πρωτοπαγέα, θεοειδέα, ἀλλοϊδέα* (ν 194).

Δ 384 schreibt man *Τυδῆ, O* 339 *Μηκιστῆ*, vgl. Schol. V zu *Δ* 384, wo auch die Schreibweise *ἀλλ' Ὀδυσῆ ποθέουσα* (τ 136) erwähnt wird. *Τυδῆ* und *Μηκιστῆ* erwähnt auch Herodian zu *O* 339, der es als durch Contraction aus *Μηκιστέα* entstanden bezeichnet. Zu derselben Stelle bemerkt Schol. V, dass andere auch *ὡς Ἀχιλῆ ὤτρυνεν* (*Υ* 174) und *εἰς Πηλῆ ἱκέτευσεν* (*Π* 574) geschrieben hätten, vielleicht also auch *Ὀδυσῆ ἔγρεσθαι* (ν 124), *Ὀδυσῆ ἐφάμην* (ν 131), *Ὀδυσῆ ἐλέησεν* (ι 336, so AB), *Ὀδυσσῆ εἶσαν* (ξ 212), *Ὀδυσσῆ ἐγγὺς* (ρ 301), *Ὀδυσῆ ἕξ* (ω 497 wo wenigstens die Caesur den Hiatus aufhebt),

Ἀχιλῆ ἴσχωσι (Υ 139). Da alle Handschriften mit einer einzigen Ausnahme ϱ 301 Ὀδυσσέα ἐγγὺς ἐόντα, und die besseren (ACDGKLMV) ζ 212 Ὀδυσσέα εἶσαν haben, so wäre gegen die Schreibweise Ὀδυσέα ἐλέησεν (ε 336), Ὀδυσέα ἔγρεσθαι (ν 124), Ὀδυσέα ἕξ (ω 497), Ἀχιλέα, Πηλέα, Τυδέα, Μηκιστέα, wenn dieselben handschriftlich gestützt wären, nichts einzuwenden, denn jedenfalls waren die nichtcontrahierten Formen die ursprünglichen. ν 131 schreibe man Ὀδυσῆα φάμην mit ACD 1. man. KNS und τ 136 Ὀδυσῆα ποθέουσα (dreisilbig), da keine Handschrift ὀδυσῆ hat, sondern entweder ὀδυσῆα oder ὀδυσσῆα und ποθέουσα CM, ποθοῦσα L, die übrigen ποθεῦσα. Auch Aristarch schrieb Ὀδυσῆα ποθέουσα. Hesiod Scut. 54 schreibt man jetzt αὐτὰϱ Ἰφικλῆ λαοσσόῳ, die Handschriften haben aber sämmtlich Ἰφικλῆα und neben λαοσσόῳ auch γε δοϱυσσόῳ oder blos δοϱυσσόῳ. Demnach ist entweder Ἰφικλῆα δοϱυσσόῳ zu schreiben oder Ἰφικλέα λαοσσόῳ, da die Aenderung des Ἰφικλέα in Ἰφικλῆα viel Wahrscheinlichkeit für sich hat.

VI.

Bei Homer lautet die 2te Person Sing. des Indicativs im Praesens und Futurum des Mediums $\overline{\epsilon\alpha\iota}$ und nicht $\overline{\eta}$: es finden sich aber in unserem Text noch einige Formen auf ῃ, die, wenn auch nicht alle, doch zum grössten Theil entfernt werden können. So finden wir:

καί με κέλεαι παύσασθαι δ 812 (κέλῃ ER).
ἦ με κέλεαι σχεδίῃ πεϱάαν ε 174.
ἐντύνεαι ἐπεὶ οὔ τοι ἔτι δὴν παϱθένος ἔσσεαι ζ 33.
ὦ Κίϱκη, πῶς γάϱ με κέλῃ σοὶ ἤπιον εἶναι κ 337.
πείθῃ ἐμῶν ἑτάϱων ο 541 (πείθε' N).
τεύξῃ ἐπεὶ οὐ τοῖοι σημάντοϱές εἰσ' ἐνὶ οἴκῳ τ 314 (τεύξεαι A 1. man. CM 1. man. N; τεῦξαι KPS. γϱ. τεύξεαι H).
γνώσῃ ἔπειτ' Β 365; dagegen 367 γνώσεαι.
ὅς με κέλεαι σέο δῶϱα παϱὲξ Ἀχιλῆα δέχεσθαι Ω 434 (so Bentley; AEGLS und wie es scheint auch die übrigen Handschriften κέλῃ).
κεκλήσῃ ἄκοιτις Γ 138.

τῶν οὔ τι μετατρέπῃ οὐδ' ἀλεγίζεις *A* 160.

ἦ οὐ μέμνῃ ὅτε ω 115; *O* 18; *Υ* 188; *Φ* 396. Didymos zu *O* 18 διὰ τοῦ ηι μέμνηι εἶχον πᾶσαι, wofür andere vielleicht μέμνη' schrieben.

φίλος τ' ἔσῃ αἰδοῖός τε τ 254. δεύῃ ὅ κε α 254. δηρὸν βέῃ ἀλλὰ *Π* 852; *Ω* 131.

νεμεσίζῃ Ἄρει *E* 757; νεμεσίζῃ ὁρῶν *E* 872.

Dass man τ 314 τεύξεαι mit den besten Handschriften schreiben muss, steht ausser Frage, besonders wenn man schon *Ω* 434 gegen die handschriftliche Ueberlieferung κέλεαι schreibt und ebensowenig wird man sich gegen die Aenderung κέλεαι κ 337 sträuben können. Wenn vor einem vocalisch anlautenden Wort τ 314 τεύξεαι steht, so kann auch ο 541 πείθεαι stehen; wer aber δ 811 πωλέ' ἐπεὶ schreibt und das ist ja bei allen Herausgebern der Fall, der sollte ο 541 mit N auch πείθε' schreiben. Nun haben aber δ 811 nur zwei Handschriften πώλε' (sic), die übrigen πώλεαι, wofür man richtiger πωλέαι schreibt und das ist ein Grund mehr ο 541 πείθεαι zu schreiben. Dann bleiben nur wenige Stellen übrig wie *A* 160; *Γ* 138; *E* 757, 872; *Π* 852; *Ω* 131; α 254; τ 254, an welchen die Formen auf $\overline{\eta}$ stehen bleiben müssen. Auch μέμνῃ möchten wir gegen Aristarch nicht ändern, aber ἔσσῃ Hymn. III, 34 und ἔρχῃ Hymn. III, 156 können gebessert werden.

μ 101 und *Ψ* 620 haben alle Handschriften die Attische Form ὄψει: da auch an vielen anderen Stellen in den Handschriften die prosaischen Formen die dichterischen verdrängt haben, so kann man unbedenklich an diesen beiden Stellen ὄψεαι schreiben, wie es *Δ* 353; *Θ* 471; *I* 359; *Ω* 601 und ω 511 noch jetzt im Homer steht.

VII.

Das ursprüngliche ε wird bei der Dehnung in der Regel nicht in η verwandelt, sondern wie ŏ in ου (οὔνομα, Οὔλυμπος, οὔρεσι, νοῦσος), so geht ε in den Diphthongen $\overline{\epsilon\iota}$ über[52]), in

[52]) Buttmann, Ausf. Sprachlehre § 27, 2. Thiersch, Gr. Gramm. § 166, 8.

der Regel nur vor Vocalen und Halbvocalen, und zwar vor letzteren fast ausnahmslos. Von den zahlreich vorkommenden Fällen mögen folgende genügen:

δεινός (aus *δέος* wie *κλεινός* aus *κλέος*), *δείδια* (*δέδια*), *δειδέχατο*, *εἰλάτινος* (*ἐλάτη*), *εἵνεκα*, *εἰν εἰνί*, *εἰς*, *εἴσω*, *εἰλήλουθα*, *εἰρεσίη* (*ἐρέσσω*), *Εἰρέτρια*, *εἴριον* (*ἔριον*), *εἶρος*, *εἴρομαι*, *εἰρωτάω*, *κεινός* (*κενός*) *μείλιχος*, *μειλίσσω*, *μείλανι* (*Ω* 79), *μείλινος*, *ξεῖνος* mit den davon abgeleiteten Wörtern, *πείκω*, *πεῖραρ*, *στεῖνος*, *τείρεα* (*Σ* 485), *ὑπείρ*, *ὑπείροχος*. Nur *πετεηνός*, welches durch Auflösung des Diphthongen und Dehnung des zweiten *ε̄* in *η̄* aus *πετεινός* entstanden ist, bildet eine Ausnahme. Es ist aber fraglich, ob die Dehnung in *η̄* richtig ist und nicht vielmehr *πετεεινός* geschrieben werden muss, wie *ἐλεεινός*, das aus *ἐλεινός* zerdehnt ist. Die Handschriften und Hesychios III, 326 haben überall *πετεηνός*, so der Venetus A an allen acht Stellen der Ilias: nur die Florentina hat *π* 218 *πετεεινά* und der Cod. Harl. zu *ν* 87 *γρ. πετρεεινῶν*, verschrieben statt *πετεεινῶν*, G zu *Θ* 247 *πετεεινῶν*.

Was die Dehnung des *ε̄* vor Vocalen betrifft, so gilt dafür die Regel, dass es vor O-, A- und U-Lauten in *ε̄ι*, vor E- und I-Lauten in *η̄* verwandelt wird. So werden von *σπέος* die Formen *σπεῖος* und *σπείους* (vgl. *Σπειώ* *Σ* 40) und *σπείων* (Hymn. IV, 263) neben *σπηί* und *σπήεσσι* gebraucht. Die Fälle sind folgende:

1. Vor *ο̄*: *ἀδελφειός*, *ἀκείομαι*, die Genetive der persönlichen Pronomina, *ἐμεῖο*, *σεῖο*, *εἷο*, *ἔρειο* (für *ἔρεο* *Λ* 611), *κάνειον* (*κ* 355), *κήλειος* (*Ο* 744, neben *κήλεος*), *μαχειόμενος* (*ρ* 471), *νείκειον* (*χ* 26), *νειόθεν*, *νειόθι* (*νεόθεν*), *νειός* das Brachfeld (von *νεός*), *πλεῖος*, *σπεῖο* (von *ἕπομαι*, wie *βλεῖο* *Ν* 288), *χρεῖος* (*χρέος*), ferner die Conjunctive mit verkürztem Modusvocal *βείομαι* (*Χ* 431) neben *βέομαι* (*Ο* 194), *βείομεν* (*Κ* 97, *ζ* 262, *κ* 334), *ἐρείομεν* (*Α* 62), *θείομεν* (*Α* 143, *Ψ* 244, 486, *ν* 364, *φ* 264) neben *θέομεν* oder *θέωμεν* (*ω* 485), *καταθείομαι* (*Χ* 111, *τ* 17), *ἀποθείομαι* (*Σ* 409), *κιχείομεν* (*Φ* 128), *στείομεν* (*Ο* 297) neben *στέομεν* oder *στέωμεν* (*Χ* 231), *τραπείομεν* (*Γ* 441, *Ξ* 314, *θ* 292), endlich die Stoffadjective *αἴγειος*, *βόειος*, *σιδήρειος*, *χάλκειος*, *χρύσειος* in allen Formen.

In der Schreibweise einiger dieser Formen schwanken nicht bloss die Handschriften, sondern es schwankten auch schon die

alten Kritiker[53]). *X* 431 hat der Venetus A *βείομαι* und dazu das Zwischenscholium *'Αρίσταρχος διὰ τοῦ η̅ βήομαι βηώσομαι* (? *βιώσομαι*). Nach Schol. BV soll Aristarch *βίομαι* geschrieben haben; diese Angabe verdient aber keinen Glauben und scheint nur aus der Erklärung Aristarchs durch *βιώσομαι* entstanden zu sein. Die besten Handschriften haben *βείομαι*, minder gute *βίομαι*, keine aber *βήομαι*. Auf die Handschriften kann man sich in dieser Hinsicht nicht verlassen, da sie vom Itacismus beherrscht sind und die Verwechslung der Laute η̅, ε̅ι̅, ι̅ in allen und hier sogar in dem Schol. A vorkommt, es kann also hier nur die Analogie anderer Fälle entscheiden. Wenn Hoffmann (21. und 22. Buch der Ilias S. 309) behauptet, Aristarch habe *βείομαι* geschrieben und von *βήομαι* als einer Variante ganz absieht und nur noch *βίομαι* in Betracht zieht, so mag vielleicht der Grund davon der gewesen sein, dass er überhaupt nur die beiden Schreibweisen *βείομαι* und *βίομαι* in den Handschriften vorfand. Dieser Annahme widersprechen aber die Scholien geradezu, denn in dem einen heisst es *διὰ τοῦ η̅ βήομαι* und in dem anderen *διὰ τοῦ ἰῶτα γράφει*, ferner würde im Venetus A das *οὕτως* im Scholium nicht fehlen, da der Codex ja *βείομαι* im Text hat, und es ist doch klar, dass es sich hier um eine abweichende Lesart Aristarchs handelt. Ein weiterer Grund für die Annahme, dass Aristarch *βήομαι* geschrieben habe, ist der, dass Aristarch für *περιστείωσ'* *P* 95, nach Didymos ausdrücklicher Angabe *περιστήωσ'* (Cod. *περιστήωισι*) *διὰ τοῦ η̅* geschrieben hat, wo die Analogie ebenfalls *περιστείωσ'* erfordert. Dass hier keine Handschrift *βήομαι* hat, ist blosser Zufall, da diese Schreibweise an anderen Stellen erscheint. So hat der Venetus A *K* 97 *καταβήομεν*, ζ 262 haben *ἐπιβήομεν* FHI, *ἐπιβήσομεν* M, *ἐπιβήσομαι* A, die übrigen *ἐπιβείομεν* und
σσ
κ 334 *ἐπιβήομεν* HIKF, *ἐπιβήσομεν* DLNQV, *ἐπιβήομεν* M, die übrigen *ἐπιβείομεν*, welche Schreibweise durch die Analogie in allen diesen Conjunctivformen gefordert wird. Die übrigen Formen werden in den Handschriften durchweg mit *ει* geschrieben gefunden und wir dürfen daher die Schreibweise *βείομαι*, *βείομεν* trotz Aristarch für die bestbegründete ansehen.

[53]) Homer. Textkritik S. 408.

Da oben zum Vergleich auch die Schreibweisen *βέομαι*, *θέομεν*, *στέομεν* erwähnt worden sind, so dürfte hier ein Wort über die doppelte Schreibart dieser Formen nicht ungehörig sein. *O* 194 scheint neben *βέομαι* keine Variante zu existieren, aber *X* 231 haben *στέωμεν* der Venetus A, die beiden Laurentiani, der Syrische Palimpsest und der Vindob. Nr. 117; der Venetus B, Vindob. 5, Lipsiensis und die Handschriften von Heyne haben *στέομεν*. *Δ* 348 haben AGL *στέωμεν*, E zweimal *στέομεν*. *ω* 485 haben *θέωμεν* DEGKLMNQR, *θέομεν* AFHISV; *χ* 216 *κτέωμεν* EGHINQV; *γϱ. κτέωμεν* A, *κτέ$\overset{\omega}{o}$μεν* C, *κτέομεν* DFKLMPS; *π* 383 *φθέωμεν*, alle ohne Variante, die nicht in den Vers passen würde. Die besten Handschriften haben demnach *ω* in diesen Formen und so muss an allen Stellen, etwa ausser *O* 194, geschrieben werden.

$\bar{\varepsilon}$ geht in $\overline{\varepsilon\iota}$ über

2. vor $\bar{\omega}$: in *εἴως* (auch verkürzt *εἶος*, nicht *ἧος*, wofür die Handschriften in der Regel *ἕως*, manchmal auch *εἵως* haben), *κείω* (neben *κέω*), *κλείω* (*κλέω*, *κλέος*), *ἐυκλειῶς* (*X* 110), *κρειῶν* (*κρέας*), *Κρείων* (*Κρέων*), und dem Participium *κρείων* in *εὐρὺ κρείων* sammt dem Femininum *κρείουσα*, *λείων* (*λέων*), *Λειώδης*, *Λειόκριτος* (*λέως*), *νεικείω* (*Δ* 359 und viermal im Participium), *ὀκνείω* (*E* 255 für *ὀκνέω*), *πλείων*, *πλείω* (neben *πλέων*, *πλέω*), *πνείω* mit seinen Compositis, *τείως* (*τέως*), *τελείω* und *ἐκτελείω* (*I* 439, *δ* 7), *χρείων* (*ϑ* 79), *χρειώ* (*χρεώ*) mit dem Dativ *χρειοῖ* (*Θ* 57), *ἡμείων*, *ὑμείων*, *σφείων*, endlich in den Conjunctivformen *βείω* (Z 113), *δαείω* (*K* 425, *Π* 423, *Φ* 61, *ι* 280), *δαμείω* (*σ* 54), *ἐφείω* (*Α* 567), *μεθείω* (*Γ* 414), *θείω* (*Π* 83, 437, *Σ* 387, *α* 89, *ε* 91, *ι* 517, *λ* 145, *ο* 75), *κιχείω* (*Α* 26, *Γ* 291, *Ζ* 228, *Λ* 367, *Σ* 114, *Υ* 454), in dem unregelmässigen Conjunctiv von *μέτειμι*, *μετείω* (*Ψ* 47) und in *περιστείωσι* (*P* 95), wofür Aristarch *περιστήωσι* geschrieben hat. Hier haben *περιστείωσ'* der alte Ambrosianus, der Venetus ALS und wie es scheint auch die anderen Handschriften. Dies muss die *κοινή* gewesen sein, deren Berechtigung durch die Analogie der übrigen Formen erwiesen ist und Bekker ist daher in seiner neuesten Ausgabe mit Recht zu dieser Schreibweise zurückgekehrt, von der die Herausgeber seit Wolf mit Unrecht abgewichen sind.

Die *Ψ* 283 vorkommende Form *πενθείετον* setzt ein Praesens *πενθείω* voraus, denn aus *πενθέω*, *πενθέετον* müsste durch Dehnung *πενθήετον* werden nach Analogie von *παρστήετον* (σ 182), *βλήεται* (ρ 472).

3. vor ου: in *δείους*, *λείουσι*, *σπείους*, *πλείους* (? neben *πλέονες* wofür sich nie *πλέους* findet).

4. vor $\bar{\alpha}$: in *ἀκαχείατο* (*M* 179), *ἀλεῖαρ* (υ 108 von *ἀλέω*), *Αἰνείας* (neben *Αἰνέας*), *Αὐγείας*, *Ἑρμείας* (neben *Ἑρμέας* *E* 390), *εἱανός* (*ἑανός*), *εἰαρινός*, *εἶαρ* (*ἔαρ*), *εἰάω* (*ἐάω*), *εἴαται* (neben *ἕαται* *Γ* 134; *I* 628), *Ἀντίκλεια*, *Εὐρύκλεια* (*κλέος*), *κείατο*, *κείαται* (neben *κέαται*), *Μάλεια* (*Μάλεα*) und *Μαλειάων*, *νείατος* (*νέατος*), *νείαιρα* (*νέαιρα*), *ῥεῖα* (*ῥέα*), *φρείατα* (*Φ* 197 von *φρέαρ*).

Vor den helleren Lauten wird $\bar{\varepsilon}$ in der Regel in $\bar{\eta}$ gedehnt, so

1. vor ε: in *χέρηες*, *τελήεσσα*, wofür manchmal in Handschriften *τελείεσσα* vorkommt, während in *τελειότατος* (*Θ* 247, *Ω* 315) und in *τελείων* (*A* 66, *Ω* 34) die Dehnung des $\bar{\varepsilon}$ in ει regelrecht ist. Analog mit *παρστήετον* und *βλήεται*, sollte man auch *τελήεται* erwarten, dafür aber haben alle Handschriften ξ 160, τ 305, 561 *τελείεται* von dem aus *τελέω* gedehnten *τελείω*, wovon auch *τελείει* (ξ 234, ψ 161) herkommt. Dieser Bildung entspricht das zuvor erwähnte *πενθείετον*, so dass hier keine Anomalie angenommen werden kann. Dafür scheint aber *δείελος* (*Φ* 232, ρ 606, cf. 599 *δειελιήσας*) eine anomale Bildung zu sein.

2. vor η: namentlich in den Conjunctivformen *ἀνήῃ*, *ἐμβήῃ*, *θήῃ*, *θήῃς*, *δαμήῃ*, *δαμήῃς*, *ἀφήῃ*, *μεθήῃ*, *μιγήῃς*, *σαπήῃ* (*T* 27), *στήῃ*, *στήῃς*, *φανήῃ*, *φήῃ*, *φθήῃ*, welche Aristarch, nach den Zeugnissen der Alten[34]) mit η geschrieben hat. In den Handschriften werden diese Formen sehr häufig mit ει geschrieben gefunden, doch ist diese Abweichung bei dem in ihnen herrschenden Itacismus von geringem Belang. Die Stellen sind folgende:

ε 378 *μιγείῃς* alle, nur A *μιγείεις*.

ε 471 *μεθείῃ* alle, E *μεθείει*, K *μεθίει* (ει über der Zeile).

[34]) Homer. Textkritik S. 405 ff.

ε 394 φανείη alle.
κ 301 θείη alle mit Schol. α 1.
κ 341 θείης alle mit Apollon. Soph. 36, 1.
ο 51 θείη alle.
τ 403 θείης EFGKL post ras. MPRS. γρ. ὅττι θείης H.
θεῖαι und γρ. θεῖο A.
θεῖο CDHL 1. m. NQ. θείω IV.
ψ 233 φανείη ACDEFHIKLMQRS(GPV).

Dagegen haben die Handschriften λ 128 und ψ 275 φήῃ, φῄη oder auch φήη, da die Schreiber sich in Betreff des Iota subscriptum nicht klar waren oder es auch ganz wegliessen.

Β 34 ἀνήῃ oder ἀνῄη. L Lips. und 2 Breslauer ἀνίῃ.

Γ 436 δαμείης alle, nur Ven. A δαμασθῇις.

Ε 598 alle στήῃ oder στῄη.

Ζ 432 θείης EFGLRS Lips. Venet. 456 u. 459 chart. Schol. Soph. Aias 499.

Π 94 ἐμβήῃ oder ἐμβῄη alle.

Π 96 θείης EGL mit den meisten. θῄης Lips. Townl.

Π 861 φθαίῃ Cant. Harl., die übrigen φθήῃ, S φθείῃ.

Ρ 30 alle στήῃς oder στῄης.

Ρ 631 wechselt die Schreibweise zwischen ἀφείη, ἐφείη, ἀφίει ἐφίει, ἀφήει, ἐφίῃ, aber kein Codex hat ἀφήῃ.

Τ 27 EGL σαπείη, die übrigen σαπήῃ.

Τ 375 die meisten φανείη. Zwei $\overline{η}$ haben A Lips. Townl. zwei Wiener und zwei Breslauer Handschriften.

Υ 64 die meisten φανείη. Zwei $\overline{η}$ AGL Lips. Harl. Townl. eine Moskauer und zwei Breslauer.

Χ 73 φανείη EGLS.

Χ 246 alle δαμείη ausser Lips. δαμείηι A.

Ω 417 fast alle φανείη. Zwei $\overline{η}$ haben Townl. R eine Breslauer Handschrift und das Papyrusfragment.

$\overline{ε}$ wird zu $\overline{η}$ gedehnt

3. vor $\overline{ι}$: in χέρηι, σπῆι, ῥηίδιος, ῥήιστος vom Stamme *PE*, aber von demselben Stamme ῥεῖα), ebenso wird $\overline{ε}$ in der Endung $\overline{ειος}$ in $\overline{η}$ verlängert ξεινήιον, παρήιον (neben παρειά), ποιμνήιος, πολεμήιος, Ποσιδήιον, ῥωπήιον, ταφήιος χαλκήιος. Dagegen bleibt $\overline{η}$ in der Declination der Wörter auf $\overline{ης}$, $\overline{ευς}$ und $\overline{ις}$ nicht bloss vor E- und I-, sondern auch vor A- und O-Lauten unverändert, Ὀδυσῆος, Ὀδυσῆι, Ὀδυσῆα, Ἄρηος,

Ἄρηι, Ἄρηα, πόληος, πόληι, πόληες, πόληας. Aus Ἡρακλέης und Ἐτεοκλέης wird regelrecht Ἡρακλήειος und Ἐτεοκλήειος, ει bleibt aber auch im Femininum dieser Wörter vor η stehen, Ἡρακληείη, Ἐτεοκληείη (Δ 386), Ἰφικληείη (λ 290). Eine weitere Ausnahme bilden die Feminina auf ειη von Substantiven auf ος und Adjectiven auf ης, deren Stamm auf ες ausgeht, wie ἀναιδείη, ἀληθείη, κατηφείη, während im Attischen-Dialekt die Dehnung des ε in ει vor α regelmässig ist, ἀλήθεια, ἀναίδεια. Dahin gehören auch ἐγχείη (von ἔγχος) und ἐλεγχείη (von ἔλεγχος). So ist auch das epische Ῥείη statt Ῥέα zu den anomalen Bildungen zu zählen, wenn nicht vielmehr als feststehend zu betrachten ist, dass bei diesen Stämmen auf α das Ionische η den vorhergehenden Laut nicht beeinflusst.

Gegen die Regel erscheint ε in ει verlängert in Ὀικλείης ο 244: so haben alle Handschriften und dazu der Harleianus das Scholium Ὀϊκλείης καὶ Ὀϊκλῆς (Ὀϊκλήης?) διχῶς, welches διχῶς auf eine Differenz der Exemplare der Aristarchischen Recension zurückgeführt werden darf. Dieselbe Schwankung bestätigt Didymos zu *B* 517 Φωκήων: τὰ τοιαῦτα διχῶς ἐν ταῖς Ἀριστάρχου εὑρίσκομεν, καὶ διὰ τοῦ ει Φωκείων, καὶ διὰ τοῦ η Φωκήων, d. h. Φωκήων und ähnliche Wörter sind in den Abschriften der Aristarchischen Recension bald mit η, bald mit ει geschrieben.

Eine weitere Unregelmässigkeit zeigt sich in der Dehnung des ε in ἑξείης statt ἑξῆς und in der Conjunctivform ἐγχείῃ ι 10 (statt ἐγχέῃ), wenn man nicht, wie bei πενθείετον und τελείει, einen Indicativ ἐγχείω annehmen will. Auch das im Hymnus auf Aphrodite V, 246 stehende νηλειής statt νηλεής ist gegen die Regel gedehnt, so wie auch ἀδειής *Η* 117 (aus ἀδεής). Dagegen ist die Dehnung des ε in ει in dem Genitiv δείους regelrecht.

In den Formen der Adjective ἀκλεής und εὐκλεής schwankt ebenfalls die Schreibweise, hierin dürfte sich jedoch Gleichheit herstellen lassen und demgemäss zu schreiben sein ἀκληεῖς (*M* 318), aber φ 331 ἐυκλεῖας, wenn man nicht lieber regelmässig ἐυκλειᾶς betonen will. Eustathios 1911, 64 führt eigens an, dass dieses Wort Properispomenon sei[55]), der Grammatiker, dem

[55]) Vgl. Schol. *K* 281; Et. Mg. 392, 20; Zonar. Lex. 908; Thiersch Gr. Gramm. § 193, 38.

er diese Angabe entnommen hat, musste daher dieselbe als Accusativ von *εὐκλέης*, *εὐκλέεας*, *εὐκλεῖας* betrachten, während der Ton in *εὐκλεής* und *ἀκλεής* auf der letzten Silbe überliefert ist. Nun müsste aus *εὐκλεής*, *εὐκλεέας*, *εὐκλεᾶς* und durch Dehnung *εὐκλειᾶς* werden, hier aber erscheint dieselbe Veränderung in der Betonung, wie in *ἐυρρεῖος* (Z 508, *Ξ* 433, *O* 265, *Φ* 1, *Ω* 692), welches, aus *ἐυρρεέος* entstanden, nach den Regeln der Contraction nur *ἐυρρείος* betont werden könnte. Damit aber nicht ein anderes Gesetz verletzt würde, dass nemlich, wenn die letzte kurz, die vorletzte aber lang und betont ist, diese den Circumflex haben muss (*ὥστε*, *τώδε* u. ä. ausgenommen), so betonte man *ἐυρρεῖος*. Somit wäre gegen die Betonung von *ἐυκλεῖας* *φ* 331 nichts einzuwenden, es steht derselben aber ein anderes Bedenken entgegen. In dem Vers *K* 281 *δὸς δὲ πάλιν ἐπὶ νῆας ἐυκλεῖας ἀφικέσθαι* nemlich ist die Silbe $\overline{\alpha\varsigma}$ lang gebraucht, welche Länge ihr auch in Folge der Contraction aus $\overline{\varepsilon\alpha\varsigma}$ zukommt, darum müsste wenigstens *ἐυκλείας* betont werden. Wenn man aber schon abweichend von den Alten betonen will, und wie es scheint betonen muss, so betone man lieber regelmässig *ἐυκλειᾶς*, wie *χοᾶς*. Herodian bemerkt zu dieser Stelle *οἱ δὲ ἐκτείνοντες ἄνευ λόγου ἐκτείνουσιν*, der Mann muss aber einen eigenen *λόγος* gehabt haben und dass dies der Fall war (bei allem Respect vor der Achtung, die dieser Grammatiker auch noch heute bei den Gelehrten geniesst) erklärt er selbst zu *Δ* 235 *καὶ μᾶλλον πειστέον Ἀριστάρχῳ, ἢ τῷ Ἑρμαππίᾳ, εἰ καὶ δοκεῖ ἀληθεύειν*. Aristarch, dem wir die Betonung von *ἐυκλεῖας* zu verdanken scheinen, hat die Länge des $\overline{\alpha\varsigma}$ übersehen, das entschuldigt aber Herodian nicht, zumal andere darauf hingewiesen haben müssen, dass hier $\overline{\alpha\varsigma}$ lang gebraucht sei. Diese werden demgemäss auch *ἐυκλειᾶς* betont haben. *δ* 728 betont man ebenfalls unrichtig *ἀκλέα*, denn auch hier ist $\overline{\alpha}$ lang und wird bloss deshalb kurz, weil das folgende Wort mit einem Vocal anlautet. Die Analogie fordert die Schreibweise *ἀκλεᾶ*, da es aus *ἀκλεέα* durch Contraction entstanden ist. Die Herausgeber betonen sämmtlich *ἐυκλεῖας* und *ἀκλέα*: dafür haben *φ* 331 *ἐϋκλείας* ADKLMN (CQ *ἐϋκλῆας*), *δ* 728 *ἀκλεᾶ* LQ.

Ueber die Schreibweise *ζαχρηής* oder *ζαχρειής* vergleiche man Thiersch § 193, 35: jedenfalls ist die Schreibart *ζαχρηεῖς*

(*M* 347, 360; *N* 684) die richtigere, sowie anderseits ζαχρειῶν (*E* 525) nicht angetastet werden darf: so hat auch der Venetus A und mit ihm die meisten Handschriften, während Eustathios beide Schreibweisen anführt. Die neueren Herausgeber schreiben auch hier ζαχρηῶν.

χέρης bildet regelmässig χέρηι und χέρηες[56]), so auch Herodian und Eustathios zu *A* 80, aber nicht χέρηος und χέρηα, welche Form Eustathios zu *Δ* 400, p. 488, 36 als durch die Mehrzahl der Handschriften überliefert bezeichnet. Dagegen schrieb Aristarch nach Didymos zu ξ 176 χέρεια und auch Herodian führt zu *A* 80 ausdrücklich zweimal die Form χέρεια an, wobei er die Verwandlung des ει in η in χέρηι dadurch erklärt, dass sie zur Vermeidung der Kakophonie eingetreten sei. Die Schreibart χέρῃα und χέρῃι mit dem Iota subscriptum, die Eustathios ausdrücklich erwähnt, verdient keine Beachtung. Die Handschriften, in denen er dieses gefunden zu haben vorgibt, wofern er es nicht einem anderen gedankenlos nachgeschrieben hat, dürfen keineswegs als χαριέστεραι angesehen werden, da ihm überhaupt bessere Handschriften nicht zu Gebote standen. Dass in den Handschriften in vielen Fällen das Iota zugesetzt wurde, wo es nicht hingehört, ist eine bekannte Sache[57]) und hat mit der guten Ueberlieferung nichts zu thun. So findet man häufig δῄω, ἔκῃα, βίῃφι, ᾦμοι, ῥᾷβδος, προτέρῳ und Aoristformen, wie κάθῃρεν, πάπτῃνε, ὕφῃνον, ἀνῄνατο, ᾕρατο in Menge, welche Formen mit Iota zu schreiben keinem vernünftigen Menschen einfällt. *Δ* 400, *Ξ* 382 schreibt Eustathios χέρῃα und ο 324 χέρηες. Der Venetus A hat *Δ* 400; *Ξ* 382 χέρεια und mit ihm fast alle Handschriften; dagegen haben χέρηα Cram. Anecd. Par. III, 375, 6, G Lips. Vrat. A Venet. 456 zu *Δ* 400, R zu *Ξ* 382, dafür eine Wiener Handschrift χέρηΐ δὲ χείρονα. Es sind also keine guten Quellen, in denen sich χέρηα findet und ausserdem schrieb auch Aristarch χέρεια, es muss daher Wunder nehmen, dass die neueren Herausgeber das besser beglaubigte verschmähten. ξ 176 haben χέρεια D mit Schol. H Vind. 56, 133. Die anderen Handschriften haben χερείω.

[56]) Spitzner zu *Δ* 400; Thiersch Gr. Gramm. § 202, 23; Homerische Textkritik S. 378.

[57]) Vgl. Prolegomena zur Odyssee p. XXXVI.

σ 229 χέρεια ACDHIKLNQSV. χέρηα EM.
υ 310 χέρεια ACDGHIKLNPQSV. χέρηα M.

Die durch Synkope gebildeten Participien des Perfects κεκαφηώς, κεκμηώς, κεχαρηώς, πεπτηώς, τεθνηώς und τετληώς behalten sämmtlich ihr η̄ vor dem O-Laut bei und es ist auch zu keiner dieser Formen eine abweichende Schreibart überliefert ausser bei τεθνηώς, wofür man schon zu Didymos Zeit τεθνειώς[58] schrieb, welches als κοινὴ ἀνάγνωσις anzusehen ist. Aristarch schrieb diese Form mit η̄, die Handschriften aber haben in der Regel τεθνειώς, so schon die ältesten, wie der Papyrus zu *Ω* 244 und der Syrische Palimpsest *Π* 858; *T* 210, 403; *X* 364; *Ψ* 193. Der Venetus A hat fast ebenso oft τεθνειώς, als τεθνηώς oder τεθνηιώς, meistens aber beide Schreibweisen übereinander. Unter den Handschriften zur Odyssee haben τεθνειώς:

α 289 AEH ex em. IKLMNPQSV.
β 220 AGHIKMNPQS.
κ 494 ACEHI post ras. KMPQSV mit Apoll. Soph. 156, 11.
κ 530 ACFHIKMNPRSV.
λ 37 CDIKNS.
λ 147 ACDIKLNS.
λ 541 ACH 1. m. IKLMNS.
λ 564 ACH 1. m. IKLMNQ 1. m. S.
λ 567 ACH 1. m. IKLMNQS.
μ 10 ACEFH 1. m. IKMNPQSV.
ο 23 A 1. m. C 1. m. H 1. m. IMQV mit Stob. Floril. LXIII, 37.
χ 448 CFKMNQRS(GHP).
ω 56 AFGKLMNPRS.

Wollte man sich hier nach der Mehrzahl der Handschriften oder auch nach den besseren Handschriften richten, so müsste man unbedingt τεθνειώς schreiben. Die Analogie aber erfordert die Schreibweise mit η̄, die auch die Aristarchische ist.

Der Aorist von καίω ist in den Handschriften theils mit η̄, theils mit εῑ geschrieben[59]), womit sich unter den übrigen asigma-

[58]) Homerische Textkritik S. 282; Buttmann Ausf. Sprachl. II, S. 30*; Thiersch Gramm. § 211, 28.

[59]) Spitzner Excursus XV zu *H* 333; Buttmann Ausf. Sprachlehre II, S. 211; Thiersch Gr. Gramm. § 213, 38; Matthiae I, S. 596; Homerische Textkritik S. 298.

tisch gebildeten Aoristen wie εἶπα, ἤνεγκα, ἔδωκα, ἔθηκα, ἧκα keiner vergleichen lässt, nicht einmal ἔχεα, bei dem sich in der Homerischen Form ἔχευα noch das Digamma in dem Diphthong erhalten hat. Aus dem Stamme καϝ sollte regelmässig ἔκαυσα (wie ἔπλευσα aus πλεϝ) oder asigmatisch ἔκαα geworden sein, da für das weggefallene Digamma, wie die Form ἔχεα beweist, nicht nothwendig ein Ersatz eintreten muss; es konnte sich aber auch das Digamma mit dem vorhergehenden Vocal zu einem Diphthong verschmelzen, dann müsste der Aorist, der Form ἔχευα entsprechend, ἔκαυα lauten. Es ist also die Form ἔκηα nicht minder abnorm wie ἔκεια, doch wäre die Dehnung des α in ει noch weniger gerechtfertigt als in η, wenn wir nicht die bei den Tragikern (Aesch. Agam. 816, Soph. El. 757 und Eurip. Rhes. 97) vorkommende Form κέαντες in Betracht ziehen wollen, die auf einen Aorist ἔκεα hinführt, aus dem durch Dehnung des ε regelmässig ἔκεια gebildet ist. Die Form ἔκεια erklärt auch Buttmann für die echte, und wir dürfen ihm wenigstens das zugestehen, dass sie eine alte und nicht schlecht beglaubigte Form ist, denn sie war die κοινή. Dafür schrieb Aristarch nach den Zeugnissen des Didymos zu λ 74 und ν 26 ἔκηα und auch Herodian zu Φ 336 citiert κῆαι, eben derselbe aber zu Α 302 κακκεῖαι, so auch Apollonios der Sophist 94, 14, und Eustathios 737, 14 führt κείαντο als die Schreibweise alter Handschriften an.

Α 40 haben alle Handschriften ἔκηα.

Ζ 418 κατέκηε Ambros. Venet. A mit den meisten. κατέκαιε Cant. S. κατέθηκε G. κατέκηεν L.

Η 333 κατακείομεν AEL Lips. Harl. Townl. Vrat. b. Mosc. 1. R.

Η 377 κείομεν A Mor. Barocc. Lips. Townl. Mosc. 1. R.

Ι 88 κείαντο AER Lips. Vrat. b. Vrat. A 1. m. 2 Vindd.

Ι 234 κειάμενοι AER Lips. Townl. mit anderen.

Φ 336 alle κῆαι oder κήαι, nur E κῄαι. L κῇαι.

Ω 38 κήαιεν, nur Lips. κήσαιεν.

γ 9 ἔκαιον GM. καῖον ADEKLPQSV. ἔκηοι HI. ἔκηαν N.

δ 764 ἔκηε alle ausser Q 1. m. (ἐκάη).

ι 231 κείαντες ACDEFIKLPQRSV Schol. Ι 219. Suidas II. 117, 1. κήαντες HM.

λ 74 κακκεῖαι A Herodian zu Α 302; Apollon. Soph. 94,

14; Hesychios II, 393. κακκῆαι E. κακῆαι C. κατακῆαι K. κακκῆε L, die übrigen κακκῆαι.

ν 26 κείαντες ACDEHHNPSV. κήαντες GLQ. κήσαντες und γρ. κήαντες M. γρ. κήαντες C.

ο 97 κεῖαι A 1. m. CDHILMQV. κεῖα G, die anderen κῆαι.

π 2 κειαμένω ACDFGHILMNPQRSV. κεῖα μένω K. κηάμενοι E.

ψ 51 κειάμενος ACDEFGKLMNPQRSV, κηάμενος HI.

Es haben zwar viele und auch gute Handschriften die Formen mit $\overline{ει}$, doch gibt es auch Stellen, an welchen alle Handschriften in der Schreibung mit $\overline{η}$ übereinstimmen, wie *A* 40; *Φ* 336; *Ω* 38; *δ* 764, oder fast alle, wie Z 418; *λ* 74 und dies immer in der Form ἔκηε, wofür keine Handschrift ἔκειε hat. Mit Rücksicht darauf, und weil die Schreibart ἔκηα als Aristarchische beglaubigt ist, verdient dieselbe der anderen mit $\overline{ει}$ auch an den übrigen Stellen vorgezogen zu werden.

VIII.

Seit Wolf ist es Gebrauch geworden, am Schlusse des Hexameters vollere Formen zu setzen und hat derselbe nicht blos für das handschriftliche οὕτω überall οὕτως geschrieben, sondern auch das paragogische $\overline{ν}$ durchweg am Versschlusse gesetzt, während es die Handschriften, die ältesten nicht ausgenommen, in der Regel nur dann haben, wenn das erste Wort des folgenden Verses vocalisch anlautet. Es fehlt uns dafür an Zeugnissen der Alten, unter welchen Bedingungen das paragogische $\overline{ν}$ am Versende steht; darum bleibt nichts übrig als der Auctorität der Handschriften zu folgen oder Gründe dafür anzugeben, die ein solches Abweichen von den Handschriften rechtfertigen. Trotzdem dass dies bisher nicht geschehen ist, denn die dafür von G. Hermann und Bekker angeführten Gründe sind ganz subjectiver Natur, ist es heutzutage Mode geworden, die volleren Versausgänge als etwas ganz selbstverständliches zu betrachten und danach selbst die grössere oder geringere Berechtigung einer Schreibweise zu bemessen. Bekker geht sogar so weit ἐσσίν am Verschlusse zu verlangen „welches die Handschriften gewöhnlich wollen“, obwohl gerade das Gegentheil davon wahr ist, sie wollen es nirgends, denn der Venetus A hat es nie, in der Odyssee findet es sich nur an sechs Stellen in wenigen und grösstentheils nicht guten Handschriften[60]). Bekker hat ferner die Plusquamperfectformen auf ει mit dem angehängten ν versehen, weil sie durch Contraction aus εε entstanden sind und Verbalformen die auf ε ausgehen das paragogische ν annehmen können. Das nimmt sich zwar in der Theorie ganz schön aus, ist aber in Wirklichkeit anders[61]); denn dieses ν, obwohl es den aufgelösten Formen gebührt (*προσεφώνεεν, ἤτεεν, ᾔδεεν*), tritt nicht einmal bei den contrahierten Formen da überall hinzu, wo das folgende Wort vocalisch anlautet. Aristarch setzte es nach der Ueberlieferung (aber nur in der Mitte des Verses) *E* 661; *Z* 170 und vielleicht noch *Ψ* 691 und *ρ* 359. Dagegen schrieb er *Ξ* 412 *βεβλήκει* (Aristophanes und Zenodot *βεβλήκειν*); *X* 36 *ἑστήκει*. Dass in *ἠνώγειν ᾧ* *Z* 170 das ν ursprünglich nicht stand, sowenig wie *Π* 394, hat Bekker stillschweigend zugestanden, indem er *ἠνώγει Ϝῷ, ἠνώγει Ϝειπεῖν* geschrieben hat. Nach Schol. A zu *Θ* 68 soll man daselbst am Versschlusse neben *ἀμφιβεβήκει* auch *ἀμφιβεβήκειν* geschrieben haben: das ist alles was wir über dieses ν am Versschlusse erfahren. Die Handschriften aber haben am Versschlusse nirgends ein solches ν bei Plusquamperfectformen und auch in den Scholien kommt keine solche Form vor, wohl aber *ἀνώγει* *Ξ* 195; *Σ* 426; *ᾔρει* *Θ* 77. Das ν am Versschlusse bei *ἐσσί* und Verbalformen auf ει ist demnach durch die Ueberlieferung nicht begründet.

Ebensowenig ist das ν an anderen Verbalformen und Nominalformen am Versschlusse für den Fall begründet, wenn das erste Wort des folgenden Verses consonantischen Anlaut hat. Die Handschriften haben es in der Regel nicht, die jüngsten wie die ältesten[62]), wenn auch Handschriften wie der Vindob. 5 (L) und der Papyrus v. Elephantine[63]) Ausnahmen aufweisen, über die man sich in einem geschriebenen Text nicht wundern darf, denn das ν steht in denselben auch in der Mitte des Verses über-

[60]) Prolegomena zur Odyssee XXXIX.

[61]) Homer. Textkritik S. 191. Prolegomena zur Odyssee XL.

[62]) Homer. Textkritik S. 453; 456. Text, Zeichen u. Scholien des Venetus A S. 13.

[63]) Homer. Textkritik S. 442.

flüssig, so wie es anderseits fehlt, wo es stehen sollte. In den Handschriften zur Odyssee ist eines auffällig, dass nemlich Nomina mit dem Suffix φι am Versschlusse das ν in der Regel auch dann nicht haben, wenn das erste Wort des nächsten Verses vocalischen Anlaut hat. Wenn die Scholien des Venetus A in ihren Angaben zuverlässig sind, was man indes bezweifeln darf, so beobachteten auch die Alexandriner den in den Handschriften im allgemeinen zur Geltung gebrachten Grundsatz in Betreff des paragogischen ν am Versschlusse. So schrieb Aristarch *μοῖρα πέδησε Δ* 517; *διχῶς καὶ ἔεργε καὶ ἔρυκε Θ* 213 (Bekker *ἔεργεν* und *ἔρυκεν*); *ἄνδρα τίθησι Λ* 392 (Bekker lässt *τίθησι* weg); *ἔπλε M* 11 (Bekker *ἔπλεν*); *ἔεργε Ξ* 349; *κεῖρε Π* 121; *ἐστεφάνωκε Σ* 485 (Bekker *ἐστεφάνωκεν*); *βόεσσι Σ* 579; *ὦσεν ὄπισθε O* 694 (bei Bekker fehlt *ὄπισθε*). Zenodot *ἔηξε N* 166; *ἐνῆκε P* 456 (nach Schol. Vict.). Dagegen *ἄνωγεν ἔξω τοῦ ι Ω* 198 statt *ἀνώγει* und *ἐδίδαξεν Ψ* 307 statt *ἐδίδαξαν*. Diese beiden Ausnahmen hören auf solche zu sein, wenn man den Grund, warum hier das paragogische ν steht, darin sieht, dass in den Scholien auf die beiden Formen jedesmal ein vocalisch anlautendes Wort (*ἔξω* und im anderen *ἐπὶ*) folgt, denn dass Aristarch *Ω* 198 *ἄνωγε* schrieb steht deutlich im Scholium selbst: er schrieb nicht *ἀνώγει* wie im Text steht, sondern *ἔξω τοῦ ι* das heisst doch nichts anderes als *ἄνωγε*, und wer dafür noch einen weiteren Beweis verlangt, der vergleiche *Π* 120 *κεῖρε*: *Ἀρίσταρχος χωρὶς τοῦ ι, ἄλλοι δὲ κείρει* und *N* 705 *χωρὶς τοῦ ν ἀνεκηκίει καὶ διὰ τοῦ ι* (statt *ἀνεκήκιεν*). So steht auch im Scholium des Didymos zu *B* 131 *ἔνεισι* wegen des folgenden *καὶ* statt *ἔνεισιν*, ferner *B* 579 *πᾶσι* statt *πᾶσιν*, *A* 169 *Φθίην δὲ* statt *Φθίην δ'*, *B* 347 *βουλεύωσιν* statt *βουλεύωσ' H* 353 *ἐκτελέεσθαι ἵνα ἄν* für *ἵν' ἄν*, *H* 117 *ἀδειής γε*, *O* 86 *δέπασσι* für *δέπασσιν*, *Π* 254 *ἀπέθηκε* für *ἀπέθηκ'*, *P* 95 *περιστηωσι* statt *περιστήωσ'*, *Σ* 538 *ἔχε* für *ἔχ'*, *Σ* 568 *πλεκτοῖσι* statt *πλεκτοῖσιν*, *Y* 259 *ἔλασσε* für *ἔλασ'*, ein Beweis wie wenig genau hierin die Scholien sind. Die Scholien führen auch noch zu anderen Stellen Schreibweisen ohne ν am Versende an: *Θ* 496 *ἀγόρευε* (Bekker *ἀγόρευεν*), *K* 55 *ἐθέλῃσι*, *Ξ* 113 *κάλυψε* (Bekker *κάλυψεν*), *Ξ* 506 *εἷλε* (Bekker *εἷλεν*), *T* 124 *ἀνθρώποισι* (Bekker *ἀνθρώποισιν*), *Φ* 86 *ἄνασσε* (so *ἔνιαι τῶν κατὰ πόλεις*), *Ψ* 491 *κατέρυκε*, *Ω* 20 *κάλυπτε*,

Ω 165 *φίλησι* (Bekker *φίλησιν*); abweichend *I* 215 *ἔθηκεν*; *Σ* 176 *ἄνωγεν*. Hätte Bekker an allen Stellen das paragogische *ν̄* zugesetzt, so könnte man annehmen, er habe es grundsätzlich gethan, da er es aber an anderen Stellen unterlassen hat, so scheint es als habe Bekker kein besonderes Gewicht darauf gelegt, ob man solchen Formen das *ν̄* anfüge oder nicht. Es muss aber dennoch ein Gewicht darauf gelegt werden, denn wer z. B. *ἔπλεν* *M* 11 als Aristarchische Schreibweise betrachtet, befindet sich, wenn auch nur in Betreff eines einzigen Buchstabens, im Irrthum. Wir legen nun auch kein grosses Gewicht auf das Stehen oder Fehlen dieses einzigen Buchstabens in den Scholien und eine einzige bestimmte Angabe wie *οὕτως Ἀρίσταρχος πέδησε ἄνευ τοῦ ν̄* würde viel mehr Beweiskraft haben, aber wozu hätte Didymos nothwendig gehabt solche Bemerkungen zu machen, wenn nicht nur in den Aristarchischen, sondern auch in den übrigen Texten dieses *ν̄* constant da fehlte, wo der erste Buchstabe im folgenden Vers ein Consonant war? So viel ist gewiss, beweisen lässt sich eher dass das *ν̄* in diesem Falle fehlte als dass es stand. Die Form *ἦεν* kann ihr *ν̄* nie verlieren, vgl. Cramer An. Par. IV, 8, 30.

Dafür, dass das Versende vollere Formen verlangt, hat man noch andere Beweise angeführt: so sagt Bekker Hom. Blätter S. 30 „nicht *ἔμμεν ναῦφιν ὑσμῖνα*[64]) *κυανοχαῖτα ἀστεροπητά ποικιλόμητις* lesen wir in den Ausgängen, sondern *εἶναι νηῶν ὑσμίνην κυανοχαίτης ἀστεροπητής ποικιλομήτης*. *ἡμέτερον δῶ* hat das Zenodotische *ἡμέτερόνδε* verdrängt (*Π* 363, *Σ* 385 und 424); für *Ἄϊδόσδε* *Ψ* 127 wurde *Ἄϊδος δῶ* geschrieben, für *Ἀτρείδαο Πηλείδαο*, und zwar *ἐν ταῖς χαριεστέραις*, *Ἀτρείωνος*, *Πηλείωνος* (*B* 192, *P* 191)." Dieser Ansicht, trotzdem sie Bekker ausgesprochen hat, wird gewiss niemand Beweiskraft beimessen, der sich zu diesem Behufe den Homerischen Text etwas näher angesehen hat, denn wenn auch *B* 192 die besten Ausgaben der Alten *Ἀτρείωνος* haben (doch wohl nur deshalb weil so in den besten Handschriften stand), so findet man wie-

[64]) Dass *ὑσμῖνα* am Versschlusse nicht stehen kann ist klar, weil diese Form überhaupt nicht existiert, denn zu *ὑσμίνη* gibt es nur einen metaplastischen Casus, den Dativ *ὑσμῖνι*, vgl. Bekk. An. 1228; Etym. Mg. 42, 28; Cramer Epim. 422, 16.

derum sonst am Versschlusse nur *'Ατρεΐδαο* (*Α* 203; *Β* 9; *Γ* 193; *Η* 176; *Ι* 178, 226, 388; *Λ* 268, 272; *Ξ* 137; *Τ* 241; *α* 35, 40; *λ* 387; *ν* 383; *ω* 20, 35, 102, 105, 191), das ausserdem nur noch siebenmal in der Mitte des Verses vorkommt. Auch Bekker hat an diesen Stellen *'Ατρεΐδαο* stehen lassen und damit die Zulässigkeit nicht voller Versausgänge anerkannt. Hingegen steht das fünfmalige *Πηλεΐδαο* nie am Versende und dafür *P* 191, 208, 214; *Σ* 226; *T* 75; *ω* 23 *Πηλεΐωνος*, ein Beweis, dass man sich in Betreff der Versausgänge an keinen bestimmten Grundsatz gebunden hatte. Dass man nicht *ὑσμῖνι* und *ναῦφιν* am Versende setzte hat seinen Grund darin, dass man diese Formen nur da setzte, wo die gewöhnlichen *ὑσμίνῃ* und *νηῶν* nicht in den Vers passten, denn man findet am Ende immer die gewöhnlichen Formen so in *ἐνὶ κρατερῇ ὑσμίνῃ* (*Δ* 462; *E* 712; *Π* 18; *Λ* 468 u. ö.); *ἕνδεκα νηῶν B* 713; *παρὰ νηῶν M* 114; *O* 69; *περὶ νηῶν M* 142, 216; *ἔχματα νηῶν Ξ* 410; *κακὰ νηῶν O* 503; dagegen stehen *ναῦφιν* und *ὑσμῖνι* nur in der Mitte des Verses, wo das Metrum für die letzte Silbe eine Kürze braucht (*B* 794; *N* 700; *Σ* 305; *ξ* 498 und in *ὑσμῖνι μάχεσθαι B* 853; *Θ* 56). Dasselbe Bewandniss hat es mit dem metaplastischen Dativ *ἀλκί* für *ἀλκῇ* und den metaplastischen Accusativen *αὖλιν, ἰῶκα. κυανοχαῖτα* steht nur als Vocativ dreimal (*O* 174, 201; *ι* 528) am Versende, in der Mitte *N* 563 und *Ξ* 369 vor *Ποσειδάων* wo der Vers eine Kürze verlangt, sonst *κυανοχαίτην. ἀστεροπητά* und *ποικιλόμητις* kommen gar nicht vor, weil das Bedürfniss dieser Formen nicht vorhanden war. Die anderen Formen auf *ᾰ* wie *ἱππότα, ἀκάκητα, αἰχμητά, ἠπύτα* haben nur dem Bedürfnisse des Verses ihre Anwendung zu verdanken und *νεφεληγερέτα, στεροπηγερέτα, μητίετα* stehen nur vor *Ζεύς* und sind diese Formen statt derer auf *ης* der Euphonie wegen gewählt.

Dass nur *ἡμέτερον δῶ* am Versende steht (*β* 262; *δ* 139; *H* 363; *Σ* 385, 424) ist ebenso wenig ein Beweis für den volleren Versschluss, als ein *οὔτασε δουρί*, wofür man doch *χαλκῷ* setzen konnte, ein Gegenbeweis ist: so findet sich *ὀξέι χαλκῷ* (*Δ* 540; *N* 212) neben *ὀξέι δουρί* (*E* 238; *Λ* 95), aus dem Grunde, weil man bei der Wahl der Worte gar nicht darauf sah, ob dadurch voller Versschluss entstünde oder nicht. *ἡμέτερον δῶ* wird wohl handschriftlich besser beglaubigt gewesen sein als *ἡμέτερον δέ*, welches Zenodot Σ 385 schrieb; denn wenn man am Versende *Οὔλυμπον δέ, ἤπειρον δέ, δόμον δέ, μυχὸν δέ, πεδίον δέ* gesetzt hat, so war doch auch *ἡμέτερον δέ* möglich. Zu Ι 197 bemerkt Didymos *Παρμενίσκος προφέρεται ἱκάνετον ἡμέτερον δέ*, welches Scholium nur dann einen Sinn hat, wenn wir zu dem *προφέρεται* uns denken „als Aristarchische Lesart", vgl. Did. zu Ζ 76 *Ἀμμώνιος ὡς Ἀριστάρχειον προφέρεται*; Θ 513 *Παρμενίσκος ὡς Ἀριστάρχειον γραφὴν προφέρεται*, siehe Homer. Textkritik S. 103, 104. Mithin hat auch Aristarch sowenig wie Zenodot am Versende *ἡμέτερον δέ* verschmäht. Zu Ψ 137 *πέμπ' ἄϊδος δέ* steht im Ven. A das Zwischenscholium *οὕτως Ἡρωδιανός, ἄλλοι δὲ Ἄϊδος δῶ* und unter diesen *ἄλλοι* dürfte schwerlich Aristarch zu verstehen sein, dem Herodian selbst wo er irrte lieber folgen wollte, als einem anderen der Recht hatte. Kurz, die Gründe welche man für den volleren Versausgang vorbringt, stehen, wenn man sie bei Licht betrachtet, auf sehr schwachen Füssen.

Die Alexandriner edierten ihren Homer, ebenso wie man es heut zu Tage thut, oder doch wenigstens thun sollte, aus den ihnen zu Gebote stehenden Handschriften und kümmerten sich um schwachen oder vollen Versausgang gar nicht, da der Homerische Vers beide Arten von Ausgängen gleich gut vertrug. So findet man auch in den Handschriften mit sorgfältiger Interpunction durchweg am Versende den Gravis, wenn am Versschluss keine oder nur eine schwache Interpunction erforderlich ist[65]) und Aristarch theilte den Accusativ *Ζῆν'* Θ 206; Ξ 265; Ω 331 der Art in zwei Verse, dass am Schluss des einen *Ζῆ*, am Anfang des nächsen *ν'* stand, ein Beweis dafür, dass er den Zusammenhang der Rede durch den Versschluss nicht unterbrochen haben wollte. Dies darf man sogar als Beweis betrachten, dass er das paragogische *ν* am Versschlusse nicht setzte, ausser wenn das erste Wort des nächsten Verses vocalisch anlautete. Jetzt schreibt man an den genannten drei Stellen allgemein *Ζῆν*, gewiss mit Unrecht, denn man kann dafür nur die Schreibweise des Papyrus zu Ω 331 von erster Hand anführen, weil überhaupt in demselben von erster Hand gar keine Zeichen gesetzt sind, dort also *ΖΗΝ* stehen musste. *ζῆν'* haben GEL zu Θ 206;

[65]) Hoffmann 21. und 22. Buch der Ilias S. 6 u. 22.

EGLS zu Ξ 265; DEGL Ambros. zu Ω 331; ζῆ‖ν' in zwei Verse getheilt ACD zu Θ 206; ACD und der Syrische Palimpsest zu Ξ 265; AC der Syr. Palimps. und der Papyrus von zweiter Hand zu Ω 331, also die ältesten Quellen. *Ζῆν'* steht auch bei Hesiod Theog. 884 am Versschlusse in allen Quellen, nur M 1. man. *ζῆν*. Die Schreibweise *Ζῆν* ist erst von Bekker nach dem Vorschlage G. Hermanns [66]) eingeführt und von den folgenden Herausgebern adoptiert worden, so wie sie das *ν̄* am Versschlusse von Wolf angenommen haben, nicht auf Grund der Ueberlieferung, sondern in Folge der Theorie vom volleren Versschlusse. C. A. J. Hoffmann allein macht eine Ausnahme.

Am Versschlusse steht in der Regel *υἱόν*, so z. B. *α* 88; *δ* 69; *χ* 216; *Δ* 399; *E* 59; *Θ* 362; *N* 171; *O* 430; *Π* 185, 278, 401; *P* 306, 312, 653; *T* 4, 24; *Υ* 484; *Φ* 330; *X* 90. Dagegen haben *υἷα* *ϱ* 111 A 1. man. DEHILN und es wäre kein Grund vorhanden von dieser Schreibweise abzugehen, wenn sie handschriftlich noch etwas besser gestützt wäre, wie z. B. *υ* 35, wo alle Handschriften *υἷα* haben und nur Eustath. *υἱόν* neben *υἷα*. *Π* 177 haben ACDEGLS *υἷι* (vulgo *υἱεῖ*) und diese Schreibweise wird durch das Zeugniss des Herodian gestützt; so ist auch *ξ* 435 mit CEPQRSV zu schreiben nach dem Grundsatze, dass nicht die seltenere Form die gewöhnliche verdrängt, wohl aber die gewöhnliche die seltnere, wie hunderte von Beispielen in den Handschriften zeigen. G. Hermann ist noch weiter gegangen und hat vorgeschlagen für *υἱεῖ* überall *υἷι* zu setzen [67]). Auch *ϱ* 397 haben zwei Handschriften im Text und eine am Rand *υἱοῦ* für *υἷος*. So steht auch die Dualform *υἷε* *B* 822; *E* 152; *M* 99 am Versschlusse, nicht die Pluralform, wie umgekehrt für *οἴω* *ξ* 94 ADGHIKNQSV *οἶα* haben.

Wir finden am Ende des Verses regelmässig *αἰεί*, so *α* 91, 343; *δ* 319; *η* 118; *κ* 330; *λ* 182; *ϱ* 245, 394; *σ* 174, 331; *φ* 69, 155; *χ* 228, 357, 380; *ω* 93, 432, 483; *B* 186; *Δ* 262; *E* 434; *I* 317; *K* 188, 278, 361, 364; *Λ* 168, 827 (AEGL *αἰὲν*); *N* 22, 557; *Ξ* 238; *O* 683; *Π* 105; *P* 148, 364, 385, 598; *T* 232, 290, 300, 336; *Υ* 298; *X* 198; *Ψ* 717; *Ω* 72, 651, 744, 770; so schrieb auch Aristarch nach Schol. *Π* 105. Ist man

---

66) Elementa doctrinae metricae § 329, S. 110 (4. Auflage).

67) Homer. Textkritik S. 369.

aber deshalb berechtigt *αἰέν* am Versende durch *αἰεί* zu ersetzen, welches *α* 68 nur in AB und *τ* 591 in keiner Handschrift steht? Man schreibt auch jetzt am Versschlusse überall *ἐνίσπες*, obgleich dasselbe nur in den wenigsten Handschriften steht[68]).

Man schreibt jetzt allgemein am Versschlusse *οὕτως* zu Folge der angenommenen Theorie vom vollen Versschlusse. Die Handschriften sind meistens dagegen, denn *οὕτω* haben *γ* 358 ABDIIILMNQV (hier sogar vor einem Vocal); *δ* 543 alle ausser S (*οὕτως*) und AGM (*αἰεί*); *ϑ* 543 ADHKLMPQV (von einem Vocal); *σ* 222 alle ausser ACEK; *σ* 255 ACDEFGHIKLMNPQV; *τ* 128 ACDEFGHIKLMNPQRV; *ψ* 98 hat C *οὕτως* in der Mitte statt *οὕτω*, ebenso *ζ* 218 ABEIKRV, wo es das Metrum nicht einmal zulässt; *Δ* 307 *οὕτω* ACEGLMNO Lips.; *E* 249 ACGLMNO, u. ö. *N* 447 hat A *οὕτως* und dazu das Scholium *οὕτω διὰ τοῦ ō Ἀρίσταρχος, Ζηνόδοτος διὰ τοῦ ᾱ*. *Φ* 106 hat A im Text *οὕτως* und daneben das Zwischenscholium *οὕτως διὰ τοῦ ō ἅπασαι οὕτως*, wo also beidemale Aristarch vor einem consonantisch anlautenden Worte *οὕτως* geschrieben haben soll.

Am Versschlusse schrieb Aristarch *οἶσϑα*, vgl. Hom. Textkritik S. 320, *χωρὶς τοῦ σ*, andere also *οἶσϑας*, doch haben alle Handschriften *α* 337 *οἶδας* und man weiss weder sicher, wie Zenodot noch wie Aristarch an dieser Stelle geschrieben hat. Analog mit der Form *οἶδας* ist *ἦσϑας*, wie Eustathios zu *X* 233 statt *ἦσϑα* hat. *κέλευϑα*, welches sonst nur am Versende steht, wenn noch ein Adjectiv dazutritt (*ὑγρά, λαιψηρά, εὐρώεντα*), kommt manchmal am Versschluss neben *κέλευϑον* oder *κελεύϑους* als Variante vor, so *β* 213 in L; *ε* 383 in BH ex em. IN; *η* 272 A 1. man. H 1. man. LM 1. man. Q. *A* 214 schrieb Aristarch am Versschlusse *ἦμιν*, so auch H zu *α* 166. Man wird gewiss nicht behaupten wollen, dass dieses *ἦμιν* einen vollen Versschluss abgibt. Man schreibt auch *α* 93; *β* 214 *Πύλον ἠμαϑόεντα*, wo *ἠμαϑόεσσαν* schon wegen des Geschlechtes näher gelegen wäre, ebenso wie man für *τέκε παῖδα* (*γ* 489; *Τ* 239) *τέκεν υἱόν* hätte schreiben können.

Wäre endlich ein voller Versschluss unerlässlich, so hätte der

[68]) Homeri Odyssea II, p. 316. Homer. Textkritik S. 255. Dagegen Bekker, Hom. Blätter 31. Spitzner zu *Δ* 186. Christ Gr. Lautlehre S. 40 u. 93. Ameis zu *γ* 101.

Dichter die Dualformen am Ende vermeiden müssen; dies konnte er leicht, er brauchte nur die Pluralformen dafür zu setzen. Dass dies nicht geschehen ist, beweist zur Genüge, dass der Homerische Vers keinen vollen Ausgang verlangt. Wir ziehen sogar grundsätzlich überall den Dual vor, wenn er nur einigermassen handschriftlich begründet ist, denn der Dual konnte wohl leicht in den Plural verwandelt werden, nicht aber der Plural in den Dual, den man in der Zeit, aus der unsre Handschriften stammen, nicht mehr gebrauchte[69]. Da sich nun in den Handschriften offenbar das Bestreben zeigt überall das seltenere durch das gewöhnlichere zu ersetzen (z. B. ἐκλίνθην, ἐκρίνθην durch ἐκλίθην, ἐκρίθην, πίμπλημι durch πίπλημι, ὅ und ὅτις durch ὅς und ὅστις, τελέω durch τελέσω, τέτρατον und καρτερός durch τέταρτον κρατερός, νώνυμνος, φάρυγος, πόριες, ἀρτίπος durch νώνυμος, φάρυγγος, πόρτιες, ἀρτίπους u. a.), so ist für diese Fälle die Auctorität der Handschriften von ganz untergeordneter Bedeutung. In den Handschriften finden wir sogar an solchen Stellen den Dual in den Plural geändert, wo der Vers den Plural gar nicht duldet: denn es haben γ 128 ἔχοντες νόῳ BDLN; δ 18 κυβιστῆρες für κυβιστητῆρε DHILNS, κυβιστίρες B; ϑ 48 κρινϑέντες C 1. man. κριϑέντες S; ϑ 296 βάντες CR; φ 90 ἐξελϑόντες EKM; χ 173 ἀποστρέψαντες ACIKL; χ 190 ἀποστρέψαντες IK; χ 201 ἐπιϑέντες K. Wenn nun schon an Stellen, wo es der Vers nicht gestattet, der Dual in den Plural geändert wurde, wie viel leichter war dies am Versschluss möglich, wo es metrisch zulässig ist? Die hier in Betracht kommenden Stellen sind folgende:

δ 33 φαγόντες alle ausser KM; δ 282 ὁρμηϑέντε ADLMQV; ε 227 μένοντε BFIKNP; ζ 51 ἐόντας alle ausser L; ϑ 292 εὐνηϑέντε DEKL; κ 334 μιγέντες CEGS; λ 211 βαλόντε alle ausser L; λ 265 ἐόντε alle; λ 299 παῖδε, nur D παῖδας, S παῖδα; π 169 ἀραρόντε, alle, vielleicht ἀραρόντες A 1. man.; φ 90 λιπόντες A 1. man. CD; χ 175 πειρήναντες ACKPQRSV; χ 181 μένοντε alle ausser KQ; χ 192 πειρήναντε alle ausser ER; χ 378 κιόντες ADGMQ; ψ 211 μένοντες ILN; ψ 255 κοιμηϑέντες ACEIKQS; ψ 301 ἐνέποντες alle ausser H 1. man. Q;

---

[69]) Ahrens de Hiatus Homerici legitimis quibusdam generibus p. 13, 14.

ω 153 *ἀρτύναντε* alle ausser KL; *A* 6 *ἐρίσαντε* alle; *B* 731 *παῖδε* alle; *Γ* 345 *κοτέοντε* alle; *Γ* 441 *εὐνηθέντε* alle ausser E; *E* 157 *νοστήσαντε* alle; *E* 234 *ποθέοντε* alle ausser E; *E* 239 *βάντες* alle ausser G; *E* 307 *τένοντε* alle; *E* 559 *δαμέντε* alle; *E* 572 *μένοντε* alle; *E* 773 *ῥέοντε* alle; *Z* 26 *παῖδε* alle; *Z* 121 *ἰόντες* alle, aber Aristarch und Zenodot *ἰόντε*; *Z* 232 *ἀΐξαντε* alle; *H* 302 *ἀρθμήσαντε* alle, nur G *ἁρμοσθέντε*; *H* 453 *ἀθλήσαντε* alle ausser G; *Θ* 42 *κομόωντε* alle; *K* 456 *τένοντε* alle; *M* 171 *ἐόντε* (*ἐόντες* G); *M* 322 *φυγόντε* (*φυγόντες* EGLS Palimps.); *M* 330 *ἄγοντε* Aristarch (*ἄγοντες* G); *N* 24 *κομόωντε* (*κομόωντας* E); *N* 200 *ἔχοντε* alle ausser dem Syr. Palimpsest; *N* 236 *ἐόντε* (*ἐόντες* G); *N* 241 *δοῦρε* alle, auch *δοῦρα* wäre kein voller Versschluss; *N* 423 *στενάχοντε* Aristarch (*στενάχοντα* GLS, aber keine Handschrift *στενάχοντες*); *Ξ* 281 *λιπόντε* alle; *Ξ* 314 *εὐνηθέντε* (*εὐνηθέντες* ES Palimps.); *Ξ* 466 *τένοντε* alle; *Π* 219 *ἔχοντες* alle; *Π* 326 *δαμέντε* alle; *Π* 587 *τένοντας* (*τένοντε* A 2. man. G); *P* 290 *τένοντας* (*τένοντε* AS); *P* 457 *βαλόντε* alle; *P* 531 *μεμαῶτε* alle; *P* 721 *μένοντες* alle (Aristophanes *μένοντε*); *T* 47 *θεράποντε* alle; *T* 50 *κιόντες* alle; *Y* 176 *ἰόντες* alle, wie *Z* 121, wo Aristarch und Aristophanes den Dual gesetzt haben sollen; *X* 396 *τένοντε* alle; *Ψ* 97 *ἀμφιβαλόντε* alle ausser E; *Ψ* 638 *Ἀκτορίωνε* alle; *Ψ* 803 *ἑλόντε* alle.

Diese Thatsachen beweisen unwiderleglich, dass der Hexameter am Schluss keine volltönenden Formen verlangt, wie man seither angenommen hat. Daraus folgt, dass am Versschlusse das paragogische $\bar{\nu}$ unnöthig ist, wenn der nächste Vers mit einem Consonanten beginnt, ganz abgesehen davon, dass es auch der Ueberlieferung widerstreitet in diesem Falle das *ν* hinzuzufügen; dass *ἐσσί* und die contrahierten Formen auf *ει* dieses *ν* noch viel weniger annehmen dürfen, dass nicht *οὕτως* sondern *οὕτω* zu schreiben ist, wenn die Handschriften es wollen und dass man nicht nothwendig hat ein *ἀμφί* am Versschlusse in *ἀμφίς* zu ändern, so wenig als man statt der Dualformen auf $\bar{\varepsilon}$ die Pluralformen zu setzen berechtigt ist.

IX.

Es ist eine bekannte Thatsache, dass wir in Betreff der Orthographie in vielen Punkten von den Alten abweichen, gewiss mit Unrecht. Es ist eben der Orthographie gerade so gegangen wie vielen anderen Dingen, die mit der Zeit schlechter werden, und war im Griechischen um so leichter möglich, als hier Spiritus und Accente und das erst später untergeschriebene Iota noch mit in den Bereich der Orthographie gehören. Um alle diese Zeichen richtig zu setzen, bedurfte es einer genauen Kenntniss der betreffenden Regeln und einer Sorgfalt, wie wir sie leider in den wenigsten Handschriften treffen; denn in denselben sind nicht nur diese Zeichen verwechselt und unrichtig gebraucht, sondern sie fehlen auch nicht selten gänzlich, abgesehen von der Verwechslung einander ähnlich sehender Lautzeichen und ähnlich klingender Laute, wie $\overline{ει}$ $\overline{η}$ $\overline{ι}$ $\overline{οι}$ $\overline{υ}$, $\overline{αι}$ und $\overline{ε}$, $\overline{ο}$ und $\overline{ω}$. Es gibt wohl auch Ausnahmen unter den Handschriften, so der Ven. A zur Ilias, der Laurentianus zu Sophokles und Apollonios Rhodios, der Mediceus zum Aischylos, obwohl auch diese nicht ohne Fehler sind, überhaupt aber sind diese guten Handschriften seltene Ausnahmen von der allgemeinen Regel. Im ganzen ist unsere heutige Orthographie die der *κοινή*, die nicht nur die Orthographie sondern auch die Sprache wesentlich verschlechterte.

Während nun Sprache und Rechtschreibung immer mehr in Verfall kamen, unternahmen es gelehrte Grammatiker der damaligen Zeit, diesem Verderbniss entgegenzutreten und so entstanden die verschiedenen Schriften *περὶ ὀρθογραφίας*: diese sind sämmtlich verloren gegangen bis auf die einzige des Byzantinischen Grammatikers Choiroboskos, welche Cramer in dem zweiten Bande seiner Anecdota Oxoniensia herausgegeben hat. Ueber Orthographie schrieben die Grammatiker Arkadios (Suidas und Steph. Byz. unter *Ἄκτιον*), Drakon (Suidas, Drakon de Metris 17, 6), Tyrannion (Suidas), Didymos (Suidas), Tryphon (Suidas), der Milesier Oros (Suidas, Stephanos Byz. unter *Ταίναρος*. Schol. *B* 461. Et. Mg. 816, 38. Zon. Lex. 1010. Et. Orionis 192, 36), Apollonios Dyskolos (de Synt. III, 30, p. 272), Herodian (*περὶ μον. λέξ.* 23, 25. Schol. *A* 129; *Θ* 441. Et. Or. 17, 16; 40, 21; 57, 29; 76, 23; 82, 15; 100, 5; 108, 27; 118, 2; 160, 6; 167, 17. Bekk.

Anecd. 1354. Cram. An. Ox. II, 12, 30; 85, 9; 183, 31. Steph. Byzant. unter *Καρία*), Choiroboskos (Et. Mg. 41, 41; 61, 43; 92, 31; 146, 29; 376, 24), Theognostos (Bekk. An. 367, 8; 1101), Eudaimon (Et. Mg. 457, 12. Steph. Byz. unter *Αἰλία*. Et. Or. 122, 26) und noch andere, deren Namen von untergeordneter Bedeutung sind[70]). Dass unter den Alexandrinern keiner erwähnt wird, der über Orthographie geschrieben hat, ist bemerkenswerth: es war eben in der damaligen Zeit die Nothwendigkeit dazu noch nicht vorhanden.

Aus diesen Schriften stammen die meisten Notizen über das untergeschriebene Iota; doch sind es auch noch andere, die hier in Betracht kommen, namentlich die über die einzelnen Redetheile, so *περὶ ἐπιῤῥημάτων*, *περὶ ἀντωνυμιῶν*, die verschiedenen *ὀνοματικά* und *ῥηματικά*, die *κανόνες* des Theognost, die Schrift des Choiroboskos *περὶ ποσότητος* (Et. Mg. 29, 31; 38, 35; 73, 55; 78, 51; 167, 4), welche möglicherweise dieselbe ist, die Cramer An. Ox. II, 283 herausgegeben hat.

Hier drängt sich vor allem die Frage auf, war dieses Iota in der Aussprache hörbar oder nicht und wie wurde es geschrieben? Der Zufall hat uns eine Notiz darüber aufbewahrt bei Bekk. Anecd. 1186: „*δεῖ δὲ γινώσκειν ὅτι οἱ μὲν γραμματικοὶ ὡς πρὸς τὴν ἐκφώνησιν ἀποβλέποντες λέγουσι τὸ ι ἀνεκφώνητον εἶναι, ἡνίκα εὑρεθῇ ἢ μετὰ τοῦ ᾱ μακροῦ ἢ μετὰ τοῦ η ἢ μετὰ τοῦ ω, οἷον τῷ Χρύσῃ, τῷ σοφῷ, τῷ Αἰνείᾳ, οἱ δὲ μουσικοὶ τῆς ἀκριβείας φροντίζοντες λέγουσιν ὅτι ἐκφωνεῖται μέν, οὐκ ἐξακούεται δὲ διὰ τὸ μέγεθος τῶν μακρῶν φωνηέντων· εἰ γὰρ φωνῆέν ἐστι, φασί, πῶς δύναται ἀνεκφώνητον εἶναι; ἀλλ' ὥσπερ αὐλοῦ, φασί, καὶ ὀργάνου ἠχούντων ὁ αὐλὸς οὐκ ἐξακούεται διὰ τὸ μείζονα ἦχον ἔχειν τὸ ὄργανον καὶ καλύπτειν τὸν τοῦ αὐλοῦ ἦχον ἀσθενέστερον ὄντα, τὸν αὐτὸν τρόπον καὶ τὸ ι, ἀσθενέστερον ὑπάρχον πάντων τῶν φωνηέντων, ἡνίκα εὑρεθῇ μετὰ τοῦ α μακροῦ ἢ μετὰ τοῦ η ἢ μετὰ τοῦ ω ἐν μιᾷ συλλαβῇ, οὐκ ἐξακούεται διὰ τὸ μέγεθος τούτων. ὅτι δὲ τὸ ι ἀσθενέστερόν ἐστι πάντων τῶν φωνηέντων, δῆλον ἐντεῦθεν. τῶν φωνηέντων τὰ μέν εἰσι προτακτικά, τὰ δὲ ὑποτακτικά· καὶ προτακτικὰ μέν εἰσι ταῦτα, α, ε, η, ο, ω,*

[70]) Velsen de Tryphone pg. 56.

ὑποτακτικὰ δὲ δύο, ι καὶ υ. καὶ τὸ υ δὲ ὑποτακτικὸν πολλάκις εὑρίσκεται τοῦ ῑ προτακτικόν, οἷον ἐν τῷ μυῖα καὶ ἅρπυια καὶ υἱός καὶ ἐν τοῖς ὁμοίοις. εἰ ἄρα οὖν τὸ ῑ καὶ τοῦ ὑποτακτικοῦ ὑποτακτικόν ἐστι, δῆλον ὅτι ἀσθενέστερόν ἐστι πάντων τῶν φωνηέντων. δεῖ προσθεῖναι „χωρὶς τῶν κατὰ διάλεκτον“, ἐπειδὴ οἱ Αἰολεῖς ταῖς εἰς ω̄ ληγούσαις δοτικαῖς οὐ προσγράφουσι τὸ ι, τῷ Ὁμήρω γάρ φασι καὶ τῶ σοφῶ χωρὶς τοῦ ῑ, καὶ πάλιν οἱ Βοιωτοὶ ταῖς εἰς η̄ ληγούσαις δοτικαῖς οὐ προσγράφουσι τὸ ῑ, τῇ Ἑλένη γάρ φασι καὶ τῇ Πηνελόπη χωρὶς τοῦ ῑ. ἔτι δεῖ προσθεῖναι „καὶ χωρὶς τῶν διὰ τὸ μέτρον“. ἔστι γὰρ ὁ ζελᾶς, τοῦ ζελᾶ, τῷ ζελᾶ, οὕτω δὲ λέγεται κατὰ Θρᾷκας ὁ οἶνος, καὶ τούτου ἡ δοτικὴ εὑρίσκεται παρ' Εὐριπίδῃ χωρὶς τοῦ ῑ. συστεῖλαι γὰρ βουλόμενος τὸ ᾱ οὐ προσέγραψε τὸ ῑ, οἷον „ταὐτὸν ποιεῖ τό τ' ἀττικὸν τῷ ζελά. σὺν γὰρ κεραυνοῖς“. ἔτι δεῖ προσθεῖναι „καὶ χωρὶς τῶν πεπονθότων“. ἔστι γὰρ τῷ κυανοχαίτῃ (Cod. *κυανοχαίτου*) *καὶ γίνεται κατὰ μεταπλασμὸν τῷ κυανοχαίτα καὶ οὐκ ἔχει προσγεγραμμένον τὸ ῑ, οἷον ὡς παρὰ Ἀντιμάχῳ „πατρὶ δὲ κυανοχαίτα Ποσειδάωνι πεποιθώς“.*

Dieses Iota, welches mit seltenen Ausnahmen überall geschrieben wurde, kann nicht bloss Schriftzeichen gewesen sein wie die Accente und Spiritus, die Koronis und der Apostroph, von welchen sich in den Inschriften gar nichts mit Ausnahme des in der frühesten Zeit den Spiritus asper vertretenden *H* findet, so dass es bloss dazu gedient hätte, um äusserlich verschiedene Wortformen zu unterscheiden, z. B. *νεῴ* und *νεώ*, *νεῴς* und *νεώς*, sondern es muss einmal wirklich hörbar gewesen sein, wenn es auch mit dem dabei stehenden langen Vocal nicht gleiche Geltung hatte. Wie könnten sonst die Diphthonge ᾱͅ, ῃ̄ und ῳ̄ (denn als solche werden sie auch schon von den alten Grammatikern betrachtet) in der Diäresis erscheinen, z. B. *Τρωϊάδες* neben *Τρῳάδες*, *δήϊος* neben *δῃόω*, das Ionische *ῥηΐδιος* neben dem Attischen *ῥᾴδιος*, *ἤϊον* neben *ᾔομεν*, *πλωΐζω*, *ἀοιδός*, *δαΐδες* neben *πλῴζω*, *ᾠδός*, *δᾷδες*? Da ferner dieses Iota als Flexionszeichen wie z. B. in *μούσᾳ*, *φαίνῃ*, *καλῷ* wesentlicher Bestandtheil der Wortform ist, oder wo es in der Mitte steht, demselben als zur Wurzel gehörig oder in Folge der Wortbildung zukommt, wie z. B. in *ᾠόν*, *πρῴην*, *πρῷρα*, *Κῷος*, *ὑπερῷον*, so musste es auch in der Aussprache eine Berücksichtigung finden und dem langen Vocal ungefähr ähnlich nachgeschleift worden sein wie das $\bar{\varepsilon}$ in πόλεως vor dem $\bar{\omega}$ hörbar gewesén ist, ohne dass dadurch das Wort dreisilbig wurde. Dass dieses Iota in späterer Zeit wirklich nicht mehr ausgesprochen wurde, ist kein Beweis dafür, dass es auch früher unhörbar gewesen sei, verschwand ja auch mit der Zeit das Digamma und σ in vielen Wörtern, und niemand zweifelt daran, dass beide früher ausgesprochen wurden. Es lässt sich nichts anführen, was der oben erwähnten Ansicht der Musiker im Wege steht, dass nemlich das Iota ausgesprochen wird (ἐκφωνεῖται), aber von dem langen Vocal übertönt und darum wenig gehört wird, denn mehr liegt in dem οὐκ ἐξακούεται nicht.

Die in der oben citierten Stelle erwähnten Ausnahmen in Betreff der Dialekte erhalten durch die Inschriften theilweise ihre Bestätigung. In den Böotischen Inschriften steht für ῃ meist η, ausserdem aber für ᾳ und αι in der Regel η[71]), selten αε, für οι und ῳ öfters οε und für $\bar{ῳ}$ meist υ, vergleiche Boeckh über den Böotischen Dialekt im Corp. Inscr. Gr. I, p. 722 und 723. Dies gilt besonders von den alten Inschriften aus Tanagra, so C. Inscr. Nr. 1562, Z. 2; 1563, Z. 2; 1564, Z. 3 *ΤΥ ΔΑΜΥ* τῷ δάμῳ, dagegen 1565, Z. 3 *ΤΟΙ ΔΑΜΟΙ*. Nr. 1568, Z. 6 *ΤΥ ΔΑΜΥ*, Z. 10 *ΤΥ ΙΑΡΥ* τῷ ἱαρῷ. 1569 a *ΕΡΧΟΜΕΝΥ* Ὀρχομενῷ, *FΕΛΑΤΙΗ* Ἐλατείᾳ, *FΕΛΑΤΙΗΥ* Ἐλατειαίῳ, *ΤΗ* τᾷ. 1569 c *ΕΝ ΤΗ ΑΓΟΡΗΙ* ἐν τᾷ ἀγορᾷ, wo bereits das Iota steht. Z. 10 *ΤΗ ΟΔΥ* τᾷ ὁδῷ. Nr. 1571 (Lebadea) *ΤΗ ΠΟΛΙ* τᾷ πόλει. Nr. 1603 (Lebadea) *ΗΡΑ* Ἥρᾳ und *ΤΗ*, dagegen 1607 *ΑΜΦΙΣΣΑΙ* Ἀμφίσσᾳ, 1598 *ΠΡΑΙΑΙΣ* πρᾴαις und 1592 *ΑΘΑΝΑΙ* Ἀθανᾷ (Thisbe). In den Thebanischen Inschriften 1585, 1624, 1625, 1654, 1656 fehlt das Iota, desgleichen in den Inschriften aus Chaeronea 1608, 1609, 1656 b, dagegen steht es in der aus der Römischen Kaiserzeit stammenden Inschrift Nr. 1617. Nr. 1652 (Theben) *ΠΟΛΕΜΩΙ* und *ΧΩΡΑΙ* χώρᾳ. 1661 und 1662 (Thespiae) *ΗΡΕΩΙ* und *ΗΡΩΙ*. 1600 (Theben) *ΔΙΟΝΥΣΩΙ*. Nr. 1591, Z. 57 und 63 *ΤΕΛΕΙΩΙ*,

[71]) Theognost bei Cram. An. Ox. II, 61, 18 τὸ παληός, ἀρχηός, Ἀχηός Βοιώτιά ἐστιν κατὰ τροπὴν τῆς αι διφθόγγου εἰς η, ὡς καὶ τὸ ὄρηος, Λύκηος Λακωνικά.

Z. 61 *ΠΩΛΙΚΩΙ*. Nr. 1588, Z. 1 *ΤΡΕΦΩΝΙΟΙ* *Τροφωνίῳ*. 1590, Z. 21 *ΚΩΙΟΣ* *Κῴος*. 1579, Z. 2 (Orchomenos) *ΔΙΟΝΥΣΟΙ*. Z. 4 *ΑΙΔΟΝΤΟΣ* *ᾄδοντος*. Merkwürdig ist die Inschrift aus Orchomenos Nr. 1583; dort lesen wir Z. 11 *ΡΑΨΑΓΥΔΟΣ*, Z. 15 *ΑΥΛΑFΥΔΟΣ*, Z. 19 *ΚΙΘΑΡΑFΥΔΟΣ* und so auch Z. 21, 23 und 25 überall mit Digamma und $\bar{υ}$ für ῳ, während dieselben Worte *ῥαψῳδός*, *τραγῳδός*, *κιθαρῳδός* in der Thebanischen Inschrift Nr. 1585 und in der auf dem Helikon 1586 mit *Ω*, aber ohne Iota geschrieben werden. Die Inschriften aus Oropos, welches lange Zeit zu Athen gehörte, haben überall das Iota, so Nr. 1566, Z. 2 *ΤΩΙ*, Z. 13 *ΣΤΗΛΗΙ ΛΙΘΙΝΗΙ*, Z. 14 *ΤΩΙ ΙΕΡΩΙ*. 1567, Z. 1 *ΑΓΑΘΑΙ*, Z. 6 *ΤΑΙ*, Z. 7 *ΕΝΝΟΜΩΙ ΕΚΚΛΗΣΙΑΙ*, Z. 13 *ΑΥΤΩΙ*, 1570a, Z. 1 *ΚΟΙΝΩΙ*, Z. 11 *ΤΗΙ ΒΟΥΛΗΙ ΚΑΙ ΤΩΙ ΔΗΜΩΙ*. *ΚΥΡΩΘΗΙ* *κυρωθῇ*. *ΔΟΚΗΙ* *δοκῇ*, *ΗΙ* *ᾗ*, *ΣΥΝΤΕΛΕΣΘΗΙ* *συντελεσθῇ*, während diese Conjunctivformen in den übrigen Böotischen Inschriften mit *Η* ohne Iota geschrieben sind.

In den Aeolischen Inschriften herrscht dasselbe Schwanken in Bezug auf das beigeschriebene Iota. Die alte Aeolische Inschrift Nr. 11 hat dasselbe überall, so *ΤΟΙ ΔΙ ΟΛΥΝΠΙΟΙ ΤΟΙ ΚΑΔΔΑΛΕΜΕΝΟΙ* *τῷ Διὶ Ὀλυμπίῳ τῷ καδαλημένῳ*. *ΤΟΙΝΤΑΥΤ. ΕΓΡΑΜΕΝΟΙ* *τῷ 'νταῦτ' ἐγραμμένῳ*, wo nach den Regeln über die Krasis *ΤΟΝΤΑΥΤ* = *τὠνταῦτ'* geschrieben sein müsste, wie *τὠμῷ* für *τῷ ἐμῷ*, *κἀγώ* für *καὶ ἐγώ*. In der Sigeischen Inschrift (Nr. 8) kommt kein Wort vor, welches Iota subscriptum hätte. Die weit späteren Inschriften aus Mytilene Nr. 2168, 5169, 2172, 2174, 2178, 2179, 2186—2189 haben kein Iota mit zwei Ausnahmen Nr. 2173 *ΘΕΡΜΙΑΙ* und 2178 *ΝΕΡΟΥΑΙ* *Νερούᾳ*, die Inschrift aus Tenedos 2166 hat wiederum Iota, ausser in dem Conjunctiv *ΕΝΔΕΥΗ*. Die Inschriften aus Smyrna haben meistens das Iota, in denen aus Kyme 3523 und 3524 fehlt es, während es 3527 steht. Auch in den Inschriften von Pergamos und Ilion lässt sich dasselbe Schwanken wahrnehmen.

Dass $\bar{ᾳ}$, $\bar{ῃ}$, $\bar{ῳ}$ von den Alten als Diphthonge betrachtet wurden, beweisen ausser den später anzuführenden Angaben aus Theognost die Scholien zu der Grammatik des Dionysios Thrax in Bekk. An. 803: „*δίφθογγοι λέγονται ἐπειδὴ ἐκ δύο φθόγγων συνίστανται .... καὶ οὐ μόνον εἰσὶν ἓξ δίφθογγοι, ἀλλ' ἕνδεκα, ὧν αἱ μὲν ἓξ εἰσιν εὔφωνοι, ὡς καὶ αὐτός* (*Δ. ὁ Θρᾷξ*) *φησιν, αἱ δὲ τρεῖς κακόφωνοι, ἡ ηυ ὡς ἐν τῷ ηὔδα, ἡ ωυ ὡς ἐν τῷ ωὐτός, ἡ υι ὡς ἐν τῷ υἱός· αἱ δὲ τρεῖς ἄφωνοι, τὸ ῳ καὶ τὸ ι ὡς ἐν τῷ Ὁμήρῳ, ᾠκοδόμουν, ᾠνοχόει· τὸ ῃ καὶ τὸ ι, ὡς ἐν τῷ τῇ Ἑλένῃ, λῃστής, ἐπῄνουν· ᾳ μακρὸν καὶ ι, ὡς ἐν τῷ ᾅδης, Θρᾷξ καὶ ὅσα τοιαῦτα.*“ Hier ist schon die Ansicht ausgesprochen, dass das Iota nicht hörbar ist: so heisst es auch bei den Grammatikern *μὴ ἐκφωνούμενον* Et. Mg. 38, 34. Et. Gud. 9, 34, oder häufiger *ἀνεκφώνητον* Et. Mg. 484, 32. Et. Gud. 291, 1; 490, 43; 571, 43. Cram. Epim. 20, 30; 220, 24. Cram. A. O. II, 86, 5; 142, 10. IV, 394, 7 und öfters. Deutlich wird dies ausgesprochen in Et. Mg. 203, 3 „*βοΐ: ἰστέον ὅτι ἐνταῦθα οὐ συναιρεῖται ὡς Λητόϊ Λητοῖ. οὐδέποτε γὰρ δοτικὴ ἑνικὴ μονοσύλλαβος ἐκφωνεῖ τὸ ι, οἷον τῷ νῷ, τῇ γῇ. εἰ οὖν ἐγένετο κατὰ συναίρεσιν βοΐ βοῖ, ἔμελλεν ἐκφωνεῖσθαι τὸ ι, ὅπερ ἐστὶν ἄτοπον. τὸ γὰρ ι τότε ἐστὶν ἀνεκφώνητον, ἡνίκα ἐστὶ μετὰ μακροῦ φωνήεντος.*“ Bekk. Anecd. 1218 *ἐν τῇ ἰᾷ καὶ μιᾷ δοτικῇ μακρόν ἐστι τὸ ᾱ, ἐπειδὴ τὸ ι ἀνεκφώνητόν ἐστιν. ἐμάθομεν γὰρ ὅτι τὸ ι τότε εὑρίσκεται ἀνεκφώνητον, ἡνίκα εὑρεθῇ ἢ μετὰ τοῦ η ἢ μετὰ τοῦ ω ἢ μετὰ τοῦ α μακροῦ ἐν μιᾷ συλλαβῇ, οἷον τῇ σοφῇ, τῷ καλῷ, τῇ Μηδείᾳ.*

Was nun die Schreibweise betrifft, so wurde das Iota ursprünglich nicht unter den langen Vocal geschrieben, sondern immer daneben, wie wir es auch heute noch nach grossen Anfangsbuchstaben zu thun pflegen, z. B. *Ἅιδης, Ὠιόν*: es heisst auch immer *ἰῶτα προσγεγραμμένον* und steht in guten älteren Handschriften, wie in den oben erwähnten, immer hinter dem langen Vocal[72]). Nichts als Bequemlichkeit war die Ur-

---

[72]) Bei Philemon Lex. techn. p. 73 (ed. Osann) findet sich der Ausdruck „*σὺν τῷ ὑπογεγραμμένῳ ἰῶτα*“, ebendaselbst p. 64 *ὑπογράφονται* und p. 92 *ἐν ὑπογραφῇ τοῦ ἰῶτα*; an den beiden letzteren Stellen besserte Osann *προσγράφονται* und *προσγραφῇ*, ebenso p. 93 und 174, wo die Handschriften *ὑπογεγραμμένον* für *προσγεγραμμένον* haben. *ὑπογράφεσθαι* auch bei Cram. Anecd. Ox. IV, 173, 17. Zu vergleichen ist Osann in der Anmerkung zu p. 92, der als Beleg anführt Strabo XIV, p. 648, wo sich der Ausdruck *ἐπιγράψας* findet; Apoll. de Synt. p. 211 *προσιοῦσαν τοῦ ι γραφήν* und p. 270 *συγ-*

sache, dass man es später unter den langen Vocal schrieb, damit man gleich sehen konnte, dass es hier nicht ausgesprochen werde. In schlechten Handschriften fehlt es meistens oder wird nur in gewissen Fällen untergeschrieben. In den Inschriften wird das Iota, wo es überhaupt steht, daneben geschrieben; in den ältesten Inschriften fehlt es fast nie, dagegen sehr häufig in denen der Römischen Kaiserzeit, z. B. Nr. 185, 188, 190, 192, 193, 194, 197, 319, 321—326, 329, 916, 1080, 1122—1125, 1339, 1359, 1365, 1701, 1710, 1720 u. ö. Ausserdem fehlt es in Privatinschriften, z. B. auf Grabmonumenten häufiger als auf öffentlichen. In den Inschriften aus der Zeit vor Euklid, wo für *H* und *Ω*, deren Erfindung dem Lyriker Simonides zugeschrieben wird (Bekk. An. 780, 781, 782), *E* und *O* geschrieben ward, welche beiden Lautzeichen auch noch die Diphthonge *EI* und *OΥ* bezeichneten, wird ebenfalls hinter diese beiden das Iota gesetzt, so Nr. 3 *ΕΚΠΗΑΝΤΟΙ* Ἐκφάντῳ. Nr. 12 *ΜΕΣΟΙ* μέσσῳ. 16 (Olympia) *ΤΟΙ ΔΙ* τῷ Διί. 22 (Attika) *ΗΟΔΟΙ* ὁδῷ. 26 *ΤΕΙ HODOI ΤΕΙ ΑΠΠΙΑΙ* τῇ ὁδῷ τῇ Ἀππίᾳ, in welcher Inschrift, ausser dem Lautzeichen *D*, welches sich auch in der Argivischen Inschrift Nr. 14 *ΠΕDAFOIKOI* μέτοικοι und in der Spartanischen Nr. 15 *EDEDOFA* ἐδήδοϝα, in letzterer sogar für *P* findet, auch noch die Interaspiration in *ENHODIA* hervorzuheben ist. Nr. 27 (Eleusis) *ΔΕΜΟΙ* δήμῳ. 29 (Olympia) *ΤΟΙ ΔΙFΙ* τῷ Διί (lat. divus, skr. dêvas). 31 (Olympia) *ΚΟΙΟΣ* Κῷος. 34 (Peloponnes) *ΝΙΚΕΙ* νίκῃ. 49 (Amyklai) *ΟΓΑΙ* Ὄγγᾳ, wofür 48 *ΟΓΑΕΙ*. 50 *ΔΑΜΑΤΡΙΑΙ* Δαματρίᾳ. 70 a Z. 9. c Z. 20 (Attika) *ΑΓΟΡΑΙ ΤΕΙ*. 71 [*Η*]*ΑΠΛΕΙ* ἁπλῇ, *ΕΝ ΤΕΙ ΑΥΛΕΙ. ΕΝ ΤΟΙ ΕΛΕΥΣΙΝΙΟΙ* (a Z. 36 und 38) *ΗΙΕΡΟΙ* ἱερῷ (c Z. 9). Nr. 76 *ΤΕΙ ΒΟΛΕΙ ΚΑΙ ΤΟΙ ΔΕΜΟΙ. ΤΕΙ ΑΘΕΝΑΙΑΙ* τῇ Ἀθηναίᾳ. Nr. 93, Z. 12 und 15 *ΕΞΕΛΘΕΙ* ἐξέλθῃ. 1313 und 1314

γραφομένου τοῦ ι. Bisetus zu Aristoph. Pax. 1160 ἀρχαϊκῶς δὲ τὸ ι οὐχ ὑπεγράφη ἀλλὰ παρεγράφη. In Betreff der Handschriften bemerkt Osann, dass das Iota erst in denselben seit dem zwölften Jahrhundert untergeschrieben werde und dies wird durch Eustathios bestätigt, der noch den Ausdruck προσγράφειν gebraucht. Aber schon weit früher schrieb man es gar nicht, wie sich aus der angeführten Stelle des Strabo ergibt, „πολλοὶ γὰρ χωρὶς τοῦ ἰῶτα γράφουσι τὰς δοτικὰς καὶ ἐκβάλλουσι δὲ τὸ ἔθος φυσικὴν αἰτίαν οὐκ ἔχον.

(Sparta) *ZANI ΕΛΕΥΘΕΡΙΟΙ*. 1462 *ΕΡΜΕΙ* Ἑρμῇ, dagegen 1461 *ΕΡΜΑΙ*. 1689, Z. 10 (Delphi) *ΤΟΙ ΔΙΝΥΣΟΙ* τῷ Διονύσῳ. Es findet sich auch in einigen Inschriften *HI* und *EI*, *ΩI* und *OI* nebeneinander, so 808, Z. 8 *ΠΡΩΤΕΙ* πρώτῃ. 2266 *ΔΟΚΗΙ* neben *ΚΑΤΑΣΤΗΣΕΙ* καταστήσῃ.

Im folgenden sind die Fragmente aus den Schriften der alten Grammatiker über das *ἰῶτα προσγεγραμμένον* übersichtlich zusammengestellt und für das Vorkommen des Iota aus Inschriften und zwei Handschriften, dem Venetus A zur Ilias und dem Laurentianus zu Apollonios Rhodios, nach der Collation von Merkel, Belege beigebracht.

A. Declinationsformen.

Das Iota in der Dativendung der ersten Hauptdeclination ist etwas so gewöhnliches, dass man kaum ein ausdrückliches Zeugniss dafür erwarten kann, dass die Endungen ᾱͅ, ῃ, ῳ im Dativ Singular mit Iota geschrieben worden seien. Dieses wird von den Grammatikern überall als bekannt vorausgesetzt. So heisst es bei diesen, dass die Adverbia auf ῃ Iota hätten, weil sie Dative der ersten Declination seien und Schol. *B* 461 τὸ Ἀσίῳ ἐνταῦθα γενικῆς πτώσεώς ἐστιν, ὅθεν οὐκ ἔχει τὸ ῐ . . . οὕτως Ὧρος ἐν τῇ ὀρθογραφίᾳ. ἐν γενικῇ δὲ αὐτὸ ἐκληπτέον καὶ χωρὶς τοῦ ῐ ὡς τὸ „ἐυμελίω Πριάμοιο“ (*Δ* 47). οὕτως Ἡρωδιανὸς ἐν τῇ καθόλου καὶ Πτολεμαῖος ἐν τῷ περὶ συναλοιφῆς. Et. Mg. 203, 4 οὐδέποτε γὰρ δοτικὴ ἑνικὴ μονοσύλλαβος ἐκφωνεῖ τὸ ῐ, οἷον τῷ νῷ, τῇ γῇ. Cram. A. O. II, 307, 9 πᾶσα δοτικὴ ἑνικῶν τε καὶ δυϊκῶν καὶ πληθυντικῶν ἐν τῇ ἐσχάτῃ συλλαβῇ ἔχει τὸ ῐ. ἐὰν μὲν εἴη μετὰ συμφώνου καὶ βραχέων φωνηέντων, ἐξακούεται, τῷ μέλανι, τῷ Ἀχιλλεῖ, τοῖν μελάνοιν, τοῖς μέλασι. εἰ δὲ μετὰ μακροῦ φωνήεντος, οὐκ ἐκφωνεῖται, οἷον τῷ καλῷ, τῷ Πέρσῃ, τοῖς Μενέλεῳς. Cram. An. Ox. II, 153, 18 ἐπὶ μὲν τῆς δοτικῆς τῶν ἑνικῶν ἔχουσι (die Formen des Artikels) προσγραφόμενον τὸ ῐ. τοῦτο γὰρ τελικόν ἐστι τῆς δοτικῆς. Bekk. Anecd. 993, 16 πᾶσα γενικὴ ἰσοσυλλαβοῦσα τῇ εὐθείᾳ τὴν δοτικὴν ἔχει εἰς ῐ ἀνεκφώνητον λήγουσαν μετὰ τοῦ φωνήεντος τῆς εὐθείας ἢ μείζονος ἀντιστοίχου. Bekk. An. 1227 τῇ σοφῇ, τῇ καλῇ. αὗται αἱ δοτικαὶ εἰς ῐ λήγουσαι περισπῶνται, ἀλλ' οὐκ ἔχουσιν ἐκφωνούμενον τὸ ῐ. In den älteren

Inschriften und guten Handschriften haben diese Formen immer das Iota.

Die Endung des Dativ Plural auf ῃσι hat ebenfalls Iota subscriptum. Et. Mg. 166, 30 Ἀτρείδῃσι, Θήβῃσι, πύλῃσι, δοτικαὶ τῶν πληθυντικῶν. ἔχουσι τὸ ῑ προσγεγραμμένον κατὰ τὴν παραλήγουσαν. Sie werden betrachtet als aus den Formen auf αις entstanden, durch Epektasis αισι καὶ τροπῇ Ἰωνικῇ ῃσι καὶ μένει τὸ ῑ προσγεγραμμένον. Auch in Inschriften findet sich das Iota, so Nr. 70b, Z. 7 (Attika) [*ΕΠΟ*]*ΠΤΕΙΣΙΝ* ἐπόπτῃσιν. Z. 30 *ΕΝ ΤΕΙ*[*ΣΙΝ*] *ΑΥΤΕΣΙ* ἐν τῇσιν αὐτῇσι. Nr. 3044 *ΗΙΣΙΝ* ᾗσιν; dagegen fehlt es Nr. 939, Z. 1 *ΔΡΗΣΤΟΣΥΝΗΣΙ*. 948, Z. 4 *ΟΔΥΝΗΣΙ*. 1907, Z. 3 *ΤΑΦΗΣΙ*. 2258 *ΜΟΥΣΗΣΙ*. Merkwürdig ist die Dativform *ΤΟΙΣ ΤΑΜΙΑΣΙΝ* (τοῖς ταμίαις) in einigen Attischen Inschriften, so Nr. 137, Z. 2. 138, Z. 13 und 24. 139, Z. 2, 3 und 25. Auch die Dativform auf ῃς hat dieses Iota: dies erfahren wir aus einer Notiz bei Didymos zu *Α* 66 Ἀρίσταρχος τὸ κνίσης ἑνικῶς κατὰ γενικὴν πτῶσιν ἄνευ τοῦ ῑ, dieses ἄνευ τοῦ ῑ wäre sinnlos, wenn es nicht eine gleiche Form gäbe σὺν τῷ ῑ.

Der Nominativ Plural in der Attischen Declination auf ῳ wurde mit Iota geschrieben: Et. Mg. 616, 32 οἱ νεῴ σὺν τῷ ῑ. πρῶτον ἀπὸ τοῦ οἱ Μενέλαοι καὶ οἱ ναοί γέγονε κατὰ τροπὴν τοῦ ο̄ εἰς ω̄, καὶ μένει τὸ ῑ προσγεγραμμένον. δεύτερον δὲ ὅτι πᾶσα εὐθεῖα ἀρσενικῶν τε καὶ θηλυκῶν πληθυντικῶν εἰς φωνῆεν λήγουσα, ἀνεπέκτατος, εἰς ῑ θέλει λήγειν. In den von Boeckh herausgegebenen Urkunden über das Attische Seewesen steht Nr. Ia, Z. 34, 40 und 53 *ΠΕΡΙΝΕΩΙ* als Plural von περίνεως. Ueber die Schreibweise von ἄνεω *Β* 323; *Γ* 84; *Ι* 30, 695; *β* 240; *η* 144; *κ* 71; *ψ* 93 war man schon im Alterthume nicht einig, mit Ausnahme der letzten Stelle, wo es nur Adverbium sein kann, worauf gestützt Buttmann Lexil. II, S. 1 es nach Aristarch überall als Adverbium fasste und demgemäss ohne Iota schrieb gegen die Auctorität des Venetus A, der an allen vier Stellen ἄνεῳ hat, vgl. Text, Zeichen und Scholien des Venetus S. 12. Die Zeugnisse der Alten darüber sind folgende: Apollonios de Adv. p. 554 καὶ περὶ τοῦ *ἌΝΕΩΙ* δὲ διαφορά τις κατὰ τὸν μερισμὸν εἰσήγετο πρός ἐνίων, ὡς εἴη μᾶλλον ὄνομα πληθυντικόν, Ἀττικῶς κεκλιμένον, ᾧ λόγῳ καὶ τὸ ῑ προσκείμενον. p. 555 ὅτι μὲν οὖν δύναται ὄνομα πληθυντικὸν εἶναι σαφὲς ἐντεῦθεν. ἀλλὰ δῆλον ὡς καὶ Ἀριστάρχῳ καὶ τοῖς ἀπὸ τῆς Ἀριστάρχου σχολῆς συνηρέσκετο μὴ μᾶλλον ὄνομα ἐκδέχεσθαι, ὡς ἐπίῤῥημα δὲ ἐκ τοῦ καθ' ἕνα σχηματισμὸν ἐκφέρεσθαι καὶ ἐπὶ ἑνικῆς σχήσεως καὶ ἐπὶ πληθυντικῆς παρελαμβάνετο, ὅπερ οὐ παρείπετο ὀνόμασι. καὶ γένους μὴ εἶναι διακριτικόν. ἔστι δέ που καὶ ἐπὶ ἑνικῆς (Cod. καί που ἐπὶ γενικῆς) ἐκφορᾶς τὸ τοιοῦτον „ἡ δ' ἄνεῳ (sic) δὴν ἧστο“ (ψ 93), καὶ σαφὲς ὅτι, εἰ δοθείη ἡ γραφὴ σὺν τῷ ῑ, δοθείη ἂν καὶ τὸ ὄνομα εἶναι τὸ ἄνεως. Herod. zu β 240 σὺν τῷ ῑ τὸ ἄνεῳ. εὐθεῖά ἐστι πληθυντικὴ ἀπὸ τοῦ ἄνεως. Schol. P. zu η 144 ἄνεῳ: ἥσυχοι, ὥσπερ μὴ ὄντες. Schol. B zu Β 323 τὸ δὲ ἄνεῳ ὧδε μὲν διὰ τοῦ ῑ, ἐπὶ δὲ τοῦ „ἡ δ' ἄνεω δὴν ἧστο“ χωρὶς τοῦ ῑ, dafür hat Schol. L falsch ἐπὶ δὲ τοῦ „οἱ δ' ἄνεω δὴν ἧσαν“. Et. Mg. 105, 16 ἄνεως ὁ ἄφωνος. ἡ εὐθεῖα τῶν πληθυντικῶν οἱ ἄνεῳ „τίπτ' ἄνεῳ ἐγένεσθε“. Apoll. Lex. 32, 11 ἄνεῳ: ἐκπεπληγμένοι, καὶ οἷον ἀνῴοι, ἄφωνοι δι' ἔκπληξιν. „τίπτ' ἄνεῳ ἐγένεσθε“. Zu vergleichen ist auch noch Eustath. 1443, 19 und Matranga Anecd. 471. Spitzner zu Β 323. Homer. Textkritik S. 191. Wenn nicht ψ 93 ἄνεῳ unmöglich wäre, so würde gewiss niemand auf den Gedanken gekommen sein, es als Adverbium aufzufassen, da es an allen übrigen Stellen Nom. Plur. von ἄνεως sein kann und Formen Attischer Declination im Homer auch sonst, wenn auch gerade nicht häufig, vorkommen. Diese eine Stelle kann unmöglich für die Beurtheilung aller übrigen massgebend sein, wenn sie es auch für Aristarch war. Denn wie sehr dieser bemüht war, den ganzen Homer zu uniformieren, ist bekannt: die Entstehungsweise der Homerischen Gedichte aber muss uns abhalten, dem Aristarch auf diesem Gebiete der Kritik zu folgen, obwohl die Analogie sonst im Homer ihre grosse Berechtigung hat.

Ueber die Dative von κέρας, δέπας und ähnlichen[73]) haben wir eine nicht unwichtige Notiz aus Herodians Ἰλιακὴ προσῳδία: Λ 385 κέρᾳ ἀγλαέ: σὺν τῷ ῑ ἔγραψάν τινες τὸ κέρᾳ ἵνα ᾖ δοτική, ὁμοίως τῷ „δέπᾳ (μελιηδέος οἴνου“ γ 46; dort steht aber δέπας, δέπᾳ hingegen κ 316) καὶ „γήρᾳ ὑπὸ λιπαρῷ“ (λ 136; ψ 283). οὕτως δὲ καὶ δοκεῖ ἐπικρατεῖν ἡ

73) Homer Textkritik S. 297.

παράδοσις, ὡς καὶ Ἀλεξίων ἀξιοῖ. Hier ist die Schreibweise bei Bekker und Lehrs beibehalten, obgleich ihr jede Berechtigung abgesprochen werden muss, denn der Codex hat *κέραι, δέπαι, γῆραι.* Die Alten schrieben *ΚΕΡΑΙ, ΔΕΠΑΙ* und *ΓΗΡΑΙ* und so können wir getrost in unser Scholion setzen, denn *σὺν τῷ ῑ* bedeutet nicht dasselbe als *ἔχει τὸ ῑ προσγεγραμμένον* oder *σὺν τῷ ῑ ἀνεκφωνήτῳ.* Das Hauptargument gegen die Schreibweise mit *ᾱͅ* ist, dass das Iota nur langem *α* untergeschrieben werden kann, das *ᾱ* im Stamm dieser Wörter aber kurz ist, ja sogar im Homer auch da manchmal kurz ist, wo es durch Contraction aus *αα* entstanden ist, wie in *κρέα,* welches selbst elisionsfähig ist, vgl. Thiersch Griech. Gramm. § 188, 13. Die Dative *Ἄρῃ, ἥρῳ* und *ἔρῳ* sind Metaplasmen.

B. Adverbien.

Die Adverbia auf *η̅* haben grösstentheils das beigeschriebene Iota, wenn auch der Grund, den die alten Grammatiker dafür anführen, dass sie nemlich Dativformen seien, nur theilweise richtig ist. Die Zeugnisse dafür sind: Schol. A 120 *ἄλλῃ: σὺν τῷ ῑ τὸ ἄλλῃ* und *τὸ δὲ ἄλλῃ σὺν τῷ ῑ γράφουσιν.* Schol. *ε* 71 *ἄλλυδις ἄλλη: τὸ ἄλλη εὐθεῖα, ὅθεν οὐδὲ τὸ ῑ προσγραπτέον. ζ* 138 *ἄλλη: χωρὶς τοῦ ἰῶτα τὸ ἄλλη,* offenbar ein Beweis dafür, dass das Adverbium *ἄλλῃ* mit Iota geschrieben wurde. Apoll. de Adv. 625 *τὸ τῇ καὶ πευστικῶς τὸ πῇ καὶ ἔτι τὸ ἀοριστωδῶς ὅπῃ, προστιθεμένου τοῦ ῑ, καθὼς καὶ ἡ παράδοσις ὁμολογεῖ, καὶ ὡς μᾶλλον τὰ τοιαῦτα συμφέρεται φωνῇ τῇ πρὸς τὰς δοτικάς, ὡς ἔχει καὶ τὸ ταύτῃ πορευθῶμεν.* Cram. A. P. IV, 9, 1; Et. Mg. 78, 26 *δεῖ γινώσκειν ὅτι σὺν τῷ ῑ γράφεται* (sc. *ἁμαρτῇ*). *τὰ γὰρ εἰς η λήγοντα ἐπιῤῥήματα ἔχουσι τὸ ῑ προσγεγραμμένον, οἷον ἄλλῃ, πάντῃ, κρυφῇ, σπουδῇ, εἰκῇ, ὅπῃ, πῇ. εἰσὶ δέ τινα εἰς η̅ λήγοντα ἐπιῤῥήματα μὴ ἔχοντα τὸ ῑ* (es werden dann angeführt *ἤ, φή, μή, νή, δή, ἰή, ὠή, ἤδη, δηλαδή, βῇ* das einzige Perispomenon unter diesen). *λέγει δὲ ὁ τεχνικὸς* (Choiroboskos) *τὸ ἡσυχῇ καὶ ἄλλῃ καὶ πάντῃ καὶ τὰ τοιαῦτα διὰ τοῦτο σὺν τῷ ῑ γράφεσθαι ἐπειδὴ ἀπὸ δοτικῆς γέγονεν. ὅτι γὰρ ἀπὸ δοτικῆς γέγονε δηλοῖ τὸ ταύτῃ. ἔστι γὰρ αὕτη ἡ εὐθεῖα, ἡ γενικὴ ταύτης καὶ ἡ δοτικὴ ταύτῃ. εἰ ἄρα οὖν λέγομεν „ταύτῃ ἀπέλθωμεν“ καὶ οὐ λέγομεν „αὕτῃ ἀπέλ-*

θωμεν", δῆλον ὅτι ἀπὸ δοτικῆς γέγονεν. εἰ δὲ τοῦτο ἀπὸ δοτικῆς γέγονε, δῆλον ὅτι καὶ τὰ ἄλλα τὰ ἔχοντα τὸ ῑ ἀπὸ δοτικῆς γεγόνασιν. οὕτως ὁ Χοιροβοσκὸς εἰς τὸ ποσότητος. Et. Mg. 416, 15 τὰ εἰς η λήγοντα ἐπιῤῥήματα ἔχει τὸ ῑ προσγεγραμμένον, οἷον ἄλλῃ, τριπλῇ κομιδῇ. σεσημείωται πέντε, νή, μή, δή, ἤδη, δηλαδή, dasselbe Cram. Epim. 185, 15; vgl. Ioannes Alexandr. 29, 13. Theognost Canon. (Cram. An. Ox. II) 155, 21 πῇ τὸ ἐρωτηματικόν, καὶ αὐτὸ περισπώμενον, καὶ σὺν τῷ ῑ. Schol. zu Tzetzes Chil. XII, 516 τῇδε, ἐνταῦθα. τῇ, ἐνταῦθα, ἐπέκτασις τὸ δὲ. προσγράφεται δὲ τὸ ῑ, ὅτι τὰ εἰς η καθαρὰ (?) ἐπιῤῥήματα προσγεγραμμένον ἔχει τὸ ῑ, πάντῃ, ἄλλῃ, πενταχῇ, τῇ καὶ τὰ ὅμοια. Theognost Can. 160, 28 τὰ εἰς χη λήγοντα ἐπιῤῥήματα διὰ τοῦ η γράφεται, προσκειμένου τοῦ ῑ, καὶ περισπᾶται, οἷον διχῇ, τριχῇ, τετραχῇ, ἀλλαχῇ, μοναχῇ, ἡσυχῇ. Schol. M 430 πάντῃ δή, so schrieb Aristarch; Τυραννίων δὲ ἐκδέχεται τὸ ῇ ἐπίῤῥημα τοπικὸν καὶ προστίθησι τὸ ῑ. Zon. Lex. 1487 οὐδαμῇ: ἀντὶ τοῦ οὐδαμῶς, ἔχει δὲ τὸ ῑ ὡς ἀπὸ δοτικῆς. Eustath. 1251, 24 ἰστέον δὲ ὅτι τὸ ἄλλῃ φεύγω, τουτέστιν ἀλλαχοῦ, ἐπιῤῥηματικὸν καὶ νῦν ὄν, προσγεγραμμένον ἔχει τὸ ῑ, ὡς ἀπὸ δοτικῆς γεγονός, καθὰ καὶ τὸ ταύτῃ ἀντὶ τοῦ οὕτως καὶ τὸ ἑτέρηφι παρ' Ἡσιόδῳ (Op. 216) ἀντὶ τοῦ ἑτέρως.

ἁμαρτῇ. Herodian zu *E* 656 τὸ ἁμαρτῇ δασέως. περισπᾷ δὲ καὶ ὁ Ἀσκαλωνίτης καὶ οἱ πλείους. ὀξύνει δὲ ὁ Ἀρίσταρχος βουλόμενος αὐτὸ τοῦ ἁμαρτήδην ἀποκεκόφθαι, διὸ καὶ κατ' αὐτὸν χωρὶς τοῦ ῑ γεγράψεται. ἐπικρατεῖ μέντοι τὸ περισπώμενον παρὰ τὸ ἅμα καὶ τὸ ἀρτῶ, ausführlicher Eustathios zu dieser Stelle. Herod. zu *Φ* 162 ἁμαρτῇ: περισπαστέον καὶ σὺν τῷ ῑ γραπτέον κατὰ τὸν χαρακτῆρα τῶν εἰς ιτη ληγόντων ἐπιῤῥημάτων. καὶ διελέγχει ἡ παράδοσις τὸν Ἀρίσταρχον ἔχουσα τὸ ῑ. Cram. A. P. III, 292, 7 ἁμαρτῇ περισπᾶται καὶ σὺν τῷ ῑ γράφεται. ἔστι γὰρ παρὰ τὸ ἁμαρτῶ. ὁ δὲ Ἀρίσταρχος δίχα (Cod. διὰ) τοῦ ῑ, ἀπὸ τοῦ ἁμαρτήδην λέγων ἀποκεκόφθαι τὴν λέξιν, κακῶς. Et. Mg. 78, 20 ἁμαρτῇ, ἐπίῤῥημα. σημαίνει τὸ ὁμοῦ καὶ κατὰ τὸ αὐτό. καὶ ὁ μὲν Ἀρίσταρχος ἐκ τοῦ ἁμαρτήδην λέγει κατὰ συγκοπὴν καὶ ὀξύνει (Cod. ὀξύνεται). ὁ δὲ Ἡρωδιανὸς ἐκ τοῦ ἅμα καὶ τοῦ ἀρτῶ ... δεῖ γινώσκειν ὅτι σὺν τῷ ῑ γράφεται. Et. Gud. 42, 7 ἁμαρτῇ: ἐπίῤῥημα [σημαῖνον] τὸ ὁμοῦ. *Καί φησιν Ἀρίσταρχος ἐκ τοῦ ἁμαρτήδην κατ' ἀποκοπὴν ἁμαρτὴ καὶ ὀξύνεται* (sic). *ἀντίκειται δὲ αὐτῷ ἡ παράδοσις μετὰ τοῦ ἰῶτα οὖσα. ὁ δὲ Ἡρωδιανὸς ἐκ τοῦ ἅμα καὶ τοῦ ἀρτῶ, ἁμαρτῶ, καὶ ἁμαρτῇ.* Zon. Lex. 164 *ἁμαρτῇ: ὁμοῦ καὶ κατὰ τὸ αὐτό. καὶ ὁ μὲν Ἀρίσταρχος χωρὶς τοῦ ῑ λέγει γράφεσθαι αὐτό, ὅτι ἀπὸ τοῦ ἁμαρτήδην κατὰ ἀποκοπήν. ᾧτινι οὐ συνᾴδουσι τὰ τῆς παραδόσεως. ἡ γὰρ παράδοσις σὺν τῷ ῑ οἶδε γράφεσθαι* (Cod. *γράφειν*) *αὐτό. Ἡρωδιανὸς δέ φησι σύνθετον εἶναι ἀπὸ τοῦ ἅμα καὶ τὸ ἀρτῶ, καὶ γίνεται ἀπὸ ἀμφοτέρων ἐπίῤῥημα, ἁμαρτῇ καὶ ὁμαρτῇ. ἰστέον δὲ ὅτι τὰ ἀπὸ δοτικῆς γινόμενα ἔχουσι τὸ ῑ, οἷον ταύτῃ ἐπίῤῥημα.* Cram. A. P. IV, 8, 35 *ἁμαρτῇ, σημαίνει τὸ ὁμοῦ καὶ κατὰ τὸ αὐτὸ ὅπη* (sic) *καὶ πῇ. δεῖ γινώσκειν ὅτι σὺν τῷ ῑ γράφεται.* Bei Homer kommt das Wort viermal vor *Ε* 656; *Σ* 571; *Φ* 162; *χ* 81, daneben die Variante *ὁμαρτῇ*: der Venetus hat überall *ἁμαρτῇ* mit Iota, nur *Σ* 571 am Rand *ὁμαρτη*[74]).

ᾗχι oder *ἦχι*: Schol. A zu *Α* 607 *Ἀρίσταρχος τὸ ἦχι χωρὶς τοῦ ῑ γράφει καὶ Διονύσιος. παρατίθεται δὲ ὁ Διονύσιος τοὺς Δωριεῖς λέγοντας ἆχι.* Schol. B *τὸ ἦχι χωρὶς τοῦ ῑ κελεύει γράφεσθαι Διονύσιος.* Cram. A. P. III, 6, 29 *Ἀρίσταρχος καὶ Διονύσιος δίχα τοῦ ῑ.* Schol. A zu *Λ* 76 *Ἀρίσταρχος χωρὶς τοῦ ῑ τὸ ἦχι.* Schol. *γ* 87 *Ἀρίσταρχος δὲ τὸ ἦχι ἄνευ τοῦ ῑ φησὶ καθάπερ καὶ τὸ ἦφι βίηφι.*

Anders Et. Mg. 416, 12. Gud. 252, 24. Cram. Epim. 185, 13 *ᾗχι ἐπίῤῥημα τοπικὸν καὶ δασύνεται καὶ περισπᾶται. ἔστιν ᾗ ἐπίῤῥημα καὶ κατ' ἐπέκτασιν τῆς χι ᾗχι. ἔχει δὲ καὶ τὸ ῑ προσγεγραμμένον. τὰ εἰς η λήγοντα ἐπιῤῥήματα ἔχουσι τὸ ῑ προσγεγραμμένον* u. s. w. wie oben. Et. Mg. 417, 1 *ἰστέον ὅτι τὸ ἦχι, τὸ γινόμενον ἐπεκτάσει τῆς χι συλλαβῆς, ὡς τὸ ναί, ναίχι, οἱ Δωριεῖς ἆχι λέγουσι διὰ τοῦ α „ἆχι Λίχα μέγα σᾶμα", τουτέστιν ὅπου τοῦ Λίχα τὸ μέγα μνημεῖον, καὶ „ἆχι ὁ κλεινὸς Ἀμφιτρυωνίδης". πολλῶν δὲ λεγόντων σὺν τῷ ῑ γράφεσθαι καὶ πολλῶν ἀντιλεγόντων χωρὶς τοῦ ῑ, τῆς μέντοι παραδόσεως ἐχούσης τὸ ῑ, δίκαιον ἡγοῦμαι, πάντας παρακρουσάμενος τῇ παραδόσει μόνῃ ἕπεσθαι καὶ μὴ διὰ κενῆς γράφειν, ἃ χρεία οὐκ ἔστι.*

---

[74]) Homer. Textkritik S. 188.

Der Paradosis folgt auch der Venetus und der Laurentianus, ebenso Eustathios, während die Handschriften zur Odyssee (*γ* 87, 292; *ζ* 94; *τ* 553) fast alle *ἦχι* haben[75]).

ἢ θέμις ἐστί oder *ᾗ*: die Alten schrieben meist *ἥ* und fassten es als Adverbium auf in der Bedeutung von *ὡς* und oxytonierten es zum Unterschied von *ᾗ* = *ὅπου*. Apoll. de Adv. 559 *τῆς αὐτῆς συντάξεως ἐχόμενόν ἐστι τὸ „ἥτε ξείνων θέμις ἐστί"* (*ι* 268) *καὶ δίχα τοῦ τέ συνδέσμου „ἣ θέμις ἐστίν"* (*I* 33, 276) *ἐν ἴσῳ τῷ ὡς θέμις ἐστί*. Herod. zu *B* 73 *ἣ θέμις ἐστί*: *τὸ ἣ δασυντέον. οὐ γάρ ἐστι σύνδεσμος, ἀλλ' ἰσοδυναμοῦν τῷ ὥς ἐπίῤῥημα.* *I* 134 *τὸ ἥ δασυντέον. ἔστι γὰρ ἰσοδυναμοῦν τῷ ὥς, διὸ καὶ ὁ τέ προστίθεται σύνδεσμος πολλάκις. ὡς γὰρ λέγομεν „ὥστε γὰρ ἢ παῖδες νεαροί"* (*B* 209), *οὕτως „ἥ τε ξείνων θέμις ἐστίν"* (*ι* 268). Cram. Ep. 192, 6 *ἥ δασυνόμενον καὶ ὀξυνόμενον σημαίνει πέντε*, darunter auch *ἀντὶ τοῦ ὡς παραβολή „ἣ* (Cod. *ᾗ*) *θέμις ἐστὶν ἄναξ ἀγορῇ"* (*I* 33), dasselbe Cram. A. P. III, 301, 16; dagegen 126, 15 *δασυνόμενον δὲ καὶ περισπώμενον ἀντὶ τοῦ ὡς „ἦ ὡς* (sic) *θέμις ἐστί"*. Im letzteren Falle müsste es das Iota subscriptum haben, wie es sich auch findet bei Eustath. 1463, 17; 1754, 15 und in den Ausgaben bis auf Bekker. Die Stellen im Homer sind *B* 73; *I* 33, 134, 276; *T* 177; *Ψ* 581; *Ω* 652; *γ* 45, 187; *ι* 268; *λ* 451; *ξ* 130; *ω* 286. Die Handschriften zur Odyssee haben *γ* 45, 187; *λ* 451; *ξ* 130 fast alle *ᾗ*, seltener *ῇ*, dagegen *ω* 286 die meisten *ἣ*.

Buttmann im Lexilogus I, S. 240 und Spitzner Exc. II zu *B* 73 befürworten mit Recht die Schreibweise *ἣ θέμις ἐστί*, wie der Venetus überall hat, auch *I* 33, was Spitzner, der sich nach Villoison's Ausgabe richtete, nicht wissen konnte; doch hat der Venetus (*T* 177 fehlt dort ganz) überall *ἡ* ohne Accent, ausser *B* 73. Dieses *ἥ* ist Relativpronomen, nicht Adverb, vgl. *Λ* 779 *ξείνιά τ' εὖ παρέθηκεν ἅ τε ξείνων θέμις ἐστίν*, wenn nicht vielleicht zu schreiben ist *παρέθηχ' ἥ τε* wie *ι* 268 *δοίης δωτίνην ἥ τε ξείνων θέμις ἐστί*. Noch deutlicher wird die Sache durch *ω* 286 *ἣ* (= *αὕτη*) *γὰρ θέμις ὅστις ὑπάρξῃ*: die, welche das Demonstrativ nicht betonen, wie Bekker 1, Dindorf, Ameis, schreiben mit Recht *ἡ*, wollen also auch von einem Adverb

[75]) Homer. Textkritik S. 278.

nichts wissen. Hier konnten auch die Alten kein relatives Adverb = *ὡς*, sondern höchstens ein demonstratives = *ὥς* annehmen. Die alten Grammatiker sind wieder einmal in ihrem Bestreben, alles zu sondern und zu unterscheiden, zu weit gegangen: *ᾗ* ist überall Relativum, nur ω 286 Demonstrativum[76]).

ἰδίᾳ, δημοσίᾳ. Cram. A. O. IV, 333, 1 *πᾶσα πτῶσις ἐπιῤῥηματικὴν σύνταξιν ἀναδεξαμένη τὴν οἰκεῖαν γραφὴν τηρεῖ, οἷον „νυκτὸς κάθευδε καὶ ἡμέρας ἐργάζου“. διὸ καὶ τὸ ἰδίᾳ καὶ δημοσίᾳ σὺν τῷ ῑ χρὴ γράφειν, ἐπεὶ ἀπὸ δοτικῆς πτώσεως εἰσὶ ταῦτα.* Apoll. de Adv. p. 560 *Τρύφων φησὶν ὡς τὰ εἰς ᾱ λήγοντα ἐπιῤῥήματα βραχυκατάληκτά ἐστιν. οὐ γεγράψεται ἄρα τὸ ἸΔΙΑ καὶ ΔΗΜΟΣΙΑ σὺν τῷ ῑ.* Apollonios widerspricht dem, indem er sagt, dass die Adverbia bald auf kurze, bald auf lange Vocale endigen wie *τῆλε, ὀψέ, ἔσω, ἔξω, ἑλληνιστί* mit kurzem, *ἀκονιτί* und *ἀναιμωτί* mit langem Iota. p. 561 *ῥητέον οὖν ἑτέρῳ λόγῳ καὶ περὶ γραφῆς τῆς διὰ τοῦ ῑ. ἡ ἀπὸ τῶν ὀνομάτων σύμπτωσις εἰς τὰ ἐπιῤῥήματα, καθ' οὓς λόγους ἐδείξαμεν ἐν ἀρχαῖς* (p. 530) *πάντως μετὰ τῶν παρεπομένων ἔχει καὶ τὰς γραφὰς συνυπαρχούσας*, so *ἀτρεκές, καλόν, εὐρύ, κάλλιστα, πυκνά.* Wenn nun, fährt Apollonios fort, *ΔΗΜΟΣΙΑ* vom Nominativ kommt, so wird es ohne Iota geschrieben, wenn vom Dativ mit Iota. Diese Adverbia kommen aber vom Dativ des Femininums wie *οὐδαμῇ, ἄλλῃ* und *ταύτῃ* und *τῇδε*, denn wenn diese beiden letzteren aus dem Nominativ gebildet wären, so müssten sie *αὕτη* und *ἥδε* lauten. *δέδεικται ἄρα ὅτι παρὰ δοτικὰς αἱ τοιαῦται ἐπιῤῥηματικαὶ προφοραί. εἰ δὲ παρὰ δοτικάς, δῆλον ὡς καὶ γεγράψεται σὺν τῷ ῑ. καὶ εἰ τοῦτο, καὶ τὸ ἰδίᾳ ἄρα καὶ δημοσίᾳ παρὰ δοτικάς, καὶ οὕτως τὰ ἐπιῤῥήματα γεγράψεται σὺν τῷ ῑ, οὐχ ὥς φησι Τρύφων διὰ τὸ μακρὸν ᾱ.*

In den Inschriften erscheinen diese Adverbialformen meistens mit Iota, so *ΙΔΙΑΙ* Nr. 105, Z. 13. 2056, Z. 7. 2061, Z. 5. 2256, Z. 8. 2267, Z. 10. 2268, Z. 6. 2556, Z. 6. 3049, Z. 10. *ΔΗΜΟΣΙΑΙ* 2353, Z. 6. *ΚΟΙΝΑΙ* 2554, Z. 312. 2555, Z. 9. 2556, Z. 47 und 60. 3049, Z. 10. *ΚΟΙΝΗΙ* 2161, Z. 5. 2267, Z. 10. 2268, Z. 7. *ΚΟΙΝΕΙ* 105, Z. 16. *ὅπῃ* findet sich in

[76]) Homer. Textkritik S. 273. Lehrs Quaest. Ep. 44.

den drei Formen *ΟΠΗΙ* 2554, Z. 56. *ΟΠΕΙ* 1844, Z. 16. *ΟΠΑΙ* 2484, Z. 22. 3053, Z. 11. *ΤΗΙΔ* 2236, Z. 2; dagegen *ΤΗΔΕ* 2257, Z. 13. *ΕΚΑΤΕΡΗΙ* 2556, Z. 77; dagegen dreimal ohne Iota Z. 20, 26 und 28. *ΠΑΝΤΗ* in der aus sehr später Zeit stammenden Inschrift Nr. 1080B dreimal. *ΜΗΔΑΜΗΙ* in der Inschrift bei Boeckh, Staatsh. II, S. 336, Z. 27. Im Venetus A haben diese Adverbien durchweg das Iota, in späteren Handschriften seltener.

Ἀθήνῃσι καὶ Θήβῃσι: *τὰ τοιαῦτα ἐπιῤῥήματα σὺν τῷ ῑ γράφεται* Et. Mg. 25, 13; dann weiter 19 *γράφεται σὺν τῷ ῑ διὰ τὸ συνεμπεσεῖν ταῖς τοιαύταις Ἰωνικαῖς δοτικαῖς*. Aus *Θήβαις* wird durch Ektasis *Θήβαισι*, Ionisch *Θήβῃσι καὶ μένει τὸ ῑ προσγεγραμμένον*. In der bekannten Inschrift Nr. 2374 (Chron. Par.) steht Z. 51, 52, 53, 54, 57, 60, 61, 62 und öfter *ΑΘΗΝΗΣΙΝ* ohne Iota.

βίηφι. Die durch *φι* gebildeten Adverbia haben nach der Lehre der Alten kein Iota, doch stimmen auch hier die einzelnen Angaben nicht überein. Apoll. de Adv. p. 576 *προαλὲς δὲ καὶ τὸ λαβεῖν ὅτι ἐν τῷ „ἶφι βίηφιν“ ὁλόκληρος ἡ παραγωγή. εἰ γὰρ αὖ ἡ παραγωγὴ στοιχείου γίνεται ἀφαιρετική, ὡς ἐπὶ γενικῆς τοῦ υ, πασσαλόφι καὶ χαλκόφιν, ὡς ἐπ' αἰτιατικῆς τοῦ ν, δεξιόν δεξιόφιν, ἀριστερόν ἀριστερόφιν, δοθήσεται ὅτι καὶ κατὰ τὸν λόγον τῆς δοτικῆς ὑφιᾶσι τὸ ῑ, καὶ τὰ τῆς ὀρθογραφίας οὕτως καταστήσεται δίχα τοῦ ῑ γραφόμενα. καὶ σαφὲς ὅτι τὰ προκείμενα, ἀκουόμενα ἔχοντα στοιχεῖα, πρόδηλον ἔσχε καὶ τὴν ἀφαίρεσιν. τὰ δὲ ἐν τῇ δοτικῇ οὐκ ἐξεφώνει τὸ ῑ. σαφὲς γοῦν ὅτι, κἂν ἐλλείψῃ τὸ ῑ, οὐ πρόδηλον ἕξει τὴν ὑποστολήν.* Schol. V zu *M* 153 *τὸ δὲ βίηφι χωρὶς τοῦ ῑ ἐστίν*. Schol. *γ* 87 *Ἀρίσταρχος δὲ τὸ ἦχι ἄνευ τοῦ ῑ φησὶ καθάπερ καὶ τὸ ἧφι βίηφι*. Theognost Can. 160, 14 *ἡ κατὰ πτῶσιν γινομένη εἰς φι ἐπέκτασις διὰ τοῦ ῑ γράφεται* (d. h. am Ende, oder es ist *δίχα* zu schreiben) *οἷον ἑτέρηφι. τοῦτο ἀπὸ εὐθείας ἀντὶ τοῦ ἑτέρα. ἀπὸ γενικῆς χαλκόφι. ἐπὶ δοτικῆς φαινομένηφι „ὡς φρήτρη φρήτρηφιν ἀρήγει φῦλα δὲ φύλοις“* (*B* 363). Et. Mg. 799, 51 *φρήτρηφι: δεῖ δὲ γινώσκειν ὅτι ταῦτα ἔχει τὸ ῑ προσγεγραμμένον. τινὲς δὲ βούλονται γράφειν αὐτὰ χωρὶς τοῦ ῑ, λέγοντες ὅτι αἱ ἐπεκτεινόμεναι πτώσεις διὰ τῆς φι συλλαβῆς, εἰ μὲν ἔχουσιν ἓν φωνῆεν* κατὰ τὴν λήγουσαν, φυλάττουσιν αὐτό, εἰ δὲ β', ἀποβάλλουσι τὸ ἕν. ἕτεροι δὲ συνηγοροῦσι τῇ παραδόσει· ἡ γὰρ παράδοσις τὰς τοιαύτας δοτικὰς σὺν τῷ ῑ οἶδε γράφειν. Et. Gud. 448, 35 παλάμηφιν, προσγεγραμμένον τὸ ἰῶτα ἐκ παραδόσεως. ἔχει δὲ καὶ κανόνα· αἱ διὰ τῆς φι συλλαβῆς γινόμεναι ἐπεκτάσεις, προσερχόμεναι ταῖς πτώσεσιν, εἰ μὲν φυλάττουσι τὴν αὐτὴν φωνήν, καὶ τὴν αὐτὴν γραφὴν φυλάττουσι· φρήτρῃ, φρήτρῃφιν· εἰ δὲ οὐ φυλάττει τὴν αὐτὴν φωνήν, οὐδὲ τὴν αὐτὴν γραφὴν φυλάττουσιν, οἷον χαλκός, χαλκοῦ χαλκόφιν· χωρὶς τοῦ νόσφι καὶ ἶφι (Cod. ἴχι). Cram. Ep. 360, 18 *ΠΑΛΑΜΗΙΦΙΝ*: προσγράφει τὸ ῑ ἐκ παραδόσεως. So viel scheint gewiss, dass einige, wo die Form auf ηφι statt des Dativs steht, dieselbe mit Iota geschrieben haben: so hat auch der Venetus A an einigen Stellen, z. B. *I* 58 γενεῆιφιν. *K* 30 κεφαλῆιφιν. 257 κεφαλῆιφιν. 496 κεφαλῆιφιν. *Λ* 350 κεφαλῆιφι. *Ω* 600 φαινομένηιφι. *Σ* 341 βίηιφι, an den übrigen zehn Stellen βίηφι[77]).

ἔξω, προτέρω. Et. Mg. 544, 12 κύκλῳ ἐπίῤῥημα τοπικόν ... ἔχει δὲ τὸ ῑ προσγεγραμμένον ὡς ἀπὸ δοτικῆς. τὸ μέντοι πόῤῥω καὶ ἔξω καὶ ἄφνω οὐ παρὰ δοτικάς. διὸ οὐδὲ προσγεγραμμένον ἔχει τὸ ῑ. Et. Mg. 663, 21 ὅσοι τὸ ἐγγυτέρω καὶ ἐγγυτάτω καὶ τὰ ὅμοια σὺν τῷ ῑ βούλονται γράφεσθαι, ἀπὸ δοτικῆς λέγουσιν αὐτὰ εἶναι. καὶ λέγει ὁ Ἐπαφρόδιτος ὅτι τινὰ τῶν ἀρχαίων ἀντιγράφων σὺν τῷ ῑ εἶχον αὐτὰ γεγραμμένα. κρεῖττον δέ ἐστι χωρὶς τοῦ ῑ ταῦτα γράφεσθαι. λέγει δὲ ὁ τεχνικὸς ὅτι εἴ τις τὸ ἔξω σὺν τῷ ῑ γράφει ἐπειδὴ οἱ Συρακούσιοι ἔξοι λέγουσιν, οὐκ ἐπιχειρεῖ καλῶς. So hat auch der Venetus an einigen Stellen ὀπίσσωι *Z* 352, 450; *N* 193. προτέρωι *Σ* 387; *Ψ* 490, 526. ἑκαστάτωι *K* 113; der Laurentianus προτέρωι *A* 62, 374; *B* 537, 864 und sogar προτέρωισε *Γ* 1288. παροιτέρωι *Γ* 686. ἑκαστέρωι *B* 855, vgl. Schol. I, 172. Unter den Handschriften zur Odyssee haben προτέρῳ A zu ι 105; D zu ω 475; K zu δ 667; L zu ξ 356; M zu ι 62 und 64.

Choirob. Orthogr. 281, 17 ᾦτε: σὺν τῷ ῑ ἀντὶ τοῦ ὡσείτε. Et. Mg. 825, 23 wird ebenfalls ᾦτε (ἔχει δὲ τὸ ῑ) aus ὡσείτε

---

77) Ueber die in den Handschriften zur Odyssee vorkommenden Formen auf ηφι vgl. Prolegomena zur Odyssee XXXVI—XXXVIII.

hergeleitet *ἀποβολῇ τοῦ σ καὶ κράσει τοῦ ω καὶ ε ὧτε*, ebenso Cram. Epim. 446, 24 und Et. Mg. 822, 50 *ὧπερ σὺν τῷ ῑ* aus *ὡσείπερ* durch Ausstossung des *σ* und Contraction, wobei das *ῑ* bleibt. Es sind diese Notizen nur angeführt als Belege dafür, dass *ὧτε* und *ὧπερ* das Iota haben, weniger weil darüber Zweifel erhoben werden könnte, als der Vollständigkeit halber.

τῶ oder *τῷ*. Der Codex Venetus A zur Ilias hat mit Ausnahme der Stellen, die von zweiter Hand geschrieben sind (*P* 340, 488, 563; *T* 220, 300; *Ω* 428), überall *τῶ* ohne Iota und das war die Schreibweise der Alten. Schol. *B* 373 *τῷ*: *τὸ τῷ πολλὰ σημαίνει. ἐπὶ μὲν τοῦ τοιούτου περισπᾶται καὶ τὸ ῑ οὐκ ἔχει*. Am ausführlichsten ist die Notiz im Et. Mg. 773, 16—53 *τῶ*: . . . *τοῦτο δὲ ὁ μὲν Ἀπολλώνιος ὀξύνει, ὁ δὲ Ἡρωδιανὸς περισπᾷ, λέγων ὅτι οὕτως ἔχει ἡ παράδοσις* . . . *τό, καὶ κατ' ἔκτασιν τῶ ὡς ἐν Ἰλιάδος β'* (250) „*τῶ οὐκ ἂν βασιλῆας ἀνὰ στόμ' ἔχων ἀγορεύοις*". *καὶ περισπᾶται κατὰ Ἡρωδιανόν, τοῦτο δὲ τὸ τῶ σημαίνει πέντε* (vgl. Schol. *B* 373) *ὄνομα, ἄρθρον, ἀντωνυμίαν, σύνδεσμον αἰτιολογικόν, καὶ ῥῆμα*. Die angeführten Stellen *B* 250 und 354 dienen zum Beweise, dass die Alten dieses *τῶ* für eine Conjunction ansahen und es nicht mit der Dativform des Artikels oder Demonstrativums identificierten. Cram. Epim. 416, 6 *τῷ*: *σημαίνει τὸ διό, καὶ περισπᾶται κατὰ Ἡρωδιανόν*. Wenn es aber weiter heisst, es sei aus *τό* durch Verlängerung des *ο* in *ω* entstanden, so müssen wir annehmen, dass der Abschreiber hier das Iota zusetzte, denn wer *τῶ* aus *τό* durch Verlängerung herleitet, kann es unmöglich mit Iota geschrieben haben. Phot. Lex. 450 *τῶ*: *χωρὶς τοῦ ῑ ἀντὶ τοῦ διό, τῶ περισπωμένως διό, καὶ οὕτως ἄνευ τοῦ ῑ*. Man vergleiche ferner Suidas IV, 1183; Schol. *γ* 134. In Zon. Lex. 1758 steht *τῷ*, ebenfalls in Apoll. Lex. 156, 9 und 13. Bei keinem der alten Grammatiker aber wird ausdrücklich angegeben, dass *τῶ* Iota subscriptum habe und die Schreibweise mit Iota scheint nur dadurch entstanden zu sein, dass man dieses Wort als Dativ des Demonstrativpronomens betrachtete. Der Laurentianus zum Apollonios hat *τῷ* *A* 334, 633; *B* 15, 183, 247, 335, 389, 455, 799, 873, 889, 1058, 1203; *Γ* 5, 428, 525, 601, 978, 1107; *Δ* 307, 368, 670, 700, 802, 1086, 1168, 1206; nur *A* 113 *τώ*. Der Wolfenbüttler Codex zu Apollonios hat überall *τῶ*, nur *Δ* 802 und

1086 τω ohne Accent. Merkel schreibt in der grösseren Ausgabe τώ, in der kleineren (später erschienenen) τῶ und das mit Recht. In der Inschrift Nr. 911, Z. 4 steht ΤΩΙ, wozu Boeckh bemerkt: „sed offendit tamen in hac sententia illud τῷ Vs. 5, nisi scripseris τόν". In den Handschriften zur Odyssee steht durchweg τῶ, nur an wenigen Stellen τῷ (gar nicht in CIKN), am häufigsten (7mal) in L, viermal in AM, dreimal in Q, zweimal in D, einmal in B, vgl. Prolegomena zur Odyssee XXXVI—XXXVIII.

ῥ ᾴ. Apoll. de Adv. p. 566 *οὐδὲ μὴν ἐκεῖνο ἔστι παραδέξασθαι, ὡς ὅμοιόν ἐστι τῷ ἰδίᾳ καὶ δημοσίᾳ, καθὸ [οὐ] συνεμπίπτει ὀνόματι, καθάπερ καὶ τὰ προκείμενα. ἔστι γε μὴν περὶ τῆς γραφῆς ἐπιστῆσαι, εἰ καὶ σὺν τῷ ῑ γεγράφεται τὸ ῥᾴ· οὐδὲ γὰρ ἡ τῶν ἀντιγράφων παράδοσις ἐξωμάλιστο. ἀφορμὴ μὲν οὖν ἐγένετο τοῦ δίχα τοῦ ῑ γράφεσθαι τὸ προκείμενον ἐπίῤῥημα ἡ τοῦ ῥέα συναλοιφή, τοῦ ε̄ καὶ ᾱ εἰς μακρὸν ᾱ συνηρημένων, ἣν οὐ παραδεξαίμεθ' ἂν κατὰ πρῶτον μὲν λόγον, καθότι οὐ περισπᾶται, καὶ καθὼς εἴπομεν, ὅτι καὶ πρόσθεσίς ἐστι τοῦ ῑ. κατὰ δὲ δεύτερον διαπορήσειε[ν ἄν] τις, ποίῳ λόγῳ οἱ Αἰολεῖς τὸ β̄ προσέθηκαν. μήποτε οὖν γραπτέον σὺν τῷ ῑ.*

ᾤμοι oder *ὤμοι.* Et. Mg. 822, 34 *ὤμοι: ἐκ τοῦ οἴμοι κατὰ ἔκτασιν τοῦ ο̄ εἰς ω̄ ᾤμοι. εἰ δὲ γράφεται χωρὶς τοῦ ῑ, γίνεται ἀπὸ τοῦ ὦ* (Cod. ω) *ὤμοι.* Choirob. Orthogr. 281, 16 *ᾤμοι: διχῶς ἐκ τοῦ οἴμμοι* (sic). Cram. Epim. 450, 6 *τοίνυν ἀπὸ τοῦ ὦ ὤμοι, καὶ τὸ ῑ οὐκ ἔχει.* Die Alten waren hierin nicht einig: der Venetus A hat überall *ὤιμοι*, so auch öfter der Laurentianus, z. B. *Γ* 674.

ᾠαί. Choirob. Orthogr. 281, 1 *ὠιαί: σὺν τῷ ῑ ἡ παράδοσις. ὅτε σχετλιασμοῦ ἐστιν ἐπίῤῥημα.*

C. Pronomina.

Dass Pronominalformen, wie *τῷ, ᾧ, ᾗ, αὐτῷ, αὐτῇ, αὐτῇσι* und ähnliche, die der Declination der Nomina folgen, mit Iota geschrieben werden müssen, ist so selbstverständlich, dass wir uns nicht weiter nach Belegen dafür in den Schriften der alten Grammatiker umzusehen brauchen: es dürfte sich auch schwerlich einer dafür beibringen lassen. In guten Inschriften und Handschriften werden diese Formen durchgehends mit Iota geschrieben.

Es kommen hier nur die Dualformen νῷν und σφῷν in Betracht, die bei Homer stets in der Diäresis erscheinen νῶϊν und σφῶϊν: eine einzige Stelle macht eine Ausnahme δ 62 οὐ γὰρ σφῷν γε γένος ἀπόλωλε τοκήων, ἀλλ' ἀνδρῶν γένος ἐστὲ διοτρεφέων βασιλήων: dazu Schol. H. M. χωρὶς τοῦ ῑ ἡ σφῶν, ὡς Ἀρίσταρχος καὶ Ἡρωδιανός. Ἀπολλώνιος δὲ ἐν τῷ περὶ ἀντωνυμιῶν (p. 110 A) γράφει αὐτὴν μετὰ τοῦ ῑ, ἵν' ᾖ δευτέρου προσώπου κατὰ συναίρεσιν. ἀλλ' οὐκ ἔστι ποτὲ παρὰ τῷ ποιητῇ γενικὴ καὶ δοτικὴ μὴ ἐκφωνοῦσα κτλ. Schol. MV σὺν τῷ ῑ γραπτέον, ἵν' ᾖ σφῶϊν δυϊκῶς. Schol. E σεσημείωται τὸ σφῶν ἐπὶ δευτέρου προσώπου λαμβανόμενον. Die im Schol. erwähnte Stelle aus Apoll. de Pron. lautet τοιοῦτο δ' ἦν τὸ „οὐ γὰρ σφῷν γε γένος ἀπόλωλε τοκήων", ὅπερ ἐδόκει ἐπίμεμπτον εἶναι ὡς τρίτον πληθυντικὸν δίχα τοῦ ῑ γραφόμενον, τοῦ λόγου ἀπαιτοῦντος δεύτερον· πρὸς γὰρ αὐτούς, οὐ περὶ αὐτῶν. Was in dem obenerwähnten Scholion noch unklar sein könnte, wird deutlicher durch eine Stelle des Et. Mg. 610, 2 τοῦτο γὰρ ἔπαθον καὶ ἡ νῶϊν καὶ ἡ σφῶϊν κατὰ συναίρεσιν γενόμεναι νῷν καὶ σφῷν, ἵνα διὰ τῆς συναιρέσεως ἐξαμαυρωθῇ ἡ παράλογος τάσις. δεῖ γινώσκειν ὅτι Ἀρίσταρχος τὸ „οὐ γὰρ σφῶν ἀπόλωλε τοκήων" (ἔστι δὲ Ὁμήρου) χωρὶς τοῦ ῑ ἀξιοῖ γράφεσθαι, λέγων ὅτι τρίτου προσώπου ἐστὶ τῶν πληθυντικῶν, ἡμῶν, ὑμῶν, σφῶν, ἀντὶ δευτέρου δυϊκοῦ. ἀντὶ γὰρ τοῦ σφῶϊν κεῖται. ἀλλ' ἔστιν εἰπεῖν ὅτι χωρὶς τοῦ ῑ γράφεται, ἐπειδὴ οὐδέποτε τῇ γενικῇ καὶ δοτικῇ τῶν δυϊκῶν κέχρηται ὁ ποιητὴς εἰ μὴ κατὰ διάλυσιν, τοῖν τοῖιν, ὤμοιν ὤμοιιν. εἰ οὖν ἐνταῦθα τὸ ῑ εἶχεν, ὤφειλε κατὰ διάλυσιν εἶναι[78]). Hier haben wir den einzig ver-

[78]) Die ähnliche Notiz in Zonaras Lexikon p. 1411 muss folgendermassen gebessert werden: „νῷν καὶ σφῷν: σὺν τὸ ῑ ἀπὸ γὰρ τοῦ νῶϊν καὶ σφῶϊν γέγονε κατὰ συναίρεσιν τοῦ ω καὶ ῑ εἰς τὴν ῳ (Cod. ω) δίφθογγον, ἄλλως δὲ πᾶσα δοτικὴ ἐπὶ παντὸς ἀριθμοῦ τὸ ἰῶτα ἔχει. Ἀρίσταρχος δὲ παρ' Ὁμήρῳ (Cod. Ὅμηρος δὲ) χωρὶς τοῦ ῑ ἀξιοῖ γράφεσθαι, λέγων ὅτι τρίτου προσώπου ἐστὶ τῶν πληθυντικῶν (Cod. τρία πρόσωπα εἰσὶ τῶν παθητικῶν), ἡμῶν, ὑμῶν, σφῶν. [τὸ δὲ σφῷν] ἐστι δευτέρου δυϊκοῦ (Cod. ἀντὶ τοῦ δύο, δυϊκὸν), κεῖται [γὰρ]

nünftigen Grund, der Aristarch bewog diese Verse zu verwerfen und oben ist zu schreiben *ἐκφωνοῦσα τὸ ῑ*. Verdorben ist auch das folgende *τὸ γὰρ λέγειν καὶ ὤμοιιν καὶ ποδοῖιν* μετὰ τοῦ ῑ λέγει δισυλλάβως*, denn die beiden angeführten Dualformen sind ja dreisilbig: vor *μετὰ* muss *σφῶιν* ausgefallen sein, welches bei Homer sonst nur zweisilbig vorkommt, und der Sinn ist „ebenso wie die Genetive des Duals *ποδοῖιν* und *ὤμοιιν* stets nur *ἐν διαλύσει* vorkommen, so ist auch *σφῶιν* immer zweisilbig, dasselbe was in dem anderen Scholion ausgedrückt ist durch *τὸ γὰρ σφῶιν οὐχ Ὁμηρικῶς μονοσυλλάβως ἐξηνέχθη*. Dass Aristarch sonst die einsilbigen Formen gelten liess, sehen wir aus den Worten „*ἐπίτηδες δὲ Ἀρίσταρχος ἀθετουμένων τῶν στίχων καὶ ἄνευ τοῦ ῑ εἴασε τὴν γραφήν, ἵνα καὶ τοῦτο πρὸς τὴν ἀθέτησιν λαμβάνῃ*“. Apoll. de Pron. p. 113 *αἵ τε γενικαὶ αὐτῶν* (von *νώ* und *σφώ*) *εὐλόγως διὰ τοῦ ῑ γράφονται, εἴγε παντὸς δυϊκοῦ εὐθεῖα μὲν ἓν ἔχει φωνῆεν, γενικὴ δὲ δύο, ὧν τὸ δεύτερον ῑ. ἀλλὰ καὶ περισπασθήσονται, εἴγε τὰ ὀξύτονα τῶν δυϊκῶν [μονοσύλλαβα?] περισπᾶται κατὰ γενικήν.*

Auch die Formen des Nominativs und Accusativs wurden von einigen mit Iota geschrieben. Et. Mg. 609, 39 *νώ: ἅπαξ ἐχρήσατο ταύτῃ τῇ λέξει ὁ ποιητὴς ἐν τῇ Ὀδυσσείᾳ* (ο 475) *καὶ ἐν Ἰλιάδος Ε* (219) . . . *ὅτι τὸ νώ καὶ τὸ σφώ σὺν τῷ ῑ τινὲς γράφουσι, λέγοντες ἀπὸ τοῦ νῶι καὶ σφῶι γίνεσθαι κατὰ συναίρεσιν τοῦ ῶ καὶ ῑ εἰς τὴν ῷ δίφθογγον. ἀλλ' ἡ παράδοσις οὐκ οἶδε τὸ ῑ ἐγκείμενον. ἔτι γὰρ κατὰ συγκοπὴν λέγουσι χωρὶς τοῦ ῑ. ἀλλὰ λέγει ὁ τεχνικός* (Apoll. de Pron. 112), *ὅτι εἰ ἀπὸ τοῦ νῶι καὶ σφῶι συνεκόπη, ὤφειλε περισπᾶσθαι. ἄλλοι δὲ λέγουσι, τὸ νώ καὶ σφώ οὐκ ἐγένετο ἀπὸ τοῦ νῶι καὶ σφῶι, ἀλλὰ καὶ ταῦτα ἑτέρων θέματά εἰσι. λέγει δὲ ὁ τεχνικός, ὅτι ἀπὸ τοῦ νῶι καὶ σφῶι γέγονε κατὰ συγκοπὴν τοῦ ῑ καὶ ὀξύνεται ἀναλόγως. καὶ γὰρ τὸ ἐν τοῖς δυϊκοῖς ω̄ ἀποστρέφεται τὴν περι-*

ἀντὶ τοῦ σφῶιν. ἀλλ' ἔστιν εἰπεῖν [ὅτι] χωρὶς τοῦ ῑ γράφεται, ἐπειδὴ οὐδέποτε τῇ γενικῇ καὶ τῇ δοτικῇ [τῶν δυϊκῶν] κέχρηται ὁ ποιητὴς εἰ μὴ κατὰ διάλυσιν, οἷον τοῖν τοῖιν, ὤμοιν ὤμοιιν, ἀλλήλοιν ἀλλήλοιιν. εἰ οὖν ἐνταῦθα τὸ ῑ εἶχεν (Cod. *ἔχει*), *ἤμελλε κατὰ διάλυσιν εἶναι.* Die Angaben in dem Lexikon des Zonaras sind nicht selten durch Abkürzungen entstellt.

σπωμένην τάσιν. Apoll. de Pron. p. 110 *αἱ Ἀττικαὶ κατὰ τὴν εὐθεῖαν ὀξυτόνως ἀνεγνώσθησαν παρὰ τῷ ποιητῇ καὶ ἅπασι τραγικοῖς τε καὶ κωμικοῖς, αἵ τε γραφαὶ οὐκ ἔχουσι τὸ ῑ προσκείμενον κτλ.*

D. Conjugationsformen.

Cram. A. O. II, 311, 5 *πᾶν ῥῆμα εἰς ω̄ λῆγον ἔχει τὸ δεύτερον πρόσωπον διὰ διφθόγγου, οἷον λέγω λέγεις, κόπτω κόπτεις. καὶ τὸ βοῶ οὖν ἔχει τὸ δεύτερον διὰ τῆς ᾱι βοᾷς. καὶ τὸ ἐὰν λέγῃς μετὰ τοῦ ῑ, καὶ τὸ ἐὰν δῷ, δῷς, ὁμοίως,* dieses *δῷ* ist nicht erste, sondern dritte Person. Der Grund dafür dürfte wohl der sein, dass das Iota der ursprünglichen Endung *ω̄* zurückgetreten ist, wie in *τενίω τείνω, ἀμενίων ἀμείνων, ἐσσί εἶς, φησί φῄς.* Cramer An. Ox. IV, 172, 9 *προσγράφεται γὰρ τὸ ῑ, ὡς τὸ βοᾷς, βοᾷ· βοάεις γὰρ λέγομεν βοαῖς, καὶ προσγραφομένου τοῦ ῑ βοᾷς .... τὰ εἰς ω ῥήματα θέλουσιν ἔχειν ἐν βω καὶ γω· προσώπῳ δίφθογγον τὴν μετὰ τοῦ ῑ, ὡς τὸ τύπτω, τύπτεις, τύπτει, βοῶ, βοᾷς, βοᾷ.* Et. Mg. 637, 33 *τὸ μὲν οὖν ἐντελὲς τοῦ ἐνεστῶτος ἐστὶν ἐῶ, ἐᾷς, ἐᾷ μετὰ τοῦ ῑ. τοῦ δὲ παρατατικοῦ εἴων, εἴας, εἴα οὐ μετὰ τοῦ ῑ ... εἰ δὲ ἐνεστὼς ἐστιν ἀεὶ περισπᾶται καὶ σὺν τῷ ῑ γράφεται.* Auch die zerdehnten Formen des Indicativs haben das Iota, *ὁράᾳς, ἐάᾳ.* Et. Mg. 201, 46 *βοᾷ σὺ καὶ πειρᾷ σύ. ἔχει τὸ ῑ προσγεγραμμένον. τὸ δὲ βοᾶν καὶ γελᾶν ἀπαρέμφατα οὐκ ἔχει τὸ ῑ προσγεγραμμένον, ὅτι ἀπὸ τοῦ παρατατικοῦ γέγονε τοῦ ἐβόα καὶ ἐγέλα, καὶ ὁ παρατατικὸς οὐκ ἔχει τὸ ῑ προσγεγραμμένον:* etwas wahres ist daran, da *βοᾶν* nicht aus *βοάειν* entstanden ist, sondern aus *βοαέμεν, βοάεν* und daraus *βοᾶν* wie aus *ἐβόαε ἐβόα*; denn wäre das *ῑ* in der Infinitivendung wesentlich, so müsste der Infinitiv von *χρυσῶ* nicht *χρυσοῦν*, sondern *χρυσοῖν* lauten, nach Analogie von *χρυσοῖς χρυσοῖ.* Et. Mg. 419, 53 *τὰ εἰς ν̄ λήγοντα ῥήματα οὐ θέλει ἔχειν πρὸ τοῦ ν τὶ ἀνεκφώνητον, οἷον βοᾶν.* Die guten Handschriften folgen den hier angeführten Regeln, doch gibt es auch Ausnahmen, namentlich in Betreff der Infinitivformen auf *αν*, vgl. Prolegomena zur Odyssee XXXVI —XXXVIII, wo man Formen wie *ἐᾷν, ἐλάᾳν, ὁρᾷν* findet. In den Inschriften kommen derartige Verbalformen äusserst selten vor, so Nr. 2374, Z. 64 und 82 *ΤΕΛΕΥΤΑΙ.* 2477, Z. 24

ΕΠΕΡΩΤΑΙ. 3797, Z. 5 *ΕΡΕΥΝΑΙ*, dagegen 1888, Z. 5 *ΓΕΝΝΑ* und 2239 *ΕΣΟΡΑΣ*.

Cram. A. O. II, 311, 9 *πᾶν ῥῆμα εἰς μαι λῆγον ἔχει τὸ δεύτερον πρόσωπον εἰς ι λῆγον· ὄψομαι ὄψῃ, τύπτομαι τύπτῃ, λέγομαι λέγῃ*. Et. Mg. 484, 30. Et. Gud. 290, 40 *μέμνημαι, μέμνησαι* und Ionisch *μέμνηαι*, daraus durch Krasis *μέμνῃ. καὶ μένει τὸ ι ἀνεκφώνητον*, so auch *κάθῃ, δύνῃ* nach Choiroboskos. Schol. *λ* 221 *δαμνᾷ ὡς κιρνᾷ . . . δαμνῶμαι ὡς πειρῶμαι „πειρᾷ ἐμεῖο γεραιέ“* (*Ω* 390) *καὶ ἐκφωνουμένου τοῦ ι ὡς τὸ δύναι* (Vind. 133 *δύνᾳ*) *παρ' Ἀττικοῖς*. Das ganze Scholion ist verdorben und dürfte das richtige kaum mehr herzustellen sein. Cramer Anecd. Ox. IV, 186, 11 *κάθῃ, μέμνῃ, δύνῃ: μέμνησαι καὶ ἀποβολῇ τοῦ σ μέμνηαι καὶ κατὰ συγκοπὴν τῆς παραληγούσης μέμνῃ . . . μένοντος καὶ τοῦ ι προσγεγραμμένου, οἷον μέμνῃ*.

φῄς und *φής*. Cram. A. O. II, 311, 11 *οὐδὲν τῶν εἰς μι ῥημάτων ἐπὶ δευτέρου προσώπου ἔχει τὸ ι· τίθημι τίθης, δίδως, πλὴν τοῦ φημί φῄς* (nicht *φῇς* wie die Handschrift hat, denn das wäre Conjunctiv). Cram. A. O. IV, 349, 10 *καὶ ἀπὸ τοῦ φημὶ δὲ τὸ δεύτερον πρόσωπον φῄς ὤφειλεν εἶναι χωρὶς τοῦ ι, τροπῇ τοῦ μι εἰς σ. ἀλλ' ἡ παράδωσις σὺν τῷ ι οἶδεν αὐτὸ γεγραμμένον, οἷον φῄς* (Cod. *φῇς*), *ὡς ἐν τῇ ὀρθογραφίᾳ, εἰ θεῷ φίλον, μαθησόμεθα*; ebendaselbst 354, 19 *τὸ φῄς οὐκ οἶδεν ὁ Ἀπολλώνιος σὺν τῷ ι γεγραμμένον. ἡ μέντοι παράδοσις καὶ ὁ Ἡρωδιανὸς σὺν τῷ ι οἶδεν αὐτὸ γεγραμμένον, ὡς ἐν τῇ ὀρθογραφίᾳ, ὡς θεῷ φίλον, μαθησόμεθα*. Et. Mg. 791, 49 *φῄς: εἰς τὸ βῇ. δεῖ γινώσκειν ὅτι τὸ „φῄς τοῦτο κάκιστον“* (*α* 391) *ἐνεστὼς ἐστι δευτέρου προσώπου καὶ σὺν τῷ ι γράφεται. καὶ ὅσον κατὰ ἀναλογίαν οὐκ ὤφειλεν ἔχειν τὸ ι. τὰ γὰρ εἰς μι τροπῇ τοῦ μι εἰς σ τὸ δεύτερον ποιοῦσιν . . . ἀλλὰ κατὰ ἱστορίαν, ἤγουν κατὰ παράδοσιν, ἔχει τὸ ι προσγεγραμμένον*. Für die Feststellung des Begriffes der Paradosis namentlich in ihrem Verhältniss zur Analogie und zur Schreibweise der vornehmsten Grammatiker ist diese Stelle von grösster Wichtigkeit. Cram. Ep. 432, 25 *φῄς: τὸ φῄς οὐ δοξάζει ὁ τεχνικὸς* (Apollonios) *σὺν τῷ ι γράφειν. ἡ μέντοι παράδοσις οἶδεν αὐτὸ σὺν τῷ ι γραφόμενον. ἔστι δὲ ἀπὸ τῶν εἰς μι. οὐ περισπᾶται γάρ. τὰ γὰρ ἀπὸ τῶν εἰς μι δεύτερα πρόσωπα* ἐνεστῶτος χρόνου οὐ περισπᾶται (cit. φής *E* 473. εἰς *Φ* 150) τὸ δὲ „πῶς δὴ φῇς πολέμοιο μεθιέμεν" (*Δ* 351) περισπώμενον Ἰωνικόν. Herodian zu *P* 174 ὅς τέ με φῄς: ἀξιοῖ ὁ Ἀσκαλωνίτης ἀναγινώσκειν δισυλλάβως (μ' ἔφης) ἐπὶ ἀορίστου χρόνου, ὁ μέντοι Ἀλεξίων μονοσυλλάβως ἐπὶ ἐνεστῶτος χρόνου, διὸ καὶ σὺν τῷ ῑ γράφεσθαι. τοῦτο δὲ ἀπαιτεῖ ἡ διάνοια, κἀγὼ δὲ συγκατατίθεμαι. διὸ ἐν τῇ συντάξει ἐγκλιτέον. ὀξύνεται γὰρ ἐπὶ ἐνεστῶτος χρόνου. Herod. zu *η* 239 τὸ φῄς (Cod. φῇς) ὅτε σὺν τῷ ῑ γράφεται, ἐνεστῶτός ἐστι καὶ ὀξύνεται, ὅτε δὲ ἄνευ τοῦ ῑ, παρατατικός ἐστιν Ἰακῶς (d. h. ohne Augment) ἐκ τοῦ ἔφης γεγονὼς καὶ περισπᾶται. Zon. Lex. 1805 φῇς: Ἀρίσταρχος περισπᾷ ἵν' ᾖ ἐκ τοῦ ἔφης· διὸ καὶ χωρὶς τοῦ ῑ γράφεται. σημαίνει δὲ τὸ ἔλεγες (Cod. λέγεις). φῄς (Cod. φῇς) σὺν τῷ ῑ. φημί, φῄς (Cod. φῇς) ἔχει τὸ ῑ καθ' ἱστορίαν ἤγουν κατὰ παράδοσιν· τότε γὰρ τῇ ἱστορίᾳ χρώμεθα, ἡνίκα τι κατὰ παράδοσιν γράφεται, ὥσπερ τὸ σκείρων. Ἀρίσταρχος δὲ τὸ φῇς περισπᾷ καὶ τὸ ῑ οὐ γράφει. λέγει γὰρ ἐὰν εἶχε τὸ ῑ, ἐνεστὼς ὤφειλεν εἶναι. Dies ist sicher aus Herodian zu *E* 473 geschöpft: dort ist der Venetus von zweiter Hand geschrieben und hat keine Scholien. Eustath. p. 1378, 18 führt ebenfalls φῄς als Präsens und φῇς als Präteritum an, schreibt aber *η* 239 φῄς. φῄς als Präsens haben also Aristarch, Herodian, Alexion und die Paradosis; Apollonios nach der Analogie der übrigen Verba φής ohne Iota. φῇς als Präteritum ebenfalls Aristarch und Herodian und gewiss auch die anderen, da nirgends eine abweichende Schreibweise angeführt wird[79]). Bei Homer ist φῇς zu schreiben *E* 473. *η* 239. *ξ* 117, sonst φῄς *Δ* 351. *Ξ* 265. *P* 174. *α* 391.

Augment. Bekk. An. 804 πάλιν αἱ δίφθογγοι αἱ τρεῖς μετατρέπουσιν εἰς τὸν παρατατικόν, αἱ δὲ ἄλλαι ἄτρεπτοί εἰσι. φημὶ δὲ ἡ αι δίφθογγος· τρέπει γὰρ τὸ ᾱ εἰς η, οἷον αἰσχύνομαι, ᾐσχυνόμην, αἰδοῦμαι ᾐδούμην, αἰτῶ ᾔτουν. καὶ ἡ αυ δίφθογγος τρέπει καὶ αὐτὴ τὸ α εἰς η̄, οἷον αὐλῶ ηὔλουν, αὐχῶ ηὔχουν. καὶ ἡ οι δίφθογγος τρέπει τὸ ο εἰς τὸ ω, οἷον οἴχομαι ᾠχόμην, οἴγω ᾦγον, οἰκῶ ᾤκουν, οἰκοδομῶ ᾠκοδόμουν. αὕτη δὲ ἡ οι δίφθογγος διφορεῖται, καὶ ποτὲ μὲν

79) Homerische Textkritik S. 374

φυλάττει ἐν τῷ παρατατικῷ (καὶ ἐν τῷ ἐνεστῶτι) ὡς τὸ οἰνοχοῶ οἰνοχόουν, οἰωνίζομαι οἰωνιζόμην, οἰκουρῶ οἰκούρουν. πάλιν τὸ οὐρῶ οὔρουν, οὐριοδρομῶ οὐριοδρόμουν, εἴργω εἶργον, εἰκονίζω εἰκόνιζον, εἰκάζω εἴκαζον. οἱ δὲ Ἀττικοὶ διὰ τοῦ η καὶ τοῦ ι οἷον ᾔκαζον. Cram. A. O. II, 310, 13 ἰστέον ὅτι ταῦτα τὰ ῥήματα οὐκ ἔτρεψαν τὴν δίφθογγον αὐτῶν ἐν τοῖς παρῳχημένοις. οἷον οἰακίζω οἰάκιζον, οἰωνίζομαι οἰωνιζόμην, οἴομαι (?) οἰόμην, οἰνῶ οἴνουν, οἰνίζω οἴνιζον, οἰμῶ οἴμουν, διὰ τὸ ἐπιφέρεσθαι φωνῆεν, οὐ τρέπει τὴν οι δίφθογγον ἐν τοῖς παρῳχημένοις διὰ τὸ κακόφωνον. Am ausführlichsten ist die einer angeblichen Schrift Herodians (περὶ τοῦ μεγάλου ῥήματος) entnommene Notiz in zwei Wiener Handschriften Nr. 172 und 271 πόσα εἰσὶ ῥήματα μὴ τρέποντα τὴν οι δίφθογγον εἰς ῳ; ἕνδεκα. οἰῶ (271 ἰοῦμαι, d. h. οἰοῦμαι) οἰώθη τὸ ἐμονώθη (Λ 401), οἰμῶ οἴμησεν (ω 538) τὸ ὥρμησεν, οἰνῶ οἴνουν, οἰνίζω οἴνιζον (Η 472 οἰνίζοντο), οἰστρῶ οἴστρουν, οἰωνίζομαι οἰωνιζόμην, οἰωνοσκοπῶ οἰωνοσκόπουν, οἰωνοπολῶ οἰωνοπόλουν, οἰακίζω οἰάκιζον, οἰακονομῶ οἰακονόμουν, οἰακοστροφῶ οἰακοστρόφουν. τινὲς δὲ προστιθέασι καὶ τὸ οἰδαίνω οἴδαινον, οἰκουρῶ οἰκούρουν, οἰμώζω οἴμωζον. καὶ διατί ταῦτα οὐ τρέπουσι τὸ οι εἰς ῳ; ἢ δι' ἀφωνίαν ἢ δι' Ἰωνικὸν ἔθος. οἱ γὰρ Ἴωνες πολλάκις συναρχομένους ποιοῦσι τοὺς παρῳχημένους τοῖς ἰδίοις ἐνεστῶσι. Bei Homer kommen folgende Verba, die mit οι beginnen, im Präteritum unaugmentiert vor οἰώθη Ζ 1; Λ 401. οἴμησε Χ 140, 308, 311; ω 538. οἰνίζοντο Η 472; Θ 546. οἰνοχόει Α 598; ο 401, so Aristarch, Aristophanes, Zenodot, Antimachos und die Ausgaben von Argos und Massilia. Immer augmentiert sind οἰκέω (Β 668; Ξ 116; Υ 218; ι 200, 400), οἰκτείρω (Λ 814; Π 5; Ψ 534), οἰμώζω 13mal, οἴχομαι 40mal. Et. Mg. 820, 14 ᾦγον σὺν τῷ ι. Zon. Lex. 1881 ᾦγον σὺν τῷ ι. ἀπὸ τοῦ οἴγω, τὸ ἀνοίγω, ἐγένετο, καὶ τροπῇ τοῦ ο εἰς ω. ὥσπερ οἴχομαι ᾠχόμην, οἰκῶ ᾤκουν, [οἴγω ᾦγον]. τούτου τὸ δεύτερον πρόσωπον ᾦγες, καὶ ᾦγε τὸ τρίτον. Choirob. Orthogr. 217, 24 „ᾔομεν ὡς ἐκέλευσας" (κ 251) ἀπὸ τοῦ εἴω τοῦ πορεύομαι τροπῇ τοῦ ε εἰς η. καὶ ἔχει καὶ τὸ ι προσγεγραμμένον. Cram. A. O. II, 373, 28 ᾔεσαν καὶ προσῄεσαν: τὸ θέμα εἴω διὰ τῆς ει διφθόγγου καὶ διὰ τοῦ ι.

ἐκ τοῦ ἔω τὸ πορεύομαι καὶ πλεονασμῷ τοῦ ι εἴω, ὁ μέλλων εἴσω, ὁ παρακείμενος εἶκα, ὁ μέσος εἶα. κοινῶς μὲν διὰ διφθόγγου, Ἀττικῶς δὲ διὰ τοῦ η. οἱ γὰρ Ἀττικοὶ τὸ ε τῶν παρῳχημένων εἰς η τρέπουσιν. οὕτως καὶ τὸ εἶα τὸ διὰ διφθόγγου ᾖα λέγουσι διὰ τοῦ η καὶ ι. ὁ ὑπερσυντέλικος ᾔειν, καὶ τὸ πληθυντικὸν ᾔειμεν, ᾔειτε, ᾔεισαν, καὶ ἀποβολῇ τοῦ ι ᾔεσαν καὶ προσήεσαν. Zon. Lex. 969 ᾖα: ἦλθον, ἐπορευόμην. ᾖα τὸ ἐπορευόμην σὺν τῷ ι γράφεται, καὶ Ἰωνικῶς ἤια, ἤισαν καὶ ᾔεσαν. Bei Homer kommen die aufgelösten Formen häufiger vor, so ἤια 12mal, darunter nur einmal *N* 103 in der Ilias; ἤιε 23mal; ἤιον ψ 370; ω 501. ἤισαν 7mal. Dagegen ᾖε *M* 371. ᾔομεν κ 251, 570; λ 22. ᾔει *K* 286; *N* 247; ϑ 290. Die Schreibweise τ 283 schwankt zwischen ἤην und ᾔειν, vgl. Et. Mg. 431, 28 λέγεται δὲ τετραχῶς· λέγεται γὰρ ἦν καὶ ἔην καὶ ἦεν καὶ ἤην παρὰ τῷ ποιητῇ ἐν Ὀδυσσείας τ (283) „καί κεν πάλαι ἐνθάδ' Ὀδυσσεὺς ἤην.“ οὕτως Ζηνόδοτος· καὶ ἐν Ἰλιάδος λ (807) „ἵνα σφ' ἀγορή τε θέμις τε (Cod. ἀγοσθένης) ἤην.“ τ 283 haben εἴην A 1. man. CDIII; εἴη A post ras. L. ᾔειν M. Zu vergleichen ist auch Et. Mg. 121, 29 ἀπῄμεν ... δεῖ γινώσκειν ὅτι τὸ ἀπῄειν καὶ τὰ ὅμοια σὺν τῷ ι γράφεται, als Belege dafür wird ἤια angeführt; ferner Et. Mg. 420, 1.

Die Formen ᾔδει und ᾔδη, letzteres schrieb Aristarch überall bei Homer, haben das ἰῶτα προσγεγραμμένον, vgl. Et. Mg. 419, 30 οἱ Ἀττικοὶ τὸ ε τῶν παρῳχημένων εἰς η τρέπουσι. τὸ ἐβουλόμην ἠβουλόμην λέγουσιν. οὕτω καὶ τὴν ει δίφθογγον ἐποίησαν εἰς η καὶ ι προσγεγραμμένον ᾔδειν. οἱ γὰρ παρῳχημένοι ἢ ἴσα φωνήεντα θέλουσιν ἔχειν πρὸς τὴν ἀρχὴν τοῦ ἐνεστῶτος, ἢ πλείονα, οὐδέποτε δὲ ἐλάττονα. ἴσα μὲν αὐλῶ ηὔλουν, οἰκῶ οἴκουν· πλείονα δὲ ἔχω εἶχον, ἐῶ εἴων. εἰ οὖν τὸ εἴδω, εἴκω, εἰκάζω δύο φωνήεντα ἔχει κατὰ τὴν ἀρχήν, δῆλον ὅτι τὸ ᾖκον, ᾔκαζον, ᾔδειν δύο φωνήεντα ἔχει, ἵνα μὴ εὑρεθῇ ἐλάττονα. ὁ δὲ Ἀπολλώνιος λέγει χωρὶς τοῦ ι. οἱ γὰρ Δωριεῖς πολλάκις τὴν ει δίφθογγον εἰς η τρέπουσιν, οἷον ἧχον (f. εἶχον), ἧλκον. ἀλλ' οἱ Δωριεῖς τότε τρέπουσιν, ἡνίκα τὸ ι ἐν τῇ μετοχῇ ἀποβάλληται. ἔχων γὰρ καὶ ἕλκων ἡ μετοχή, ähnlich Et. Gud. 236, 17. Lex. Zon. 977. Cram. A. P. III, 326, 20.

Zon. Lex. 1010 ᾔσμεν, ἀντὶ τοῦ ᾔδειμεν. ᾔστην, ᾔστε,

ἦσαν διὰ τοῦ ῑ γράφεται. καὶ λέγει Ὦρος ὁ Μιλήσιος ἐν τῇ οἰκείᾳ αὐτοῦ ὀρθογραφίᾳ· ἔστι γὰρ εἴδω, ὁ ὑπερσυντέλικος εἴδην, καὶ κατ' ἔκτασιν Ἀττικὴν ᾔδειν, ᾔδεις, ᾔδει, τὸ δεύτερον τῶν δυϊκῶν ᾔδειτον, ᾐδείτην, καὶ κατὰ συγκοπὴν τῆς ει διφθόγγου καὶ τροπῇ τοῦ δ εἰς σ ᾔστην, ἀντὶ τοῦ ᾐδείτην, τὸ πληθυντικὸν ᾖσμεν ἀντὶ τοῦ ᾔδειμεν, ᾖστε ἀντὶ τοῦ ᾔδειτε, καὶ ᾖσαν ἀντὶ τοῦ ᾔδεσαν. Diese synkopierten Formen stehen öfters bei den Tragikern *ᾖσμεν* Aisch. Ag. 1058. Eurip. Hek. 1112. Herakl. 658. *ᾖσαν* Aisch. Prom. 452. Eur. Rhes. 855. *ᾔστην* Aristoph. Av. 19; im Et. Mg. 438, 53 werden ebenfalls für alle vier Formen Stellen angeführt.

Zon. Lex. 946. *ἐῴκει: ὡμοίαζεν. ἐῴκειν ἔχει τὸ ῑ. εἴκω τὸ ὁμοιῶ, ὁ μέσος παρακείμενος εἶκα καὶ κατὰ διάλυσιν ἔικα, καὶ ἐπενθέσει τοῦ ο ἔοικα, καὶ ἐπαυξήσει τοῦ ο μικροῦ εἰς ω μέγα ἔῳκα, καὶ μένει τὸ ῑ προσγεγραμμένον. ὁ ὑπερσυντέλικος ἐῴκειν, ἐῴκεις.*

Die guten Handschriften haben auch in diesen Verbalformen überall das Iota, ebenso die Inschriften: Nr. 93, Z. 46 *ΗΙΡΕΘΕΣΑΝ ᾑρέθησαν*. 108, Z. 17 *ΩΙΚΟΔΟΜΗΣΕΝ*. 2236, Z. 4 *ΗΙΔΟΜΕΝ*. 2272, Z. 15 *ΗΙΡΗΜΕΝΟΥΣ*. 2374 (Marmor Parium), Z. 22 und 42 *ΩΙΚΙΣΕ*. Z. 35 *ΣΥΝΩΙΚΙΣΕΝ*. Z. 85 *ΩΙΚΙΣΘΗ*. 2525, Z. 109 *ΕΠΑΙΝΕΘΗ ἐπᾳνέθη*. Doch fehlt es auch bisweilen: 938, Z. 2 *ΩΧΕΤ ᾤχετ'*. 2059, Z. 33 *ΑΦΗΡΗΣΘΑΙ ἀφῃρῆσθαι*, welche Inschrift auch sonst kein Iota hat. 2222, Z. 10 *ΗΤΗΣΑ ᾔτησα*. 2678 und 2334 b, Z. 47 *ΕΠΗΝΗΣΘΑΙ ἐπῃνῆσθαι*.

C o n j u n c t i v. Dass die Verba barytona im Conjunctiv des Activs in der zweiten und dritten Person des Singular das Iota subscriptum haben, wird von den Grammatikern als bekannt vorausgesetzt und deshalb fast gar nicht bemerkt. Zon. Lex. 1008 *ᾗς: ὅτε μὲν ὁριστικόν, οὐκ ἔχει τὸ ῑ, ὅτε δὲ ὑποτακτικόν, ἔχει αὐτὸ ἐὰν ᾦ, ᾖς, ᾖ, καὶ ᾗσι κατ' ἐπένθεσιν τῆς σι συλλαβῆς. καὶ ᾗς ἀντὶ τοῦ ὑπῆρχες.* Nur über die Conjunctive der Verba auf *μι* haben sie sich näher ausgesprochen. Cram. A. O. IV, 394, 3 *φησὶν ὁ τεχνικὸς ὅτι τὰ δεύτερα καὶ τρίτα πρόσωπα τῶν εἰς μι ἐπὶ τοῦ ἐνεστῶτος καὶ παρατατικοῦ δηλονότι* (es ist vorher vom Conjunctiv die Rede) *ἐπὶ μὲν τῆς πρώτης συζυγίας διὰ τοῦ η καὶ ῑ ἐκφέρεται, οἷον ἐὰν τιθῶ, ἐὰν τιθῇς, ἐὰν τιθῇ. ἐπὶ δὲ τῆς δευτέρας διὰ τῆς αι* (? *ᾳ*) *διφθόγγου, προσγραφομένου τοῦ ῑ, μὴ συνεκφωνουμένου δέ, ἐὰν ἱστῶ, ἐὰν ἱστᾷς, ἐὰν ἱστᾷ. ἐπὶ δὲ τῆς τρίτης διὰ τοῦ ω μεγάλου, οἷον ἐὰν διδῶ, ἐὰν διδῷς, ἐὰν διδῷ. ὡς καὶ Εὐριπίδης* (Orest 684) „*δύναμιν ἣν διδῷ θεός.*" Cram. A. O. IV, 394, 23 *δεῖ γινώσκειν ὅτι ἐπὶ τῶν ὑποτακτικῶν τοῦ δευτέρου ἀορίστου τῶν εἰς μι τὰ δεύτερα καὶ τρίτα πρόσωπα ἐπὶ μὲν τῆς πρώτης καὶ δευτέρας συζυγίας διὰ τοῦ η καὶ ῑ ἐκφέρεται, οἷον ἐὰν θῇς, ἐὰν θῇ, ἐὰν στῇς, ἐὰν στῇ. ἐπὶ δὲ τῆς τρίτης διὰ τῆς ωι διφθόγγου, ἐὰν δῷς, ἐὰν δῷ, ἐὰν γνῷς, ἐὰν γνῷ.* „*γνῷ δὲ καὶ Ἀτρείδης εὐρυκρείων Ἀγαμέμνων*" (*A* 411). Cram. Ep. 105, 14 *ἐὰν γνῶ ἐγώ, ἐὰν γνῷ ἐκεῖνος . . . οὐκ ἔστιν ἐνταῦθα τρίτον πρόσωπον ὁμόφωνον, τὸ μὲν γὰρ τρίτον πρόσωπον προσγεγραμμένον ἔχει τὸ ῑ, τὸ πρῶτον οὔ. ἐπειδὴ τὰ εἰς ω λήγοντα ῥήματα πρώτου προσώπου ὄντα οὐ θέλουσιν ἔχειν ἐν τῇ τελευταίᾳ συλλαβῇ τὶ ἀνεκφώνητον. ἐν δὲ τῷ τρίτῳ προσώπῳ τὸ ῑ προσγράφεται.*

Wenn diese Formen verlängert werden, bleibt ihnen das Iota. Et. Mg. 650, 7 *παμφαίνῃσι, ἔχῃσι καὶ τὰ τοιαῦτα ἔχει τὸ ῑ προσγεγραμμένον κατὰ τὴν παραλήγουσαν.* Schol. A 129 *δῷσι*: Zoilos und Chrysippos halten diese Form für den Plural. *ἀγνοοῦσι δέ. ἔστι γὰρ τὸ δῷ ἑνικὸν ἐκτεταμένον, ὡς τὸ λέγῃ λέγῃσι, φέρῃ φέρῃσι* (cit. *α* 168 *φῇσιν. Θ* 318 *ἀποδῷσιν*). *διὸ καὶ τὸ ῑ ἔχει προσκείμενον. μέμνηται αὐτοῦ κἀν τῇ ὀρθογραφίᾳ Ἡρωδιανός.* Nach Schol. E 746 schrieb Aristarch *δάμνῃσι*, Dionysios von Sidon *δάμνησι*. Et. Mg. 247, 11 „*τῷ δάμνησι στίχας ἀνδρῶν*" (*E* 746; *Θ* 390; *α* 100) *ὁ Σιδώνιος* (Cod. *σίδηρος*) *ἄνευ τοῦ ῑ, ὁ δὲ Ἀρίσταρχος σὺν τῷ ῑ, τὸ μὲν ἀπὸ τοῦ δάμνημι* (*E* 893), *τὸ δὲ ἀπὸ τοῦ δάμνω ὑποτακτικοῦ.* Aristarch fasste somit *δάμνῃσι* an diesen drei Stellen als Conjunctiv auf: *Φ* 401 kann er deshalb doch *δάμνησι* geschrieben haben, wie wir es auch an den drei anderen Stellen thun, da zum Conjunctiv gar kein Grund vorhanden ist: der Venetus A hat überall *δάμνηισι*. Et. Mg. 431, 34 *ἦσθα*: *ἔστιν ὁριστικὸν καὶ ῑ οὐ προσγράφουσιν. εἰ δέ ἐστιν ὑποτακτικὸν μετὰ τοῦ ῑ γράφεται . . . καὶ τὸ ἦς ὅτε μέν ἐστιν ὁριστικὸν οὐ προσγράφεται τὸ ῑ, ὅτε δὲ ὑποτακτικόν, ἔχει καὶ τὸ ῑ, ἐὰν ὦ, ἐὰν ᾖς, ἐὰν ᾖ, καὶ κατ' ἐπένθεσιν τῆς σι συλλαβῆς γίνεται ᾖσι.*

Bei Homer kommt noch eine andere Zerdehnung dieser Conjunctivformen vor, worüber Spitzner im ersten Excurs zu *B* 34 (*ἀνήῃ*) gehandelt hat: was dieser darin über die Lesarten des Venetus A sagt, ist nicht ganz richtig. Der Venetus hat *φανήιηι* mit doppeltem Iota *T* 375 und *Υ* 64; *στήιη* *E* 598, wo aber der Codex von zweiter Hand geschrieben ist; *δώιηι* *Z* 527; *X* 257; *Ω* 529, sonst *δώιη* *Π* 81, 292, 397; *Θ* 287; *I* 362; *Π* 88; *Ψ* 661; *Ω* 531, 581. Aristarch schrieb *X* 73 *φανηη* (das Scholion hat weder Accent noch Iota), *T* 27 *σαπήῃ*, *Z* 432 *θήῃς*. Auf *φανείη* *Ω* 417 ist nichts zu geben, da dort der Codex von zweiter Hand geschrieben ist. Et. Mg. 787, 26 *φανήῃ*: *Ἀρίσταρχος καὶ οἱ ἀκριβεῖς γραμματικοὶ ὑποτακτικὸν αὐτὸ ἔχουσιν. ἔστι γὰρ ἡ μετοχὴ φανείς, φανέντος, ἐὰν φανῇ καὶ πλεονασμῷ τοῦ η̄ φανήῃ.* *Γ* 436 *δαμασθῇς*: dazu Didymos *Ἀρίσταρχος δαμείης*, es wird hier aber wohl zu bessern sein *δαμήῃς*, da alle übrigen Angaben darin übereinstimmen, dass Aristarch *φήῃ*, *στήῃ*, *φανήῃ* und die analogen Formen mit zwei *η̄* geschrieben habe. Nun finden sich aber einige Notizen, in denen von einem zweiten Iota die Rede ist, wie es auch der Venetus A einigemale hat. Choirob. im Et. Mg. 73, 43; Cram. A. O. II, 344, 33 *ἀλώιη*: *δεῖ γινώσκειν ὅτι τὸ ἀλῴη ἔχει ἐν τῇ παραληγούσῃ τὸ ῑ. ἔστι γὰρ ἐὰν ἀλῷ* (sic), *ἐὰν ἀλῷς, ἐὰν ἀλῷ, καὶ κατὰ πλεονασμὸν τοῦ η γίνεται ἐὰν ἀλῴη. ἔχομεν γὰρ πολλὰ τοιαῦτα, οἷον ἐὰν στῷ* (sic) *ἐὰν στῇς, ἐὰν στῇ, καὶ ἐὰν στήῃ, οἷον „στήῃ ἐπ' ὠκυρόῳ ποταμῷ"* (*E* 598) *καὶ πάλιν ἐὰν φῶ, ἐὰν φῇς, ἐὰν [φῇ καὶ ἐὰν] φήῃ, ὡς παρὰ ποιητῇ ἐν τῇ Ὀδυσσείᾳ* (*λ* 128; *ψ* 275) *„φήῃ ἀθηρηλοιγόν." δύναται δὲ τὸ ἐὰν* (Cod. *ἐν*) *ἀλῴη μὴ ἔχειν εἰς τὸ ω̄ τὸ ῑ, ἀλλ' εἰς τὸ η̄, ἵνα εἴπωμεν αὐτὸ ἀπὸ τρισυλλάβου, οἷον ἀπὸ τοῦ ἐὰν ἀλώω, ἐὰν ἀλώῃς, ἐὰν ἀλώῃ. ἀλλ' ἐπειδὴ εἰσὶ πολλὰ ἐν τῇ παραληγούσῃ ἔχοντα τὸ ῑ καὶ ἀπὸ πλεονασμοῦ τὸ η̄, οἷον στήῃ, φήῃ, δείκνυται ὅτι καὶ τὸ ἀλῴη ἐν τῇ παραληγούσῃ ἔχει τὸ ῑ καὶ ἀπὸ πλεονασμοῦ ἐστι τὸ η̄.* Cram. A. O. II, 427, 12 *ἀλώιη* (sic): *πλεονασμός ἐστι τοῦ η̄, ὡς δῷ, δῷσι, πλεονασμῷ τοῦ η δῴησιν.* Aehnlich wie im Et. Mg. sind auch die Angaben bei Suidas I, 242, 15; Zon. Lex. 138 unter *ἀλῴη*. Eustath. zu *ε* 394, p. 1545 *τὸ δὲ φανείη τινὰ τῶν ἀντιγράφων ἐν δυσὶν ἦτα γράφουσιν ἵν' ᾖ φανῇ καὶ κατὰ πλεονασμὸν φανήη* (ohne Iota). Et. Mg. 106, 52 *ἀνήῃ*: *„εὖτ' ἄν σε μελίφρων ὕπνος ἀνήῃ"* (*B* 34).

σημαίνει καταλίπῃ. ἔστιν ἀνῶ, ἀνῇ ὑποτακτικόν, πλεονασμῷ τοῦ η ἀνήῃ. Dagegen Cram. Epim. 2, 4 *ἀνήηι: „εὖτ' ἄν σε μελίφρων ὕπνος ἀνήῃ." ῥῆμα ὑποτακτικὸν τῶν εἰς μι. ἀνῶ, ἀνῇς, ἀνῇ, καὶ πλεονασμῷ τοῦ η ποιητικῶς. ὡς τὸ στῶ, στῇς, στήῃ. γίνεται ἀνήῃ.* Cram. Ep. 430, 17 *φανήηι: „ὡς δ' ὅταν ἀσπάσιος γῆ νηχομένοισι φανήῃ"* (ψ 233) . . . *ἐὰν φανῇ καὶ πλεονασμῷ τοῦ η. ὡς τὸ στῇ, στήῃ, φθῇ „φθήῃ ὀρεξάμενος"* (Ψ 805). *καὶ βῇ „ἐμβήῃ μάλα τούς γε φίλει"* (Π 94) . . . *οὐκ ἐπὶ τρίτου δὲ μόνου προσώπου τοῦτο εὑρίσκεται „αἴ κέ μευ ἄντα στήῃς"* (Ρ 30). *„μὴ παῖδ' ὀρφανικὸν θήῃς"* (Ζ 432). *ἔστι δὲ καὶ ἄλλο ὑποτακτικὸν ἐὰν δῶ, δῷς, δῷ. εἶτα ἐγένετο „δώῃ καμμονίην"* (Χ 257) *προσελθόντος τοῦ η. καὶ ἐὰν ἁλῷ ἁλώῃ. ὅτι δὲ ὑποτακτικόν ἐστι τὸ δώῃ καὶ ἁλώῃ δῆλον. τοῖς ὑποτακτικοῖς προσέρχεται ἡ σι συλλαβή „ἰχθὺς ὅς κε φάγῃσι"* (Φ 127). *„λαμπρὸν παμφαίνῃσιν"* (Ε 6). *γέγονεν οὖν δώῃσιν „αἴ κεν Ζεὺς δώῃσιν Ὀλύμπιος"* (Μ 275). *δῆλον ὅτι ὑποτακτικόν ἐστι. ζητεῖται δὲ περὶ τοῦ ἰῶτα πότερον κατὰ μέσην τὴν λέξιν ἢ ἐπὶ τέλους.* Ganz unrichtig ist Cram. A. O. IV, 392, 27 *ἀπὸ τοῦ δὸς* (sic) *δόντος γίνεται δοίην καὶ κατὰ ἔκτασιν τοῦ ο δῴην προσγεγραμμένου τοῦ ι „δῴη κῦδος ἀρέσθαι"* (Π 88). Man sieht, dass die Byzantinischen Grammatiker nicht mehr wussten, ob das Iota in die Mitte oder ans Ende gehöre, ob *στῄη* oder *στήῃ* zu schreiben sei: dass es als Flexionszeichen unter das letzte *η* gehört, ist unzweifelhaft. Im Venetus A herrscht ebenfalls diese Unentschiedenheit. Die Stellen bei Homer, wo diese Subjunctivformen vorkommen, sind Ζ 432; Π 96; κ 301, 341; ο 51; τ 403 *θήῃς* und *θήῃ*. λ 128; ψ 275 *φήῃ*. Ε 598 *στήῃ*. Ρ 30 *στήῃς*. Γ 436 *δαμήῃς*. Μ 403 hat der Venet. A *δαμειηι*, ebenso Χ 246, an letzterer Stelle ist es Conjunctiv und muss *δαμήῃ* geschrieben werden. Τ 375; Υ 64; Χ 73; Ω 417; ε 394; ψ 233 *φανήῃ*. Τ 27 *σαπήῃ*. Π 94 *ἐμβήῃ*. Π 861 *φθήῃ*, dagegen Ψ 805 *φθῇσιν*, so hat wenigstens der Venetus A und nach ihm die neuesten Ausgaben, in Cram. Epim. 430, 21 lautet die Stelle *φθήῃ ὀρεξάμενος*. *δώῃ* ausser den oben erwähnten Stellen noch μ 216; ξ 86; σ 87; υ 297; φ 338; χ 253. *ἁλώῃ* Ι 592; Ξ 81; Ρ 506 (hier hat der Venetus A *ἁλώιη* von zweiter Hand) und ξ 133 als Variante. Das im Venetus bei einigen Optativformen beigeschriebene Iota hat keine Berechtigung, so z. B. *K* 368 *φθαίηι*. *Π* 568 *εἴηι*. *Υ* 121 *παρσταίηι*. *Μ* 403 *δαμείηι*. *Ω* 565 *τλαίηι*. *Π* 625 *δοίηις*. *Ψ* 487 *γνοίηις*. Ueber die Optativformen *δῴη*, *γνῴη*, *ἁλῴη*, *περιπατῴη* u. ähnl. vgl. Lobeck zu Phryn. S. 344 und 346.

Von allen diesen Conjunctivformen kommen in den Inschriften nur die gewöhnlichen vor, dabei steht meistens das Iota: so Nr. 70 b, Z. 2 *ΑΝΕΛΘΕΙ* *ἀνέλθῃ*. 76, Z. 7 *ΠΡΑΘΕΙ* *πραθῇ*. 93, Z. 12 u. 15 *ΕΞΕΛΘΕΙ*. 2155 *ΥΠΑΡΧΕΙ*. 2338, Z. 4 *ΣΥΝΤΕΛΕΙ* *συντελῇ*. 2353, Z. 15. 2483, Z. 14. 2484, Z. 14 *ΔΟΞΕΙ*. 2374, Z. 34 *ΑΞΙΩΣΕΙ*. 2953, Z. 2 *ΕΠΑΡΕΙ*. Z. 4 *ΑΠΟΚΡΥΨΕΙ*. 3044, Z. 37 *ΚΑΤΑΞΕΙ*. Z. 39 *ΠΟΙΗΣΕΙ*. 2266, Z. 12 *ΚΑΤΑΣΤΗΣΕΙ*, in derselben Inschrift aber Z. 6 *ΔΟΚΗΙ*. Z. 15 *ΣΥΝΤΕΛΕΣΘΗΙ*. *ΔΟΚΙΜΑΣΘΗΙ*. Z. 20 *ΕΠΑΝΓΕΙΛΗΙ*. 213, Z. 13. 2161, Z. 16 *ΝΙΚΗΣΗΙ*. 1570 a. 1845, Z. 114, 140, 143 *ΔΟΚΗΙ*. 1118, Z. 9. 2556, Z. 29 *ΕΧΗΙ*. 2161, Z. 13. 3059, Z. 7 *ΕΙΠΗΙ*. 1570 a *ΚΥΡΩΘΗΙ*. *ΣΥΝΤΕΛΕΣΘΗΙ*. *ΗΙ*. 1118, Z. 13 *ΠΑΡΕΧΗΙ*. 2161, Z. 13 *ΕΠΕΡΩΤΗΣΗΙ*. *ΕΠΙΨΗΦΙΣΗΙ*. 2265, Z. 16 *ΠΑΡΑΒΗΙ*. 2554, Z. 49 *ΕΛΘΗΙ*. Z. 84. 2555, Z. 8 *ΔΟΞΗΙ*. 2556, Z. 50 *ΑΔΙΚΗΣΗΙ*. *ΝΙΚΑΣΗΙ*. Z. 62 *ΤΕΘΗΙ*. 3059, Z. 7 *ΠΡΟΘΗΙ*. *ΕΠΙΨΗΦΙΣΗΙ*. 2569, Z. 13 *ΤΙΜΑΙ* *τιμᾷ*. 82, Z. 20 *ΔΙΔΩΙ*. 2693 c, Z. 15 *ΑΠΟΔΩΙ*. Ohne Iota kommen vor Nr. 126, Z. 33 *ΔΟΚΙΜΑΣΘΗ*. 355, Z. 19 *ΠΩΛΗΣΗ*. Z. 44 *ΦΩΡΑΘΗ*. 1755 *ΦΥΤΕΥΣΗ*, ferner 1844, Z. 16 *ΔΟΚΗ*. 2043, Z. 8 *ΤΟΛΜΗΣΗ*. 2060 *ΘΕΛΗ*. 2267, Z. 9 *ΠΑΡΑΚΑΛΗ*. 2271, Z. 13 *ΔΟΘΗ*. 2448, Z. VIII *ΑΠΟΔΕΙΧΘΗ*, *ΑΝΑΓΡΑΦΗ*, *ΕΥΡΕΘΗ*. 2525, Z. 39 *ΜΕΤΑΛΛΑΞΗ*. Z. 94 *ΑΔΙΚΗ*.

Optativ. Cram. A. O. II, 353 *δεῖ γινώσκειν ὅτι τὸ βιῴη ἔχει ἐν τῇ παραληγούσῃ τὸ ῑ. ἔστι δὲ εὐκτικὸν ὡς παρὰ Ἀριστοφάνει* (Ran. 177) „*ἀναβιῴειν* (sic) *νῦν πάλιν*.“ Erklärt wird die Form als von *βιοῖ* entstanden, mit Zusatz des $\overline{η}$ *βιοίη* und Verlängerung des $\overline{ο}$ in $\overline{ω}$ *βιῴη*. Ebendaselbst wird unrichtig *δῴη* als Optativ aufgefasst und ganz auf dieselbe Weise abgeleitet. Cram. Ep. 93, 25 *βιῴην ἔχει τὸ ἰῶτα. εὐκτικὴ γάρ ἐστι. βιούς, βιοῦντος, βιοῖμι, βιοῖς, βιοῖ, καὶ κατὰ πλεονασμὸν τοῦ* $\overline{η}$ *βιοίην, ὡς περιπατοῖμι, περιπατοῖς, περιπατοῖ, καὶ κατὰ ἔκτασιν τοῦ* $\overline{ο}$ *εἰς* $\overline{ω}$, *περιπατῴη, καὶ δοίη, δῴη*: ähnlich Zon. Lex. 390. Cram. An. Ox. II, 150, 12 *τὰ κατὰ τρίτον πρόσωπον τῶν εὐκτικῶν Ἀττικῶς διὰ τοῦ ην ἐπεκτεινόμενα διφθόγγῳ παραλήγεται, οἷον ἀγαπῷμι, ἀγαπῷς, ἀγαπῷ, καὶ Ἀττικῶς ἀγαπῴην.* Herod. zu *Ψ* 361 *προπαροξυτονητέον τὸ μεμνέῳτο. γράφεται δὲ καὶ σὺν τῷ ῑ τὸ ω. οὕτω δὲ καὶ ὁ Ἀσκαλωνίτης ἐκ τοῦ μεμνέοιτο ἡγούμενος αὐτὸ εἶναι. παρὰ μέντοι Ξενοφῶντι ἄνευ τοῦ ε̄ ἐστὶν ὁ σχηματισμὸς καὶ προπερισπᾶται ἐν Κύρου παιδείας πρώτῳ* (6, 3) *„ἀλλ' ὅτε τὰ ἄριστα πράττοι, τότε μάλιστα τὸν θεὸν μεμνῷτο." τὸ δὲ ἀνάλογον διὰ τοῦ η προσκειμένου τοῦ ῑ παρ' Ἀριστοφάνει ἐν Πλούτῳ δευτέρῳ* (992) *„ἵνα τοὐμὸν ἱμάτιον φορῶν μεμνῇτό μου."* Schol. Par. *Ψ* 361 (Cram. A. P. III, 292, 22) *μεμνέῳτο προπαροξυτόνως καὶ μετὰ τοῦ ῑ. Ξενοφῶν δὲ μεμνῷτο ἄνευ τοῦ ε̄. Κρατῖνος δὲ μέμνοιτο. τὸ δὲ ἀνάλογον διὰ τοῦ η προσκειμένου τοῦ ῑ* (cit. Arist. Plut. 992). *Πίνδαρος δὲ Δωρικώτερον διὰ τῆς αῑ διφθόγγου ἐν προσῳδίοις „μεμναίατ' ἀοιδῆς."* Dasselbe Et. Mg. 578, 54, für *Κρατῖνος* steht jedoch dort *Κράτης*: vgl. auch Suidas III, 777 unter *μεμνῇτο* und Zon. Lex. 1352.

Zon. Lex. 1752 *τρυγῷ καὶ τρυπῷ: Ὅμηρος* (ι 384) *„ὡς δ' ὅτε τις τρυπῷ δόρυ νήιον ἀνήρ." τὸ εὐκτικὸν τρυγάοιμι, τρυγῷμι, τρυγῷς* (Cod. *τρυγῷοι*) *τρυγῷ. „πῶς ἂν τις ὄμφακα τρυγῷ." οὕτως Ὧρος ὁ Μιλήσιος*, vgl. Et. Mg. 771, 4. In der aus Homer angeführten Stelle liest man allgemein *τρυπῷ*, bei Drakon de Metr. 86, 26 steht *τρυπᾷ*.

Es bleibt noch eine Angabe übrig in Betreff der Participialform *ἄρας* im Et. Mg. 38, 17 *„ἐπὶ δ' ἴαχε λαὸς ὄπισθεν, ὡς εἶδον τὸν νέκυν ᾄραντας Ἀχαιούς"* (*P* 723). *δεῖ γινώσκειν ὅτι τὸ ῑ ἔχει προσγεγραμμένον κατὰ παράδοσιν.* Dazu bemerkt Choiroboskos, dass es das Iota nicht haben darf, denn bei den Participien wird dasselbe ausgesprochen, z. B. *ᾔτησα αἰτήσας, ᾔσχυνα αἰσχύνας*, so auch *ᾖρα αρας* (?). *ἀλλ' ἐπειδὴ φησὶν ὁ τεχνικός, ὅτι ἡ παράδοσις ἔχει τὸ ῑ, σχηματιστέον αὐτὸ οὕτως. ἀείρω, ἀερῶ, ἤειρα, ἀείρας, καὶ κρά σει τοῦ α καὶ ε εἰς α μακρὸν ἄρας, καὶ μένει τὸ ῑ μὴ ἐκφωνούμενον*, vgl. auch Cram. Ep. 329, 33 ff. Also nicht als Participium, sondern als aus *ἀείρας* durch Contraction entstanden, hat es das beigeschriebene Iota.

Die Aoristformen der Verba liquida auf *αιρω* und *αινω* haben in vielen Ausgaben und Handschriften das Iota, so im Laurentianus zu Apoll. *Α* 611 *ἀπηνήναντο*, im Venetus A zu *Π* 93, 185 und *Ψ* 204 *ἀνήνασθαι* und *ἀνήνατο*. *Ξ* 171; *Π* 228 *κάθηρεν*. *Ξ* 270. *χήρατο*. *Γ* 373; *Ε* 59; *Ξ* 510, 515 *ἥρατο* und *ἐνήρατο*. *Κ* 499 *ἤειρεν*. Da dieses Iota mit dem Verbalstamm nichts zu thun hat, sondern nur mit dem Präsensstamm, bei welchem es um ein Silbe zurückversetzt wird (*φαν-ιω*, *φαίνω*, *χαρ-ιω*, *χαίρω*, wie *χερ-ιων*, *χείρων*, *ἀμεν-ιων*, *ἀμείνων*), so ist die Schreibweise mit Iota im Aorist, der vom reinen Stamm gebildet wird, falsch. Unrichtig haben auch noch drei andere Verbalformen im Venetus A das Iota *ὀρῴρῃ* *Ι* 610. *κικλῄσκετο* *Κ* 300. *ὁρᾶτο* *Φ* 390. Auch die Handschriften der Odyssee haben nicht selten in den Formen des Aorists der Verba liquida ein Iota subscriptum, vgl. Prolegomena zur Odyssee XXXVI—XXXVIII.

E. Die Krasis.

Cram. A. O. IV, 343, 27 *τὰ τρία μὲν εἴδη τῆς συναλοιφῆς τὰ ἁπλᾶ ταῦτα. ἔκθλιψις, κρᾶσις, συναίρεσις.* Dann heisst es weiter, dass diese sowol einzeln als auch mit einander verbunden vorkommen, so:

1. *ἔκθλιψις* und *κρᾶσις*; *καὶ ἐγώ, κἀγώ. ἐκθλίβεται τὸ ῑ τοῦ καί συνδέσμου, καὶ κιρνᾶται τὸ ᾱ καὶ ε̄ εἰς ᾱ, δηλονότι μακρόν.*

2. *ἔκθλιψις* und *συναίρεσις*: *ἐμοὶ ὑποδύνει, ἐμοὐποδύνει. ἐκθλίβεται γὰρ τὸ ῑ τῆς οι̅ διφθόγγου, τῆς οὔσης ἐν τῇ ἐμοί ἀντωνυμίᾳ, καὶ συναιρεῖται τὸ ο̅ καὶ τὸ ῡ εἰς τὴν ου̅ δίφθογγον.*

3. *κρᾶσις* und *συναίρεσις*: *ὁ αἰπόλος, ᾡπόλος. κιρνᾶται γὰρ τὸ ο̅ καὶ ᾱ εἰς ω̅ καὶ συναιρεῖται τὸ ω̅ καὶ τὸ ῑ εἰς τὴν ῳ̅ δίφθογγον.*

4. *ἔκθλιψις, κρᾶσις* und *συναίρεσις*: *οἱ αἰπόλοι, ᾡπόλοι. ἐκθλίβεται γὰρ τὸ ῑ τῆς* [*οι*] *διφθόγγου, καὶ κιρνᾶται τὸ ο̅ καὶ τὸ ᾱ εἰς ω̅, καὶ συναιρεῖται τὸ ω̅ καὶ τὸ ῑ εἰς τὴν ῳ̅ δίφθογγον.* Dasselbe Bekk. An. 698, nur steht dort *ᾠπόλος* und *ᾠπόλοι* für *ᾡπόλος* und *ᾡπόλοι*.

Et. Mg. 757, 24 *τήμῃ ἔχει τὸ ῑ κατὰ τὴν λήγουσαν, κατὰ δὲ τὴν ἀρχὴν οὔ, οἷον „ἀμφὶ δέ τοι τήμῃ κλισίῃ“* (*Ι* 654). *ἔστι γὰρ τῇ ἐμῇ, καὶ ἐκθλίβεται τοῦ ἄρθρου τὸ ῑ καὶ κιρνᾶται τὸ η̅ καὶ ε̄ εἰς η̅. καὶ ἔστι χωρὶς τοῦ ῑ ὡς τὸ „δῖε*

Μενοιτιάδη τὠμῷ κεχαρισμένε θυμῷ" (*Λ* 608), *ἔστι γὰρ τῷ ἐμῷ καὶ ἐκθλίβεται τὸ ῑ τοῦ τῷ ἄρθρου καὶ κιρνᾶται τὸ ω̄ καὶ τὸ ε̄ εἰς τὸ ω, καὶ γίνεται τὠμῷ χωρὶς τοῦ ῑ*, ähnlich Zon. Lex. 1728. *I* 654 hat der Venetus A *τῇ 'μῇι*, *Λ* 608 *τῷ 'μῷ* beidemale ohne Iota, aber nicht zusammengeschrieben. *Σ* 458 haben *υἱεῖ ἐμ' ὠκυμόρῳ* ACEL; *δ* 71 *τῷ 'μῷ* IKMNQS. *τῷ μῷ* ABDEL. Auch Apollonios Dyskolos (de Synt. 126 und de Pron. 51) führt *τὠμῷ* und *τῄμῇ* als Beispiele für die Krasis an. Jetzt schreibt man *τῷ ἐμῷ τῇ ἐμῇ* und liest es mit Synizese wie auch *ὢ ἀρίγνωτε, δὴ ἔπειτα, καὶ ἐγώ*. Dagegen findet sich im Homer *τἆλλα, ὥριστος* und *ωὑτός, οὑμός*, sowie *προὔφαινε* und ähnliches, aber nicht *κἀκεῖνος* oder *ὦλλοι*, wie Zenodot schrieb.

Et. Mg. 551, 27 *κῷνος ἀντὶ τοῦ καὶ οἶνος κατὰ συναλοιφήν, ὃ μετὰ τοῦ ῑ γράφεται. Ἀριστοφάνης Βατράχοις* (511) *„κῷνον κεράννυ γλυκύτατον." ἀντὶ τοῦ καὶ οἶνον. Ὧρος ὁ Μιλήσιος*. Et. Mg. 816, 34 *χῳ συμπόται, χῳ συγγενεῖς, ἀντὶ τοῦ καὶ οἱ ξυμπόται, καὶ οἱ συγγενεῖς. σὺν τῷ ῑ. οὕτω γὰρ λέγουσι, τὸ μὲν ῑ τοῦ συνδέσμου ἐκθλίβοντες καὶ ποιοῦντες κρᾶσιν τοῦ ᾱ ο εἰς τὸ ω̄. καὶ προσγράφουσι τὸ ῑ τῆς διφθόγγου τρέποντες ἀναγκαίως τὸ κ εἰς χ, οἷον χῳ τυμπανισμοί. οὕτως εὗρον εἰς τὴν ὀρθογραφίαν Ὥρου τοῦ Μιλησίου.*

Die Regeln über die Krasis sind hier so genau gegeben, als man es nur wünschen kann: hat das erste Wort das Iota, einerlei ob untergeschrieben oder nicht, so wird es ausgestossen, hat das zweite das Iota, so bleibt es als *προσγεγραμμένον*. Auch der Spiritus richtet sich nach dem zweiten Wort und man schreibt *ᾡπόλος* nicht *ᾧπόλος*, so auch *ὦλλοι* (Schol. *B* 1. *K* 1) *ὥριστος, ωὑτός*. In den Inschriften finden sich folgende Beispiele Nr. 8 *ΚΑΓΟ κἀγώ. ΗΑΙΣΟΠΟΣ ὁ Αἴσωπος* (*ᾇσωπος* nicht *ᾡσωπος*). *ΗΑΔΕΛΦΟΙ οἱ ἀδελφοί*. 39 *ΤΩΠΟΛΛΩΝΙ*. 1845, Z. 55 *ΚΑΥΤΟΙ*. 2134 b, Z. 22 *ΚΑΗΟ*. 3333, Z. 3 *ΚΑΓΩ*. 2554, Z. 181 *ΚΑΡΤΕΜΙΝ καὶ Ἄρτεμιν*. 2953, Z. 4 *ΚΑΝ καὶ ἄν*. Eine Ausnahme macht die Kretische Inschrift Nr. 2554; dort finden wir Z. 119, 120, 126, 127 u. ö. *ΚΗΣ* für *καὶ ἐς*. Z. 135, 136, 167 *ΚΗΠΙ* für *καὶ ἐπί*. Ferner Nr. 11 *ΤΟΙΝΤΑΥΤ τῷ 'νταῦτ'* für *τὠνταῦτ'*.,

F. Wortbildung.

Die alten Grammatiker achteten sehr genau darauf, ob einem Worte seiner Ableitung nach das Iota zukomme oder nicht: ein gewöhnlicher Grund dafür, dass ein Wort das beigeschriebene Iota haben müsse, war der, dass die Diphthonge ᾳ, ῃ, ῳ in der Diäresis vorkämen, so z. B. in κληίζω κλῄζω, λώιον λῷον, σφῶιν σφῷν, ὑπερώιον ὑπερῷον. Auch wenn drei Vocale, deren letzter Iota war, durch Contraction zu einem Diphthong wurden, führten sie dies als Grund an, dass das Iota dann dazu geschrieben werden müsse, so z. B. bei ᾄδω aus ἀείδω, ᾠδός aus ἀοιδός. Es kommen hier nur die Fälle in Betracht, welche von den alten Grammatikern überliefert sind, deshalb wird auf Vollständigkeit kein Anspruch gemacht.

Die abgeleiteten Verba auf ιζω, deren Stammwort langen Vocal hat, behalten dieses Iota: so κλῄζω, zerdehnt κληίζω, aus dem Attischen κλῄς statt κλείς (Homer hat nur κληίς, κληῖδες, vom Verbum κλήισεν und κληῖσαι, beides nur in den letzten Büchern der Odyssee), χρῄζω bei Homer χρηίζω λ 339; ρ 121, 558; Λ 835, χρῴζω von χρώς, welches auch ohne Iota geschrieben wird, φῴζω aus φῴς, der Brandfleck, σῴζω von σῶς und πλῴζω, welches häufiger in der Diäresis vorkommt. Verba, deren reiner Stamm auf γ ausgeht, wie οἰμώζω, κρώζω haben kein Iota. Choirob. Orthogr. 279, 3 χρῄζω: μετὰ τοῦ ι. χρηίζω γάρ. Cram. A. O. II, 312, 22 τὸ δὲ χρῄζω διὰ τοῦ η γράφεται καὶ μετὰ τοῦ ι. ἐπειδὴ ἀπὸ τοῦ χρέως γέγονε χρεΐζω καὶ κατὰ τροπὴν τοῦ ε εἰς τὸ η καὶ συναιρέσει τοῦ ι γέγονε χρῄζω. Theogn. Can. 142, 8 σεσημείωται τὸ χρῄζω διὰ τοῦ η γραφόμενον καὶ διὰ τοῦ ι ἀνεκφωνήτου. Et. Mg. 815, 4 χρῄζω, ἡνίκα σημαίνει τὸ δέομαι, ἔχει τὸ ι προσγεγραμμένον· ἀπὸ γὰρ τοῦ χρέος γίνεται χρεΐζω, καὶ τροπῇ τοῦ ε εἰς η χρηίζω „χρηίζοντο καὶ αὐτοί“ (Λ 835 χρηίζοντα καὶ αὐτόν), καὶ κατὰ συναίρεσιν χρῄζω. ὅτε δὲ σημαίνει τὸ χρησμῳδῶ, ἔστιν ἄνευ τοῦ ι, καίπερ τῆς ἐτυμολογίας ἀπαιτούσης σὺν τῷ ι γράφεσθαι .... ἀλλὰ πρὸς ἀντιδιαστολὴν τοῦ σημαίνοντος τὸ δέομαι οὐκ ἔχει τὸ ι, dasselbe Zonaras Lex. 1858. Et. Mg. 485, 46 τοῦτο (καλῄζω) δὲ ἡγοῦνται κατὰ συγκοπὴν γεγονέναι κλῄζω. οὐκ ἔστι δέ. εὑρίσκομεν γὰρ αὐτὸ σὺν τῷ ι. ἀλλ' ἀπὸ τοῦ κλέος κλεΐζω καὶ κληίζω καὶ κλῄζω, ὡς χρέος χρεῖζω χρηΐζω καὶ χρῄζω. Et. Mg. 741, 27 σῴζω: τὸ σώζω χωρὶς τοῦ ῑ λέγει ὁ Δίδυμος ... ἀλλ' ἡ παράδοσις ἔχει τὸ ῑ. τὸ δὲ σώζω ὅτε μὲν γίνεται ἀπὸ τοῦ σῶος σωΐζω, ὡς λέπος λεπίζω, καὶ κατὰ συναίρεσιν σῴζω, ἔχει τὸ ῑ. ἡνίκα δὲ ἀπὸ τοῦ σάος, σαόζω καὶ σώζω, οὐκ ἔχει προσγεγραμμένον τὸ ῑ. Zon. Lex. 1706 σώζω οὐκ ἔδει ἔχειν τὸ ῑ. ἡ μέντοι παράδοσις ἔχει τὸ ῑ, ἐφ' ὅσον ἔχει τὸ ζ. καὶ ἔστιν εἰπεῖν, ὥσπερ ἀπὸ τοῦ ἄνθρωπος ἀνθρωπίζω, οὕτω καὶ ἀπὸ τοῦ σῶος σωΐζω καὶ κατὰ συναίρεσιν σῴζω. Theognost. Can. 142, 21 τὰ εἰς ζω λήγοντα ... διὰ τοῦ ω μεγάλου γράφονται, οἷον κρώζω, οἰμώζω, πατρώζω, χρώζω. τὸ σῴζω, πλῴζω σὺν τῷ ῑ, εὕρηνται γὰρ ἐν διαιρέσει, σωΐζω, πλωΐζω τρισυλλάβως. Et. Mg. 677, 20 πλῴζω ἔχει τὸ ῑ. σημαίνει δὲ τὸ πλωΐζω ... πλωΐζω καὶ κατὰ συναίρεσιν πλῴζω, ὡς χρωΐζω χρῴζω. Et. Gud. 571, 42 χρῴζω, σημαίνει τὸ πλησιάζω. γίνεται δὲ παρὰ τὸ χρώς, χρωτός, χρωτίζω (sic) καὶ μετὰ τοῦ ἀνεκφωνήτου ἰῶτα χρῴζω. Et. Mg. 803, 47 φῴζειν σὺν τῷ ῑ. 677, 25 πεφωσμένος, ἀντὶ τοῦ κεκαυμένος, ἀπὸ τοῦ φῴζω, ὡς χρῴζω, ἅπερ ἔχει τὸ ῑ. Zon. Lex. 1838: φῴζω, τὸ καίω, σὺν τῷ ῑ. Στράττις „ἀλλ' εἰ μέλλεις ἀνδρείως φῴζειν.“ Aus den Inschriften lassen sich für diese Worte nur wenige Belege beibringen, so Nr. 231, Z. 3 *ΑΝΑΣΩΙΖΟ[ΜΕΝΟΙΣ]*. 2488 I, Z. 7 *ΣΩΙΖΟΜΕΝΑΙ* σῳζομένᾳ. In der Urkunde über das Attische Seewesen bei Boeckh IV b, Z. 5 *ΣΩΙΖΟΜΕΝΗ* und XXVII der Schiffsname *ΣΩΙΖΟΥΣΑ*. Dagegen steht in der Inschrift Nr. 1339 *ΣΩΖΕΙΝ* und 1794 a *ΣΩΖΩΝ*, wobei zu bemerken ist, dass beide Inschriften dieses Iota nirgends haben. 2278 *ΔΙΑΣΩΖΕ*. 175, Z. 4 *ΕΥΚΛΕΙΖΩΝ* εὐκλῄζων, dagegen 1907, Z. 3 *ΚΛΗΖΕΤΑΙ*. 2483, Z. 22 *ΧΡΗΙΖΗΙ*. 569, Z. 7 *ΧΡΗΖΟΝΤΑ*.[80])

Die durch die Ableitungssilben ιος und ιον gebildeten Wörter behalten das Iota, auch wenn das Stammwort langen Vocal hat, so Μινῷος von Μίνως, ἡρῷος von ἥρως, ζῷον von ζώς, ὑπερῷον, wofür bei Homer auch ὑπερώιον vorkommt. Et. Mg. 26, 38 Ἀθῶος (sic): σημαίνει τὸν ἐν τῷ Ἄθῳ ὄρει τιμώμενον. κατὰ ἀκρίβειαν δὲ ὤφειλεν ἔχειν τὸ ῑ καὶ περισπᾶσθαι,

[80]) Ueber die Schreibweise σώιζω in älteren Handschriften, vgl. H. Werner in Fleckeisens Jahrbüchern 1865, S. 240.

ἐπειδὴ ἀπὸ τοῦ Ἄθως τοῦ ὄρους ἐγένετο. τὰ δὲ ἀπὸ τοῦ εἰς ως διὰ τοῦ ωος παράγωγα σὺν τῷ ι γράφεται καὶ περισπᾶται, οἷον Μίνως Μινῷος, πάτρως πατρῷος, μήτρως μητρῷος, ἥρως ἡρῷος. οὕτω καὶ Ἄθως Ἀθῷος ὤφειλεν εἶναι, ἀλλὰ πρὸς ἀντιδιαστολὴν τοῦ ἀθῷος τοῦ ἐπὶ τοῦ ἀζημίου καὶ τὸ ι ἀποβάλλει καὶ προπαροξύνεται, so Choiroboskos. Zon. Lex. 59 τὸ τοπικὸν Ἄθωος χωρὶς τοῦ ι, dasselbe Cram. A. P. IV, 96, 20. Cram. An. Ox. II, 108, 12 θωή, ἡ ζημία. τοῦτο δὲ καὶ σὺν τῷ ι, ἐξ οὗ καὶ τὸ ἀθῷος. Et. Mg. 26, 23 ἀθῷος ὁ ἀζήμιος. ἔχει τὸ ι ἐκ παραδόσεως, ἐπειδὴ εὕρηται θωιή, ὡς παρὰ Ἀρχιλόχῳ „ὡς δ' ἄν σε θωιὴ λάβοι,“ auch der Venetus A hat *N* 669 θωιήν. Anders Eustath. 218, 2 εἰ δὲ καὶ Ζεὺς Ἄθῳος προπαροξυτόνως ὁ ἐν τῷ Ἄθῳ τιμώμενος μετὰ προσγραφῆς τοῦ ι πρὸς διαστολὴν τοῦ ἀθῶος ὁ ἀζήμιος, οὐδὲ ἐκεῖ ἄρα ἡ διάλυσις τοῦ ἀθώιος συνετέλεσεν εἰς προπερισπασμόν, ὁποῖος γίνεται ἐν τῷ πατρώιος πατρῷος, Μινώιος Μινῷος, καὶ τοῖς ὁμοίοις. An einer anderen Stelle widerspricht sich Eusthath. selber 102, 35 ἀρέσκει δὲ τοῖς παλαιοῖς ἡ πρώτη ἐτυμολογία (κείω, κοῖος καὶ ἐκτάσει κῷος), δι' ἧς καὶ ἡ προσγραφὴ τοῦ ι βοηθεῖται ἐν τῷ ὀρεσκῷος, οὗ τὸ ἀνάλογον κατὰ τὸ Ἀχελῷος καὶ ἀθῷος. Cram. A. O. II, 286, 22 τὰ διὰ τοῦ ωιος κτητικὰ διφθόγγῳ παραλήγεται. Κῷος, ἡρῷος, Μινῷος. τινὲς δὲ καὶ τὸ σῷος μετὰ τοῦ ι γράφουσιν. Theogn. Can. 49, 17 Κῷος. δηλοῖ δὲ τὸν πολίτην τῆς Κώ. τοῦτο γὰρ διὰ τῆς ωι διφθόγγου γράφεται. 49, 19 τὰ διὰ τοῦ ῳος κτητικὰ διὰ τῆς ωι διφθόγγου γράφεται, οἷον Κῷος, Μινῷος, ἡρῷος, ἀνδρῷος, ἀστρῷος, πατρῷος. Et. Mg. 551, 29; Zon. Lex. 1275 Κῷος σὺν τῷ ι γράφεται ἐπειδὴ εὕρηται κατὰ διάστασιν. Καλλίμαχος „τῷ ἴκελον τὸ γράμμα τὸ Κώιον.“ ἢ ὅτι τὰ εἰς ος κτητικὰ τῷ ι θέλει παραλήγεσθαι. ἔστωσαν δὲ παραδείγματα ταῦτα, Ἡροδότειος, Ἀριστάρχειος, πατρῷος, Μινῷος (Cod. μηνῷος), ἡρῷος, οὕτως οὖν καὶ Κῷος. Zu dem Fragment des Kallimachos, worin bei Zonaras S. 1275 γραμματεῖον, S. 1276 aber γράμμα steht, bemerkt Tittmann „suspicor autem referri verba ex fragmento, quod servavit Suidas v. Σιμωνίδης. fragm. Call. LXXI. οὐδὲ τὸ γράμμα ‖ ᾐδέσθη τὸ λέγον, μ' υἷα Λεωπρεπέως ‖ κεῖσθαι Κώιον ἄνδρα“, wofür aber Suidas Κήιον hat. λαγωός und πατρωός haben kein Iota nach Et. Mg.

26, 34; Arkadios 42, 24. — Et. Mg. 630, 12 *ὀρεσκῷος*: ὀρεσίκοιος, καὶ κατὰ συγκοπὴν καὶ τροπὴν τοῦ ο̄ εἰς ω̄ ὀρεσκῷος, καὶ μένει τὸ ῑ προσγεγραμμένον. Philemon p. 85 *ὀρεσκῷος*... ὀρεσίκοιος, καὶ συγκοπῇ καὶ τροπῇ τοῦ ο εἰς ω̄ μέγα ὀρεσκῷος. καὶ μένει τὸ ῑ προσγεγραμμένον. τὰ γὰρ διὰ τοῦ ῳο̄ς ὑπὲρ δύο συλλαβὰς ἔχει τὸ ῑ κατὰ τὴν παραλήγουσαν καὶ προπερισπᾶται, οἷον Ἀχελῷος, Μινῷος, πατρῷος, ἡρῷος, ὀρεσκῷος. οἷς συνεξηκολούθησε καὶ τὸ ἀθῷος. χωρὶς τοῦ *κολωός*, ὃ σημαίνει τὸν θόρυβον. Bei Homer steht ὀρεσκῷος *Α* 268; *ι* 155: der Venetus A hat das Iota. Et. Mg. 741, 43 τὸ δὲ *σῷος* (ἔλεγεν ὁ *Δίδυμος*) σὺν τῷ ῑ γράφεται, ὡς ἀπὸ τοῦ ὁ σῶς τοῦ σῶ. τὰ γὰρ ἀπὸ τοῦ εἰς ω̄ς διὰ τοῦ ω̄ος [παράγωγα] σὺν τῷ ῑ [γράφεται]. Μίνως Μινῷος, ἥρως ἡρῷος. 741, 54 δεῖ δὲ γινώσκειν ὅτι τὸ σῶος ἄνευ τοῦ ῑ ἡ *παράδοσις* οἶδε ... ἡ δὲ συνήθης γραφὴ σῶος. λέγει δὲ *Ὧρος ὁ Μιλήσιος* ἔχειν τὸ ῑ προσγεγραμμένον. Zon. Lex. 1703 σῶος, ὁ ὑγιής. *Δίδυμος* σὺν τῷ ῑ λέγει. ἀπὸ τοῦ ὁ σῶς τοῦ σῶ (Cod. σῶς) γίνεται σῷος. τὰ γὰρ ἀπὸ τῶν εἰς ως διὰ τοῦ ω̄ος παραγόμενα σὺν τῷ ῑ γράφεται, οἷον ἥρως ἡρῷος, Μίνως Μινῷος. οὕτως οὖν καὶ σῶς σῷος. Schmidt, Didymus p. 340. Philemon p. 147 σῷος, ὁ ὑγιής, προσγεγραμμένον ἔχει τὸ ῑ, ὥσπερ πατρῷος, μητρῷος, σῷος, ὁ ὁλόκληρος, ὃ παρὰ τοῖς Ἀττικοῖς σῶς λέγεται, λῷον, *ἑῷος*, *παππῷος*. οὕτω καὶ σῷος. ἐκ τούτου καὶ σῴζω, ὃ δὴ καὶ προσγράφεται, τὴν τοῦ σῷος προσγεγραμμένην τηροῦν.

Theogn. Can. 130, 15 τὰ διὰ τοῦ ω̄ον δισύλλαβα σπάνια, διὰ τῆς ῳι διφθόγγου γραφόμενα, ἅπερ εἴωθε πολλάκις καὶ διαίρεσιν πάσχειν τοῦ ῑ, οἷον *ζῷον* ζώιον, *Πτῷον* Πτώιον, τὸ ὄρος. τὸ *Κῷον*, *λῷον* οὐ μονογενῆ. τὸ *ᾠόν*, περὶ τόνου διαλλάξαν, τὴν γραφὴν ἐφύλαξεν. λέγεται δὲ καὶ ἐν διαλύσει ὤιον καὶ ὤεον πλεονασμῷ τοῦ ε̄. ὠεόν kommt vor in einem Fragment der Orphischen Theogonie, III b bei Düntzer. Zon. Lex. 1879 *ᾠόν*: ἔχει τὸ ῑ. εὕρηται γὰρ κατὰ διάστασιν, ὡς παρὰ Σαπφοῖ „φασὶ δὴ ποταμὸν ὑακίνθινον Λήδαν πεπυκαδμένον εὑρεῖν ὤιον.“ ἀλλὰ καὶ τὰ διὰ τοῦ ῳον οὐδέτερα μονογενῆ θέλουσιν ἔχειν τὸ ῑ, οἷον *ζῷον*, *ὑπερῷον*, *προστῷον*, *περιστῷον*, *Πτῷον* ὄνομα ὄρους. οὕτως οὖν καὶ ᾠόν. πρόσκειται μονογενῆ διὰ τὸ σῶος, καὶ ὁ ζῶος, τὸ ζῶον. ταῦτα γὰρ οὐκ ἔχουσιν, ὅτι οὐκ εἰσὶ μονογενῆ βαρύτονα, οἷον ζῷον, Πτῷον. Theogn. Can. 130, 21 τὰ διὰ τοῦ ῳον ὑπὲρ δύο συλλαβὰς μονογενῆ τῇ ωι διφθόγγῳ παραλήγεται. ἐνίοτε δὲ καὶ αὐτὰ διὰ ποιητικὴν χρεῖαν ἀναλύονται, ὑπερῷον ὑπερώιον, περιστῷον περιστώιον, Μινῷον Μινώιον (Cod. μηνῷον μηνώϊον). Philemon p. 92 πατρῷον τὸν πατρικὸν σημαίνει καὶ ἔστι κτητικὸν ὄνομα. γίνεται μὲν ἐκ τῆς πατρός γενικῆς πατροῖος, ὁ τοῦ πατρός, ὡς παντός, παντοῖος. καὶ ἐκτάσει τοῦ ο εἰς ω πατρῷος, μένοντος ἐν προσγραφῇ τοῦ ἰῶτα. οὕτω δὲ καὶ τὸ μητρῷος γίνεται, καὶ παππῷος. ἐκφωνηθέντος δὲ τοῦ προσγεγραμμένου ἰῶτα γίνεται πατρώιος, μητρώιος, παππώιος. οὕτω καὶ ὁ Μινῷος Μινώιος, καὶ τὸ λῷον λώιον, καὶ τὸ ὑπερῷον ὑπερώιον, ὅθεν τὸ ὑπερωιόθεν (Cod. ὑπερώϊθεν) παρὰ τῷ ποιητῇ (α 328). Homer hat μητρώιον τ 410 und πατρώιος Β 46, 186; Ε 125; Ζ 215, 231; Τ 387; Υ 391; Φ 44; α 175, 187, 387, 417; β 22, 254, 286; μ 136; ν 188, 251; π 388; ρ 69, 80, 522; υ 336; χ 61, niemals die contrahierten Formen. Μινώιος Hym. II, 218. Philemon p. 174 ὑπερῷον λέγεται τὸ ὑποκείμενον οἴκημα. ῷα γὰρ κατὰ γλῶσσαν τὰ οἰκήματα ... ἔχει δὲ προσγεγραμμένον τὸ ι. Et. Mg. 665, 1 περίστῳον σὺν τῷ ι γράφεται χαρακτῆρι τῶν διὰ τοῦ ῳον. προπαροξύνεται. τὸ δὲ προστῷον προπερισπᾶται. καὶ ὤφειλεν ἢ τὰ δύο προπερισπᾶσθαι ἢ τὰ δύο προπαροξύνεσθαι. ἀλλ' ἡ παράδοσις τὸ μὲν ἓν οἶδε προπαροξύτονον, τὸ δὲ ἕτερον προπερισπώμενον. Zon. Lex. 1778 ὑπερῷον ... ἐκ τοῦ οἶος καὶ τῆς ὑπὲρ προθέσεως ὑπεροῖον, καὶ αὐξήσει τοῦ ο εἰς ω μέγα ὑπερῷον, καὶ μένει τὸ ι προσγεγραμμένον. Zon. Lex. 967 ζῷον, παρὰ τὸ ζῶ, ἢ ἀπὸ τῆς ζωῆς. γράφεται δὲ διὰ τοῦ ι, ἐπειδὴ εὕρηται κατὰ διάστασιν ὡς παρὰ Σιμωνίδῃ. φησὶ γὰρ „τὸ δ' ἡμῖν (ἧμιν?) ἑρπετὸν παρέπτατο ζώιον κάκιστον." καὶ διὰ τὸν χαρακτῆρα τῶν (Cod. τὸν) διὰ τοῦ ῳον. τὰ γὰρ διὰ τοῦ ῳον οὐδέτερα μονογενῆ θέλουσιν ἔχειν [ἐν τῇ παραληγούσῃ oder πρὸ τέλους] πάντοτε τὸ ι, οἷον Πτῷον, ὄνομα ὄρους, περιστῷον, προστῷον, ὑπερῷον. οὕτως οὖν τὸ ζῷον σὺν τῷ ἰῶτα. Cram. A. O. II, 371, 23 ζῷον: γίνεται παρὰ τὸ ζῆν. προσγράφεται δὲ τὸ ι. τὰ διὰ τοῦ ῳον οὐδέτερα μονογενῆ ἔχουσι τὸ ι προσγεγραμμένον καὶ περισπῶνται οἷον ὑπερῷον, στῷον, περιστῷον. Theogn. Can. 106, 24 τὰ διὰ τοῦ ῳα δισύλλαβα καὶ ὑπὲρ δύο συλλαβὰς *διὰ τῆς ωι διφθόγγου γράφονται, οἷον ῴα ἡ μηλωτή, ἠῷα, προθυρῷα, ὑπερῷα. ταῦτα δὲ οὐ παρὰ πᾶσιν ἔχει τὸ ῑ, Κριῷα, ὄνομα δήμου Ἀττικοῦ, ψοθῷα ἡ ψώρα.* Et. Mg. 780, 19 *ὑπερῷον ... ἔχει καὶ τὸ ῑ προσγεγραμμένον. καὶ ὑπερῷος οἶκος, κτητικόν.* Zon. Lex. 946 *ἑῷον: ἀνατολικόν, ὀρθρινόν. σὺν τῷ ῑ, κτητικὸν* [*γὰρ*] *ἀπὸ τῆς ἑώς. τὸ δὲ ἑωσφόρος οὐκ ἔχει.* Die Handschriften haben in den meisten oben angeführten Fällen das Iota (Schmidt Did. p. 339): dasselbe findet sich auch in Inschriften: Nr. 31. 134, Z. 11. 139, Z. 28. 161, Z. 9. 209, Z. 3 *ΚΟΙΟΣ Κῷος*. 1590, Z. 21 *ΚΩΙΟΣ*. 2236, Z. 3 *ΚΩΙΑΙ*. 2509, Z. 3. 2512, Z. 3 *ΚΩΙΩΝ*. 142, Z. 4 *ΚΟΟΙ*. 160, Z. 42 *ΖΟΙΑ ζῷα*. 2448 I, Z. 12 *ΖΩΙΑ*. 3538, Z. 15 *ΦΥΣΙΖΩΙΩΙ*. 2694 a, Z. 9. b, Z. 10 *ΥΠΕΡΩΙΟΙΣ*, dagegen 3402 ohne Iota. 2448 I, Z. 14 *ΗΡΩΙΟΝ*, in den späteren Inschriften aber fehlt das Iota, so 916 (4mal). 1812, 1981, Z. 3. 1993, Z. 2. 2690 (2mal). 3032, 3039, 3282, 3304, Z. 6. 3359, 3386, Z. 2 und 10. In *ΣΩΩ* Nr. 39 fehlt ebenfalls das Iota.

Die Deminutiva auf *ιδιον* haben, wenn im Stammwort ein kurzer Vocal vorhergeht, einen Diphthong in der drittletzten Silbe, selten blosses Iota, wenn das Stammwort langen Vocal hat, die uneigentlichen Diphthonge *ᾳ, ῃ, ῳ.* Et. Mg. 230, 4 *γήδιον: τριῶν ὄντων τῶν πρωτοτύπων, γῆ καὶ γαῖα καὶ γέα, ἐκ ποίου τούτων γέγονε τὸ γήδιον; λέγει δὲ ὁ Δίδυμος, ὅτι ἐστὶ γέα διὰ τοῦ ε. καὶ ἐπειδή, ἡνίκα ἡ τελευταῖα συλλαβὴ τῆς γενικῆς τοῦ πρωτοτύπου ἀπὸ φωνήεντος ἄρχεται καὶ παραλήγει τῷ ε ἢ τῷ ο, τότε γίνεται διὰ τοῦ διον ἡ παραγωγὴ καὶ προσέρχεται κατὰ τὴν παραλήγουσαν* (sic) *τὸ ῑ, οἷον πράξεως πραξείδιον, λέξεως λεξείδιον, βοῦς βοός βοΐδιον, νοῦς νοός* (sic) *νοΐδιον, οὕτως οὖν γέα γείδιον διὰ τῆς ει διφθόγγου καὶ κατ' ἔκτασιν Ἀττικὴν τοῦ ε εἰς η γήδιον διὰ τοῦ η καὶ ῑ, ὥσπερ εἰκάζω ᾔκαζον καὶ εἴδειν ᾔδειν. περὶ δὲ τούτου ζήτει εἰς τὸ περὶ κτητικῶν τοῦ Χοιροβοσκοῦ.* Et. Mg. 486, 16 *καλῴδιον τὸ σχοινίον, σὺν τῷ ῑ γράφεται. καὶ ὤφειλεν εἶναι καλίδιον, ἐπειδὴ ἡ τελευταῖα συλλαβὴ τῆς γενικῆς τοῦ πρωτοτύπου ἀπὸ συμφώνου ἄρχεται, οἷον κάλος κάλου. τότε γὰρ διὰ τοῦ ιδιον γίνεται ἡ παραγωγή, οἷον γνώμη γνωμίδιον. ἀλλὰ συνεξηκολούθησε τῷ λαγῴδιον, στῴδιον.* Der Irrthum in die ser Angabe ist leicht zu erkennen, es kann nicht *καλίδιον* heissen, da das *πρωτότυπον* nicht *κάλος*, sondern *κάλως* ist. Zon. Lex. 1161 *καλῴδιον σὺν τῷ ῑ γράφεται. συνεξηκολούθησε γὰρ τῷ λαγῴδιον, στῴδιον, κῴδιον. σημαίνει δὲ τὸ στῴδιον τὴν στοάν.* Philemon p. 67 *καλῴδιον σὺν τῷ ῑ γράφεται. συνεξηκολούθησε γὰρ τῷ λαγῴδιον, στῴδιον, ἡ στοά, κῴδιον.* Theogn. Can. 124, 1 *τὰ διὰ τοῦ ωιδιον οὐδέτερα μονογενῆ προπαροξύτονα διὰ τοῦ ῑ γράφει τὴν πρὸ τέλους καὶ τὴν πρὸ αὐτῆς εἰς τὴν ωι δίφθογγον, οἷον ζῴδιον, κῴδιον, καλῴδιον, στῴδιον.* 121, 32 *τὸ ζῴδιον διὰ τῆς ωι διφθόγγου.* Choirob. Orthogr. 216, 5 *ζῴδιον: τὸ μὲν τὸ δι ῑ (τὸ ζω μέγα διὰ τοῦ ῑ?)*, wie 216, 3 *ζῷσον: τὸ ζω μέγα σὺν τῷ ῑ.* Et. Mg. 413, 14 *ζῴδιον σὺν τῷ ἰῶτα, ἐπειδὴ εὕρηται κατὰ διάστασιν. Ἄρατος* (544) „*ζωίδιον δέ ἑ κύκλον ἐπίκλησιν καλέουσιν.*“ *ἢ ἐπειδή ἐστι ζῷον ζῴου, ὅπερ ἔχει προσγεγραμμένον τὸ ἰῶτα. καὶ ἐπειδὴ ἡ τελευταῖα συλλαβὴ τῆς γενικῆς τῶν πρωτοτύπων ἀπὸ φωνήεντος ἄρχεται, γίνεται ζωίδιον, ὡς εἴρηται, τοῦ ῑ ἀπὸ τοῦ πρωτοτύπου ὄντος.* Dies ist insofern unrichtig, als das *πρωτότυπον* nicht *ζῷον*, sondern *ζῶς* ist, davon ist *ζῷον* durch die Ableitungssilbe *ιον*, *ζῴδιον* durch *ιδιον* herzuleiten, wie *καλῴδιον* von *κάλως*, *λαγῴδιον* von *λαγώς*. Zon. Lex. 1276 *κῴδιον τὸ δέρμα. κωίδιον γέγονε καὶ συναιρέσει κῴδιον. καὶ τὸ λαγῴδιον ἔχει τὸ ῑ, ὅτι ἀπὸ τοῦ λαγωός, λαγωοῦ γέγονε, κατὰ συνδρομὴν τοῦ κῴδιον καὶ στῴδιον. σημαίνει δὲ τὴν μικρὰν στοάν. συνεξέδραμε τούτοις καὶ τὸ καλῴδιον, καὶ ἔχει τὸ ῑ προσγεγραμμένον. σημαίνει δὲ τὸ σχοινίον. κῶας*, das Vliess, wird im Laurentianus immer mit Iota geschrieben *κῷας* *B* 211, 871, 1145, 1193. *Γ* 2, 13, 29, 339, 375, 416. *Δ* 102, 1050 u. ö.

Nicht in eine Reihe mit diesen Bildungen sind zu stellen die Deminutiva *κλειδίον*, *παιδίον*, *δᾳδίον* und *ληδίον*, da hier das *δ* zum Stamme gehört, vgl. Arkadios p. 119 *οὐ γὰρ διὰ τοῦ διον, ἀλλὰ διὰ τοῦ ιον. τὸ γὰρ δ τοῦ πρωτοτύπου ἐστίν*: zu vergleichen ist hierüber Bekk. An. 793, über die auf *ιδιον* Et. Mg. 142, 13. Zon. Lex. 303. Philemon p. 27, 68: die letzteren sind Proparoxytona, erstere meistens Paroxytona und diese haben das Iota nur dann, wenn das Prototypon es hat, wie *δᾳδίον*. Deshalb hat auch *γήδιον* das Iota nicht, vgl. Eustath. p. 1146, 65 *παροξύνεσθαι θελήσας τὸ ΛΗΙΔΙΟΝ ὁ Δίδυ-*

μος ἀποστερεῖ αὐτὸ καὶ τοῦ κατὰ τὴν παράδοσιν προσγεγραμμένου ῑ. ἐπεί, φησί, λῆδος τὸ πρωτότυπον, ὅ Δωριεῖς λᾶδός φασιν, ὡς Ἀλκμάν „λᾶδος εἱμένα καλόν,“ ὅ ἐστιν ληδίον ἐνδεδυμένη εὐειδές. ἀπὸ γοῦν τοῦ λῆδος, φησί, μὴ ἔχοντος τὸ ῑ γεγονὸς τὸ ληδίον οὐδ' ἂν αὐτὸ ἔχοι τὸ ῑ, dazu Schmidt Did. p. 341. Philemon p. 68 führt γήδιον ohne Iota an.

Als Belege aus den Inschriften dienen Nr. 155, Z. 35 ΖΩΙ[ΔΙΑ]. 150 A, Z. 16. B, Z. 9. 151, Z. 7. 153, Z. 10 ΕΝΩΙΔΙΩ. Urk. über das Attische Seewesen bei Boeckh XXVII b ΚΑΛΩΙΔΙΑ. Et. Mg. 437, 56 Ἡρῴδης ἔχει τὸ ῑ προσγεγραμμένον. ἔστι γὰρ ἥρως, ἥρωι, καὶ γίνεται Ἡρωίδης καὶ κατὰ συναίρεσιν τοῦ ω̄ καὶ ῑ εἰς τὴν ῳ̄ δίφθογγον Ἡρῴδης. καὶ ἄλλως. τὰ εἰς δης πατρωνυμικὰ ἢ τύπου πατρωνυμικοῦ θέλει ἔχειν πρὸ τοῦ δ̄ ἢ τὸ ῑ ἢ τὸ ᾱ, οἷον Πηλείδης, Πυλάδης. Μινῴδης. Philemon p. 29 ἥρως, ἡρωίδης, καὶ συναιρέσει Ἡρῴδης. Auch Ἡρῳδιανός hat vielfach das Iota, so Et. Mg. 438, 5. und bei Eustathios. C. Inscr. Nr. 3155, Z. 5 ἩΡΩΙΔΗΣ, dagegen 2502 zweimal ΗΡΩΔΗΣ.

Ausserdem finden sich für das Iota noch bei folgenden Wörtern Belege in den Schriften der alten Grammatiker:

1. Ἅιδης. Et. Mg. 17, 19 ἀείδης, καὶ κράσει τοῦ ᾱ καὶ ι εἰς ἄλφα μακρὸν ᾅδης. καὶ μένει τὸ ῑ προσγεγραμμένον. Homer hat noch überall Ἀϝίδης mit kurzem ᾰ, mit dem Verschwinden des Digamma wurde das α lang und Iota dazu geschrieben, wobei der Spiritus asper als Ersatz für das Digamma an die Stelle des Spiritus lenis trat, wie in ἑλίσσω, ἁνδάνω, ἕσπερος, ἑστιάω, ἕλκω, ἕννυμι. C. I. 2240, Z. 10 ΑΙΔΗΣ. 3333, Z. 5 ΑΙΔΑΝ.

2. ᾄδω. Et. Gud. 9, 33; Cram. Ep. 20, 28 ἀείδω καὶ συναιρέσει τοῦ αε εἰς α μακρὸν ᾄδω, καὶ μένει τὸ ῑ μὴ ἐκφωνούμενον. Choirob. Orth. 281, 11 ᾠδή: μετὰ τοῦ ῑ παρὰ τὸ ᾄδω, ἀοιδή καὶ ᾠδή. Theogn. Can. 86, 4 ἀπὸ γοῦν τοῦ ἀοιδὸς γίνεται κατὰ κρᾶσιν τοῦ αο εἰς ω ᾠδὸς διὰ τῆς ωι διφθόγγου, μένει γὰρ τὸ ῑ, μὴ ἐκφωνούμενον διὰ τὸ μέγεθος τοῦ ω. τὰ γοῦν ἐξ αὐτοῦ συγκείμενα διὰ τῆς ωι διφθόγγου γράφονται, οἷον ὑμνῳδός, μελῳδός, τραγῳδός, κωμῳδός, ψαλμῳδός. Choirob. Orth. 281, 13 κωμῳδός, μελῳδός, ῥαψῳδός, σὺν τῷ ῑ παρὰ τὸ ᾠδή. Cram. A. O. II, 308, 8

πάντα τὰ εἰς δος λήγοντα ἀρσενικὰ τῷ ω παραληγόμενα παρὰ τὴν ᾠδήν γινόμενα διὰ τοῦ ω μεγάλου (? διὰ τῆς ῳ διφθόγγου) γράφονται, οἷον κωμῳδός, ψαλμῳδός, τραγῳδός, μελῳδός. Theogn. Can. 141, 7 τὰ παρ' ὄνομα (? παρώνυμα) εἰς δω λήγοντα ῥήματα περισπώμενα ἀπὸ τῶν εἰς δος ὀνομάτων τῇ ωι διφθόγγῳ παραληγομένων γινόμενα φυλάττει τὴν ωι δίφθογγον ἐν τῇ πρὸ τέλους, οἷον μελῳδῶ, ὑμνῳδῶ, τραγῳδῶ, ähnlich Et. Gud. 577, 4. Cram. An. Ox. II, 32, 17 ἀηδόνος: τοῦτο καὶ σὺν τῷ ι· ἐκ γὰρ τοῦ ἀείδω ἀειδών καὶ τροπῇ τῆς ει Αἰολικῶς εἰς η ἀηδών, καὶ φυλάττει τῆς ει τὸ ι. In den Inschriften steht das Iota bald, bald fehlt es: 1579, Z. 4 und 1580 *ΑΙΔΟΝΤΟΣ*, dagegen 863 b *ΑΔΩΝ*. 3425, Z. 3 *ΩΔΟΝ*. Nr. 101, Z. 29. 107, Z. 23. 1845, Z. 21 und 86. 2338, Z. 6. 2339, Z. 5. 2374, Z. 65, 72, 75. 3088, Z. 11 *ΤΡΑΓΩΙΔΩΝ*, *ΤΡΑΓΩΙΔΙΑΙ* u. ähnl. Dagegen fehlt das Iota 108, Z. 31. 1584, Z. 20, 28, 46. 1585, Z. 12, 15, 16. 1586, Z. 24. 2347 c, Z. 49. *ΚΙΘΑΡΩΙΔΟΣ* 152, Z. 18. 1584, Z. 17; dagegen ohne Iota 1586, Z. 27. 3088 b, Z. 8. *ΚΩΜΩΙΔΙΑΙ* 229, Z. 2 und 3. 3088, Z. 10; ohne Iota 1584, Z. 22, 48, 50. 1585, Z. 13, 14. 1586, Z. 26. *ΡΑΨΩΙΔΟΣ* 1584, Z. 7. 2214, Z. 9. 2360, Z. 36; ohne Iota 1585, Z. 10. 1587, Z. 15. *ΑΥΛΩΙΔΟΣ* 1584, Z. 13. *ΥΜΝΩΔΙΑΣ* ohne Iota 2715, Z. 7. 3160, Z. 7. 3170, Z. 1 und 16. Ueber die Formen ῥαψαϝυδός, κιθαραϝυδός, κωμαϝυδός in der Orchomenischen Inschrift Nr. 1583 ist schon oben gesprochen: die Böotischen Inschriften 1585—1587 haben in diesen Wörtern nie das Iota, Nr. 1584 nur in drei Fällen, in den übrigen vier nicht.

3. ἀλῳή. Dieses Wort hat im Venetus A überall das Iota und es scheint dies auf alter Ueberlieferung zu beruhen. Theogn. Can. 108, 18 σεσημείωται διὰ τοῦ ω μεγάλου γραφόμενα τὸ ἐρωή, ἰωή, ἀλῳή (Cod. ἀλῴη). τοῦτο δὲ ἀπὸ τοῦ ἀλοιῶ ῥήματος γεγονὸς σὺν τῷ ι γράφεται. Cram. A. P. III, 211, 9 τὸ ἀλωάς μετὰ προσγεγραμμένου ι γράφουσιν οἱ παλαιοί. Et. Mg. 74, 21 παρὰ τὸ ἀλοιῶ γίνεται ἀλῳή μετὰ τοῦ ι, dagegen 74, 25 ἀλωή σημαίνει χωρὶς τοῦ ι τὸ σύμφυτον χωρίον καὶ σύνδενδρον τόπον, παρὰ τὴν ἄλσιν τὴν αὔξησιν. ἄλδω οὖν ἀλωή, χωρὶς τοῦ ἰῶτα. Vier gegen eins, denn der Venetus muss als vollwichtiges Zeugnis gelten.

4. Ἀχελῷος. Zon. Lex. 360 Ἀχελῷος, ποταμὸς Ἀρκαδίας,

σὺν τῷ ι, ἐπειδὴ εἴρηται (besser wohl εὕρηται) κατὰ διάστασιν Ἀχελώιος, ἢ ὅτι οἱ Βοιωτοὶ (Cod. Βιωτεῖς) τὴν ῳ δίφθογγον εἰς οι τρέπουσιν, οἷον Ἀχελῷος Ἀχελοῖος, αἰδῷος αἰδοῖος, Κῷος Κοῖος, vgl. Et. Mg. 181, 10. Homer hat Ἀχελώιος Φ 194; Ω 616. Die Böotische Inschrift 1590, Z. 21 hat ΚΩΙΟΣ, dagegen steht in der Inschrift Nr. 31 aus Olympia ΚΟΙΟΣ, was sowohl Κῷος als Κοῖος sein kann.

5. δηόω. Bei Homer finden sich die Substantivformen δηιοτῆτα, δηιοτῆτι, δηιοτῆτος (der Nominativ kommt nicht vor) nur in der Diäresis; bei den Formen des Adjectivs δήιος und des Verbums δηόω entscheidet das Bedürfnis des Metrums. So steht dort δήιον, δηίου, δηίῳ und δήιοι (die drei letzten immer vor Wörtern, die vocalischen Anlaut haben) immer in der Diäresis als Dactylus, dagegen δήοιο, δήοισι, δήων und δήους niemals, obwohl fast alle Herausgeber auch in diesen Formen die Diäresis eintreten lassen: so hat auch der Venetus A. Es fehlt zwar im Homer nicht an Beispielen, wo ein Diphthong in der Mitte eines Wortes vor einem Vocal kurz gebraucht wird, so z. B. οἷος Ν 275; Σ 105; υ 89. υἱός Ζ 130; Η 47 (Thiersch Gr. Gramm. § 168, 13), aber das ist bei η und ω nicht der Fall, obwohl auch η zu ε geworden ist, z. B. ἀργῆτι ε 128 neben ἀργέτι Λ 818. Ein zweiter Grund gegen diese Schreibweise ist der, dass man im Homer damit nicht ausreicht, denn es finden sich zusammengezogene Formen, wenn auch nur vom Verbum, am Versanfange, so δῃῶν Ρ 65. δῄουν Ε 452; Λ 71; Μ 425; Ο 708; Π 771. δῃώσειν Ι 243. δῃώσας Ξ 518; Σ 83. Die übrigen Verbalformen, bei denen man gleichfalls keine Diäresis eintreten lassen darf, sind δῃωθέντων Δ 417; δῃώσας Θ 534; δῃώσαντες Π 158; δῃώσῃ Π 650; δῃώσουσιν Μ 227; δῃώσωσιν Δ 416; δῃώσαντε Χ 218; δῃωθέντες ι 66, während andere nur in der Diäresis vorkommen, wie δηιόων Ρ 566; Σ 195; Ψ 176. δηιόωντες Λ 153. δηιόωντο Ν 675. δηιόῳεν δ 226. Der Venetus A hat in den zusammengezogenen Formen überall das Iota, mit Ausnahme von Ε 452, wo er von zweiter Hand geschrieben ist. Herod. zu Ρ 65 δῃῶν: περισπαστέον, ἐπεὶ καὶ ἐν ἑτέροις λέγει κατὰ διαίρεσιν σὺν τῷ ι „ἔγχεϊ δηιόων“ (Σ 195). γέγονε δὲ παρὰ τὸ δήιος. διὸ καὶ σὺν τῷ ι γράφεται τὸ δῃῶν. Zon. Lex. 46 ἀδῄωτον: ἀπόρθητον . . . γίνεται δὲ παρὰ τὸ δῃῶ τὸ πορθῶ. τοῦτο παρὰ τὸ

δαίω τὸ κόπτω, τροπῇ τοῦ $\overline{α}$ εἰς $\overline{η}$, τοῦ $\overline{ι}$ ἀνεκφωνήτου ὄντος. Et. Mg. 263, 39 δῃώσας: σημαίνει τὸ διακόψας. ἔστι (Cod. ἔτι) δαίω τὸ κόπτω ἢ καίω. διαλύσει τῆς $\overline{αι}$ διφθόγγου γίνεται δαΐς, καὶ ὄνομα δήιος τροπῇ τοῦ ἄλφα εἰς ἦτα. καὶ ῥῆμα δηίω, ἐξ οὗ τὸ δηίουν. καὶ περισπωμένως δηιῶ. εἶτα κατὰ συναίρεσιν δῃῶ, δῃώσω, δῃώσειν, ἀνελεῖν, φονεύσειν. Die Wurzel ist *ΔΑ*, davon δαΐς, δαΐζω, ionisch δη-ιος, δηιόω und zusammengezogen δῃόω. C. I. Nr. 175, Z. 2 *ΔΑΙΩΣΑΣ* δᾳώσας für das Ionische δῃώσας.

6. δᾴς. Im Homer kommen nur die beiden Formen δάιδας und δαΐδων vor, der beste Beweis, dass diesem Worte das Iota zukommt. Et. Mg. 244, 29 δᾷδες: λαμπάδες. ἔχει τὸ $\overline{ι}$, ἐπειδὴ εὕρηται κατὰ διάστασιν δαΐδων. γίνεται δὲ ἐκ τοῦ δαίω τὸ διακόπτω καὶ καίω. ὁ μέλλων δαίσω. καὶ λοιπὸν ἐκ τοῦ δαίς, καὶ δᾷς (sic) κατὰ συναίρεσιν. ἔμεινε δὲ τὸ $\overline{ι}$ ἀνεκφώνητον. Bachm. Anecd. I, 435, 12 δᾴδων: τῶν δᾳδίων. ἡ εὐθεῖα δαΐς, δαΐδος, ἡ γενικὴ τῶν πληθυντικῶν δαΐδων, καὶ [κατὰ] συναίρεσιν δᾴδων. C. I. 2720, Z. 4 [*Δ*]*ΑΙΔΟΦΟΡΟΥ*, dagegen *ΔΑΔΟΥΧΟΣ* 185, Z. 12. 188 b, Z. 3. 190, Z. 34. 192, Z. 40. 193, Z. 28. 194, Z. 32. 197, Z. 7. 2388, Z. 12, welche Inschriften sämmtlich späterer Zeit angehören: so auch 3123, Z. 7 *ΚΑΗΔΟΥΧΟΝ*.

7. δμῳή. Der Venetus A hat überall das Iota, so schrieben unter anderen auch Aristarch und Herodian nach Schol. II Vind. 133 zu τ 121 γρ. δμῳῶν σὺν τῷ $\overline{ι}$ καὶ περισπωμένως, θηλυκὸν γάρ ἐστι. οὕτως Ἀρίσταρχος καὶ Ἡρωδιανός. Did. zu *T* 333 οὕτως Ἀρίσταρχος δμῳᾶς, ἔξω τοῦ $\overline{ι}$ legt gleichfalls Zeugniss dafür ab, dass das Femininum δμῳή mit Iota geschrieben wurde. Cram. Anecd. Ox. IV, 315, 13 γραφὴ δὲ ὡς ἐπὶ τοῦ *ΔΜΩΑΣ*· ὅπου μὲν γὰρ θηλυκόν ἐστι, καὶ πρόσκειται τὸ $\overline{ι}$ καὶ ὀξύ· ὅπου δὲ ἀρσενικόν, χωρὶς τοῦ $\overline{ι}$ καὶ βαρύνεται. Bekk. Anecd. 1257 τὸ μὲν γὰρ Τρῳαί καὶ δμῳαί καὶ θῳαί ἔχουσι τὸ $\overline{ι}$ προσγεγραμμένον κατὰ τὴν παραλήγουσαν, τὸ δὲ Τρῶες δμῶες θῶες οὐκ ἔχουσι τὸ $\overline{ι}$ προσγεγραμμένον κατὰ τὴν παραλήγουσαν. Auch das Femininum Τρῳή hat das Iota. Et. Mg. 770, 31 Τρῳάς. τὸ μὲν Τρῳαὶ σημαίνει τὰς Τρωικὰς ἢ γυναῖκας ἢ ἵππους (Ψ 291). τὸ δὲ δμῳαὶ τὰς δούλας, καὶ οὐκ ὤφειλεν ἔχειν τὸ $\overline{ι}$ . . . λέγει δὲ ὁ τεχνικός, ὅτι ἔχει τὸ $\overline{ι}$ ἐπειδὴ

εὕρηται κατὰ διάστασιν „Τρωιάδας γυναῖκας“ (*I* 139, 281) *καὶ „ἵππους δὲ* (Cod. *καὶ*) *Τρῳούς“* (*Ψ* 291), *ἀντὶ τοῦ Τρωικούς, ἢ ἄνδρας ἢ ἵππους, ἀποβολῇ τοῦ κ Τρωιούς καὶ συναιρέσει Τρῳούς.* Zon. Lex. 1742 *Τρῳούς, τοὺς Τρωικούς. ἔχει τὸ ι προσγεγραμμένον.* 1748 *Τρῳάς, Τρωικὰς γυναῖκας* [*ἔχει τὸ ι προσγεγραμμένον*] *ἐπεὶ εὕρηται κατὰ διάστασιν „Τρωιάδας γυναῖκας.“* So wird auch *E* 461 zu schreiben sein *Τρῳὰς δὲ στίχας*, Bekker *Τρῴας*; die Ausgaben von Sinope, Kypern und Antimachos *Τρωίας* (? *Τρῴας*); Ptolem. Askal. Eustath. Schol. V zu *Γ* 44 *Τρῶας*; Venet. A, Aldin. 2, Steph. Schol. brev. Clarke *Τρώων*; Ven. B Harl. Mor. Cod. L bei Bentley, Heyne, Crusius, Bäumlein *Τρωάς*; Lobeck Paral. p. 88, Wolf, Bothe, Spitzner, Fäsi, Dindorf, Cram. Ep. 442, 15 *Τρῳάς*.

8. *ἐρῳδιός.* Et. Gud. 210, 58 *Ἡρωδιανὸς λέγει ὅτι ὥσπερ ἀπὸ τοῦ ἁρμόζω γίνεται ἁρμόδιος, οὕτω καὶ ἀπὸ τοῦ ῥοίζω γίνεται ῥοίδιος καὶ πλεονασμῷ τοῦ* ϝ *ἐροίδιος καὶ τροπῇ τοῦ ο εἰς ω ἐρῳδιός. καὶ μένει τὸ ι προσγεγραμμένον.* Genauer noch ist die Notiz im Et. Mg. 380, 30, dort steht auch noch *καὶ λέγουσί τινες ὅτι ὤφειλε βαρύνεσθαι*, aber es ist Oxytonon, wie die übrigen Vogelnamen auf *ιός*, *αἰγυπιός, χαραδριός, βομβυλιός*. Cram. An. Ox. II, 54, 27 *τὸ ἐρῳδιός τὴν γραφὴν φυλάξαν τὸν τόνον ἤμειψεν· ὀξύνεται γὰρ καὶ τὴν τρίτην ἀπὸ τέλους ἔχει διὰ τῆς ωι διφθόγγου.* Cram. A. O. II, 214, 9 *ἐρῳδιός: τὸ ρω μέγα σὺν τῷ ι. καὶ τὸ δι ι* (? *τὸ ρω διὰ τοῦ ι* cf. 216, 5) *ἡ παράδοσις. αἱ δὲ ἐτυμολογίαι διαφοροῦνται.* Abgesehen von der Etymologie steht so viel fest, dass Herodian nach der Paradosis *ἐρῳδιός* schrieb: es kommt vor *K* 274.

9. *ζῳάγρια.* Did. zu *Σ* 407 *μετὰ τοῦ ι τὸ ζῳάγρια ὁ Ἀρίσταρχος.* Schol. B *μετὰ δὲ τοῦ ι, ἐπεὶ καὶ Σιμωνίδης φησὶ „ὁ ζωίων κάκιστον ἔκτηται βίον,“* vgl. Et. Mg. 413, 23 *γράφεται δὲ μετὰ τοῦ ἰῶτα, ἐπειδὴ εὕρηται κατὰ διάστασιν καὶ παρὰ Σιμωνίδῃ „τόδ' ἡμῖν* (*ἦμιν*?) *ἑρπετὸν παρέπτατο ζώιον κάκιστον,“* ebenso Zon. Lex. 967. Choirob. Orth. 216, 2 *ζῳάγρια: ἡ παράδοσις* — dabei fehlt *διὰ τοῦ ι*. Kein Iota hat *ζωγράφος* vgl. Et. Mg. 412, 53; Philemon p. 64 *οὐκ ἔχει δὲ τὸ ι προσγεγραμμένον* und Et. Mg. 413, 2 *τὸ ζωογράφος πρῶτον ἀποβάλλει τὸ ι, καὶ οὕτω ποιεῖ τὴν κρᾶσιν*

τοῦ ω καὶ ο εἰς ω χωρὶς τοῦ ῑ. ζῳάγρια kommt bei Homer vor *Σ* 407; *θ* 462. Iota sollte auch *αἰζηός* haben (so der Venetus A *Σ* 418), da sich daneben auch die Form *αἰζήιος* findet, z. B. *P* 520; *μ* 83.

10. *θνῄσκω*. Im Venetus A hat dieses Wort das Iota, vgl. Text, Zeichen und Schol. des Ven. S. 10: so nach der Paradosis. Cram. Epim. 196, 32 *τὸ μέντοι θνῄσκω καὶ μιμνῄσκω ὁ μὲν Δίδυμος ἄνευ τοῦ ἰῶτα, ἡ μέντοι παράδοσις οὐκ ἐπείσθη αὐτῷ* (Cod. *αὐτοῖς*), *ἐπεὶ οἱ Αἰολεῖς θναίσκω καὶ μναίσκω λέγουσιν*. Et. Mg. 452, 30 *Δίδυμος χωρὶς τοῦ ῑ . . . οἱ δὲ λέγουσι σὺν τῷ ῑ, ὅτι οἱ Αἰολεῖς θναίσκω καὶ μναίσκω λέγουσι . . . ἡ μέντοι παράδοσις ἔχει τὸ ῑ*. Cram. A. P. III, 323, 26 *παρὰ τὸ θνήσκω, τοῦτο παρὰ τὸ θνῶ, θνήσω, θνήσκω. ἔχει δὲ καὶ τὸ ῑ κατὰ παράδοσιν προσγεγραμμένον, ἀλόγως. μιμναίσκω* und *θναίσκω* als Aeolisch führt auch Herodian zu *Λ* 799 an. Die Stellen bei Homer sind *Α* 56, 243, 383; *Β* 106; *Χ* 355; *Ω* 734; *θ* 526; *λ* 424; *μ* 22; *φ* 33. Auch *τεθνηώς* wird in dem Text sowohl wie in den Scholien des Venetus mit Iota *τεθνηιώς* geschrieben[81]).

11. *Θρᾷξ*. Zon. Lex. 1051 *Θρᾴξ, Θρᾳκός, ἐξ οὗ καὶ τὸ „Θρήικες ἀκρόκομοι"* (*Δ* 533), *καὶ κατὰ συναίρεσιν Θρᾴξ καὶ Θρᾷκες. καὶ πάντα τὰ ἀπ' αὐτῶν συγκείμενα θηλυκὰ διὰ τοῦ ἰῶτα γράφονται, οἷον Θρήισσα γυνή. καὶ τὸ Θρᾴκη δὲ ἔχει τὸ ῑ*, dasselbe Et. Mg. 454, 21. Cram. An. Ox. II, 132, 29 *τὸ Θρᾷξ περισπώμενον, ὅπερ οὐδὲ ἐκφωνεῖ τὸ ῑ· ὃ καὶ Θρήιξ δισυλλάβως λέγεται*. II, 99, 24 *μόνον τὸ Θραῖσσα* (sic) *δισύλλαβον καὶ διὰ τῆς αι (ᾳ) διφθόγγου, ἀπὸ τοῦ Θραΐσσα συναιρεθέντος*. II, 14, 31 *τὸ Θρῇσκος δοκεῖ ἀντικεῖσθαι διὰ τοῦ η γραφόμενον, ἀλλ' οὖν ἔχει καὶ αὐτὸ τὸ ῑ ἀνεκφώνητον. γέγονεν δὲ παρὰ τὸ Θράιξ Θραῖξ Θράισκος καὶ τροπῇ τοῦ ᾱ εἰς η Θρήισκος καὶ κατὰ συναίρεσιν Θρῇσκος*. Bei Homer kommen sowohl aufgelöste Formen vor, wie *Θρήικες Β* 844; *Δ* 533; *Κ* 434, 487. *Θρήικα Β* 595. *Θρηίκιος Κ* 559; *Ν* 13, 577; *Ψ* 230, 808, als auch zusammengezogene *Θρῇκες Ω* 234; *Θρῃκῶν Δ* 519, 537; *Ε* 462; *Κ* 464, 470, 506, 518; *Ν* 4; *Ξ* 227. *Θρῄκεσσι Ζ* 7. *Θρῄκη Δ* 222; *Ν* 301;

---

[81]) Ueber die Schreibweise *θνήισκω* in älteren Handschriften vgl. Herm. Usener in Fleckeisens Jahrbüchern 1865, S. 246.

Υ 485. *Θρήκηθεν I* 5, 72. *Θρήκηνδε θ* 361. Der Venetus A hat überall das Iota mit Ausnahme von *E* 462, wo er von zweiter Hand geschrieben ist. C. I. 1681 *ΘΡΑΚΙΩΙ*. 3374 *ΘΡΑΚΙ*. 202, Z. 14 *ΣΑΜΟΘΡΑΚΕΣ*. 179, 188, Z. 8 *ΘΡΑΙΚΕΣ*. 134, Z. 20 *ΣΑΜΟΘΡΑΙΚΕΣ*. 195, Z. 9 [*Σ*]*ΑΜΟΘΡΑΙΚΕΣ*. 215, Z. 9 *ΣΑΜΟΘΡΑΙΚ*[*ΕΣ*]. 209, Z. 5 *ΣΑΜΟΘΡΑΙ*[*ΚΕΣ*]. 145, Z. 4 [*ΣΑΜΟΘΡ*]*ΑΙΚΕΣ*. 202, Z. 3 *ΘΡΑΙΚΙΟΣ*.

12. *θρῴσκω, θρῳσμός*. Der Venetus A hat überall *θρώισκω* und *θρωισμός*, auch der Laurent. zu Apoll. *Δ* 603 *ἐπιθρώισκει*. Cram. Ep. 203, 20 *θρώισκω: σὺν τῷ ἰῶτα. Δίδυμος δὲ χωρὶς τοῦ ἰῶτα, ἀπὸ γὰρ τοῦ θορήσω μέλλοντος φησὶ γεγενῆσθαι. οἱ δὲ ἄλλοι πάντες σὺν τῷ ἰῶτα, οὕτως δὲ ἔχει ἡ παράδοσις. καὶ τὸ θρῳσμὸς σὺν τῷ ἰῶτα, ὥσπερ καὶ Ἀπολλώνιος ὁ Ἀρχιβίου, ἐπεὶ παρὰ τὸ θορίσκειν ἐστίν*. Et. Mg. 456, 49 *ἀπὸ τοῦ θορῶ, θορήσω, θορίσκω, καὶ θρῴσκω κατὰ τροπήν. ἔχει δὲ τὸ ι*. Zon. Lex. 1056 *θρῴσκω τὸ πηδῶ. ὁ μὲν Δίδυμος χωρὶς τοῦ ῑ*, das übrige ist durch Abkürzung verdorben.

13. *κλῇθρα*. Zon. Lex. 1220 *κλῇθρα, τὰ κλειδία. ἀπὸ τοῦ κλεῖς γέγονε κλῇθρα, ἢ ἀπὸ τοῦ κλείσω. τὸ δὲ κλήω οἱ Ἴωνες διὰ τοῦ η̄ καὶ ι γράφουσιν, ἐξ οὗ καὶ τὸ κλῇθρα διὰ τοῦ η̄ καὶ ι γράφεται παρ' ἐκείνοις. ἡμεῖς δὲ τὸ κλῇθρα διφθογγογραφοῦμεν*, d. h. *κλεῖθρα*.

14. *κολῳός*. Cram. A. P. III, 366, 31; Cram. Ep. 220, 22 *κολῳόν: εἴρηται κολῳός παρὰ τὸ κλῶ ῥῆμα, ὃ σημαίνει τὸ φωνῶ, καὶ γίνεται ῥηματικὸν ὄνομα κλῳός, ὡς σῶ* (Cod. *σῶς*, vgl. Zon. Lex. p. 1230) *σῶος, καὶ πλεονασμῷ τοῦ ο̄ κολῳός μετὰ τοῦ ἀνεκφωνήτου ι. ἐκ τούτου ἐγένετο κολῳῶ ῥῆμα δευτέρας συζυγίας τῶν περισπωμένων, τὸ δεύτερον κολῳᾷς, ὁ παρατατικὸς ἐκολῴων καὶ τὸ τρίτον ἐκολῴα* (cit. *B* 212). *οὕτω Φιλόξενος*. Auch der Venetus A hat *Α* 575 *κολῳόν* und *B* 212 *ἐκολῴα*. Abgesehen von der abgeschmackten Etymologie ist an der Richtigkeit der Ueberlieferung in Betreff des Iota nicht zu zweifeln. Theogn. Can. 148, 14 *τοῦτο* (*κολωῶ*) *δὲ καὶ πρώτης καὶ δευτέρας συζυγίας τῶν περισπωμένων ἐστίν. καὶ παρὰ Φιλοξένῳ σὺν τῷ ι*. Merkwürdig ist die Verschiedenheit der einzelnen Angaben in Bezug auf Philoxenos; denn während es in den bisher erwähnten heisst, er habe das Iota geschrieben, steht in den übrigen gerade das Gegentheil, so

im Schol. A zu *Λ* 175 *ἀπὸ τοῦ κολοιός ἐγένετο τὸ κολῳός, τοῦ ο̄ τραπέντος εἰς τὸ ω. διὸ καὶ τὸ ῑ [προσ]γράφεται. ὁ δὲ Φιλόξενος παρὰ τὸ κλῶ, ὅ ἐστι τὸ κλάζω, καὶ οὐ προσγράφει τὸ ῑ*, dasselbe Schol. BDL. Et. Gud. 334, 44 *κολῳόν, παρὰ τὸ κολοιός, ὁ δὲ Φιλόξενος* (Cod. *Φιλόπονος*) *παρὰ τὸ κλῶ, κλάζω, ἀπὸ τοῦ κλῶ κατὰ παραγωγήν οὐδὲ προσγράφει* (Cod. *προσγραφεται*) *τὸ ἰῶτα*. Dass Philoxenos ohne Iota schrieb, beweist seine Ableitung von *κλῶ*, während die, welche das Wort von *κολοιός*, *τροπῇ τοῦ ο εἰς ω̄* ableiteten, es mit Iota schreiben mussten. Ausserdem ist noch zu vergleichen Et. Mg. 525, 53. Zon. Lex. 1229 und 1230, Et. Or. 85, 11. Cram. Epim. 135, 3.

15. *ληστής*. Zon. Lex. 1302 *ληστής, ἀπὸ τοῦ ληίζω, τὸ πραιδεύω, γέγονε ληιστής καὶ κατὰ συναίρεσιν ληστής*, vgl. Et. Mg. 563, 22. Et. Gud. 368, 18. Bei Homer kommen nur aufgelöste Formen vor, so *ληίδος, ληίδα, ληίσσατο, ληιστή, ληιστοί, ληιστῆρες*, daneben *ληίστορες* und *ληίτιδι* *K* 460. C. I. 3612 *ΛΗΣΤΗΡΙΑ* ohne Iota.

16. *λῴων*. Zon. Lex. 1325 *λώιον: κρεῖσσον, βέλτιον. τὰ εἰς ω̄ν̄ καθαρὰ δισύλλαβα συγκριτικὰ διφθόγγῳ παραλήγεται, οἷον πλείων, μείων, ῥᾴων, λῴων. καὶ τὰ μὲν δύο ἐκφωνοῦσι τὸ ῑ, οἷον πλείων, μείων. τὰ δὲ δύο, οἷον ῥᾴων, λῴων, οὔ. γίνεται δὲ παρὰ τὸ λῶ, τὸ θέλω*, vgl. Et. Mg. 570, 47. Et. Gud. 376, 10. Philemon p. 73. Cram. Ep. 263, 6 und 266, 14 *τὰ εἰς ω̄ν̄ καθαρὰ δισύλλαβα συγκριτικὰ διφθόγγῳ θέλουσι παραλήγεσθαι. τέσσαρα δὲ εἰσὶ ταῦτα. καὶ τὰ μὲν δύο ἐκφωνοῦσι τὸ ῑ, οἷον μείων, πλείων, τὰ δὲ δύο ἀνεκφώνητον αὐτὸ ἔχουσι, οἷον λῴων, ῥᾴων*. Bei Homer kommen nur die aufgelösten Comparative vor, in den beiden Formen des Neutrums *λώιον* und bloss in der Odyssee (*α* 376. *β* 141) *λωίτερον*.

17. *Νηρῇδες*. Zon. Lex. 1398 *Νηρῇδες, θαλάσσιοι δαίμονες. ἔχει τὸ ἰῶτα, ἀπὸ γὰρ τοῦ Νηρηίδες, ὡς Βρισηίδες καὶ Χρυσηίδες, Νηρῇδες, Καδμῇδες*. Et. Mg. 604, 54 *Νηρῇδες, ἔχει τὸ ῑ. ἀπὸ γὰρ τοῦ Νηρηίδες καὶ Βρισηίδες καὶ Χρυσηίδες καὶ Καδμηίδες συνηρέθη Νηρῇδες, Βρισῇδες, Χρυσῇδες, Καδμῇδες*. C. I. 1064, Z. 6 *ΙΕΡΗΙΔΑ ἱερῇδα*.

18. *πρῴην*. Zon. Lex. 1589 *πρῴην, ἔχει τὸ ῑ κατὰ τὴν παραλήγουσαν. ἔστι γὰρ πρωί, ἐκ τούτου γίνεται παράγωγον*

πρώιος, καὶ τὸ οὐδέτερον πρώιον, ὡς καὶ ὁ ποιητής (*O* 470) „*ἦν ἔδησα πρώιον.*“ *τούτου τὸ θηλυκὸν ἡ πρωία, ἡ αἰτιατικὴ τὴν πρωίαν, καὶ Ἰωνικῶς τρέπεται τὸ α εἰς η, καὶ συναιρέσει τοῦ ω̄ καὶ ῑ εἰς τὴν ῳ δίφθογγον πρῴην.* Theogn. Can. 154, 32 *πρῴην, ὅπερ ἐκ τῆς πρό προθέσεως γέγονεν προΐα, ἐξ οὗ καὶ ἡ αἰτιατικὴ προΐαν, καὶ ἐκτάσει τοῦ ο εἰς ω πρωίαν, καὶ Ἰωνικῶς πρωίην, καὶ κατὰ συναίρεσιν τοῦ ω καὶ ῑ εἰς τὴν ωι δίφθογγον πρῴην.* Cram. A. O. II, 398, 25 *πρῴην: ἐκ τοῦ πρωία, πρωίαν ἡ αἰτιατική. καὶ τροπῇ τοῦ ᾱ εἰς η γίνεται πρωίην, καὶ κατὰ συγκοπὴν πρῴην. ἔχει δὲ καὶ τὸ ῑ.* Et. Mg. 692, 11 *δεῖ οὖν γινώσκειν ὅτι τὸ πρῴην σὺν τῷ ῑ γράφεται, ὡς γινόμενον ἀπὸ τοῦ πρωί, ὅπερ οἱ μὲν ποιηταὶ βαρύνουσιν, οἱ δὲ κοινοὶ καὶ Ἀττικοὶ καὶ Ἀθηναῖοι ὀξύνουσιν.* Et. Gud. 482, 17 *πρωί* daraus *πρώιος, πρωία, πρωίαν*, Ionisch *πρωίην, καὶ κατὰ συναίρεσιν τοῦ ω̄ καὶ ῑ εἰς ῳ πρῴην.* Der Venetus A hat *E* 382 *πρῴην*, *Ω* 500 *πρώην*, wo er von zweiter Hand geschrieben ist.

19. *πρῷζον.* Et. Mg. 691, 56 *πρῷζον, σημαίνει τὸ προχθέσινον. ἔχει τὸ ι . . . ἀπὸ τοῦ πρωί γίνεται πρώιζον καὶ κατὰ συναίρεσιν πρῷζον*, ähnlich Zon. Lex. 1585. Bei Homer findet sich die aufgelöste Form *πρώιζα* neben *χθιζά* und so wie davon die adverbiale Singularform *χθιζόν* vorkommt, so auch von jenem *πρώιζον*, zusammengezogen *πρῷζον*.

20. *πρῷρα.* Et. Mg. 692, 26 *πρώρα σὺν τῷ ῑ . . . ἀπὸ δὲ τῆς ἐτυμολογίας ἀπὸ τοῦ προιέναι* (die Alten leiteten auch Ἶρος von *ἰέναι* ab), *καὶ ἀπὸ τῆς διαστάσεως, ἐπειδὴ εὕρηται κατὰ διάστασιν ὡς παρὰ τῷ ποιητῇ* „*κυανοπρωίρους*“, *καὶ παρὰ Σιμωνίδῃ* „*κυανοπρώιραν.*“ *τὸ δὲ πρώιρα οἱ μὲν διὰ τοῦ ῑ λέγουσιν ὡς ἀπὸ τοῦ πρῷρα κατὰ διάστασιν τοῦ ῑ πρώιρα, ὁ δὲ Ἡρωδιανὸς διὰ τῆς ει διφθόγγου γράφει πρὸς τὸν χαρακτῆρα τῶν διὰ τοῦ ειρα*, vgl. Et. Mg. 318, 57. Zon. Lex. 1581 *πρῷρα, σὺν τῷ ῑ . . . οὐκ ὤφειλε δὲ ἔχειν τὸ ῑ* (weil man es von *προορᾶν* oder von *πρὸ ὥρας* ableitet), *ἀλλ' ἡ παράδοσις ἔχει αὐτό, ἐπειδὴ παρὰ τὸ προιέναι καὶ ἀπὸ διαστάσεως τοῦ ῑ, ὡς παρὰ τῷ ποιητῇ κυανοπρωίρους* (Cod. *ἀνακρωΐρους*), *καὶ παρὰ Σιμωνίδῃ κυανοπρώιραν.* Theogn. Can. 107, 29 *πρῷρα: τοῦτο οἱ πλείους σὺν τῷ ῑ.* Die aus Homer angeführte Stelle kann keine andere sein als *γ* 299, wo wir jetzt lesen *νέας κυανοπρῳρείους*:

jedenfalls beruht die Lesart *κυανοπρωίρους* auf guten Quellen, da auch Simonides diese Form gebraucht hat. Wenn nun Herodian für *πρώιρα*, welche Form älter sein muss als *πρῴρα*, *πρώειρα* schrieb, und zwar, wie es scheint, wegen der unerklärlichen Länge des Iota (umgekehrt schrieb er *Θέσπιαν* für *Θέσπειαν* *Β* 498; man schrieb auch *πείσεα* für *πίσεα*, *νείσομαι* für *νίσσομαι*, *φθείης* für *φθίῃς*), so könnte er möglicherweise auch *κυανοπρωείρους* geschrieben haben. Sonst steht bei Homer nur noch die Form *κυανοπρῴροιο* immer am Versende mit vorausgehendem *νηός* oder *νεός* *Ο* 693; *Ψ* 852, 878; *ι* 482, 539; *κ* 127; *λ* 6; *μ* 100, 148, 354; *ξ* 311; *χ* 465, wofür man überall *κυανοπρωίροιο* schreiben könnte. Dadurch bekämen wir nur eine einzige Nominativform *κυανοπρώιρος*, während wir jetzt deren zwei haben, nämlich *κυανόπρῳρος* und *κυανοπρῴρειος*.

21. *ῥᾷβδος*. Et. Gud. 489, 21 *ῥᾷβδος*: *παρὰ τὸ ῥάω* (sic) *τὸ φθείρω ἐκπολῇ* (?) *τοῦ ῑ ῥᾶβδος*, *προσγραφομένου τοῦ ῑ*. 489, 23 und 25 ist ebenfalls *ῥᾷβδος* geschrieben, welches diesmal von *ῥᾷον* abgeleitet wird. Auf das ganze Citat ist nichts zu geben.

22. *ῥᾴδιος*. Zon. Lex. 1606 *ῥᾴδιον*, *εὔκολον*, *ἔχει τὸ ῑ ἐπειδὴ εὕρηται κατὰ διάστασιν ῥηίδιον. καὶ ὅτι ἀπὸ τοῦ ῥεῖα γέγονε ῥείδιον, καὶ τροπῇ τοῦ ε̄ εἰς η̄ καὶ συναιρέσει ῥηίδιον. οὐκ ἐγένετο ῥᾴδιον ἀπὸ τοῦ ῥᾶος, ῥάου*. Cram. A. P. IV, 16, 23 *ῥᾴδιον*: *ἔχει τὸ ῑ, ἐπειδὴ εὕρηται κατὰ διάστασιν ῥηίδιον*. Cram. A. O. II, 407, 6 *ῥᾴδιον*: [*ἔχει τὸ*] *ῑ προσγεγραμμένον, διότι εὑρέθη κατὰ διάστασιν* „*ῥηιδίως συνέαξε*“ (*Λ* 114). Et. Mg. 700, 40 *τὸ δὲ ῥᾴδιον ἔχει τὸ ῑ προσγεγραμμένον, ἐπειδὴ εὑρίσκεται τὸ ῑ κατὰ διάστασιν ῥηίδιον*. Et. Gud. 489, 34 *ῥᾴδιον* [*ἔχει*] *τὸ ῑ προσγεγραμμένον*, [*ἐπειδὴ*] *εὑρέθη κατὰ διάστασιν ῥηίδιον*. Apoll. Dysk. de Adv. p. 567 *παρὰ τὸ ῥέα ἦν τι ῥεΐδιος, ὃ παρὰ τοῖς Ἴωσιν ἐγένετο ῥηίδιος, ἀφ' οὗ καὶ ἐπίῤῥημα ῥηιδίως ὡς μαψιδίως. ἀφ' οὗ ἔπιπτεν ἐκ μεταθέσεως τοῦ η̄ εἰς τὸ ᾱ ῥαΐδιος καὶ ῥαϊδίως, ἀφ' οὗ κατὰ συναίρεσιν ῥᾳδίως*.

Zon. Lex. 1607 *ῥᾳδιουργεῖν*: *ἀπατᾶν . . . τὰ παρὰ τὸ ῥᾴδιον ἔχει τὸ ῑ προσγεγραμμένον, οἷον ῥᾴθυμος, ῥᾳθυμία, ῥᾳστώνη*. Et. Mg. 700, 51 *τὰ δὲ παρὰ τὸ ῥᾴδιον ἔχουσι τὸ ῑ προσγεγραμμένον, οἷον ῥᾴθυμος, ῥᾳστώνη*. Et. Gud. 489, 41 *ῥᾴδιος καὶ ἀποβολῇ τοῦ δ̄ ῥάιος καὶ συγκοπῇ* ῥᾷος, καὶ μένει τὸ ῑ προσγεγραμμένον, dabei scheint es dem gelehrten Grammatiker entgangen zu sein, dass aus ῥᾴδιος durch Ausstossung des δ ῥᾴιος geworden sein müsste.

Et. Gud. 490, 4 τὸ δὲ ῥᾷον ἔχει τὸ ῑ προσγεγραμμένον ... τὰ μὲν δύο ἐκφωνοῦσι τὸ ῑ, τὸ μεῖον, πλεῖον, τὰ δὲ δύο ἀνεκφώνητον αὐτὸ ἔχουσιν, οἷον ῥᾷον, λῷον, vgl. zu λῴων. Et. Mg. 701, 1 καὶ ῥᾷον ὁμοίως ἔχει τὸ ῑ, ὅτι εὑρίσκεται καὶ κατὰ διάστασιν.

Zon. Lex. 1603 ῥᾷστος: ἔχει τὸ ῑ προσγεγραμμένον, ὅτι πρῶτον μὲν εὕρηται κατὰ διάστασιν, ῥηίστη, ἢ ὅτι ἀπὸ τοῦ ῥᾷον γέγονε ῥᾷστος. Im Homer finden sich nur die aufgelösten Formen ῥηίδιος, Comp. ῥηίτερος, Superl. ῥηίτατος und ῥήιστος (δ 565). Die Wurzel scheint *PE* zu sein, davon das Adverbium ῥεῖα.

23. τιμῆς. Schol. *I* 605 τινὲς τὸ τιμῆς διὰ τοῦ ῑ γράφουσιν, ἀπὸ γὰρ τοῦ τιμήεις. οὕτως καὶ τὴν αἰτιατικὴν εἶπε „καὶ χρυσὸν τιμῆντα" (*Σ* 475). καίτοι λόγος ἐστὶν ὡς πᾶσα εὐθεῖα ἀρσενικοῦ ὀνόματος ἐν τῇ τελευταίᾳ δύο ἔχουσα φωνήεντα ταῦτα ἐκφωνεῖ χωρὶς τοῦ Θρᾴξ. οὐκ ἐπείσθη δὲ ἡ παράδοσις. Ἀρίσταρχος γὰρ ἄνευ τοῦ ῑ. Aristarch schrieb aber aus einem ganz anderen Grund das Iota nicht, da er die Form für den Genetiv von τιμή ansah. Schol. κ 38 καὶ τίμιός ἐστιν: γρ. καὶ τιμῆς ἤτοι τιμήεις. Aber auch in dem Falle darf das Iota nicht dazu geschrieben werden, da es nicht zum Wortstamme gehört, sondern als Ersatz für die ausgestossenen Consonanten ντ eingetreten ist. Philemon p. 178 ὑψιπέτης βαρύνεται κατὰ Ἀρίσταρχον, πρὸς διαστολὴν τοῦ ὑψιπετής, ὃ δηλοῖ τὸν ἐξ ὕψους πεσόντα. οἱ δὲ περισπῶντες αὐτὸ ἐκ τοῦ ὑψιπετήεις, ὡς τιμήεις τιμῆς Αἰολικῶς, αἰγλήεις αἰγλῆς, πιθανῶς μὲν ποιοῦσιν, ἐπικρατεῖ δὲ ὅμως ἡ τοῦ Ἀριστάρχου γραφή. Auch hier ist von keinem dazu geschriebenen Iota die Rede, sondern die Form τιμῆς wird einfach als Aeolische bezeichnet und Philemon würde es sicher nicht unerwähnt gelassen haben, wenn das Iota in diesen Wörtern dazu geschrieben worden wäre.

24. φῴς. Et. Mg. 803, 34 φῴς, φῳδός ἔχει τὸ ι καὶ ὀξύνεται ὡς δᾴς, δᾳδός ... ἔχει δὲ τὸ ι ἐπειδὴ λέγεται καὶ φωίδες, ὡς εὗρον ἐν ταῖς λέξεσι τῶν ῥητόρων. λέγει δὲ ὁ Χοιροβοσκός, ὅτι δισυλλάβως καὶ μόνον λέγεται κατὰ τὸ

παλαιόν, προσγεγραμμένου τῷ ω τοῦ ῑ. Zon. Lex. 1836 *φῷδες: ἔχει τὸ ι προσγεγραμμένον. καὶ τῆς φῳδός ὀξυτόνως, ὡς δᾳδός ... ἔχει δὲ τὸ ῑ. εὕρηται δὲ κατὰ διάστασιν φωίδες. δισύλλαβον δὲ λέγει Γεώργιος ὁ Χοιροβοσκός. καὶ Ἀριστοφάνης ἐν Πλούτῳ* (535) „*πλὴν φῷδων ἐκ βαλανείου.*“ Philemon p. 193 *φῴς, φῳδός, ἔχει τὸ ῑ καὶ ὀξύνεται ὡς δᾴς, δᾳδός. εἴρηται παρὰ τὸ φῶς, ὅπερ ταὐτόν ἐστι τῷ πυρί. καὶ σημαίνει τὰ ἐν τοῖς σκέλεσι γινόμενα ἐκκαύματα ἀπὸ τοῦ πυρός. ἔχει δὲ τὸ ῑ, ἐπειδὴ λέγεται καὶ φωίδες.*

25. *ᾦα.* Et. Mg. 820, 6 *ᾦα, σημαίνει τὴν ἀνάκλασιν τοῦ κρασπέδου τοῦ ἱματίου. σὺν τῷ ῑ γράφεται.* Choirob. Orthogr. 281, 12 *ᾦα* (sic): *τὸ τοῦ χιτῶνος ἄκρον. μετὰ του ῑ ἡ παράδοσις.* Zon. Lex. 1879 *ᾦα* (sic), *τὸ ἄκρον τοῦ ἱματίου, ἢ ὃ καλοῦμεν περιτραχήλιον, ἤτοι περιστόμιον ... ἢ ἀνάκλασις τοῦ κρασπέδου. γράφεται γὰρ σὺν τῷ ῑ. ἔστι γὰρ ὄις, ὃ σημαίνει τὸ πρόβατον, ἡ γενικὴ ὄιος. καὶ γίνεται οἶς, οἰός, τὸ θηλυκὸν οἶα, καὶ ἐκτάσει τοῦ ō εἰς ω ᾦα.* Cram. A. O. II, 426, 1 *ᾦαν: παρὰ τὸ οἶς, ὃ σημαίνει τὸ πρόβατον, διαλύσει τοῦ ō καὶ ῑ ὄις, καὶ ἐπαυξήσει τοῦ ō εἰς ω̄, καὶ τὸ θηλυκὸν ὦα. μένει δὲ τὸ ῑ. κλίνεται ᾦα, ᾦας,* vgl. Et. Gud. 575, 44. Philemon p. 213. Cram. An. Ox. II, 106, 7.

26. *ᾠόν.* Et. Mg. 822, 39 *ᾠόν: δεῖ γινώσκειν ὅτι τὸ ᾠόν τὸ ῑ ἔχει, ὅτι εὕρηται τὸ ῑ κατὰ διάστασιν παρὰ τῇ Σαπφοῖ* „*φασὶ δή ποτε Λήδαν ὑακίνθινον πεπυκαδμένον εὑρεῖν ὤιον*“, ähnlich Zon. Lex. 1879. Choirob. Orth. 281, 15 *ᾠόν: τὸ τῆς ὄρνις* (sic) *σὺν τῷ ῑ.*

X.

Man findet in allen Ausgaben der Odyssee, von der Florentina angefangen bis zur Düntzer'schen *β* 157 *τοῖσι δὲ καὶ μετέειπε γέρων ἥρως Ἁλιθέρσης*, so auch an den drei anderen Stellen, obgleich es im Schol. EM zu *β* 157 heisst *τὸ Ἀλιθέρσης ψιλωτέον, εἰ καὶ παρὰ τὸ ἅλς ἐγένετο, εἰς ἰδιότητα τοῦ ὀνόματος*, welche Bemerkung die Herausgeber entweder übersehen, oder absichtlich unberücksichtigt gelassen haben. Aber nicht nur durch das Scholium, sondern auch durch die Auctorität guter Handschriften wird diese Schreibweise bestätigt, denn *ἀλιθέρσης* haben A 1. man. BIKMNQ 1. man. zu *β* 157; BDIKMN zu *β* 253; ACDEIKM zu *ρ* 68: DKM zu *ω* 451. Wenn der Scholiast seine Notiz aus der *Ὀδυσσειακὴ προσῳδία* des Herodian geschöpft hat, welcher Annahme nichts im Wege steht, so haben wir dann in *Ἀλιθέρσης* die Aristarchische Schreibweise vor uns und wenn für die Betonung der Eigennamen ganz andere Grundsätze galten, als für die der Appellative[82]), so kann ebendasselbe auch bei der Aspiration der Fall gewesen sein. Dass dies für die Aspiration im Inlaute auch der Fall gewesen ist, beweisen *Εὐαίμων*, *Φίλιππος*, *Μελάνιππος*, *Πολυαιμονίδης*[83]) und was für die Richtigkeit der Schreibweise *Ἀλιθέρσης* den unwiderleglichsten Beweis abgibt, *Ἀγχίαλος*, *Ἀμφίαλος*, *Ἀστύαλος*, *Εὐρύαλος* nach Herodian zu *O* 605 *ἡ ἁλός γενικὴ ἐν τῇ συνθέσει ἐπὶ μὲν κυρίων ψιλὸν ἀποφέρεται τὸ πνεῦμα* (*Εὐρύαλος* etc.), *ἐπὶ δὲ ἐπιθετικῶν τὸ ἴδιον τηρεῖ πνεῦμα.* Vgl. Herodian zu *E* 76 *Εὐαίμονίδης*: *ψιλοῖ ὁ Ἀσκαλωνίτης, ἵνα κύριον γένηται.* zu *H* 167 *ψιλωτέον τὸ Εὐαίμονος εἰς ἰδιότητα* (wo derselbe Ausdruck wie im Schol. EM zu *β* 157). zu *Θ* 276 *Πολυαίμονίδην Ἀμοπάονα καὶ Μελάνιππον*: *ψιλωτέον πάντα, ἵνα κύρια γένηται.* Wenn nun *Ἀμοπάων* trotz der zweifellosen Ableitung von *ἅμα* und *ὀπάων* nicht aspiriert wurde und die Herausgeber auch in dieser Schreibweise den Alten gefolgt sind, warum sollte *Ἁλιθέρσης* aspiriert werden, und warum haben sich hier die Herausgeber den Alten nicht angeschlossen? Was berechtigt ferner zu der Ableitung dieses Eigennamens von *ἅλς*? Der „Meerkühne" ist doch gerade keine so entsprechende Bezeichnung für den alten Wahrsager, wie etwa die Namen *Μέντης*, *Μέντωρ*, *Νοήμων*, *Φρονίος*, *Πεισήνωρ*, *Ὦψ*, die vom Dichter mit Absicht gewählt sind, dass man dieser Etymologie zu Liebe von der Ueberlieferung abweichen dürfte? Das Verhältniss der Handschriften, welche *ἁλιθέρσης* und welche *ἀλιθέρσης* haben, dürfte noch mehr zu Gunsten der hier verfochtenen Schreibweise ausfallen, wenn die Handschriften mit solcher Genauigkeit collationiert wären, dass man aus der Nichtanführung einer Abweichung zu schliessen berechtigt wäre, hier herrsche zwischen unserem Text und der betreffenden Handschrift Ueber-

[82]) Homer. Textkritik S. 398 ff.

[83]) Hom. Textkritik S. 416 ff.

einstimmung. Sicher ist nur, dass A 2. man. DLQ 2. man. zu β 157; ALQ zu β 253; LN zu ϱ 68 und AHLN zu ω 451 ἀλιθέρσης haben, darunter ist nur eine gute Handschrift. Dass im Harleianus ἁλιθέρσης stehe muss bezweifelt werden, denn H stimmt überall mit I und. N chart. überein und diese beiden haben, β 157, 253 und I auch ϱ 68 ἀλιθέρσης. K und M haben an allen Stellen Spiritus lenis; daraus darf geschlossen werden, dass PS, welche mit K übereinstimmen und G, der fast alle Schreibweisen mit M gemein hat, ebenfalls ἀλιθέρσης haben. Die genannten Handschriften sind leider sämmtlich, der Harleianus nicht ausgenommen, in Betreff der Aspiration, um nicht geradezu zu sagen in allem, was blos die Prosodie betrifft, ungenau collationiert, daher hat Ἀλιθέρσης, bis nicht bessere Quellen für die bisher übliche Schreibweise gefunden sind, allein Anspruch auf Berechtigung.

β 427 haben alle Handschriften ἔπρησεν δ' ἄνεμος μέσον ἱστίον, so auch die Herausgeber. Der Verfasser dieser Untersuchungen hat ἔμπρησεν geschrieben und in der Note bemerkt: „ἔμπρησεν dedi ex coniectura, cf. A 481 ἐν δ' ἄνεμος πρῆσεν μέσον ἱστίον.“ πρήθω heisst „ich entzünde, ich presse, ich sprühe“, aber nimmermehr „ich blase an, ich schwelle an“: das ist Erfindung der Lexikographen, die eben in Folge unserer Stelle entstanden ist. Dass πρήθω auch an der hier behandelten Stelle intransitive Bedeutung hat, beweist die angezogene Stelle aus der Ilias, wo ἐν hinzugenommen ist und beweisen auch die übrigen Stellen, wie Π 350 τὸ δ' (αἷμα) ἀνὰ στόμα καὶ κατὰ ῥῖνας πρῆσε χανών (er sprühte, presste das Blut durch Mund und Nase), β 87 δάκρυ ἀναπρήσας (er presste die Thräne heraus). Die Alten nahmen für πρήθω die Bedeutung von φυσῶ (auch das ist intransitiv) an und erklären ἀναπρήσας mit ἀναφυσήσας, woraus sich für die hier behandelte Stelle gleichfalls die intransitive Bedeutung ergibt und die Bedeutung von ἐνέφυσεν nimmt das Wort, wie die Stelle der Ilias zeigt, erst durch das Hinzutreten von ἐν an. Aber auch aus den Handschriften selbst lässt sich die Aenderung ἔμπρησεν rechtfertigen: so haben ἀφασίη für ἀμφασίη δ 704 N post ras. PQSV; ἔπληντο für ἔμπληντο ϑ 16 AC 1. man. LS Hesychios, ἔπλυντο itacistisch E; ἐπλήσατο für ἐμπλήσατο ι 296 DL; ἐφορέοντο für ἐμφορέοντο μ 419 CDELN; ξ 309 CDKLM; ἐβασίλευε für ἐμβασίλευε ο 413

ACIKN. *πίπλαντο* für *πίμπλαντο* υ 349 LS; *φθισίβροτον* χ 297 A 1. man.; *ἄπνυτο* für *ἄμπνυτο* ω 349 Q; *ἔπνευσε* für *ἔμπνευσε* ω 520 DKPS; *γναπτός* für *γναμπτός* und ähnliches δ 369 INQS; ι 80 CDEIQRS; λ 394 IS; μ 332 IS; ν 398 FI 1. man. S; ν 430 AS; ξ 348 A 1. man. D 1. man. H; σ 294 A 1. man. DS; φ 283 A 1. man. Q. Vgl. *A* 569; *B* 572; *Π* 188, 259; *I* 514; *M* 70; *Ξ* 70; *O* 521; *P* 437, wo ebenfalls μ in einzelnen Handschriften fehlt.

γ 489 schreibt man *υἱέος Ὀρσιλόχοιο, τὸν Ἀλφειὸς τέκε παῖδα* in allen Ausgaben und so auch an den übrigen Stellen *Ὀρσίλοχος* für *Ὀρτίλοχος*, obwohl diese Schreibart schlecht begründet ist. Aus dem Schol. HMQR zu der angeführten Stelle ersieht man, dass durch dieselbe Zenodot bewogen wurde auch in der Ilias (*E* 549) *Κρήθων Ὀρτίλοχός τε* zu schreiben, es stand also gewiss in der Odyssee die Schreibweise *Ὀρτίλοχος* fest und da diese Notiz nur von Didymos oder Aristonikos, am wahrscheinlichsten von dem letzteren herrühren konnte, so schrieb auch Aristarch in der Odyssee *Ὀρτίλοχος*, dagegen an der genannten Stelle der Ilias *Ὀρσίλοχος*. Dies erfahren wir auch aus Schol. LV (die Schol. A fehlen hier) zu *E* 542 *Ὀρσίλοχον: ὁ πρόγονος διὰ τοῦ τ, ὁ παῖς διὰ τοῦ σ· καὶ ἐν Ὀδυσσείᾳ οὖν διὰ τοῦ τ*. Vielleicht aber haben die Handschriften zur Odyssee *Ὀρσιλόχοιο*? auch das nicht; denn *ὀρτιλόχοιο* haben ABDGH 1. man. LMQS Tzetzes Alleg. 135 und Strabo VIII, p. 367 zu γ 489; ACHIKLNS zu ο 187; ACDHIKLMNS Hesych. III, 184 zu φ 16, nur dass ο 187 drei und φ 16 eine Handschrift irrthümlich *ὀρτυλόχοιο* haben. Dagegen bieten *ὀρσιλόχοιο* H ex em. IN zu γ 489; DMQV zu ο 187; Q zu φ 16. ν 260 haben alle Handschriften *ὀρσίλοχον* und diese Schreibweise ist auch beizubehalten, da der Träger dieses Namens eine fingierte Person und nicht der Sohn des Alpheios in Pherae ist.

θ 115—117 findet man in fast allen Ausgaben

ἂν δὲ καὶ Εὐρύαλος, βροτολοιγῷ ἶσος Ἄρηϊ,
Ναυβολίδης θ', ὃς ἄριστος ἔην εἶδός τε δέμας τε
πάντων Φαιήκων μετ' ἀμύμονα Λαοδάμαντα.

Grashof hat bereits in der Abhandlung „Das Schiff bei Homer und Hesiod", Düsseldorf 1834, S. 3 das θ' im Verse 116 getilgt und damit den Naubolides in das Reich des Nichts verwiesen. Von den Herausgebern ist ihm bis jetzt nur Bekker in seiner neuesten Ausgabe gefolgt und in der Annotatio finden wir bei ihm ein lakonisches „correxit Grashofus.“ Ameis hat die Ueberlieferung damit zu halten gesucht, dass sonst Euryalos „einen doppelten Zusatz des Ruhmes erhielte, wie es in derartigen Aufzählungen sonst nicht geschieht.“ Dies mag zugegeben werden, aber die Stelle hat ganz andere Bedenken, die viel erheblicher sind, als wenn man in dem doppelten Zusatz des Ruhmes etwas unhomerisches findet, denn im Grunde genommen konnte sich doch kein Dichter durch Formalitäten so weit beschränken, dass er sich scheute einer Persönlichkeit mehrere ehrenvolle Epitheta zu geben und sei es auch in einer Aufzählung. Als Patronymicum wäre Naubolides in einer ganz von dem üblichen Gebrauche abweichenden Weise gesetzt, da Homer mit dem blosen Namen des Vaters niemals obscure Persönlichkeiten bezeichnet, sondern nur solche, die den Zuhörern bereits bekannt sind, wie *Ἀτρείδης, Πηλείδης, Τυδείδης, Μενοιτιάδης, Τελαμωνιάδης, Ὀιλιάδης, Κρονίδης*, selten andere wenn auch noch so bekannte. Als eigener Name wäre Naubolides auffallend statt Naubolos; aber wenn wir auch davon absehen und diese Bildung gelten lassen, dürfen wir wohl dem Dichter zutrauen, dass er einen Phaiaken, der später gar nicht mehr genannt wird und demnach keiner besonderen Auszeichnung werth erscheint, in so ehrenvoller Weise erwähnt, während er die einzelnen Phaiaken, von denen sich in den folgenden Wettkämpfen nur Klytoneos, Euryalos, Amphialos, Elatreus und Laodamas hervorthun, so kurz als nur möglich hintereinander aufzählt und zwar einmal zwei, und einmal sogar drei derselben in einem einzigen Verse? Dass der Dichter vor allen den Euryalos auszeichnet, hat seinen Grund darin, dass derselbe in der Folge unter allen jungen Phaiaken am meisten in den Vordergrund tritt, wenn auch nicht in einer Weise, die seinem Charakter zur Ehre gereicht: dass der Dichter ihn gerade auf diese Weise auszeichnet, dass er ihn nach Laodamas den schönsten an Aussehen und Gestalt nennt, geschah mit Vorbedacht, weil später Odysseus gerade auf diese seine Schönheit Bezug nimmt, wenn er (V. 176) sagt:

ὣς καὶ σοὶ εἶδος μὲν ἀριπρεπές, οὐδέ κεν ἄλλως
οὐδὲ θεὸς τεύξειε, νόον δ' ἀποφώλιός ἐσσι.

Wer wollte endlich das letzte Argument gering anschlagen, dass nemlich die Schreibweise ohne *θ'* keine Conjectur ist, sondern durch die Auctorität der besten Handschrift bestätigt wird? Denn im Codex M fehlt das ϑ' und es wäre zu wünschen, dass man dasselbe aus unseren Texten verbannte.

Zu *β* 126 hat Bekker angemerkt „*ποϑὴν*: *ποϑὴ* Aristarchus. v. Lehrs. Q. E. p. 115“ und Lehrs an der citierten Stelle „*β* 126 Apollonii, i. e. Aristarchea lectio erat *μέγα μὲν κλέος αὐτῇ ποιεῖτ', αὐτὰρ σοίγε ποϑὴ* (non *ποϑὴν*) *πολέος βιότοιο*, ut apparet ex hoc loco pron. 101. C.“ Das ist ein grosser Irrthum, denn Apollonios besass von der Aristarchischen Rezension so wenig Kenntniss, als irgend einer seiner Zeitgenossen, da kein Aristarchisches Exemplar mehr existierte. Was er über Aristarchs Ausgabe wusste, konnte er nur aus der bekannten Schrift des Didymos geschöpft haben, und wo er nicht ausdrücklich eine Schreibweise als Aristarchische bezeichnet, haben wir es mit nichts anderem als der Schreibart seines Homerexemplares zu thun. Dass dies ein ganz ordinäres Exemplar war, eine der gewöhnlichen *κοιναὶ ἐκδόσεις*, können wir noch nachweisen. Oder sollten wir Schreibweisen wie *β* 160 *ὅς σφιν ἐΰφρονέων* (de Pron. 125 B); *γ* 87 *ἧχι* (de Synt. 288, 5); *γ* 134 *τῷ σφέων* (de Pron. 122 B); *γ* 411 *ἔφιξε* (de Synt. 328, 24); *δ* 62 *σφῷν* (de Pron. 110 A); *δ* 244 *αὐτόν* und *αὐτός* (de Pron. 101 B; 102 A); *δ* 668 *πρὶν ἡμῖν πῆμα γενέσϑαι* (de Pron. 153 B, C; de Synt. 137, 19); *η* 8 *ἀπηραίη* (de Adv. 160, 8); *λ* 120 *κτείνας* (de Coni. 468, 29); *ρ* 387 *τρύξαντα* (de Synt. 144, 6); *Α* 117 *σάον ἔμμεναι* (de Coni. 489, 16); *Α* 336 *ὅς σφῶι προΐει* (de Pron. 44 B); *Δ* 66 *πειρᾶν δ' ὥς κεν Τρῶες* (de Synt. 78, 19); *Ζ* 356 *'Αλεξάνδρου ἕνεκ' ἀρχῆς* (de Synt. 133, 6); *Π* 12 *πιφάσκεαι* (de Synt. 137, 4) der besseren Ueberlieferung zum Trotz als Aristarchische Schreibweisen betrachten müssen? Es könnte vielleicht jemand einwenden, die Abschreiber hätten diese Schreibweisen verschuldet und das mag auch für einige derselben gelten, wie z. B. für *Α* 20 *παῖδα δ' ἐμὸν λύσατε* (de Synt. 121, 17); *Α* 101 *ΒΗΡΗΣΟΝ* (de Synt. 66, 5); *Σ* 462 *ἐπὶ σφυρίοις ἀραρυίας* (de Synt. 91, 11); *Ψ* 477 *ἐκδέρκετον ὄσσε* (de Synt. 291, 12); *Ω* 243 *'Αχαιοῖσι* (de Synt. 59, 3 und 11), aber alle genannten Abweichungen vom Aristarchischen Text wird niemand den Abschreibern aufzubürden im Stande sein, am wenigsten *πρὶν ἡμῖν πῆμα γενέσϑαι*, die überlieferte Schreibweise der *κοιναί*. Um es noch einmal ganz bündig auszusprechen: keinem Grammatiker von Didymos angefangen stand eine Ausgabe Aristarchs zu Gebote, sie hatten alle nur *κοιναὶ ἐκδόσεις*.

γ 289 findet man in allen Ausgaben die Schreibweise *λιγέων δ' ἀνέμων ἐπ' ἀυτμένα χεῦεν, κύματά τε τροφόεντα πελώρια, ἶσα ὄρεσσιν*, so haben auch BEHIKLNPS, dagegen AGMQV *τροφέοντο*, welches nach Didymos (Schol. H) Bemerkung *'Αρίσταρχος γράφει τροφόεντο* (sic!) *ἀντὶ τοῦ ηὔξάνοντο* die Aristarchische Schreibweise ist. *ηὔξάνοντο* haben auch M und Schol. br. als Glosse. Man findet zu unserem Verse noch verschiedene andere Schreibweisen: *στροφέοντα* (über *στ* : *τρο*) D, *τροφέοντα* Schol. *Λ* 307, *γρ. τροφόεντα* M Ambros. Q, *γρ. τρεφόεντα* Palatinus. Hesychios IV, 180 hat *τροφέοντα* und *τροφόεντα* und erklärt dasselbe mit *εὐτραφῆ, μεγάλα*, Apollon. Soph. 155, 14 *τροφόεντα: εὐτραφῆ καὶ μεγάλως αὐξανόμενα*. Wir dürfen daher *τροφόεντα*, welches auch *O* 621 steht, als die *κοινὴ ἀνάγνωσις* betrachten. Der Grund, welcher Aristarch bewog von der *κοινὴ* abzuweichen, war abgesehen davon, dass er seine Lesart auch in Handschriften gefunden haben mag, was wir natürlich nicht mehr constatieren können, der, dass die Verbindung *ἐπέχευεν κύματα τροφόεντα* für das Homerische *ὦρσεν* oder *ἐπῶρσεν* ihm gerechten Anstoss gegeben hat, denn *ἐπιχέω* wird nur von etwas gebraucht, was von oben herab kommt, wie *χέρνιβα* (*α* 136; *κ* 368; *ο* 131; *ρ* 91) Waschwasser über die Hände giessen, *ἀνέμων ἀυτμένα* (*γ* 289), *ὕπνον* (*β* 395; *Ω* 445) wie unser der Schlaf ergiesst sich über einen, *δούρατα* (*E* 618) einen mit einem Hagel von Speeren überschütten, *χυτὴν γαῖαν* (*γ* 258; *Ψ* 256, vgl. *Z* 419) einen Grabhügel aufschütten, ähnlich *ὕλην* (*ε* 257) und *χύσιν φύλλων* (*ε* 487). Mit diesen Stellen vergleiche man *ἦ σφιν ἐπῶρσ' ἄνεμόν τε κακὸν καὶ κύματα μακρά ε* 109; *ὦρσε δ' ἐπὶ μέγα κῦμα Ποσειδάων ε* 366, so wird man den Unterschied deutlich wahrnehmen. Die Form *τροφέω* neben *τρέφω* hat so wenig etwas auffallendes, als *φορέω* neben *φέρω*, *τροπέω* (*Σ* 224) neben *τρέπω*, *τρομέω* neben *τρέμω*, *βρομέω* neben *βρέμω*, *φοβέομαι* neben *φέβομαι*, *κλοπέω* (*χ* 322) vom Stamme *κλεπ*, *πονέομαι* neben *πένομαι*, *ὀχέω* neben *ἔχω*. Da *τροφέοντο* nicht nur in guten Handschriften steht, sondern auch als Aristarchische Schreibweise überliefert ist, da es ausserdem einen guten Sinn gibt (die Wogen thürmten sich riesengross, gleich Bergen), während die Schreibweise *τροφόεντα* dem Homerischen Sprachgebrauche zuwider läuft, so werden wir die Aristarchische Schreibweise, trotzdem dass sie Dindorf für abgeschmackt erklärt, der seither üblichen unbedenklich vorziehen.

ε 210 haben alle Herausgeber *σὴν ἄλοχον, τῆς αἰὲν ἐέλδεαι ἤματα πάντα* mit AFGKMPQS, worunter sich anerkannt gute Handschriften befinden. Eustathios schreibt in seiner Weise *ἧς*, dagegen haben *τῆς τ'* BCDHILN, *τῆς δ'* V. Nun steht im Venetus A zu Ξ 276 *Πασιθέην, ἧς τ' αὐτὸς ἐέλδομαι ἤματα πάντα* das schon von Villoison veröffentlichte, von Bekker aber übersehene Zwischenscholium *ζηνόδοτος καὶ ἀριστοφάνης ἔξω τοῦ τε, ἧς αὐτὸς ἐέλδομαι*, ein Beweis, dass Aristarch *ἧς τ'* geschrieben hat und der Schluss, dass er auch an unserer Stelle *τῆς τ'* geschrieben habe, ist durchaus nicht gewagt. Nun lässt sich zwar dagegen nichts einwenden, wenn man die Schreibweise des Zenodot und Aristophanes, die ja auch handschriftlicher Gewähr gefolgt sind, der Aristarchischen vorzieht; wer aber Ξ 276 *ἧς τ'* schreibt muss consequenter Weise auch an unserer Stelle *τῆς τ'* schreiben und das hätten die Herausgeber sicherlich gethan, wenn zu unserer Stelle ein Scholium *Ἀρίσταρχος διὰ τοῦ τε τῆς τ'* existierte. Allein die Florentina hat Ξ 276 *ἧς τ'*, ε 210 *τῆς* und darin ist der Grund zu suchen, warum beide Schreibweisen auch jetzt noch in unseren Handschriften stehen und wer da glaubt unsere Homertexte seien ad fidem librorum herausgegeben, der darf sich darunter keine Handschriften denken, sondern gedruckte Texte, die man mit Hilfe der Analogie und der Scholien mehr oder minder gut emendiert hat.

η 341 schreibt man ohne Rücksicht auf das Metrum allgemein *ὤτρυνον Ὀδυσῆα παριστάμεναι ἐπέεσσιν*, weil so in der Florentina steht, von der die meisten Ausgaben viel mehr als von Handschriften abhängen. Mit Ausnahme des vielfach über Gebühr hochgestellten Harleianus haben nur untergeordnete Quellen *ὤτρυνον*, dagegen *ὤτρυνον δ'* CGKL, *ὄτρυνον δ'* Q, *ὤτρυναν δ'* M, *ὤτρυνον τ'* A, *ὤτρυνόν ῥ'* IV, und wenn man schon nicht *ὄτρυνον δ'* schreiben will, so schreibe man wenigstens *ὤτρυνον δ'* mit wirklich guten Quellen. Das *δέ ἀποδοτικόν* im Nachsatze ist echt Homerisch, *δ'* wird in den Handschriften nicht selten ausgelassen, vgl. Homeri Odyssea, Pars posterior

p. 345, abgesehen davon, dass der besseren Ueberlieferung ihr Recht gebührt.

Eine andere Schreibart, die wir der Florentina zu verdanken haben, ist ϑ 392 τῶν οἱ φᾶρος ἕκαστος ἐυπλυνὲς ἠδὲ χιτῶνα, und so hat ausser der genannten Ausgabe nur der einzige Codex D. Dagegen haben ELMR(HPV) ἕκαστος φᾶρος und ACIKQS ἕκαστος φάρος. Wenn mit der Umstellung das Digamma von ἕκαστος gerettet wäre, so könnte man dieselbe entschuldigen; da aber dies nicht der Fall ist, so halte man sich an die Handschriften, da die jetzige Schreibweise keine Berechtigung hat.

κ 65 ist die Vulgata ἦ μέν σ' ἐνδυκέως ἀπεπέμπομεν, ὄφρ' ἀφίκοιο πατρίδα σὴν καὶ δῶμα καὶ εἴ πού τοι φίλον ἐστίν. Statt dessen schreiben Ameis und Bekker ὄφρ' ἂν ἵκοιο, woneben Bekker noch ἂν ἵκηαι und ἀφίκοιο als Varianten erwähnt. ὄφρ' ἂν ἵκοιο haben nur zwei untergeordnete Handschriften PS, ὄφρ' ἂν ἵκηαι dagegen die besten Quellen ADH 1. man. LMNRV; ὄφρ' ἀφίκηαι K; ὄφρ' ἀφίκοιο CH ex em. IQ; γρ. ὄφρ' ἀφίκοιο AM; γρ. ὄφρ' ἵκοιο, ταὐτὸν δέ ἐστιν N. Dass der Conjunctiv in abhängigen Sätzen nach vorausgehendem Imperfect statthaft ist, steht ausser Frage und es finden sich in einer der folgenden Abhandlungen zahlreiche Beispiele für diesen Gebrauch. Die Zulässigkeit des Conjunctivs für derartige Fälle wird auch gewiss nicht bestritten werden, es handelt sich also nur darum, ob der Conjunctiv an der hier besprochenen Stelle passend ist und wenn dies der Fall ist, so muss er als die am besten beglaubigte Schreibweise auch hier gesetzt werden. Der Conjunctiv steht in derartigen Fällen zur Bezeichnung einer absoluten, von der Persönlichkeit des Redenden nicht abhängigen, der Optativ von einer blos gedachten, von der Person des Redenden angenommenen Möglichkeit. So bedeutet κ 24 κατέδει μέρμιϑι φαεινῇ ἀργυρέῃ, ἵνα μή τι παραπνεύσῃ ὀλίγον περ nicht „damit nichts herauswehen könnte" (das wäre παραπνεύσει') sondern „damit nichts herauswehen konnte"' wo Absicht und Folge einander berühren. π 233 νῦν δ' αὖ δεῦρ' ἱκόμην ὑποϑημοσύνῃσιν Ἀϑήνης, ὄφρα κε δυσμενέεσσι φόνου πέρι βουλεύσωμεν heisst nicht „damit wir uns berathen könnten" (das wäre blose subjective Möglichkeit und schlösse die Unmöglichkeit nicht aus), sondern „damit wir uns berathen können." ξ 327 τὸν δ' ἐς Δωδώνην φάτο βήμεναι, ὄφρα θεοῖο ἐκ δρυὸς ὑψικόμοιο Διὸς βουλὴν ἐπακούσῃ mit Aristarch, nicht wie Aristophanes ἐπακοῦσαι. *I* 98 καί τοι Ζεὺς ἐγγυάλιξε σκῆπτρόν τ' ἠδὲ θέμιστας, ἵνά σφισι βουλεύῃσθα. *I* 494 ἀλλά σε παῖδα, θεοῖς ἐπιείκελ' Ἀχιλλεῦ, ποιεύμην, ἵνα μοί ποτ' ἀεικέα λοιγὸν ἀμύνῃς sind auf dieselbe Weise zu erklären. So ist auch an unserer Stelle der Conjunctiv aufzufassen und zu übersetzen „damit du gelangen konntest", womit Aiolos und seine Angehörigen dem Odysseus vorhalten, dass die Möglichkeit nach Hause zu gelangen für Odysseus wirklich vorhanden war, und es nur seiner Schuld beizumessen ist, dass er nicht die Heimat erreichte, also den Verdacht von sich abweisen, als träfe sie irgend ein Verschulden daran, dass Odysseus nicht nach Ithaka gelangte. Bei weitem nicht so bezeichnend wäre der Optativ „damit du gelangen könntest", denn er würde die Möglichkeit des nach Hause Kommens in Frage stellen und drückte nur aus, dass sie geglaubt und wohl auch gewünscht hätten, Odysseus werde mit Hilfe der eingeschlossenen Winde in seine Heimat gelangen. Da der Conjunctiv nicht blos möglich, sondern auch bezeichnender ist, da er ferner handschriftlich besser gestützt ist und ein ursprünglicher Optativ gewiss nicht in den für solche Fälle weit selteneren Conjunctiv geändert worden wäre, so muss an dieser Stelle der Conjunctiv gesetzt werden. Der Conjunctiv mit ἄν kommt auch in der oben citierten Stelle π 233, 234 vor. Wäre aber selbst diese ganze Beweisführung falsch, was zu beweisen nicht leicht sein möchte, denn es lassen sich ausser den citierten Stellen auch noch andere anführen, so dürfte immer noch nicht mit den beiden schlechten Handschriften ὄφρ' ἂν ἵκοιο, sondern es müsste ὄφρ' ἀφίκοιο geschrieben werden.

λ 284 schreibt man gewöhnlich ὅς ποτ' ἐν Ὀρχομενῷ Μινυηΐῳ ἶφι ἄνασσεν. Dazu Bekker „Μινυείῳ editiones antiquae: Μινυηΐῳ," ein Beweis wie schlecht es mit seinem handschriftlichen Apparat bestellt war. Μινυηΐῳ haben alle Herausgeber ausser Bekker mit CEHLN Schol. *A* 690 und wenn Bekker änderte, so geschah es dem Digamma zu Liebe, nicht aber weil die Florentina und die Aldinen Μινυείῳ haben, denn die Schreibweise dieser Ausgaben kann unmöglich gegen die Auctorität der Handschriften in die Wagschale gelegt werden. Die Schreibweise der Florentina ist allerdings richtig, aber weil sie in AGIQV steht und weil *μινΰΐῳ* wie M, und *μινυήω*, wie D hat, ebenfalls auf *μινυείῳ* führt. Ganz falsch ist die Schreibweise von KS *μινυήων*. Ein zweiter Grund ist allerdings der, dass vor *ἶφι* nie ein langer Vocal kurz wird, wohl aber eine kurze Silbe lang, wie in *βοὸς ἶφι κταμένοιο*, weshalb die Zerdehnung der Endung *ειος* in *ηιος* nicht geboten war. *Ὀρχομενὸν Μινύειον* steht auch *B* 511.

ν 78 schreiben alle Herausgeber *ἔνθ' οἱ ἀνακλινθέντες ἀνεῤῥίπτουν ἅλα πηδῷ, καὶ τῷ νήδυμος ὕπνος ἐπὶ βλεφάροισιν ἔπιπτεν*: nur Bekker *ϝήδυμος* und Düntzer aus Conjectur *ἀνεῤῥίπτεον*. Dieses *ἔνθ'* haben aber nur drei Handschriften (DGK), dafür haben ACHILMN, also bei weitem die besten Handschriften *εὖθ'*, N sogar noch mit der Glosse *ὁπότε*, PS *εὐθὺ*, offenbar itacistisch für *εὖθ' οἱ*, während in Q und V (v. 1. Hand) dieser Vers fehlt. Ein ursprüngliches *ἔνθ'* wäre schwerlich in *εὖθ'* geändert worden, auch lassen sich dafür keine Belege aus Handschriften beibringen, wohl aber für den entgegengesetzten Fall, denn *ἔνθ'* für *εὖθ'* haben *γ* 9 ADFLPS; *η* 202 L; *χ* 182 DH in marg. LP; *ω* 147 DL und das sind durchweg Handschriften untergeordneten Ranges. Dass die Schreibweise *εὖθ'* passender ist bedarf keines weiteren Beweises: wir übersetzen „als (oder während) diese rückwärtsgelehnt das Meer mit dem Ruder aufschlugen, da senkte sich diesem der Schlaf auf die Augenlider.“ *εὖτε* mit dem Imperfect ist keine Seltenheit und wenn auch *καί* zur Einleitung des Nachsatzes in dieser Weise nur hier steht, so ist es doch nicht ohne Analogie: man vergleiche nur das lateinische atque, nach quum, dum, ut und in Verbindung mit *τότε δή* leitet auch *καί* bei Homer sehr oft den Nachsatz ein, so dass dieses vereinzelt stehende *καί* kein Hinderniss bildet, die Schreibweise *εὖθ'* in ihr Recht einzusetzen.

ν 315 und *ο* 153 ist die seither übliche Schreibweise *εἷως ἐν Τροίῃ πολεμίζομεν υἷες Ἀχαιῶν*, dieses *ἐν* ist aber handschriftlich schlecht begründet, denn es haben *ν* 315 *ἕως ἐνὶ* FKNPRS, *εἴως ἐνί* CMQV, *ἕως ὅτε ἐν* L, *ἕως ἐν* mit darübergeschriebenem *ὅτε* D, *εἴως ἐν* blos AHI; *ο* 153 *ἕως ἐνὶ* C sup. DH 1. man. LMNQ, *εἵως ἐνὶ* ACFH ex corr. IKRS. Die richtige Schreibweise ist an beiden Stellen *εἶος ἐνὶ*, welches *εἷος* aber weder hier, noch sonst an einer Stelle in Homerischen Handschriften gefunden wird, sondern dafür entweder ἕως oder höchsens noch das gedehnte εἵως, da man an die Stelle der dichterischen Formen mit Vorliebe die der Prosa setzte.

So haben δ 90 εἵως ἐγὼ ADFHILNQ, ἕως A sup. MPS; δ 120 εἵως ὅ ταῦθ' ὥρμαινε DQ, ἕως ABGHIKLMN; ε 123 εἵως BDHINQRV, die übrigen ἕως; ε 365 εἵως ὅ ταῦθ' ὥρμαινε Q, ἕως ABCDFGHIKLMNPV; ε 424 εἵως ὅ ταῦθ' ὥρμαινε Q, ἕως ACDHIKLMNV, η 280 εἵως ἐπῆλθον A ex corr. Q, ἕως A 1. man. CDHIKL ex corr.; ι 233 ἕως ἐπῆλθε CDEIKL, ἕως ἐπιῆλθε A ex em. Q; μ 327 ἕως für εἵως CDELN; ο 109 εἵως ἵκοντο A ex corr. H ex em. IKRS, ἕως A 1. man. CDFGH 1. man. LMNQV; ρ 390 ἕως μοι für εἵως D; τ 367 εἵως ἵκοιο CM, ἕως DEGHIKLNPQRV; ψ 151 ἕως ἵκοιτο CELR, die übrigen ὄφρ' ἂν ἵκοιτο. α 409 haben die Handschriften χρεῖος ἐελδόμενος, β 45 χρεῖος, γ 367 χρεῖός μοι, dafür Aristarch χρείως μοι; ϑ 353 χρέως DEPSV, die übrigen χρέος; ϑ 355 χρείως ὑπαλύξας CDEHLR, die anderen unmetrisch χρεῖος: λ 479 alle χρέος; φ 17 χρεῖος. Λ 686 hat der Venetus A χρέως ὀφείλετ' und dazu das Scholium οὕτως Ἀρίσταρχος χρεῶς, Λ 688 χρεῖος ὄφειλον und daneben οὕτως Ἀρίσταρχος, ἄλλοι δὲ ὄφελλον, Λ 698 χρεῖος μέγ' ὀφείλετ' und Ν 746 χρεῖος ἐπεί.

Wie nun das ursprüngliche *ΧΡΕΟΣ* noch drei weitere Formen gebildet hat, χρέως (analog ἔρος ἔρως), χρεῖος und χρείως, so musste auch *ΗΕΟΣ* noch drei andere Formen bilden können ἕως, εἷος und εἵως. Es findet sich aber weder das ursprüngliche ἕος noch das durch Dehnung daraus entstandene εἷος, letzteres nicht weil man in den Handschriften für die dichterischen Formen sehr oft die prosaischen setzte und die beiden O-Laute constant unter einander wechseln, weshalb man bald ἕως bald εἵως dafür geschrieben findet. Nun verlangt aber δ 90, 192; ε 365, 424; η 280; ι 233; ο 109; τ 367 das Metrum eine Form mit trochäischem Rhythmus und die Analogie erfordert hier nicht ἧος (obwohl die Flexion der Nomina Analogieen aufweist Τυδέος, Ὀδυσσῆος in Prosa Ὀδυσσέως, νεός νηός νεώς) sondern εἷος, da ε vor O-Lauten regelmässig zu ει gedehnt wird[1]). Merkwürdig ist es jedenfalls, dass sich χρεῖος erhalten hat aber

[1]) vgl. S. 150.

nicht εἶος und τεῖος, worauf deutliche Spuren hinweisen. Auch der Venetus A hat an allen Stellen ἕως, wo das Metrum εἶος fordert.

Dieses εἶος ist nicht nur an den bereits genannten Stellen und ν 315; ο 153 herzustellen, sondern auch noch ψ 151 εἶος ἵκοιτο analog mit τ 367, denn ὄφρ' ἂν ἵκοιτο gewährt den Anschein einer Correctur und wäre nie durch das dazu noch metrisch unzulässige ἕως ἵκοιτο ersetzt worden, wenn nicht die ursprüngliche Schreibart εἶος ἵκοιτο gewesen wäre. π 370 haben die Handschriften τέως μὲν ἀπήγαγεν bis auf acht (CDHKLMQS), wenn die übrigen genau collationiert sind, was für GP bestritten werden muss. Da in diesen 8, worunter sich die besseren befinden, das μὲν fehlt, so wird man nicht umhin können τεῖος ἀπήγαγεν zu schreiben. *T* 189 schreibt man allgemein μιμνέτω αὖθι τέως περ ἐπειγόμενός περ ἄρηος, wo man es dem ersten περ leicht ansieht, dass es nur Flickwort ist um den metrischen Fehler zu verbessern, wie es denn auch im Venetus B fehlt und in anderen durch γε oder καὶ ersetzt ist. Die richtige Schreibweise ist auch hier τεῖος ἐπειγόμενος. *Υ* 41, 42 haben die Handschriften εἵως μέν ῥ' ἀπάνευθε θνητῶν θεοὶ ἔσαν ἀνδρῶν, τέως δ' Ἀχαιοὶ μὲν μέγ' ἐκύδανον und der Venet. A hat dazu das Zwischenscholium ἐν ἄλλῳ τόφρα δ' ἀχαιοὶ μὲν μέγ' ἐκύδανον, wie jetzt auch fast alle Herausgeber schreiben. Auch hier war die ursprüngliche Lesart ohne Zweifel τεῖος Ἀχαιοί, aus welchem τέως geworden ist, wie aus εἶος ὃ ταῦθ' ὥρμαινε ein ἕως ὃ, welches in allen älteren Ausgaben noch zu finden ist.

ξ 89 schreiben fast alle neueren Herausgeber nach einer Conjectur von Barnes οἴδε δὲ καί τι ἴσασι, wofür Ameis aus ACF οἴδε δέ τι ἴσασι aufgenommen hat. δέ τι haben auch CHQRV aber ἴσσασι, K δέ τε ἴσασι, L δ' ἔτ' ἴσασι, S δ' ἔτι ἴσασι, I οἴδε τε ἴσσασι. Von diesen Schreibweisen befriedigt keine, denn abgesehen von der ungewöhnlichen Verlängerung des ι in τι schliesst sich auch κείνου λυγρὸν ὄλεθρον nicht passend an das vorhergehende an, wenn man τι als Object zu ἴσασι fasst; nimmt man es aber adverbial, so verleiht es der ganzen Aussage eine zu grosse Unbestimmtheit. Auch die Conjectur von W. C. Kayser οἱ δ' ἤδη τι ἴσασι hat dieselben Bedenken gegen sich und entfernt ausserdem das von allen Handschriften überlieferte οἶδε, welches man, wie Ameis richtig bemerkt, hier nur ungern entbehren würde. Die richtige Schreibart haben die beiden besten Handschriften MN οἶδε δέ τοι ἴσασι und diesen zunächst D οἶδε δέ τοι ἴσ(σ)ασι. Dies giebt einen passenden Sinn und der Ueberlieferung bleibt ihr Recht. Denn dass aus τοι in der Mehrzahl der Handschriften τι geworden ist, kann doch unmöglich zu Gunsten der Schreibweise τι ins Gewicht fallen, da das Schwanken zwischen τοι und τι in den Handschriften bei dem in ihnen herrschenden Itacismus eine keineswegs seltene Erscheinung ist. In den Handschriften der Odyssee wechseln τοι und τι an 47 Stellen, von denen folgende genügen mögen: α 203 οὔτι ἔτι für οὔτοι ALQ(PV); β 87 οὔτοι μνηστῆρες L; β 372 οὔτι ἄνευ AKQ; γ 315 μή τι κατὰ BHQV; δ 93 οὔ τι χαίρων EMS; δ 744 δέ τι οὐκ EM; ξ 33 οὔτι ἔτι HS ex corr.; ϑ 585 μέν τοι κασιγνήτου CDKM; ι 27 οὔτι ἔγωγε ACDEFGHIKLMPQRSV, und doch schreiben alle Herausgeber οὔ τοι; ι 211 οὔτι ἀποσχέσθαι IQ; κ 66 εἴ που τι φίλον CQ; λ 73 μή τι τοι für μή τοί τι ADEIKL 1. man. MNQ; ν 330 αἰεί τι τοιοῦτον M; ν 362 μή τι ταῦτα C; ξ 487 οὔ τι ἔτι DEKPQSV; ο 12 μή τι κατὰ EKQV; ο 72 ἶσόν τι κακόν CGM; ο 330 οὔ τι τοιοῖδ' D; ο 531 οὔτι ἄνευ CDIKM 1. man. S; π 204 οὐ μὲν γάρ τι ἔτ' CFKQRS ex corr. V; ρ 141 οὐδέν τι ἐγὼ CDES (οὐδέ τι K); σ 358 δέ τι ἄρκιος V; τ 547 ὅτι τετελεσμένον CGHILM; τ 570 ἄλλο δέ τι ἐρέω M; τ 585 πρὶν γάρ τι πολύμητις Q; υ 228 ὅτι πινυτὴ CDHIKMS; υ 264 οὔτι δήμιος AEKS; χ 221 οὐδέ τι υἷας CLN. Solche Schreibweisen, die meistens sogar metrisch unzulässig sind, haben wie diese Aufzählung beweist auch die besten Handschriften nicht selten, und darum ist τοι ἴσασι, welches dazu noch drei Handschriften bieten, unbedenklich zu schreiben. Dadurch wird ὄλεθρον zum Object von ἴσασι „diese aber kennen Dir (und haben irgend eine Offenbarung eines Gottes vernommen) den traurigen Untergang jenes, dass sie nicht auf rechtliche Art freien und nicht auf ihre Besitzungen zurückkehren wollen", so dass θεοῦ δέ τιν' ἔκλυον αὐδήν parenthetisch gesetzt ist, eine dem Homer durchaus nicht fremde Constructionsweise, vgl. β 40; δ 379, 468; ξ 274; *B* 333, 347; *Γ* 134; *K* 390; *M* 374; *N* 428, 476, wo überall in der Parenthese die adversative Partikel δέ steht. ἴσασι mit langem ι steht auch noch *I* 36; *Ψ* 312; β 238; ϑ 559, 560; λ 122, 124; ψ 269, 271; ω 188.

ξ 183 ist *ἀλλ' ἤ τοι κεῖνον μὲν ἐάσομεν, ἤ κεν ἀλώῃ, ἤ κε φύγῃ καί κεν οἱ ὑπέρσχῃ χεῖρα Κρονίων* die durch die Auctorität der besten Handschriften beglaubigte Schreibweise. Es hat zwar kein einziger Codex *ἀλώῃ*, sondern LN *ἀλώη*, CDKS *ἀλώη*, EIII *ἀλῴη*, AM *ἀλῴη*, allein in Bezug auf das dieser Verbalform zukommende Iota adscriptum darf die Ansicht der späteren Grammatiker für uns nicht massgebend sein, denn dass ihnen für derartige Formen das Verständniss abhanden gekommen war, beweisen die S. 198 aus den Schriften der Byzantinischen Grammatiker angeführten Stellen. Auch die Conjunctivformen *δώῃς* und *δώῃ* werden, wenn überhaupt das Iota subscriptum gesetzt ist, meistens *δῴης* und *δῴη* geschrieben. So haben A *φ* 338 *δῴη*, *λ* 144 *ἀναγνοίῃ*, C *λ* 146 *θήῳ*, D *ι* 268 *δῴης*, *μ* 216 und *φ* 338 *δῴη*, ξ 86 *δοίῃ*, K *ι* 268 *δῴης*, *μ* 216 *δῴη*, M *ι* 517 *θείῳ*, *κ* 301 *θείῃ*, *λ* 128 *φήῃ*. *ω* 370 *βῇ* und der Venetus A hat unter zwölf Stellen achtmal *δώιη*, viermal *δώιηι* und *P* 506 *ἀλώιη*. Daher ist die Aenderung von *ἀλῴη* in *ἀλώῃ* ohne Bedenken vorzunehmen, denn die richtige Optativform *ἀλοίη* (wie *δοίη*, *γνοίη*), die Dindorf in den Text aufgenommen hat, findet sich in keiner Handschrift. Der Optativ *φύγοι* im nächsten Vers ist schlecht beglaubigt, denn es haben *φύγῃ* A ex corr. CEFIIIM, *φύγῃ* (οι) D, und für *ὑπέρσχοι* haben *ὑπέρσχῃ* AEFN, *ὑπέρσχῃ* (οι) III, *ὑπερσχῇ* K, *ὑπερέχῃ* D. Den Conjunctiv *ἀλώῃ* verlangt auch der Sinn der Stelle, denn diese Annahme kann nur als allgemein möglich hingestellt werden, während der Optativ dem Gedanken eine Färbung geben würde, die für den Eumaios unpassend wäre, denn es wäre darin die objective Möglichkeitsannahme, um nicht zu sagen der Wunsch, ausgesprochen, dass dieser als möglich gedachte Fall eintrete. Hingegen wären die Optative *φύγοι* und *ὑπέρσχοι* ganz an ihrem Platze. Dann wäre die Stelle ganz gleich *Σ* 307 *ἀλλὰ μάλ' ἄντην στήσομαι, ἤ κε φέρῃσι μέγα κράτος, ἤ κε φεροίμην* (ob er den Sieg davon trägt, oder lieber ich). Zwei Conjunctive stehen in dieser Weise *I* 701 *ἀλλ' ἤτοι κεῖνον μὲν ἐάσομεν, ἤ κεν ἴῃσιν, ἤ κε μένῃ*, womit Diomedes ausspricht, dass ihm beides gleichgiltig ist; zwei Optative *X* 253 *νῦν αὖτέ με θυμὸς ἀνῆκε στήμεναι ἀντία σεῖο, ἕλοιμί κεν, ἤ κεν ἁλοίην*, welche Stelle jedoch ihre Bedenken hat. Auch *ο* 300 ist zu schreiben *ὁρμαίνων ἤ κεν θάνατον φύγοι* (welches ihm das liebere wäre) *ἦ κεν ἀλώῃ*. Hier haben *ἀλώη* AN, *ἀλώῃ* DM, *ἀλώῃ* CKLQ, *ἀλῴῃ* F(GHPV), *ἀλοίῃ* I. Auch an dieser Stelle schreiben Bekker und Ameis *ἀλῴῃ*, Dindorf *ἀλοίῃ*.

ο 101. Die Vulgata *ἵκανον ὅθι κειμήλια κεῖτο*, die auch Bekker und Ameis beibehalten haben, findet sich in CDHILQ, *ἵκανον ὅτι* V. Dafür haben *ἵκαν' ὅθι οἱ* KNS, *ἵκανον ὅθι οἱ* AFGMR, *ὅθι οἱ* auch Eustath. 1776, 2, und wir sind nicht berechtigt dieses handschriftlich gut beglaubigte *οἱ* aus dem Texte zu entfernen. Mit der Conjectur G. Hermann's *ἵκονθ' ὅθι οἱ* ist auch nicht geholfen, da *οἱ* neben dem Plural Anstoss erregt; dagegen reicht die Schreibweise der drei Handschriften KNS *ἵκαν' ὅθι οἱ* vollkommen aus, denn Menelaos ist die Haúptperson, die beiden anderen begleiten ihn nur (vgl. 99 *αὐτὸς δ' ἐς θάλαμον κατεβήσετο*) und die Construction ist ähnlich wie α 330 *κλίμακα δ' ὑψηλὴν κατεβήσετο οἷο δόμοιο, οὐκ οἴη, ἅμα τῇ γε καὶ ἀμφίπολοι δύ' ἕποντο. ἡ δ' ὅτε δὴ μνηστῆρας ἀφίκετο* und σ 206. Der Singular scheint Anstoss erregt zu haben und so entstand die Schreibweise *ἵκανον ὅθι οἱ* und weil jetzt eine Silbe zu viel war wurde *οἱ* entfernt, was die unnatürliche Verlängerung des ι vor *κειμήλια* zur Folge hatte. Aehnlich wurde aus *ἐβόλοντο* α 234 *ἐβούλοντο* und da dies nicht in den Vers passte *βούλοντο*. Auch ν 430 hat man *οἱ* aus dem Text entfernt und statt *κάρψε μέν οἱ*, wie alle Handschriften ausser *K* haben, *κάρψεν μὲν* geschrieben.

ο 463 schreiben Bekker 1. Dindorf, Faesi *ἐπισχόμεναι*, dafür haben *ὑπισχόμεναι* ACDEGHIKLMPQRSV, *ὑποσχόμεναι* FN, die Schreibart *ἐπισχόμεναι* scheint mithin Conjectur Bekkers zu sein, da sie jeder handschriftlichen Begründung entbehrt und Bekker, der in der zweiten Ausgabe wieder davon zurückgekommen ist, in der Annotatio eine derartige Variante gar nicht mehr erwähnt. Auch in der Ausgabe von Clarke-Ernesti steht von einer Variante *ἐπισχόμεναι* nichts. Bekker hat wohl seine Gründe gehabt, weshalb er hier conjicierte, aber wir wären begierig die „libri optimi" kennen zu lernen, quorum ad fidem W. Dindorf *ἐπισχόμεναι* geschrieben hat.

Für das seither übliche *ἤδη* π 337 hat Ameis aus EGM *ἢ δὴ* aufgenommen und begründet. In demselben Verse haben statt *εἰλήλουθε* (so E 1803, 59 FKPRS Hesychios II, 28) ACDHILMNQV, also entschieden die besten Handschriften, *ἐκ πύλου ἦλθε(ν)*. Ausserdem steht noch *ἐκ Πύλου εἰλήλουθεν* bei Eustath. 1797,

16; γρ. φίλος παῖς ἐκ πύλου εἰληλούθει in C und γρ. εἰλήλουθε im Harleianus. Ameis hat unter Hinweisung auf ο 42, π 131 ἐκ Πύλου ἦλθεν aufgenommen, weil die epische Deutlichkeit den Zusatz ἐκ Πύλου verlange und es kann auch in Berücksichtigung der guten Beglaubigung von ἐκ Πύλου ἦλθεν nichts gegen diese Schreibweise eingewendet werden. Aber einen Zweifel vermögen wir doch nicht zu unterdrücken: es lässt sich nemlich schwer begreifen, wie an die Stelle des so deutlichen ἐκ Πύλου ἦλθε ein εἰλήλουθε gekommen sein soll, da letzteres eine, wenn auch bei Epikern nicht seltene, so doch sonst nicht gebräuchliche Form ist und wer die Handschriften genauer kennt, der weiss recht gut, wie häufig es vorkommt, dass an die Stelle der dichterischen Formen die gewöhnlichen Formen der Prosa gesetzt worden sind, auch wenn sie sich dem Metrum gar nicht fügen, während der entgegengesetzte Vorgang nicht leicht nachzuweisen sein wird. Deshalb ist es auch gar leicht möglich, dass ursprünglich εἰλήλουθε im Text gestanden ist und zwar mit der Glosse ἦλθε (vgl. Hesych. II, 28 εἰλήλουθα: ἦλθον), während andere Handschriften über εἰλήλουθε den erklärenden Zusatz ἐκ πύλου hatten, woraus bei Eustathios ἐκ Πύλου εἰλήλουθεν und am Rand des Codex C γρ. φίλος παῖς ἐκ πύλου εἰληλούθει geworden ist. Die Erklärung ἐκ Πύλου verbunden mit der Glosse ἦλθε gab dann die andere Lesart. Dies ist zwar nur eine Vermuthung, aber ganz ungegründet ist sie gewiss nicht.

ρ 223. Die Conjectur Bekkers τόν γ' für τόν κ' ist von den folgenden Herausgebern mit Recht aufgenommen worden, aber für λιπέσθαι muss mit ACEFGKMNPRSV γενέσθαι geschrieben werden, so hat auch das Scholium zu Σ 589 und H γρ. γενέσθαι. Im Munde des Melanthios ist γενέσθαι passender, während ρ 187 wo Eumaios diese Worte spricht λιπέσθαι mit ADHILM 2. man. N vorzuziehen ist, da sich Odysseus bereits im Gehöfte des Eumaios befindet, also nur dazubleiben braucht, während er zum Melanthios erst hingehen müsste.

ρ 547. Die Vulgata ἀλύξοι, welche auch Ameis beibehalten hat, steht in CEGNPRV, dafür haben HIM ἀλύξει, und dasselbe τ 558 alle Handschriften ausser KLS. Hier hat der einzige A ἀλύξαι, welches Bekker aufgenommen hat. In DFKLS steht dieser Vers gar nicht und im Augustanus am Rande. Gegen solche Formen aber wie ἀλύξοι kann man nicht misstrauisch genug sein, denn man weiss nicht was für einen Antheil daran der Itacismus hat. Es stehen diese Formen auch noch an anderen Stellen, wo sie ganz entschieden unrichtig sind, so *ἐρύξοι* ε 166 V; ϑ 318 *ἀποδώσοι* L; κ 293 *ἐλάσοι* A 2. man.; μ 140 *ἀλύξοις* G; ν 427 *καϑέξοι* L; ο 312 *ὀρέξοι* L; ο 524 *τελευτήσοι* L; π 19 *μογήσοι* E; π 45 *καταϑήσοι* D; π 261 *ἀρκέσοι* L; π 298 *ϑέλξοι* L; π 459 *ἐρύσσοιτο* CKS; ϱ 51 *τελέσσοι* L; ϱ 418 *ἐρύξοι* L; σ 91 *ἐλάσοι* NQV, *ἐλάσει* und *ἐλάσοι* DHI; σ 265 *ἀνέσοι* L; τ 92 *ἀναμάξοις* L 2. man.; τ 558 *ἀλύξοι* KL 2. man. S; υ 386 *ἐφήσοι* L; φ 170 *κεκαδήσοι* L; χ 168 *ἀποτίσοι* M 2. man., namentlich hat der Codex L derartige Optativformen häufig und dass diese nur auf dem Itacismus beruhen, zeigt der erste Blick, oder sollen z. B. σ 91 *ἐλάσει* (AEFR), *ἐλάση* (CKS) und *ἐλάσοι* (NQV) sämmtlich als Varianten zu betrachten sein?

Dies führt uns auf eine andere Stelle σ 265, wo die Handschriften (ausser L) und Ausgaben *τῶ* (v. *τῷ*) *οὐκ οἶδ', ἤ* (v. *εἴ*) *κέν μ' ἀ ν έ σ ε ι ϑεός, ἦ κεν ἁλώω* haben. Was dieses *ἀνέσει* für eine Form sein soll, ist schwer zu entscheiden: die einen fassen es mit den Alten (Schol. BQV Vind. 133, Hesych. I, 196) für das Futurum von *ἀνίημι*, das heisst aber *ἀνήσω* und eine derartige Verkürzung des $\overline{\eta}$ in ε bei der Tempusbildung müsste erst nachgewiesen werden. Dagegen hat Savelsberg *ἀνέσει* als Conjunctiv des Aorist betrachtet, welchen die Stelle analog mit *ἁλώω* fordert, und diesen Conjunctiv als aus *ἀνέσεσι* (urspr. *ἀνέσετι*) entstanden zu begründen gesucht. Wir wollen das einstweilen auf sich beruhen lassen: was aber die angeführten Parallelstellen betrifft, so müssen wir gegen die Richtigkeit der Schreibweise derselben Einsprache erheben. α 41 hat keine Handschrift *ἡβήσει*, sondern alle *ἡβήσῃ* oder *ἡβήσῃ*, nur L *ἡβήσειε*. Dagegen führt die Notiz des Schol. H *μέλλοντα ἀντὶ ἐνεστῶτος ἐπήγαγε* auf *ἡβήσει*. Wollte man aus dieser Bemerkung einen sicheren Schluss ziehen, so müsste man zuerst die Gewissheit haben, dass sie der Schrift des Aristonikos entnommen ist; sie kann aber auch ebenso leicht Byzantinischen Ursprungs sein, daher ist es gewagt aus dieser Notiz etwas folgern zu wollen. ϑ 318 haben die besten Quellen nicht *ἀποδώσει* sondern *ἀποδῷσιν*, so auch Herodian II. Prosod. *Α* 729. Derselbe Grammatiker erwähnt auch an der genannten Stelle die Schreibweise *φῇσιν* α 168, wo Q *φήσει*, L *φήσει'* und M γρ. *φήσει* hat:

dieses *φήσει* wird schwerlich jemand für den Conj. des Aor. halten. In *ν* 376 *φράζευ ὅπως μνηστῆρσιν ἀναιδέσι χεῖρας ἐφήσεις* erblicken wir wiederum keinen Conjunctiv, sondern den Indicativ des Futurum, wie er mit *ὅπως* so häufig nach Verben des Ueberlegens gebraucht wird, z. B. *μερμερίζει, ὅπως δὴ μνηστῆρσιν ἀναιδέσι χεῖρας ἐφήσω υ* 39; *ἑλίσσετο μερμηρίζων, ὅπως δὴ μνηστῆρσιν ἀναιδέσι χεῖρας ἐφήσει υ* 29 (GL *ἐφήσῃ*) wo Thiersch ohne Noth *ἐφείη* conjicierte; *φράζευ ὅπως Δαναοῖσιν ἀλεξήσεις κακὸν ἦμαρ I* 251 (*ἀλεξήσῃς* AEGS); *φράζεο νῦν, ὅππως κε πόλιν καὶ ἄστυ σαώσεις P* 144 (so Aristarch; CGL *σαώσῃς*); *σὲ δὲ φράζεσθαι ἄνωγα, ὅππως κε μνηστῆρας ἀπώσεαι α* 270 (welches nach *P* 144 nicht Conjunctiv zu sein braucht); *ἀλλ' ἄγε μῆτιν ὕφηνον, ὅπως ἀποτίσομαι αὐτούς ν* 386; *φραζώμεθ'* (*φράζευ*) *ὅπως ἔσται τάδε ἔργα Δ* 14; *Ξ* 3, 61; *Υ* 116; *ρ* 274, wofür allerdings auch zweimal *ὅπως ὄχ' ἄριστα γένηται* steht (*ν* 365; *ψ* 117) aber jedesmal mit der Variante *ἔσται τάδε ἔργα*. Dass auch der Conjunctiv oder Optativ mit *ὅπως* bei *φράζομαι, μερμηρίζω* und ähnlichen Verben steht, entscheidet nichts, denn nur wenn überall der Conjunctiv stünde, müsste man auch *ἐφήσεις* für den Conjunctiv halten, oder für corrupt erklären. *τελευτήσει ο* 524 ist Futurum: wäre der Conjunctiv hier nothwendig, so müsste *τελευτήσῃ* geschrieben werden. Dieselbe Bewandniss hat es *π* 261 mit *ἀρκέσει*, während *π* 282 *θήσει* zwar in den meisten Handschriften steht, aber die richtige Schreibart *θῇσιν* (CKS, *θῆσι* AQ 1. man.) ebenso verdrängt hat, wie *ἀποδώσει θ* 318 *ἀποδῷσιν*. *B* 147 und 395 haben nur untergeordnete Quellen (an beiden Stellen Eust., an der ersten CGLS mit einem Theile der Heyne'schen Handschriften an der zweiten die Handschriften bei Heyne) *κινήσει* statt *κινήσῃ*, wie an beiden Stellen der Venetus A mit noch anderen, an der zweiten der alte Ambrosianus (male nach Heyne) hat. Was ein solcher mit dem Futurum gleicher Conjunctiv neben dem Conjunctiv *κινήσῃ* für einen Anspruch auf Berechtigung habe, vermögen wir nicht einzusehen. Auch *Π* 264, 298 haben die besten Quellen *κινήσῃ*. *O* 359 haben die besten Quellen *ἧσι*, untergeordnete *ἥσει*. *Π* 90 endlich kann *θήσεις* gar nichts anderes sein als Futurum. Das sind also die Stellen, welche man anführt um die Existenz von Conjunctivformen auf *ει̅ς* und *ει̅* nachzuweisen. Was nun die Ueberlieferung betrifft, so sollte man von einer besten Ueberlieferung des Textes der Ilias gar nicht reden, denn wir kennen dieselbe nicht trotz Heyne, Spitzner und Bekker. Den drei genannten Herausgebern stand nicht einmal eine ordentliche Collation des Venetus A zu Gebote, vom Venetus B, den beiden Laurentiani und den beiden Iliashandschriften in der Escurialbibliothek gar nicht zu reden. Man wird doch nicht behaupten wollen, dass die Englischen, Breslauer, Moskauer und Wiener Handschriften ein Ersatz für diese seien? Von der besten Ueberlieferung könnte man höchstens dann noch reden, wenn diese Schreibweisen durch die Scholien begründet wären, d. h. wenn sich erweisen liesse, dass ein solcher Conjunctiv in den Rezensionen der Alexandriner gestanden hätte. Das lässt sich aber nicht beweisen. Es kommen also nur die Handschriften in Betracht und unter diesen hat der Venetus A überall die richtigen Conjunctivformen. Was die vom Itacismus beherrschten Handschriften und Eustathios bieten hat kein Anrecht darauf als beste Ueberlieferung betrachtet zu werden. Für Formen endlich wie *ἀποδῷσιν* (*ϑ* 318), *φῇσιν* (*α* 168), *ἦσιν* (*ϑ* 163), *ϑῇσιν* (*π* 282), *ἧσιν* (*O* 359), war nicht nur den Byzantinern das Verständniss abhanden gekommen, sondern schon Zoilos und Chrysippos (Herodian II. Prosod. A 129) betrachteten *δῷσι* für eine Pluralform.

Um nun wieder auf die besprochene Stelle *σ* 265 zurückzukommen, so halten wir es für nicht erwiesen, dass *ἀνέσει* Conjunctiv sein kann, und da der Conjunctiv nothwendig ist, so schliessen wir uns Thiersch an (Gr. Gramm. § 226 *) und schreiben *ἀνέῃ*, analog mit *ἀφέῃ* *Π* 590; *βέῃ* *Π* 582; *Ω* 631; *ἔῃ* *K* 225; *M* 300; *Ξ* 484; *τ* 329, 332.

Man begnügte sich aber nicht damit Conjunctivformen auf *εις* und *ει* einzuführen, die den entsprechenden Formen des Indic. Fut. gleich sind, man wollte auch noch Optativformen auf *ε* , durch Apokope aus *ειε* entstanden, in den Homer hineinbringen und somit drei gleiche Formen schaffen. Dies befürwortet Ameis zu *χ* 98 nach dem Vorgange von Savelsberg, und bemerkt dazu, dass in den neueren Ausgaben an solchen Stellen gewöhnlich nach der C o n j e c t u r verschiedener Gelehrten der Apostroph gefunden wird. Die Setzung des Apostrophs kann aber so wenig als eine Conjectur bezeichnet werden, als die Veränderung eines Spiritus oder Accentes, denn die Homerischen Gedichte sind ja ohne prosodische Zeichen auf die Alexandriner gekommen und beruhen demnach alle prosodischen Zeichen auf Conjectur. Blos die Buchstaben sind überliefert, und erst wenn man von diesen abweicht, begibt man sich auf das Feld der Conjectur. Von den Optativformen auf $\overline{\varepsilon\iota\varepsilon}$ kann nur behauptet werden, dass sie selten elidieren oder, wenn man will, der Elision widerstreben (vgl. S. 113), wie dies ja auch beim Dativ Singular auf $\overline{\iota}$ und bei den Dualformen auf $\overline{\varepsilon}$ der Fall ist (und doch gibt es auch für die Elision dieses $\overline{\iota}$ und $\overline{\varepsilon}$ Beispiele); dass aber die Elision des ε in der Endung $\overline{\varepsilon\iota\varepsilon}$ unstatthaft sei, ist eine nicht zu erweisende Behauptung. Warum findet man denn keinen solchen Optativ auf $\overline{\varepsilon\iota}$ vor consonantisch anlautenden Wörtern oder am Ende, sondern überall die Formen auf $\overline{\alpha\iota}$ wie z. B. *ἀκούσαι Π* 129 (E *ἀκούσει*, G *ἀκούσοι*, welche Formen vielleicht auch Optative sind); *ἀείραι Π* 130 (G *ἀείροι*); *ἀμύναι M* 334 (*ἀμύνει* G); *ἀκούσαι T* 81; *σαώσαι γ* 231 (*σαώσοι* GL); *δ* 753 (Schol. *πρὸ τέλους ἡ ὀξεῖα· ἔστι γὰρ εὐκτικόν*); *Φ* 611 (so Aristarch; andere *σάωσαν*); *ἐπακούσαι ξ* 328 und *τ* 297 (so Aristophanes und Herodian; richtig Aristarch *ἐπακούσῃ*), die durch die Auctorität der besten Grammatiker sicher gestellt sind?

Welches sind aber „die besten Auctoritäten", nach denen diese angeblichen Optativformen nicht apostrophiert sind? Schol. ABL zu *B* 4 *τιμήσῃ*: *ἄλλοι γράφουσι τιμήσει· τοῦτο εὐκτικόν, τὸ δὲ ὀλέσῃ ὑποτακτικόν. ὡς τὸ „λόχον* (sic) *τελέσει Ἀγαμέμνων"* (*Δ* 178). Schol. V zu *P* 515 *μελήσει*: *ἀντὶ εὐκτικοῦ τοῦ μελήσοι.* Das letzte Scholium beweist gerade das Gegentheil von dem was es beweisen soll, denn *ἀντὶ εὐκτικοῦ* heisst eben, dass es nicht *εὐκτικόν* ist, sondern dass hier statt des Optativs der Indicativ gesetzt ist (*ἐνήλλακται ῥῆμα*): die ersten Seiten in Friedländer's Aristonikos liefern dafür Belege in Menge. Das erstere Scholium würde etwas beweisen, wenn wir sicher sein könnten, dass der Scholiast wirklich die Form *τιμήσει* und nicht *τιμήσει'* vor Augen gehabt habe. Das Fehlen des Apostrophs aber ist etwas so unbedeutendes und rein zufälliges, dass man daraus keinen Schluss auf die Existenz einer Reihe von Verbalformen machen darf, von denen kein alter Grammatiker etwas weiss. Uebrigens ist *τιμήσει* hier gar nicht die richtige Schreibweise, sondern *τιμήσῃ* wie auch Nikanor citiert und die Handschriften analog mit *ὀλέσῃ* haben. Das

Scholium zu dieser Stelle, welches auf keinen älteren Grammatiker zurückgeführt werden kann, beruht aller Wahrscheinlichkeit nach auf einem Missverständniss, denn es ist nicht denkbar, dass Optativ und Conjunctiv hier neben einander geschrieben worden seien. Die Formen, welche man noch ausserdem als solche apokopierte Optative betrachtet, sind *ἀποῤῥαίσει α* 404, welches man bis jetzt immer als Futurum betrachtet hat und auch wahrscheinlich in Zukunft dafür halten wird; *μενοινήσει β* 248 (so ABDEHILMNPQSV; *μενοινήσει'* K); *κύψει λ* 585 (so CDKLMN); *ἰθύσει λ* 591 (so ACDIKLMNQ); *νοστήσει ξ* 329 (so M. *νοστήσῃ* [ει] HI. die übrigen richtig *νοστήσῃ* wie auch im vorangehenden Verse mit Aristarch und den besten Handschriften *ἐπακούσῃ* für *ἐπακούσαι* zu schreiben ist); *ἐφήσει υ* 29 (ist Futurum wie *ἐφήσω υ* 39), 386 (dafür ist aus den besseren Quellen *ἐφείη* zu schreiben, so CKNPSV, *ἐφίει* M itacistisch für *ἐφείη*); *τύψει χ* 98 (so C; *τύψειε* I; *γρ. ἢ τύψειε* H; *τύψῃ* oder *τύψη* A ex corr. DHLQV Schol. *Ω* 11; die übrigen *τύψας*, darunter MN. Da der Optativ *τύψει'* hier nicht statthaft, ein Optativ *τύψει* aber weder am Versschlusse noch sonstwo nachzuweisen ist, wie anderseits Optative auf *αι* am Versschluss durch die Auctorität der besten Grammatiker und Handschriften gestützt sind, so ist hier *τύψαι* zu schreiben, oder *τύψας* beizubehalten); *τιμήσει Β* 4 (keine Handschrift); *τελέσει Δ* 178 (*τελέσει* GL, Lips., M. *τελέσει* [αι] S, *τελέσοι* EN); *ἀτιμήσει Ι* 62 (ist Futurum); *πείσει Ι* 386 (so ACDGL, *πείσῃ* S, beides Eust.); *μελήσει Ρ* 515 (ist Futurum); *ἀκούσει Τ* 81 (die Handschriften *ἀκούσαι*); *σκήλει Ψ* 191 (so D Town. dafür *σκήλῃ* E mit den übrigen); *δείσει Ω* 672 (*δείσῃ* CEGLS, *δήσει* Vrat. b). Die Behauptung, dass nach den besten Auctoritäten diese Formen auf *ει* ohne Apostroph zu schreiben wären ist mithin nicht erwiesen, denn abgesehen von denjenigen Stellen, an welchen die Form auf *ει* Futurum ist, oder die besten Auctoritäten den Conjunctiv auf *η* bieten, hat zur Ilias der Venetus A nur an einer Stelle *Ι* 386 *πείσει* und diese Form kann man recht wohl als Ind. Fut. stehen lassen. Einstweilen wird es wohl noch erlaubt sein, derartige Optativformen mit elidiertem *ε* im Homer stehen zu lassen.

τ 196 schreibt man *καὶ οἷ τοῖς τ' ἄλλοις ἑτάροις, οἵ ἅμ' αὐτῷ ἕποντο, δημόθεν ἄλφιτα δῶκα*, mit Unrecht, da *οἷ* nicht orthotoniert sein kann, denn das Pronomen der dritten Person wird nur orthotoniert, wenn es reflexiv ist (S. 140), nicht wenn es im Gegensatz steht oder wenn es bei einer Präposition steht, überhaupt nicht wenn sich eine Form von *αὐτός* dafür substituieren lässt. Die Erörterung von Krüger Di. § 51, 1 A. 7 u. 8 ist nicht richtig, da ihr die willkührliche und nicht auf handschriftlicher Auctorität basierte Betonungsweise unserer Vulgata zu Grund gelegt ist. Man darf aber auch nicht *καί οἱ τοῖς τ' ἄλλοις* schreiben, sondern mit ACDIKLMQS *καί οἱ τοῖς ἄλλοις* „und ich gab seinen anderen Genossen"; denn Odysseus wurde ja von Aithon in dessen eigenem Palaste und von den Vorräthen des Hauses (*πολλῶν κατὰ οἶκον ἐόντων*) bewirthet, für ihn bedurfte es also keiner Verpflegung aus einer Contribution des Volkes. Der Dativ *οἱ* bei noch einem anderen Dativ ist Homerisch, vgl. *πάπτηνεν εἴ τιν' ἴδοιτο, ὅς τίς οἱ ἄρην ἑτάροισιν ἀμύναι* M 334; *τεύχεα, ἅ οἱ θεοὶ οὐρανίωνες πατρὶ φίλῳ ἔπορον* P 195; *μητέρι μοι μνηστῆρες ἐπέχραον* β 50; *Σκύλλα, ᾗ μοι φέρε πῆμ' ἑτάροισιν* μ 231. Die Betonung *καὶ οἷ* ist erst von Wolf eingeführt: vor ihm schrieb man *καί οἱ*. Der missverstandene Dativ *οἱ* war die Ursache, dass man *τ'* zusetzte.

τ 224 haben unsere Ausgaben *ἀλλὰ καὶ ὧς* (oder *ὣς*) *ἐρέω, ὥς μοι ἰνδάλλεται ἦτορ*, welche Schreibweise handschriftlich schlecht gestützt ist, denn so haben nur CE; dafür *αὐτάρ τοι ἐρέω* ADGHILMNQV, *αὐτὰρ ἐγὼν* FKS und γρ. *ἀλλὰ καὶ ὣς* A von späterer Hand. Da nächst der Florentina Eustathios den grössten Einfluss auf die Gestaltung unseres Textes gehabt hat, so ist es begreiflich, dass in denselben die Schreibweise fast aller Handschriften keinen Eingang gefunden hat, und doch verdient diese als die am besten gestützte den Vorzug. Es kann Odysseus nicht sagen wollen „es ist mir schwer dies zu sagen, da es schon so lange Zeit her ist, dass ich den Odysseus gesehen habe, aber ich will dir es trotzdem (auch so) sagen", denn in dem *καὶ ὧς* läge dann „so schwer es auch ist", sondern der Gegensatz ist in dem *ὥς μοι ἰνδάλλεται ἦτορ* zu suchen, „es ist schwer nach Verlauf von zwanzig Jahren das zu sagen, ich werde es Dir aber sagen, wie es mir im Geiste vorkommt", d. h. in der Erinnerung vorschwebt, denn etwas anderes kann das *μοι ἰνδάλλεται ἦτορ* füglich nicht bedeuten, wenn uns auch die Ausdrucksweise nicht vollkommen klar ist. Verständlicher wäre jedenfalls *ὥς μοι φρεσὶν εἴδεται εἶναι* wie C im Text und A am Rand hat, aber gerade darum muss an der Lesart der übrigen Handschriften festgehalten werden. Die Erklärung von Ameis „wie mir das Herz dabei zur Erscheinung kommt", steht an Dunkelheit dem griechischen Ausdruck nicht nach; die anderen Erklärer fassen entweder *ἦτορ* als Beziehungsaccusativ (im Herzen, im Sinn, wofür *φρεσίν* das gewöhnliche ist) und nehmen bald *Ὀδυσσεύς* als Subject „wie er mir scheint", bald ein unbestimmtes Subject „wie es mir scheint", noch andere nehmen *ἦτορ* als Subject und *ἰνδάλλεται* in der Bedeutung „sich erinnert, sich vorstellt". Eustath. erklärt *ἰνδάλλεται* mit *φαντάζεται, ἀνειδωλοποιεῖται*, fasst also auch wahrscheinlich *ἦτορ* als Subject „wie es die Seele sich vorstellt"; Hesychios erklärt *ὁμοιοῦται, φαίνεται, δοκεῖ, στοχάζεται, ἰσοῦται, σοφίζεται*, dabei liesse sich *ἦτορ* als Subject fassen (so bei *στοχάζεται, σοφίζεται* und vielleicht auch noch bei *ὁμοιοῦται*), oder als Beziehungsaccusativ, den Düntzer für unzulässig hält, weshalb er *ἰνδάλλεται* übersetzt mit „erscheinen lässt". Schol. V erklärt *ὥς μοι ἀναφέρει ἡ ψυχή, ὡς διαμέμνηται*, so dass also auch nach dieser Auffassung *ἦτορ* Subject ist. Zu dieser medialen Bedeutung von *ἰνδάλλεται* passt keine der übrigen Stellen, weshalb man sich auch ungern entschliessen mag *ἦτορ* als Subject anzunehmen, und lieber mit Rücksicht auf *ὧδ' ἀνὰ θυμὸν ὀίεται* die Annahme als sei *ἦτορ* Beziehungsaccusativ aufrecht erhält.

τ 348 haben nur schlechte Quellen (FKS) *τῇ δ' οὐκ ἂν φθονέοιμι*, wie man jetzt noch gewöhnlich geschrieben findet. Für diese Lesart, die sich aus der Florentina in unsre Ausgaben vererbt hat, haben die besten Quellen *τῇδε δ' ἂν οὐ φθονέοιμι*, so A ex corr. DLMN, ähnlich HI *τῇ δὲ δ' ἂν οὐ*. CEQRV haben *τήνδε δ' ἂν οὐ* und A am Rand *γρ. τὴν δ' ἂν οὐ*. Dass *τήνδε δ' ἂν οὐ* schon eine alte Schreibweise ist sehen wir daraus, dass auch Apollonios Dysk. de Pron. 73 A diese Stelle so citiert, und es scheint, dass sie die Vulgata der damaligen Zeit gewesen. Es ist zwar nicht zu läugnen, dass in diesem Falle das deiktische *τῇδε* oder *τήνδε* abweichend von seinem sonstigen Gebrauche angewendet ist, aber die andere Schreibweise ist zu schlecht begründet, als dass man sie in den Text aufnehmen könnte, sie scheint sogar nichts weiter als eine Conjectur und nicht älter als das 15. Jahrhundert zu sein. Will man aber schon conjicieren, so liegt τῇ δέ γ' oder τῇ δέ τ' näher.

Einige Herausgeber schreiben φ 90 κλαίετον ἐξελθόντε καταύτοθι τόξα λιπόντε, wie auch φ 55 ἑζομένη δὲ καταῦθι, hier mit AEILR, dort mit AIL, also gewiss nicht mit den besten Quellen. Man beruft sich dabei auf κατόπισθε und μετόπισθε, aber hier sprechen bestimmte Gründe für die Synthesis, sowie auch für μετέπειτα, was bei καταύτοθι und καταῦθι nicht der Fall ist. Die Stellen sind: λιπέτην δὲ κατ' αὐτόθι πάντας ἀρίστους Κ 273 (παρ' αὐτόθι G); τὸν δὲ κατ' αὐτόθι λεῖπεν Φ 201 (nur G καταυτόθι); ἑζόμενοι δὲ κατ' αὖθι γόων κ 567 (καταῦθι DEKL); ἑζόμενος δὲ κατ' αὖθι Ν 653; Ἄρητον δὲ κατ' αὖθι λίπον Ρ 535 (καταῦθι A); Ἰδαῖον δὲ κατ' αὖθι λίπεν Ω 470 (καταῦθι ADS); πεντήκοντα δ' ἔνορχα παρ' αὐτόθι μῆλ' ἱερεύσειν Ψ 147 (ἐν ἄλλῳ παραυτίκα Schol. A); κηδεμόνες δὲ παρ' αὖθι μένον Ψ 163 (παραῦθι ADL); ἀλλὰ κατ' ἀντικρὺ τέγεος πέσεν κ 559 (καταντικρὺ D); λ 64 (καταντικρὺ alle ausser ACIKMN); ἣ δὲ κατ' ἄντηστιν θεμένη περικαλλέα δίφρον υ 387 (κατάντηστιν E 1896, 58; 1897, 22, L). Auch sonst steht das blose αὐτόθι bei λείπω Κ 443; Π 294; Τ 403; Υ 340; Φ 496; Ω 707, sowie auch αὖθι Ι 437; Λ 99; Μ 111; χ 200, und sowie es bei λείπω steht, kann es auch bei καταλείπω stehen. Es gibt aber auch Stellen, wo man κατά und παρά gar nicht auf αὖθι beziehen kann wie τοὺς δ' ἤδη κάτεχεν φυσίζοος αἶα ἐν Λακεδαίμονι αὖθι Γ 243; τοὺς δ' αὖθι ἄναξ ἀνδρῶν Αὐγείας κάσχεθε Λ 701; τὸ μὲν αὖθι κατακλίνας ἐπὶ γαίῃ εἴασ' κ 165; κατέθηκεν αὖθι ποδῶν προπάροιθεν ρ 356; ἐρητύοντο μένοντες αὖθι παρ' Ἀτρείδῃ γ 156; παρ' ἡμῖν αὖθι μένοντες ο 455. Warum will man also verbinden was nicht nothwendig zusammengehört, besonders wenn man von der Mehrzahl der Handschriften abweicht? Dass der Venetus A zweimal καταῦθι und einmal παραῦθι hat, fällt bei der Entscheidung darüber, wie man diese Stellen zu schreiben habe, nicht schwer ins Gewicht, da in diesem Codex die Präpositionen in der Regel mit dem folgenden Worte zusammen geschrieben sind, wobei sowohl Accent als Apostroph und Spiritus weggefallen sind, wie ἐπατρείδην Β 18; ἐπακροτάτωι Β 312, 793;

ἀμφοβελοῖσιν B 428; *ἐπαριστερά* B 526; *εἰναρίμοις* B 783; *ἐξενετῶν* B 852; *ἐπἀλλήλοισιν* Γ 15; *μεταμφοτέροισι* Γ 110; Δ 38; *ὑπερόρκια* Γ 299; Δ 67; 72; *προτιΐλιον* Γ 305; *ἐξερατεινῆς* Γ 443; *προαχαιῶν* Δ 156; *ἐπαυτῶι* Δ 504; Θ 260; *ἐσΐλιον* E 204; *ἐξάντυγος* E 262; *μετεϋκνήμιδας* E 264; *ἐπαθανάτοισι* E 882; *κατηγάθεον* Z 133; *κατάρουραν* Λ 68; *ὑπατρείδῃι* Λ 158, 262; *ἀνόμιλον* Λ 259; *κατασπίδα* N 157, 160; *μεταργείοισιν* Ξ 94; *παραυτόφι* Υ 140, aber nicht Ψ 640; *μεταθανάτοισιν* Υ 314; *παραυχένα* Φ 117; *καδασπίδα* Φ 400; *ἀνευρυπυλὲς* Ψ 74; *ὑπαργείων* Ω 168; *ἐπαργείων* Ω 298. So wenig wie *καταῦθι* darf *καταντικρύ* geschrieben werden, da Stellen vorkommen, welche die Trennung dieser beiden bei Homer einzeln vorkommenden Wörter verlangen, vgl. *ἀντικρὺ κατὰ κύστιν* E 67; N 652 und *ἀντικρὺ κατὰ μέσσον* Π 285. Analog ist die Schreibweise *ἀπὸ νόσφιν* neben *νόσφιν ἀπὸ*.

φ 128 schreibt jetzt Ameis mit drei untergeordneten Handschriften (KPS), die aus demselben Exemplar abgeschrieben sind[85]), *καί νύ κε δὴ τανύσειε* für die Vulgata *καί νύ κε δή ῥ' ἐτάνυσσε* wie alle übrigen Handschriften haben, mit der einzigen Abweichung, dass für *δή ῥ'* in AC *δή*, in DV *δὴν* steht. Nach der Erörterung von W. C. Kayser im Philologus XVIII, S. 650 wäre die Vulgata nichts weiter als ein Aristarchisches Glossem und Aristarch hätte *δὴ τανύσειε* gelesen, wobei er sich auf Schol. ABLV zu B 215 beruft „*εὐκτικὸν ἀντὶ ὁριστικοῦ τοῦ ἐδόκει, ὡς τὸ „καί νύ κεν ἔνθ' ἀπόλοιτο Ἄρης*" (E 388). „*καί νύ κε δὴ τανύσειε βίῃ τὸ τέταρτον ἀνέλκων*" (φ 128). Wäre dies ein Scholium des Aristonikos, so könnten wir mit Recht folgern, dass Aristarch an unserer Stelle *δὴ τανύσειε* geschrieben habe; aber das dürfen wir Aristarch doch nicht zutrauen, dass er hier ein *εἴσαιτο* mit einem *ἐδόκει* für gleichbedeutend hielt, analog der genannten Stelle *ἀπόλοιτο Ἄρης*. Auch nahm Aristarch an dieser Stelle nicht blos eine Verwechslung der Modi, sondern auch der Tempora an (*ὁ χρόνος καὶ τὸ ῥῆμα ἐνήλλακται*), vgl. zu E 311 *καί νύ κεν ἔνθ' ἀπόλοιτο ἄναξ ἀνδρῶν Αἰνείας*: *καὶ ὁ χρόνος καὶ τὸ ῥῆμα ἐνήλλακται ἀντὶ τοῦ ἀπώλετο ἄν*. P 70 *ἔνθά κε ῥεῖα φέροι*: *ὅτι τοὺς*

[85]) Prolegomena zur Odyssee XVII—XIX.

χρόνους ἐνήλλαχε καὶ τὰ ῥήματα. ἔδει γὰρ φάναι τότε δ' ἂν ῥαδίως ἔφερεν. Das was in den Scholien zu *ἢ γὰρ ἂν Ἀτρείδη νῦν ὕστατα λωβήσαιο* *A* 232 und *B* 242 steht, ist von den beiden genannten Bemerkungen wesentlich verschieden, wenn auch zu *A* 232 die Stelle *E* 311 als Beleg angeführt ist. Dagegen würden wir wahrscheinlich eine Bemerkung des Aristonikos zu *E* 388 haben, wenn hierzu die Scholien des Codex A nicht verloren gegangen wären, vgl. Eust. 562, 35 *τὸ δὲ ἀπόλοιτό κεν ταὐτόν ἐστι τῷ ἀπώλετο ἄν.* Ganz verschieden von den genannten Bemerkungen des Aristonikos ist aber die im Schol. *B* 215, auch steht bei diesem Vers im Ven. A keine Diple, was allerdings für sich allein kein sicheres Kriterium ist, auf das gestützt man ohne weiteres ein Scholium dem Aristonikos absprechen dürfte. Es scheint, dass das angeführte Scholium dem Missverständnisse eines späteren Grammatikers seinen Ursprung verdankt und Friedländer hat es daher mit Recht unter die Fragmente des Aristonikos nicht aufgenommen.

χ 364 schreibt man allgemein *θοῶς δ' ἀπέδυνε βοείην* und dieses *θοῶς* hat nur schwache Stützen, denn dafür haben *βοὸς* ACDEHIKLMNPQSV, *γρ. θοῶς* H. Schol. HM *περισσὸν τὸ βοός* ist ein weiteres Zeugniss für die Schreibweise *βοός*. Dass es im Homer an derartigen Pleonasmen des Ausdrucks nicht fehlt, beweisen *βοῶν ἐπιβουκόλος ἀνήρ, αἰπόλια πλατέ' αἰγῶν, αἰπόλος αἰγῶν* und die vielen Inhaltsaccusative wie *ξείνους ξεινίζειν, νείκεα νεικεῖν* u. ähnl.[86]). Auch ist das *θοῶς* nach dem vorhergehenden *αἶψα* nicht mehr nöthig und endlich wird der Genetiv *βοός* in derselben Weise noch an zwei anderen Stellen im Homer gefunden *βοὸς μεγάλοιο βοείην* *P* 389 und *Σ* 582.

Dass die Schreibart *ω* 417 *ἐκ δὲ νέκυς οἴκων φόρεον* ihr bedenkliches hat, ist nicht zu bestreiten, denn *οἶκοι* von einem einzigen Haus gebraucht ist nicht Homerisch und auch die Erklärung *νέκυς οἴκων*, die Todten ihrer Häuser, befriedigt nicht recht, auch wenn man dem *οἴκων* das *ἐξ ἀλλάων πολίων* entgegenstellt. Die Lesart des Cod. L *φόρεον οἴκου καὶ θάπτεν* ist Conjectur um den unerklärlichen Plural zu beseitigen. Für *οἴκων* hat D und Schol. *M* 286 *οἶκον*, welches auch Grashof

---

[86]) Homerische Studien S. 26*.

zu schreiben empfohlen hat. Wir wünschten daher lieber *οἶκον δὲ φόρεον* (letzteres zweisilbig, vgl. *χ* 456 *ἐφόρεον*) geschrieben, da auch anderwärts das *δέ* weggefallen ist[87]) und der Wechsel zwischen ο und ω in Homerhandschriften etwas ganz gewöhnliches ist[88]). Dass man *φόρεον* dreisilbig gelesen, scheint den Wegfall des *δέ* veranlasst zu haben und auch *χ* 456 findet man aus demselben Grunde in einigen Handschriften *ἔφερον* für *ἐφόρεον*.

α 16 ff. schlagen wir eine andere Interpunction vor als die seither übliche, die keinen richtigen Sinn gibt. Clarke, Wolf, Bekker, Fäsi, Kirchhof, Bäumlein, Dindorf, Ameis, Düntzer setzen nach *φίλοισι* (19) eine starke Interpunction, lassen also bei *οὐδ' ἔνθα* (18) den Nachsatz beginnen. Dagegen setzen Bothe, Hayman, Kayser nach dem Vorgange Aristarchs (Aristonikos zu *Π* 46) *οὐδ' ἔνθα πεφυγμένος ἦεν ἀέθλων καὶ μετὰ οἷσι φίλοισι* in Parenthese und lassen erst mit *θεοὶ δ'* (19) den Nachsatz beginnen, letzteres mit Recht, denn wie Kayser bemerkt „der Dichter will das Mitleid der Götter erklären“ und darauf liegt das Hauptgewicht, nicht aber darauf, dass Odysseus in dem Jahr, wo ihm die Götter bestimmt hatten nach Hause zu kommen, noch nicht zu Hause war. Der mit *οὐδ' ἔνθα* beginnende Satz darf aber nicht parenthetisch gefasst werden, sondern als Fortsetzung des Vordersatzes. Darum setzen wir nach *Ἰθάκην* und *φίλοισι* ein Komma, und nach *Ποσειδάωνος* einen Punkt und übersetzen: als aber das Jahr gekommen war, in welchem ihm die Götter bestimmt hatten nach Hause zurückzukehren, und er auch da noch nicht den Mühsalen entronnen und im Kreise seiner Freunde war, da erbarmten sich alle Götter mit Ausnahme des Poseidon.

XI.

Krüger. Di. § 30, 1, A. 1 schreibt: „Im Singular hat sich die alte Endung *μι* der ersten Person bei Homer für den Conjunctiv an mehreren Stellen erhalten: *ἐθέλωμι* Il. *α* 549, *ι* 397,

[87]) Homer. Textkritik S. 222 f.
[88]) Prolegomena zur Odyssee XLVI u. XLVII.

Od. φ 348, κτείνωμι τ 490, τύχωμι χ 7, Il. ε 279, η 243, ἵκωμι ι 414, εἴπωμι χ 392, ἀγάγωμι Il. ω 717, ἴδωμι σ 63, vgl. χ 260." Dies ist insofern ungenau, als es zwar für unsere jetzigen Homertexte gilt, nicht aber für die Ueberlieferung. Der Wahrheit näher kommen die Angaben bei Thiersch Gr. Gramm. § 216, 47 und Buttmann Ausf. Sprachlehre § 88, 5, A. 2, die beide von einer Wiedereinsetzung dieser Endung in ihr Recht sprechen, besonders Buttmann: „die Form auf ωμῑ war aus unserem Homerischen Text ganz verschwunden und in den Optativ auf οιμῑ oder sonst verderbt; aber die Grammatiker hatten sie erhalten; s. Etym. M. v. ἄκτωρ, Eust. ad Il. η 243. χ 450. Apollon. de Conjunct. p. 516." Zu vergleichen ist auch Matthiae § 201, 8; Hermann zum Hymn. auf Demeter v. 123 und de emend. rat. Gr. Gramm. p. 263. Den Thatbestand hat aber keiner derselben richtig gestellt; denn wenngleich es wahr ist, dass die Conjunctivform auf ῶμι aus dem Homerischen Text verschwunden war, da sich bei Barnes, Clarke-Ernesti und in der Oxforder Ausgabe, der früheren von der Florentina an gar nicht zu gedenken, keine solche Form findet, und Heyne nur *Η* 243 τύχῳμι hat, welches er, wie das untergeschriebene Iota beweist, für einen Optativ nahm, und dass erst Wolf die Formen auf ωμι wieder einführte, so ist es doch nicht richtig, dass blos die Grammatiker diese Formen erhalten haben, denn sie finden sich auch noch freilich nur sporadisch in Handschriften.

ἐθέλωμι *Α* 549; *Ι* 397 keine Handschrift, sondern alle ἐθέλοιμι; φ 348 AIM, ἐθέλωμαι D, θέλωμαι L, εἴ περ ἐθέλω E, die übrigen ἐθέλοιμι. G. Hermann Opusc. IV, 172 findet den Optativ ἐθέλοιμι *Α* 549 nicht für fehlerhaft, ἐθέλοιμι *Θ* 23 für besser als ἐθέλωμι, während er ἐθέλωμι *Ι* 397 wie κτείνωμι τ 489 für allein richtig hält.

κτείνωμι τ 490 HQV; κτείνῳμι Eust. 1873, 9; die anderen κτείναιμι.

τύχωμι χ 7 M, die anderen τύχοιμι; *Ε* 279 A; *Η* 243 A, γρ. δὲ καὶ τύχῳμι Eust. 679, 41, die übrigen τύχοιμι.

ἵκωμι *Ι* 414 A, die übrigen ἵκωμαι (vgl. *Χ* 123).

εἴπωμι χ 392, alle Handschriften εἴποιμι.

ἀγάγωμι *Ω* 717 ADG, die anderen ἀγάγοιμι.

ἴδωμι *Σ* 63 AD, die anderen theils ἴδοιμι theils ἴδωμαι.

X 450 haben alle Handschriften ἴδωμ', Eustath. 1279, 48 führt ἴδωμι an, entstanden aus ἴδοιμι, analog mit τύχωμι.

Dies ist der Thatbestand, welcher beweist, dass nicht blos die Grammatiker diese Formen erhalten haben. Aber auch aus den Scholien zu Homer lassen sich Beweise beibringen, die an Wichtigkeit die Citate der Grammatiker und die Notizen des Eustathios, welcher derartige Formen nicht einmal verstanden hat, bei weitem übertreffen. Zu *I* 397 τάων ἥν κ' ἐθέλοιμι φίλην ποιήσομ' ἄκοιτιν findet sich im Venet. A das Zwischenscholium αριστ ἐθέλωμαι, welches der Schrift des Didymos entlehnt ist; dass Aristarch eine andere Schreibweise hatte als die des Venetus A, beweist die Form des Scholiums, da aber das Metrum ἐθέλωμαι zu schreiben verbietet, so kann nur ἐθέλωμι die Schreibweise Aristarchs gewesen sein, denn Aristarch befolgte nicht dieselben metrischen Grundsätze wie Heyne, welcher *I* 414 ἵκωμαι φίλην setzte, das er seinen schlechten Handschriften nachschrieb. Zu *Θ* 23 ἀλλ' ὅτε δὴ καὶ ἐγὼ πρόφρων ἐθέλοιμι ἐρύσσαι hat der Venetus A das gleichfalls aus der Schrift des Didymos stammende Zwischenscholium ἀρισταρχ ἐθέλωμι (für ὅτε δή citieren Pseudoplutarch und Aristides ὅτε κεν), ein Beweis, dass in der Aristarchischen Rezension derartige Conjunctivformen vorkamen, und wenn es nicht zu allen Stellen überliefert ist, so haben wir die Schuld davon in der Mangelhaftigkeit unseres Scholienapparates zu Homer zu suchen. Zu π 78, 79 ἀλλ' ἤ τοι τὸν ξεῖνον, ἐπεὶ τεὸν ἵκετο δῶμα, ἕσσω μιν χλαῖνάν τε χιτῶνά τε εἵματα καλά steht im Schol. H Vind. 133 folgende Bemerkung: τηρητέον τοῦ ἕσσω τὸν τόνον, πλεονάζει γὰρ τὸ μι (Codd. μιν), ὡς κτείνωμι, ἀγάγωμι, τύχωμι (Codd. κτείνω μιν, ἀγάγω μιν, τύχω μιν). Dass die Emendation richtig ist, geht daraus hervor, dass gerade solche Beispiele von Verben gewählt sind, bei denen sich noch die Conjunctivformen auf ωμι erhalten haben, dass ferner Conjunctivformen (ἀγάγω, τύχω) gewählt sind und nicht Indicative des Futurums, wofür man doch ἕσσω betrachten müsste, dass drittens τύχω nicht mit dem Accusativ μιν verbunden werden könnte, endlich dass die ganze Bemerkung sinnlos wäre, da ἕσσω seinen Ton nie verändern kann, es mag was immer für ein Enklitikon darauf folgen, während die Anhängungssilbe μι den Ton möglicherweise hätte alterieren können, man denke nur an δύνηαι, ὄληαι und ähnliche, welche Tyrannion δυνῇαι ὀλῇαι betonte (Homer. Textkritik S. 228). Die Schreibweise ἔσσω μιν ist auffallend, weil ohnedies ξεῖνον, das Object zu ἔσσω, vorangeht, so dass dasselbe nicht mehr wiederholt zu werden braucht. Didymos führt zwar zu *Γ* 57 ἔσσω μιν an, dieses Citat kann sich aber auch auf φ 339 beziehen, so dass dasselbe für die Schreibweise von π 79 nichts beweist. Das Etym. Mg. 54, 43 führt ἀγάγωμι an, Apollon. de Conj. p. 516 τάων ἥν κ' ἐθέλωμι *I* 397 und οὐδ' ἂν ἐῷμι: dieses Citat scheint sich auf π 85 κεῖσε δ' ἂν οὔ μιν ἐγώ γε μετὰ μνηστῆρας ἐῷμι zu beziehen, wofür DGHILMQV ἐάσω haben, doch ist ἐῷμι nicht Conjunctiv, sondern Optativ.

XII.

Wann bei Homer προτί und wann ποτί zu schreiben sei, darüber haben uns die alten Grammatiker keine Auskunft gegeben, nur das wissen wir, dass sie προτί für eine Dorische Form erklärt haben und für diese Aufklärung brauchen wir ihnen nicht dankbar zu sein, denn nicht προτί, welches Pindar nicht ein einzigesmal gebraucht, sondern ποτί und ποτ sind Dorische Formen und προτί ist auch nicht aus πρός mit angehängtem ῐ entstanden[89]), sondern aus der Wurzel *ΠΡΟΤ* entstand πρός, wie aus *ΚΕΡΑΤ* κέρας, weil τ̄ im Auslaute nicht stehen kann und wie aus ἐν ἐνί so wurde aus πρός προτί, welches wir als die regelmässige verlängerte epische Form anzusehen haben[90]). Daraus könnte man folgern, dass ποτί als unregelmässige (dialektische) Form nur dann gesetzt wurde, wenn das Metrum davor eine Kürze verlangte, dem widerspricht aber die Ueberlieferung, denn in unseren Homertexten, sowie in den Handschriften wechseln beide Formen, und es kommt auch bisweilen vor, dass die eine statt der anderen unrichtig gesetzt ist. β 77 haben ἄστυ προτιπτυσσοίμεθα BHL, die übrigen richtig ποτιπτυσσοίμεθα; β 205 αὖ προτιδέγμενοι ABKQS; β 403 σὴν προτιδέγμενοι FS; ε 376 κάρη προτὶ alle ausser FK; ε 415 λίθακι

---

89) So nach Herodian bei Cram. Anecd. Ox. III, 267, 32.

90) Auch die Tragiker haben nie προτί, sondern nur πρός und ποτί.

πότι alle, nur L ex em. *προτὶ*; *η* 161 *μῦθον ποτιδέγμενοι* alle ausser IL; *ϑ* 517 *ὀδυσσῆα ποτὶ* ELQ; *ι* 147 *κυλινδόμενα ποτὶ* ACEIKLMPQRSV; *κ* 108 *ὕδωρ ποτὶ* GN; *μ* 59 *ἐπηρεφέες ποτὶ* EGMNQRV, darunter sind die besten Handschriften, hier schrieb aber Aristarch *προτί*; *μ* 255 *ἀείροντο ποτὶ* ACDEFHILNQRS; *ξ* 219 *ϑάνατον ποτιόσσετο* I; *ο* 442 *μή τις προτὶ* AN, dafür *πρὸς* CDHIKLS; *π* 170 *ἔρχησϑον ποτὶ* G; *ρ* 518 *ἀνὴρ προτιδέρκεται* A; *υ* 342 *ἐϑέλῃ προτὶ* A; *φ* 156 *ὁμιλέομεν προτιδέγμενοι* A 1. man. DHI; *ψ* 91 *ὁρόων προτιδέγμενος* DKS; *ω* 347 *τὸν δὲ προτὶ* ADFHIKMNPQR; *ω* 396 *ὑμέας προτιδέγμενοι* K; *Α* 245 *Πηλείδης ποτὶ*, nach Heyne haben andere Handschriften, die er aber nicht nennt, *προτί*; Ζ 113 *βείω προτί*, LS *ποτί*; *Η* 82 *οἴσω προτί*, S und die Heyne'schen Handschriften ausser Mor. Lips. Town. Ven. *ποτί*; *Η* 83 *κρεμόω ποτὶ* CELS, *ἐπὶ* G Mor. Barocc.; *Η* 337 *πεδίου προτὶ* L, die anderen *ποτὶ*; *Η* 413 *ἔβη ποτὶ* S, auch von Heyne als Variante erwähnt; *Η* 429 *ἔβαν ποτὶ* GS; *Θ* 295 *ἐξ οὗ ποτὶ* S; *Θ* 499 *ἀπονοστήσειν ποτὶ* EGS, dasselbe *Μ* 115 GS; *Κ* 336 *ἰέναι ποτὶ* CDGLS; *Κ* 347 *ἀπὸ στρατόφιν προτιειλεῖν*, S *ποτιειλεῖν*; *Κ* 348 *μή πως ποτὶ* GS; *Λ* 26 *ὀρωρέχατο ποτὶ* CES; *Λ* 683 *ἐννύχιοι ποτὶ* LS; *Λ* 803 *ὤσεσϑε ποτὶ* S; *Μ* 273 *τετράφϑω ποτὶ* ACLS; *Μ* 276 *δηίους ποτὶ* LS; *Ν* 657 *ἄγον ποτὶ* S; *Ξ* 394 *βοάᾳ προτὶ* G; *Ο* 681 *μέγα ποτὶ* S; *Π* 45 *ὤσαιμεν ποτὶ* ES; *Π* 92 *ἐναιρόμενος ποτὶ* EG, *ποτ'* S, Zenodot *προτὶ*; *Π* 504 *δόρυ ποτὶ* CDS; *Ρ* 191 *οἵ ποτὶ* S; *Ρ* 200 *κάρη ποτὶ* S; *Ρ* 396 *ἐρύειν ποτὶ* S; *Ρ* 442 *κάρη ποτὶ* AS; *Τ* 420 *λιαζόμενον ποτὶ* ACDGLS Ven. B; *Φ* 561 *ἀποψυχϑεὶς ποτὶ*, dafür *προτὶ* ADES Palimps. Ven. B, also die besten Quellen und dies ist in den Text zu setzen; *Χ* 64 *βαλλόμενα ποτὶ* DGS; *Χ* 217 *Ἀχαιοῖσι προτὶ*, dafür *ἀχαιοῖσιν ποτὶ* Cant. S und *ἀχαιοῖσι ποτὶ* Vind. 117; *Χ* 329 *ὄφρά τί μιν ποτιείποι* S; *Ω* 330 *ἄψοῤῥοι ποτὶ* AG, *ποτι* Ambrosianus. *Κ* 347 haben die Handschriften *ποτὶ* statt der Schreibweise Aristarchs *ἐπί*, dazu Eustath. 810, 18 u. 48 *προτὶ* ἢ *ποτί*.

προτί steht bei Homer, wo das Metrum *ποτί* nicht zulässt, *Γ* 116, 305; *Ε* 879; *Λ* 26, 803, 831; *Ν* 538; *Ξ* 432; *Ο* 681; *Π* 504, 655; *Τ* 156; *Χ* 64; *η* 2; *λ* 143; *μ* 255; *π* 272; *ψ* 365; *ω* 154. An den übrigen Stellen *Γ* 313; *Ζ* 113; *Η* 82, 83, 310, 413, 429; *Θ* 295, 499; *Κ* 336, 347, 348; *Λ* 683;

M 74, 115, 273, 276; *N* 657, 724; *Ξ* 46, 146; *Π* 45, 92, 376; *P* 131, 191, 193, 200, 396, 442; *Σ* 266; *Υ* 418, 420; *Φ* 532, 607; *X* 21, 217, 329, 356; *Ψ* 64; *Ω* 110 (Aristarch προϊάπτω), 151, 180, 330; δ 9 (Var. περὶ); ε 285, 376, 389; η 31; ϑ 517; κ 108; μ 59; ν 181; ξ 219; ο 308; π 170; ρ 55; ω 358 ist metrisch neben προτί auch ποτί zulässig und findet sich auch theilweise in den Handschriften.

ποτί verlangt das Metrum Z 286; *Λ* 622; *M* 240; *Ξ* 396 (Var. πέλει), 398 (Var. περὶ), 392; *P* 264, 287, 419; *X* 198; *Ψ* 510; *Ω* 506; β 77; γ 295 (Var. περὶ), 298; ε 401, 402; ϑ 374, 378 (Var. ἐπὶ); λ 592 (Var. κατὰ), 596; μ 422 (Var. περὶ); ν 241; ξ 472; ω 347. An den anderen Stellen *A* 245, 426; *B* 137; *Δ* 112; *E* 408; *H* 337, 415, 436; *I* 381, 628; *K* 108, 123, 347 (Aristarch ἐπὶ); *M* 64 (Var. περὶ); *Ξ* 173 (Aristarch κατὰ), 394; *O* 295, 401; *Π* 10 (Zenodot προσδέρκεται), 86; *Σ* 174; *T* 234, 336, 395; *Φ* 438, 505, 561; *Ψ* 869; *Ω* 353; β 80, 186, 205, 342, 403; γ 488; ε 415; ζ 95, 308, 310 (fast alle Handschriften περὶ); η 161; ϑ 190, 321; ι 147, 234, 249, 289, 456, 545; λ 423; μ 71, 432; ν 4, 98 (Var. ὑπὸ); ο 186, 442; ρ 75, 191, 518; σ 102; τ 389 (Var. περὶ); υ 342; φ 156; χ 24 (Var. ἐπὶ und κατὰ); 334 (Var. παρὰ), 379 (Var. παρὰ), 380; ψ 91; ω 396 gestattet das Metrum auch προτί neben ποτί.

Es gehört also προτί mehr der Ilias, ποτί mehr der Odyssee an, wenn die Handschriften entscheiden sollen. Das Schwanken in denselben zwischen beiden Formen kann möglicherweise seinen Grund darin haben, dass in den ältesten geschriebenen Texten bald προτί bald ποτί stand, aber es ist ebenso leicht möglich, dass die Abschreiber theils aus Unkenntniss, theils aus Nachlässigkeit diese Confusion verschuldet haben, denn wir fänden sonst nicht ϑ 517, ι 147, μ 255, *Λ* 26, 803, *O* 681, *Π* 504, *X* 64 ποτὶ wo nur προτί möglich ist und umgekehrt, β 77, ω 347 προτί für ποτί, und zwar fast durchweg in untergeordneten Handschriften. Was wir aus den Scholien erfahren ist nicht mehr, als dass Aristarch μ 59 und Zenodot *Π* 92 nach einer langen Silbe προτί gesetzt haben, das genügt aber nicht um daraus zu entscheiden wie an den übrigen Stellen zu schreiben ist. Zu β 77 wird im Schol. HMQ προτιπτυσσοίμεϑα μετὰ τοῦ ϱ angeführt, obgleich eine kurze Silbe davor erforderlich ist und προτι haben auch hier drei Handschriften. Es kommen nun Fälle genug vor (vgl. S. 32), in denen eine Silbe vor πϱ kurz bleibt und zwar am häufigsten vor πρός und mit demselben zusammengesetzten Wörtern (προσηύδα, πρόσωπον), aber vor προτί eine Silbe kurz zu lassen, zwingt kein metrisches Bedürfniss, da Homer dafür auch ποτί zur Verfügung hatte. Die besten Handschriften haben überall, wenn der vorhergehende kurze Vocal kurz bleiben soll, ποτί, wovon nur eine einzige Stelle (ω 347) eine Ausnahme macht. In der Ilias haben die besten Handschriften nach einer Länge in der Regel προτί, deshalb auch *Φ* 532 ἔλθωσι προτί nicht ἔλθωσιν ποτὶ, *X* 217 Ἀχαιοῖσι προτί nicht Ἀχαιοῖσιν ποτί, weil die eigentlich epische Form προτί vorwiegt; auch *K* 347 haben fast alle Handschriften ἀπὸ στρατόφιν προτιειλεῖν, wo doch ποτιειλεῖν genügt hätte, während anderseits *Π* 86 ἀπονάσσωσιν ποτὶ fast einstimmig überliefert ist. Unter den Compositis kommen einige nur mit προτί, andere nur mit ποτί vor, wie προτιόσσομαι, ποτιδέγμενος, ποτιδόρπιος, ποτιδέρκομαι. Was die Handschriften der Ilias betrifft, so bedürfen dieselben zur Entscheidung dieser Frage noch einer genauen Vergleichung: Heyne bemerkt in der Regel nichts anderes als „προτί et ποτί variat ut alibi", so zu *Π* 413; *Θ* 295, 499; *K* 336, 347, 348; *Λ* 683; *Ξ* 46, 146, 173, 394, 398; *Π* 10, 45; *Φ* 561; *Ω* 330 und glaubt mit einer allgemeinen Bemerkung zu *Α* 245 die Sache abgethan zu haben, indem er der epischen Form προτί vor der Dorischen ποτί den Vorzug zuerkennt und den Alten mit gläubigem Gemüthe nachredet, dass aus πρός προσί und daraus προτί geworden sei. Leider entbehren wir zur Ilias noch immer eines ausreichenden kritischen Apparates, denn je mehr man Heyne benützt, umsomehr überzeugt man sich davon, dass mit seinem kritischen Apparate nichts anzufangen ist, so voluminös derselbe auch ist und dass eine genaue Collation von sechs guten Handschriften mehr werth ist, als sämmtliche acht Bände der Heyne'schen Ilias. Für die Entscheidung der Frage, wo προτί und wo ποτί zu setzen sei, sind, weil uns die Scholien im ungewissen lassen, die Handschriften allein massgebend. Für ε 415 verlangt Bekker Hom. Blätter S. 33 λίθακι προτί; wer aber die Mittelzeitigkeit des ι im Dativ Singular (vgl. S. 49) annimmt, dem wird ποτί umsomehr genügen, als in dieser Schreibweise alle Handschriften mit Ausnahme einer einzigen übereinstimmen.

XIII.

Πρίν, dessen Kürze Stellen wie *δ* 32, 212, 668; *κ* 393; *ρ* 597; *B* 344, 354, 413; *Γ* 132; *Δ* 114; *E* 127, 472; *Z* 125; *I* 403; *N* 257; *Π* 322; *Φ* 476; *X* 156; *Ω* 800 erweisen, wird an einer Anzahl von Stellen sowohl der Ilias als der Odyssee vor Vocalen lang gebraucht: *δ* 254, 668; *λ* 632; *ν* 192; *ξ* 334; *ο* 210, 394; *ρ* 105; *σ* 402; *τ* 291, 475; *B* 348; *Z* 81; *Π* 390; *Θ* 474; *N* 172; *Π* 839, 840 (*πρίν γ'* GS); *Φ* 179, 340; *X* 156; *Ω* 245, 764, ohne dass sich ein besserer Grund dafür angeben lässt, als dass auch an anderen Stellen kurze Silben in der Arsis als Längen gebraucht werden. Damit kann man freilich jede Ausnahme entschuldigen, aber dieser Grundsatz erleidet doch einige Beschränkungen und gilt in der Regel nur für die Fälle, wo drei oder mehr Kürzen auf einander folgen, wie in *ἀπονέεσθαι*, *ἀθάνατος*, *ἐπίτονος*. Zu den genannten Stellen kommen noch vier andere, *ν* 113; *P* 5; *Φ* 225; *X* 17, an welchen die Kürze von *πρίν* nur eine scheinbare ist, da das folgende Wort mit Digamma anlautete[91]). Hätte der Dichter beliebig *πρίν* als Kürze oder Länge gebrauchen können, so konnte er dasselbe auch *β* 128, 374; *δ* 180; *ζ* 288; *μ* 187; *ν* 322, 336; *ρ* 9; *ψ* 43, 138; *A* 98; *Γ* 430; *E* 54, 219, 288; *Z* 465; *I* 387, 588, 651; *M* 172, 437; *O* 557; *Π* 208; *P* 504; *Σ* 75, 135, 189, 190, 334; *Φ* 578; *X* 266 lang gebrauchen und hatte nicht nöthig, es durch ein folgendes *γ'* zu stützen. Das nicht elidierte *γε* steht nach *πρίν* *α* 210; *δ* 255; *η* 196; *σ* 289; *O* 74 und es findet sich diese Conjunction bei *πρίν* sowohl wenn es Adverbium, als wenn es Conjunction ist, *E* 288 sogar zweimal in demselben Verse. Diese Unregelmässigkeit, dass *γε* nach *πρίν* bald gesetzt bald nicht gesetzt erscheint, kommt auf Rechnung des nachlässigen Abschreibens und Corrigierens der Homertexte und

---

[91]) *πρὶν Ἕκτορος* *Π* 840 lässt sich rechtfertigen, da *Ἕκτωρ* wohl ursprünglich mit *σ̄* anlautete. So hat auch G *Z* 402 und *Θ* 493 *τὸν Ἕκτωρ*, nicht *τόν ῥ'*, vgl. *X* 206 *ἐπὶ Ἕκτορι* *Ω* 593 *ὅτι Ἕκτορα*.

über dergleichen Unregelmässigkeiten darf man sich nicht wundern, da die meisten Abschreiber aus ihrem Geschäfte einen Erwerb machten und sich beeilten fertig zu werden, wobei sie sich um solche Kleinigkeiten wie Partikeln oder einzelne Buchstaben, nicht viel kümmerten. Auch nahmen die meisten wenig Rücksicht auf den Vers, wir fänden sonst nicht so viele unmetrische Schreibweisen in den Handschriften. γ' findet sich auch noch an anderen Stellen ausgelassen: so haben δ 395 *σοὶ ἀνεχοίμην* E; ε 182 *ἀλιτρός ἐσσι* BCERV, die übrigen *ἀλιτρός γ'* oder wie DHIKLN *ἀλιτρός τ'*, da auch die Verwechslung zwischen γ' und τ' in den Handschriften häufig vorkommt; ϑ 207 *πλὴν αὐτοῦ* DL, wenigstens metrisch nicht unrichtig, dafür *πλήν τ'* GMV; ι 237 *ὃ εἰς* E; κ 93 *κῦμα ἐν* DL, dafür *κύματ' ἐν* GH und Apollon. Soph.; λ 198 *οὔτ' ἐμὲ ἐν* A; *οὔτέ με ἐν* L; *οὔτε με ἐν* EGQV; *οὔτέ μ' ἐν* M; *οὔτε μ' ἐν* KL, wodurch der Vers um eine Silbe zu kurz wird; λ 312 *μῆκος γενέσϑην* statt *μῆκός γε γενέσϑην* CDLQ; ξ 96 *ζωὴ ἦν* L; ο 280 *ἐϑέλοντα ἀπώσω* DL; π 256 *σὺ εἰ* DELNV; υ 212 *ἀνδρὶ ὑποσταχύοιτο* C; υ 317 *τάδε αἰὲν* L; χ 116 *ὃ ὄφρα* L; χ 154 *τόδε ἤμβροτον* N; *τόδ' ἤμβροτον* Q; *τό γ' ἤμβροτον* C; χ 197 *οὐδέ σε ἠριγένεια* EL; χ 226 *σοὶ ὀδυσεῦ* D; ε 169 *ϑεοὶ ἐϑέλωσι* C. Manchmal haben auch einzelne Handschriften γ' nach *πρίν*, so δ 254 *πρίν γ' ὀδυσῆα* Q; ν 124 *πρίν γ' ὀδυσῆ'* alle ausser ACDEHIKMS; ν 322 *πρίν γ' ὅτε* alle ausser V; ν 336 *πρίν γ' ἔτι* alle ausser N; ϱ 105 und σ 402 *πρίν γ' ἐλϑεῖν* L; ψ 138 *πρίν γ' ἡμέας* alle ausser E, während es in den übrigen oben aufgezählten Fällen in allen Handschriften fehlt. Dass man an diesen Stellen *πρίν γ'* wieder herstellt, verdient wohl kaum den Namen einer Conjectur, da die Handschriften in derartigen Schreibweisen sehr unzuverlässig sind, da nicht nur γ', sondern auch δ' τ' und ϱ' sehr häufig fehlen, wie sie wiederum auch zugesetzt wurden, wo sie nicht hingehören.

Auch im Inlaute finden wir nasales γ in den Handschriften ausgelassen. So haben α 2 *πλάχϑη* A, dafür *πλάγϑη* G; ι 81 *παρέπλαξε(ν)* ADKL 1. man. M; ν 5 *παλιμπλαχϑέντα* L; υ 346 *παρέπλαξε* L; *ὄχνη* für *ὄγχνη* η 115 CGHKLQV; η 120 CGKLQV; λ 589 ACEGIKLQRV; ω 247 AFIKLQSV; ω 340 AIKLQS. In der Regel fehlt dieses nasale γ in den Handschriften bei *γίγνο-*

μαι und *γιγνώσκω*[92]), und zwar nicht blos in den jüngeren, sondern im Venetus A, im alten Ambrosianus, im Syrischen Palimpsest und in dem Papyrusfragment aus Elephantine zu *Ω*, worin sich itacistisch *γειγνώσκω* findet. Nur L (Vindob. 5) hat fast durchweg *γίγνομαι* und *γιγνώσκω*, und diese Formen haben nicht blos für Homer, sondern für die ganze ältere Zeit alleinige Berechtigung, vgl. auch Ellendt im Lexicon Sophocleum unter *γίγνομαι*. Wenn Eustathios *γίνομαι* und *γινώσκω* für Homerisch erklärt, so hatte er dabei den Homerischen Text seiner Zeit vor Augen, in welchen sich diese hellenistische Form bereits eingebürgert hatte, und da schon Heraklides *γινώσκω* als unrichtig bezeichnet, so lässt sich diese Schreibweise noch ziemlich weit zurück verfolgen.

XIV.

Wenn die Alexandriner, namentlich Aristarch, was nicht selten geschah, die Syntax ihrer Sprache zum Gegenstande ihrer Erörterungen machten, so offenbarten sie in der Regel dabei einen solchen Mangel des Verständnisses der gewöhnlichsten Spracherscheinungen, dass man über ihre primitive Anschauung erstaunen muss und auf den Glauben kommen könnte, als seien sie jedes feineren Sprachgefühles baar gewesen, wenn sie nicht anderwärts gezeigt hätten, dass ihnen dasselbe keineswegs mangelte. Man hat zwar in einem Aristarchischen *περισσὸς ὁ δέ*, *ἤλλακται ῥῆμα* oder *χρόνος*, *ἐλλείπει πρόθεσις*, *ἡ δοτικὴ ἀντὶ γενικῆς* den bündigen Ausdruck hoher Weisheit finden wollen, aber man wird sich, um bei den Scholien zu Homer stehen zu bleiben, vergeblich um die richtige Erklärung eines Casus, Modus oder Zeitverhältnisses und namentlich einer Präposition umsehen und Buttmann hat wiederholt Veranlassung genommen, das den Alexandrinern im Uebermaass gespendete Lob auf das richtige Maass zurückzuführen und Aristarch sogar scharf getadelt, wie z. B. Lexilogus I, 153 „Aristarch hingegen, freilich nichts in der Welt weniger als ein Philosoph, erklärte sich für *ἐπίηρα*; und Autorität entschied wie gewöhnlich gegen Gründlichkeit und Vernunft."

---

[92]) Hom. Textkritik S. 219.

Wir wollen eine Anzahl von Fällen anführen, die zeigen, wie es mit den syntaktischen Kenntnissen der Alexandriner und namentlich Aristarchs bestellt war; wobei wir uns fast ausschliesslich an die Scholien Aristonikos halten.

1. *πτῶσις ἤλλακται*: *B* 148; *Γ* 138; *Δ* 331, 335, 357; *Z* 479; *K* 35, 298; *Λ* 128, 262, 557, 583, 606; *M* 36; *N* 159, 205, 217, 474, 477, 502, 575, 649; *Ξ* 218, 402; *O* 259, 316, 376, 462, 463, 743; *Π* 59, 124, 326; *P* 608; *Σ* 11; *T* 62; *Φ* 37; *X* 153, 190; *Ψ* 846; *Ω* 58; *δ* 295; *ε* 130; *ξ* 2; *τ* 27. vgl. *A* 535; *B* 57, 89; *Γ* 277; *Δ* 189, 251; *E* 14, 249, 700. *δοτικὴ ἀντὶ γενικῆς* *Γ* 16; *E* 298, 300; *K* 559, 574; *Λ* 557; *N* 205; *Ξ* 218; *O* 463; *P* 7; *Φ* 295; *δ* 771; *ϑ* 4. vgl. *A* 71; *B* 186; *Γ* 326 (?).

2. *χρόνος ἐνήλλακται*: *A* 164, 168; *B* 286; *Δ* 539; *E* 85, 311, 729; *Z* 87; *H* 148; *Θ* 156; *Λ* 650; *N* 346; *O* 351; *P* 70; *Σ* 583; *X* 67; *β* 222; *γ* 396; *δ* 485; *ζ* 86; *λ* 115; *μ* 383. vgl. *A* 218; *Λ* 454; *M* 271; *N* 229.

3. *ῥῆμα ἤλλακται* (Modus): *A* 26, 137, 232; *B* 215, 242; *Δ* 539; *E* 311; *H* 158; *K* 44; *Λ* 387; *N* 127, 343, 344; *Ξ* 235; *O* 403; *P* 70; *T* 71. Vgl. *A* 184; *Φ* 126, 127, 295; *X* 505; *Ψ* 354; *δ* 691; *ζ* 37.

4. Verwechslung der Genera des Verbums: *Δ* 44; *E* 763; *Z* 370; *Θ* 65; *Π* 57; *Y* 454; *X* 84; *α* 404. *B* 264; *Γ* 306; *Δ* 331; *I* 297; *K* 188; *M* 285; *N* 60; *Π* 81; *δ* 47, 322; *σ* 8.

5. Verwechslung der Steigerungsgrade des Adjectivs: *A* 32; *Δ* 277; *γ* 125; *η* 159. *A* 176; *Γ* 124; *Δ* 277; *E* 754; *Θ* 3; *X* 172. Vgl. *B* 714; *Γ* 423; *Λ* 832; *N* 683.

6. *πρόϑεσις ἤλλακται*: *A* 440; *Γ* 460; *E* 264, 824; *Z* 25, 92, 303; *H* 312, 407; *K* 286; *M* 228; *X* 97, 153, 492; *Ψ* 36; *Ω* 338; *β* 111; *ξ* 294.

7. *ἐλλείπει πρόϑεσις*: *A* 65, 93, 596; *B* 689; *Δ* 335; *Z* 331; *H* 16; *Θ* 3, 24, 124, 125, 316, 317; *I* 531, 542, 567, 633; *K* 195, 353; *Λ* 142, 405, 667; *M* 36, 60, 155, 207, 210, 365; *N* 82, 159, 166, 203, 403, 374, 502; *Ξ* 402; *O* 376, 432; *Π* 81, 326, 522, 546, 553; *P* 237, 608, 651; *Σ* 291; *Y* 375; *Φ* 40, 146; *X* 148, 170; *Ψ* 8, 155; *Ω* 305, 306, 550; *δ* 317, 714; *ξ* 174, 321; *ο* 282; *ρ* 23. Vgl. *I* 580. *πεδίον* für *διὰ*

πεδίου Δ 244; Ε 222; Ζ 2, 38, 507; Ν 64, 820; Ξ 147; Σ 7; Φ 247; Χ 23; Ψ 364, 475, 518; ϑ 122.

8. περισσὸς ὁ δέ: Α 41, 137, 194; Β 189, 802; Ζ 135; Η 149, 314; Ι 509; Κ 490; Λ 714; Μ 145, 374; Υ 48; Ω 15; ε 444; ξ 87; ο 81; υ 66.

9. περισσὸς ὁ κέν: Α 66, 175, 523; Β 123, 229, 258, 488; Γ 138; Δ 176, 539; Η 41; Ι 262; Κ 44, 282; Λ 409; Ξ 235, 239; Ο 403; Ρ 658; Υ 311; Χ 49, 110; ε 417.

Diese Bemerkungen beweisen grossentheils eine sehr oberflächliche und an Aeusserlichkeiten sich klammernde Auffassung der verschiedenen Spracherscheinungen; denn wer einen Dativ nicht anders zu erklären vermag als damit, dass er die Stelle des Genetivs vertrete, wer einen Conjunctiv für gleichbedeutend mit einem Optativ hält, beweist dadurch, dass ihm die Bedeutung der einzelnen Casus und Modi nicht klar geworden ist und man thäte besser, die unläugbar grossen Verdienste Aristarchs nur da zu suchen, wo sie wirklich sind und nicht alles an ihm, blos weil er es gesagt hat, vortrefflich zu finden. Eins der grössten Verdienste Aristarchs besteht unstreitig in der nach festen Prinzipien durchgeführten Accentuation und Aspiration: sollen wir aber deshalb blind sein gegen die Irrthümer, die er sich auch hierin hat zu Schulden kommen lassen? Aristarch hat für die Textkritik und Exegese des Homer so bedeutendes geleistet, dass wir ihm seine Irrthümer auf diesem und anderen Gebieten nachsehen können und nicht wie seine Anhänger lieber mit ihm irren als von ihm abweichen wollen.

Wir wollen im folgenden auf ein kleines Gebiet Aristarchischer Doctrin genauer eingehen: es betrifft den von ihm mehrfach gebrauchten Ausdruck παρέλκει ἡ πρόϑεσις, wofür sich auch der Ausdruck πλευνάζει oder περιττή ἐστι findet. Das Prinzip ist ein grundfalsches, denn wenn dem Dichter eine Präposition die Bedeutung eines Wortes nicht geändert oder genauer bestimmt haben würde, so hätte er sie nicht zugesetzt, qui nil molitur inepte. Wollte Aristarch damit sagen, dass die Präposition die Bedeutung des mit ihr verbundenen Wortes nicht wesentlich verändere, so musste er sich anders ausdrücken; jedenfalls konnte ein Vergleich ähnlicher Fälle ihn über die Bedeutung der Präposition nicht im Unklaren lassen. Statt dessen beschränkte er isch darauf, in der ihm eigenthümlichen Kürze die Präposition geradezu für überflüssig zu erklären und daraus noch weitere und eben deshalb falsche Consequenzen zu ziehen. Doch lassen wir lieber hier die einzelnen Stellen folgen.

1. Schol. zu γ 422 *βοῶν ἐπιβουκόλος ἀνήρ*: ὅτι τὸ βοῶν *παρέλκει* καὶ μετὰ τῆς προθέσεως εἴρηται ἐπιβουκόλος.

2. Schol. γ 195 *ἐπισμυγερῶς*: *περισσὴ* ἡ ἐπί, ὡς ἐν τῷ „βοῶν ἐπιβουκόλος".

3. Schol. δ 295 *ὕπνῳ ὕπο γλυκερῷ ταρπώμεθα*: *περιττὴ* ἡ ὑπό, ἢ δοτική ἐστιν ἀντὶ γενικῆς.

4. Schol. δ 386 *ὑποδμώς*: *παρέλκει* ἡ ὑπό· διαφυλάττει δὲ τὴν ὀξεῖαν.

5. Schol. δ 672 *ἐπισμυγερῶς*: *παρέλκει* δὲ ἡ ἐπί.

6. Schol. ε 477 *ἐξ ὁμόθεν πεφυῶτας*: *πλεονάζει* ἡ ἐξ πρόθεσις.

7. Schol. ν 405 *ὅς τοι ὑῶν ἐπίουρος*: ὡς ἐπίσκοπος· δύναται καὶ ἡ πρόθεσις εἶναι *ἐν πλεονασμῷ*, ἵν' ᾖ ἐφορῶν καὶ ἐπιβλέπων, ἢ *παρέλκει*, ὡς τὸ „βοῶν ἐπιβουκόλος".

8. Schol. ν 222 *ἐπιβώτορι*: *περισσὴ* ἡ πρόθεσις, ὡς καὶ εἰς τὸ „βοῶν ἐπιβουκόλος ἀνήρ."

9. Schol. π 10 *ποδῶν δ' ὑπὸ δοῦπον ἀκούω*: *παρέλκει* ἡ ὑπό.

10. Schol. *E* 178 *ἐπὶ μῆνις*: Ἀρίσταρχος *παρολκὴν* οἴεται τῆς ἐπί, ὁμοίως τῷ „ἐπισμυγερῶς" καὶ „βοῶν ἐπιβουκόλος ἀνήρ". ὅταν δὲ *παρέλκῃ* ἡ πρόθεσις, οὐ ποιεῖται ἐξαλλαγὴν τόνου. εἰσὶ δὲ οἳ ἀνεγνώκασιν ὁμοίως τῷ „ἐπεὶ οὔτοι ἔπι δέος" (*A* 515), ἵνα τὸ ἔπεστι σημαίνηται. ἄλλοι δὲ ἐπίμηνις, ἓν μέρος λόγου ποιοῦντες. ἄμεινον δὲ τῷ Ἀριστάρχῳ συγκατατίθεσθαι. **Herodian.**

11. Schol. *Z* 19 *ὑφηνίοχος*: ἡ διπλῆ ὅτι *παρέλκει* ἡ πρόθεσις ὡς ἐν τῷ „Ποσειδάωνος ὑποδμώς" (δ 386) **Aristonikos**. Schol. BLV *πλεονάζει* ἡ ὑπό, ὡς τὸ „ὑποδμώς", καὶ „ἐπαινὴ Περσεφόνη" (*I* 457). Vgl. Apollon. Soph. 160, 26.

12. Schol. *Π* 63 *πόντον ἔπι φρίξ*: ὁ Ἀσκαλωνίτης ἀναστρέφει πόντον ἔπι· οὕτως καὶ οἱ ἄλλοι· καὶ ἄμεινον. οὐδὲν γὰρ ἔσται τὸ ἐπιφρίξ, χωρὶς εἰ μὴ *παρέλκῃ* ἡ πρόθεσις, ὅπερ οὐ πιθανόν· οὐ γὰρ κατεπείγει. **Herodian.**

13. Schol. *Π* 76 *ἐπιμάρτυρος*: *περιττὴ* ἡ πρόθεσις

ἐν τῷ ἐπιμάρτυρος, ὡς καὶ ἐν τῷ „ἐπιβουκόλος“ καὶ „ἐπίουρος“.

14. Schol. *I* 456 θεοὶ δ' ἐτέλειον ἐπαράς: εἴτε παρέλκει ἡ ἐπί, φυλαχθήσεται ὁ τόνος ὁ αὐτός, ὡς „ἐπιβουκόλος ἀνήρ“, εἴτε τὸ ἑξῆς ἐστιν ἐπετέλουν, οὐκ ἀναστραφήσεται πάλιν, καθότι αἱ συναλειφθεῖσαι οὐκ ἀναστρέφονται. **Herodian.**

15. Schol. *I* 516 ἐπιζαφελῶς: ὡς χαλεπῶς· παρέλκει δὲ πάλιν ἡ ἐπί. **Herodian.**

16. Schol. *K* 38 ἐπίσκοπον: Ἀρίσταρχος ὡς κατάσκοπον. Νικίας δὲ ἀναστρέφει τὴν ἐπί, ἵν' ᾖ ἐπὶ Τρώεσσιν. εἰσὶ δὲ οἳ ἀνεγνώκασιν ἐπισκοπόν, ὡς ἀγακλυτόν, ἵνα παρέλκῃ ἡ ἐπί. ἄμεινον δὲ τῷ Ἀριστάρχῳ συγκατατίθεσθαι. **Herodian.**

17. Schol. *K* 342 ἐπίσκοπος: περισσὴ ἡ ἐπί· φησὶ γοῦν „ὄθι σκοπὸν Ἕκτορος“ (*K* 526) Schol. V.

18. Schol. *M* 303 φυλάσσοντας περιμῆλα (so A): σημειοῦνταί τινες ἐνταῦθα, ὅτι περισσὴ ἡ πρόθεσις ἡ περί Schol. A.

19. Schol. *N* 450 Κρήτῃ ἐπίουρον: τοῦτο τριχῶς ἀνεγνώσθη. Ζηνόδοτος γὰρ ὡς ἐπίκουρον, ἐκδεχόμενος βασιλέα καὶ φύλακα. καὶ Ἀρίσταρχος δὲ οὕτως, ἐκδεχόμενος τὸν φύλακα. μέμνηται δὲ καὶ ὁ Δίδυμος τῆς ἀποδόσεως καὶ Τρύφων . . . . εἰσὶ δὲ οἳ ἀνέστρεψαν τὴν πρόθεσιν, Κρήτῃ ἔπι. ὁ δὲ Ἀσκαλωνίτης παρέλκειν ἡγεῖται τὴν ἐπί. διὸ καὶ τὸν τόνον φυλάσσει τῆς προθέσεως, ὁμοίως τῷ „βοῶν ἐπιβουκόλος ἀνήρ.“ **Herodian.**

20. Schol. *T* 62 ἐμεῦ ἀπομηνίσαντος: ὅτι περισσὴ ἡ ἀπό πρόθεσις, ἀντὶ τοῦ μηνίσαντος. **Aristonikos.** Νικίας ἀναστρέφει τὴν πρόθεσιν· οὐκ ἀναγκαῖον δέ. **Herodian.**

21. Eustath. 75, 18 τὸ δὲ ἀνάπαλιν λέξεις μετὰ προθέσεων οὖσαι περισσὰς ἔχουσιν αὐτάς, ὡς τὸ „ἀπ' οὐρανόθεν“ (λ 18) καὶ ἕτερα φανησόμενα πολλαχοῦ.

22. Eustath. 147, 15 τὸ δὲ ἀπὸ νόσφιν πλεονασμὸν ἔχει τῆς προθέσεως, ὡς καὶ ἐπὶ ἄλλων γίνεται.

23. Eustath. 535, 46 ἔπι μῆνις· ἔστι δὲ πλεονασμὸς ἐνταῦθα τῆς ἐπί προθέσεως, ὡς καὶ ἐν τῷ „βοῶν ἐπιβουκόλος ἀνήρ“ καὶ „ἐπίουρος“.

24. Eustath. 564, 15 καταθνητός γ' ἐτέτυκτο ἐν ἑνὶ

μέρει λόγου κατὰ τὸ „θεοῦ ἐπιμῆνις“ καὶ „βοῶν ἐπιβουκόλος“ καὶ „καταθνητῶν ἀνθρώπων“ καὶ ὅσα τοιαῦτα.

25. Eustath. 622, 26 ὅτι τὸν ἡνίοχον ὑφηνίοχον λέγει, πλεοναζούσης καὶ ἐνταῦθα τῆς προθέσεως.

26. Eustath. 665, 1 ἐν δὲ τῷ ἐπιφρὶξ πλεονάζει ἡ πρόθεσις.

27. Eustath. 666, 1 περιττὴ δὲ ἡ πρόθεσις ἐν τῷ ἐπιμάρτυρος, ὡς καὶ ἐν τῷ „ἐπιβουκόλος“ καὶ „ἐπίουρος“ καὶ „ἐπιφρίξ“ καὶ ἄλλοις πολλοῖς.

28. Eustath. 763, 46 ἐν δὲ τῷ ἐπαράς πλεονάζει ἡ πρόθεσις, ὡς καὶ ἐν τῷ „ἐπιβουκόλος“ καὶ „ἐπίουρος“ καὶ μετ' ὀλίγα (*I* 457) εὐθὺς „ἐπαινὴ Περσεφόνεια“, ἡ αἰνή, τουτέστι δεινή.

29. Eustath. 788, 12 (ἐπίσκοπος) λέγεται δὲ καὶ σκοπὸς ὁ αὐτός, ἐρεῖ γὰρ „σκοπὸν Ἕκτορος“ (*K* 526), ὡς τῆς ἐπί προθέσεως πλεοναζούσης ἐν τῷ ἐπίσκοπος, καθὰ καὶ ἐν τῷ „ἐπιβουκόλος“ καὶ τοῖς ὁμοίοις.

30. Eustath. 1009, 49 τὸ δὲ μετάγγελος (*O* 144) περιττὴν καὶ αὐτὸ ἔχει πρόθεσιν, καθὰ καὶ τὸ „ἐπίουρος“ καὶ τὸ „χαλεπὴ δὲ θεοῦ ἐπιμῆνις“ καὶ „ἐπιβουκόλος ἀνήρ“ καὶ „καταθνητῶν ἀνθρώπων“ (*γ* 114) καὶ „ἀνδρῶν κατατεθνειώτων“ (*X* 164?).

31. Eustath. 1475, 12 (ἐπιβουκόλος) παρέλκει ἡ πρόθεσις, ὡς καὶ ἐν τῷ „ἐπίουρος“ καὶ ἐν ἄλλοις.

32. Eustath. 1501, 37 ἐν δὲ τῷ ὑποδμὼς περιττὴ ἡ πρόθεσις, ὡς καὶ ἐπ' ἄλλων πολλῶν γίνεται.

33. Eustath. 1739, 42 πλεονάζει δὲ ἐν τῷ ἐπιβώτορι συνήθως ἡ πρόθεσις, ὡς καὶ ἐν τῷ „ἐπίουρος“.

34. Eustath. 1746, 47 δῆλον δὲ ὡς πλεονασμὸν προθέσεως ἔχει, καθὰ πρὸ ὀλίγων ὁ ἐπιβώτωρ, οὕτω καὶ νῦν ὁ ἐπίουρος.

35. Cram. Epim. 160, 9 ἐπίσκοπος: „καὶ ἐπίσκοπος ἦσιν ὁδαίων“ (*θ* 163). ὄνομα ἐπιθετικόν· τινὲς ἐπέστρεψαν τὴν ἐπί, ἀλλὰ κατὰ παρολκήν (Cod. παραβολήν) ἐστιν ἡ ἐπί, ὡς τὸ „βοῶν ἐπιβουκόλος ἀνήρ“. ἄμεινον δὲ ἡγεῖσθαι αὐτὸ σύνθετον.

36. Cram. Epim. 172, 27 ἐπισμυγερῶς: ἐπίῤῥημα μεσότητος. οὐδὲν δὲ εἰς ως ἐπίῤῥημα σύνθετον, μάλιστα δὲ

παρὰ πρόθεσιν, ὥστε τὸ ἐπισμυγερῶς δύο ποιεῖν (oder *ποιεῖ*, Cod. *ποιεῖς*) *μέρη, παρελκούσης τῆς ἐπί, ὁμοίως τῷ „βοῶν ἐπιβουκόλος ἀνήρ“*.

Wir haben hier eine Reihe von Erklärungen vor uns, die theils wirklich Aristarchische sind, theils solche, die sich zwar nicht mehr auf Aristarch zurückführen lassen, aber ganz im Geiste des Meisters gehalten sind. Aristarch gebrauchte, wie aus den Scholien des Aristonikos und Herodian hervorgeht, nur den Ausdruck *παρέλκει* oder *παρολκή*, doch findet sich auch einmal bei Aristonikos das Wort *περιττή*, die späteren aber gebrauchten ganz synonym damit *πλεονάζει, πλεονασμός* und *περιττός*. Sehen wir ab von einzelnen Stellen wie *δ* 295 *ὕπνῳ ὕπο γλυκερῷ ταρπώμεθα*, *ε* 477 *ἐξ ὁμόθεν πεφυῶτες*, *π* 10 *ποδοῖν δ' ὑπὸ δοῦπον ἀκούω*, *M* 303 *φυλάσσοντας περὶ μῆλα*, *λ* 18 *ἀπ' οὐρανόθεν*, und *ἀπὸ νόσφιν*, wo man allerdings die Präposition entbehren könnte, ohne dass sie jedoch deshalb überflüssig steht, und berücksichtigen wir nur Fälle wie *ἐπιβουκόλος, ἐπισμυγερῶς, ἐπίουρος, ἐπιβώτωρ, ἐπιμῆνις, ἐπιμάρτυρος, ἐπαρή, ἐπιζαφελῶς, ὑφηνίοχος, ὑποδμώς, ἐπιφρίξ* (Herodian und Eustath.), *ἐπαινή* (Eustath. und Schol. *Z* 19), *μετάγγελος* (Eustath.) und *καταθνητός* (Eustath.), so fragt es sich vor allem, was bedeutet hier *παρέλκει ἡ πρόθεσις* und welchen Einfluss hat die *παρολκή* auf die Betonung. Man nimmt für *παρέλκω* allgemein die Bedeutung „überflüssig sein“ an und fasst *παρολκή* als synonym mit *πλεονασμός*, so nahmen es auch die späteren Grammatiker, die für *παρέλκει* in der Regel *πλεονάζει* oder *περιττή ἐστι* gebrauchten, und wenn man die Wörter betrachtet, bei denen die Präposition überflüssig gebraucht sein soll, so findet man allerdings, dass dieselbe in den meisten Fällen entbehrt werden könnte ohne dass der Sinn dadurch beeinträchtigt würde, aber bedeutungslos ist sie deshalb nicht, wenn auch die Bedeutung nicht so klar zu Tage liegt wie anderwärts. Zu *H* 63 bemerkt Herodian, dass einige *ἐπιφρίξ* schreiben, aber dieses *ἐπιφρίξ* sei nichts *χωρὶς εἰ μὴ παρέλκῃ ἡ πρόθεσις*, d. h. ausser wenn die Präposition *ἐπί* bedeutungslos ist, was Herodian nicht glaubt. In dem Scholium zu *ν* 405 wird ein Unterschied zwischen *πλεονασμός* und *παρέλκει* gemacht, während sonst beide Ausdrücke in derselben Bedeutung gebraucht werden. Es lässt sich allerdings ein Unterschied zwischen beiden Ausdrücken denken, indem *πλεονασμός* auf die Bedeutung und *παρέλκει* auf die Stellung bezogen werden kann. So macht Herodian zu *E* 178 eine Unterscheidung zwischen der *παρολκή* der Präposition und *ἓν μέρος λόγου*, d. h. der Zusammensetzung, ganz ohne Rücksicht auf die Bedeutung, so auch zu *N* 450 und in den beiden Notizen aus den Epimerismen. Was die Betonung betrifft, so hatte die *παρολκή* der Präposition einen entscheidenden Einfluss darauf. In dem Scholium zu *δ* 386 heisst es zu *ὑποδμώς* „*παρέλκει ἡ ὑπό, διαφυλάττει δὲ τὴν ὀξεῖαν*" — dies kann bedeuten *ὑπό* behält den Acut und auch *δμώς* oder das Compositum behält den Acut, da sonst die Composita gewöhnlich den Ton zurückziehen. Für die letztere Annahme spricht die Bemerkung Herodians zu *K* 38, wo Aristarch *ἐπίσκοπον* betonte, andere *ἐπισκοπόν*, wie *ἀγακλυτόν*, *ἵνα παρέλκῃ ἡ ἐπί*. Da nun *ἀγακλυτόν* nicht zwei Accente haben kann, so ist die Annahme, dass andere *ἐπὶ σκοπόν* betont hätten, hier nicht möglich. Damit stimmt ferner die Bemerkung Herodians zu *I* 456 (*ἐπαράς*) überein, *εἴτε παρέλκει ἡ ἐπί, φυλαχθήσεται ὁ τόνος ὁ αὐτός, ὡς „ἐπιβουκόλος ἀνήρ" καὶ „ἐπισμυγερῶς"*, denn da bei der getrennten Schreibweise „*ἐπ' ἀράς*" *ἐπ'* keinen Ton haben könnte (man müsste denn den Gravis darauf setzen wollen), so hätte das *φυλαχθήσεται ὁ τόνος ὁ αὐτός* keinen Sinn, ausser wenn man es auf *ἀράς* bezieht, da das Wort als Compositum *ἐπάρας* betont werden müsste. Zu *ἐπὶ μῆνις E* 178 bemerkt Herodian *ὅταν δὲ παρέλκῃ ἡ πρόθεσις, οὐ ποιεῖται ἐξαλλαγὴν τόνου* und Schol. B *κατὰ παρολκήν ἐστιν ἡ ἐπί πρόθεσις, διὸ οὐκ ἀμείβει τὸν τόνον*, wo wir wiederum eine genaue Angabe vermissen, welcher Accent nicht verändert wird, der der Präposition oder der des Nomens. Als Beispiel für die *παρολκή* der Präposition wird fast an allen Stellen *ἐπιβουκόλος* angeführt, daneben auch *ἐπισμυγερῶς*, *ἐπιμῆνις* und andere. Nun bemerkt Eustath. pg. 564, 15 *καταθνητός γ' ἐτέτυκτο ἐν ἑνὶ μέρει λόγου, κατὰ τὸ „θεοῦ ἐπιμῆνις" καὶ „βοῶν ἐπιβουκόλος" καὶ „καταθνητῶν ἀνθρώπων" καὶ ὅσα τοιαῦτα*, so dass wir nach den bis jetzt erwähnten Angaben annehmen müssen, dass die Wörter, in welchen die Präposition überflüssig ist, nur e i n e n Redetheil bilden und nur e i n e n Accent haben, aber denjenigen, welchen das zweite Wort hat, ohne dass die Zusammensetzung einen Einfluss darauf ausübt, also *ἐπιμῆνις*, *ἐπιβουκόλος*, *ὑποδμώς*, *ἐπαρή*, nicht *ἐπίμηνις*, *ἐπιβούκολος*, *ὑπόδμως*, *ἐπάρη*.

Nun scheidet aber Herodian zu *E* 178 zwischen *παρολκή* und *ἓν μέρος λόγου*, so dass wir bei der *παρολκή* an *δύο μέρη λόγου* denken und *οὐ ποιεῖται ἐξαλλαγὴν τόνου* auf die Präposition beziehen müssen im Gegensatz zur Anastrophe. Dies spricht Herodian an einer anderen Stelle deutlicher aus, indem er zu *N* 450 eine dreifache *ἀνάγνωσις* erwähnt *ἐπίουρον*, *ἔπι οὖρον* und *ἐπὶ οὖρον*, denn er sagt dort *ὁ δὲ Ἀσκαλωνίτης παρέλκειν ἡγεῖται τὴν ἐπί, διὸ καὶ τὸν τόνον φυλάττει τῆς προθέσεως*, *ὁμοίως τῷ „βοῶν ἐπιβουκόλος ἀνήρ"*, was keine andere Auslegung zulässt, als dass *ἐπί* seinen Ton behält, also nicht *ἐπιοῦρον*, wobei *ἐπί* seinen Accent verlöre. Damit stimmt die Notiz in Cramer's Epimer. 172, 27 *ὥστε τὸ ἐπισμυγερῶς δύο ποιεῖν μέρη, παρελκούσης τῆς ἐπί, ὁμοίως τῷ „βοῶν ἐπιβουκόλος ἀνήρ"* und stimmt ferner die Unterscheidung zwischen *παρολκή* und *σύνθετον* bei Cramer Epim. 160, 9 und im Scholium zu *ν* 405.

Berechtigt ist dieser Unterschied nicht, denn da die Präposition an keiner Stelle überflüssig steht, so sind auch die Consequenzen, welche die Alexandriner daraus für die Betonung gezogen haben, unrichtig. Uebrigens gibt es noch andere Composita mit Präpositionen, welche den Ton des Grundwortes behalten, ohne dass man dabei an *παρολκή* der Präposition denken darf, so *ἐπαοιδή*, *ἐφορμή*, *ἐπιγουνίς*, *ἐπιωγή*, *ἐπαρωγός*, *ἀποῤῥώξ*, *προδοκή*, *προχοή* (neben *πρόχοος*), *συνεοχμός*, *ὑποταμνόν* (Hymn. V, 228), *καταριγηλός*, für deren abweichende Betonung andere Grundsätze massgebend waren, wie auch für die Adverbien *ἀναστα δόν*, *ἐπισταδόν*, *παρασταδόν*, *παρακλιδόν*, *κατωμαδόν*, *καταφυλαδόν*, *διαμπερές*, die Adjective auf $\overline{ης}$ wie *περιπληθής*, *ὑπεραής*, *ὑπερδεής*, *προβλής*, *προφερής*, *ἀμφιθαλής*, und theilweise die Composita mit Verbaladjectiven wie *διαμετρητός*, *παραρητός*, *ἀμβατός*, *περικλυτός* (aber *πρόκλυτος*), *συμφερτός* (?), während andere Proparoxytona sind, wie *ἀμφίρυτος*, *περίξεστος*, *περίῤῥυτος*, *περίσκεπτος*, *ἀμφίθετος*, *ἀμφίχυτος*, *ἐπίσπαστος*, *ἐπίστροφος*.

XV.

Es gibt keinen Buchstaben, den man in den Homerhandschriften so häufig zugesetzt findet als σ̄, wobei wir überdies noch absehen von den Fällen, wo Pluralformen auf ε̄ς̄ und οι̅σ̅ι̅ν̅ die Stelle der Dualformen auf ε̄ und οι̅ι̅ν̅ vertreten. So haben α 324 *δ' ἐς μνηστῆρας* für *δὲ μνηστῆρας* D; δ 494 *ἄκλαυστον* für *ἄκλαυτον* ABDFHIKLNQRS, dasselbe λ 54 ACDH 2. man. KLNQSV, λ 72 A 2. man. CDH 2. man IKLNS; ε 194 *δ' ἐς σπεῖος* für *δὲ σπεῖος* ILN und γρ. D, *δ' ἐσπεῖος* DH; ζ 179 *ἔσχες* für *ἔχες* ACEHR; ζ 264 *εἰσίσθμη* AH mit Aristophanes; ζ 269 *σπείσματα* E; θ 103 *παλαισμοσύνη* für *παλαιμοσύνη* alle ausser L und θ 126 alle ausser CKL; θ 315 *κεισέμεν* für *κειέμεν* A ex em. PSV; θ 344 *ἔσχε* für *ἔχε* I; ι 239 *ἐκτοσθεν* EFIKMQRV, ebenso ι 338 DEIKLS; κ 97 *δ' ἐς σκοπιὴν* für *δὲ* CQ, dasselbe κ 148 IN 1. man.; κ 125 *ὤλεσκον* für *ὄλεκον* C; κ 162 *ἄντικρυς* DL; κ 281 *αὔτως* für *αὖτ' ὦ* QV; λ 66 *ὄπισθεν* für *ὄπιθεν* DEN, *ὄπισθε* C; λ 72 *ὄπισθεν* DKQ, *ὄπισθε* E; ν 366 *δῦν' ἐς σπέος* GLM; ξ 242 *ἐσκέδασ(σ)εν* für *ἐκέδασσεν* ADN; ξ 258 *στήσας* für *στῆσα* DM; ο 432 *ἴδης* für *ἴδῃ* ACEFIKM 2. man. NPQRSV[93]); ο 466 *δέπας* für *δέπα* A 1. man. CDGHKLMNPQSV; ρ 9 *μ' ἐσίδηται* für *με ἴδηται* ACEH ex em. IKNPS; ρ 52 *ἀγορὴν δ' ἐσελεύσομαι* GH ex corr. N für *ἀγορὴν δὲ ἐλεύσομαι*, wofür man gewöhnlich *ἀγορὴν ἐσελεύσομαι* schreibt, wie α 88 *Ἰθάκην ἐσελεύσομαι* (B) statt *Ἰθάκην δὲ ἐλεύσομαι*, wofür HKMNPQSV *ἰθάκην δ' ἐσελεύσομαι* und AI *ἰθάκην δ' ἐπελεύσομαι* haben[94]); ρ 410 *ἐπέσχεν* A, *ἔπεσχεν* I; ρ 472 *βλήσεται* für *βλήεται* DH ex corr. I, ähnlich σ 183 *παρστήσετον* P; σ 168 *ὄπισθεν* DIQ; σ 223 *εἴ τις ξεῖνος* AKN 1. man. PS; σ 339 *αὖτις* für *αὖθι* GH 1. man. MQ; τ 76 *πολλάκις* für *πολλάκι* IK, dasselbe χ 322 K; τ 90 *ἐνένισπεν* für *ἐνένιπεν* AQV, noch andere *ἐνένιπτεν*; φ 167 *ἐνένισπεν* V; ebenso φ 287 CV; χ 212 *ἐνένισπε* C; φ 58 *ἴμεν ἐς μεγαρόνδε* für *ἴμεναι* oder *ἰέναι μέγαρον δέ* DHIKLMQSV; ω 45 *ἀμφίς* für *ἀμφί* am Versschlusse alle ausser ADHI 1. man. LQ; ω 182 *γνωστόν* für *γνωτόν* DS 1. man.; ω 468 *πρὸς*

---

[93]) Homer. Textkritik S. 285.

[94]) Homer. Textkritik S. 223.

ἄστεος für πρὸ DL; *A* 197 ὄπισθεν GL; *B* 850 ἐπισκίδναται G; *Γ* 163 ἴδῃς CGS; *Δ* 79 ἔσχεν G; *Δ* 298 ἐξόπισθεν CGN; *H* 451 ἐπισκίδναται G; *M* 249 ἀποστρέψεις CGLS; *N* 83 ὄπισθεν DG; *N* 157 ἔσχεν G; *N* 449 ἴδῃς CDGS; *N* 831 κορέσεις G; *Ξ* 462 ἀλεύσατο S; *O* 32 ἴδῃς ACD, εἰδῇς GS; *O* 308 ὤμοισιν ACS; *Π* 611 ἐξόπισθεν DG; *Π* 626 ἐνένισπε S; *P* 527 ἐξόπισθεν DG; *Υ* 182 χερσὶ DG; *Φ* 441 ἔσχες G; *Φ* 603 στρέψας G; *X* 386 ἄκλαυστος CGS; *Ψ* 136 ὄπισθεν DG; *Ω* 399 ἔασσιν G.

Zu diesen vereinzelten Fällen kommt eine Reihe anderer, wo σ̄ beinahe durchweg und in der Mehrzahl der Handschriften zugesetzt ist. So ist die poetische Form des Relativpronomens ὅ zur gewöhnlichen Form der Prosa ὅς geworden: α 300 ὅς οἱ ABDEHKLMPQSV; β 160 ὅς σφιν AKL; β 228 ὅς σφιν KLMN ex corr. S; β 262 ὃς χθιζός ADH ex em. ILN; γ 198 ὅς οἱ ABDHIKLMNPQSV; γ 308 ὅς οἱ BDFGHIKLMNPQRSV; η 158 ὅς σφιν LQ; ϑ 271 ὅς σφ' ἐνόησε MQS; λ 67 ὅς σ' ἔτρεφε CLMQV; ξ 3 ὅς οἱ EK; π 399 ὅς σφιν IKM 1. man. NP; φ 145 ὅς σφι KP; φ 416 ὅς οἱ ACDFGHIKLMNPQRSV; ω 53 ὅς σφιν GLR; ω 453 ὅς σφιν FKLQRS(GPV). Der Venetus A hat an allen Stellen vor einem mit σφ̄ anlautenden Pronomen ὅ, ausser *Ψ* 281 ὅς σφωιν. *A* 73 οσ σφιν Ambrosianus, ὅς σφιν DL; *A* 336 ὃς σφῶϊ DGL; *B* 78 ὃς σφίν G, ὅς σφιν L; *B* 283 ὅς σφιν GL; *H* 326, 367 ὅς σφιν GL; *I* 95 ὅς σφιν GL; *O* 594 ὅς σφιν L; *N* 561 ὅς οἱ ACDGL, so auch wie es scheint die Handschriften Heyne's, der ὅς οἱ im Text hat und mit ihm die Herausgeber bis auf Bekker; *Σ* 253 ὅς σφιν GL; *Ψ* 281 ὃς σφῶιν EGL. An diesen sämmtlichen Stellen schrieb Aristarch ὅ, vgl. Homer. Textkritik S. 326 und Didymos zu α 300 ἄνευ τοῦ σ̄ Ἀρίσταρχος, ὅ οἱ πατέρα.

Mit zwei Ausnahmen sind es nur zwei verschiedene Fälle, in welchen ὅ zu ὅς geworden ist, nemlich vor dem digammierten οἱ und vor Pronominalformen, die mit σφ̄ anlauten. In beiden Fällen ist der Zusatz des σ̄ leicht erklärlich, abgesehen davon, dass die Abschreiber nach Kräften bestrebt waren, die minder gebräuchlichen Formen der Poesie durch prosaische zu ersetzen. Wie ὅ zu ὅς so ist unter der Hand der Abschreiber ὅτις zu ὅστις geworden, welches der Vers verbietet. So haben ὅστις β 350 A 1. man. BDIKMNRV; ε 445 CHIMNQ; ϑ 32 CDEFHKLMQRSV; ο 448 CKN; π 307 CIKMQ; ϱ 53 AC; *Γ* 279

CDGL; *T* 265 AG, darunter die besten Handschriften[95]). Zu *μ* 40; *π* 228; *υ* 188; *χ* 415; *ψ* 66 ist die ursprüngliche Schreibweise ὅτέ σφεας, oder richtiger ὅ τέ σφεας überliefert. In den Handschriften stehen ganz andere Schreibweisen: so haben ὅτι σφέας *μ* 40 A 1. man. DHILN 1. man.; *π* 228 AN 1. man. Q; *υ* 188 A 1. man. DQV; *χ* 415 DINQ; *ψ* 66 AC. Daraus ist ὅτις σφέας geworden, wie auch die neueren Herausgeber schreiben: so haben *μ* 40 A 2. man. KM; *π* 228 DFGHLMN 2. man. PRSV; *υ* 188 A 2. man. CGHLMN; *χ* 415 ACHLMPRSV; *ψ* 66 DKLN, also fast überall die besten Quellen. Dieses ὅτις wurde abermals verschlechtert in ὅστις σφέας: so *μ* 40 CQS; *π* 228 CK (I ὅστι); *υ* 188 I; *χ* 415 GK; *ψ* 66 GIMQ. Dass σφεας an diesen vier Stellen nicht enklitisch ist und also nicht betont werden darf, haben die Abschreiber und Herausgeber übersehen.

Das Futurum von τελέω lautet bei Homer wiederum τελέω, woraus die Abschreiber an manchen Stellen τελέσω gemacht haben: so *β* 256 τελέσει L; *δ* 776 τελέσωμεν K; *ζ* 174 τελέσουσι GM; *φ* 135 ἐκ τελέσωμεν GKLPS; *τ* 557 τελέσει Q sup. V; *χ* 215 τελέσεσθαι M; *K* 105 ἐκτελέσει DS. Auch ἐρύω hat im Futurum ἐρύω vgl. Buttmann, Ausf. Sprachl. § 95, A. 17 und unter ἐρύω. Aristarch aber hielt diese Formen nicht für ein Futurum sondern für Präsens, vgl. Aristonikos zu *X* 67 ἡ διπλῆ ὅτι χρόνος ἤλλακται ἀντὶ τοῦ ἐρύσουσιν. καὶ ἐν Ὀδυσσείᾳ „νευρὴν ἐντανύειν“ (*φ* 97) ἀντὶ τοῦ ἐντανύσειν[96]). Wenn schon Aristarch ἐρύουσιν und ἐντανύειν durch ἐρύσουσιν und ἐντανύσειν erklärt und eine ἐναλλαγὴ χρόνου dabei annimmt, so hat er sicher nichts anderes als die Formen ohne σ in seinen Handschriften gefunden und diese sind demnach an beiden Stellen allein berechtigt, während die Formen mit σ in Folge der Erklärung in den Text gekommen zu sein scheinen. ἐντανύειν haben *φ* 97 AKMS, ἐντανύσαι DL, die übrigen ἐντανύσειν und M am Rand γρ. ἐκτανύσειν. *φ* 127 haben ἐντανύειν KMS, ἐκτανύειν GP, die übrigen ἐντανύσειν: an beiden Stellen muss ἐντανύειν geschrieben werden. *φ* 174 haben alle Handschriften τανύουσι, welches hier gleichfalls Futurbe-

[95]) Aus demselben Gesichtspunkte erklärt sich die Schreibart ὅντινα für ὅτινα, so haben *Θ* 201 CDHIKLQSV; *ο* 395 ACDGHIMNQ.

[96]) Vgl. Herodian II. Prosod. *Λ* 154.

deutung hat, nur QR *τανύσουσι*. φ 326 haben für *ἐντανύουσιν*, welches aber an dieser Stelle Präsens ist, CN *ἐντανύσουσιν*, φ 152 alle *τανύω*, welches man zur Noth als Futurum erklären könnte.

So wenig den Abschreibern diese Futura verständlich waren, weshalb sie ein σ̄ einschoben, so wenig verstanden sie den asigmatisch gebildeten Aorist von *χέω*: so haben α 291 *χεῦσαι* für *χεῦαι* ABDHKLMNPQSV; β 222 *χεύσω* ADFKLMQRS, *χεύ^σω* HN; β 354 *χεῦσον* AIKLMNPQV, *χεῦ^σον* H; β 380 *χεῦσεν* AQV; γ 258 *ἔχευσαν* K; γ 384 *περιχεύσας* AS; γ 456 *διέχευσεν* B; δ 584 *χεῦσ'* D; ε 487 *ἐπεχεύσατο* IN; ϑ 139 *συγχεῦσαι* DV, *συγχεύσαι* L; λ 75 *χεῦσαι* DLMN; ξ 38 *κατέχευσας* I; *Δ* 269 *ἔχευσαν* Vrat. a; *Π* 86 *χεύσωσιν* GLS; *Κ* 294 *περιχεύσας* Cant. Townl. G; *Η* 461 *καταχεύσω* G.

Daran reihen sich noch die vielen Fälle, in welchen σ̄σ̄ für σ̄ steht, wovon die Anführung einiger häufiger wiederkehrenden genügen möge: so haben β 283 *ἴσσασιν* DR; ε 381 *ἔασσιν* CQ; ζ 62 und κ 5 *γεγάασσιν'* Q; κ 5 *γεγάασσι* C; ϑ 162 *ἔασσι* Q; ϑ 557 *ἔασσιν* CQ; ϑ 559, 560 *ἴσσασι* I; ι 118 und τ 279 *γεγάασσιν* Q; ι 141 *πεφύασσιν* Q; ν 233 *ἐκγεγάασσιν* Q; ν 247 *παρέασσιν* Q; ο 336 *ἔασσιν* QV; π 249, 462 *ἔασσιν* Q; ρ 383 *ἔασσι* QV; τ 74, φ 372 *ἔασσι* Q; υ 40 *ἔασσι* CQ; τ 135, ω 343 *ἔασσιν* Q; χ 263 *μεμάασσιν* Q, also mit wenigen Ausnahmen nur drei Handschriften. Ferner *Κνωσσός* τ 178 ADEFGHIKLMNPR; *Β* 646 CG und die Heyne'schen Handschriften ausser Ven. Vrat. b, c; *Σ* 591 DEGL und Herodian *περὶ σχημάτων* 64, 13 (ed. Dindorf) mit Tryphon. τ 188 *ἀμνισσῷ* A ex corr. DILMPS. *Παρνησσός* τ 394 H post ras. IM; τ 411 EM; τ 432 CDEFMNR(GPV); τ 466 DEFMN ex corr. R; φ 220 ADEFHIMQR; ω 331 A 2. man. DN[97]). τ 30 *κλήϊσσεν* FLRV; φ 236 *κληΐσσαι* HIKNQSV, *κληῖσσαι* D; φ 241 *κληΐσσαι* ACDINQ; φ 382 *κληΐσσαι* AIMNQ; φ 387 *κλήϊσσε(ν)* MNQ 2. man., *κληΐσσαι* PS; ω 166 *ἐκλήϊσσεν* AEINQ. Ueber *κνίσση*, *δύσσετο*, *εἴσσαι*, wie die Handschriften an vielen Stellen haben, vgl. Prolegomena zur Odyssee

---

[97]) Vgl. *Β* 520 *κρίσσαν* LS; *Β* 523 *κηφισσοῖο* L; *Β* 508 *νίσσαν* LS; *Β* 841 *λάρισσαν* GL; *Ρ* 301 *λαρίσσης* ACGL.

pg. XLI. Diese Thatsachen zeigen die Unzuverlässigkeit der Handschriften, wo es sich um Hinzufügung oder Weglassung eines ὅ handelt, darum ist die Aenderung von ὅ für ein handschriftliches ὅς, wo sie geboten ist, keine Conjectur zu nennen und wir dürfen deshalb Z 90 πέπλον ὅ οἱ und N 561 Ἀσιάδην ὅ οἱ für das einstimmig überlieferte ὅς οἱ schreiben, da ὅς vor οἱ bei Homer überall kurz ist, auch wenn es Stellen gibt, wo οἱ im Homer das Digamma nicht bewahrt hat wie Z 101 οὐδέ τίς οἱ, λ 442 μηδ' οἱ, ν 430 κάρψε μέν οἱ. Auch ein Futurum in ein Präsens oder umgekehrt zu ändern, wenn es der Sinn erfordert, ist bei dem Schwanken der Handschriften hierin unbedenklich gestattet. So haben α 168 die Handschriften φῇσιν, φησίν und φήσει; β 170 μαντεύσομαι für μαντεύομαι ABDEHIKLMNPQSV; γ 82 ἀγορεύσω FHKPS (Schol. M ἐνεστὼς ἀντὶ τοῦ μέλλοντος); γ 146 πείθεσθαι für πείσεσθαι IN 2. man., dagegen πείσεσθαι für πείθεσθαι γ 358 PS; δ 274 κελευέμεναι für κελευσέμεναι B; ε 166 ἐρύξοι für ἐρύκοι V; ζ 241 ἐπιμίξεται für ἐπιμίσγεται ADI (Schol. H οὕτως ἐν μέλλοντι χρόνῳ ἐπιμίξεται); η 18 δύεσθαι D für δύσεσθαι, δύεσθ' L; η 191 ῥέζομεν für ῥέξομεν I; ϑ 315 κεισέμεν für κειέμεν A ex em. PSV; ι 88 πεύσεσθαι für πεύθεσθαι DILV; ebenso κ 100 πεύσεσθαι LV; κ 501 ἡγεμονεύει für ἡγεμονεύσει K; κ 516 κελεύσω PS für κελεύω; κ 527 ῥέξειν für ῥέζειν DFH ex em. IKLMNQRSV; μ 290 διαῤῥαίσουσι für διαῤῥαίουσι ACDHIKLMN 1. man. S; ν 204 πλάγξομαι für πλάζομαι ACD 1. man. IL, γρ. M; ξ 108 ἀποπέμψω für ἀποπέμπω S; ξ 398 ἀγορεύσω für ἀγορεύω Q; ξ 433 δαιτρεύων für δαιτρεύσων ADN post ras.; ξ 491 βουλευσέμεν H ex corr. IQ für βουλευέμεν; ξ 512 δνοπαλίζεις HI sup. für δνοπαλίξεις; ο 312 πλάζομαι ALQ für πλάγξομαι, vgl. ν 204; σ 15 ῥέξω KS für ῥέζω; σ 416 στυφελίξετε für στυφελίζετε L; τ 67 ὀπιπεύεις DLP mit Apoll. Soph. und Hesychios für ὀπιπεύσεις, F ὀπιπτεύεις; φ 97 und 127 ἐντανύσειν die meisten für ἐντανύειν; φ 127 διοϊστεύειν S; φ 326 ἐντανύσουσιν CN; ψ 140 φραζόμεϑ' für φρασσόμεϑ' A; ω 457 καταπαυσέμεν N für καταπαυέμεν.

Hier handelt sichs in vielen Fällen blos um ein zugesetztes oder weggelassenes σ, dasselbe ist der Fall bei dem Schwanken der Schreibart zwischen Aorist und Präsens oder Aorist und Imperfect: β 6 κέλευε HILNV für κέλευσε; β 198 παύσασθαι

AB 2. man. DEH 1. man. HLMN, παύεσθαι B 1. man. H sup. KPSV für παύσεσθαι; γ 83 ἀκούω S für ἀκούσω; δ 745 ἐκέλευε EV für ἐκέλευσε; ξ 179 ἔσχες für ἔχες ACEHR; η 304 μ' ἐκέλευσε ACDFILQSV, με κέλευσε K für μ' ἐκέλευε; ϑ 49 ἐκέλευ' AI, ἐκέλευεν GM für ἐκέλευσ'; ϑ 370 κέλευεν für κέλευσε L; ϑ 547 ἐπιψαύσῃ Apoll. Soph. und Hesychios für ἐπιψαύῃ; ι 339 ἐκέλευεν für ἐκέλευσεν AGH 1. man. KRSV; κ 251 ἐκέλευσας für ἐκέλευες D; κ 373 (ἐ)κέλευσεν ACENQV für (ἐ)κέλευεν; μ 52 ἀκούῃς für ἀκούσῃς CEN; μ 53 κελεύσῃς für κελεύῃς AHIK; ν 180 παύεσθε DGH 1. man. LM, dafür die anderen παύσεσθε oder παύσασθε; ν 327 vulgo ἠπεροπεύσῃς (K ἠπεροπεύσεις) dafür ἠπεροπεύῃς A 1. man. CMNV; π 278 παύσασθαι für παύεσθαι A ex corr. CK; π 433 παύεσθαι ADH 1. man. LQV, παύσεσθαι H ex corr. M, vulgo παύσασθαι; ρ 7 παύεσθαι AD, παύσασθαι EKS für παύσεσθαι; ρ 359 ἐπαύσατο CEKNPRS für ἐπαύετο; σ 58 ἐκέλευσε(ν) FG für ἐκέλευεν; υ 380 μαντεύσασθαι DGHILMQSV für μαντεύεσθαι; υ 389 ἄκουσε(ν) IM für ἄκουεν; φ 129 ἀνένευσε für ἀνένευε A; χ 255 ἐκέλευσεν CFLN für ἐκέλευε; ψ 276 ἐκέλευσεν CFGHIKLMQRSV, vulgo ἐκέλευεν; ω 175 ἐκέλευεν für ἐκέλευσεν IQV; *B* 50 κέλευε(ν) CDEGS und wahrscheinlich auch ein Theil der Heyne'schen Handschriften, da derselbe für κέλευσε nur Vrat. a. b. c. Lips. et A. Mosc. 1. 2. un. Vindob. anführt; *B* 28 σ' ἐκέλευε für σ' ἐκέλευσε Lips.; *B* 65 σ' ἐκέλευε für σε κέλευσε Lips. Townl. Eton. (vgl. Heyne zu *B* 28); γράφεται ϑωρῆξαί σ' ἐκέλευε Schol. A; *B* 442 κέλευε für κέλευσε Vrat. b 1. man. G; *B* 572 ἐβασίλευσεν CGS, ἐμβασίλευσεν Lips. Vrat. 1. mit Schol. Pindar Nem. X, 49 für ἐμβασίλευεν; *Γ* 119 ἐκέλευσεν für ἐκέλευεν CDGLS Cant. Barocc. Lips. Vrat. a. b. A. Mosc. 1. Eton. mit Athenaeus XIV, 79 p. 660; *Γ* 342 ἔσχεν G für ἔχεν; E 463 κέλευσεν ACGLNOF Cant. Lips. Townl. Vrat. a. b. c. Mosc. 1; Z 519 ἐκέλευσας GNO für ἐκέλευες; *Λ* 454 ἐρύσουσι für ἐρύουσι GS Cant. Barocc. Mor. Harl.; *O* 545 κέλευε für κέλευσε G und die Handschriften Heyne's, ausser Barocc. Vrat. d. A. 2. Vindob. Lips. Ven.; *I* 658 κέλευε für κέλευσε ER Vrat. A. 1. Vindob.; *I* 660 ἐκέλευε E; *P* 241 κορέσει für κορέει ERS, κορέσῃ Mor. Barocc.; *Φ* 588 εἰρυσσόμεσθα G Ven. B Laur. A für εἰρυόμεσθα, Eust. εἰρυόμεσθα ἢ εἰρυσσόμεθα; *Ω* 252 ἐκέλευσε(ν) für ἐκέλευε Ambros. Papyrus Eleph. L Townl.

Vrat. d. 1 Vind. Lips. Des Vergleichs wegen fügen wir noch hinzu α 336, 416; ε 372; ζ 211; ϑ 556; ι 308; κ 118, 328, 389; λ 381, 626; ξ 334; ο 434, 439; σ 350; υ 383; χ 370; ψ 40, um zu constatieren, dass in dieser Beziehung die Handschriften unzuverlässig sind und die Kritik berechtigt ist einen überlieferten Aorist auch in ein Imperfect zu ändern, wenn der Sinn der Stelle ein solches erfordert, oder umgekehrt. Dass σ in Handschriften ebenso oft weggelassen ist, wo es hingehört, als man es zugesetzt findet, wo es nicht hingehört, bedarf kaum einer Erwähnung, namentlich kommt dieses in den Pluralformen auf *μεσθα* vor, wofür man sehr oft die gewöhnlichen auf *μεθα* findet, vgl. ι 153, 218, 304; κ 13, 140; λ 3, 212; ξ 257; φ 180, 254, wozu noch eine beträchtliche Anzahl von Stellen aus der Ilias kommt.

XVI.

Abgesehen von dem paragogischen ν, welches planlos in den Handschriften bald steht bald ausgelassen ist, wird auch sonst ν bald ungehörig zugesetzt, bald weggelassen gefunden. So haben α 56 *δ' ἐν μαλακοῖσι* für *δὲ* DG in marg. HILNQV; β 231 *μὴ δ' ἐν φρεσὶ* für *μηδὲ* HN; ε 9 *μηδὲν* (d. i. *μηδ' ἐν*) *φρεσὶν* B; ε 293 *σὺν δ' ἐν νεφέεσσι* KP; ζ 8 *εἷσεν δ' ἐν σχερίῃ* ABCDEFGHILMNPQRSV, *δ' ἐν σχερίην* K; ϑ 204 *ὅντινα* für *ὅτινα* CDHIKLQSV; ι 145 *κατείχετο δ' ἐν νεφέεσσι* C ex corr. K; ι 315 *δ' ἐν ῥοίζῳ* G; λ 232 *πινέειν* statt *πιέειν* DLR; ο 395 *ὅντινα* für *ὅτινα* ACDGHIMNQ; π 105 *μ' ἐν πληθύι* H ex em. I; σ 109 *πυκνὰν ῥωγαλέην* I; υ 346 *γέλων ὦρσε* D 2. man. EQV, wo aber auch ν richtig und ω statt ο gesetzt sein kann: χ 181 *ἑκάτερθεν παρὰ* KM; ξ 210 *οἰκίαν νεῖμαν* C; μ 164 *δ' ἐν πλεόνεσσι* CMNQ; *μ' ἐν* K, *ἐν* S; *Η* 474 *ἄλλοι δ' ἐν ῥινοῖς* G; *Μ* 263 *οἵ γ' ἐν ῥινοῖσι* LS; *Ν* 406 *ὃ γ' ἐν ῥινοῖσι* A Ambros. GLS, die Heyne'schen Handschriften ausser Lips. und Townl., Draco de Metris 80, 40.

ϑ 48 haben *κριθέντε* für *κρινθέντε* ADEIKLM, *κριθέντες* S; ω 532 *διακριθεῖτε* EI, *διακριθῆτε* Q, γρ. *διακριθῆτε* A; *Γ* 98 *διακριθήμεναι* C 1. m. DGL; *Γ* 102 *διακριθεῖτε* GL, *διακριθῆτε* C Vrat. a; *Ε* 12 *ἀποκριθέντε* CDGLMNRS mit dem alten Ambrosianus, *ἀποκριθέντες* O; *Π* 306 *διακριθέντε* CGL Lips. Townl.; *N* 129 *κριθέντες* CDG Lips. und ein Theil der Handschriften Heyne's; *Υ* 141 *διακριθέντες* CDEL Cant. Mor. Lips.; *Υ* 212 *διακριθέντε* CGR Barocc. u. a.; *δ* 794 *ἀνακλιθεῖσα* für *ἀνακλινθεῖσα* IN; *ι* 371 *ἀνακλιθεὶς* A 1. man. DIL; *ν* 78 *ἀνακλιθέντες* A 1. man. (?) DH 1. man. LMN; *σ* 189 *ἀνακλιθεῖσα* IM; *ϑ* 124 *τε νειῷ* für *τ' ἐν νειῷ* C; *ο* 445 *ἔχετε φρεσὶ μῦθον* für *ἔχετ' ἐν* ACKS; *ο* 479 *ἐδούπησε* für *ἐνδούπησε* DE; *π* 378 *ἐρέει δὲ πᾶσιν* für *δ' ἐν* CKMS; *υ* 141 *ἔθελε λέκτροισι* H, *ἔθελεν* FKS für *ἔθελ' ἐν*; *υ* 155 *δὴ* für *δὴν* ACFKNS; *φ* 69 *πιέμεν* für *πινέμεν* I; *φ* 150 *ἐτάνυσε* AC, *ἐτάνυσσε* N, *ἐτάνυσεν* E für *ἐντάνυσε*; *ψ* 178 *τό ῥ'* für *τόν ῥ'* C; *ω* 39 *δὲ στροφάλιγγι* für *δ' ἐν* DEFGHILMNQRV; *Z* 165 *ἔθελε φιλότητι μιγήμεναι* DEGO Lips. für *ἔθελεν*, wofür MN Vrat. A *ἔθελ' ἐν* (nec male Heyne); *α* 222 *νώνυμον* für *νώνυμνον* alle Handschriften; *M* 70 *νωνύμους* CDGLS und ein Theil der Heyne'schen Handschriften; *N* 227 *νωνύμους* CDGLS Cant. Mor. Harl., *νωνύμνους ἢ νωνύμους* E; *Ξ* 70 *νωνύμους* CG 1. man., die Heyne'schen Handschriften *νωνύμους*. Apoll. Soph. 117, 20 *νωνύμνους*: *ἀνωνύμους*. Die Erklärung im Schol. BL zu *M* 70, Etym. Mg. 608, 16 und Zonar. Lex. 1411 *ἄνευ ὕμνων* beweist ebenfalls, dass der Erklärer *νωνύμνους* und nicht *νωνύμους*, wie es im Schol. *M* 70 und Et. Mg. steht, vor sich gehabt hat. *νωνύμνους* stand schon seit der zweiten Aldina in den früheren Ausgaben, bis Barnes es verdrängte und Wolf wiederum einführte.

Die meisten dieser Schreibweisen lassen sich leicht erklären, so *ὅντινα*, *κριθέντες*, *ἀνακλιθείς*, *νώνυμός* aus der Gewohnheit der Abschreiber die prosaischen Formen an die Stelle der dichterischen zu setzen; *δ' ἐν νεφέεσσι* weil man es übersehen hatte, dass *νέφος* den vorhergehenden kurzen Vocal verlängert (S. 57), ebenso *δ' ἐν ῥοίζῳ*, *πυκνὰν ῥωγαλέην*. Andere Schreibweisen, wie *γέλων ὦρσε*, *οἰκίαν νεῖμαν*, *ἐρέει δὲ πᾶσιν*, *ἑκάτερθεν παρά*, sind geradezu verwerflich und finden ihre Erklärung nur in der grenzenlosen Nachlässigkeit der Abschreiber, die dem Metrum auch nicht die geringste Aufmerksamkeit schenkten. Wo es aber den Anschein haben könnte, als hätten dieselben wirklich die Gesetze des Metrums beachtet, da zeigt es sich erst recht, dass dies nicht der Fall war, dies beweisen die wiederholt in den Handschriften vorkommenden Schreibweisen wie *ὑπαὶ δείους*, *ὑπαὶ λιπαροῖσιν*, *διαμμελειστί*, *ἐνὶμμεγάροισιν*, *ὑπαὶ νεφέων*, *ἀνὰῤῥῶγας*, *ἀπὸῤῥινούς*, *γ' ἐν ῥινοῖσι*, *κατὰῤῥόον*, *ὑπαὶ ῥιπῆς*, *πᾶσιν μνηστῆρσιν*, *κνίσση*, *ἐριννύς*, *πείσεα*, *φθεῖσαι*, *κληίσσαι*, *δύσσετο*, *ἐίσσαι*, *τίννυμαι*, *πέδιλλα*, denn hier hätten genauere Beobachtungen gezeigt, dass die ursprünglichen Lesarten nicht gegen das Metrum verstossen. Derartige Schreibweisen sind mitunter schon recht alt, die meisten viel älter als unsere jetzigen Handschriften, und haben sich von einem Exemplar auf das andere vererbt.

Wenn ursprünglich ζ 8 *εἶσεν δ' ἐν σχερίῃ* geschrieben war, so konnte daraus durch Assimilation leicht *δ' ἐς σχερίῃ* und dann *δὲ σχερίῃ* werden; da es aber überliefert ist, dass Aristarch *δὲ σχερίῃ* geschrieben hat und gegen den blosen Dativ sprachlich kein Einwand erhoben werden kann, so müssen wir uns Aristarch anschliessen und *δ' ἐν σχερίῃ* als die *κοινή* betrachten. Hätten wir noch den kritischen Apparat Aristarchs vor uns, so wären wir in der Lage eine sichere Entscheidung zu treffen, während uns jetzt nur die Wahl zwischen der Lesart Aristarchs und der Schreibweise unserer Handschriften übrig bleibt. Es gibt auch noch andere Stellen, an denen Aristarch den blosen Dativ dem Dativ mit *ἐν* vorzog[9*]): so schrieb er Θ 337 *Ἕκτωρ δὲ πρώτοισι*, dafür Eustath. und die Handschriften *δ' ἐν πρώτοισι*, Ξ 202 und 303 *οἵ με σφοῖσι*, wofür die meisten Handschriften *οἵ μ' ἐν σφοῖσι* haben, Σ 568 *πλεκτοῖσιν ταλάροισι* für *πλεκτοῖς ἐν ταλάροισι*, wie in den Handschriften steht und in der zweiten Rezension Σ 579 *δύο πρώτῃσι* für *δύ' ἐν πρώτῃσι*, welches sich auch allein in den Handschriften findet. Das Gegentheil wird zu Π 775 angegeben: dort schrieb Aristarch *ὃ δ' ἐν στροφάλιγγι κονίης*, wofür ACDES Ven. B Harl. Lips. Mor. Vrat. b. d. Mosc. 2 *δὲ στροφάλιγγι* haben, wie auch in demselben Vers ω 39 in den besseren Handschriften steht. Wenn man ε 9 *μηδὲ φρεσὶν αἴσιμα εἰδώς* schreibt, so könnte man auch ο 445 mit ACKS *ἔχετε φρεσὶ μῦθον* schreiben, da beide Constructionen, mit oder ohne *ἐν*, sprachlich richtig sind und ein *ν* ebenso leicht zugesetzt werden konnte als es wegfiel. Im allgemeinen sind die Handschriften zwar hierin nicht zuver-

*) Homer. Textkritik S. 393.

lässig, aber in Ermangelung besserer Quellen bleibt nichts anderes übrig als sich an dieselben zu halten.

XVII.

Im vierten Abschnitt ist bereits über den Wechsel der orthotonierten und enklitischen Pronominalformen gehandelt, wobei jedoch nur die Fälle in Betracht gezogen sind, in denen dabei das Pronomen *αὐτός* steht. Aber auch sonst wechseln beide Formen in der Regel, so namentlich *τοι* und *σοί*, von denen nach der Lehre der Alten letzteres immer orthotoniert, ersteres immer enklitisch ist. *β* 271 hat D *εἰ δή τοι σοι*, also beide Formen neben einander; *β* 50 haben die meisten Handschriften *τοὔνεκά σοι*, wie schon Herodian geschrieben zu haben scheint, für *τοὔνεκα σοὶ*. Wenn das Pronomen hier keinen Ton haben darf, so ist mit Zenodot *τοὔνεκά τοι* zu schreiben, so auch M 1. man.; *ε* 187 haben die Handschriften *μή τι* oder *μή τί τοι*, nur H *μή τι σοι* und an der gleichen Stelle *κ* 300 dasselbe, nur M *μή τι σοὶ*, A sup. LN sup. *μή τι σοι*: die Herausgeber schreiben hier mit Unrecht *μή τι σοὶ*, vgl. S. 142; *ε* 339 hat P *τίπτε σοι*, S *τίπτε σοὶ*; *κ* 64 *τίς σοι* A ex corr. V; *κ* 381 *γάρ σοι* KS; *μ* 116 *αὖ σοὶ* A sup. C sup.; *ν* 300 *ἤ τέ σοι* MQ; *ἦτε σοι* V; *ξ* 391 *τίς σοι* GIMS; *π* 66 *δέ σοι* H 1. man. IM; *ϱ* 154 *γάϱ σοι* alle ausser EN; *σ* 334 *μή τίς σοι* N; *χ* 290 *τοῦτό σοι* E neben *τοι*; *χ* 345 *αὐτῶ τοι* N und darüber *σοί*; *ψ* 72 *δέ σοι* A; *ψ* 130 *σοὶ γὰϱ* für *τοιγὰϱ* KS; *ω* 76 *τῷ σοι* E; *I* 42 *δέ τοι* ACDGS, *δέ τι* E, andere *δὲ σοί*; *I* 249 *αὐτῷ τοι* ACDEGLS, andere *σοί*. Es finden sich auch noch sonstige Stellen in den Handschriften, an welchen *σοι* enklitisch gebraucht ist: so *ζ* 39 *δέ σοι* IN; *ζ* 60 *δέ σοι* CDL; *ο* 168 *ἠέ σοι* CI; *Γ* 51 *δέ σοι* E u. ö.

Nach der Regel werden die Formen des persönlichen Pronomens orthotoniert, wenn sie im Gegensatze stehen (*διαστελλόμεναι, διεξευγμέναι*), wenn ein Nachdruck darauf liegt (*ὁϱισμὸν δηλοῦσαι*), wenn sie am Anfang stehen (*ἀϱκτικαί*), wenn sie reflexiv sind (*εἰς σύνθετον μεταλαμβανόμεναι*) und in der Regel wenn sie mit einer Präposition verbunden sind; in allen übrigen Fällen sind sie enklitisch (als *ἁπλαῖ, ἀπόλυτοι*), d. h.

es stehen *μευ*, *μοι*, *με* statt der zweisilbigen Formen, *τοι* für *σοί*, *σεο*, *σευ*, *σε*, *σφωε*, *σφωιν*, *σφεων*, *σφισιν*, *σφεας*, *ἕθεν*, *ἕο*, *οἱ* und *ἑ* ohne Accent statt der accentuierten Formen, und die Barytona *ἥμιν*, *ὕμιν*, *ἧμιν*, *ὗμιν*, *ἥμεας*, *ἧμας* statt *ἡμῖν*, *ὑμῖν*, *ἡμέας*, *ἡμᾶς* (*σφιν* und *μιν* sind immer enklitisch).

Gegen diese von den Alten aufgestellte Regel, die sich überall durchführen lässt, ist sowohl in den Handschriften als in den Ausgaben vielfach gefehlt worden. Betonungen wie *ἧμιν*, *ὗμιν*, *ἥμιν*, *ὕμιν*, *ἥμεας* kommen in beiden selten vor: so haben *α* 166 *ἧμιν* HM, *ἦμιν* E; *α* 373 *ὗμιν* IN, *ὗ[μ]μιν* M; *ὕμμιν* AB; *α* 376 *ὕ[μ]μιν* M, *ὕμμιν* ABKPQV; *β* 141 *ὕμιν* BKMS, *ὕμμιν* G; *β* 320 *ὕμιν* IN, *ὕμμιν* BM; *β* 325 *ἧμιν* I; *γ* 173 *ἥμιν* B; *δ* 94 *ὕμιν* DIMNV, *ὕμιν* L, *ὕμμιν* E; *δ* 415 *ὕμιν* BF, *ὕμμιν* E; *δ* 777 *ἥμιν* M; *ϑ* 569 *ἧμιν* GLM, *ἥμιν* L, *ἡμίν* H ex em., *γρ.* *ἡμὶν* A man. rec.; *κ* 563 *ἧμιν* ER; *λ* 336 *ὕμιν* I, *ὕμιν* N 1. man., *ὕμμιν* A ex corr. DKQ; *λ* 344 *ἧμιν* E, *ἥμιν* I, *ὕμιν* K, *ὕμμιν* AS; *μ* 272 *ὕ[μ]μιν* I, *ὕμμιν* H ex em.; *ν* 177 *ἧμιν* IQ, *ἥμιν* L, *ἧμῖν* A; *ν* 183 *ἥμιν* LN; *ν* 279 *ἥμιν* M, *ἥμιν* L; *π* 268 *ἥμιν* CK; *π* 427 *ἥμιν* CN, *ἧμιν* MQ; *ρ* 376 *ἧμιν* EFMNQ, *ἧμιν* L post ras., *οἷμιν* itacistisch D; *ρ* 597 *ἥμιν* C, *ἥμιν* K, *ἧμῖν* L; *σ* 48 *ἧμιν* Q; *υ* 245 *ἧμιν* Q; *υ* 272 *ἧμιν* ELQRV, *ἥμιν* C; *υ* 328 *ὕμιν* C; *χ* 152 *ἧμιν* ER, die übrigen *νῶιν*; der Venetus A hat *ἥμιν* *A* 147, 579, 583; *H* 352; *O* 719; *ὗμιν* *Ω* 33; *ἧμιν* CG zu *P* 415, 417. *β* 31 hat keine Handschrift *ἥμιν* wie es Herodian verlangt; *δ* 294 und *ζ* 297 haben alle Handschriften *ἡμέας*, wofür Herodian *ἥμεας* schreibt; *π* 372 verlangt der Vers *ἧμας*, dafür haben *ἡμᾶς* CDHIKLMNQSV, *ὑμᾶς* AEG, *ἡμέας* F. An den Stellen, wo das Metrum die Schreibweise *ἧμιν* erfordert (*ϑ* 569; *κ* 563; *λ* 344; *ν* 177, 183; *ρ* 376; *υ* 272; *P* 415, 417) haben die meisten und besten Quellen ausser *ρ* 376 *ἡμῖν*, ein Beweis wie sehr man dem gewöhnlichen, auch in Bezug auf die Betonung, den Vorzug gab. Neben *ὕμιν* findet sich fast überall *ὕμμιν*, auch *ὕμμιν* geschrieben, als Variante.

σφέας ist orthotoniert in *σφέας αὐτούς* *μ* 225; *M* 43, 86; *N* 152; *διὰ σφέας* *η* 40 (so auch Herodian); *κατὰ σφέας* *B* 366, sonst ist es überall enklitisch; so *B* 96 *δέ σφεας* (l. *δὲ σφέας*.

G σφας); *B* 704 ἀλλά σφεας (GL ἀλλὰ σφέας); *Δ* 284, 337 καί σφεας; *E* 151 ἀλλά σφεας; *E* 567 δέ σφεας, dafür σφας EGLM Mor. Vrat. a und Apollon. de Pron. p. 127 C; καί σφεας *K* 140, 191 (G beidemal καὶ σφέας); *Λ* 128 γάρ σφεας (γὰρ σφῶν G); *O* 145 καί σφεας; *P* 278 γάρ σφεας (γὰρ σφεας G); *Ψ* 235 καί σφεας; κ 430 καί σφεας (C σφας); μ 40; π 228; υ 188; χ 415; ψ 66 schwanken die Handschriften zwischen ὅτι, ὅτις und ὅστις, aber alle haben σφέας und auch die neueren Herausgeber schreiben alle ὅτι σφέας, obgleich das Pronomen enklitisch ist: die richtige Schreibweise ist ὅ τέ σφεας; δ 77 haben καὶ σφέας BDIMNQ; ζ 6 οἵ σφέας ABCDIKLMNQ; ϑ 315 μὲν σφέας DGLQ, μὲν σφᾶς FMSV (μένσφας ACE); ϑ 480 ἄρα σφέας alle Handschriften und mit ihnen die Herausgeber für das richtige ἄρά σφεας; ν 213 Ζεὺς σφέας ACDHIKLMNPS, so auch Clarke-Ernesti und Dindorf; dafür Wolf, Bekker 1, Bothe, Bäumlein Ζεὺς σφείας, Bekker 2 und Düntzer σφεῖας, ohne Rücksicht auf Schol. H Vind. 133 ἀπόλυτος ἡ σφέας. ν 276 haben die Handschriften ἤτοι σφέας und so schreiben die Herausgeber mit Ausnahme von Bekker 2 und Ameis, welche ἤ τοι σφέας betonen. Schon Herodian bemerkt zu dieser Stelle ἐγκλιτικὴ ἡ σφέας· διὸ τὴν τοῖ συλλαβὴν ἐγερτέον, d. h. es ist ἤτοί σφεας zu schreiben, diesen Grundsatz aber wollten die Herausgeber nicht befolgen, sonst hätten sie auch ὅτίς σφεας, ἄρά σφισι geschrieben. Wer aber ἤ τοι trennt, der muss hier ἤ τοί σφεας schreiben, denn dass das Pronomen enklitisch ist, unterliegt hier nicht dem geringsten Zweifel, aber man trennt sich nur schwer von hergebrachten Gewohnheiten. π 475 καί σφεας C, καί σφέας AQ, die übrigen καὶ σφέας und mit ihnen Ernesti, Wolf, Dindorf. ρ 212 ἔνθά σφεας CKLQ, ἐνθά σφεας N, die anderen ἔνθα σφέας und so alle Herausgeber. ρ 261 δὲ σφέας DEHIMQV, γὰρ σφέας A. ω 389 ἢ σφέας ADFKMQ(GHPV). ω 440 ἐπεὶ σφέας ADFIKLMQ(GHPV).

σφίσι ist orthotoniert in σφίσι δ' αὐτοῖς δ 683; ζωοὺς σφίσιν ξ 272; ρ 441 (σφῖσῖν A); μετὰ σφίσιν ο 317 (orthotoniert nach Herodian); *Α* 368; *K* 208, 311, 398, 409; *X* 474; *Ψ* 698 nach Herodian und Apollonios[99]); in μετὰ δέ σφισιν *B* 93 und *Δ* 2 aber ist es enklitisch, vgl. Herodian zu *Δ* 2.

[99]) Homer. Textkritik S. 355.

An dieser Stelle, wozu wir das Scholium des Herodian haben, hat zwar Dindorf *δέ σφισι*, aber *B* 93, wobei kein Scholium steht, *δὲ σφίσιν*, obwohl auch hier die Handschriften *δέ σφισιν* haben. *ἐνὶ σφίσιν* *Ψ* 703. Enklitisch ist *σφισι* an folgenden Stellen: *B* 206 *ἵνά σφισι*, die Handschriften, in denen dieser Vers steht (denn er fehlt in ACDE Lips. Townl. Eton. Mosc. 1 und zwei Wiener Handschriften), haben *ἵνα σφισι*; *δέ σφισι* *Θ* 204, 504; *M* 416 (*σφι* G); *P* 213; *Σ* 66; *o* 412; *δέ σφισιν* *Λ* 151 (*σφιν* GL); *P* 234 (*σφιν* S), 395 (andere *γάρ*), 495; *Σ* 510; *Ψ* 447; *γ* 150 (*σφιν* Q); *υ* 162 (*σφιν* DKLP); *ψ* 144 (*σφιν* CMN); *γάρ σφισι* *P* 453; *X* 288 (*γὰρ σφίσι* GL); *η* 110; *ϱ* 262 (andere *δέ σφισι*, CKPS *σφιν*); *οὔ σφισιν* *I* 425; *τέ σφισιν* *K* 186 (*τε σφίσιν* G); *ὅ σφισιν* *O* 594; *ἐπεί σφισιν* *Π* 549; *μάλα πού σφισι* *ζ* 155, dafür *που σφίσι* ADEIN, *σφίσι* auch Q; *ἐπεί σφισιν* *β* 398, *ἐπεὶ σφίσιν* ADKLQ, ebenso *η* 35 AQ, *η* 205 AQ, *ϑ* 371 AKQ, *ϱ* 531 E; *κ* 415 *ἄϱά σφισι* ADN, die übrigen *ἄϱα σφισι*; *I* 99 *ἵνά σφισι* ACD, vulgo *ἵνα σφισι*; *Σ* 520 *ὅϑί σφισιν* CD, die anderen *ὅϑι σφισιν*; *Ψ* 138 *ὅϑί σφισι* A, die anderen *ὅϑι σφισι*; *τ* 464 *ἄϱά σφισιν* LN, die übrigen *ἄϱα σφισιν*, dafür *ἄϱα τοῖσιν* D, *ἄϱα σφιν* EQR. *υ* 213 schreibe man mit ACDKLMNQ *ἀγινέμεναι σφίσιν αὐτοῖς*, die übrigen haben *ἀγινέμεναί σφισιν*, so auch Wolf, Bothe, Dindorf, Düntzer. *Σ* 311 ist *γάϱ σφεων* zu betonen, dafür hat G *γὰϱ σφέων*; *γ* 134 *τῷ σφεων*, dafür *σφέων* ABGIKLMNQ, *σφῶν* DS; *ω* 381 *τῷ κέ σφεων* AHLN, die anderen *κε σφέων*; *υ* 348 *ἄϱά σφεων*, dafür alle Handschriften und Herausgeber *ἄϱα σφέων*.

α 215 haben *μέν τε μέ φησί* DQ, *μέν τ' ἐμέ* ABHIKMNP, *μὲν ἐμὲ* L. Die richtige Betonung ist *μέν τέ μέ φησι* nach Apollonios und Herodian, welche auch Bekker Homer. Blätter S. 71 befürwortet und ihm sind die neuesten Herausgeber gefolgt. *γ* 49 hat A *δέ μοι αὐτῷ*; *α* 212 haben *οὔτέ με κεῖνος* DHLN, die meisten anderen *οὔτ' ἐμὲ κεῖνος*, wofür mit AQ *οὔτ' ἔμ' ἐκεῖνος* zu schreiben ist, vgl. S. 84. *δ* 319 *οἴτ' ἐμοί αἰεὶ* A; *δ* 370 *δ' ἐμεῦ* BHKMPQV, *δ' ἐμοῦ* N; *δ* 669 *ἄγε μοι* DLPS richtig, *ἀλλά γε μοι* B, die anderen *ἄγ' ἐμοί*, während *β* 212 alle Handschriften *ἄγε μοι* haben; *ε* 190 *οὐδ' ἐμοί* AH ex em. HLN, die übrigen *οὐδέ μοι*; *κ* 400 *δ' ἐμεῦ* S; *κ* 455 *δ' ἐμεῦ* KS; *κ* 488 *ἀμφί μ' ὀδυϱόμενοι* K; *λ* 59 *ὅδ' ἔμ'* L; *λ* 75 *σῆμα τ' ἐμοί* FKS; *λ* 198 *οὔτε μέ γ' ἐν* HI, *οὔτέ με ἐν* L, *οὔτε με ἐν* EGQV, *οὔτέ μ' ἐν* M, *οὔτε μ' ἐν* KL, wofür man jetzt allgemein *οὔτ' ἐμέ γ' ἐν* schreibt, obwohl kein Grund existiert, das Pronomen zu orthotonieren, man müsste denn vielleicht darin einen finden, dass die Partikel *γε* darauf folgt: auch im Vers 200 steht *μοι* und 202 *με*, daher scheint es rathsamer, auch hier *οὔτε μέ γ' ἐν* zu schreiben. Dasselbe gilt auch für *λ* 406: dort haben *οὔτέ μέ γ'* NQ, *οὐτέ με γ'* D, *οὔτε με γ'* L, *οὔτε μέ γ'* K, *οὐτε μ' ἐν* A ex corr. und nur IM *οὔτ' ἐμέ γ'*, keine Handschrift aber *ἔμεγ'*, während diese doch überall *ἔγωγε*, *ἔμοιγε* betonen. *λ* 375 *ὅτ' ἐμοὶ* S; *λ* 409 *ἀλλά μοι* alle; *λ* 615 *αὖτ' ἔμ' ἐκεῖνος* MN, *αὖτ' ἐμ' ἐκεῖνος* LQ, *αὖτ' ἐμὲ κεῖνος* GV, *αὖτε με κεῖνος* D, *αἶψ' ἐμὲ κεῖνος* ACK, *αὐτίκα κεῖνος* H, wo also die meisten und besten Handschriften die orthotonierte Form haben, während in unseren Ausgaben ein Pronomen gar nicht zu finden ist, sondern die Schreibweise des Harleianus *αὐτίκα κεῖνος*. *κ* 397 schreibt man gewöhnlich *δ' ἐμὲ κεῖνοι* fast ohne handschriftliche Gewähr; dafür haben *δέ μ' ἐκεῖνοι* ILMQRV, *τέ μ' ἐκεῖνοι* C, *δέ με κεῖνοι* DKN. Wenn hier die orthotonierte Form erforderlich ist, so muss *δ' ἔμ' ἐκεῖνοι* geschrieben werden, wie auch 414 *ἔμ' ἐκεῖνοι* mit drei Handschriften statt *ἐμὲ κεῖνοι* an derselben Versstelle. *λ* 626 *δ' ἔμ'* A ex corr.; *μ* 33 *δέ με* ADKLNPQV, diese Schreibweise ist der anderen *δ' ἐμὲ* vorzuziehen trotz der Bemerkung im Schol. H *ἀντιδιασταλτικὴ ἡ ἐμέ*, denn es besteht kein Gegensatz. *ν* 387 *δ' ἐμοὶ* ADIL; *ξ* 39 *δ' ἐμοὶ* EN; *ξ* 66 *καί μοι* CV; *ξ* 237 *τότε μ' ἤνωγον* CDGHILMNPQRSV, wo der Zusatz *καὶ ἀγακλυτὸν Ἰδομενῆα* „*τότ' ἔμ'*“ zu schreiben nöthigt; *ξ* 280 *δ' ἔμ' ἔσας* L; *ξ* 334 *ἀλλά με* DHILR; *ξ* 336 *ὄγ' ἔμ'* A ex corr. NQV; *ο* 465 *δέ με* CDIKLQSV, welches der Schreibart *δ' ἐμὲ* ebenso wie *μ* 33 vorzuziehen ist; *π* 73 *δέ μοι* FM, *δ' ἐμοὶ* DL für *δ' ἐμῇ*, vgl. *β* 411, wo A 1. man. BH 1. man. *ἐμοὶ* statt *ἐμὴ* haben; *π* 208 *ἤ τ' ἐμέ* A 1. man.; *σ* 375 *κ' ἔμ' ἴδοις* DM; *τ* 181 *δέ μ' ἔτικτε* FKS(GP), vgl. Z 206, *N* 452; *τ* 542 *ἀμφὶ δέ μ'* CES; *υ* 80 *ἤ ἔμ'* ADELQS; *φ* 72 *ἀλλά με* D; *φ* 281 *ἀλλ' ἄγε μοι* ADELNQS, *ἀλλά γε μοι* C; *χ* 312, 344 *σὺ δ' ἔμ' αἴδεο* D; *χ* 425 *οὔτε με* D, *οὔτέ με* L, wo das Pronomen im Gegensatze steht.

In ähnlicher Weise schwanken auch die Handschriften der Ilias zwischen den orthotonierten und enklitischen Formen des

Pronomens der ersten Person und wenn eine Stelle einer Aenderung bedarf, so kann dieselbe unbedenklich auch gegen die Uebereinstimmung der Handschriften vorgenommen werden, denn die vielen hier angeführten Fälle beweisen mehr als hinreichend, wie wenig man sich in Fragen der Betonung dieser Formen auf die geschriebenen Texte verlassen kann.

XVIII.

ι 311 haben *σὺν δ' ὅγε δ' αὖτε* für *δὴ αὖτε* ACDKLSV, dasselbe *ι* 344 ACDILQ; *κ* 281 *πῇ* (oder *πῆ*) *δ' αὖτ'* alle Handschriften für *δὴ αὖτ'*; *μ* 116 alle *καὶ δ' αὖ* für *δὴ αὖ*; *χ* 165 alle *κεῖνος δ' αὖτ'*; *A* 340 alle *εἴ ποτε δ' αὖτε*; *A* 540 *τίς δ' αὖ*; *H* 24 *τίπτε σὺ δ' αὖ*; *H* 448 *οὐχ ὁράᾳς ὅτι δ' αὖτε*; *T* 134 *ὅτε δ' αὖτε*; *A* 131, *E* 218, *T* 155 *μὴ δ' οὕτως* mit dem Imperativ, nur an der letzten Stelle Eustath. 1177, 53 *μὴ δή*. So schreiben auch jetzt noch die meisten Herausgeber mit Ausnahme von Bekker, Ameis, V. H. Koch, während sich Düntzer zu *A* 131 dagegen erklärt, dass *δ'* hier gleich *δή* sein könnte, da eine Elision des *δή*, obwohl es sonst in dieser Weise gebraucht werde, nicht zulässig sei. Das hat auch niemand behauptet, dass *δ'* hier elidiertes *δή* sei, sondern, dass vor *αὖ*, *αὖτε* und *οὕτως* statt *δ' δή* zu schreiben und mit Synizese zu sprechen sei, wie es auch an anderen Stellen vorkommt. I. Rieckher hat in Fleckeisens Jahrbüchern 1862, S. 474 noch andere Stellen namhaft gemacht, an welchen *δ'* in *δή* geändert werden müsste, so *B* 225 *τέο δὴ αὖτ' ἐπιμέμφεαι* (so auch Bekker; dazu Schol. V *τέο δ' αὖτε, οὕτως Ἀρίσταρχος, Ζηνόδοτος δὲ διὰ τοῦ ην*, wofür vielleicht *διὰ τοῦ η* zu schreiben ist); *Θ* 139 *ἄγε δὴ αὖτε* (so auch Bekker; dafür Zenodot *ἄγε νῶι*); *K* 385 *πῇ δὴ οὕτως* (so Bekker und schon Eustath. 810, 30, der aber 813, 61 bemerkt *ἰστέον δὲ ὅτι ἐν τῷ πῇ δ' οὕτως ὁ δε σύνδεσμος ἀντὶ τοῦ δή συνήθως εἴληπται*); *Φ* 421 *καὶ δὴ αὖθ'* (so auch Bekker). *δή* ist in allen diesen Verbindungen nachzuweisen: *πῇ δή φ* 362; *B* 339; *τίς δή ρ* 382; *υ* 191; *τί δή ο* 461; *τίπτε δή* kommt nicht vor, aber *τί ἦ δή M* 310; *Φ* 436 (öfter aber *τί ἦ δέ π* 421; *ρ* 375; *τ* 500; *Z* 55; *Ξ* 264; *O* 244; *P* 170 und *τίπτε δέ δ* 681, 707); *πῶς δὴ Σ* 364; *χ* 231; *πόσσον δή* ω 288; *καὶ δή* β 315; κ 30; χ 10, 29, 249; *B* 135; *Δ* 180; *Z* 52; *Π* 424, 810; *Σ* 362; *X* 457; *μὴ δή* mit dem Imperativ λ 488; *A* 545; *E* 684; *K* 447; *O* 426, mit dem Conjunctiv σ 10; ω 491; *Σ* 8; *Ψ* 7, mit dem Optativ χ 462; *ἄγε δή A* 62; *E* 718; *Λ* 348; *X* 231; *Ω* 407; *εἴ ποτε δή A* 394; *εἰ δή ποτε A* 40 und sehr häufig *εἰ δή*, sowie auch *ὅτε δή*, *ὁππότε δή*, und wenn auch nicht *ὅτι δή*, so doch andere relative Ausdrücke wie *οἷον δή* (*P* 587; *Φ* 57; α 32, vgl. *Ω* 376), *ὅππως δή* (υ 29, 39) und die Formen des Relativs *ὅς*, *ὅν*, u. a. (Z 98; *Π* 511; *Σ* 74, 549; *Υ* 220, 233; *Φ* 131, 315; *X* 12; α 49; β 16, 48; σ 490 u. o.) und das gleichbedeutende *ὅ* in *καὶ τότε δὴ γίγνωσκον, ὃ δὴ κακὰ μήδετο δαίμων* μ 295.

δή wird auch noch an anderen Stellen mit Synizese ausgesprochen, so in *εἰ δὴ Ἀντιμάχοιο Λ* 138; *δὴ ἀντίβιον Λ* 386; *δὴ ἀφνειότατος Υ* 220; *δὴ ἄγρην* μ 330; *ὅτε δὴ ἕβδομον* μ 399 (dafür *ὅτε δ'* FHIKMS, *ὅτε ϑ'* N, *ὅτε* DL, *ὅτ'* C, *ὅτ' ἄρ* A ex corr.); ο 477 (*ὅτε δ'* ADFINQV); *δὴ ὄγδοον* η 261; ξ 287 (dafür Dindorf Praefat. zur Ilias p. XIV nicht unwahrscheinlich *δὴ ὀγδόατον*); ferner *ῃ* in *εἰλαπίνη ἠέ* α 226 (*εἰλαπίν'* ABNQ); *μὴ ἄλλοι* δ 165; *ἄτῃ ἄασας Θ* 237 (dafür Ven. A und Ambros. *ἆσας*); *μὴ οὔ τις K* 39; *ὄγχνη οὐ* ω 247; *ἦ εἰπέμεναι* δ 682; *ἢ εἰς ὅ κεν E* 466; *ἦ οὐχ E* 349; *I* 537; *O* 18; *P* 450; *Υ* 188; *Φ* 396; ω 115, aber nicht in *Πηλείδη ἔϑελ' A* 277, wofür Aristarch *Πηλείδῆϑελ'* geschrieben hat, denn die richtige Schreibweise ist *Πηλείδη ϑέλ'*, und nicht in *δὴ ἔπειτα* α 290, 249; β 221; γ 30; ϑ 378; λ 121; μ 309; ξ 249; 406; ο 423; ρ 185; *O* 163; *Υ* 338; Hymn. Apoll. 343, 436; Hymn. III, 320, 558, 563; IV, 56, 209; Hesiod. Op. 292; Theog. 405, wofür die Handschriften in der Regel *δ' ἤπειτα*, manchmal auch *δήπειτα*, *δὴ 'πειτα*, *δ' ἠπειτα* haben.

Andere Synizesen bei Homer sind: *ἐπεὶ οὐ* δ 352; λ 249; *N* 777; *ὦ ἀρίγνωτε* ρ 375, wofür die Handschriften *ὠρίγνωτε*, *ὡρίγνωτε*, *ὦ 'ρίγνωτε* oder *ὦ ῥίγνωτε* haben; *Ἐνυαλίῳ ἀνδρεϊφόντῃ B* 651; *P* 259; *ἀσβέστῳ οὐδ' υἱὸν λάϑεν P* 89; *υἱεῖ ἐμῷ ὠκυμόρῳ Σ* 458, dafür *ἐμ ὠκυμόρῳ* A, *ἐμ' ὠκυμόρῳ* CDE Mor. Harl. fragm. Moscov., *υἷ' ἐμῷ ὠκυμόρῳ* GS (wie auch Buttmann § 29, A. 8 und Krüger Di. § 13, 6, A. 1 vermuthen), nur Vrat. b. A. *υἱεῖ ἐμῷ ὠκυμόρῳ*, wofür man übrigens mit Eustathios auch *υἷι* schreiben könnte. Zu diesem Vers hat A das Scholium ἔξω τοῦ ῑ τὸ ἐμώκυμορω, συνεκτέθλιπται γὰρ τῷ ῶι τὸ ῑ. Schol. B ἄνευ τοῦ ῑ τὸ ἐμῷ· ἐκτέθλιπται γάρ. Et. Mg. 337, 4 ἐμώκυμόρῳ: ἐμῷ ὠκυμόρῳ· καὶ ἐκθλίβεται τὸ ῑ τῆς ἐμῷ ἀντωνυμίας διὰ τὸ μηδέποτε γίνεσθαι κρᾶσιν τοῦ ῑ μέσου ὄντος· καὶ λοιπὸν κιρνᾶται τὰ δύο ωῶ εἰς ω, καὶ γίνεται ἐμώκυμόρῳ χωρὶς τοῦ ῑ. Die Alten nehmen also hier Krasis an und in den Handschriften hat sich die Schreibweise der Alten grösstentheils erhalten.

Was die Krasis betrifft, so kommen davon bei Homer blos vereinzelte Fälle vor, am häufigsten in Compositis mit πρό, wie in προὔφαινε, προὔτυψαν, προὔπεμψα, προὔχοντα, προὔθηκεν (nur Ω 409) und in τοὔνεκα· οὑμός Θ 360 (ὁὑμός ACEG); ωὑτός E 396 (so ACEG Ven. B Lips. Vrat. b. A. Mosc. 1. 3. Townl., ὠυτὸς DLMNO); ὤριστος Λ 288; N 154, 433; Π 521; P 689; T 413; Ψ 536; Ω 384; ρ 416 (dafür A an allen Stellen ausser Π 521 ὣριστος, D zu ρ 416 ὤριστος, G zu P 689 und T 413 ἄριστος). τἄλλα γ 462 (τ' ἄλλα ABDEIKMNQ, τἄλλα L); μ 365 (τ' ἄλλα ACDHIKLMNPQV, τἄλλα N); ξ 430 (τ' ἄλλα ACDEKL, τἄλλα INQ); A 465 (τ' ἄλλα ACDL); B 428 (τ' ἄλλα ACDG). Schol. BL zu A 465 τὸ δὲ τἄλλα κατὰ συναλοιφήν ἐστιν, ὡς τἄργα· ὁ δὲ Ἡρωδιανὸς τὸν τέ παραπληρωματικὸν ἀποδέχεται· καὶ λείπει τὸ ἄρθρον Ὁμηρικῷ ἔθει, vgl. Cramer An. Par. III, 6, 16. Die Krasis von καί hat Spitzner Excurs. XIII, § 2 bestritten. Es kommen dabei folgende Fälle in Betracht: δὲ καὐτός Z 260 (so A, dafür G Athenaeus II, p. 35 c δὲ καὶ αὐτὸς, ELMNO δέ κ' αὐτός). Herodian zu Z 260 δὲ καὐτός: τοῦτο διχῶς ἀναγινώσκεται· ὅσοι γὰρ ἡγοῦνται ἐγκεῖσθαι τὸν κέ ἐγκλιτικόν, ῥωννύουσι τοῦ δέ τὴν ὀξεῖαν, ὡς καὶ ὁ Ἀσκαλωνίτης· οὕτω γὰρ καὶ τὸ ἐν τῇ Ὀδυσσείᾳ (γ 255) ἀναγινώσκει „ἤτοι μέντοι τόδε κ' αὐτὸς ὀΐεαι". ὅσοι δὲ τὸν καί κατὰ κρᾶσιν καὶ ἔκθλιψιν, καὶ αὐτός, καὐτός, ἐγκλίνουσι τὸν δέ. Aristonikos zu Z 260 ὅτι τὸ πλῆρές ἐστι κε αὐτός (Cod. καὶ). Ὁμηρικὸν δὲ τὸν κέ (Cod. καί) περιττὸν εἶναι, vgl. Ariston. zu Γ 311 ὅτι περισσὸς ὁ κέν, καὶ ἔστι τὸ ἑξῆς ἢ ἐρύσεις ἢ αὐτὸν ἐάσεις. ἡ δὲ ἀναφορὰ πρὸς τὰς τοιαύτας ἀναγνώσεις, ὅτι πρῶτον (μέν), ἔπειτα δέ κ' αὐτὸς ὀνήσεαι" (Z 260)· „μάλιστα δέ κ' αὐτὸς ἀνέγνω" (N 734). Schol. A zu Z 260 τὸ καὐτός διχῶς καὶ βαρέως καὶ ὀξέως (d. h. δὲ καὐτός oder δέ κ' αὐτός). γ 255 ἤτοι μὲν τάδε καὐτὸς οἴεαι, ὥς κεν ἐτύχθη, dafür ADK Palat. τάδε κ' αὐτός. Dazu Schol. HM (Aristonikos) τὸ πλῆρές ἐστι τῆς συναλοιφῆς κεν ἀντὶ τοῦ δή, τὸ δὲ ὅμοιον ἐν Ἰλιάδι „ἔπειτα δέ κ' αὐτὸς ὀνήσεαι“. ζ 282 βέλτερον, εἰ καὐτή περ ἐποιχομένη πόσιν εὗρεν, so alle Handschriften, nur IQ εἴ κ' αὐτή. N 734 καί τε πολέας ἐσάωσε, μάλιστα δέ κ' αὐτὸς ἀνέγνω, so ACL und wie es scheint auch die Heyne'schen Handschriften, E δὲ κ' αὐτός, G δ' ἐκ αὐτός. Aristonikos ὅτι κατὰ συναλοιφὴν ἐκληπτέον (ἵνα διαιρῆται), μάλιστα δέ κε (Cod. δὲ καὶ) αὐτός, so besserte Lehrs nach Ariston. zu Υ 311; aber wenn das ἵνα διαιρῆται kein fremder Zusatz ist, so ist die Schreibweise der Handschrift beizubehalten, was nach Schol. Υ 311 nicht möglich ist. Schol. BL πλεονάζει ὁ κέν. κ' αὐτόν steht auch K 345 ἔπειτα δέ κ' αὐτὸν ἐπαΐξαντες ἕλοιμεν. B 238 ὄφρα ἴδηται, ἤ ῥά τί οἱ χ' ἡμεῖς προσαμύνομεν, ἦε καὶ οὐκί (A ῥά τι οἱ χ', G ῥά τι οἱ ohne χ', Eust. ἢ καὶ ἡμεῖς προσαμύνομεν). Φ 108 οὐχ ὁράᾳς οἷος κἀγὼ καλός τε μέγας τε, so alle Handschriften, nur G κᾀγὼ und der Syrische Palimpsest καὶ ἐγώ. Φ 110 κᾀμοὶ G, die anderen καὶ ἐμοί.

Der Grund den Spitzner gegen die Schreibweise χἠμεῖς B 238 vorbringt, ist unhaltbar: wenn nemlich Thersites καὶ ἡμεῖς gesagt hätte, so müsste man an andere ausser den Achaiern denken, die dem Agamemnon noch gegen die Troer beistehen könnten und solche Bundesgenossen habe Agamemnon nicht ergo importunum est Wolfii καὶ ἡμεῖς. Aber Thersites hat, wie der gleich darauf folgende Vers 239 beweist, fortwährend den Achill im Auge, der sich in Folge der ihm zugefügten Beleidigung vom Kampfe zurückgezogen hat. Mit Beziehung auf diese Kränkung des Achilleus sagt Thersites, indem er sich zuerst an Agamemnon wendet: „Atride, worüber beklagst du dich schon wieder und was begehrst du noch? Dein Zelt ist voll von Erz und von Weibern, die wir Achaier dir zuerst geben, wenn wir eine Stadt erobert haben; oder bedarfst du noch Gold, welches dir einer der Troer als Lösegeld für seinen Sohn bringt, den ich oder ein anderer gefangen genommen und zu dir gebracht habe, oder ein junges Weib (wie die Briseis), damit du dieselbe für dich allein behältst. Es schickt sich nicht, dass du als Anführer die Söhne der Achaier ins Verderben führst“ — und dann an die Achaier: „ihr feigen Memmen (die ihr euch von Agamemnon alles gefallen lasst), fahren wir doch auf den Schiffen nach Hause und lassen diesen hier in Troia seine Ehrengeschenke verdauen (d. h. die Früchte seiner Habsucht einernten), damit er sieht, ob auch wir (wie Achill) ihm Beistand leisten oder auch nicht, der auch jetzt den Achill, einen weit tapfereren Mann als er, entehrt hat, denn er hat ihm sein Geschenk weggenommen." Z 260 schreibt Spitzner mit Aristarch und Ptolemaios von Askalon *ἔπειτα δέ κ' αὐτὸς ὀνήσεαι*, obwohl der Sinn ein *καί* verlangt „warte bis ich dir den Wein gebracht habe, damit du zuerst dem Vater Zeus und den übrigen Unsterblichen ein Trankopfer darbringst und dann auch selbst mit einem Trunke dich labst." Fasst man *κ'* als elidiertes *κε*, dann wird der Sinn matt „damit du zuerst den Göttern opferst, dann aber magst du dich etwa selbst mit einem Trunke stärken"; denn durch *κε* wird das Aussageverhältniss ein bedingtes, vgl. G. Hermann de particula *ἄν* Opusc. IV, 28. Bekker und Wolf haben deshalb mit Recht *δὲ καὐτὸς* geschrieben. Auch ζ 282 *βέλτερον εἰ καὐτή περ ἐποιχομένη πόσιν εὗρεν* können wir Spitzner nicht beistimmen, welcher *εἴ κ' αὐτή* zu schreiben befürwortet nach dem Vorgange von G. Hermann Opusc. IV, 25, der aber die Variante gar nicht beachtet hat. Was soll aber *εἴ κε* mit dem Indicativ des Aorists (wie er auch Ψ 526 steht) hier bedeuten? doch nichts anderes als eine Bedingung, von der der Redende weiss, dass sie sich nicht erfüllt hat und dann müsste zu *βέλτερον* ein *ἂν ἦν* (so auch W. C. Kayser) ergänzt werden, „es wäre besser, wenn sie selber hingehend (nach Ameis darauf ausgehend) sich einen Gatten aus der Fremde ausfindig gemacht hätte, denn die einheimischen Phaiaken, die sie freien, verachtet sie". Als was wäre es besser? als dass sie den Fremdling nimmt, der mit ihr geht — sollte man meinen, denn nur im Gegensatz dazu könnte *εἴ κεν εὗρεν* gesagt sein, nicht im Gegensatz zu den Phaiaken, da ja auch Odysseus kein einheimischer ist und dieses passt schlechterdings nicht. Nimmt man aber *κ'* für *καί*, so passt alles. Nausikaa meint es könnte wohl einer der Phaiaken (*κακώτερος*, nemlich als sie selbst, mit Bezug auf Rang und Abkunft), der ihnen begegne, sagen: „Was hat die Nausikaa da für einen schönen Fremdling bei sich; wo hat sie ihn aufgefunden? das wird wohl ihr Gatte werden. Sie hat wohl einen der hierher verschlagen worden ist von seinem Schiffe aufgenommen, einen aus fernem

Lande, da Niemand in der Nähe wohnt, oder es ist ein viel erflehter Gott auf ihre Bitten vom Himmel herabgestiegen und wird sie nun für alle Zeit zur Frau haben. Es ist auch besser, wenn sie, indem sie noch selbst hingieng, sich anders woher einen Gatten ausfindig gemacht hat, denn die einheimischen verachtet sie". Nach Kayser steht *καὐτή περ* concessiv = *καί περ αὐτή*, auch wenn sie selbst darauf ausgehen musste und auch dieses gibt einen vortrefflichen Sinn. Natürlich ist die ganze Rede ironisch zu fassen, das beweist auch der Vers 285 *ἐμοὶ δέ κ' ὀνείδεα ταῦτα γένοιτο*. Nitzsch spricht sich über diese Stelle sehr unbestimmt aus, denn er leugnet nicht, dass *καί* eine Krasis eingehe, mag aber doch der Ansicht Hermanns nicht entgegentreten, obwohl ihm *ἤ κ' αὐτή* hier erwünschter wäre. Die besten Erklärer und Herausgeber haben an unserer Stelle *εἰ καὐτή*, so Wolf (nur mit falscher Orthographie), Bekker, Ameis, W. C. Kayser. *γ* 255 *ἦ τοι μὲν τάδε καὐτὸς ὀίεαι, ὥς κεν ἐτύχθη*, will Spitzner *τάδε κ' αὐτὸς* schreiben, abgesehen von der ganz unpassenden und schlecht beglaubigten Schreibart *ὥσπερ ἐτύχθη*. Spitzner begründet die von ihm empfohlene Schreibweise, die auch Ptolem. v. Askalon gefordert hat, nicht weiter, sondern sagt blos, es sei entweder mit Hermann (Opusc. IV, 39) *τόδε γ' αὐτὸς* zu schreiben, oder *κε* gehöre zu *ὀΐεαι*, was ihm wahrscheinlicher vorkommt. Ist *ἄν* mit dem Indicativ des Präsens überhaupt schon unwahrscheinlich, da ein bedingtes Aussageverhältniss dem bestimmten geradezu entgegengesetzt ist, wie denn auch die Stellen, in denen man *ἄν* beim Indicativ des Präsens findet, sehr zweifelhaft sind, so lässt sich wenigstens aus Homer kein einziger Fall für einen solchen Gebrauch von *κεν* anführen und da die betreffende Stelle sich ohne Conjectur erklären lässt, da ja die Krasis bei *καί* im Homer doch einmal nicht geläugnet werden kann, und *καί* hier ganz vortrefflich passt (fürwahr das kannst du dir auch selbst denken, ohne dass ich es dir sage, wie es ausgegangen wäre, wenn der Atride den Aigisthos noch lebend in seinem Palaste getroffen hätte) und auch in den besten Handschriften überliefert ist, so bleiben wir bei *καὐτός* mit Bekker, Fäsi, Ameis, Kayser. *N* 734 schreibt man mit Aristarch und den Handschriften (abgesehen von *πολέας*) *καί τε πολέας ἐσάωσε, μάλιστα δέ κ' αὐτὸς ἀνέγνω*, so auch Bekker in der ersten Ausgabe. Hier passt *καὶ αὐτός* in der That nicht, aber auch ein *κε* ist bei einem gnomisch gebrauchten Aorist nicht nachzuweisen. Deshalb schreibt Bekker jetzt mit Hermann Opusc. IV, 21 *μάλιστα δέ τ' αὐτός*. Ein Wechsel zwischen *κε* und *τε* ist leicht möglich und wenn wir auch augenblicklich dafür keine Belegstellen aus Handschriften beibringen können, so können wir doch auf die Thatsache hinweisen, dass eine jede der beiden Partikeln mit *γε* häufig verwechselt wird, vgl. den Index zur Odyssee.

Für *κἀγὼ* *Φ* 108 ist analog mit *Δ* 40, *Z* 477, *Θ* 23 und den übrigen elf von Spitzner angeführten Stellen *καὶ ἐγὼ* zu schreiben. Die vielfach in den Handschriften vorkommende Schreibart *κἀκεῖνος*, *κἀκεῖσε* ist von den neueren Herausgebern an allen Stellen nach dem Vorgange Aristarchs[100]) mit Recht in *καὶ κεῖνος*, *καὶ κεῖσε* geändert worden. Für *τοὔνομα* *Γ* 235, welches nicht einmal handschriftlich gut begründet ist, schreibt man längst mit G. Hermann ad Vigerum S. 707, 28 *καί τ' οὔνομα*. Die Schreibweise Zenodots *ὦλλοι* *B* 1, *K* 1, *Ω* 677 für das Aristarchische *ἄλλοι* hat weder Eingang in die Handschriften noch in die Ausgaben gefunden[101]), dagegen sind sowohl handschriftlich als auch in den Schriften der Grammatiker noch einige Fälle von Krasis überliefert. So haben *δ* 71 *τῷμῷ* ABDEL, *τῷ 'μῷ* IKMNQS(HPV), die Alten aber schrieben *τώμῷ*, vgl. S. 202. *Λ* 608 haben *τῷ 'μῷ* ACE, *ΤΩΙ ΜΩΙ* der alte Ambrosianus, *τώμῷ* S, *τῷ ἐμῷ* G; *I* 654 *τῇ 'μῇ* ACEG, *τῇ μῇ* S, *τῇ 'μῇ* auch Plato Hipp. min. pg. 371 C, *τῇ 'μῇ* Hesych. IV, 153. Et. Mg. 757, 24 *τήμῇ*: *ἔχει τὸ ῑ κατὰ τὴν λήγουσαν, κατὰ δὲ τὴν ἀρχὴν οὔ· οἷον „ἀμφὶ δέ τοι τήμῇ κλισίῃ“* (*I* 654). *ἔστι γὰρ τῇ ἐμῇ, καὶ ἐκθλίβεται τοῦ ἄρθρου τὸ ῑ, καὶ κιρνᾶται τὸ η καὶ ε εἰς η· καὶ ἔστι χωρὶς τοῦ ῑ, ὡς τὸ „δῖε Μενοιτιάδη τώμῷ κεχαρισμένε θυμῷ“* (*Λ* 608). *ἔστι γὰρ τῷ ἐμῷ, καὶ ἐκθλίβεται τὸ ῑ τοῦ τῷ ἄρθρου, καὶ κιρνᾶται τὸ ω καὶ ε εἰς τὸ ω, καὶ γίνεται τώμῷ χωρὶς τοῦ ῑ.* Apollon. de Pronom. 51 *ἤ μ' ἀνάειρ' ἢ ἐγὼ σέ* (*Ψ* 724) *ἐγκλιθὲν παράλογον· οὐδὲν γὰρ ἐκώλυεν ὀρθοτονεῖν, τοῦ κατ' ἀρχὴν ε συναληλιμμένου, ὡς ἐπὶ τοῦ τήμῇ, τώμῷ.* Apollon. de Synt. II, 126 *τοὺς μέντοι ἀπαναγνόντας παρεκρούσατο ἡ μονοσύλ-*

[100]) Homer. Textkritik S. 217.
[101]) Homer. Textkritik S. 186.

λαβος ἀντωνυμία, ἣν δεόντως δισύλλαβον παρεδεξάμεθα, πείσαντες ὡς ὑποσυνηλείφθη κατὰ τὸν τρόπον τῆς κράσεως ὁμοίως τῷ „τῴμῷ κεχαρισμένε θυμῷ“, „τῄμῇ κλισίῃ.“ Jetzt schreibt man an diesen Stellen τῷ ἐμῷ, τῇ ἐμῇ und liest es mit Synizese.

XIX.

Nicht selten wechseln in den Homerhandschriften die Endungen $\overline{\text{ον}}$ und $\overline{\text{εν}}$. So haben β 30 ἔκλυον H; β 156 ἔμελλεν DGH 1. man. ILNS, ἔμελλε AV; ε 45 φέρεν D; ε 295 τ' ἔπεσε für τ' ἔπεσον ACEM, τε πέσε Q; ζ 74 φέρον H 1. man. mit Aristophanes; η 2 φέρον V und vielleicht auch C; κ 26 ἔμελλον CDKL, ἔμελλ$\overset{\text{ον}}{\text{εν}}$ I; λ 527 τρέμεν CELM, τρέμε DQV; μ 152 ἴθυνον FKPQSV, ἴθυν$\overset{\text{ε}}{\text{ον}}$ HM; μ 438 ἦλθεν AFHIKLPQSV, ἦλθε DN; π 13 πέσεν CDEGHIKLMQRSV; π 51 παρενήνεον HLN; υ 260 ἔχευον K; φ 425 ἤμβροτεν A 2. man. DEHLV (wo die Differenz zwischen der ersten und dritten Person des Singular besteht); Β 36 ἔμελλε ACDL mit Zenodot; Θ 137 φύγεν DER und ein Theil der Heyne'schen Handschriften, φύγ$\overset{\text{ε}}{\text{ον}}$ A und τινὲς nach Didymos; Λ 128 φύγον fast alle Handschriften mit Aristarch, andere nach Didymos φύγεν, der Harleianus beides; Ψ 465 φύγεν A Barocc. Vrat. d, wo Aristarch, auch wenn es zu diesem Verse nicht überliefert ist, analog mit Θ 137 und Λ 128 φύγον geschrieben haben wird; Ο 714 πέσεν CDFG Venetus B Lips. Vrat. d. A. Fragm. Mosc. für das Aristarchische πέσον.

ε 110 ἀπέφθιθον EILN; ε 133 ἀπέφθιθον A sup. ILNR; η 251 ἀπέφθιθον CHIKL; ψ 331 ἔφθιθον G, ἔφθιθ$\overset{\text{ε}}{\text{ον}}$ M; ν 439 διέτμαγον A ex corr. CEFQRV, διέτμαγ$\overset{\text{ον}}{\text{εν}}$ H; Α 273 ξύνιον CDEGLS für das Aristarchische ξύνιεν; Α 531 διέτμαγον FGL Lips. Vrat. A Vrat. a 1 man. Mosc. 1 2. man. Mosc. 3 1. man.; Θ 344 δάμον G; Μ 461 διέτμαγον DG ex corr. L; Π 354 διέτμαγον S Palimps. Syr.; Π 507 λίπον mit Zenodot CGEL und wohl die meisten Handschriften Heyne's, da derselbe für λίπεν blos den Venet. A und Lips. anführt. Was die zuletzt genannten Schreibweisen ἀπέφθιθον, διέτμαγον, λίπον, ξύνιον betrifft, so beruhen sie auf einem falschen Verständniss der betreffenden Formen nicht blos von Seiten der Abschreiber unserer Handschriften, sondern zum Theil schon der ältesten Abschreiber und Diorthoten, denn wenn die Homertexte zur Zeit Aristarchs sämmtlich in der richtigen Schreibart übereingestimmt hätten, so hätte Aristarch nicht nöthig gehabt gegen die falschen-Formen seine Diple zu gebrauchen und anderseits hätte auch Didymos keinen Anlass gehabt, denselben die richtige Lesart Aristarchs entgegenzustellen. So bemerkt Aristonikos zu *Π* 354 *ὅτι οὕτως δεῖ γράφειν διέτμαγεν, ὡς κόσμηθεν, ἵν' ᾖ διετμάγησαν παθητικῶς· τὸ γὰρ διέτμαγον ἐνεργητικόν ἐστι* (vgl. *η* 276). Didymos zu *Α* 531 *διέτμαγεν: αἱ πᾶσαι διὰ τοῦ ε̄* und zu *Π* 354 *οὕτως διὰ τοῦ ε̄ διέτμαγεν.* Aristonikos zu *Π* 507 *ὅτι Ζηνόδοτος γράφει ἐπεὶ λίπον, ἀγνοῶν ὅτι τὸ λίπεν νῦν οὐκ ἔστιν ἑνικόν, ἀλλὰ ἀνάλογον τῷ ἐλείφθησαν, ὥσπερ κόσμηθεν* (*Γ* 1) *καὶ „ποιμένος ἀφραδίῃσι διέτμαγεν“* (*Π* 354) *ἀντὶ τοῦ διετμάγησαν.* Didymos zu *Π* 507 *διὰ τοῦ ε λίπεν, ἐπειδὴ τὰ ἅρματα τῶν ἀνάκτων ἐλείφθησαν. Ζηνόδοτος δὲ διὰ τοῦ ō λίπον.* Schol. HPQ zu *ε* 110 *ἀπέφθιθεν: ὡς κόσμηθεν* (*Γ* 1), dasselbe Schol. HP zu *η* 251. Didymos zu *Α* 273 *ξύνιεν: οὕτως ἡ Ἀριστάρχειος διὰ τοῦ ε̄ ξύνιεν ὡς κόσμηθεν.* Apoll. Soph. 38, 13 *ἀπέφθιθεν: ἀπεφθάρησαν* (cit. *ε* 110). Et. Mg. 119, 57 *ἀπέφθιθον* (als Imperfect von einem ungebräuchlichen Präsens *φθίθω*). Et. Mg. 273, 28 *διέτμαγεν* (richtig als Passivaorist von *διατμήγω* erklärt). Zonar. Lex. 1420 *ξύνιον: ἤκουον.* Zonar. Lex. 549 *διέτμαγε: διεχώρισεν κτλ.* Zonar. Lex. 280 *ἀπέφθιθον: ἀπὸ τοῦ φθίθω, ὁ παρατατικὸς ἔφθιθον καὶ ἀπέφθιθον.* Hesych. I 238 *ἀπέφθιθεν: ἀπεφθάρησαν.* Hesych. I, 510 *διέτμαγεν: ἐχωρίσθησαν. δυϊκῶς, καὶ τὸ διέτμαγον.* Hesych. III, 173 *ξύνιεν: ἤκουεν.* Aristarch setzte an den genannten Stellen überall die Formen auf *εν*[102]), also *ἀπέφθιθεν, διέτμαγεν, λίπεν, ξύνιεν.* Ziemlich häufig kommt bei Homer die dritte Person Plural des Passivaorists auf *εν* vor: *δάμεν Θ* 344; *Μ* 14; *Ο* 2; *Σ* 103; *δ* 495, so Aristarch; *λύθεν δ* 794; *ϑ* 360; *σ* 189, 341; *Π* 805; *Σ* 31; *τράφεν Α* 251, 266; *δ* 723 (*τράφον* V); *ξ* 201; *ἤγερθεν β* 9; *ϑ* 24; *ω* 421; *Α* 57; *Ω* 790;

[102]) Auch *Τ* 17 schrieben andere *ἐξεφαάνθη* für das Aristarchische *ἐξεφάανθεν* nach Didymos *οὕτως Ἀρίσταρχος, ἄλλοι δὲ ἐξεφαάνθη.*

πλῆσθεν δ 705; τ 472; *P* 211, 696; *Ψ* 397; *ἔκταθεν* *Λ* 691; δ 537; *ἄρθεν* *Π* 251; *κόσμηθεν* *Γ* 1; *ἄγερθεν* *Ψ* 287, so Aristarch; *ἔμιχθεν* *Γ* 209; *Ψ* 687; *μίγεν* ι 91; *ἀνέψυχθεν* *K* 575; *ἐρήτυθεν* *B* 99, 211; *ἐκίνηθεν* *Π* 280; *πέλασθεν* *M* 420; *τάρφθεν* ζ 99; *ἐξεφάανθεν* *T* 17; *τμάγεν* *Π* 374; *φάανθεν* *Λ* 200; *διέκριθεν* *B* 815; *ἄερθεν* *Θ* 74; *σήκασθεν* *Θ* 131; *ἐκέδασθεν* *O* 657; *ᾤκηθεν* und *φίληθεν* *B* 668; *ἐλέλιχθεν* *Z* 109; *ἄγεν* *Δ* 214; *αἴδεσθεν* *Π* 93; *κατεύνασθεν* *Γ* 448; *σάωθέν* γ 185; *φάνεν* σ 68; *ἔφανεν* *Θ* 557 (*ἔφανον* CE und die von Heyne benutzten Handschriften ausser Cant. 1. man. Mor. Harl. Townl. Venet. A); *Π* 299 (GE und die Heyne'schen Handschriften ausser Ven. A Cant. Harl. und eine Wiener, dafür *ἔφαναν* C Lips. Ven. B Vrat. b. Mosc. 2). *ἐφόβηθεν* π 163; *E* 498; *M* 470; *O* 326, 637; *Π* 290, 294, 659; *τάνυσθεν* π 175; *Π* 475; *λίασθεν* *Ψ* 879; *ἐκέδασθεν* *O* 657; *κατέκταθεν* γ 108; *E* 558; *N* 780; *ὅπλισθεν* ψ 143; *ἔθελχθεν* σ 212; *ἔβλαβεν* *Ψ* 461; *ἔκπληγεν* *Σ* 225; *τίναχθεν*, *ἐνέπλησθεν* *Π* 348; *πῆχθεν* *Θ* 298.

Seltener kommt *εν* statt *εσαν* in den activen Formen der Verba auf *μι* vor: so ausser *ξύνιεν*, wofür schon früh *ξύνιον* geschrieben wurde, *μέθιεν* φ 377, das Aristarchische *πρότιθεν τοὶ δέ* α 112, wofür Herodian *προτίθεντο ἰδέ* geschrieben hat, und *ἵεν* *M* 33, wofür A *ἵη* (*γρ. καὶ ἵεν*), G *ἴεν*, Eustath. 891, 13 *ἵεν* und *ἴεν* hat. Herodian bemerkt zu dieser Stelle: *οὕτως φέρουσι τὴν γραφήν, ἱεν ὡς τίθεν* (Pindar. Pyth. III, 65). *καὶ γίνεται ἀμφίβολον πότερον αὐτοὶ οἱ ποταμοὶ ἵεν, ἵνα τοῦ ἵεσαν συγκοπὴ ὑπάρχῃ, ὡς ἀπὸ τοῦ ἐτίθεσαν τὸ ἔτιθεν· καὶ δέον δασύνειν. εἰ δὲ ἑνικὸν εἴη τὸ ἱεν ἀντὶ τοῦ ἐπορεύετο, ψιλωτέον ὁμοίως τῷ „ἄσσον ἴεν πολυκάρπου ἀλωῆς“* (ω 221), *ὅπερ οὐ πιθανόν· ἡ μέντοι κοινὴ ἵει ἐστὶν ὁμοίως τῷ „ἐννῆμαρ δ' ἐς τεῖχος ἵει ῥόον“* (*M* 25). Aehnliche Schreibweisen sind *ἔσταν*, *στάν*, *ἔβαν*, *βάν*, *ἔτλαν* (*Φ* 608), *ἔδυν* (*Δ* 222; *Λ* 263); *ἔφυν*, *ἔδιδον* (Hymn. V, 437), *δίδον* (Hymn. V, 327).

In die Reihe dieser abgekürzten Formen gehört auch *μιάνθην αἵματι μηροί* *Δ* 146, welches bald für einen Dual bald für einen Plural betrachtet wird. Schol. BL zu *Δ* 146 *τὸ δὲ μιάνθην ἀντὶ τοῦ μιανθήτην. ἔστι δὲ δυϊκὸν ἐκ συγκοπῆς.* Porphyrios zu *Θ* 74 (*ἐξέσθην*) *ἀντὶ τοῦ ἔξοντο, ὡς „μιάνθην αἵματι μηροί"*. *ἀντὶ γὰρ τοῦ ἐμιάνθησαν ἐπὶ πληθυντικοῦ κεῖται. εἰ γὰρ ἦν ἐπὶ δυϊκοῦ, ἔφη ἂν μιανθήτην ὡς κλινθήτην καὶ ἡσθήτην· ἐξέσθην οὖν ἀντὶ τοῦ ἔξεσθεν, ὅπερ ἀντὶ τοῦ ἐξέσθησαν, ὡς τὸ ἐκόσμηθεν ἀντὶ τοῦ ἐκοσμήθησαν.* Eustath. 456, 38 *τὸ δὲ μιάνθην μηροὶ δυϊκόν ἐστι ῥῆμα ἀπὸ τοῦ μιανθήτην γεγονὸς κατὰ συγκοπήν. εἰ δέ τις ὑπολάβῃ χρῆναι γράφεσθαι μίανθεν αἵματι μηροί, τουτέστιν ἐμιάνθησαν, ἔχοι ἂν ἴσως προσιστάμενον τῇ τοιαύτῃ ἐννοίᾳ τὸν μετρικὸν ποδισμόν.* Thiersch § 215, 44 hält *μιάνθην* für eine Pluralform, Buttmann A. Spr. II, S. 244 für den Dual eines synkopierten Passivaoristes (3. Pers. Sing. *ἐμίαν-το*, 3. Pers. Dual *ἐμιάν-σθην*, *ἐμιάνθην*, wie *δέχθαι*, *ὄρθαι*), wogegen sich Matthiae § 205, 8 erklärt, der ebenfalls *μιάνθην* für einen Plural hält. Uebrigens wäre metrisch gegen *μίανθεν* nichts einzuwenden, denn wenn auch *εν* nicht häufig vor einem vocalisch anlautenden Wort lang gebraucht wird (z. B. *Π* 389 *κτήματα μεν ὅσ' Ἀλέξανδρος* und *Ω* 470 *Ἰδαῖον δὲ κατ' αὖθι λίπεν ὃ δέ*, während *Ξ* 1 *Νέστορα δ' οὐκ ἔλαθεν ἰαχή* die Länge durch das Digamma gerechtfertigt ist), so werden anderseits die Endungen *ῑν*, *ον*, *ος*, besonders wo ein Versabschnitt ist, ziemlich oft als Längen gebraucht. *μιάνθεν* hat G, *μιάνθη* L.

XX.

Auf die Frage *τίπτ' αὖτ' αἰγιόχοιο Διὸς τέκος εἰλήλουθας* *Α* 202 antwortet Athene *ἦλθον ἐγὼ παύσουσα τὸ σὸν μένος*. Hier wird das gleiche Zeitverhältniss, nemlich der Abschluss einer Handlung in der Gegenwart, einmal durch das in diesem Falle regelmässige Perfect, das anderemal durch den Aorist ausgedrückt und so steht der Aorist noch ziemlich oft mit Perfectbedeutung, namentlich von Verben des Kommens. Nach *τίπτε* steht *εἰλήλουθας* ausser *Α* 202 noch *Ζ* 254; *Ψ* 94; *ε* 87; *βέβηκας* *Ο* 90; *ἱκάνεις* und *ἀφικάνεις* *Ξ* 43; *Σ* 325, 424; *οἴχεται* *δ* 707, welche Präsentia bekanntlich Perfectbedeutung haben. *Π* 24 *τίπτε σὺ δὴ αὖ μεμαυῖα Διὸς θύγατερ μεγάλοιο ἦλθες ἀπ' Οὐλύμποιο* (vgl. 35 *ἦλθον ἀπ' Οὐλύμποιο*). *Ν* 250 *τίπτ' ἦλθες πόλεμόν τε λιπὼν καὶ δηιοτῆτα*; *δ* 810 *τίπτε κασιγνήτη δεῦρ' ἤλυθες*; *λ* 94 *τίπτ' αὖτ' ὦ δύστηνε λιπὼν* φάος ἠελίοιο ἤλυϑες; δ 681 κῆρυξ, τίπτε δέ σε πρόεσαν μνηστῆρες ἀγαυοί; λ 155 Ἐλπῆνορ, πῶς ἦλϑες ὑπὸ ζόφον ἠερόεντα; Ν 252 ἠέ τευ ἀγγελίης μετ' ἔμ' ἤλυϑες; Ω 104 ἤλυϑες Οὔλυμπον δὲ ϑεὰ Θέτι; Ο 175 ἀγγελίην ἦλϑον δεῦρο φέρουσα. π 206, τ 484 ἤλυϑον εἰκοστῷ ἔτεϊ ἐς πατρίδα γαῖαν. ψ 7, 27 ἦλϑ' Ὀδυσεὺς καὶ οἶκον ἱκάνεται. ψ 248 οὐ γάρ πω πάντων ἐπὶ πείρατ' ἀέϑλων ἤλϑομεν. Bei diesem Aorist mit Perfectbedeutung steht darum auch im abhängigen Satze der Conjunctiv, vgl. Nitzsch zu λ 94, Krüger Di. § 54, 8, A. 2. So λ 94 τίπτ' αὖτ' ὦ δύστηνε λιπὼν φάος ἠελίοιο ἤλυϑες ὄφρα ἴδῃ νέκυας. ν 303 νῦν δ' αὖ δεῦρ' ἱκόμην, ἵνα τοι σὺν μῆτιν ὑφήνω. π 233 νῦν δ' αὖ δεῦρ' ἱκόμην ..... ὄφρά κε δυσμενέεσσι φόνου πέρι βουλεύσωμεν. γ 15 τοὔνεκα γὰρ καὶ πόντον ἐπέπλως, ὄφρα πύϑηαι πατρός. ξ 172 νῦν δ' ἐνϑάδε κάμβαλε δαίμων, ὄφρ' ἔτι που καὶ τῇδε πάϑω κακόν. Ι 98 καί τοι Ζεὺς ἐγγυάλιξε σκῆπτρόν τ' ἠδὲ ϑέμιστας, ἵνά σφισι βουλεύησϑα. ϑ 579 τὸν δὲ ϑεοὶ μὲν τεῦξαν ἐπεκλώσαντό τ' ὄλεϑρον ἀνϑρώποις, ἵνα ᾖσι καὶ ἐσσομένοισιν ἀοιδή.

Auch wenn im Hauptsatze ein Imperfect steht, finden wir im abhängigen Satze den Conjunctiv für den in diesem Falle regelmässigen Optativ. ι 102 κελόμην ἐρίηρας ἑταίρους σπερχομένους νηῶν ἐπιβαινέμεν ὠκειάων, μή πώς τις λωτοῖο φαγὼν νόστοιο λάϑηται. κ 23 νηὶ δ' ἐνὶ γλαφυρῇ κατέδει μέρμιϑι φαεινῇ ἀργυρέῃ, ἵνα μή τι παραπνεύσῃ ὀλίγον περ, wo auch παραπνεύσει' zulässig wäre und sogar metrisch viel richtiger; ja man könnte sogar unbedenklich so schreiben, da die ältesten geschriebenen Exemplare *ΠΑΡΑΠΝΕΥΣΕΙ* gehabt haben mussten, ob es nun Conjunctiv oder Optativ war, aber der Conjunctiv ist dem Sinne angemessener „damit nichts herauswehen konnte". κ 65 ἦ μέν σ' ἐνδυκέως ἀπεπέμπομεν, ὄφρ' ἂν ἵκηαι πατρίδα σὴν καὶ δῶμα καὶ εἴ πού τοι φίλον ἐστίν: so haben die besten Quellen; dafür ὄφρ' ἀφίκηαι K, ὄφρ' ἀφίκοιο CH ex em. IQ; γρ. ὄφρ' ἀφίκοιο AM, ὄφρ' ἂν ἵκοιο PS. Der Conjunctiv mit ἄν steht nach einer historischen Zeitform auch π 233, Ο 23. ξ 327 τὸν δ' ἐς Δωδώνην φάτο βήμεναι, ὄφρα ϑεοῖο ἐκ δρυὸς ὑψικόμοιο Διὸς βούλην ἐπακούσῃ, so AC 1. man. DEH 1. man. I 1. man. K 1. man. LMNS und Strabo XVI, pg. 762 mit Aristarch; dafür CHIK von zweiter

Hand mit Aristophanes und Herodian *ἐπακοῦσαι*, QV Strabo VII, pg. 329 *ἐπακοῦσαι*. Auch *τ* 297 haben die meisten und besten Quellen den Conjunctiv, nur P *ἐπακούσαι*, AK *ἐπακοῦσαι*. *ρ* 59 *εὔχετο πᾶσι θεοῖσι τεληέσσας ἑκατόμβας ῥέξειν, αἴ κέ ποθι Ζεὺς ἄντιτα ἔργα τελέσσῃ*. *B* 3 *ἀλλ' ὅγε μερμήριζε κατὰ φρένα, ὡς Ἀχιλῆα τιμήσῃ, ὀλέσῃ δὲ πολέας ἐπὶ νηυσὶν Ἀχαιῶν*, wo man jetzt allgemein *τιμήσει'* und *ὀλέσαι* schreibt, beides ohne handschriftliche Gewähr. *I* 494 *ἀλλὰ σὲ παῖδα ποιεύμην, ἵνα μοί ποτ' ἀεικέα λοιγὸν ἀμύνῃς*. *I* 690 *Φοῖνιξ δ' αὖθ' ὁ γέρων κατελέξατο· ὣς γὰρ ἀνώγει, ὄφρά οἱ ἐν νήεσσι φίλην ἐς πατρίδ' ἕπηται*, damit er ihm folgen kann, nicht im Sinne des Achill gesprochen, sondern von dem über den Erfolg der Gesandtschaft berichtenden Odysseus als objectiv möglich hingestellt. *O* 23 *ὃν δὲ λάβοιμι ῥίπτασκον τεταγὼν ἀπὸ βηλοῦ, ὄφρ' ἂν ἵκηται γῆν*. *Σ* 190 *μήτηρ δ' οὔ με φίλη πρίν γ' εἴα θωρήσσεσθαι, πρίν γ' αὐτὴν ἐλθοῦσαν ἐν ὀφθαλμοῖσιν ἴδωμαι*, hier als Ansicht des Achilleus, nicht als die der Thetis, in welchem Falle *ἰδοίμην* stehen müsste. *Ξ* 522 *οὐ γάρ οἵ τις ὁμοῖος ἐπισπέσθαι πόσιν ἦεν ἀνδρῶν τρεσσάντων, ὅτε τε Ζεὺς ἐν φόβον ὄρσῃ*. *X* 282 *ἐπίκλοπος ἔπλεο μύθων, ὄφρά σ' ὑποδείσας μένεος ἀλκῆς τε λάθωμαι* (*λαθοίμην* G Ven. B Laur. A und der Syr. Palimpsest), damit ich vergessen soll, nicht vergessen sollte, das wäre subjective Annahme des Achill, während der Conjunctiv überall das Eintreten der Handlung als ein objectiv mögliches hinstellt. In einigen Fällen hat das Imperfect beinahe Perfectbedeutung, wenigstens könnte das Perfect dafür gesetzt werden, wie *I* 494 *ποιεύμην*, *Σ* 190 *εἴα* „ich habe dich zu meinem Sohne gemacht" und „die Mutter hat mir den Befehl gegeben mich nicht zu rüsten". So gibt es auch Stellen, an welchen das Imperfect den Aorist vertritt, ein Beweis, dass die einzelnen Zeitformen bei Homer noch nicht so streng geschieden sind wie in späterer Zeit. Ausser den bei Krüger Di. § 53, 2 A. 1 angeführten Fällen vergleiche man *Η* 303 *ὣς ἄρα φωνήσας δῶκε ξίφος ἀργυρόηλον* mit *Η* 305 *Αἴας δὲ ζωστῆρα δίδου*. *Θ* 129 *ὃν ῥα τόθ' ἵππων ὠκυπόδων ἐπέβησε, δίδου δέ οἱ ἡνία χερσίν*. *K* 255 *Τυδεΐδῃ μὲν δῶκε μενεπτόλεμος Θρασυμήδης φάσγανον* mit *K* 260 *Μηριόνης δ' Ὀδυσῆι δίδου βιὸν ἠδὲ φαρέτρην*. *Λ* 517 *αὐτίκα δ' ὧν ὀχέων ἐπεβήσετο, πὰρ δὲ Μαχάων βαῖν'*.

Γ 311 ἂν δ' ἄρ' ἔβαιν' αὐτός, κατὰ δ' ἡνία τεῖνεν ὀπίσσω· πὰρ δέ οἱ Ἀντήνωρ περικαλλέα βήσετο δίφρον. *γ* 11 ἐκ δ' ἔβαν αὐτοί· ἐκ δ' ἄρα Τηλέμαχος νηὸς βαῖν'. *ϑ* 63 τὸν περὶ μοῦσα φίλησε, δίδου δ' ἀγαθόν τε κακόν τε· ὀφθαλμῶν μὲν ἄμερσε, δίδου δ' ἡδεῖαν ἀοιδήν· *ϑ* 65 τῷ δ' ἄρα Ποντόνοος θῆκε θρόνον ἀργυρόηλον mit *ϑ* 69 πὰρ δ' ἐτίθει κάνεον καλήν τε τράπεζαν. *π* 118 μοῦνον Λαέρτην Ἀρκείσιος υἱὸν ἔτικτε, μοῦνον δ' αὖτ' Ὀδυσῆα πατὴρ τέκεν.

XXI.

Der Verfasser ersucht um die Aufnahme folgender Zusätze und Berichtigungen zu seiner Odysseeausgabe:

α 6 οὐδ' ὣς Apollon. de Coniunct. 523, 24.

α 7 αὐτῶν: vgl. *α* 409; *β* 45; *Z* 446; *K* 204; *Φ* 322.

α 19, 20: nach φίλοισι ist ein Komma, nach Ποσειδάωνος ein Punkt zu setzen, vgl. Ariston. zu *Π* 46.

α 184 Τεμέσην: vgl. Bekker Anecd. 703.

α 316: vgl. G. Hermann Opusc. IV, 39.

α 404: G. Hermann Opusc. IV, 84 fordert ἀποῤῥαίσει'.

β 86 ἐθέλοις: vgl. G. Hermann Opusc. IV, 39.

β 104 κεν vertheidigt G. Hermann Opusc. IV, 21.

β 133 αὐτὸς ἐγών steht auch noch *φ* 207; *ω* 445.

β 206 zu τῆς ἀρετῆς vgl. τῆς εὐνῆς *I* 133, 275.

β 427 ἔμπρησεν: vgl. Hym. VII, 33 ἔμπνευσεν.

γ 231 γ' ἐθέλων: vgl. G. Hermann. Opusc. IV, 160.

γ 195 ἐπισμυγερῶς: vgl. Herodian zu *E* 178; *N* 450.

γ 198 ὅ οἱ: vgl. *α* 300.

γ 255 τάδε καὐτὸς: τόδε γ' αὐτὸς G. Hermann Opusc. IV, 39.

γ 477 *ἠδὲ πίθοντο: libri ἠδ' ἐπίθοντο.

δ 372 schreibe μεθιεῖς wie *Z* 523; μεθιεῖ *K* 121; τιθεῖ *N* 732; ἀνιεῖς *E* 880; διδοῖ *δ* 237; *ϱ* 350; *I* 519.

δ 546 corr. ἤ κεν.

ε 232 nach χρυσείην ist ein Komma zu setzen; anders *κ* 545.

ε 279 und η 268 ist besser δὲ φάνῃ zu schreiben, so wie ε 295 τε πέσον.

ε 452 * δὲ σάωσεν: libri δ' ἐσάωσεν.

ζ 45 haben auch noch GH ἀννέφελος.

ζ 11 corr. δαμεὶς, ζ 74 κούρῃ in der Note.

ζ 102 ziehe ich jetzt οὔρεα vor, vgl. Φ 485.

ζ 282 εἴ κ' αὐτὴ defendit G. Hermann Opusc. IV, 25.

η 291 corr. ἐικυῖα, so auch θ 194.

η 314 δέ κ' ἐγώ: cf. G. Hermann. Opusc. IV, 161.

η 346 ansprechender ist ἄρ' ἔλεκτο.

θ 163 andere schrieben ἔπι σκόπος, vgl. Cram. Epim. 160, 11.

θ 355 corr. χρείως.

θ 494 δόλον: vgl. μ 252; Hymn. V, 8.

ι 242 τεσσαράκυκλοι Ameis.

ι 280 corr. ἤ που. ι 415 τε καὶ.

κ 106 in der Note καὶ τοῖσιν EX.

κ 213 corr. κατέθελξεν. κ 295 ἐπαΐξαι. κ 325 ἠδὲ. κ 355 ἐπὶ.

κ 215 in der Note ist hinzuzufügen v. περισσαίνοντες.

κ 491 ἐπ' αἰνῆς Buttm. Lexilogus II, 101 sq. ebenso κ 534, 563; λ 17.

κ 532 κατέκειτ': cf. G. Hermann. Opusc. IV, 86.

κ 534 in der Note füge hinzu ἐπ' αἰνῇ D.

λ 1 κατήλθομεν; κατήλυθον, conf. β 407; δ 428, 573; θ 50.

λ 124 corr. τοί γ' ἴσασι, vgl. ψ 271.

λ 439 corr. Κλυταιμνήστρῃ.

λ 478 Πηλέος: Πηλῆος Bekk. 2. Ameis. Schol. V ad Π 21 Πηλέως: οὕτως Πτολεμαῖος· οἱ δὲ ὑπομνηματισάμενοι 'Ιακῶς (i. e. Πηλέος).

μ 33 corr. δέ με et ἀπὸ νόσφιν. ο 465 δέ με.

μ 157 φύγοιμεν: cf. G. Hermann. Opusc. IV, 175.

ν 69 corr. τε φέρεν. ν 250 'Οδυσσεύς.

ν 255 αἰεὶ: αἰὲν Bekker. Ameis ex coni.

ν 315 und ο 153 corr. εἷος ἐνὶ.

ν 415 ἤ που (vielleicht besser εἴ που): ἦν που G. Hermann. Opusc. IV, 147.

ξ 163 ὅς τις: cf. G. Hermann. Opusc. IV, 40.

ξ 195 zu der Variante ἔργα τράποιντο vgl. Γ 422; Ψ 53; π 144.

ο 243 μὲν τίκτεν: vgl. σ 322 μὲν ἔτικτε.

ο 312 πλάγξομαι: πλάζομαι cf. ν 204.

ο 541 πείθεαι? ο 529 ἄπο νόσφι.

π 282 θήσει tuetur G. Hermann. Opusc. IV, 29.

π 471 vgl. Eustath. 960, 11 und 15.

ρ 326 corr. μοῖρα λάβεν. σ 35 μετεφώνει. σ 146 ἀλλά σε.

σ 201 besser ist αἰνοπαθέα.

σ 263 οἵ κε τάχιστα: G. Hermann Opusc. IV, 21 vermuthet οἵ τε τάχιστα.

II, p. 136 corr. ΟΔΥΣΣΕΙΑΣ Σ.

τ 135 not. add. ἔασσιν Q.

υ 265 not. add. δ' ἐκτήσατο ἐκεῖνος M.

φ 97 und 127 corr. ἐντανύειν.

φ 416 not. ὅ οἱ Aristarchus cf. Didym. ad α 300.

χ 6 νῦν δ'?

χ 345 not. αὐτῷ τοι Apollon. de Synt. 137, 7; conf. Ι 249.

χ 364 θοῶς: βοὸς conf. Ρ 389; Σ 582.

ψ 225 vielleicht besser ἐπεὶ ἤ δή.

ω 65 δὲ δόμεν? ω 89 corr. ἐπεντύνωνται.

ω 90 θηήσαο: conf. G. Hermann Opusc. IV, 40.

ω 532 διακρινθῆτε: cf. G. Hermann Opusc. IV, 175.

Testimonia veterum.

α 1 Eust. 9, 13; 103, 35. — 2 Eust. 119, 13; 713, 34. — 3 Eust. 1006, 59. — 8 Eust. 1001, 38. — 18 Eust. 740, 55; 1267, 35. — 22, 23 Eust. 631, 29. — 25 Eust. 30, 35. — 47 Eust. 1133, 53 (ὥς). — 58 Eust. 556, 42. — 65 Eust. 261, 42. — 70 Eust. 1279, 53 (ἐστὶ). — 75 Eust. 188, 18. — 96 Eust. 976, 47 (ἐδύσατο). — 100 Eust. 1050, 39. — 115 Eust. 774, 58; 1140, 13. — 137 Eust. 1312, 26. — 148 Eust. 1138, 47; Athenaeus XV, 674. — 155 Eust. 1186, 8. — 158 Eust. 1100, 19 (εἰ καί μοι). — 170 Eust. 76, 30; 1181, 17; 1228, 25; Bekk. Anecd. 708, 1. — 184 Eust. 866, 57; Bekk. An. 703, 8. — 192 Eust. 93, 30. — 202 Eust. 47, 44. —

220 Eust. 1228, 41 (ἐκ φασὶ). — 226 Eust. 274, 9. — 241 Eust. 646, 12; 1051, 8. — 245 Eust. 799, 33. — 258 Eust. 763, 54. — 261 Eust. 701, 30. — 267 Eust. 1002, 26. — 296, 297 Eust. 210, 41 (τι σὲ χρὴ). — 297 Eust. 767, 20. — 309 Eust. 1088, 30. — 334 Eust. 431, 10. — 342 Eust. 969, 53. — 343 Eust. 830, 4; 1134, 43. — 351, 352 Eust. 103, 31. — 358, 359 Eust. 657, 46. — 375 Eust. 961, 32. — 378 Eust. 1085, 4. — 431 Eust. 727, 14. — 439 Eust. 427, 42; 924, 37. — 442 Eust. 1358, 60 (ἐτάνυσεν).

β 4 Bekk. Anecd. 834, 22. — 16 Eust. 936, 58. — 50 Eust. 531, 12. — 58 Eust. 1153, 52. — 62 Eust. 444, 3. — 69 Eust. 108, 4. — 75 Eust. 877, 55. — 80 Eust. 1257, 7. — 100 Bekk. Anecd. 865, 16. — 102 Eust. 1316, 42 (κεῖται). — 140 Eust. 961, 32. — 143 Eust. 1085, 4. — 181, 182 Eust. 902, 2. — 182 Eust. 659, 65 (οὐδέ τι). — 234 Eust. 317, 14. — 257 Eust. 350, 7 (λῦσε). — 294 Eust. 744, 30. — 314, 315 Eust. 1104, 12. — 350 Eust. 1114, 45. — 356 Eust. 980, 16. — 409 Eust. 556, 37. — 431 Apoll. Soph. 74, 16. — 434 Eust. 878, 2; 1336, 26.

γ 62 Eust. 953, 59. — 97 Eust. 1068, 37. — 158 Eust. 778, 46 (ἐστόρεσε). — 196 Eust. 998, 42. — 236, 237 Eust. 477, 1. — 245 Eust. 96, 45. — 248 Bekk. An. 871, 23. — 267—272 Bekk. An. 727, 21. — 282 Eust. 741, 12. — 284 Eust. 1088, 30. — 433 Eust. 1169, 19. — 496 Eust. 1153, 52.

δ 6 Eust. 754, 37. — 45 Eust. 1032, 62; 1231, 18; 1312, 25. — 62 Eust. 154, 2. — 64 Eust. 1355, 8. — 74 Eust. 437, 43 γ' omitt.). — 90 Eust. 555, 4 (ἕως. ξυναγείρων). — 118 Apollon. de Pron. 47 A. — 221 Eust. 1258, 54. — 222 Eust. 1095, 7. — 244 Eust. 103, 25; 835, 3 (δαμάσας); 1235, 22 (δαμάσας). — 246 Eust. 642, 56. — 249 Eust. 799, 9. — 287 Eust. 753, 63. — 384 Eust. 843, 16. — 404 Eust. 1204, 2. — 433 Eust. 50, 29 (ᾔεα); 370, 28. — 442 Eust. 174, 29; 886, 56. — 517 Eust. 1297, 58 (ἐν ἐσχατίῃ?). — 568 Eust. 1196, 65; 1216, 47. — 620 Eust. 1041, 22. — 622 Eust. 573, 19. — 694 Eust. 434, 42. — 785 Eust. 140, 5; 968, 34 u. 37; 1131, 41. — 805 Eust. 38, 29; 1363, 11. — 845, 846 Eust. 332, 19.

ε 40 Eust. 659, 60. — 69 Eust. 994, 43. — 118 Eust. 1337, 51. — 148 Eust. 148, 41. — 229 Bekk. An. 631, 30. —

240 Eust. 1084, 31. — 247 Eust. 553, 3 (*τέτρηνε*). — 290 Eust. 934, 6 u. 1191, 41 (*ἄδην*). — 294 Eust. 517, 8; 550, 28. — 296 Eust. 1123, 5. — 306 Bekk. An. 860, 3 (*τρὶς μάκαρες*). — 313 Eust. 959, 34. — 365 Eust. 555, 5 (*ἕως ὃ*); Bekk. An. 832, 24 (*ἕως ὁ*). — 478 Eust. 732, 26. — 489 Eust. 1297, 58 (*ἐν ἐσχατίῃ?*).

ζ 95 Eust. 1287, 28 (*ἀποπλύνεσκε*). — 151 Bekk. An. 835, 17. — 158 Bekk. An. 900, 1. — 167 Eust. 832, 63; 1125, 62. — 318 Eust. 1065, 13. — 320 Eust. 487, 40.

η 36 Eust. 1006, 50 (*ὡσεὶ*). — 101 Eust. 722, 26. — 107 Eust. 1166, 61 (*ἀπελείβετο*). — 120, 121 Eust. 1360, 6. — 224 Eust. 1125, 50; 1346, 59 (*λίπῃ*). — 342 Eust. 162, 16.

ϑ 63, 64 Eust. 1363, 14 (*ὃν . . . μοῦσ' ἐφίλησε*). — 170 Athenaeus XV, 674; Eust. 1138, 48. — 192 Eust. 387, 21 (*ὑπαὶ*). — 229 Eust. 701, 25; 1334, 55. — 325 Eust. 1363, 53 (*ἑάων*). — 326 Eust. 990, 35. — 355 Bekk. An. 865, 18 (*ἑάων*). — 452 Eust. 554, 44 (*ἐπειδὴ*). — 481 Eust. 125, 27. — 493 Eust. 125, 27 (*ἐποίησε*); 1006, 9 (*ὃν . . . ποίησε*). — 515 Eust. 881, 4; 1058, 57.

ι 19, 20 Eust. 801, 49. — 21 Eust. 1012, 17. — 34 Eust. 252, 43; 687, 51. — 39 Eust. 740, 2. — 51 Eust. 631, 6. — 109 Bekk. An. 827, 22 u. 31. — 156 Eust. 1107, 61. — 166, 167 Eust. 907, 57. — 184 Eust. 877, 52. — 222 Eust. 830, 19. — 232 Eust. 534, 1; 614, 13; 1213, 56. — 245 Eust. 1299, 44. — 263 Eust. 185, 8. — 279 Bekk. An. 631, 28; 813, 8. — 302 Eust. 1117, 64 (*χειρὶ*). — 326 Eust. 946, 50. — 347 Eust. 244, 2; 1253, 44 (*τῇ*). — 359 Eust. 438, 25 (*ἀπορρώξ*); 1170, 24 (*ἀμβροσίας . . . ἀπορρώξ*). — 364 Eust. 1256, 45. — 398 Eust. 654, 56. — 406 Herod. II. Prosod. *I* 680 (*εἰ μή τίς σ'*). — 484 Eust. 993, 20.

κ 4 Eust. 1357, 44. — 72—75 Eust. 1225, 10 (*ἐπεὶ ἄρα ϑεοῖς ἀπεχϑόμενος*). — 85 Eust. 1131, 30. — 113 Eust. 718, 38. — 171 Eust. 833, 35; 843, 15. — 180 Bekk. An. 856, 10. — 238 Bekk. An. 235, 21. — 251 Eust. 370, 27. — 279 Eust. 581, 15; 840, 39 (*οὔ περ*). — 305 Bekk. An. 870, 12. — 326 Eust. 941, 9. — 513, 514 Eust. 606, 40; 1160, 2. — 515 Eust. 802, 32.

λ 53 Eust. 666, 27. — 61 Eust. 710, 41; 1173, 37. — 83 Eust. 126, 12. — 90, 91 Eust. 316, 29; 591, 20; 878, 50.

— 128 Eust. 25, 19; 722, 31; 1047. 30 (φήη). — 172 Eust. 62, 32 (ἦ — ἦ). — 243 Eust. 1232, 57. — 464 Bekk. An. 963, 9. — 509 Eust. 65, 12. — 512 Eust. 65, 12. — 523 Eust. 576, 22. — 571 Eust. 864, 30. — 577 Eust. 1002, 24. — 580 ἤλκησε Eust. 655, 39; 1111, 50; 1257, 10. — 596 Eust. 836, 58; 885, 11; 925, 17. — 601, 602 Eust. 19, 22. — 632 Eust. 881, 2 (ἀγείρατο).

μ 61 Bekk. An. 870, 10. — 62 Eust. 1351, 40. — 67 Eust. 878, 17. — 70 Eust. 727, 48 (πασιμέλουσα). — 73 Eust. 406, 17 (δύο). — 74, 75 Eust. 1160, 8. — 134 Bekk. An. 956, 12 u. 30. — 214 Eust. 1206, 16. — 245 Eust. 125, 26. — 286 Eust. 615, 44. — 357 Eust. 132, 41. — 393 Eust. 1256, 50 (ἀποτέθνασαν). — 423 Eust. 554, 45. — 427, 428 Eust. 1272, 1.

ν 40 Bekk. An. 937, 16. — 80 Eust. 587, 15. — 88 Bekk. An. 902, 3. — 108 Eust. 393, 10. — 296 Eust. 1323, 17.

ξ 9 Bekk. An. 903, 26. — 105, 106 Eust. 877, 52. — 106 Eust. 1231, 51. — 147 Eust. 659, 50. — 158, 159 Eust. 1004, 19. — 261 Eust. 1263, 19 (ὤτρυνα). — 318 Eust. 1010, 60. — 464 Eust. 1133, 62.

ο 78 Eust. 401, 1. — 95 Eust. 1088, 26. — 126 Eust. 666, 61 (μνῆμα χερῶν Ἑλένης). — 296 Eust. 42, 25. — 322 Eust. 525, 45 (πολλὰ κεάσαι). — 365 Eust. 878, 17. — 400 Eust. 1284, 54. — 410 Bekk. An. 930, 9.

π 45 Bekk. An. 927, 20. — 72 Eust. 54, 5; 1179, 9. — 165 Bekk. An. 856, 8 (παρὲκ). — 175 Eust. 927, 25. — 294 Eust. 83, 16; 1169, 4. — 471 Eust. 960, 10.

ρ 12, 13 Eust. 1025, 40 (ἐστὶ). — 30 Bekk. An. 956, 14 u. 31 (αὐτὰρ ὁ). — 39 Eust. 1131, 42. — 233 Eust. 625, 24. — 244 Eust. 42, 20 (ἀγλαΐας ἕνεκεν); 1257, 24 (ἀγλαΐας ἕνεκεν κομόωσιν). — 316 Eust. 277, 14 (? τάρφεσιν). — 454 Eust. 172, 45; 374, 20. — 580 Eust. 1335, 43.

σ 5 Eust. 687, 49. — 17 Eust. 1259, 30. — 85 Eust. 126, 45. — 100 Eust. 1256, 47 (γέλω). — 107 Eust. 1335, 44. — 130 Eust. 1114, 36. — 251 Eust. 767, 51. — 310 Eust. 764, 40. — 333 Eust. 555, 26. — 358 Eust. 1297, 58 (ἐν ἐσχατίῃ?).

τ 71 Eust. 448, 32; 543, 32; 809, 36; 832, 22; 934, 46; 983, 2; 1065, 25; 1083, 20; 1258, 63. — 92 Eust. 462, 31; 1215, 27. — 114 Eust. 767, 50 (ὑπ' αὐτῷ); 931, 7. — 163 Eust. 1262, 23. — 203 Eust. 885, 2. — 211 Eust. 1273, 58 (ὡσεὶ κέρα ἕστασαν). — 222 Eust. 47, 23. — 246 Eust. 927, 25. — 260 Eust. 640, 33; 895, 41. — 396 Eust. 480, 39. — 407 Bekk. An. 868, 30. — 409 Bekk. An. 868, 31. — 434 Eust. 881, 39. — 446 Eust. 58, 18; 513, 33; 942, 54. — 521 Eust. 1062, 16; 1140, 7.

υ 13 Eust. 144, 19. — 18 Eust. 593, 3. — 56 Eust. 974, 25. — 109 Eust. 1001, 29. — 204 Eust. 950, 56. — 235 Eust. 536, 1. — 259 Eust. 413, 1 (παρατίθησι). — 339 Eust. 1286, 62. — 354 Eust. 441, 6.

φ 6 Eust. 687, 49. — 13 Eust. 293, 31. — 15 Eust. 836, 19; 1086, 24. — 36 Eust. 482, 28. — 48 Eust. 604, 35. — 141 Eust. 902, 17. — 293 Eust. 893, 5; 1304, 45.

χ 1 Eust. 911, 24. — 18 Eust. 849, 7. — 41 Eust. 978, 7. — 216 Et. Gud. 305, 26 (τοῦτον κτέομεν). — 218 Eust. 421, 7; 458, 38; 891, 3; 976, 7; 1193, 10. — 230 Eust. 220, 6. — 482 Eust. 1057, 21 (ὡς ἂν θεειώσω).

ψ 3 Eust. 1253, 15. — 6 Eust. 36, 39 (ἧς ἔλδεαι). — 88 Eust. 98, 2 (εἰσῆλθε). — 152 Eust. 140, 4; 782, 1. — 183 Eust. 405, 10. — 205, 206 Eust. 1073, 57 (ἀναγνούσῃ). — 326 Eust. 178, 27 (ἀδινάων).

ω 150 Eust. 1297, 58 (ἐν ἐσχατίῃ?). — 190 Eust. 444, 32. — 246 Eust. 48, 7. — 402 Eust. 1057, 2 (μέγα χαῖρε). — 464 Eust. 125, 5; 126, 5. — 499 Eust. 475, 5; 815, 34.

XXII.

Zusätze zu der Homerischen Textkritik.

S. 5, A. 5. Dio Chrysost. περὶ Ὁμήρου; Fabricii Bibl. Gr. I, p. 383. Welcker, d. Epische Cyclus S. 14 ff.

S. 13, A. 20. Eust. p. 263, 23 Σόλων δὲ τὴν Σαλαμῖνα, φασίν, Ἀθηναίοις ἀπένειμε, προσθεὶς ἔπος, ὅπερ ἐν τοῖς ἑξῆς δηλωθήσεται, ὅπου μνῆμα τοῦ μεγάλου Αἴαντος γένηται.

S. 14, A. 22. Sextus Empir. adv. Mathem. IX, 361 und Πυῤῥώνειοι ὑποτυπώσεις III, 30 „Ὀνομάκριτος ἐν τοῖς Ὀρφικοῖς."

S. 17, A. 31. Eustath. 1360, 35. Fabric. Bibl. Gr. I, 361.

S. 27. *I* 539 citiert Eustath. p. 772, 47 aus Strabo denselben Vers wie Aristoteles.

S. 36. bei Plutarch „ad principem ineruditum" III, 7.

S. 42. Philetas: *ποιητὴς ἅμα καὶ κριτικός* Strabo XIV, 657 extr. *Φιλητᾶς Κῷος τὸ γένος, ἢ ὥς ἔνιοι Ῥόδιος, υἱὸς Τηλέφου* Schol. Theocr. VII, 40, vgl. Athen. XII, 522.

S. 50, A. 73. Schol. *B* 553. Eust. 927, 33.

S. 51, A. 77. Eust. 741, 7; 1018, 61.

S. 57. *Ἀρίσταρχος ἐν ὑπομνήματι Λυκούργου Αἰσχύλου* Schol. Theocr. X, 18. Anm. 94 *ὑπομνήματα* Et. Mg. 22, 54. Zonar. Lex. 30; 1204. Etym. Gud. 27, 48. des Andronikos Et. Gud. 334, 12. des Aristonikos Et. Gud. 348, 20. des Soterides Eudocia p. 387 u. Suidas.

S. 58. *περὶ τοῦ ναυστάθμου* Etym. Gud. 349, 9. Et. Mg. 540, 57.

S. 65. *καὶ μᾶλλον πειστέον Ἀριστάρχῳ* Et. Gud. 573, 30.

S. 68. Schüler des Aristarch: Aper (Suidas unter *Ἡρακλείδης Ποντικός*); Pamphilos (Suidas); Moschos (Suidas); Dikaiarch (Suidas); Demetrios Ixion (Suidas); *Ἀριστόδημος ὁ Ἀριστάρχου μαθητής* Schol. Pind. Nem. VIII, 1.

S. 70. Ueber Athenokles vergl. Athen. V, 177; über Dionysios Thrax Strabo XIV, 655. Die von Bekker Anecd. p. 629 herausgegebene *Γραμματική* ist nicht von dem Schüler des Aristarch, sondern von einem anderen Dionysios vgl. Bekk. Anecd. 672, 15 u. 24; Etym. Mg. 277, 53. Dieser letztere Dionysios hatte den Beinamen *ὁ τοῦ Πηροῦ* oder *Πησοῦ* und stammte aus Byzanz, während der andere nach der Angabe des Strabo ein Rhodier gewesen sein soll.

S. 76. *Ἡρόδικος ὁ Κρατήτειος ἐν τοῖς συμμίκτοις ὑπομνήμασι* Athen. VIII, 340.

S. 78. *Δημήτριος ὁ Ἰξίων ἐν ἐτυμολογίᾳ* Athen. II, 50; *ἐν πρώτῃ ἐτυμολογουμένων* Athen. III, 74; *ἐν τῷ περὶ τῆς Ἀλεξανδρέων διαλέκτου* Athen. IX, 393.

S. 80. Eustath. p. 1818, 5 schreibe *οὐ καλῶς* für *οὐκ ἄλλως*.

S. 87. *ἡ κοινὴ παράδοσις* Eustath. 596, 27.

S. 98. *γ* 151 *εἵσαμεν* (*αἱ χαριέστεραι*) — andere *ἀέσαμεν* (so die Mss. ausser DLPS).

S. 105. *δ* 511 vertritt das Zeichen ⸖ im Vind. 56 die Stelle des Obelos; *γ* 78 hat den Obelos in IK. *κ* 251 und *ρ* 150—

166 haben in N den Obelos, ebenso die Verse ψ 310—312; 314; 318; 322; 326—330; 333 und 338 (d. i. 310—343) in M.

S. 108. Ueber den älteren Tyrannio vgl. Strabo XIII, 609.

S. 111. Für *περὶ τῆς Ἰλιάδος* ist *Ἰάδος* zu schreiben.

S. 112. *Ἐπαφρόδιτος ἐν ταῖς λέξεσιν* Schol. Aristoph. Eqq. 1147; Vesp. 332.

S. 116. *περὶ τῆς Ὁμηρικῆς προσῳδίας* Schol. Aristoph. Plut. 992; Herodian *περὶ μον. λέξεως* 25, 28; Suidas II, 1, 777 (s. *μεμνῇτο*); Et. Mg. 536, 55; Cram. An. Par. III, 137, 8; 177, 1; 351, 9. *περὶ Ὀδυσσειακῆς προσῳδίας* Et. Orionis 150, 26; Schol. Aristoph. Av. 862.

S. 117. *Ἄβρων, Φρὺξ ἢ Ῥόδιος γραμματικός, μαθητὴς Τρύφωνος, σοφιστεύσας ἐν Ῥώμῃ, γεγονὼς δὲ ἐκ δούλου, ὥς φησιν Ἕρμιππος* Zonar. Lex. 7; Suidas und Eudocia. Amerias, vgl. Athen. II, 52; III, 114; IV, 176. Neoptolemos, vgl. Athen. XI, 476.
προσῳδίαι δέ εἰσι δέκα: ὀξεῖα, βαρεῖα, περισπωμένη, μακρά, βραχεῖα, δασεῖα, ψιλή, ἀπόστροφος, ὑφὲν καὶ ὑποδιαστολή Cram. An. Par. IV, 155, 22; Bekk. Anecd. 674.

S. 119. Schol. Pind. Ol. I, 18 *Θεμιστεῖον: Ἡρωδιανὸς προπαροξύνει· ἀναλογώτερον γάρ· ἡ δὲ χρῆσις προπερισπᾷ* und *τοῦτο ἡ μὲν ἀναλογία προπαροξύνει, ἡ δὲ συνήθεια προπερισπᾷ.* Cram. Epim. 422, 9—12 werden *παράδοσις* und *ἐτυμολογία* einander entgegengesetzt.

S. 121. Ueber die Diastole vgl. Eust. 1170, 35: als Beispiele werden dort angeführt *ἔστι, νοῦς* (*ἔστιν, οὖς*); *πάρος γε, νεῶν* (*πάρος, γενεῶν*) *T* 42; *ἤ ἄρ, τι* (*ἤ, ἄρτι*) *T* 56; *Ἄρτεμις ἰῷ, ἤματι* (*Ἄρτεμις, ἰῷ ἤματι*) *T* 59.

S. 138. *A* 131 *διέτμαγεν: αἱ πᾶσαι διὰ τοῦ ε.* Dazu Ariston. zu *Π* 354 *ὅτι οὕτως δεῖ γράφειν, διέτμαγεν ὡς κόσμηθεν* (*Γ* 1).

S. 153. In der Ilias beruft sich Eustathios auf seine *παρεκβολαί* zur Odyssee auch noch 440, 39; 463, 40; 479, 4; 631, 15; 644, 45; 677, 30; 679, 41; 751, 36; 804, 28; 836, 20; 883, 20; 1004, 20 u. 52; 1174, 4; 1200, 30; 1257, 41.

S. 157. *ἀντίγραφα* erwähnt Eustath. ausserdem noch 388, 26; 488, 38; 499, 37; 607, 30; 684, 7; 743, 20; 746, 48; 763, 60; 790, 2; 918, 55; 989, 42; 1003, 50; 1081, 36; 1213, 42; 1217, 37 u. 63; 1252, 18; 1272, 25; 1277, 55; 1291, 45; (des Lykophron 582, 18; des Aristophanes 776, 41). *τὰ παλαιὰ ἀντίγραφα* 684, 7; 763, 60; 805, 31; 1303, 60; *ἀκριβῆ* 907, 53; *τὰ ἀκριβέστερα* 388, 26; 1213, 42; 1291, 45.

S. 158, A 230. Scholien als Quelle angeführt 574, 21; 1009, 24.

S. 161. *ὑπομνήματα* 809, 57 u. 60; 1289, 49. Ister 817, 22.

S. 167. Eust. 1039, 36 *κατὰ Δίδυμον, ὥς φησι Παυσανίας* ist ein Beweis dafür, dass Eustathios die betreffende Schrift des Didymos nicht kannte.

S. 169, A. 234. Herodor, Herodot u. Herodian verwechselt Schol. *Γ* 401; *Ι* 7; Schol. Soph. Trach. 253.

S. 178. Et. Mg. 305, 35 *εἰώθασιν οἱ Ἴωνες βαρύνειν τὰς λέξεις, ὡς καὶ ἡμεῖς, οἷον ἄγυια, ὄργυια, Πλάταια, Θέσπεια· ὅταν δὲ γένηται ἡ τελευταία συλλαβὴ μακρά, Ἰωνικῷ ἔθει καταβιβάζεται ὁ τόνος, οἷον ἀγυιά, ὀργυιά, Θεσπειά* (sic).

S. 181. Ueber *ἀθρόος* vgl. Bekk. Anecd. 1297; Schol. Aristoph. Acharn. 26. *πᾶν φωνῆεν πρὸ τοῦ δασέος ψιλοῦται* (Et. Gud. 226, 10) ist der Kanon, welcher die richtige Schreibweise *ἀθρόος* verlangt.

S. 186. Eust. 1336, 31 *τὸ δὲ ἀλύειν ψιλοῦται, ὡς ἡ συναλοιφὴ δηλοῖ, τὸ „δινεύεσκ' ἀλύων“* (*Ω* 12). Eust. 654, 51 *ἀλύω τὸ καὶ δασυνόμενον τὴν διὰ τῆς υι διφθόγγου ἔχει γραφήν.*

S. 187. Eust. 575, 43 *κατ' ἀλωάς: καὶ γράφουσιν οἱ παλαιοὶ τὴν τούτου παραλήγουσαν σὺν τῷ ἰῶτα, διὰ τὸ γίνεσθαι ἀπὸ τοῦ ἀλοίω, τὸ συντρίβω, ἢ ἐκ τοῦ ἀλοιῶ, ἐκτάσει τοῦ ο εἰς ω̄.* Suidas I, 1, 238, 16 *ἀπὸ τοῦ ἀλοιῶ ἐστὶν ἀλῳή σὺν τῷ ι „ἔθων Οἰνῆος ἀλῳήν“* (*Ι* 540).

S. 192. *ἀντικρύ*, vgl. Suidas I, 1, 472, 5; Schol. Aristoph. Plut. 134.

S. 231. Apoll. de Pron. 68 A *σύγε Ἀττικοί, καθάπερ καὶ τὸ ἔγωγε· τινὲς ἐν δυσὶ μέρεσι λόγου, τοῦ γέ ἐν παραθέσει κειμένου.* Schol. Aristoph. Equ. 33.

S. 248. Für Θ 94 ist O 94 und für Σ 62 ist 262 zu schreiben.

S. 255. Ueber *ἐνίσπες* vgl. Spitzner zu Λ 186. Bekker Hom. Bl. 31. Christ. Gr. Lautlehre S. 40 u. 93. Ameis zu γ 101.

S. 314. Eust. 1292, 48 *καρηκομόωντες συνθέτως ἢ κάρη κομόωντες ἐν παραθέσει.*

S. 326. Aristarch schrieb ὅ οἵ und nicht ὅς οἵ nach Didymos zu α 300. Sehr oft haben die Handschriften ὅς οἵ für ὅ οἵ, doch ist ὅς vor οἵ immer lang, mit Ausnahme von Z 90 und N 561, wo ὅ für ὅς geschrieben werden muss. Stellen: Γ 372; Δ 500; E 695; H 222; I 285; N 440; O 463, 534; Π 691; P 324, 699; X 204; Ω 85.

S. 328. *ἐπὴν δή* ε 363; σ 269; N 285; Π 453; Hesiod. Op. 600, 614.

S. 377. Vgl. Schol. zu Hesiod Scut. 415 *Σέλευκος γράφει χαλκός, ἵν' ᾖ ἐπὶ τοῦ δόρατος.* Ueber *χαμᾶζε* vgl. Herodian *περὶ διχρόνων* 293, 2; *περὶ μον. λέξ.* 46, 19. Draco de Metr. 99, 11.

S. 393. π 106 scheint Aristarch *κεν ἐμοῖσι* für *κ' ἐν* geschrieben zu haben mit A p. ras. CDIKMNQSV. Im Harl. steht am Rand *οὕτως.*

S. 394. Schol. H zu τ 150 *ἀλλύεσκον διὰ τοῦ ν* (d. i. *ἀνλύεσκον*).

S. 396. Schreibe „Herodian zu Λ 441."

S. 411. In Betreff der mit *φι* gebildeten Adverbia vgl. Choiroboskos im Etym. Mg. 799, 50. Et. Gud. 448, 35.

S. 412. Et. Mg. 638, 15 *οὔ θήν μιν* (B 276). *πόσοι τόνοι; δύο· διὰ τί; ἡνίκα εἰρεθῇ ἐγκλιτικὰ ἐφεξῆς ἀλλήλων κείμενα, πολλαὶ ἔσονται καὶ παράλληλοι αἱ ὀξεῖαι· „ἤ ῥά νύ που"* (φ 398, vgl. Δ 93). *περὶ παθῶν.*

S. 414. υ 348 *ἄρά σφεων.* ν 276 *ἤ τοί σφέας.* Ueber Z 289 vgl. Herod. zu B 255.

S. 421. Eustath. 578, 40 erwähnt *ἀκροπόλος, ὀνειροπόλος, αἰπόλος, θαλαμηπόλος, δικασπόλος* gegenüber von *ἀμφίπολος, πρόπολος, πρόσπολος,* ebenso Et. Mg. 37, 50; Cram. Epim. 20, 21; 108, 11; Philemon Lex. Techn. 14, 18. Ueber *κορυθαιόλος* vgl. Et. Gud. 340, 7; Cram. Epim. 8, 18.

S. 422. Die mit $\overline{\chi o o s}$ und $\overline{\pi o \lambda o s}$ gebildeten Composita sind Paroxytona, ausser wenn der erste Theil derselben eine Präposition ist, ebenso die mit $\overline{\varphi o \rho o s}$ gebildeten (*βουληφόρος, τελεσφόρος, πρόσφορος, οἰνοχόος*) Etym. Mg. 93, 38; Cram. Epim. 32, 4; Et. Gud. 113, 17. Die mit *φάγος* zusammengesetzten sind Paroxytona (*πολυφάγος, ὠμοφάγος, σαρκοφάγος*) Et. Gud. 474, 43; Cram. Epim. 354, 28. Auch die mit *μαχος* gebildeten gehören theilweise zu den Ausnahmen Eust. 1021, 40 ff.

S. 443. *συμμοχλὸν ι* 332 PS. *συγχεῖρας κ* 42 A. *ἐμπύλω λ* 257 A. *συμφόρτον ξ* 296 L. *δ* 671 *ἐμπορθμῷ* A 1. m. *ι* 199 *συμπαισὶ* L; *σὺμ παιδὶ* Hesych. IV, 120.

Register.

I.

II.

III.

Berichtigungen.

S. 3, Z. 8 von unten lies „da $\bar{\mu}$ vor Lippenlauten“.
S. 43, Z. 5 von oben lies *ι* 24 für *ι* 124.
S. 51, Z. 18 von oben lies GS für GL.
S. 57, Z. 20 von oben lies *N* 523 für *O* 523.
S. 58, Z. 5 von unten lies *νηῦς*.
S. 132, Z. 10 von oben: „*ἐγὼν αὐτός* steht auch noch *H* 101; *Ψ* 415; *ἐγὼ αὐτή Ω* 59; *αὐτὸς ἐγώ O* 234.“
S. 135, Z. 16 von oben lies *ἆρα* für *ἄρα*.
S. 137, Z. 10 füge hinzu „*Ω* 569 *μή σε, γέρον, οὐδ' αὐτὸν ἐνὶ κλισίῃσιν ἐάσω*“.
S. 149, Z. 7 füge hinzu „*οἴσῃ Ψ* 441“.
S. 152, Z. 5 „*στέωμεν* hat blos der Laurentianus B; Laur. A hat *στέομεν*“.